# Zu diesem Buch

Der sechzehnjährige Waisenjunge Karl Siebrecht kommt nach Berlin mit der unbändigen Sehnsucht im Herzen, es hier zu Reichtum und Macht zu bringen. Er fängt als Handlanger am Bau an, schleppt Koffer von einem Bahnhof zum andern und chauffiert heimliche Pärchen und verbotene Frachten – nie aber verliert er sein großes Ziel aus den Augen, ein eigenes Unternehmen zu gründen. Kauzige und kernige, liebenswürdige und fragwürdige Menschen kreuzen seinen Weg nach oben – und immer wieder sind es die Frauen, die zu ihm halten und denen er seinen Erfolg verdankt. Ein packender Roman, voll unverwüstlichem Berliner Humor, in dem sich zweieinhalb Jahrzehnte wechselvoller deutscher Geschichte spiegeln: ein echter Fallada. «Karl Siebrecht ist eine der schönsten Figuren, die Fallada je erfand.» («Die Zeit»)

Hans Fallada, der volkstümlichste deutsche Erzähler und Chronist der wechselvollen Jahrzehnte nach dem Ersten Weltkrieg, wurde am 21. Juli 1893 in der kleinen Universitätsstadt Greifswald als ältester Sohn eines Landrichters und späteren Reichsgerichtsrats geboren. Nach humanistischer Vorbildung übte er lange Jahre hindurch die verschiedensten Berufe aus. Zwischen 1919 und 1920 schrieb er zwei heute vergessene expressionistische Romane. Dann schwieg er ein Jahrzehnt. 1931 erschien sein erster erfolgreicher Roman «Bauern, Bonzen und Bomben» (rororo Nr. 651), eine zeitnahe Darstellung Deutschlands, angeregt durch seine Teilnahme als Berichterstatter am Landvolkprozeß in Neumünster 1929. Ein Jahr später machte ihn sein auch als rororo-Taschenbuch Nr. 1 erschienener Arbeitslosenroman «Kleiner Mann – was nun?», der in zwanzig Sprachen übersetzt und zweimal verfilmt wurde, weltberühmt. 1934 erschien sein berühmter Gefängnisroman «Wer einmal aus dem Blechnapf frißt» (rororo Nr. 54). In den Folgejahren wurde der Dichter wegen seiner scharfen Zeit- und Sozialkritik auf das stärkste angegriffen und wich der Problematik des sozialen Realismus vorübergehend aus. Hans Fallada starb am 5. Februar 1947 in Berlin.

Als rororo-Taschenbücher liegen außerdem vor: «Damals bei uns daheim» (Nr. 136), «Heute bei uns zu Haus» (Nr. 232), «Der Trinker» (Nr. 333), «Jeder stirbt für sich allein» (Nr. 671), «Wolf unter Wölfen» (Nr. 1057), «Kleiner Mann – Großer Mann, alles vertauscht» (Nr. 1244), «Wir hatten mal ein Kind» (Nr. 4571), «Süßmilch spricht» (Nr. 5615) und «Zwei zarte Lämmchen weiß wie Schnee» (Nr. 13320).

In der Reihe «rowohlts monographien» erschien als Band 78 eine Darstellung Hans Falladas mit Selbstzeugnissen und Bilddokumenten von Jürgen Manthey, die eine ausführliche Bibliographie enthält.

HANS FALLADA

# Ein Mann will nach oben

*Die Frauen und der Träumer*

ROMAN

ROWOHLT

Titel der Originalausgabe «Ein Mann will nach oben»
Umschlaggestaltung Barbara Hanke
(Foto: Max Missmann)

26. Auflage Januar 2001

Veröffentlicht im Rowohlt Taschenbuch Verlag GmbH,
Reinbek bei Hamburg, August 1970, mit freundlicher Genehmigung
von Frau Emma Hey, Braunschweig
Gesetzt aus der engen Aldus-Antiqua
und der Palatino (D. Stempel AG)
Gesamtherstellung Clausen & Bosse, Leck
Printed in Germany
ISBN 3 499 11316 3

*In diesem Buch ist alles erfunden; es ist ein Roman, also ein Werk der Phantasie.*

*Das möchte der Verfasser, wie bei manchem seiner früheren Werke, einleitend feststellen. Diese Feststellung gilt nicht nur für die Personen und Ereignisse, sondern auch ganz besonders für die Gründung und das Werden jenes in diesem Roman geschilderten Berliner Unternehmens, das die Gepäckbeförderung zur Aufgabe hat.*

*Der Verfasser vermied es mit Absicht, über die Geschichte eines tatsächlich bestehenden derartigen Unternehmens auch nur das geringste in Erfahrung zu bringen; er wollte frei erfinden können, und das hat er dann auch getan.*

*Trotzdem hofft der Verfasser, ein getreues Bild verschiedener Zeitepochen seit 1910 in der Hauptstadt Berlin gegeben zu haben.*

*H. F.*

# ERSTES BUCH

# Der Jüngling

## 1. Staub zu Staub

«Asche zu Asche! Erde zu Erde! Staub zu Staub!» rief der Pastor, und bei jeder Anrufung menschlicher Vergänglichkeit warf er mit einer kleinen Kinderschippe Erde hinab in die Gruft. Unerträglich hart polterten die gefrorenen Brokken auf das Holz des Sarges.

Den jungen Menschen, der hinter dem Geistlichen stand, schüttelten Grauen und Kälte. Er meinte, der Pastor hätte dem Vater die Erde sanfter ins Grab geben können. Doch als er nun selbst die Erde auf den toten Vater hinabwarf, schien sie ihm noch lauter zu poltern. Ein Schluchzen packte ihn. Aber er wollte nicht weinen, er wollte nicht hier weinen vor all diesen Trauergästen, er wollte sich stark zeigen. Fast hilfeflehend richtete er den Blick auf den Grabstein von rötlichem Syenit, der senkrecht zu Häupten des Grabes stand. «Klara Siebrecht, geboren am 16. Oktober 1867, gestorben am 21. Juli 1893» war darauf zu lesen. Von diesem Stein konnte keine Hilfe kommen. Die goldene Schrift war vom Alter schwärzlich angelaufen, das Sterbedatum der Mutter war zugleich sein Geburtstag; er hatte die Mutter nie gekannt. Und nun würde bald auch der Name des Vaters auf diesem Stein zu lesen sein mit dem Todestag: 11. November 1909.

Asche zu Asche! Erde zu Erde! Staub zu Staub! dachte er. Nun bin ich ganz allein auf der Welt, dachte er, und wieder schüttelte ihn ein Schluchzen.

«Gib mir die Schippe, Karl», flüsterte der Onkel Ernst Studier und nahm sie ihm schon aus der Hand.

Karl Siebrecht trat verwirrt zurück neben Pastor Wedekind. Der gab ihm fest die Hand, sah ihm ernst ins Auge. «Ein schwerer Verlust für dich, Karl», sagte er. «Du wirst es nicht leicht haben. Aber halte die Ohren steif und vergiß nicht, daß Gott im Himmel keine Waise verläßt!»

Und nun kamen sie alle, der Reihe nach, schüttelten ihm die Hand und sagten ein paar Worte, meist ermahnenden Inhalts, stark zu sein; sie alle, von dem gelblichen Onkel Studier an bis zu dem dicken Hotelier Fritz Adam. Und keiner von ihnen allen sagte auch nur ein nettes Wort über Vater, der ihnen doch immer gefällig und hilfreich gewesen war, viel zu gefällig und viel zu hilfreich, dachte der Sechzehnjährige mit Erbitterung. Aber ich will nicht so gutmütig sein wie Vater, dachte er. Ich werde in meinem Leben stark und hart sein!

Sein Herz wurde gleich wieder weich, als nun nach all den Männern als einzige Frau die alte Minna am Grabe stand, Minna mit ihrem wie aus Holz geschnittenen Gesicht, die schon bei seiner Mutter gedient und ihn großgezogen, die jahraus, jahrein den heranwachsenden Sohn betreut hatte. Ein sanftes Gefühl machte ihn beben, als er sie so starr und tränenlos am Grabe stehen sah. Arme alte Minna, dachte er. Was wird nun aus dir? Sie umfaßte seine Hand mit einem Griff. «Mach schnell, daß du nach Hause kommst, Karl —», flüsterte sie. «Du siehst schon ganz blau aus. Ich setze gleich was Warmes für dich auf!»

8

Nun gingen alle. Karl Siebrecht sah das Barett des Geistlichen schon nahe der Kirchhofspforte, ihm folgte in kleinem Abstande der Troß der Trauergäste. Alle hatten es eilig, aus dem eisigen Novemberwind zu kommen. «Nun mach schon zu, Karl!» drängte der Onkel Ernst Studier. «Deinem Vater ist auch nicht damit geholfen, daß wir hier stehen und frieren.»

«Recht hast du, Ernst!» stimmte der Hotelier Adam zu und setzte sich auf der anderen Seite Karl Siebrechts in Marsch. «Wir wollen sehen, daß wir rasch ins Warme kommen!»

Aber der Junge achtete gar nicht auf die lieblosen Worte der beiden. Ihm war es, als habe er hinter einem Grabstein etwas huschen sehen, nach dem Grabe des Vaters zu. Wirklich, es war Erika, seine kleine Nachbarin, die vierzehnjährige Tochter des Pastors Wedekind. Sie hatte sich heimlich zum Begräbnis geschlichen, und sie hätte doch in dieser Nachmittagsstunde im Handarbeitsunterricht sein müssen! Gute, kleine Erika – jetzt warf sie Blumen in das Grab...

«Was hast du denn, Karl?» rief der Onkel und hielt den Stolpernden. «Wo hast du denn deine Augen?»

«Süh mal süh», sagte der Hotelier, und seine Augen waren vor heimlichem Vergnügen ganz klein geworden. «Ist das nicht Wedekinds Erika? Das sollte Pastor Wedekind wissen! Um deinen Vater ist die auch nicht hierhergekommen, Karl!»

«Das finde ich nicht hübsch von dir, Karl!» Onkel Ernst Studier führte den Jungen fast gewaltsam aus der Kirchhofspforte. «Am Begräbnistag deines lieben Vaters solltest du andere Dinge im Kopf haben! Und überhaupt: Du bist erst sechzehn, und sie kann kaum vierzehn sein ...!»

«Was ihr auch immer gleich denkt!» rief der Junge zornig. «Wir sind nicht so, wie ihr – denkt!»

«Wir denken schon das Richtige – leider!» antwortete der Onkel streng. «Überhaupt, eine Pastorentochter steht viel zu hoch für dich», erklärte er. «Du kannst froh sein, wenn dich irgendwer in die Lehre nimmt!»

«Das kannst du!» stimmte Adam zu. «Für einen Lehrling bist du mit deinen Sechzehn zu alt, und für die Schule ist kein Geld da!»

Aber Karl Siebrecht achtete nicht mehr auf ihr Geschwätz, er war nur froh, daß sie nicht mehr von Erika Wedekind sprachen. Mit Abneigung sah er auf die nüchternen Backsteinfassaden der märkischen Kleinstadt, auf die dürftigen Ladenauslagen der kleinen Krämer, wie der Onkel Ernst Studier einer war. Dreimal war er mit dem Vater in Berlin gewesen, immer nur auf ein paar Tage, aber doch hatte ihn die Großstadt bezaubert. Der Vater hätte gar nicht erst zu sagen brauchen: «Mach es nicht wie ich, Karl, setz dich nicht in einem solchen Nest fest. Alles wird klein und eng dort. Hier hat man Platz, hier kann man sich rühren.» Oh, er wollte sich rühren, die sollten ihn nicht halten können!

Vor dem Hotel «Hohenzollern» stand wartend ein ganzer Trupp der Leidtragenden. «Das hab' ich mir doch gedacht!» rief Fritz Adam. «Ja, kommt nur alle 'rein, meine Alte hat das Grogwasser schon heiß! Das wird uns guttun! – Du darfst auch mitkommen, Karl! Heute darfst du ausnahmsweise ein Glas Grog trinken!»

«Nein, danke!» sagte Karl Siebrecht. «Ich geh schon nach Haus!»

«Wie du willst!» sagte der Hotelier etwas beleidigt. «Viel Grog wird dir in den nächsten Jahren bestimmt nicht angeboten!»

Und der Onkel Studier: «Um fünf sind wir dann alle bei dir und besprechen deine Zukunft. Sage der Minna, sie soll uns einen guten Kaffee kochen.»

Hinter der nächsten Hausecke wartete Karl Siebrecht, bis sie alle in Adams Hotel verschwunden waren. Dann lief er im Trab zum Friedhof zurück. Aber sosehr er sich dort auch umsah, es war alles leer und still. Seine kleine Freundin war schon gegangen. So schlich er leise an das Grab. Es lag, wie er es verlassen, die Totengräber waren noch nicht dagewesen. Er sah hinab auf den Sarg. Über der hinabgeworfenen Erde lagen drei Blumen, die sie gebracht, drei weiße späte Astern. Zwischen Schauder und Verlangen kniete er an des Vaters Grab nieder, beugte sich tief in die Gruft und nahm sich eine Blume vom Sarg.

## 2. Die Zukunft in der Küche

In der Stube redeten sie immer lauter; sie wurden wohl über seine Zukunft nicht einig. Der Junge starrte aus dem Küchenfenster in die vom Wind durchpfiffene nasse Novembernacht. Hinter seinem Rücken wirtschaftete die alte Minna mit ihren Töpfen am Herde. Jetzt schraubte sie den Docht der Petroleumlampe niedriger, daß die Küche fast im Dämmer lag. Sie sagte: «Es ist bald Abendessenszeit, soll ich dir Stullen machen, Karl?»

«Ich kann nicht essen – wenigstens so lange nicht, bis über meine Zukunft entschieden ist!»

«Da wird nicht viel zu entscheiden sein! Du wirst Verkäufer werden müssen bei deinem Onkel Ernst!»

«Nie, Minna! Das nie! Hast du wirklich gedacht, ich würde bei Onkel Ernst unterkriechen und in seinem Kramladen grüne Seife verkaufen? Nie – nie – nie!»

«Aber was dann, Karl? Du weißt, es ist kein Pfennig da. Wenn alles verkauft ist, reicht es vielleicht gerade für die Schulden. Was willst du denn anfangen?»

«Ich gehe fort, Minna. Minna, verrat mich nicht, ich gehe nach Berlin!»

«Das werden die nie erlauben!»

«Ich gehe, ohne sie zu fragen!»

«Aber was willst du denn in Berlin anfangen? Du hast nichts gelernt, du bist nur ein Schüler gewesen, du bist körperliche Arbeit nicht gewohnt!»

«Ich bin stark, ich bin stärker als alle, Minna. Ich will raus hier aus der Enge! – Ich hasse hier jeden Stein, jedes Haus, jedes Gesicht – nur dein gutes, altes Gesicht nicht, Minna! Ich will fort von dem allen, es hat den Vater kaputtgemacht, ich will nicht, daß es mir ebenso geht!»

«Du weißt nicht, Karl, wie schwer ein Leben ist, in dem man ganz auf sich allein gestellt ist!»

Karl Siebrecht rief mit heller Stimme: «Es soll ja schwer sein, Minna! Ich will gar kein leichtes Leben haben. Ich will viel werden, ich fühle dazu die Kraft in mir!»

Unbeirrt fuhr das alte Mädchen fort: «Und dann das Leben in der großen Stadt! Du, der nie ruhig sitzen kann, der jede freie Stunde draußen war – du willst immer in solchen hohen Steinhäusern hocken, ohne Licht und Sonne – du wirst todunglücklich dabei, Karl!»

«Und wenn ich dort unglücklich werde, Minna, so weiß ich, es hat sich gelohnt. Hier wäre ich auch jeden Tag unglücklich, und wofür, Minna, wofür? Was kann ich denn hier werden –?!»

«Man kann überall etwas Rechtes werden, Karl!»

«Das ist so ein Spruch, wie ihn der Pastor Wedekind sagt. Ich kann mit solchen Sprüchen nichts anfangen. Ich hab's hier in der Brust, Minna, ich muß fort von hier, wo mich jedes Gesicht, jeder Baum an den Vater erinnert, wo sie alle in meinem Rücken flüstern: Das ist der Junge vom Maurermeister Siebrecht, der Bankrott gemacht hat!»

Sie hatte die Hände auf seine Schulter gelegt, sie sagte: «Also geh, mein Junge, geh! Ich halte dich gewiß nicht, wenn du mußt!»

«Ja, ich muß, Minna, weil ich etwas werden will – ein wirklicher Mann! Die hier werden schon nachgeben, der Onkel Studier, mein Vormund, und der dicke Fritz Adam, Vaters Freund. Ich werde ihnen nie lästig fallen, ich werde sie nie um etwas bitten! Ich komme nicht eher zurück, bis ich etwas geworden bin, etwas Richtiges! Und dann besuche ich dich, Minna, dann hole ich dich zu mir nach Berlin, vielleicht in einem Automobil...!»

Minna sah in seine leuchtenden Augen. Plötzlich – sie wußte selbst nicht, wie das gekommen war –, plötzlich hatte sie ihn umfaßt, sie hatte ihn gegen ihre Brust gedrückt, sie preßte ihn fest an sich. «Ach, du Kind, du», flüsterte sie und war froh, daß er die ungewohnten Tränen in ihren Augen nicht sehen konnte. «Ach, du großer, kleiner Junge, du! Willst du mir jetzt aus dem Nest fliegen?! Paß nur auf, es gibt so viele große, böse Vögel, und es kommen Stürme, für die deine Flügel zu schwach sind...! Aber fliege nur fort, du hast ja recht; besser fliegen als kriechen!»

## 3. Abschied von der Jugend

Der Tag war grau, es wollte nicht hell werden. Am Fenster der Schlafstube stand Karl Siebrecht, sah hinaus in den kleinen Garten, dessen kahle Bäume von immer neuen Stößen des Novemberwindes erzitterten, sah über den Garten fort, zu der Rückseite des Wedekindschen Hauses... Hinter ihm packte Minna Anzüge und Wäsche in einen Reisekorb. Sie hielt eine Hose aus gelblichem geripptem Samt in die Höhe und sagte: «Dann ist da noch Vaters Manchesterhose, die ist noch ganz gut. Wenn du ein bißchen wächst, wird sie dir passen!»

«Pack bloß nicht zuviel ein, Minna!» rief, ohne sich umzuwenden, der Junge ungeduldig. «Was soll ich mit all dem Zeug?»

«Es ist schon nicht zuviel Zeug da, Karl!» antwortete Minna trübe und legte die Hose in den Korb. Sie griff nach einem Stoß Wäsche.

Der Junge hielt in der Handfläche verborgen einen kleinen runden Taschenspiegel. Von der kahlen, leeren Rückwand des Pastorenhauses sah er ungeduldig empor zum vorwinterlichen Himmel, auf dem sich graue, lockere Wolken jagten. Er flehte um eine, um eine halbe Minute Sonnenschein . . .

An seinem Stehpult, mit der Ausarbeitung der Sonntagspredigt beschäftigt, stand der Pastor Wedekind – ihm fuhr der im Spiegel gefangene Sonnenstrahl zuerst blitzend ins Auge. «Da ist doch wieder dieser infame Bengel mit seinem Taschenspiegel zugange!» rief er, empört auffahrend. «Und so was am Tage, nachdem wir seinen Vater zur Ruhe geleitet haben!»

Der Sonnenfleck war schon über die Stubendecke fortgetanzt, er glitt, von dem mißbilligenden Blick des Geistlichen verfolgt, am Kachelofen hinab und blieb einen Augenblick auf der Stirn der Frau Pastor ruhen. Sie schlug nach ihm, als sei er eine lästige Fliege. «Erika!» rief der Geistliche entrüstet. «Erika! Sofort gehst du – –»

Den Geistlichen, der zwischen Fenster und Tisch getreten war, traf ein zweites Mal das Licht des Novembertages, diesmal bestrahlte es die fleischige Backe. Er fuhr mit dem Kopf zurück, und der goldene Fleck ließ sich auf der Tischplatte nieder, gerade vor Erikas häkelnden Händen. Er zitterte ein wenig hin und her, schob sich nahe an die Hände heran, berührte, vergoldete, umspielte die Finger – – «Sofort gehst du in das Siebrechtsche Haus und sagst dem infamen Bengel, daß ich mir diesen Unfug verbitte – ein für allemal! Ich sei empört, daß er heute, an einem solchen Tage – ich meine, nach einem solchen Tage – –»

«Jawohl, Papa!» sagte Erika und löste mit einem leichten Bedauern ihre Hände aus dem Lichtgruß. Sie ging zur Tür.

«Aber in zwei Minuten bist du wieder hier!» befahl die nicht ganz so ahnungslose Mutter.

«Jawohl, Mama!»

«Ach nein, laß mich lieber selbst gehen!»

Doch war Erika schon aus der Stube. Leise und eilig lief sie die Treppen hinunter, trat in den winderfüllten Garten, schwang sich, ihre langen Röcke rücksichtslos raffend, über das Mäuerchen, das die beiden Gärten trennte, und lief durch den Siebrechtschen auf den Schuppen zu, in dem sowohl spärliches Gartengerät verwahrt wurde, als auch den Hühnern mit Stangen und Nestern eine Stätte des Verweilens bereitet war.

Nicht nur den Hühnern. Denn als sie in das halbe Dunkel hineinfragte «Karl?», antwortete er sofort: «Ria!», und der Freund zog sie an der Hand zu einer Karre. «Setz dich, Ria! Ich habe direkt zu Gott gebetet, um einen Moment Sonne! Ich glaube ja sonst nicht an Gott, aber diesmal –»

«Diesmal hast du Vater schön wütend gemacht! Ich soll dir sagen . . .»

«Laß ihn! Es war das letztemal, Ria!» Mit einer gewissen Feierlichkeit wiederholte der Junge: «Es war das letztemal. Ich gehe fort, Ria! Ganz fort!»

«Du, Karl? Warum denn – –? Wer soll mir dann meine Schularbeiten machen?! Ich bleibe bestimmt zu Ostern kleben! Bleib doch hier, Karl, bitte!»

«Ich muß fort, Ria! Ich gehe nach Berlin!»

«Ach, Karl, warum denn? Hier ist es doch auch ganz schön – manchmal –!»

«Ich will was werden, Ria!»

«Und wenn ich dich bitte, Karl?! Bleib hier, Karl! Ich bitte dich!»

«Es geht nicht, Ria, es muß sein!»

Einen Augenblick schwieg sie, auf ihrer Karre hockend. Er, vor ihr stehend, zu ihr niedergebeugt, sah gespannt in ihr dämmriges, doch helles Gesicht. Dann stampfte sie mit dem Fuß auf. «Also geh, geh doch in dein olles Berlin!» rief sie zornig. «Warum gehst du denn nicht? Ich bin froh, wenn du gehst! Du bis genauso ein ekliger Junge wie alle andern!»

«Aber, Ria!» rief er ganz bestürzt. «Sei doch nicht so! Versteh doch, daß ich fort muß! Hier kann ich nie etwas werden!»

«Ich muß gar nichts verstehen! Du willst wohl bloß weg, weil du uns alle über hast, mich auch – und ich habe gedacht, du möchtest mich ein bißchen gern...» Bei den letzten Worten versagte ihr fast die Stimme. Sie sprang von ihrer Karre auf und zog sich tiefer in das Dunkel des Schuppens zurück, damit er nicht ihre Tränen sehen sollte. Sie scheuchte eine Henne von ihrem Nest auf, die mit lautem Protest gackernd aus der Tür flüchtete.

Karl Siebrecht hatte ihre Hand gefaßt und streichelte sie ungeschickt. «Ach, Ria, Ria», bat er. «nimm es doch nicht so! Ich muß doch wirklich fort. Hier sollte ich Hausdiener im Hotel Hohenzollern werden.»

«Das tust du nicht, Karl, unter keinen Umständen!»

«Und ich will doch viel werden, und dann komme ich wieder.»

«Dauert es lange, bis zu wiederkommst?»

«Es dauert wohl seine Zeit, Ria – ziemlich lange!»

«Und dann, Karl –?»

«Dann frage ich dich vielleicht etwas, Ria...!»

Pause. Dann sagte das Mädchen leise: «Was willst du mich denn fragen, Karl?»

Er wagte es nicht. «Es ist noch so lange hin, Ria! Erst muß ich etwas geworden sein.»

Und sie, ganz leise flüsternd: «Frag es doch schon jetzt, Karl. Bitte!»

Er zögerte. Dann zog er vorsichtig etwas aus der Innentasche seines Jacketts. «Weißt du, was das ist?»

«Was soll das sein?»

«Das ist eine von den Blumen, Ria», sagte er feierlich, «die du in Vaters Grab geworfen hast. Ich nehme sie mit nach Berlin und werde sie immer bei mir tragen!»

Der Wind jagte mit Schnee vermischten Regen zur Türöffnung herein. Sie drängte sich enger an ihn, sie flüsterte angstvoll: «Das ist doch eine Totenblume, Karl!»

«Aber ich habe sie von dir, Ria, sie bringt mir bestimmt Glück! Und hier habe ich einen kleinen Ring von meiner Mutter – willst du den nicht tragen, Ria, damit du immer an mich denkst?!»

«Ich darf doch keinen Ring von dir tragen. Vater würde es nie erlauben!»

«Du kannst ihn tragen, wo dein Vater ihn nicht sieht. Ich trage deine Blume auch auf dem Herzen!»

Sie schwiegen eine Weile. Dann flüsterte sie: «Ich danke dir für den Ring, Karl. Ich will ihn immer tragen.»

Und wieder Schweigen. Nahe sahen sie sich in die blassen Gesichter, ihre Herzen klopften sehr. Nach einer Weile flüsterte Siebrecht: «Möchtest du mir wohl einen Kuß zum Abschied geben, Ria?»

Sie sah ihn an. Dann hob sie langsam die Arme und legte sie sachte um seinen Hals. «Ja ...» flüsterte sie.

Krachend warf der Wind die Tür des Schuppens ins Schloß, gerade vor dem nahenden Pastor Wedekind, der in Sturm, Regen und Schnee seine Tochter suchte. Er rüttelte an der Tür. Mit Mühe öffnete er sie gegen den Winddruck und rief in den dunklen Schuppen. «Bist du hier, Erika?» rief er.

Der Junge, im Dunkeln das Mädchen im Arm, trat mit dem Fuß nach den Nestern. Laut gackernd flatterte eine Henne auf und torkelte gegen den geistlichen Herrn. Eine andere Antwort gab der Schuppen nicht.

## 4. Fahrt mit der Kleinbahn

Das letzte Winken von Minna war entschwunden – Karl Siebrecht konnte sich in einer Ecke des geräumigen Wagens hinsetzen und seine Tränen trocknen. Ja, er hatte nun doch geweint, wie auch die alte Minna beim Abschied geweint hatte. So leicht, wie er geglaubt hatte, war ihm die Trennung von der kleinen Stadt nicht geworden.

Er fuhr hoch und sah aus dem Fenster. Aber der Ausblick auf das Städtchen mit seinem roten spitzen Kirchturm war schon durch Wald versperrt, nun fuhr er wirklich in die Welt hinaus, hatte alles dahinten gelassen, was bisher sein Leben bedeutet hatte. Er mußte schon wieder nach dem Taschentuch suchen, fand es aber nicht gleich, sondern statt seiner ein Päckchen, das ihm Minna im letzten Augenblick noch in den Zug gereicht hatte. Er knotete das rote Wäscheband darum auf und fand, in einem Schächtelchen, Vaters dicke silberne Uhr und darunter, unter einer Schicht Watte, zehn große Goldfüchse!

Zweihundert Mark! Er starrte ungläubig darauf – aber sie waren da, auf dem Schachtelboden, und es sah der Minna so recht ähnlich, ihm ihre Ersparnisse so zuzustecken, daß er weder die Annahme verweigern noch ihr danken konnte! Wie lange mußte das alte Mädchen an diesen zweihundert Mark gespart haben! Denn sie hatte nur wenig verdient, und auch mit dem Auszahlen dieses Wenigen hatte es bei Vater in den letzten Jahren gar nicht mehr klappen wollen! Sobald ich in Berlin bin, schicke ich ihr das Geld zurück, dachte der Junge. Aber damit würde er sie nur kränken, fiel ihm gleich ein. Ich werde ihr das Geld schicken, sobald ich feste Arbeit und ein bißchen was gespart habe, dann freut sie sich um so mehr! Sorgfältig legte er das Geld in das Schächtelchen zurück. Alles in allem besaß er jetzt zweihundertsechzig Mark, er kam als reicher Mann nach Berlin! Vaters Uhr aber steckte er sorgfältig in die Westentasche – er würde sie gleich auf der nächsten Station stellen. Zum erstenmal in seinem Leben besaß er eine Uhr!

Der Zug fing kräftig zu bimmeln an, und eilig nahm Karl Siebrecht die Uhr wieder aus der Tasche. Sie fuhren jetzt über die Wegkreuzung kurz vor dem Dorfe Priestitz, gleich würden sie in Priestitz halten, und er konnte die Uhr stellen. Er war so beschäftigt damit, daß ihn erst eine scheltende, helle Stimme an eine andere Pflicht erinnern mußte.

«Na, du langer Laban!» schalt die helle Stimme unter einem kaputzenförmigen Hut hervor. «Siehste nich, det ick mir die Reisekörbe eenen Bruch heben tue?! Kiek nich und faß lieber an!»

Rasch griff Karl zu und zog den schweren Korb in den Wagen. «Entschuldigen Sie nur», sagte er eilig. «Ich dachte –»

«Dachte sind keene Lichte! Hier, faß noch mal an – hau ruck! Siehste, den hätten wa ... So, un nu nimmste Tilda'n hoch!» Und zu dem plärrenden Kind: «Weene nich, Tilda! Der Mann tut dir nischt – er is ja gar keen Mann, er is bloß dußlig, und dußlig is er, weil er nie aus seinem Kuhkaff rausjekommen is! Na, und nu jib mir ooch mal die Hand, du Kavalier – Hau ruck! Diese verfluchten Kleedagen!»

Als Karl Siebrecht diese energische Dame in den Wagen zog – sie hatte dabei die Röcke ungeniert hochgenommen und zwischen die Knie geklemmt –, sah er zum erstenmal ihr Gesicht. Nach der Stimme hatte er gemeint, es müsse eine junge Frau sein, eine sehr junge vielleicht. Nun sah er mit Staunen, daß es ein Kind war, ein Mädchen von dreizehn oder vierzehn Jahren, schätzte er, in den viel zu weiten Kleidern einer alten Frau, aber mit dem ein bißchen frechen, vergnügten Gesicht einer Spitzmaus! Ganz hell – mit einer langen dünnen Nase, hellen flinken Augen und mit einem schmalen, sehr beweglichen Mund. «Na, wat grinste?» fragte das Mädchen gleich. «Ach, du dachtest, ick wär deine Jroßmutta! Nee, is nich! Wetten, du rätst nich, wie alt ick bin? Na, wie alt bin ick?» Und gleich weiter, ohne eine Antwort abzuwarten: «Warum halten wir denn noch immer in disset Kaff?! Wejen mir kanns weiterjehn! Wär ick nich gewesen und die Tilda, hätt' er übahaupt nich halten brauchen! Er soll man machen, det wa weiterkommen, sonst vapassen wa in Prenzlau noch den Anschluß!»

«Sie müssen erst die Milchkannen einladen», erklärte Karl. «Die sollen auch mit nach Berlin.»

«Ach, so is det! Du weest hier woll Bescheid? Biste von hier? Aber ick habe dir hier nie jesehen! Ick bin schon drei Tage hier, ick kenne jeden Schwanz in det Kaff!»

«Nein, ich bin eine Station weiter her. Aber ich weiß hier Bescheid, mein Vater hat hier mal den Bahnhof gebaut. Bei wem waren Sie – warst du denn hier?»

«Ach nee, den Bahnhof? So wat nennt ihr hier Bahnhof?! So wat nenn ick ne Sommerbluse – vorne offen und hinten ooch nich ville. Die kann dein Vater sich an den Hut stecken!»

Unwillkürlich sagte Karl Siebrecht: «Mein Vater ist am Montag gestorben.»

«Ach nee, det tut mir aba leid! Desterwegen biste so schwarz, ick habe jedacht, du bist beim Paster in de Lehre. Na ja, wa müssen alle mal abhauen, det is nich anders! Bei uns is die Mutta verstorben – seitdem spiel ick die Ziehmutter zu det Jör. – Tilda, wenn du den Nuckel noch eenmal hinschmeißt, ballre ick dir eine! Siehste, wie die pariert?! Respekt muß sind – die jehorcht mir, als wär ick nich die Schwester, als wär ick die Mutta. Mutta haste noch?»

«Nein, meine Mutter ist schon lange tot.»

«Ach, du bist Vollwaise? Det kann janz jut sind, vastehste, wir haben Vata'n noch, aber manchmal denk ick, ohne Vata jings bessa. Er is Maurer, aber meistens macht er blau! Sonst een tüchtjer Maurer, allens, wat recht is, ooch jutmütig, bloß, det der Mann so wasserscheu is –. Na ja, wa haben alle unsre Fehler . . .»

Der Zug fuhr wieder eifrig bimmelnd durch die Felder. Die kleine energische Person hatte sich auf ihren Reisekorb gesetzt, hatte aus der Tasche ihres Unterrockes einen Apfel geholt und biß eifrig davon ab. Darüber vergaß sie ihre Schwester nicht, die auch abbeißen durfte, während die flinken Augen der Großen bald zum Fenster hinaus, bald zum Jungen hinüber gingen. Nun musterte sie wieder sein Gepäck. Karl Siebrecht hatte den Eindruck, daß diesem

Mädchen auch nicht das geringste entging: er hatte noch nie ein so waches, lebendiges Menschenkind gesehen. Und ein so redseliges! «Die Äpfel sind jut», sagte sie jetzt. «Willste ooch eenen? Ick habe den halben Korb voll! Nee, nich? Na, laß man, nötigen tu ick dir nich, wer Hunger hat, frißt von alleene! Da staunste woll, wat ick in deinem Kaff jemacht habe? Det haste wohl jemerkt, det ick nich vom Lande bin? Nee, ick bin mit Spreewasser jetauft, det heeßt, et wird woll Pankewasser jewesen sein, ick bin mehr aus dem Wedding, bei de Pankstraße her! Weeßte, wo det is?»

«Ja, daß du aus Berlin bist, habe ich auch schon gemerkt!» lachte Karl Siebrecht vergnügt. Er wußte nicht, wie es ihm erging, aber diese kleine Person ließ ihn all seinen Kummer und sein Abschiedsweh vergessen. Sie war eine so unglaubliche Mischung von Kind und Erwachsenem! Lebensklug – und doch kindlich!

Jetzt lachte sie auch. «Ach, du meinst, von wejen meine Sprache? Na, laß man, wa können nich alle uff dieselbe Tonart piepen! Det wäre zu langweilig! Übrijens, Friederike Busch is mein Name!»

«Karl Siebrecht», stellte sich der Junge vor.

«Sehr anjenehm, Karl!» Und sie gab ihm ihre kleine, graue, schon sehr verarbeitete Kinderhand. «Karl heeßt auch mein Vetter, in dem Kaff da, von dem ick komme, in Priestitz. Aber er is man doof uff beede Backen, mit dem kann ick keen Wort reden, mit dir kann ick jut reden, Karl –!»

«Ich mit dir auch!»

«Na, siehste! Und warum ick in Priestitz war? Da is doch Muttas Schwesta, Tante Bertha! Solange Mutta noch lebte, und ooch det Jahr nach ihrem Wegscheiden hat se uns imma von's Schlachtefest Pakete jeschickt. Aber letztet Jahr: Neese! Da ha' ick disset Jahr zu Vata'n jesagt: det gibt et ja nu nich, wenn so wat erst inreißt, denn kucken wa det janze Leben in den Mond! Ick fahre hin! Na, der Olla hat ja jenuschelt, aba da mach ick ma nischt draus. Ick ihm einfach 'nen Zettel hinjelegt, die Tilda uffjepackt und losjeschoben!»

«Und was hat die Tante gesagt, als du da so einfach ankamst? Du hattest dich doch nicht angemeldet, Friederike?»

«Rieke heeß ick, Friederike is bloß fors Amt, und wenn ick Schläje kriege, aber ick krieje keene mehr, jejen mir hebt keener mehr die Hand! – Die Frau hat Oojen jemacht, det kann ick dir flüstern, wie Mantelknöppe! Wat willste denn hier? fragt mir die Frau. Und denn noch mit det Balg?! – Erlobe mal, Tante Bertha, sare ick zu die Frau, der Balg is deine fleischliche Nichte und dir wie aus't Jesichte jeschnitten, und denn wollt ick mir man bloß die kleene Anfrage erlauben, ob hier unter deine Schweine Keuchhusten ausjebrochen is? – Na, da mußte se doch lachen, und denn war se janz ordentlich. Det von't vorje Jahr, hat se wieder jutgemacht und mehr wie det. Und det nächste Jahr soll ick wiederkommen, mit det Schicken is et ihr zu umständlich. Na, laß se, die is schlecht mit die Feder, vastehste? Adresseschreiben und so! – Det Kleed is ooch von ihr! Schöne Wolle, er jing nich mehr in'n Korb, aba dalassen, keenung! Hab ick's über die andre Kleedage jezogen, haste det /

Aber ehe Karl Siebrecht noch antworten konnte, fing die
klingeln an, die Bremsen schrien, es gab einen gewaltigen \
hielt ganz plötzlich: sie wankten auf ihren Sitzen, Tilda fie\

Bank – «Det is die Höhe!» schrie Rieke Busch. «Mir mein Kind von de Bank zu schubsen! Die Bande mach ick haftbar!»

Karl Siebrecht hatte zum Fenster hinausgesehen: der Zug, aber eigentlich war es nur ein Zügle, hielt auf freier Strecke. Ein Schaffner lief an ihm entlang, ein langer, schwarzer, jetzt sehr aufgeregter Mensch, der in jeden Wagen stürzte ... «Da ist was passiert», sagte Karl Siebrecht zu Rieke Busch, die das weinende Kind zu beruhigen suchte.

Sofort ergoß sich die Schale ihres Zorns über ihn. «Wat soll den passiert sind? Hier passiert doch nie nischt! Hier saren sich bloß die Hühner jute Nacht – und denn passieren! Det ist ja lachhaft! Und mir schmeißen se det Kind von de Bank – so wat is doch rücksichtslos! Det Kind kann sich doch eenen Leibesschaden tun! – Hören Se, Männecken», wandte sie sich ohne weiteres an den aufgeregten Schaffner, der jetzt in ihr Abteil für Reisende mit Traglasten gestürzt kam, «hören Se, Männecken, wat is denn mit ihre Klingelbahn los? Ihr Lokomotivführer hat woll eenen zu ville jekippt! Sie schubsen mir det Kind von de Bank –!»

Aber ohne das empörte Mädchen zu beachten, hatte sich der Schaffner an die Untersuchung der rotweiß bemalten Notbremse gemacht. Nun wandte er sich an die beiden. «Ihr habt die Notbremse gezogen!» schrie er. «Wer von euch beiden hat die Notbremse gezogen? Das kost' Strafe – das kost' zehn Taler Strafe!» Er fing an, den Boden abzusuchen. «Da liegt ja der Draht! Und da ist die Plombe! Das sieht ja jeder, daß ihr die abgerissen habt! Das kost' zehn Taler, und wenn ihr die nicht zahlen könnt, kommt ihr ins Loch!»

«Entschuldigen Sie», sagte Karl Siebrecht, «wir haben bestimmt nicht an der Notbremse gezogen! Wir haben uns hier ganz ruhig unterhalten –»

Aber seine Gefährtin war nicht für höfliche Erklärungen. «Sie sind ja komisch!» schrie sie im schrillsten Ton. «Sie sind ja 'n komischer Vertreta! Erst schmeißen Se det Kind von de Bank, und denn kommen Sie noch mit so 'ne Redensarten! Saren Se mal, haben Se keene Oogen im Koppe nich! Sehen Se vielleicht, wat für 'ne Jröße ick habe? Ick bin nich so'n langer Laban wie jewisse andere, ick reiche jar nich an Ihre dußlige Notbremse! Ja, kieken Se mir mit Ihre schwarzen Kralloojen ruhig an, ooch nich, wenn ick uff den Reisekorb klettre ...»

«Aber der Junge –», wollte der Schaffner anfangen.

«Der Herr! meenen Se! Det is een jebildeter Herr, der is nich wie andere, der rennt nich 'rum und brüllt die Leute an, det er se ins Loch steckt. Der hat 'nen Todesfall in die Familie jehabt, dem is nich nach Notbremse, und da kommen Se hier reinjestürzt!»

«Aber man sieht doch deutlich, einer hat den Draht durchgerissen», fing der Schaffner wieder an.

«So, det sehen Se? Wat Sie allet sehen, an so 'nem Stücksken Draht! Woran sehen Se denn det, det eener den abjerissen hat? Kann denn Draht nich von selber reißen? Ich weeß det nich, aber Sie wissen't: Draht reißt nie, der wird jerissen! Na ja, wer hier wohl jerissen is, Sie nich, Männecken, Sie nich!»

Sie stand in ihrer grotesken Frauentracht, funkelnd vor Zorn, mit ihrem hellen, völlig furchtlosen Gesicht vor dem Mann, der sie mit einem einzigen Schlage hätte niederschmettern können. Aber er dachte gar nicht daran, sie hatte ihn wirklich in Verwirrung gebracht. Er probierte noch immer an Draht und Plombe herum, aber nicht mehr mit der richtigen Überzeugung. «Das melde ich aber in Prenzlau auf dem Bahnhof!» sagte er noch drohend, aber seine Drohung klang nur schwach. «Euch werde ich das besorgen! Hier einfach die Notbremse ziehen!» Damit stolperte er aus dem Wagen. Sie sahen ihn am Zug entlang gehen, immer noch Draht und Plombe in der Hand. Dann stand er neben der Lokomotive, verhandelte mit dem Führer. Sie meinten, ihn sagen zu hören: «Den hat doch einer durchgerissen, das sieht man doch!» Dann setzte sich der Zug keuchend wieder in Bewegung, klingelte aufgeregt.

«Du kannst die Leute aber ausschelten!» sagte Karl Siebrecht nicht ohne Bewunderung zu Rieke Busch. «Hast du denn keine Angst gehabt, er haut dir einfach eine runter?»

«Ick hab so ville Dresche in meinem Leben bezogen, früher, davor ha' ick keene Angst mehr! Und denn det Schimpfen, det lernt man, wo wir wohnen. Wenn de dir da nich wehrst, biste glatt erschossen. Na, du hast det nich nötig jehabt, for dir is immer jesorgt worden, det sieht man.»

«Aber vielleicht habe ich es jetzt auch nötig. Ich fahre nach Berlin, für immer.»

«Na, und –? Da haste doch sicher 'nen Onkel oder jehst uff 'ne bessere Schule?»

«Nein. Ich habe niemanden dort. Und ich muß mir selber mein Geld verdienen.»

«Wat du nich sagst! Aber du hast schon 'ne Stellung ausjemacht, wat? Du bist Koofmich oder so wat, mit deinem tipptopp jestärkten Halsabschneider –!»

Karl Siebrecht faßte unwillkürlich zu seinem hohen steifen Stehkragen, der ihm wirklich die Kehle fast abschnitt. Minna hatte verlangt, daß er das mörderische Ding umband: er solle in Berlin doch einen guten Eindruck machen! Aber ehe er noch Rieke Busch über seine gänzliche Unversorgtheit hatte aufklären können, fing die Lokomotive ein zweites Mal aufgeregt zu bimmeln an. Wieder gab es einen Ruck, aber nicht mehr ganz so schlimm wie den ersten – Tilda blieb auf der Bank –, und wieder hielt der Zug.

«Na, wat sagste nu?» rief Rieke Busch empört. «So wat jibt's nu in Berlin nich! Paß mal uff, jleich haben wa den schwarzen Affen wieder hier!»

Und wirklich, schon wurde die Tür wieder aufgerissen, der Schaffner sprang herein, stürzte auf die Notbremse los, ohne die beiden auch nur eines Blickes zu würdigen, untersuchte sie, schob den Griff in die Höhe... Bis hierher hatte Rieke Busch schweigen können, nun sagte sie in höchst vernehmlichem Flüsterton: «Det is bloß det eenzije Jlück, det keen Draht mehr dran is! Ohne Draht können Se uns nämlich nischt beweisen, Karl! da muß erst wat jerissen sind, denn kommen wa ins Loch –!»

Der Schaffner warf der Sprecherin einen wütenden Blick zu, zog einen Draht aus der Tasche und band mit ihm die Notbremse wieder fest.

«Na also!» sagte Rieke Busch höchst befriedigt. «Nu muß noch 'ne Plombe ran! Ich bin scharf uff Plombe – ohne Plombe is det man der halbe Spaß!» – Der Schaffner machte einen Schritt auf sie zu, überlegte sich dann den Fall und verließ überstürzt das Abteil. – «Haste det jesehen?» lachte Rieke Busch. «Ebend hätte ick beinahe eene jeschallert jekriegt! Da hätte ick mir aber 'nen Ast jelacht. Wat so Leute komisch sind, die immer jleich wütend werden. Det macht mir Laune, so eenen zu kitzeln.»

«Und wirst du nie wütend?»

«Aber feste! Ick kann mir jiften, sare ick dir! Wenn se mir so for dumm koofen wollen, und ick soll beim Jrünkrämer immer det Verfaulte kriegen, oder bei die Preßkohlen jehen bei mir achtzig uff den Zentner, bei andere aber vierundneunzig, oder Vata hat wieda mal blau jemacht, wo keen Jeld im Hause is – denn jifte ick mir! Denn merk ick ordentlich, wie ick anloofe wie 'n Löffel mit Jrünspan. Aber merken lassen, det die Leute merken lassen – nich in den nackten Arm. Denn wer' ick immer feiner, denn wer' ick so fein, fast wie der Paster in de Kirche. Nee, meine Dame! sare ick. Ick nich! Nich, wie Se denken, meine Dame! Mein Jeld stinkt nich anders wie det von andere Leute – wozu soll da mein Kohl stinken –?» Soweit war Rieke Busch mit ihrer Charakterbeschreibung gekommen, als die Lokomotive zum drittenmal aufschrie, der Zug zum drittenmal plötzlich bremste und anhielt. «Det wird ja eintönig!» rief Rieke Busch. Und mit einem raschen Blick zur Notbremse: «Siehste, da is der Draht wieder jerissen! Nu werden se uns bestimmt inspunnen!»

Sie lehnte sich aus dem Fenster. Sie rief dem Schaffner entgegen: «Wat saren Se nu? Der Draht is wieder jerissen!»

Diesmal brachte der Schaffner den Lokomotivführer mit. Aber er beachtete Rieke Busch gar nicht. Der Lokomotivführer sagte: «Wir müssen einfach die Luft abstellen, Franz!» Und sie machten sich daran, die Preßluftschläuche am Waggon zu lösen. Die beiden – und viele andere lachende, spöttische und empörte Gesichter – sahen dem Werk interessiert zu.

Als die Männer aber wieder zur Lokomotive gehen wollten, rief Riehe Busch: «Du, Franz, hör mal her!» Unwillkürlich blieb der Schaffner stehen, wütend starrte er das Mädchen an. «Wenn ick du wäre», sagte sie mit ehrlichem Nachdruck, «ick täte mir entschuldigen – wat meenste?»

Auf dem Gesicht des schwärzlichen Schaffners kämpfte Zorn mit Lachen. Aber das Lachen gewann doch die Oberhand. «Du Aas, du!» sagte er. «Du kleines Berliner Aas mit so 'ner süßen Schnauze! Wenn du meine Tochter wärst!»

«Und du mein Vata!» lachte sie mit Überzeugung. «Du tätest was erleben!»

«Na, gib mir 'nen Süßen», sagte der Schaffner, «bist ja noch ein Kind!»

Sie gab ihm ungeniert aus dem Abteilfenster einen Kuß. «Und nu mach een bißchen Dampf, Franz», sagte sie. «Det wa noch rechtzeitig nach Prenzlau kommen! Und da hilfste mir bei die Körbe, vastanden? Det biste mir schuldig, Franz!»

Der Zug fuhr schon wieder, da sagte sie zu Karl Siebrecht: «Du, der sollte mein Mann sind! Der sollte aber een richtijer Mann werden, nich so'n Teekessel! Aber die meisten Frauen sind dumm. Nich so dumm wie die Männer, aber anders dumm, eben mit die Männer! – Und wat fängste nu in Berlin an, Karl?»

## 5. Auf der Reise

Sie hatten wirklich ihren Anschluß in Prenzlau nicht mehr erreicht, was niemand mehr bedauert hatte als der so freundlich gewordene Schaffner Franz. Aber tu etwas gegen eine wild gewordene Notbremse!

Trotzdem sie nun drei Stunden in Prenzlau auf dem Bahnhof sitzen mußten und trotzdem Tilda den beiden das Leben durch ewiges Plärren nicht leichter machte, wurde Karl Siebrecht die Zeit nicht lang. Und was die Rieke Busch anging, so schien es bei diesem Mädchen keine leeren Minuten zu geben, immer war sie quicklebendig, voller Interesse für alles. Immer flitzten ihre hellen Augen umher, mit jedem wußte sie gleich auf du und du zu kommen. Im kleinen Heimatstädtchen hätte sich Karl Siebrecht nur ungern mit einem so grotesk angezogenen, derart schnellzüngigen Mädchen öffentlich sehen lassen. In der großen Stadt Prenzlau saß er bei ihr im Wartesaal zweimal Zweiter, als gehörte er dazu, half ihr die Tilda beruhigen und lauschte mit unermüdeter Aufmerksamkeit ihrem Gerede. Aber Rieke Busch konnte nicht nur reden, sie konnte auch fragen, und nur schwer war ihren bohrenden Fragen zu widerstehen. Und Karl Siebrecht wollte gar nicht widerstehen, gerne erzählte er diesem – er hatte es nun erfahren – fast vierzehnjährigen Dingelchen von der abgeschlossenen Vergangenheit und von seinen großen Plänen für die Zukunft. Niemand schien ihm fähiger, zu raten, als dieses Kind mit seinem Mutterwitz, seinem nüchternen Lebensverstand, seiner Tüchtigkeit. Was er erst erreichen wollte, sich selbst ernähren, das hatte Rieke schon geschafft. Und sie ernährte nicht nur sich selbst, sondern die Schwester Tilda dazu und fütterte auch oft noch den blaumachenden Vater. Waren Karls Hoffnungen für die Zukunft aber noch reichlich vage, so hatte sie da ganz bestimmte Pläne, und sie war die Person dazu, sie durchzusetzen.

«Ick muß nur wachsen», sagte Rieke Busch. «Noch zwanzig Zentimeter, denn kann ick mit Waschbalje und Waschbrett hantieren, ohne 'ne Kiste unterzusetzen, und denn nehm ick Waschstellen an. Da vadien ick mehr Geld, jetz mach ick bloß Halbtagsmädchen – von wejen Schule –, det klappert nich so! Aba Wäsche kann ick, alle Tage 'nen Taler und denn die Stullen, da mach ick uns dreie von satt. Und denn spar ick! Uff wat spar ick? Uff 'ne Nähmaschine, und denn leg ich mir uff die Schneiderei, damit wird Jeld vadient. Arbeet? Arbeet jenug, det wirste selba bald selben, bloß genieren mußte dir nich, aussuchen is nich. Und deine feinen Hände – na, det weeßte selba, die werden wohl nich lange fein bleiben!»

«Ich hätte gerne was mit Autos zu tun», sagte Karl Siebrecht.

«Siehste!» antwortete sie, und ihre Augen funkelten vor Spott. «Det lieb ick! Schon willste dir die Arbeet aussuchen! Erst nimm, wat de kriegst! Und wenn's Kinderwagenschieben is – Auto kommt denn von alleene! Und überhaupt Auto – det sind doch allet Schlosser und Mechaniker, jloobste denn, det kannste von alleene, wat die sich in vier Jahren Lehre beijebogen haben?! So mach man weiter, denn brauchste jar nich erst anzufangen, denn fahr man jleich bei deine Minna!»

Verdammt noch mal, die nahm kein Blatt vor den Mund, diese kleine Nüchterne! Ganz im geheimen hatte ja Karl Siebrecht wohl einen Traum in der Brust gehegt von einem sagenhaft reichen, edlen Mann, dem er irgendwie helfen konnte – manchmal rettete er ihm sogar das Leben! –, und dieser edle Einsame erkannte sofort die außerordentlichen Fähigkeiten des jungen Karl Siebrecht und ließ ihn aufrücken, bis er in ganz kurzer Zeit sein Nachfolger und Erbe wurde. Solchen Traum hatte er gehegt, manchmal. Aber Rieke Busch hatte nie geträumt, oder wenn sie geträumt hatte, war es um Waschfaß und Nähmaschine gegangen. Sie hatte eine außerordentlich feine Nase für verstiegene Erwartungen.

«Wenn de denkst, dir schenkt wer was», sagte sie, und Karl Siebrecht hatte doch kein Wörtchen von seinem Traum verlauten lassen, «denn biste doof! Dir schenkt keener nischt, wat de dir nich nimmst, det kriegste nich. Und wat de jenommen hast, halt feste, sonst biste et jleich wieda los! Det is 'nen Haufen Jeld, wat de da hast, ick hab noch nie so 'ne Masse Jeld jesehen, aber wenn du's nich festhälst, bistet los, ehe de Piep jesagt hast. Und übahaupt – du kannst nich schnell jenug Arbeeter werden und wie 'n Arbeeter aussehen. Wat denkste, wat se dir mit deinem Stehkragen und deine feine Tolle vaäppeln werden. Mach deinen Korb mal uff, ick will sehen, ob de vanünftije Klamotten hast, die de anziehen kannst bei de Arbeet. Sonst vascheuern wa morjen deinen Schraps, und du kaufst dir wat Richtijet. Röllchen – haste Töne! Aba die manchesterne Hose is jut. Wat, zu lang ist die? Da näh iß dir 'nen Einschlag rin, wat denkste, wat du aussehen wirst, wenn de erst richtig arbeetest. Ick werde mit meinen Ollen reden, valleicht jeht er jrade uff den Bau, und valleicht brauchen se da 'nen Handlanger.»

Ja, sie waren noch nicht in den Berliner Zug gestiegen, da war es schon ausgemacht – übrigens ohne daß Karl Siebrecht gefragt worden wäre –, daß Rieke zu Schwester und Vater auch noch diesen Jüngling unter ihre schützenden Fittiche nehmen würde. Sie wußte auch schon eine Schlafstelle für ihn («Zimmer is nich, det mach dir man ab – wat denkste, wat du zu Anfang vadienen wirst?!»), und sein Geld brachte er morgen noch auf die Sparkasse! Karl Siebrecht war mit all diesen Verfügungen über seine Person ganz einverstanden, nicht etwa, weil er aus Schlappheit oder Feigheit gewillt war, sich gleich wieder unter ein neues Kommando zu begeben, sondern weil er das Gefühl hatte, in den ersten Wochen seines Berliner Aufenthaltes tue ihm eine Führung recht gut. Später würde er dann schon selber sehen... Und außerdem gefiel ihm diese Rieke Busch sehr, sie kommandierte nicht etwa aus Herrschsucht, sondern aus gesundem Menschenverstand. Sie wußte Bescheid, und er hatte keine Ahnung.

Der Berliner Zug war proppenvoll. Sie mußten ihre Körbe übereinander stapeln, aber sie fanden dank Riekes Schlagfertigkeit doch Sitzplätze, und keine drei Minuten, so erheiterte Rieke den ganzen Wagen mit der Schilderung ihrer Kleinbahnfahrt. Karl Siebrecht vergaß den toten Vater, er mußte Tränen lachen, wie Rieke Busch in ihrer Frauentracht den langen Laban von Schaffner nachmachte. Sie hielt ein imaginäres Stück Draht zwischen spitzen Fingern und sagte immer wieder: «Der is doch jerissen, det sieht man doch! Der is doch nich jeplatzt, i wo!»

Und kaum war diese Vorstellung vorüber, so war Rieke Busch schon zu Karl Siebrechts Überraschung in einer sehr offenherzigen Erörterung seiner vergangenen und zukünftigen Lebensumstände. Irgendwelche Geheimnisse schien es bei ihr nicht zu geben. Da im Wagen viele Berliner saßen, war bald die lebhafteste Besprechung im Gange. Siebrecht wurde viele Male prüfend von der Seite angesehen, mußte Auskunft geben über seine Schulkenntnisse, die Rechenkünste, die Schönheit seiner Schrift, ja er mußte das Jackett ausziehen und die Oberarmmuskeln spannen. Er tat das alles gutwillig und lachend. Es waren wohl alles kleine Leute, die da mit ihnen im Wagen saßen, aber sie dachten wirklich darüber nach, ob sie was für ihn wüßten, sie wollten ihm gerne behilflich sein.

Leider stellte sich bald heraus, daß bei solchen Berufen, von denen die Mitfahrer Kenntnis hatten, mehr Kräfte verlangt wurden, als dem Karl Siebrecht zuzutrauen waren. «Ick habe jedacht», sagte ein biederer Schnauzbart, «du könntest vielleicht bei uns in den Stall, Junge. Ick bin bei die städtischen Omnibusse, vastehste? Mit 'nem Lackpott hoch vom Bock, vastehste? Unsa Futtameista braucht mal wieder 'nen Jehilfen. Mit dem Putzen und dem Futterschütten, det jinge ja noch, aba all die Säcke vom Boden, jeder anderthalb Zentner, det kannste nich, da machste bei schlapp.»

«Ich habe schon anderthalb Zentner getragen», sagte Karl Siebrecht.

«Ja, eenmal! Aba det weeßte doch, eenmal is keenmal. Und wenn de denn nacheinander zwanzig Säcke runterbuckeln mußt, da wirste weich! Denn wat biste? Du bist weich! Det is keen Fleesch von 'nem Arbeeter, wat du auf dem Leibe hast, det ist so nüchterenet Kalbfleesch, vastehste? Allens Zadder, so is det.»

«Er wird schon ander Fleesch kriejen!» rief Ricke Busch. «Der is nich schlapp!»

«Nee, vielleicht nich, aba für uns is er nischt. Unsa Futtameesta, der is nich jut, der haut jleich.»

«Vielleicht wüßte ich etwas für Sie», ließ sich jetzt ein blasser, langer junger Mensch vernehmen, mit vielen Pickeln im Gesicht. «Wenn Sie fleißig sind, können Sie bei mir gutes Geld verdienen.»

«Bei Sie —?!» antwortete Rieke Busch schnell, ehe noch Karl Siebrecht den Mund hatte auftun können. Karl kannte nun schon den etwas gedehnten, schrillen Ton in ihrer Stimme — er kam immer, wenn sich ein Sturm bei ihr zusammenbraute. «Bei Sie kann er jutet Jeld vadienen?» Sie musterte den Jüngling. «Von wat vadienen Sie denn erst mal Jeld?»

«Ich habe», sagte der Jüngling bereitwillig, «die Generalvertretung für Berlin und die Mark Brandenburg des Pfiffikus-Sparbrenners. Spart bis zu sechzig Prozent des Petroleumverbrauchs...»

«Ach, den Dreck kenn ick», sagte Rieke rasch. «Wenn man so 'n Ding uff de Lampe setzt, is't duster, wie wenn Neumond scheint, oder blakt, als wenn Ruß schneit. Det is doch Mist, Sie!»

«Na, erlauben Sie mal», protestierte der Jüngling. «Ich komme soeben aus Prenzlau und Umgegend, ich habe dreiundsechzig Stück von dem Pfiffikus verkauft.»

«Det wollen wa dahinjestellt sein lassen! Valleicht sind se in Prenzlau so helle, det se't jern een bißchen duster haben wollen. Wat vadienen Se denn nu an so een Stück?»

«Zwanzig Pfennige!»

«Det is achtbar! — Det is nich schlecht! — Zwölf Mark sechzig — det hat unsereener die ganze Woche nur! — Na, aba die Bahnfahrt jeht ab! — Wat denn, die Bahn ist doch nich teuer!» So ging es hin und her im Abteil.

«Ick frage mir nur», ließ sich Rieke Busch wieder vernehmen, «wenn Se uff Kundschaft jehn, wollen Sie ja doch 'nen juten Eindruck machen, wat?»

«Selbstredend!»

«Ick frage mir nur, warum Se sich da so 'ne olle Kluft anpellen? In der Jacke da haben Se direkt een Loch! Det ist wohl vom Pfiffikus? Bei zwölf Mark den Tag müssen Se doch Klamotten haben wie Jraf Kooks!»

«Aber, meine Dame», sagte der Jüngling und fiel vor lauter Patzigkeit in das schönste Berlinisch, «Sie haben sich bei det Wetta ooch nich jrade fein injepuppt! Denken Sie, ick lasse mir mein bestet Zeug einweechen?»

«Da haben Se recht!» rief Rieke Busch. «Und weil's so naß is, haben Se Schuhe mit Wasserlöcher anjezogen, det et nich so lange dauert, bis de Füße naß werden, wat?»

«Mit Ihnen spreche ich überhaupt nicht», sagte der Jüngling wieder sehr fein. «Ich spreche nur mit dem Herrn. – Ich würde Sie anlernen», sagte er überredend, «es ist ganz leicht, der Artikel geht reißend. Ich will sowieso mehrere Untervertreter anstellen. Ich lasse Ihnen den Pfiffikus mit neunzig Pfennig, wenn Sie fünfzig Stück abnehmen, Verkaufspreis ist eine Mark. Da ist überhaupt kein Risiko dabei!»

«Nein, danke wirklich!»

«Und Sie kost' er achtzig!» rief Rieke Busch wieder. «Det is een Jeschäft ohne Risiko, det jloob ick – aber für Sie! – Nee, Karl, laß man. Uff so 'ne mußte nie hören. Wenn schon eener und erzählt dir, du kannst zwölf Mark am Tag vadienen, und ohne Arbeet, und sieht aus, als hätte sein Magen seit sieben Wochen keene Schrippe nich jesehen – denn sag bloß: hau ab, dir kenn ick!»

«Na, erlauben Sie mal, meine Dame! Ich kann Ihnen beweisen –»

«Det können Se mir aba nich beweisen, det det Loch in Ihre Jacke keen Loch is und det Ihre Schuhe keen Wassa ziehen. Und det jenügt mir! – Nee, Karl, wir reden erst mal mit Vata'n. Wenn Vata seinen hellen Tag hat, is es ooch helle. Bloß, mir schwant, er ist mal wieda blau!»


## 6. Ankunft in der Wiesenstraße

Es war schon dunkle Nacht gewesen, als der Zug im Stettiner Bahnhof einlief. Mit unglaublicher Zungenfertigkeit hatte Rieke Busch einem Dienstmann, der Feierabend machen wollte, seine Karre abgeschwatzt. Das alte Gesicht unter der roten Mütze wurde immer verwirrter, dann stets vergnügter. «Na, Männecken, Sie sind doch ooch müde?» hatte Rieke gefragt und ihre Hand ganz sachte neben die altersfleckige, ausgemergelte Hand auf den einen Holm des Handwagens gelegt. «Wat wollen Se da mit de Karre nach Haus zuckeln? Alleene jeht sich det doch ville besser?»

«Du bringst mir die Karre ja nich wieda, du freche Kröte, du!» jammerte der alte Mann.

«Wo wohnen Se denn? In de Müllerstraße? Ooch 'ne feine Jejend! Und ick wohne in de Wiesenstraße – kennste de Wiesenstraße, Opa?»

«Det hab ick doch jleich jemorken, det du vom Wedding bist, du Aas du!» strahlte der Alte.

«Na, siehste», lachte Rieke, «da weeßte schon, wie ick heiße! Aas heiße ick! Und wie heißt du, Opa?»

«Küraß heiß ich. Nummer siebenundachtzig. Müllerstraße, vergiß nicht!»

«Küraß –?» Rieke sprach den Namen wie Kieraß. «Kieraß, ick hab jedacht,

24

so heeßen nur die Hunde. Na jut, Opa, det wer' ick schon nich verjessen, siebenundachtzig, Müllerstraße, Kieraß. – Schieb ab, Opa! Huste dir man sachte in den Schlaf!»

«So ein frechet Aas!» hatte der Alte wieder gesagt und war ganz gehorsam abgeschoben, ohne Rieke auch nur nach ihrem richtigen Namen zu fragen. Aas aus der Wiesenstraße schien ihm als Pfand für seinen Handwagen völlig zu genügen.

Vereint hatten Karl und Rieke nun die Körbe aufgeladen, die fast schlafende Tilda wurde so dazwischengestopft, daß sie nicht herunterfallen konnte, und nun waren die beiden losmarschiert. Karl zwischen den Holmen des Wagens, Rieke bald nachschiebend, bald neben ihm, um ihm den Weg zu zeigen. Ihre überlangen Röcke hatte sie mit einem Strick wulstartig um die Hüften gebunden. Die Gaslaternen flackerten in einem bögen Wind, stumm, verschlossen sahen die dunklen Häuser auf sie herab. Ab und zu wusch ein plötzlicher Schauer die Gesichter der Kinder. Wenn Karl Siebrecht daheim in der kleinen Stadt sich je seinen Einzug in die große Kaiserstadt Berlin ausgemalt hatte, dann nie so! Nie hatte er daran gedacht, vor einem Handwagen, Körbe ziehend, durch dunkle Straßen zu schieben, als einzige Freundin und Bekannte eine echte Berliner kesse Nummer, als einzige Aussicht eine Schlafstelle, die er mit einem Bäcker teilen sollte: «Janz ordentlich, der Junge! Säuft nich, arbeetet, nur schwach uff de Beene mit de Mächens, da fällt er zu leicht um», hatte Rieke seinen Schlafgenossen charakterisiert. Vormittags noch daheim, von der Minna betreut, in den altvertrauten Wänden, zwischen den Möbeln, die sein ganzes Leben um ihn gewesen waren – ach, fühlte er nicht noch Rias frischen Kuß auf den Lippen? –, und nun ganz draußen, für immer draußen, und seine Lippen schmeckten nichts als den faden Regengeschmack, der doch nicht rein nach Regen wie da draußen schmeckte, sondern nach Rauch, nach Ruß...

«Wie heißt diese Straße?» sagte er zu Rieke und sah fast scheu zu den dunklen Häusern hoch.

«Det is die Ackerstraße! Wenn wa die hoch sind, haben wa's nich mehr weit!»

«Ackerstraße? Wo ist denn hier ein Acker?» Er empfand wirklich schon Sehnsucht nach einem wirklichen Acker, über den der Herbstwind weht.

«Acker? Ach, du meenst Feld, wo se Kartoffeln druff bauen? Det jibt's hier nich. Det war valleicht mal früha. Wir wohnen ja ooch Wiesenstraße, aba Wiese is nich, dafür haben wa de Palme!»

«Die Palme? Was ist denn das? Ein botanischer Garten?»

«Mensch! De Palme, det weeßte nich? Det is de Herberje zur Heimat, die haben wir jrade vis-à-vis! Wo die Penna und die Stroma schlafen, wenn se sonst keene Bleibe haben! So wat haben wa, aba Wiese haben wa nich. Und Acker ooch nich. Na, laß man», sagte sie fast tröstend. «Wenn wa imma Kartoffeln satt haben, broochen wa keen Acker nich!»

Sie schoben stumm weiter. In so vielen Fenstern brannte Licht, rötliches vom Gas, schwach gelbliches vom Petroleum, manchmal auch strahlend weißes elektrisches – hinter den Fenstern bewegten sich Schatten, auf der Straße glitten Schatten eilig vorüber, in der Eckdestille grölte und schrie es. Ein Schutzmann in Pickelhaube mit herabhängendem grauen Schnauzbart trat nahe an die Karre heran, musterte stumm die kleine Fuhre – unwillkürlich sagte Karl Siebrecht «guten Abend», und der Schutzmann drehte sich wortlos um und ging weiter. Niemand wußte von Karl Siebrecht, keiner nahm Notiz von ihm, jeder hatte seinen Arbeitsplatz, sein Heim, etwas Verwandtes, selbst die kleine Rieke. Er nur schob alleine dahin, ohne Rieke wäre auch für ihn die Palme dagewesen, die Heimat der Heimatlosen. Ein beklemmendes Gefühl schnürte ihm die Kehle zusammen, noch nie, selbst damals nicht, als er am Bett des Vaters begriffen hatte, daß der Vater tot war, nicht mehr atmete – noch nie hatte er sich so einsam und verlassen gefühlt. Dieses verfluchte sentimentale Lied kam ihm nun auch noch ins Gedächtnis: «Verlassen bin i», mußte er summen, «wie der Stein auf der Straßen...» Er fühlte die Steine, Hunderte, Tausende unter seinen Füßen, sie wuchsen ihm zur Seite zu himmelausschließenden Mauern empor, Steine, nur Steine, nichts Lebendiges mehr... Und er allein darunter, etwas Lebendiges, etwas Atmendes, mit Blut in den Adern, mit einem Herzen, etwas Gefühl – und doch nur ein Stein unter Steinen, verlassen, wertlos. Niemand wußte von ihm, wie niemand von den Steinen wußte, über die sein Fuß eben gegangen war!

«Da links um de Ecke!» kommandierte Rieke Busch. «Rin in de Hussiten! Wie is dir denn, Karl? Du klapperst ja! Keene fünf Minuten, denn sind wa zu Hause, da koch ick dir wat Warmet!»

«Es ist nur, Rieke», sagte der Junge, «es ist alles so viel, alle diese Häuser, und alles Stein, und keiner weiß von uns...»

«Mußte eben machen, det se bald von dir wissen! Det is deine Sache! Und det mit de villen Häuser, det muß dir nich imponieren, ob det fünfstöckige wie hier oder kleene Häuserkens wie bei euch sind, mit Wassa kochen se hier wie da, und wenn de dir nich unterkriejen läßt, denn stehste, hier wie da! – So, und det is nu de Wiesenstraße. Wie Blume riecht det hier nich, aber komisch, wenn ick hier komme, is mir det imma wie zu Hause. Der Jeruch is mir direkt sympathisch. – Halt, Karl! Bleib da bei de Karre, ick mach ruff bei Vata'n, wenigstens de Körbe kann der Mann anfassen. Und laß dir nicht listen und locken, die klauen hier alle wie die Raben, namentlich was de Penner sind! – Jib mir die Tilda, ick wer' ihr schon schleppen – det Kind muß in de Betten! Is ja ganz naß vom Regen! Komm, meine Tilda, jetz jeht's in de Heia!»

Damit verschwand die kleine groteske Gestalt in einem dunklen Torweg, und Karl Siebrecht stand allein auf der Straße. Er setzte sich auf die Karre, ihn fror. Er bohrte die Hände in die Taschen und malte sich aus, wie schön es sein würde, nach diesem langen Tag endlich behaglich im Bett zu liegen. Freilich, wie würde sein Bett aussehen? Und was für ein Mensch würde der Bäcker sein, der so leicht umfiel, wenn Mädchen in Frage kamen? Dieses Kind Rieke Busch schien über alles im Leben Bescheid zu wissen, wie eine Alte. Sie sollte nur machen und schnell kommen – ihn fror jetzt sehr. Eine Gestalt hatte sich aus dem Häuserschatten gelöst und hatte schon eine Weile vor Karl Siebrecht gestanden. Nun sagte der junge, geisterhaft blasse Bursche: «Na, Mensch?»

«Ja?» fragte Karl Siebrecht, aus seinen Gedanken hochfahrend.

«Na –?» fragte der andere wieder.

«Guten Abend!» sagte Karl Siebrecht, der nicht wußte, welche Antwort von ihm erwartet wurde.

«Sore –?» fragte der, trat noch einen Schritt näher und legte eine Hand auf den Korb.

«Hände weg!» rief Karl Siebrecht scharf. Und als die Hand sofort zurückgezogen wurde, fragte er milder: «Was ist Sore?»

«Det weeßte nich? Na, Mensch! Jibste mir een Stäbchen, wenn ick dir sare, wat eene Sore ist?»

«Nein!» erklärte Karl Siebrecht entschieden. «Was ist denn ein Stäbchen?»

«So grün!» grinste der Bursche jetzt. «So grün und denn im November! Du kommst wohl grade vons Land?»

«Wirklich! Ich bin noch keine Stunde in Berlin!»

«Mensch!» sagte der Bengel fast fieberhaft, drängte sich dicht an Karl Siebrecht und flüsterte ihm ins Gesicht: «Sei helle, hau wieda ab. Hier is nischt los, nur Kohldampf und Frieren! Det wird een Winter, sare ick dir!»

«Keine Arbeit?» fragte Karl.

«Arbeet? Nich so ville hab ick letzte Woche vadient, wie ick Schwarzet unterm Daumennagel habe! Du rennst dir die Sohlen ab – aber nischt! Mensch!» sagte der Bursche und drängte sich noch näher. «Mach und schenk mir 'nen Jroschen! Ick habe nich mal so ville, det ick in de Palme nächtigen kann. Weeßte, wat de Palme is?»

«Ja, es ist mir erzählt worden.»

«Det letzte Nacht ha' ick in 'ne Sandkiste im Tiergarten jeschlafen. Mensch, und es is so kalt! Ick bin janz verklammt uff dem nassen Sande, ich war krumm wie 'n Affe. Eenen Jroschen nur, det ick eenmal wieder warm schlafen kann!»

Der Bursche, kaum zwei, drei Jahre älter als Karl Siebrecht, hatte so fieberhaft, so eindringlich geredet, daß es für den Jungen kein Zögern gab. Flüchtig hatte er daran gedacht, wie abfällig er sich eben noch seiner Schlafstelle erinnert hatte, und der hier hatte in einer Sandkiste geschlafen... Er zog das Portemonnaie aus der Tasche. «Ich will dir gerne einen Groschen geben», sagte Karl Siebrecht –

– und bekam im gleichen Augenblick einen Faustschlag in den Bauch, daß ihm der Atem verging, daß er sich zusammenkrümmen mußte. Das Portemonnaie wurde ihm aus der Hand gerissen. «Na, Mensch!» rief der Bursche triumphierend. Und ebenso schnell kläglich: «Laß mir los! Ick habe bloß Spaß jemacht! Ick jebe det Jeld wieda! Es war bloß Spaß! Rieke, Ernst –!»

Karl Siebrecht richtete sich ächzend wieder auf. Ja, da war die kleine Rieke Busch und ein junger, blasser Mensch mit einer ungeheuren Rabentolle bei ihr. Sie hielten den Burschen, der jammerte: «Warraftig, Rieke, et war bloß Spaß! Ick wer' doch nich eenen, den du kennst, fleddern! Laß mir loofen, bitte! Rieke, Ernst, sagt's nich meenem Ollen. Meen Olla haut mir zuschanden!»

«Und det soll er ooch!» sagte Rieke böse. «Jarnich genug kann der dir vertrimmen! Du faulet Aas – am Tage dir rumdrücken und nachts die Leute fleddern! Du jehörst uff den Alex, in de Plötze jehörste, nich bei uns Arbeeta!»

«Rieke, beste Rieke –» fing der Bursche wieder an.

«Halt's Maul! – Zähl's Jeld nach, Karl, stimmt's? Und een Kamel biste ooch, Karl, nach allem, wat ick dir jesagt habe, zeigste dem Lulatsch in der Nacht dein Jeld! Dir kann man ooch nich eene Minute alleene lassen, so een Dussel biste. Da is ja Tilda hella.»

«Er hat mich nur um einen Groschen für die Palme gebeten», versuchte der sehr beschämte Karl Siebrecht sich zu entschuldigen. «Er hat mir erzählt, er hat im Tiergarten in einer Sandkiste schlafen müssen –»

Die beiden, Rieke und der Rabentollige, brachen in ein Gelächter aus, selbst der gefangene Verbrecher grinste schwach. «Und det jloobste?!» rief Rieke. «Dir können se wohl alles erzählen. Denn wirste nicht lange mehr Jeld haben, wenn de de Leute allens jloobst. Du fängst ja jut an, Karl. Weeßte, wer det is? Det is det Früchtchen von dem Schustameesta Krull in de Pankstraße, der is bei seinem Vata Lehrling ins letzte Jahr, der hat een Bett, bessa als du und ick, keene Sandkiste, du! Bloß, det is een fauler Knochen, der will und will nich arbeeten. Sein Vata hat ihn schon halbtot jeschlagen, aba det hilft nischt mehr. Ick jloobe, bei dir hilft nur noch die Plötze, wat?»

«Laß mir loofen, Rieke, dies eene Mal noch! Ick will ooch jewiß nich wieda ...» bettelte der Bursche.

«Natürlich willste wieda! Aba hau ab, Jott sei Dank biste nich mein Sohn. Ick brächte dir zurecht, ick sare dir –!» Und das kleine Wesen funkelte den langen Bengel so gefährlich an, daß er mit einem verlegenen Grinsen einen Schritt zurück trat. Gleich nutzte er die Gelegenheit und stürzte fort ins Dunkel. Sie sahen ihm alle drei einen Augenblick schweigend nach.

«Na ja, der Fritze Krull!» sagte Rieke dann. «Weg mit Schaden! Den schnappen se ooch ohne uns. – So, Karl, und det is der Ernst, von dem ick dir berichtet habe, Ernst Bremer, wat? Det is der Bäcker, een juter Junge, wie ick dir jesagt habe, bloß zu leicht. Hinter alle kleenen Mädchen her.»

Der Bäcker Ernst Bremer, der einen so weißen Teint hatte, als sei er mit Weizenmehl bestreut, lachte recht geschmeichelt: «Det jloobe ihr nich, Karl», sagte er und gab dem Jungen die Hand. «So fett fiddelt Voß nich. Ha' ick dir schon süße Oogen gemacht, Rieke?»

«Na, weeßte!» antwortete Rieke im höchsten Ton. «Det wollte ick mir ooch sehr vabeten haben! Det wäre woll dein letzter Tag jewesen, wo de 'ne heile Fassage rumjetragen hast. – Und nu faß den Korb an, Karl. Ick dachte eijentlich, der Ernst soll de Körbe tragen, aba dir laß ick nich wieda alleene uff de Straße. Du mußt Berlin erst bessa kennenlernen. Det war 'ne Lehre wie 'ne Ohrfeige for dir.»

«Wir können ja beide die Körbe rauftragen, und du paßt auf», schlug Karl Siebrecht, doch wieder sehr beschämt, vor.

«Na ja, wenn ihr det wollt, denn mal los! Ick reiße mir nich darum.»

Es ging über zwei, drei dunkle Höfe, einer schien immer enger, riechender, trostloser als der andere. Karl schauderte. Dann ging es eine enge Treppe hoch, eine so vertretene, beschmutzte Treppe mit so scheußlicher Luft, daß es unbegreiflich schien, wie die offene, zungenförmige blaue Gasflamme in dieser Luft überhaupt brennen konnte. Türen über Türen, Gänge über Gänge, Lärm, Sprechen, Poltern, Töpfegeklapper. Frauen, die schweigend und, wie es Karl Siebrecht vorkam, mit feindlichen Augen den Korb an sich vorbeiließen. Immer höher hinauf, immer höher. Und die Luft wurde immer schlimmer. «Wollen wa nich mal vapusten?» fragte der Bäcker. «Du bist det ja nich jewohnt!»

«Nein, laß man, es gehst schon. Ist hier immer so schlechte Luft?»

«Ach, du meenst den Mief? Ja, det mieft hier immer, so'n Mief hält warm im Winta. Der hilft Preßkohlen sparen.» Und wieder schüttelte es Karl Siebrecht.

«Da sind wa», sagte der Bäcker und stieß mit der Schulter eine Tür auf, die nur angelehnt gewesen war. «Wa stellen den Korb nur ab, det die Rieke nich zu lange alleene is.»

Karl konnte nur einen hastigen Blick in eine von einem Petroleumblaker schwach erhellte Küche tun. Gottlob, hier sah es sauber aus, und es roch auch nicht so schlimm wie draußen. Aus einer Stube drang ärgerliches Brummen. «Det war der Olle», erklärte der Bäcker, als sie wieder die Treppe hinabstiegen. «Der is ungnädig, die Rieke hat ihm schon 'ne Predigt vapaßt, aber aus der Mulle hat se ihn ooch nich gekriegt.»

Noch dreimal mußten die Jungen mit den Körben die Treppen hoch, denn Rieke hatte angeordnet, daß auch Karls Körbe zu ihr kämen. «Du kriegst nur, wat de brauchst, det kannste dir alle Tage von mir holen. Uff dir muß man uffpassen. Nich, daß ick deine Schlummamutta mißtraue, die Brommen is janz ordentlich, aber mit dir weeß man ja nich —» Und Karl Siebrecht protestierte nicht.

Beim letztenmal blieb der Bäcker oben, als Wachtposten. «Dat du den Ollen nich ranläßt! Die Körbe pack ick alleene aus, Ernst! Und wir sind ooch schnell wieda da, wir müssen bloß die Karre abliefern, is ja nich weit bis in de Müllerstraße. Und die Karre is leer.»

## 7. Der alte Busch

«Setz dich doch auf die Karre», sagte Karl zu Rieke.

«Nee, ick zieh bei dir. Is zu kalt zu's Sitzen. Is dir ooch kalt, Karl?»

«Ein bißchen.»

«Na, laß man, det jibt sich. Uff'n Heimweg hol ick jleich eenen Eimer Kohlen, sollst mal sehen, wie warm wa det noch kriejen. Ick hatt'n janz schönen Vorrat liejen, als ick zu Tante Bertha machte, aba der Olle hat allet wegjefeuert. Der kennt keene Einteilung, Männer sind so.»

«Er wollte wohl bei den Körben nicht anfassen?»

«Laß ihn. Det is sein schlechtet Jewissen, denn is er grade pampig, grade aus' schlechtet Jewissen. Der besinnt sich. Paß uff, wenn wa jetzt heeme kommen, weeß er nich, wat er mir zuliebe tun soll. Schlecht is er nich, da jibt's janz andere! Und überhaupt —» Sie schwieg gedankenvoll.

«Was meinst du mit: und überhaupt?»

«Wat ick damit meine? Na ja, früher war er janz ordentlich, aba er hat sich det mit Mutta'n doch so zu Herzen jenommen, seitdem is er so.»

«Seit deine Mutter gestorben ist?»

«So kann man det ooch sagen. Aba de Wahrheit is, er hat Mutta'n doch rausgeschmissen, weil se mit 'nem anderen Kerl jing. Tilda is ja nich von Vata'n, aba er läßt det Kind det nicht entjelten, allet, wat recht is. Und denn hat der Kaschube Mutta'n sitzenlassen, und Mutta is wieda jekommen bei uns, da war se schon in der Hoffnung. Na, Vata hat ihr nischt in den Weg jelegt, aba er hat nie wieda een Wort mit die Frau jeredet, ooch, als se alle machte, und det reut ihm nu. Darum säuft er, aba nur manchmal.»

Der Junge, Karl Siebrecht, schwieg überwältigt. Ihn packte die nüchterne, klagelose Selbstverständlichkeit, mit der die dreizehnjährige Rieke Busch von dem allem redete. «Und das trägst du alles so selbstverständlich, Rieke?» rief er und legte seine Hand auf der Stange des Karrens sachte über die kleine verarbeitete Kinderhand.

«Wat denn sonst? Wat soll ick denn dabei tun? Det is doch so! Da kann keener wat bei machen! Bloß det eene sare ick dir, Karl: mir soll keener nischt von der Liebe erzählen. Die richt' bloß Unfug an. Wie der Ernst vorhin anfing – na ja, det wissen se alle, ick bin kalt wie 'n Eiszappen!»

«Aber du bist doch auch noch nicht vierzehn, Rieke!» rief Karl Siebrecht.

«Na wat denn? Wat denkste, wat de Mächen hier schon früh rumknutschen? Is det denn bei euch nich so? Biste ehrlich, Karl, haste noch nie een Mächen jeküßt?»

«Doch – aber...»

«Na siehste! Da gibt's jar keen Aba! Jünger als du wird se wohl jewesen sind! Aba det sare ick dir, hier paß uff! Und wenn de dir doch verknallst, denn komm bei mir! Ick wer' dir schon raten! Die Mächen hier kenn ick, und die anderen Mädchen seh ick mir eenmal an, dann weeß ick Bescheid. Komm man immer bei Rieke, Karl, die hilft dir!»

Karl Siebrecht mußte lachen: «Du redest, Rieke, als wärest du meine Großmutter. Und außerdem werde ich mich hier bestimmt nicht verlieben.»

«Verrede es nich! Du bist een hübscher Junge, und det werden die Mächens hier ooch sehen. Und die in deinem Kaff is weit weg.»

«Ich verliebe mich bestimmt nicht!»

«Wart's ab, Karl, wart's ab!»

Trotzdem die Uhr schon halb elf war, trafen sie den alten Dienstmann doch unruhig vor dem Hause Müllerstraße 87 wartend. «Na, Opa», sagte Rieke triumphierend, «du hast woll Angst jehabt? Da haste deine Karre. Und siehste, wat ick hier for dir habe: eene Wurscht. Aber keene von Aschinger, denk det bloß nich, die kommt direkt von't Land, di ha' ick dir mitjebracht, Opa!»

«Jott, Mächen», sagte der Alte ganz gerührt. «Det wär ja nu nich nötig jewesen. Jott, riecht die schön! War die im Rooch?»

«Natürlich war die im Rooch, und nich so Kiefernrooch, wie die Schlachter hier machen, nee, richtijen Buchenrooch. Na, nu jute Nacht, Opa!»

«Jute Nacht, Mächen. Dank ooch schön.»

«Nischt zu danken!» rief Rieke schon im Gehen. «Weeßte übahaupt weswegen du de Wurscht jekriegt hast, Opa?»

«Na, von wejen meine Karre doch.»

«Keene Ahnung!» schrie Rieke. «Weil de wie 'n Hund heeßt, und alle Hunde fressen jerne Wurscht!» Sie pfiff durchdringend, dann lockte sie: «Komm, Kieraß, komm, mein Hundeken! Kieraß, kuschste –?» Noch zwei Straßenecken weit hörten sie den Alten lachen. Karl Siebrecht konnte ihn sich recht gut vorstellen, wie er dastand, ausgemergelt und abgearbeitet, seine Wurst in der Hand, an der Schwelle der Siebzig, dankbar für jedes gute Wort.

Es war nach elf Uhr, als sie wieder über die engen, dunklen, riechenden Höfe, diese bloßen Lichtschächte des Hauses, in der Wiesenstraße gingen. In den Fenstern brannte kaum noch Licht, auch die Gasflammen auf der Treppe waren erloschen. Rieke mußte Karl bei der Hand nehmen und ihn im Dunkeln führen; Streichhölzer, sich hinauf zu leuchten, hatte keines von beiden. Dann zog Rieke ihn in die Küche. «Wo is'n Ernst?» fragte sie sofort den großen schweren Mann, der dort bei der kleinen Lampe am Tisch saß, den Kopf in den riesigen Händen. «Ick habe Ernsten doch jesagt, er soll uff mir warten!»

Der Mann hob den Kopf. Karl war erstaunt, einen verhältnismäßig jungen Mann, vielleicht Ende der Dreißig, vor sich zu sehen. Er hatte sich Riekes Vater uralt vorgestellt und fand nun einen kräftigen, fast blühend aussehenden Mann, mit einem rötlichen, kurz gehaltenen Vollbart, einer auffallend zarten, weiß und roten Haut und einer schönen Stirn. Nur die Augen, diese sehr hellen Augen, von einem verwaschenen Blau, wollten ihm nicht gefallen: der Blick, der auf den beiden Kindern ruhte, schien sie nicht zu sehen, er schien fast nichts zu sehen. «Der Ernst?» fragte er. «Der Ernst? Den ha' ick jehen heißen, Tochter, den juckte det Fell! Den zog's weg! Wat soll er hier ooch sitzen? Brooch ick 'nen Wachtposten, Tochter?»

«Nee, Vata, broochste nich!»

«Ick bin nich bei die Schließkörbe jegangen, nee. Ick habe dir 'ne Suppe jekocht. Det Mehl hat mir Ernst noch von de Brommen jeholt, een halbet Pfund, du jibst ihr det wieda, Tochter.»

«Tu ick, Vata. Jleich morgen. Wat denkste, wat ick for feinet Mehl von Tante Bertha im Schließkorb habe, so'n Mehl hat hier nich mal Tamaschke! Vata, det is Karl, Karl Siebrecht, der sucht hier Arbeet in Berlin. Is'n Freund von mir, Vata!»

«Is recht, Tochter. Setze dir, Karl. Wie war'n Tante Bertha?»

«Die war richtig, Vata», antwortete Rieke, die schon am Herde wirtschaftete. «Die ha' ick abserviert. Wat denkste, wat ich allens im Korbe habe, sogar 'nen janzen Schinken!» Und jetzt strahlte Rieke Busch wirklich voll stolzer Freude.

Busch schien es kaum zu sehen. «Ja, du bist tüchtig, Tochter», sagte er, immer in der gleichen leidenschaftslosen Sprechweise, die ohne Nachhall schien. Die Worte erloschen gleichsam, sobald sie seinen Mund verließen. «Du bist tüchtig, janz wie Mutta. Mutta war ooch tüchtig, det weeßte, Tochta, det ha' ick dir tausendmal gesagt.»

«Haste, Vata ...»

«Det ha' ick. Ha' ick je ein Wort jejen deine Mutta jesagt, Tochter?»

«Is ja jut, Vata! Ick weeß ja, is ja jut! Biste stille, Vata! Mutta war die beste! – Schläft Tilda?»

«Se schläft, Tochter, ick ha' ihr in meen Bett jepackt. Se wollte so jerne, weil's so scheene warm war. Ick ha's ihr een bißcken zurecht jezogen. Laß ihr drin liejen, Tochter, ick habe meine Tour rum, morjen jeh ick wieda arbeeten.» Die letzten Worte hatte er fast belebt gesprochen, mit einer beinahe ängstlichen Betontheit.

«Is jut, Vata. Det machste, wie de willst. Da kann dir keener Vorschriften machen.»

«Und du reist nich wieda weg? Du bleibst jetzt hier, Tochter?»

«Natürlich, Vata. – Komm, Karl, nu ißte Suppe mit, die is schön heiß. Nachher tuste jleich det nasse Zeug vom Leibe, und wa puppen dich anders in. Mach bloß den Stehkragen los, Karl, du bist ja schon janz wund am Halse. – Vata, weeßte Arbeit for Karle?»

«Det is jut, Tochter», sagte der Vater, der nichts gehört zu haben schien, «daß de nich wieder weg machst. Ick kann nich alleene sind. Wat heeßt hier Schinken – bei mir sollste sind!»

«Is ja jut, Vata. Wohin soll ick denn noch reisen? Ick bleib nu hier.»

Vater Busch hatte eine Hand gegen seine Wange gelegt, nun hob er die andere und zeigte damit auf Rieke. «Tochter!» rief er fast aufgeregt, in aller Leblosigkeit fast aufgeregt. «Tochter! Sieh mir an!»

«Reje dir nich uff, Vata», sagte das Mädchen und legte den Löffel aus der Hand. Sie sah den Alten aufmerksam an. «Reje dir nich uff, ick hole dir lieber noch 'ne Pulle. War se so schlimm?»

«Schlimm?» fragte er. «Schlimm? Det nennste schlimm? Tochter, is det wahr, wat mir der Ernst erzählt hat, willste mir mit de Brommen vaheiraten?» Die Hand, die auf die Tochter zeigte, zitterte so sehr, als habe der Mann einen Schüttelfrost, aber der Mann saß unbeweglich wie eine Mauer, nur die Hand bebte.

«Det machste, wie du willst, Vata, es is wahr, ick habe mit der Brommen jeredet. Ihr paßt jut, Vata, und die Brommen is tüchtig. Ick tu, wat ick kann, Vata, aba ne richtije Frau bin ick doch nich, wenn ihr mir alle ooch dafor nehmen tut: ick bin bloß een Kind. Und denn, wenn 'ne Frau hier wäre, könnte ick een bißcken mehr lernen, ick bin zu doof, Vata. – Aber det machste, wie du willst, Vata. Sagste nee, denn Schwamm drüber, weg is et.»

«Sie war bei mir, Tochter», sagte der Mann, und die Hand bebte immer stärker. «Die janzen Tage war sie bei mir, im Suff. Jetzt weeß ick, warum se's so eifrig hatte, die janzen Tage, wo ick jing und stand, hat se mir über die Schulter jeflüstert: Du sollst bei keinem Weibe schlafen, Vata, hat se jeflüstert. Ick ha' ihr nich vastanden, nu versteh ick ihr. Ick bin for ihr ohne Sünde, Tochter, in diesem bin ich ohne Sünde!»

«Biste, Vata! Es war man 'ne Idee von mir, Vata. Wenn se dir nich in Ruhe läßt, is erledigt. Schluß!»

«Is erledigt, Tochter. Du hast's jesagt, is jut.» Die Hand sank schwer auf den Tisch herab, blieb dort liegen, wie vergessen. Die Augen schlossen sich fast. «Wat haste dir da anjepröhlt, Tochter? Jeh, zieh dir wat anderet an, wat Helles. Is erledigt, Tochter. Ick kann wieda atmen.» Er sprach wie im Schlaf. Das Mädchen legte zu Karl hin den Finger auf den Mund und schlich auf Zehenspitzen in die Stube. Karls Löffel lag in der ungegessenen, kalt gewordenen Mehlsuppe. Wie gebannt sah er auf den Mann, der nicht ihn, der nichts zu sehen schien. Noch einmal murmelte der: «Is erledigt, hat se jesagt...» und seine Glieder entspannten sich. «Sie gibt wieder Ruhe...»

Aus der Stube kam Rieke in einem weißen Kleid. Der Junge machte eine Bewegung der Überraschung: aus der grotesken, kleinen, verschrobenen Figur war ein helles, zartgliedriges Mädchen geworden, fast groß für sein Alter.

«Da biste, Tochter», meinte der Vater. «Setze dir auf meinen Schoß! So, du weißt schon. Leg den Arm um meinen Hals, kraul mir'n Bart een bißcken, janz wie deine Mutta. Rieke, wat biste?» Zum erstenmal nannte der Mann seine Tochter Rieke, aber selbst der unerfahrene Karl Siebrecht verstand, daß er nicht seine Tochter so nannte.

«Deine Beste», antwortete Rieke.

«Wen liebste, Rieke?»

«Dir, Walter, bloß dir!»

«Ha' ick dir was Böses getan, Rieke?»

«Nie nich, Walter, immer jut. Immer jeduldig. Immer arbeetsam.»

«Jib mir 'nen Kuß, Rieke.» Und sie gab ihm einen Kuß.

«Un nu schlaf in, Walter», sagte das Mädchen und löste sanft den Arm von seinem Hals. «Komm, leg dir in de Klappe!» Und sie führte den vor Schlaf fast Taumelnden nebenan in die Stube.

Als sie zurückkam, stand Karl Siebrecht am Fenster und starrte hinaus in die Nacht. Das helle Mädchen stellte sich neben ihn und sah mit ihm, zum erstenmal auch sie wortlos, hinaus in die Nacht, über die Dächer fort, über die der Novemberwind stürmte. Vom Himmel war nichts zu sehen, noch lastete das Dunkel über der Stadt. Kein Stern, kein Mond − nur ein fahler Schein, der die Finsternis noch unterstrich. Schließlich sagte Rieke: «Von deine Arbeet ha' ick mit Vata nu nich reden können, det vastehste?»

«Natürlich.» Er wandte den Blick vom Dunkel fort, sah in ihr helles Gesicht und sagte: «Wie du das alles aushältst, Rieke? Ich komme mir ganz schlapp vor. Ich bewundere dich!»

«For wat denn, Karl?» fragte sie. «Sag bloß, for wat? Wejen de Arbeet und wejen Vata'n? Sei man bloß 'ne Weile bei uns, denn siehste andere Arbeet. Und Vata is doch jut. Vata tut keenem nischt.»

«Und du hast nie Angst vor ihm?»

«Vor Vata'n? Doch, Karl, manchmal. Der is ja oft nich janz von hier. Denn denk ick, er richt' noch mal een Unheil an. Darum hätt ick ihn ja jerne vaheirat', det er 'ne richtje Uffsicht hat, aba wat nich is, det is nich. Ick wer's der Brommen jleich saren, die is ne vanünftije Frau, se werd det bejreifen. − Un nu, Karl, packe nur aus, und du puppst dir um. Die Tracht hängen wa weg, bis de weiter bist. Vorläufig biste nischt als een unjelernter Arbeeta, da mußte dir ooch wie so eena tragen.» Nach einer halben Stunde war alles ausgepackt, und Karl trug die reichlich weite Manchesterhose des Vaters und eine Joppe. Erst hatte er protestiert, aber Rieke hatte gesagt: «Du mußt aussehen, det se dir nich jleich uff de Schippe nehmen. Se werden dir noch jenug verasten von wejen deine Sprache und deine feinen Pfoten. Aba laß sie, da mußte doch durch, det wirste schon schaffen.»

Nun ging er mit Rieke durch das dunkle, immer geräuschvolle Haus. Sie trug den kleinen Petroleumblaker, der Lichtschein fiel auf die ausgetretenen, beschmutzten Stufen und manchmal auf ihre kleinen Füße, die so müde sein mußten, ach, so müde!

«Wann gehst du schlafen, Rieke?»

«Jetzt jleich, wenn de versorgt bist.»

«Und wann stehst du auf?»

«Wo Vata wieder arbeet, um halb sechse. Hab keene Angst, ick weck dir rechtzeitig, wenn Vata wat for dir weeß.»

«Dann hast du kaum fünf Stunden Schlaf.»

«Det macht nischt, Karle, da schlaf ick een bißcken schneller zu. Det jleicht sich aus.» Sie gingen über zwei Höfe zurück, dann in ein Quergebäude und fingen wieder an, Stufen zu erklettern. «De Brommen hat's jut, die hat 'ne

33

feine Wohnung», sagte Rieke. «Ick dachte schon, ick könnte mit Vata'n und Tilda bei ihr ziehen. Na, wieder mal nischt!»

«Aber es riecht hier genauso, und die Treppen sind genauso scheußlich wie bei euch!»

«Aber der Hof, Karl! Haste nich uff'n Hof jeachtet?»

«Der Hof? Der ist genauso düster wie bei euch.»

«Du hast 'nen Blick, Karl, dir sollten se zum Baurat machen – for Arbeeterwohnungen! Der Hof hier is fast doppelt so jroß wie unserer! Wenn de Brommen de Fenster uffmacht, kriegt se Luft, ick bloß Gestank, und sie hat im Sommer Sonne, ick nie!» Damit waren sie an der Tür angelangt, Rieke klopfte leise, und die Tür ging auch gleich auf. Die Brommen war eine schwere Frau mit fast zu frischen Farben, sehr mit gestrickter Wolle bedeckt.

«Seid ihr endlich da?» fragte sie. «Der Ernst hat ma schon Bescheid jesagt. Det Bett is frisch bezogen, und det du's jleich weißt: det Schlafen kost' vier Mark die Woche, immer im voraus. Alle vier Wochen wird frisch bezogen. Und wenn de Frühstück haben willst, kost' es 'ne Mark fünfzig extra, aber bloß Brot, mit Schrippen freßt ihr mir arm! Einverstanden?»

«Det is jerecht, Karl», sagte Rieke. «Det is in Ordnung. Da schlag in und jib ihr jleich det Jeld for de erste Woche! Wie de dir sonst beköstigst, davon reden wa noch. Ick denke, du ißt bei mir und jibst mir Kostgeld! – Hier is ooch det Mehl, Brommen, wat se Vata'n jeliehen haben!»

«Na, so eilig wär det nu ooch nich jewesen, Rieke. Det ist ja nich so bei mir, Rieke, det ick een halbet Pfund Mehl direkt entbehren tu!»

«Det weeß ick doch, Brommen. Et is nur von wejen die Ordnung.»

«Ja, ordentlich biste, Rieke!»

«Aba kieken Se sich det Mehl an, Brommen, det is een Mehl! Det ha' ick von Tante Bertha'n mitjebracht, so'n Mehl kriejen Se nich mal bei Tamaschke!»

Und nun ergingen sich die beiden über die Vorzüge ländlichen Mehls, und dann berichtete Rieke von ihren Anschaffungen bei Tante Bertha, und Karl Siebrecht stand stumm und ein wenig verdrossen und übermüdet dabei. Vorläufig konnte er noch nirgends mitreden, es war eine zu fremde Welt. Aber er fand doch, Rieke hätte nun Schluß machen und ins Bett gehen können, sie beide hatten den Schlaf nötig. Aber damit bewies Karl Siebrecht nur, daß er wirklich ein ahnungsloser Knabe war. Man fällt nicht mit der Tür ins Haus, weder auf dem Lande noch in der großen Kaiserstadt Berlin. Rieke wußte wohl, was sich schickt, und die Brommen wußte es auch. Eine ganze Weile verging, ehe die Bromme fragte: «Und wat sagt denn der Olle dazu, Rieke? Hat er sich denn jefreut über all det jute Essen, wat du anjeschafft hast? Da habt ihr doch den janzen Winter jut von!»

«Heute noch nich, Brommen», antwortete Rieke Busch. «Aber det kommt noch.»

Eine kleine Pause entstand, dann sagte die Brommen: «Na ja, wenn't man kommt! Unsereener is ja Warten jewohnt, wat, Rieke?»

«Det ja. Aber manchmal wart' man ooch umsonst, Brommen.»

«Ach nee –?» Sehr gedehnt: «Du meinst –?»

«Ja, det meen ick, Brommen. Vata will nich.»

«Ach so!» Tiefes gedankenvolles Schweigen. Dann: «Der Ernst hat mir jesagt, der Olle spinnt heute . . .»

«Det ooch, Brommen.»

«Det jibt sich doch, Rieke!»

«Det nich, Brommen, det nich! Der Umstand ist der: sie hat's ihm verboten!»

«Wat hat se ihm vaboten? Mir hat se ihm vaboten?! Haste Töne, Rieke? Sich hat se doch nischt vaboten, oder –?»

«Nee, det nich! Aba, Brommen, det bild er sich doch bloß in!»

«Denn red ihm doch seine Inbildungen aus!»

«Det kann ick nich! Er sieht ihr wirklich, und er hört ihr ooch, da kann man nich gegen an reden.»

«Spricht se denn wirklich mit ihm? Nee so wat!»

«Ick weeß nich, ob er sich mit ihr unterhält, det jloobe ick eijentlich nich.»

«Wat hat se ihm denn jesagt?»

«Ick weeß ooch nich so. Det er keen Weib berühren soll oder so!»

«Nu schlägt's dreizehn! Die spinnt wohl? Wenn der Olle spinnt, die spinnt noch zehnmal mehr. Det is doch direkt unjesund, der Mann is doch in den besten Jahren! Nee, so wat ha' ick noch nich jehört! Uff wat die nich noch im Jrabe kommt – und gerade die!»

Und die geduldige, so müde Stimme Riekes: «Vata bild sich det doch bloß in, Brommen!»

«Det sage nich! So wat kann sich keen Mensch inbilden! Det is se, wie se leibt und lebt!»

«Na ja, Brommen, wie Se denken, Se können ja recht haben. Aba ick meine imma, wa lassen Vata erst mal zufrieden. Det se erst wieda Ruhe jibt. Der Mann is ja ganz durcheinander.»

«Da haste recht, Rieke! Den Jefallen tun wa ihr nich, det se ihn noch weiter ängstigt. Die soll man bleiben, wo se ist. Da liegt se gut. Und am Sonntag mach ick mal raus uff den Friedhof bei ihr und bring se Blumen, det besänftigt se valleicht.»

«Det tun Se man, Brommen, det is ne jute Idee. Jute Nacht, Brommen! Jute Nacht, Karl! Schlaf ooch schön, Karl!»

«Schlaf du auch schön, Rieke!»

«Hier is dein Bette, Jung!» sagte die Brommen und führte, eine Kerze in der Hand, den Karl in eine Dachkammer, unter deren schräger Decke zwei Betten standen. Das seine stand aber ganz unter der Schrägung, so daß er im Bett nicht würde aufrecht sitzen können, das sah er gleich. «Det andre Bett hat Ernst, der is noch unterwejens. Deine Sachen legst du übers Bette, det wärmt ooch noch. Det zucht hier een bißcken durch't Dach. Na, du hast ja junget Blut, da macht det noch nischt. – Jute Nacht ooch.»

«Also denn jute Nacht, Frau Bromme!»

Das Bett war feuchtkalt. Karl Siebrecht hatte gemeint, sofort einschlafen zu können, aber nun zitterte er vor Frost. Der Wind stieß so nahe an die Schieferplatten, und unter der Decke war immer wieder ein Loch, durch das es eiskalt hereinkam, er mochte sich noch so fest einwickeln. Und schlief doch schon. Schlief und sah das weiße, wie mehlbestäubte Gesicht des Bäckers Ernst über sich, eine Hand lag fast ganz um die Kerzenflamme, ein schmaler Lichtstreif stach in seine Augen. Er blinzelte mühsam.

«Du!» flüsterte der Bäcker. «Haste ooch schon wat mit die kleenen Mächen?»
– Ich will bloß schlafen, dachte er. Was will denn der? Er hatte es vielleicht
auch laut gesagt. – «Haste wat mit die Rieke?» flüsterte der Bäcker wieder.
«Se hat dir so komisch anjekuckt, so hat se noch nie uff mir jesehen.» Er gab
dem Karl Siebrecht einen Stoß. «Hörste, Jenosse –?!» – Aber Karl Siebrecht
war trotz des Stoßes davon überzeugt, daß er nur träumte. Er warf sich herum
gegen die Wand. – «Ick habe dir jewarnt», hörte er den anderen noch. «Wenn
ick wat merke, ick flüstre es dem Ollen, und der Olle bringt dir um!» Aber das
war nur Traum, Traum, Traum. Das war nichts Wirkliches.

Und am nächsten Morgen hatte Karl Siebrecht wirklich alles vergessen. Nur
den Bäcker, den er am Abend doch noch ganz gerne gemocht hatte, konnte er
nun nicht mehr ausstehen. Er wußte nur nicht warum.

## 8. Auf der Arbeitsuche

Der Junge meinte, kaum eingeschlafen zu sein, da riß die Brommen an seiner
Decke und rief: «Sollst machen, mit dem ollen Busch uff Arbeet jehen! Die
Rieke ist dajewesen!»

Karl Siebrecht fuhr hoch im Bett und gegen einen Dachsparren, daß sein
Schädel krachte. Durch das schräge kleine Fenster fiel noch kein Tageslicht, das
Bett des Bäckers war leer. In Hosen schlurrte er in die Küche und wusch sich
kalt ab. Die Brommen drehte ihm den Rücken. «Genier dir nich und zier dir
nich», versuchte sie zu singen. «Ick kieke nich. – Jott, ooch Zähneputzen? Det
muß ick die Rieke erzählen, so'n feinen Schlafburschen ha' ick noch nich jehabt.
– Mach zu mit's Kaffeetrinken, Jung, der olle Busch muß um achten an der
Baustelle sind, weil's erst so spät helle wird, aber det muß er.»

Der Kaffee schmeckte anders als der von Minna gekochte, und die Butter war
keine Butter, sondern Margarine, aber Karl Siebrecht hatte den Appetit der
Jugend und aß tüchtig. «Na, det is richtig, iß man tüchtig!» sagte die Witfrau
Bromme. «Und nu jeh los, den Weg zu Buschens wirste ja wohl finden.»

Es war aber gar nicht so einfach, diesen in der Nacht gemachten Weg wie-
derzufinden. Bei dem ersten schwachen Tagesschimmer sahen die Höfe womöglich noch trostloser, noch dunkler aus. Die vielen Eingänge verwirrten Karl.
Erst als er eine Treppe bis ins oberste Stockwerk hinaufgelaufen war, merkte
er, daß er sich geirrt hatte, und mußte noch einmal treppab und treppauf. Als
ihm Rieke die Tür öffnete, keuchte er vom Laufen. Es war wieder eine ganz
andere, sehr kindhafte Rieke, mit einer Schultasche auf dem Rücken. «Ick muß
in de Schule – sonst müssen wa wieda Strafe zahlen. Muß Tilda alleen bleiben,
die wird schön wat plärren. Aber ick sage unserm Frollein Bescheid – ick ha'
nich so viel Zeit wie die, zur Schule zu jehen! Mach's jut, Karl!» Sie gab ihm
die Hand und lief schon die Treppe hinunter. Karl Siebrecht sah ihr nach. Der
vor ihm liegende Tag schien ihm plötzlich ohne seine kleine helle Freundin
sehr grau.

Maurer Busch saß, schon mit der kalkweißen Schirmmütze auf dem Kopf,
am Tisch und fütterte die Tilda von einem Teller. «Na, Tilda», sagte er, «da ist
der Junge. Morjen, Junge! Nu legste dir noch schön in deine Betten und spielst

mit deinem Püpping.» Schon bei seinen ersten Worten hatte das Kind zu weinen angefangen, nun brüllte es lauthals. Einen Augenblick stand der starke Mann unentschlossen mit dem zornigen, strampelnden Kind auf dem Arm, den unbestimmten Blick seiner hellen Augen wie um Hilfe auf Karl gerichtet, dann murmelte er: «Det hilft nischt, Tilda! Brüllen hilft bei uns allen nischt.» Er verschwand mit dem Kind in der Stube, das Brüllen verstärkte sich. Dann erschien der Mann rasch wieder, nahm seinen Rucksack, in dem das Maurergeschirr klirrte, und drückte dem Jungen ein Paket in die Hand: «Det sind deine Stullen, Jung!»

Er drängte ihn aus der Tür. Nicht zu früh, denn in der Stubentür erschien wie ein tobender Zwerg Tilda und schoß auf sie zu. Aber Busch hatte schon die Tür eingeklinkt und verschlossen. Es war erstaunlich, welchen Lärm mit Mund, Händen und Hacken so ein kleines Mädchen an der Tür vollführen konnte! Der alte Busch seufzte noch einmal schwer und stieg dann, ohne ein Wort an seinen Begleiter, die Treppe hinunter. Schweigend folgte ihm Karl Siebrecht.

Wenn der Junge aber gemeint hatte, Busch würde ihm irgendein Wort über das Ziel ihres Weges und die Art der möglichen Arbeit sagen, so hatte er sich geirrt. Der Mann ging dahin, mit einem ruhigen, wie abwesenden Schritt, als gingen die Beine, ohne vom Kopf geführt zu werden, und nicht einmal sah er sich um nach dem Jungen. So plötzlich blieb Busch stehen, daß Karl schon fünf Schritte weiter war. Er kehrte um. Busch stand mit anderen an einer Straßenbahnhaltestelle. «Fahren wir mit der Straßenbahn, Herr Busch?» fragte Karl, den es drängte, dies drückende Schweigen zu brechen.

Der Mann kramte in seinen Taschen, brachte eine kurze Pfeife zum Vorschein, stopfte sie umständlich aus einer Tabaktüte, brannte sie an, tat die ersten Züge – und längst waren Frager und Frage vergessen. Da er aber an der Haltestelle stehenblieb, so nahm Karl an, daß doch gefahren wurde. So war es auch. Manche Elektrische war schon weitergefahren, nun ging Busch auf die Fahrbahn, stieg in eine eben haltende ein, zwängte sich auf die volle Vorderplattform, und Karl sprang schnell nach. Graue Straßen glitten vorbei, nicht unterscheidbar, schien es dem Jungen, Dutzende, Hunderte, Tausende von Häusern, alle grau in grau im Novembernieseln, eines wie das andere. Und die Menschen, alle grau, alle grämlich oder verbissen, alle stumm...

Dann stieg Maurer Busch ab. Hier war Berlin schon locker geworden. Die Reihen nüchterner fünfstöckiger Mietskasernen an der Straße waren zahnlükkig, es gab zwischen ihnen eingeplankte Bauplätze, Holz- und Brikettlager, wüste Schuttansammlungen und auch einmal ein Stück Feld, das mißfarben, wie zum Tode verurteilt, unter dem grauen Novemberhimmel dalag. Noch immer sprach Maurer Busch kein Wort zu dem Jungen. Er ging mit demselben geistesabwesenden Schritt und grüßte auch die anderen Maurer nicht, die gleich ihm ihren Baustellen zustrebten. Sie riefen wohl einmal: «Na, Blaumachen alle, Walter?» Aber er starrte halb schräg vor sich auf die Erde und schien sie nicht zu hören.

Sie waren zwei- oder dreimal um eine Ecke gebogen und gingen nun auf einer sandig zerfahrenen Straße, die ungepflastert war. Hier war noch nichts gebaut, es gab Feld, es gab Lauben, es gab Sandgruben, wieder viel Schutt und Müll – und nur gerade vor ihnen gab es einen ganzen großen Häuserblock in allen Stufen der Fertigstellung: halbhoch, hoch und ungedeckt, schon geputzt, mit Fenstern und Türen darin. Ja, es gab sogar schon ein paar jämmerliche Ziehwagen mit den zusammengestoppelten, verbrauchten Möbeln ärmster Leute. In manchen Fenstern glostete die rote Glut der Kokskörbe, die aus den noch feuchten Wänden das Wasser vertreiben sollte. Hier war Buschs Arbeitsstelle. Die anderen Maurer gingen in einen langen Schuppen, um ihre Säcke abzulegen. Busch aber blieb, mit gesenktem Kopf, in der Nähe eines schnurrbärtigen Mannes stehen, der eine ähnliche Joppe wie Karl Siebrecht trug, der also, der Junge erriet es, so etwas wie ein Polier oder Werkführer war. Der Mann sprach mit einem anderen, den eine Peitsche als Fuhrmann auswies. Nun drehte sich der Polier um, und sein Blick fiel auf den geduldig wartenden Busch. «Was, Sie, Busch?» rief er. Busch stand unbewegt.

Der Polier trat hitzig einen Schritt näher. «Sie haben doch wohl Ihre Papiere und Ihr Geld gekriegt, Busch?» rief er. «Machen Sie, daß Sie fortkommen! Für Sie gibt's hier keine Arbeit mehr!» Der Mann stand wie zuvor, mit gesenktem Kopf, den Blick zur Erde. Noch einen Schritt näher rief der Polier: «Ich lasse mich nicht länger von Ihnen an der Nase herumführen, Busch! Ja, das glaube ich, jetzt beißt Sie die Reue! Aber das hilft Ihnen gar nichts – Sie lassen mich doch wieder sitzen, wenn uns die Arbeit am meisten auf den Nägeln brennt!»

Busch hob den Blick, diesen verwaschenen Blick, der nichts zu sehen schien. Da stand er, ein Bild der Kraft, mit einem rötlichen Vollbart, mit der Gesichtsfarbe eines Kindes, hübsch rosa und weiß, und genauso schuldbewußt wie ein Kind. «Sie lassen mich doch wieder sitzen, wenn uns die Arbeit am meisten auf den Nägeln brennt!» hatte der Polier gerufen.

Und «Ja, Herr!» hatte der Maurer Busch – ganz sinnlos – geantwortet.

«Daß Sie das verfluchte Saufen nicht lassen können, Busch!» rief der Polier wieder und trat noch einen Schritt näher an den Mann. «Ein Kerl wie Sie, tüchtig – was könnten Sie für ein Geld machen, wenn Sie richtig arbeiteten! Aber so!» Er sah den wortlos vor ihm Stehenden an. Dann zuckte er die Achseln. «Tut mir leid, Busch, aber ich kann Sie nicht wieder einstellen. Ich bekäme Krach mit dem Chef. Morjen!» Und er wandte sich kurz um und ging auf die Baustelle.

Karl Siebrecht stand einen halben Schritt hinter dem Entlassenen. Einen kurzen Augenblick war der Blick des Poliers auf ihn gefallen, er hatte ihn aber nicht weiter beachtet. Nun kämpften Zorn und Mitleid im Herzen des Jungen. Solche Szenen waren ihm nicht neu. Auch sein Vater hatte auf der Baustelle manchmal einem Faulen oder Trunksüchtigen den Magen reingemacht. Aber es war ein gewaltiger Unterschied, ob man hinter dem Scheltenden oder hinter dem Gescholtenen stand! Hier, angesichts des Baues, auf dem nun schon überall die Maurerhämmer klopften, die Steine auf die Gerüstbretter fielen, die Schaufeln der Mörtelmischer in den schwappenden Kübeln klatschten, hier, angesichts einer Arbeit, die Hunderten ihr Brot gab, aber ihm nicht, ermaß er, wie tief unten er stand, wie hoch er klimmen mußte, wie sich in wenigen Tagen sein Leben von Grund auf verändert hatte.

Der Maurer Busch verharrte noch immer mit gesenktem Kopf. Kein Glied hatte er gerührt, seit der Polier gegangen war. Aber der Junge warf den Kopf zurück, er sah noch einmal auf den Übergeduldigen, dann suchte er auf dem Gerüst mit den Augen den Polier und fing an, die Leitern emporzuklettern. Das konnte er, auf Baugerüsten war er schon als Knirps geklettert, er lief die Leitern hinauf wie nur einer vom Bau, eine Katze konnte nicht schneller und sicherer sein. Der Polier hatte die fremde Gestalt hochkommen sehen. Als Karl Siebrecht noch nicht von der Leiter im vierten Stock war, sagte er schon: «Hat keinen Zweck, Jung. Ich stell deinen Vater doch nicht ein.»

«Aber vielleicht stellen Sie mich ein als Handlanger, ich mache alles!»

«Mit den Händen –?»

«Einmal muß man anfangen. Ich weiß auf 'nem Bau Bescheid.»

«Das habe ich schon an deinem Klettern gesehen. Von wo bist du?»

«Mein Vater war auch – Polier. Er ist tot.»

«Nun mußt du arbeiten? Bist auf die Schule gegangen?»

«Ja.»

«Junge, das ist doch nichts. Geh in irgendein Büro.»

«Irgendwo muß man anfangen! Ich muß Geld verdienen. Lassen Sie mich hier anfangen!»

Der Polier dachte nach: «Wie kommst du zum Busch?»

«Meine Wirtin wohnt im selben Hause. Wir dachten, er könnte mir Arbeit verschaffen.»

Der Polier sah den Jungen noch einmal an, von oben bis unten. Er zögerte sichtlich: «Mit so feinen Jungens macht man immer schlechte Erfahrungen...»

«Ich bin kein feiner Junge!»

Das Auge des Poliers war, erst unachtsam, auf der manchesternen Hose des Jungen haften geblieben. «An der Hose», sagte er lächelnd, «sehe ich, du schwindelst nicht. Das ist die Hose von einem Polier.»

«Ja, es ist Vaters Hose.»

«Na also, geh da drüben hin, wo der Umzugwagen vor der Tür hält, ich bin in fünf Minuten da. Aber mehr als zehn Mark gebe ich dir die erste Woche nicht, ich muß erst sehen, was du wert bist.»

Also zehn Mark die Woche bin ich doch schon wert! dachte der Junge und ging an dem Maurer Busch vorbei, der noch immer geduldig, unverändert auf demselben Fleck stand. Es ist vielleicht nicht viel, aber es ist ein Anfang, dachte er. «Er will mich einstellen, Herr Busch», sagte er im Vorbeigehen.

Der Mann hob den Blick, etwas wie Leben war darin. «Sag der Tochter nischt – von dem hier», flüsterte er.

«Natürlich nicht, Herr Busch», antwortete Karl Siebrecht und ging zum Ziehwagen hinüber.

Sie luden einen Schrank, dann eine Kommode ab. Der Junge bekam gleich etwas zum Zufassen. Es war ein Mann, lang, mit hohlen grauen Backen, und ein Weib, das so schwach schien, daß es kaum stehen konnte. Immerzu hustete sie. Die beiden nahmen Karl Siebrechts Hilfe ohne Dank mit einer mürrischen Selbstverständlichkeit hin. Als einmal die Frau, von einem nicht enden wollenden Husten geschüttelt, an die Wand gelehnt dastand, sagte der Mann verbissen: «Det ist nu die neunte Wohnung, die wa trocken wohnen. Ick jloobe nich, det se noch die zehnte mitmacht.»

«Was tun Sie –?» fragte Karl Siebrecht.

«Na wat wohl? Kennste det nich? Det weeßte wohl nich, du mit deine Samtpfoten? Wa wohnen die Wohnungen trocken for die, die Miete zahlen. Dafor blechen wa keene Miete, und die Schwindsucht jibts jratis zu! Det nennt man Trockenmieter – weil wa ewig ins Nasse sitzen!»

«Und das ist erlaubt?!» rief Karl Siebrecht. «Sie gehen doch zugrunde dabei!»

«Meenste?» fragte der Mann, und etwas wie ein grimmiger Spott wurde in seinen grauen, hoffnungslosen Augen wach. «Wenn de nich solche Samtpfoten hättest, Junge, denn wüßtest de, daß unsereenem nur det Krepieren erlaubt ist, sonst nischt! – Na, faß an, det wa den Schrank rinkriegen!»

Karl Siebrecht war so erfüllt von dem Erlebten, daß er auch den Polier, der ihn holte, mit der Frage bestürmte, ob denn so etwas wirklich erlaubt sei? Der Polier maß das junge, vor Entrüstung gerötete Gesicht mit einem Blick. «Det jeht mir nischt an», sagte er, plötzlich urberlinerisch. «Ick baue; wat denn mit die Bauten wird, det jeht mir nischt an. Und dir ooch nich.» Und wieder hochdeutsch: «Ich hab den Busch doch wieder eingestellt. Ich krieg bestimmt Krach mit dem Chef, aber ich kann den Mann doch so nicht stehenlassen!»

«Danke schön», sagte der Junge.

Sie waren in einen ganz fertigen Neubau gekommen. Alle Fenster und Türen standen weit offen, der Zugwind pfiff durch die Räume, in denen die großen Körbe mit glühendem, knisterndem Koks standen.

«Hier trocknen wir vor – für deine Trockenmieter», sagte der Polier mit einem trüben Lächeln. Er pfiff gellend auf zwei Fingern. Nach einer Weile schurrte ein kleiner buckliger Alter heran, grauschwarz vom Rauch und Kohlenstaub, mit hängenden langen Armen. «Edwin, da ist ein Junge, der kann dir beim Kokstragen helfen. Laß ihn machen, was nötig ist. Er hat gesagt, er macht alles. Und seht, daß ihr oben den fünften Stock bald fertigkriegt, der soll nächste Woche schon bezogen werden. Also los, Jung, der Edwin zeigt dir alles. – Und noch eins, Edwin! Daß du mir nicht mit dem Jungen stänkerst wie sonst. Wenn diesmal einer fliegt, dann bist du das!» Damit ging der Polier.

## 9. Rein in die Arbeit! Raus aus der Arbeit!

Der kleine Buckel mit den hängenden Affenarmen stand vor Karl Siebrecht und sah ihn schräg von unten schweigend an. Dabei zeichnete sich das Weiß des Augapfels, das einzige Weiß in diesem kohlegeschwärzten Gesicht, stark ab – das gab dem Alten ein böses Aussehen! Nach einer Weile, als Edwin ganz sicher war, der Polier war wirklich fort, fragte er: «Wat bist denn du for eener?»

«Genauso einer wie du!» lachte Karl Siebrecht.

«Det sare nich! Biste verwandt mit'n Polier?»

«Nein!»

«Aber aus seine Freundschaft biste?»

«Kein Gedanke!»

Der Buckel dachte nach. Dann: «Denn kennste den Chef! Kennste den Chef?»

«Auch nicht. Nie gesehen.»

«Wen kennste denn uff den Bau?»

«Keinen. – Doch – den alten Busch.»

«Den hat er doch jeschaßt!»

«Und heute früh wieder eingestellt!»

«Hat er? Wirklich?»

«Hat er! Wirklich!»

«Und dir hat er ooch injestellt? Woher kennste denn den Polier?»

«Kenne ihn gar nicht.»

«Den mußte doch kennen! Ick soll dir doch sanft anfassen – det hat er noch uff keenen jesagt.»

«Du brauchst mich auch nicht anders anzufassen als die anderen!»

«Det sare nicht. Sare det nur nich.» Der Buckel seufzte. Dann, dringlich: «Junge, sare bloß, warum hat er dir injestellt?»

«Wahrscheinlich, weil ich ihm leid getan habe, ich bin nämlich arbeitslos.»

«Und denn sanft anfassen!» Der Buckel seufzte, noch kummervoller. «Ich sehe schon, du bist stickum . . .»

«Was bin ich?»

«Du willst es nur nich sagen. Na, denn laß, aba det sare ick dir: wer uff mir jesagt hat, hier stinkt's, der hat jelogen!» Er erregte sich stärker: «Hier schnüffelste nischt raus! Ick habe keenen Koks nich verschoben! Wer det sagt, lügt. Und sonst ooch nischt.»

«Ich bin kein Spion vom Polier.»

«Siehste! Nun ist's raus! Aber vom Chef biste eener! Ich hab's jleich an deine Pfoten jesehen, wie ich deine Pfoten jesehen habe, ha' ick mir jesagt, det is eener von's Büro, der kommt schnüffeln!»

«Aber bestimmt nicht! Ich weiß nich mal, wie der Chef heißt!»

«Det sare nich – ick bin reell bis uff de Knochen! Bei mir schnüffeln Se nischt aus! Wat wollen Se sich de schönen Pfoten dreckig machen?! Ich zeige Sie alles, und denn setzen Sie sich irgendwo ins Warme, und denn saren Se dem Chef: der Edwin is reell. Und det können Se mit ruhigem Gewissen sagen, ohne sich die Pfoten dreckig zu machen –»

Karl Siebrecht zog sich die Joppe aus. «Also jetzt fangen wir mit der Arbeit an. Das ist alles Gefasel von dir, Edwin! Wo liegt der Koks? Im fünften Stock sollen wir anfangen –» Der Buckel starrte ihn mit einem so verzweifelten Augenverdrehen an, daß er lachen mußte. «Wirklich! Ich arbeite. Zehn Mark soll ich die Woche kriegen – was kriegst du, Edwin?»

Edwin seufzte, sehr schwer. «Ick nehm dir's nich ab. Von meinswejen, wenn de dir partuh insauen willst! Aber desterwejen schnüffelste doch nischt raus!»

Und nun fingen sie wirklich an, die Kokskörbe herumzuschleppen, Glut von einem in den anderen zu tragen, mit einem Blasebalg loszufauchen, neue Feuerung in Körben aus dem Keller heraufzuholen. Es war eigentlich eine vergnügliche Arbeit, der Polier hätte Schlimmeres und Schwereres für Karl Siebrecht finden können. Der Koks prasselte so angenehm in den Körben, die rote Glut leuchtete und wärmte so freundlich in der kalten Novemberluft, friedlich ächzte und knarrte das Leder des großen Blasebalges, während freundliche Wärme Karls Gesicht und Hände bestrich . . . Und nun hinein in die eisig pfeifende Zugluft der Treppen und Gänge, an den offenen Fenstern vorbei, hinab in die schwarze, naßkalte Höhle der Kokskeller, den Korb gefüllt und wieder hinauf im Trab zu der Wärme, der sanften Glut, dem behaglichen Ächzen.

Wenn nur dieser verfluchte Zwerg, dieser Edwin nicht gewesen wäre! Immer wieder, mitten in der Arbeit, im schönsten Laufen fing er an: «Sag es mir doch: wer hat dir jeschickt? Bloß, det ick es weiß!»

Bis es Karl Siebrecht zu dumm wurde und er ärgerlich rief: «Du mußt ein verdammt schlechtes Gewissen haben, Edwin, daß du mit dem Quatsch nicht aufhörst! Nun halt endlich den Mund, oder ich erzähle wirklich dem Polier, wie du mir hier zusetzt mit deinem Gefasel!»

Von da an schwieg der langarmige Zwerg völlig. Er trennte sich sogar von Karl, wies ihm ein Stockwerk zu, das er allein besorgen sollte – und doch ertappte ihn Karl immer wieder, wie er schweigend unter einer Tür stand und mit hängenden Armen und verdrehten Augen ihn beobachtete, als könne er aus solchem Beobachten erraten, welche Bewandtnis es nun wohl mit seiner neuen Hilfskraft habe. Und einmal überraschte Karl Siebrecht den Zwerg dabei, wie der sich seine Joppe vorgenommen hatte. Er hatte sie sich über die Knie gelegt und fingerte mit seinen schwarzen Pfoten in der Brieftasche herum.

Das war nach der Frühstückspause gewesen. Karl hatte sie benutzt, um schnell noch einmal zu den Trockenmietern herumzuspringen, ob sie wohl noch Hilfe gebrauchten. Oh, sie gebrauchten schon Hilfe! Jetzt lag die Frau, völlig erledigt, im Bett, zitternd, am ganzen Leibe fliegend, und der Mann mühte sich ab, die verquollenen Fenster zu schließen, im Herd mit einer zerschlagenen Kiste Feuer zu machen und seiner Frau etwas Warmes aufzusetzen. Karl Siebrecht hatte sich nicht lange besonnen. Das bißchen Kistenholz war nur wie ein rasch aufflammendes, gleich wieder zusammenfallendes Papierfeuer, er holte von drüben aus «seinem» Keller einen Arm voll Anmachholz und einen Korb Kohlen, ohne viel Nachdenken, ob das nun auch «zulässig» war. Es schien ihm «recht», und es war ihm ganz egal, daß der Buckel dabei zusah. Es war ihm auch egal, daß die beiden Trockenmieter ihm für sein Tun nicht mit einem Wort dankten, daß der Mann sogar noch sagte: «Ick habe dir nich darum jebeten, det weeßte, du!» Karl Siebrecht hatte es nicht um Dank getan.

Aber als er da nun bei seiner etwas verspäteten Rückkehr aus der Frühstückspause den Zwerg Edwin mit seiner Brieftasche in den Kohlenpfoten fand – und in der Brieftasche war doch, neben manchem Gleichgültigen, die Aster der Erika Wedekind –, da hatte ihn Zorn erfaßt. Noch keine vierundzwanzig Stunden, und die kleine Stadt und die unbeschwerte Jugend waren so fern gerückt, so fern. Aber die Erika Wedekind, die saß fest in ihm, mit ihrem zutraulichen, halboffenen Kindermund – wie oft hatte er während der Arbeit nach einem bayrischen Jodler «Riariatiritiro!» gesummt, und hatte doch nicht den Jodler gemeint... Er riß dem Edwin die Brieftasche aus der Hand und schrie ihn an: «Nun ist aber Schluß mit deiner Schnüffelei, Edwin! Wenn ich dich noch einmal bei so was erwische, gibt's Krach!»

Der Buckel schien sich aber endlich davon überzeugt zu haben, daß hinter der neuen Hilfskraft nichts anderes steckte als eben eine neue Hilfskraft. Er stand ohne Verlegenheit auf und sagte nur mürrisch: «Bei wem det wohl kracht, du Neuer?! Mach lieber, det de nach deinem Feuer siehst, det verschmookt ja allens! Und übahaupt – es is bald 'ne Viertelstunde nach Frühstück –» Drohendes murmelnd ging er.

Der Junge arbeitete munter fort und sang dabei sein «Riariatiritiro!» immer lauter – keiner konnte ja wissen, was er sich dabei dachte! Und je mehr gegen die Mittagsstunde zu die Knochen von der ungewohnten Arbeit zu schmerzen, die Füße zu brennen anfingen, um so mehr steigerte er sein Tempo: er ließ sich nicht unterkriegen! Er sollte zehn Mark die Woche verdienen, und die wollte er auch wert sein.

Gegen zwölf, kurz vor der Mittagsstunde, wurde es laut im Bau: es kam Besuch. Es war der Herr Chef selbst, mit Spitzbauch und Gehpelz, laut in Sprache und Benehmen. Ach, Karl Siebrechts Vater war eine andere Art von Unternehmer gewesen, er hatte mit seinen Arbeitern so gesprochen, daß immer noch zu erkennen gewesen war, er war auch einmal ein Maurer gewesen. Er hatte ihre Sprache gesprochen, ihre Sorgen nicht vergessen. Darum hatte er es wohl auch nie zu einem Gehpelz gebracht und nie zu einem ganzen Häuserblock mit Hunderten von Wohnungen. Der Herr Kalubrigkeit schien nur schimpfen zu können, und was auch gemacht worden war, es war schlecht gemacht. «Ist das der Junge, den Sie mir wieder mal aufgeladen haben, Polier?» bullerte er los. «Ich bin keine Wohltätigkeitsanstalt! Was soll ich denn mit so 'nem Jungen?!»

«Er ist ja billig, Herr Kalubrigkeit», antwortete der Polier, der all dies wohl gewohnt war, gleichgültig. «Und wenn er sich erst eingearbeitet hat, wird er soviel schaffen wie ein Mann.»

«Immer machen Sie so 'ne Geschichten! Erst den Busch – wo ich Ihnen den Busch extra verboten habe, und nun diesen Bengel! – Halt keine Maulaffen feil, Junge! Siehst du nicht, daß das Feuer nicht brennt?! Da steht er und glotzt! Und überhaupt, wozu hier noch trocknen? Die Wohnung ist trocken!» – Ein langer Herr mit einem scharfen Gesicht, aber dunklen, nicht unangenehmen Augen bemerkte, daß die Wände noch feuchte Flecken zeigten. – «Ach was! Die Wände schwitzen eben. Das kommt, weil die Feuchtigkeit rauszieht. Seit wann heizt ihr hier in der Wohnung, Junge? Das kostet alles ein Geld! Nu –?»

«Ich bin erst seit heute früh hier.»

«Hättest du dich erkundigt! Dieser andere soll kommen, wie heißt er doch, dieser schwarze Buckel! Da wird einfach losgefeuert, ohne Sinn und Verstand, Polier –!»

«Hier wird erst seit gestern geheizt.»

«Ach was, seit gestern! Das sagen Sie auch so aufs Geratewohl! Und immerzu ist der Koks alle, natürlich, der Kalubrigkeit bezahlt neuen! Nächstens heize ich ganz Berlin! Nu, wo ist der Zwerg?» – Edwin war schon da. Mit hängenden Armen und rundem Rücken stand er vor dem Chef und verdrehte die Augen zum Gotterbarmen. – «Nu, seit wann heizt ihr hier – wie heißt du doch?»

«Edwin! Edwin Raabe, Herr Chef», krächzte der Buckel und schoß einen schnellen Blick nach dem Polier. «Wir heizen –»

«Sieh nicht den Polier an! Sieh mich an. Seit wann heizt ihr diesen Abschnitt?»

«Ick jloobe, ick jloobe, ich ha' so'n schlechtet Jedächtnis –»

«Heizt ihr nicht erst seit gestern?» sagte plötzlich zu dem sich Windenden der lange Herr mit den dunklen Augen.

«Ich bitte dich, Schwager –!» schrie Herr Kalubrigkeit. «Steckst du mit der Bande auch noch unter einer Decke? Natürlich heizt ihr schon seit Dienstag oder gar seit Montag! Aber ich fasse euch, und wenn ich euch fasse, schmeiße ich euch alle raus, und Sie zuerst, Polier!»

«Sie haben mich schon oft rausgeschmissen, Chef!» sagte der Polier gleichmütig. «Und die Wände sind eben noch naß. Wenn nachher die Baupolizei kommt, und es gibt Stunk, schmeißen Sie mich wieder raus, aber nur vor den Herren, weil ich nicht genug geheizt habe.»

«Einmal schmeiß ich dich aber zum letztenmal raus», murrte Herr Kalubrigkeit. Er sah sich um und fand einen Anlaß, seinen Ärger auszutoben. «Da steht der verdammte Bengel noch immer!» schrie er. «Steht und glotzt! Steht hier zehn Minuten und glotzt! Für mein Geld! Was ist mit dem Bengel?» schrie er den Edwin Raabe an. «Sieh mich an, nicht den Polier! Tut er was, der Bengel, oder glotzt er bloß?»

Der Buckel wand sich. «Er tut schon was, Herr Chef», sagte er, und mit plötzlichem Entschluß: «Aber von't Frühstück is er ooch 'ne Viertelstunde zu spät jekommen, allens, wat recht is, Herr Chef, aber ick bin reell.»

«So, vom Frühstück eine Viertelstunde zu spät und hier dann gleich wieder zehn Minuten glotzen! Das ist 'ne feine Arbeitsstelle, der Kalubrigkeit ist ja doof, der zahlt's ja! Alles mein Geld! Wo hast du denn gesteckt über Frühstück?»

«Ich war bei den Trockenmietern nebenan –» fing Karl Siebrecht an, der seinen Entschluß gefaßt hatte. Er hatte diesen Unternehmer Kalubrigkeit vom ersten Sehen an gehaßt.

«Bist du stille von den Trockenmietern, Junge!» schrie der Polier.

«Und was war bei den Trockenmietern?» fragte Herr Kalubrigkeit fast sanft. «Stille biste, Jung!»

«Schande war da», sagte der Junge fast feierlich. «Schande für Sie und Tod für die Leute! Die Frau ist schon beinahe hinüber, und der Mann wird's auch nicht mehr lange machen. Die Wände sind naß, nicht ganz so wie hier, wo's schon so schön trocken ist, Herr Chef, aber noch so, daß die Hand feucht wird, wenn man drüber wischt. Und die Fenster sind so verquollen, daß sie nicht auf noch zu gehen. Die Frau ist ein paarmal umgefallen, jetzt hustet sie sich die Seele aus dem Leibe.»

«Und er hat denen 'nen janzen Korb Koks und zwei Arme voll Anmachholz rüberjeschleift», krächzte der Zwerg.

«Das habe ich!» rief der Junge. «Aber ich will's bezahlen, Herr, ich will gar nicht, daß Sie's denen schenken! Herr», wandte sich Karl Siebrecht an den Langen mit den dunklen Augen, «Sie sehen doch anders aus – wie können Sie es mit anschauen, daß die Menschen in diesen nassen Löchern verrecken?»

«Mein lieber Freund», sagte der Herr, aber ein wenig verlegen, trotz aller Sicherheit. «Ich fürchte, wir sind beide gleich wenig geeignet, die soziale Frage zu lösen...»

Sein Schwager, der Unternehmer Kalubrigkeit, unterbrach ihn. Mit einem wahren Schrei stürzte er sich auf den Jungen. «Aber das ist ja ein Anarchist! Das ist ja ein roter Leuteaufhetzer! Raus! Raus aus meinem Bau! Auf der Stelle runter von der Baustelle! Und er wird wegen Diebstahls angezeigt! Nein, er wird nicht angezeigt! Ich will keinen Krach in den roten Blättern haben. Schmeißen Sie ihn doch raus, Polier! Machst du, daß du fortkommst, Bengel! Oder ich schmeiße dich eigenhändig die Treppe runter!»

«Wieviel», fragte Karl Siebrecht in kaltem Zorn, «wieviel kostet es?»

«Was?! Was redet er? Was will er?»

«Was Koks und Holz kosten – ich möchte es Ihnen bezahlen, Herr Kalubrigkeit!»

«Schmeißen Sie die Trockenmieter auch raus! Er soll sehen, was er erreicht mit seiner Frechheit! Den Busch schmeißen Sie auch raus, Polier! Und Sie –»

«Mich schmeiß ich auch raus, jawohl, Chef!»

«Davon hab ich kein Wort gesagt! Das möchten Sie, mitten aus der eiligsten Arbeit, kurz vorm Frost! – Ist der Junge noch nicht weg?!»

«Also geh, mein Sohn», flüsterte der lange Herr nahe bei Karl Siebrecht. «Du bringst deinen Freunden nur Unheil. Ich werde nach ihnen sehen. Und heute nachmittag, vier Uhr, Kurfürstenstraße zweiundsiebzig, Senden. Behältst du das?»

«Ja.»

«Also mach, daß du fortkommst!» – Und Karl Siebrecht ging – von seiner ersten Arbeit.


## 10. Reue

«Da hast du es!» hatte der Polier recht böse gesagt, als Karl Siebrecht frisch gewaschen in seiner Joppe von der Baustelle ging. «Den Busch habe ich eben auch rausgeschmissen, wie ein gestochenes Kalb hat er mich angesehen. Wie ich den Mann kenne, sitzt er in der nächsten Destille, und da bleibt er auch hocken, bis der letzte Groschen alle ist. Wenn du kannst, dann nimmst du ihn mit, aber das kannst du nicht.»

«Wo sitzt er denn wohl?» hatte Karl Siebrecht gefragt.

«Bei der Haltestelle von der Straßenbahn. Im Grünen Baum heißt es. Aber er wird wohl nicht mit dir gehen.» Der Polier hatte sich ein wenig beruhigt. Plötzlich streckte er dem Jungen die Hand hin: «Na also, Jung, dann mach's gut! Denk bloß nicht, ich verstehe dich nicht. Ich verstehe dich ganz gut. Der Kalubrigkeit ist ein Aas! Jetzt ist er bei den Trockenmietern. Na, laß ihn, du siehst ja, was unsereiner ausrichtet!»

«Da muß ich eben etwas werden, wo man was ausrichten kann», sagte der Junge entschlossen.

Der Polier lachte, aber grimmig. «Vergiß nicht, was du dir da vornimmst! Das ist ein langer Weg bis dahin, da kann man leicht was vergessen.»

«Ich danke Ihnen auch, Polier!» hatte der Junge gesagt und war von der Baustelle gegangen.

Einen Augenblick hatte er noch nach dem Neubau hingesehen, in dem die Trockenmieter saßen, jetzt wohl bedrängt von Herrn Bauunternehmer Kalubrigkeit. Der Hafer stach Siebrecht noch immer: er wäre zu gerne hinübergegangen und hätte denen geholfen, irgendwie. Nur daß er jetzt wußte, daß seine «Irgendwie-Hilfe» bloß schadete, ein wenig positiver müßte sie schon aussehen. Der lange Herr mit den dunklen Augen hatte ihm ja auch versprochen, nach den Leuten zu sehen. Was freilich von einem solchen Versprechen zu halten war, besonders wenn es von einem Schwager des Herrn Kalubrigkeit ausging, darüber wollte Karl Siebrecht jetzt lieber nicht nachdenken. Ihm blieb noch der Grüne Baum mit dem einsam süffelnden Maurer Walter Busch, und beides fand er schnell genug, den Grünen Baum und in ihm den Busch. In der Kneipe war es still um diese Stunde nach der Mittagspause. Busch saß einsam an seinem Holztisch, auf der Bank neben ihm lag in dem grau bestäubten Rucksack sein Maurerzeug, auf dem Tisch vor ihm stand ein großes Glas Schnaps. Aber Busch hatte von diesem Glas noch nicht getrunken.

Karl Siebrecht rührte den Maurer an der Schulter an. «Herr Busch», sagte er, «wollen wir nicht zusammen nach Hause fahren? Die Tilda freut sich bestimmt, wenn Sie kommen, und die Rieke, ich meine, Ihre Tochter, ist vielleicht auch schon wieder zu Hause.» Zu spät war ihm eingefallen, daß Rieke für den Mann eine andere bedeutete.

«De Rieke?» fragte der Mann und sah aufmerksam zu ihm auf. «Meinste wirklich, se wartet uff mir?»

«Doch!» sagte der Junge nur.

«Na denn!» meinte der Maurer und stand auf. Er hatte sowohl Schnaps wie Rucksack vergessen. Aber Karl Siebrecht hatte den Rucksack schon genommen. In der Tür wandte sich Busch noch einmal zu ihm. «Biste sicher mit de Rieke?» fragte er und sah den Jungen an, sah ihn diesmal richtig an mit seinen verwaschenen Augen.

Und wieder spielte dem Jungen seine Ehrlichkeit einen Streich. Er hätte nur «ja» zu sagen brauchen, und der Maurer wäre wohl mit ihm gegangen. Aber es kam ihm gemein vor, diesen verwirrten Mann zu täuschen, er sagte: «Ja, ich glaube, Ihre Tochter wird jetzt aus der Schule zurück sein, Herr Busch.»

«Ach so», sagte der Mann und verfiel. Sein Auge glitt vage umher. Er ging nicht mehr weiter.

«Kommen Sie, Herr Busch!» drängte Siebrecht. «Gehen wir nach Haus. Morgen finden wir andere Arbeit.»

Aber der Mann, der nichts zu sehen schien, hatte schon das einsame Schnapsglas auf dem fleckigen Holztisch entdeckt. Er schob den Jungen nur beiseite, nicht, als sei er ein Mensch, sondern etwa ein Stuhl, der im Wege stand. Busch ging auf den Tisch zu und trank im Stehen das große Glas leer. Er ging an die Theke und reichte es dem Wirt. Er legte, während der eingoß, Geld auf die Theke. Wieder im Stehen, diesmal an der Theke stehend, goß er das Glas hinunter. Und reichte es wieder dem Wirt, fingerte wieder nach Geld ... Leise ging der Junge aus der Kneipe.

Das ist kein guter Anfang, dachte er. Das ist alles kein guter Anfang. Seit gestern abend mit dem Schuster Fritz Krull ist alles, was ich tue, verkehrt. Wie kommt es, daß die Rieke alles richtig macht, und ich mache alles falsch? Ich glaube, ich bin dumm. Ich verstehe nichts von den Menschen und ich verstehe nichts vom Leben, alles wird verkehrt, was ich tue. Die Rieke lügt auch nicht und schmeichelt auch nicht, und es wird doch richtig bei ihr. Wie hätte ich den alten Busch aus der Kneipe kriegen sollen, ohne zu lügen? Und wie hätte ich was für die Trockenmieter tun können, ohne Streit mit dem Kalubrigkeit zu bekommen? Ich will nicht kriechen, nie, und ich will doch etwas erreichen! Aber ich fange es falsch an.

So dachte der Junge, und es drängte ihn, zu Rieke Busch zu kommen und ihr alles zu erzählen. Er hatte solch ein Zutrauen zu dem kleinen Ding, sie würde ihm schon sagen können, was er falsch gemacht hatte, und sie würde ihm erklären, wie sie es angefangen hätte. Ich muß es lernen, dachte er. Wenn ich vorwärts will, muß ich das zuerst lernen, wie ich mit den Leuten hier umzugehen habe. Jetzt rede ich noch nicht richtig mit ihnen. Sie denken, ich bin bloß ein Junge. Ich bin ja auch nur ein Junge, aber ich will doch ein Mann werden, ein richtiger Mann. Rieke muß es mir sagen.

Aber obwohl es ihn drängte, zu Rieke zu kommen und sich mit ihr auszusprechen, fuhr er nicht mit der Elektrischen. Es war nicht der Fahrgroschen, den er sparen wollte, er gab sogar noch mehr aus: er ging in das nächste Papierwarengeschäft und kaufte sich einen Stadtplan von Berlin. Er mußte ja doch diese Stadt kennenlernen, diese graue, tote, im Novembertrübsinn trotz allen Treibens wie ersterbende Stadt. Er wollte die Stadt sehen, er wollte sie bis in den letzten Winkel kennenlernen. So faltete er sich den Stadtplan zurecht und ging den Weg von der Baustelle in Pankow bis zum Wedding, den Rucksack des Maurers Busch hatte er sich auf den Rücken gehängt. Er ging und ging. Er verweilte sich nicht, aber immerzu ging sein Kopf hin und her. Die lockere Stadt schloß sich enger und enger um ihn, sie saugte ihn in sich hinein. Der Lärm wuchs, höher schienen die Häuser zu wachsen, grauer wurden ihre Fassaden, eiliger liefen die Menschen. Es schien ihm nicht eine Stadt zu sein, durch die er ging, sondern ein Gemisch von vielen Städten, fast jede Straße trug ein anderes Gesicht, nach breiten, in spiegelndem Asphalt liegenden kam er in enge, über deren Kopfsteine schwere Wagen donnerten.

Ein wenig bedrückt und trübe ging Karl Siebrecht durch die große Stadt, und es munterte ihn erst wieder auf, als er jetzt, gegen den Schluß seiner Wanderung, nach so viel Steinen einen grünen Fleck entdeckte mit Bäumen und Gebüsch, Humboldthain genannt. So etwas gab es also doch in allernächster Nähe der Wiesenstraße – ein wahrer Trost, auch für die Füße, die von dem ungewohnten Stadtpflaster höllisch brannten. Langsam ging er auf den regenerweichten Fußwegen, sah das entfärbte Grün des Rasens wohlgefällig an, als habe er so etwas schon Jahre nicht mehr gesehen, und besann sich schließlich sogar auf seine Frühstücksbrote, die noch immer die Taschen seiner Joppe strammten. Auf und ab wandelnd, verzehrte er sie. Berlin war nicht ganz so strahlend, wie er es sich erträumt hatte, aber es war auch nicht so schlimm, wie es an diesem grauen Novembertage aussah: er würde die Stadt schon kriegen! Freilich, als er dann den Humboldthain wieder verlassen mußte, als er in die Wiesenstraße einbog, als er dann über die Höfe ging, als er die Treppe zur Buschschen Wohnung hinaufstieg und es ihm wieder klarwurde, daß er nun gleich der Rieke würde erzählen müssen, er hatte keine Arbeit, er hatte aber ihren Vater um seine Arbeit gebracht, und daß der Vater wieder in einer Schenke saß und trank – da fiel alle Aufmunterung von ihm ab, und er war nur noch ein Junge, der etwas ausgefressen hat, der sich seiner Taten schämt und der nur den Wunsch hat, die nächste Viertelstunde möchte erst vorbei sein.

Doch Rieke kam noch gar nicht, und das war ihm auch wieder nicht recht. Die Wohnungstür war verschlossen, drinnen hörte er Tilda trappeln und schwätzen, draußen hing eine Schiefertafel mit dem Satz «Bin um Fier wieder da», was auf einen nicht völlig erfolgreichen Schulbesuch Riekes schließen ließ. Blieb als letzte Hoffnung nur die Witfrau Bromme, und die wußte auch nicht viel Tröstliches. «Der Schlüssel? Na, den einen hat die Rieke, die is uff ihre

Abwaschstelle. Die kommt nur schnell um vieren vorbei und sieht nach Tilda und jibt ihr Milch. Und denn jeht se ins Büro von Rechtsanwalt Schneider reinmachen, da kommt se nich vor siebenen zurück –» War also Beichte und Aussprache bis auf den Abend verschoben, und dann war vielleicht der alte Busch schon wieder in der Wohnung, aber in welchem Zustand! «– und den anderen Schlüssel hat der olle Busch, biste denn mit dem nich losjezittert, Jung?» Doch das war er, nur ... «Hat wohl nich so jeklappt mit de Arbeet? Ha' ick mir jleich jedacht! Wat haste denn jemacht den janzen Morjen? Koks jetragen? Ick seh's an deine Hände! Wat haste denn dafür jekriegt? Nischt? Ach, red nicht – entweder biste doof oder du schwindelst!»

«Ich soll um vier bei einem Herrn in der Kurfürstenstraße sein», lenkte Karl Siebrecht ab.

«In der Kurfürstenstraße? Det is ja der feine Westen! Da würde ick nich hinjehen, det ist doch nischt für unsereinen! Bleibe im Lande und nähre dich redlich!»

«Und da hätte ich gerne mein anderes Zeug angezogen ...»

«Ach so! Desterwejen der Schlüssel! Ja, Jung, da kann ick dir ooch nich helfen! Wenn de nich bis vieren uff Rieken warten willst? Det Zeug von meinem Seligen ist dir zu füllig. Aber der Bäcker, der Bremer, liegt ja uff sein Bette und pennt, weil er Frühschicht jehabt hat – vielleicht det der dir seine Klamotten pumpt. Dieselbe Jröße habt ihr ja, nur det der Bäcker breiter is ...»

Der Bäcker Ernst Bremer lag wirklich auf dem Bett, in seinem Arbeitszeug, das genauso weiß bestäubt aussah wie sein Gesicht, mit den traditionellen nackten Bäckerfüßen: die Latschen lagen vor dem Bett. Aber er schlief nicht, sondern blinzelte mit seinen dunklen Augen den Karl Siebrecht an. Der brachte, ein wenig stockend, sein Anliegen vor. «Nee!» sagte der Bäcker und drehte sich mit einem Ruck zur Wand. «Ick kenn dir ja jar nich! Und überhaupt –!»

«Und was überhaupt?» fragte Karl Siebrecht die Bremersche Rückseite, nun doch etwas verblüfft über die schroffe Abweisung. Gestern abend hatten sie doch noch ganz vergnügt und kollegial mit den Körben geschleppt. Aber er bekam keine Antwort. «Na, denn nicht!» sagte Karl Siebrecht und wußte jetzt, warum er sein Anliegen vorhin nur so stockend vorgebracht hatte: er konnte diesen Bäcker Ernst Bremer einfach nicht ausstehen, gleich von Anfang an nicht.

Und Karl Siebrecht mußte sich mit einer gründlichen Waschung in der Küche begnügen.


## 11. Herr von Senden, Schwager des Kalubrigkeit

Im Hause Kurfürstenstraße 72 hatte ihn natürlich als erstes der Portier von der marmornen und samtenen Vordertreppe gröblich heruntergeholt und ihn die Dienstbotentreppe hinaufgeschickt. All dies waren neue Erfahrungen für Karl Siebrecht, im ersten Augenblick ärgerlich, bei einigem Nachdenken sofort erträglich. Er war nun eben nicht mehr der Sohn des Bauunternehmers Siebrecht – obwohl er das natürlich noch immer war –, er war der Arbeiter Karl Siebrecht, der arbeitsuchende Karl Siebrecht.

Auch die dickliche Köchin, die ihm die Hintertür geöffnet hatte, schaute ihn recht mißtrauisch an. «Stimmt das auch?» fragte sie. – Karl Siebrecht versicherte, er sei vom Herrn zu vier bestellt. – «Dann warte man!» sagt sie und ballerte ihm die Tür wieder vor der Nase zu.

Es hatte höchst sympathisch nach Gänsebraten und Rotkohl gerochen – der Herr Senden, der Herr von Senden, wie das porzellanene Namensschild an der Hintertür auswies, mußte ein wohlhabender Mann sein. Gänsebraten an einem Alltag – das hatten Siebrechts sich in ihren besten Zeiten nicht erlaubt. Es konnte übrigens auch Ente sein – und dem Jungen fiel ein, daß er heute, vermutlich zum erstenmal in seinem Leben, kein warmes Mittagessen bekommen hatte. Bei diesem Gedanken fing sein Magen, trotz der Stullen, auf das unverschämteste zu knurren an.

Karl Siebrecht machte den Mund weit auf und schluckte mehrmals hintereinander beträchtliche Mengen Luft, bekanntlich ein unfehlbares Mittel gegen solche Rebellion des Magens. Aber der noch immer spürbare Enten-Gänsebraten-Geruch erwies sich als stärker: der Magen knurrte fort. Er knurrte auch weiter, als die Tür aufging und ein grünlivrierter Knabe den Besucher von oben bis unten musterte, dann ziemlich unverschämt sagte: «Mitkommen!» und den Karl Siebrecht erst durch die duftende Küche führte – das Knurren nahm bedrohliche Formen an –, dann durch einen langen Gang, in dem Schritte und Knurren hohl widerhalltenn, dann durch ein strahlend erhelltes Riesenzimmer – das Eßzimmer, das Berliner Zimmer –, in dem eine Dame mit einem Riesenhut mit zwei Riesenpleureusen einsam am endlosen, weißgedeckten Tisch saß und etwas Braungebratenes vom Teller aß – oh, dieses Knurren! –, und ihn schließlich in ein wiederum großes, aber dämmriges Zimmer brachte, in dem der Herr von Senden in einen Sessel gegossen lag, angestrahlt vom rötlichen Gasfeuer im falschen Kamin, die Füße in braunen knöpfbaren Halbschuhen auf dem Kamingitter.

«Hier ist der junge Mann, Herr Rittmeister!» sagte der grünlivrierte Knirps.

«Raus!» antwortete der Herr von Senden, der nun also auch noch Rittmeister war. Der Knirps verschwand. Der Rittmeister winkte, ohne hochzusehen, mit einer langen weißen Hand, an der viele Ringe saßen.

«Setz dich, mein Sohn. Du bist doch der vom Bau?»

«Jawohl!» sagte Karl Siebrecht möglichst laut, denn der Magen knurrte wieder sehr. «Ich heißte übrigens Karl Siebrecht.»

«Sehr angenehm», sagte der Rittmeister. «Sitzt du?»

«Ich stehe ebenso gern», meinte der Junge, eine Spur trotzig. Der Empfang verdroß ihn. Trotzdem knurrte sein Magen unentwegt weiter; was die Dame im Eßzimmer auf ihrem Teller gehabt hatte, war bestimmt eine Gänsekeule gewesen.

«Aber warum denn?!» rief der Herr von Senden erstaunt. «Zieh dir einen Sessel heran und setz dich. Wozu stehen, wenn man sitzen kann? Wozu sitzen, wenn man liegen kann? – Na also, das ist vernünftig! Ich dachte schon, nach deinen Taten heute vormittag, du seiest der geborene Rebell!»

«Ich bin überhaupt kein Rebell! Nie gewesen!» erklärte der Junge mürrisch. Er war immer noch nicht mit seinem Gastgeber zufrieden.

«Und was bist du also gewesen?» fragte der. – Der Junge sagte es, so gut es in vier, fünf Sätzen ging. – «Und so hast du denn», meinte der Rittmeister von Senden, «dein Herz für die Armen und Elenden, als da sind Trockenmieter, erst entdeckt, seit du selbst arm und elend bist. Findest du das nicht komisch?»

«Nein», sagte der Junge böse. «Bei uns zu Haus gibt es so was nicht! Ich finde das gar nicht komisch.»

«Oh! Oh! Oh!» rief der Rittmeister zweiflerisch. «Du hast also im Himmel gelebt?! Bei euch gab's keine Ortsarmen? Und nicht den bekannten Stadttrottel, den die lieben Bürger in vorgerückter Stunde besoffen machten und in den Stadtteich stießen? Wirklich nicht −?»

In dem Jungen tauchte blitzartig das Bild des langen Ludwig auf, wie ihn alle nannten, eines mit der Fallsucht behafteten Armen. War er nicht selbst hinter dem Betrunkenen als Junge hergelaufen und hatte gedankenlos mit den anderen den Vers gegrölt:

> Der lange Ludewig
> Find seine Bude nich!
> Linksrum! Rechtsrum!
> Marsch! Arsch!

«Du bist ja so stille, mein Sohn Karl?» fragte der Rittmeister nach einer langen Weile.

«Ja», sagte der Junge leise. «Sie haben ganz recht. Wir haben so etwas auch bei uns, und ich habe sogar beim Verhöhnen mitgemacht!»

«Deswegen brauchst du dich nicht zu schämen», sagte der Rittmeister freundlich. «Es ist nun einmal eine komische Tatsache, daß wir Menschen erst daran denken, wie schlecht es einem gehen kann, wenn es uns selber schlecht geht.»

«Aber Ihnen ist es doch bestimmt nicht schlecht gegangen!» sagte der Junge überzeugt und dachte an die dufterfüllte Küche, die schöne Dame mit den Pleureusen in dem strahlenden Eßzimmer, dachte an den Gänsebraten und sah hinein in den rötlich strahlenden Kamin. «Und Sie wissen doch, wie schlecht es einem gehen kann!»

«Meinst du?» fragte der Rittmeister nachdenklich. Und plötzlich lachend: «Sag doch, wie hat dir mein Schwager, der Herr Kalubrigkeit, gefallen?»

«Ach, mit dem haben Sie doch gar nichts zu tun!»

«Irrtum, mein Sohn! Mit dem baue ich nämlich zusammen die Häuser, wir sind Kompagnons. Er leistet die Arbeit, und ich verdiene Geld dabei.»

«Ich mag nicht, daß Sie so reden», sagte der Junge nach einer Weile. «Entweder ekelt Sie das alles an, dann sollten Sie es hinschmeißen und nicht davon reden, oder Sie tun's um des Geldes willen, dann − gehe ich lieber!» Er stand auf. Der Magen hatte das Knurren vergessen, er wußte auch nicht mehr, warum er hierhergegangen war, zu diesem Mann, der so vornehm durch die Nase säuselte.

«Ach, wie einfach ist doch das Leben in deinen Jahren!» rief der Herr von Senden. «Immer entweder oder! Entweder wird den Trockenmietern geholfen, oder ich werde arbeitslos! Setze dich wieder. Übrigens ist deinen Trockenmietern geholfen.»

«Ja?» fragte der Junge und setzte sich widerstrebend, aber hiervon wollte er doch noch hören.

«Soweit es noch möglich war. Sie hat einen Blutsturz gehabt und ist im

Krankenhaus. Und er ist irgendwo trocken und warm untergebracht. Siehst du, so was kann ich nun doch tun, wenn's mich auch anekelt, wie du sagst.»

«Was ekelt Sie an? Das Tun?»

«Alles!»

«Was alles –?»

«Das ganze Leben!»

«Das ganze Leben?! Warum leben Sie dann noch?!» rief der Junge.

«Vielleicht wegen so einer Unterhaltung wie jetzt. Glaubst du, ich war immer so? Ich war auch mal so wie du!»

«Und warum sind Sie so geworden? Wie wird man so?»

«Was willst du werden?»

Der Junge schwankte einen Augenblick. Dann richtete er sich auf und sagte: «Ich will Berlin erobern!»

«Dann», sagte der Rittmeister und richtete sich auch auf, «dann bist du auf dem besten Wege, das zu werden, was ich geworden bin!»

«Nie!» sagte der Junge. «Ich nie!»

«Doch! Dann immer!» widersprach der Rittmeister.

Der Junge rief: «Ich lasse mir keine Angst machen!»

Und der Herr von Senden: «Bin ich so, daß man Angst vor mir haben muß?»

Und wieder Karl Siebrecht: «Nie werde ich so werden, wie Sie sind!»

«Und wie bin ich, mein Sohn?»

«Zynisch sind Sie! Angeekelt sind Sie! Sie zweifeln an allem und glauben an gar nichts! Sie lachen über alles, und am schlimmsten finde ich, daß Sie über sich selbst lachen!»

«Einen Augenblick, mein Sohn Karl!» sagte der Rittmeister fast lebhaft, nahm die Füße in veilchenblauen Socken vom Kamingitter und hängte sie über die Seitenlehne des Sessels, so daß er dem Jungen das Gesicht nun voll zuwendete. «Eine Frage nur, Karl Siebrecht! Was wirst du tun, wenn du Berlin erobert hast –?»

Der Junge schwieg verwirrt einen Augenblick, da sagte der Rittmeister schon: «Dann wirst du deiner Eroberung überdrüssig sein! Sie wird dich anekeln! Dann wirst du dasitzen, mit der Macht in Händen, mit dem Reichtum in Händen, und wirst dich fragen: wozu das alles? Was soll ich nun tun? Es ist todeslangweilig, alles. Ich war tausendmal glücklicher damals, als ich noch nichts war und hundert Hoffnungen hatte! Heute bin ich alles und habe nichts mehr zu erwarten.»

«Ich . . .» fing der Junge an.

«Noch einen Augenblick, Karl Siebrecht! Noch eine Frage! Glaubst du an Gott?»

«Ich . . . ich weiß nicht . . .»

«Nun stelle ihn dir immer vor irgendwo da oben im All, seinen Sternen die Bahn zumessend und seiner Menschen Geschicke lenkend. Und seit Äonen von Jahren laufen die Sterne auf ihrer leuchtenden Spur, und seit Äonen von Jahren werden die Menschen geboren, hoffen und sterben, sie lieben und hassen, und sie sterben dann, sie führen blutige Kriege und bauen Kulturen auf, die wieder vergehen – glaubst du nicht, daß Gott längst weiß, daß gar nichts geschieht? Daß alles gleichgültig ist? Er muß das zynischste, das ungläubigste, das am

51

meisten angeekelte Wesen im Weltall sein, dieser Gott! Und das unglücklichste!»

«Warum sagen Sie mir das alles?!» rief der Junge wild und sprang von seinem Sessel auf. «Warum haben Sie mich zu sich bestellt?! Warum haben Sie dann den Trockenmietern geholfen? Bloß um mich zu verderben?! Wollen Sie mir meine Hoffnungen nehmen? Ich habe es auch in der Schule gelernt, daß alles eitel ist! Aber das ist was für die Alten, die satt sind! Ich bin jung und bin hungrig...» Gerade als er dies in seiner Erregung und Empörung rief, fiel ihm die Gänsebraten essende Dame mit den Pleureusen ein, der Hunger überfiel ihn wie ein Wolf, und sein Magen kullerte ganz laut. Unwillkürlich aus all seiner Erregung heraus mußte der Junge hemmungslos lachen. Er konnte gar nicht wieder aufhören mit Lachen, mit seinem Lachen übertönte er sogar das gierige Kullern des Magens.

Der Rittmeister mußte mitlachen. «Warum lachst du nur, Mensch?» rief er. «Sage mir doch, warum du so lachst, damit ich mitlachen kann!» Aber er lachte schon mit.

Atemlos, immer wieder von krampfhaften Lachanfällen geschüttelt, erzählte ihm der Junge, daß er heute zum erstenmal kein warmes Mittagessen gehabt hatte und daß es hier in der Wohnung so schön nach Gänsenbraten gerochen habe... «Entenbraten», verbesserte der Rittmeister. – Und daß, als er eben gerufen habe, er sei jung und hungrig, plötzlich die Vision des Entenbratens vor ihm aufgetaucht sei, daß sein Magen sofort sich gemeldet habe und daß er darüber habe lachen müssen, lachen...

«Siehst du, mein Sohn», sagte der Rittmeister behaglich. «Ich habe doch den richtigen Riecher gehabt. Du bist weder Rebell noch kaltherziger Streber, denn diese beiden Gattungen haben nie Humor. Du aber hast welchen, und deswegen gefällst du mir. Also sage, was ich für dich tun kann.»

«Warum wollen Sie denn etwas für mich tun?»

«Wie vorsichtig!» rief der Rittmeister und goß sich wieder in seinen Sessel hinein. Der Junge empfand zum erstenmal wirkliche Sympathie für diesen Mann, weil er gar nicht daran dachte, ihm nun Entenbraten anzubieten. «Mißtrauisch wie ein junges Waldtier, das zum erstenmal ins Freie tritt und sogar der verlockenden Hafersaat mißtraut. Aber vielleicht hellt es meine Langeweile ein bißchen auf, wenn ich dir auf deinem Wege zur Eroberung Berlins vorwärts helfen kann.»

«Ich bin nicht dazu da, um Ihre Langeweile zu vertreiben!» sagte der Junge störrisch.

«Sehr richtig! Aber vielleicht kannst du deinen Weg machen, ohne dich viel um mich zu kümmern? Ich würde schon auf meine Kosten kommen. So ein Schwätzchen wie heute abend alle Vierteljahre würde mir vollkommen genügen!»

«Ich mag nicht mit Ihnen schwatzen! Ich mag Ihre Art zu schwatzen nicht!»

«Zu gefährlich?»

«Ach was! Ich mag's einfach nicht – solch ein zynisches Geschwätz! Ich will etwas tun, nicht schwatzen!»

«Und was gedenkst du zu Anfang zu tun? Ich nehme an, daß diese Koksschlepperei nur ein Notbehelf war.»

«Natürlich.»

«Und was tätest du lieber?»

«Am liebsten», sagte der Junge, «wäre ich Chauffeur von einem erstklassigen Auto!»

«Was?!» rief der Herr von Senden ein wenig enttäuscht. «Das denkst du dir als den Anfang deiner Eroberung Berlins?! Und wie soll das etwa weitergehen?»

«Das weiß ich nicht. Das wird sich schon finden. Erst mal möchte ich Chauffeur sein.»

«Nun gut», sagte der Rittmeister. «Ich finde zwar diese Automobile unausstehlich. Sie machen Krach und stinken. Sie sind unfein – nur Pferde sind wirklich fein. Aber da auch der Kaiser darin fährt – meinetwegen! Also, mein Sohn, wir werden beide morgen früh ein erstklassiges Auto erstehen, und du wirst mein Chauffeur werden.»

«Wie?» fragte der Junge. «Sie wollen wirklich?»

«Ganz wirklich!»

«Aber ein wirklich gutes Auto kostet einen Haufen Geld – über zehntausend Mark!»

«Darum mach dir keine Sorgen. Das Geld wird da sein. Einverstanden, Karl Siebrecht?» Und er streckte ihm die lange weiße, mit den vielen Ringen geschmückte Hand hin.

Dem Jungen war wie ein Traum. Was er sich sehnlichst gewünscht hatte, hier wurde es ihm am ersten Tag seines Berliner Aufenthaltes angeboten! Über jede Erwartung leicht! Aber, warnte es in ihm, das Leben durfte nicht wie ein Traum sein. Die gebratenen Hühner, die einem in den Mund fliegen, schmecken nicht wie die, die man sich erst erkämpft hat. Und überhaupt – was wollte dieser Mann? Er wollte sich seine Langeweile vertreiben, auf Geld kam es ihm nicht an! Er würde amüsiert zuschauen, wie sich dieser Jüngling Karl Siebrecht abstrampelte, und bei jedem Fehlschlag, bei jeder Enttäuschung würde er sagen oder doch denken: Ich habe es mir doch gleich gedacht! Wozu sich erst Mühe geben? Im gleichen Augenblick fiel dem Jungen die Rieke Busch ein. Die zweifelte weiß Gott nicht an sich, die hatte keine Zeit zur Langeweile. Die erlebte alle Tage Enttäuschungen und Fehlschläge, die fraß sie ohne weise Sprüche herunter, die arbeitete weiter. Und plötzlich hatte der Junge die unklare Vorstellung, als lägen da zwei Wege vor ihm und als müsse er bindend für sein ganzes weiteres Leben entscheiden, welchen Weg er gehen wolle: den glatten, bequemen, breiten Weg, auf dem der Herr von Senden sein Führer sein würde, oder den holprigen Pfad, auf dem Rieke Busch ihm ging, diesen Pfad, der sich sofort in Dickicht und Dunkel verlor ... Noch unklarer hatte der Junge etwas vor sich wie einen dritten Weg, er wollte an Erika Wedekind denken, aber schon hörte er sich zu seiner eigenen Überraschung laut sagen: «Nein, danke, Herr Rittmeister. Ich möchte mir lieber allein helfen!»

Er hörte den Rittmeister leise lachen. «Das habe ich mir beinahe gedacht, mein Sohn Karl», sagte er höchst zufrieden. «Du hättest mich enttäuscht, wenn du dich anders entschieden hättest. – Aber was machen wir jetzt?»

«Jetzt?» fragte Karl Siebrecht. «Jetzt gehe ich nach Haus, und morgen versuche ich mein Heil anderswo.»

«Wieder auf einer Baustelle?»

«Das weiß ich noch nicht.»

«Oder irgendwas im Autofach?»

«Vielleicht. Aber ich will mir nicht von Ihnen helfen lassen!»

«Das sollst du auch gar nicht! – Sage mal, du hast mir doch gesagt, du bist der Sohn von einem Baumeister . . .»

«Ja, aber . . .»

«Da kannst du doch sicher mit Reißschiene und Zirkel umgehen?»

«Ja, aber . . .»

«Und bestimmt kannst du auch Pausen von Bauzeichnungen machen?»

«Ja doch! Aber . . .»

«Was würdest du dazu sagen, wenn du für den Anfang erst einmal auf dem technischen Büro von meinem Schwager Kalubrigkeit arbeiten würdest? Bloß so lange, bis du ein wenig in Berlin warm geworden bist? Du kannst dich ja dabei unter der Hand immer nach etwas anderem umsehen?»

Der Junge grinste. «Herr Kalubrigkeit würde mich wohl denselben Augenblick rausschmeißen, wo er mich zu sehen kriegte!»

«Dich zu sehen? Aber mein Schwager kommt nie auf sein technisches Büro! Glaubst du, das interessiert ihn? Kalubrigkeit ist doch kein Baumeister, Kalubrigkeit ist doch ein Bauunternehmer, den interessiert bloß Geld! Jawohl, er läßt sich mal auf dem Bau sehen, aber von der Bauerei versteht er gar nichts, er will nur Geld sparen, davon versteht er was! Nein, der Kalubrigkeit würde dich nie zu sehen kriegen, nach menschlichem Ermessen nie!»

«Ich möchte nicht gern . . .» sagte der Junge zögernd.

«Sei doch kein Schaf, mein Sohn!» ermahnte ihn der Rittmeister milde. «Jetzt lehnst du doch nur ab, weil der Vorschlag von mir kommt. Aber ich sage dir, du bist mir zu gar nichts verpflichtet. Dein Feingefühl kann beruhigt sein. Ich weiß, sie haben augenblicklich irrsinnig zu tun auf dem Büro, sie planen eine riesige Geschichte im Bayrischen Viertel – weißt du, wo das ist?»

«Nein.»

«Das mußt du dir mal ansehen, das wird das Feinste vom Feinen. Fünfstöckige Mietshäuser mit erstklassig imitiertem bayrischem Fachwerk und goldenen Zwiebeln auf dem Dach! Na, und meinen Schwager läßt der Ehrgeiz nicht schlafen, so was muß er auch bauen! Da planen sie nun und zeichnen. Warum sollst du keine goldenen Zwiebeln zeichnen? Es kostet mir nur einen Anruf!»

«Und nach einer Woche oder einem Vierteljahr soll ich zu Ihnen kommen und Bericht erstatten, nicht wahr? Und Sie reden mir alles kaputt, was mich gefreut hat!»

«Nein, nicht einmal das sollst du! Wenn du keine Lust hast, brauchst du dich nie wieder in der Kurfürstenstraße zweiundsiebzig sehen zu lassen. Trotzdem es mich freuen würde. Aber du bist mir zu nichts verpflichtet. Im Gegenteil. Wenn du morgen früh um neun in das Büro Krausenstraße zwölf von Kalubrigkeit & Co. kommst – Co., das bin ich und noch ein Haufen fauler Nichtstuer –, dann wirst du ein Schild an der Tür sehen: ‹Bauzeichner und Pauser gesucht›. Du siehst also, ich mache dir keinen Extraplatz frei. – Einverstanden?»

«Einverstanden!» sagte Karl Siebrecht.

Das Mädchen war müde gewesen, der Junge war müde gewesen: sie waren beide am Herd eingeschlafen. Das Feuer erlosch, der letzte Hauch von Wärme verflog, nebenan in der Stube rührte sich Tilda im Schlaf: sie erwachten beide, es war ihnen kalt. «Gleich elfe», sagte Rieke Busch und reckte sich. «Und Vata imma noch nich da!» – Der Junge hatte ein Schuldgefühl, er sagte nichts. – «Vata verträgt nich ville», sagte das Mädchen wieder. «Und nu is er bald zwölf Stunden uff de Tour.»

«Soll ich noch einmal hingehen und versuchen, ihn fortzukriegen?» fragte Karl Siebrecht.

«Haste ihn nich weggekriegt, als er noch nüchtern war, wirste ihn nich wegkriegen, wenn er blau is, Karl», sagte Rieke, und wenn diese Worte auch ohne eine Spur von Vorwurf gesagt waren, empfand sie Karl Siebrecht doch als Vorwurf. Wieder schwieg er.

«De Elektrische jeht noch zwei Stunden», meinte das Mädchen wie zu sich. «Ick könnte sehen, det ick ihn heimlotse.»

«Dann gehe ich mit!» rief Karl Siebrecht entschlossen.

«Zu wat denn?» fragte Rieke. «Schlaf dir lieber jut aus, det de morjen frisch bist for deine neue Stellung.»

«Und du, Rieke, brauchst du keinen Schlaf?»

«Ick bin wenig Schlaf jewöhnt, mir macht det nischt.»

«Horch!» sagte der Junge. Ein aufheulender Windstoß hatte prasselnde Regentropfen gegen die Scheibe gejagt. «Wie das stürmt und regnet!»

«Ja – und wenn er blau is, haut er sich hin, wo er jeht und steht. Dann denkt er, sein Bette is überall. – Ick jeh los. Hau dir in de Falle, Karl, det de frisch bist morjen!»

«Ich gehe mit dir, Rieke!»

«Nee, du schläfst! Ick komme alleene zurecht! Ick bin immer alleene zurechtjekommen! Ick brooche dir nich!»

«Siehst du, Rieke, nun bist du mir doch böse, daß ich deinen Vater um seine Arbeit gebracht habe!»

«Du oller Dussel!» sagte sie und sah ihn mit ihrem alten Mut und Humor an. «Wat du dir allens inbildest! Zu wat soll ick dir böse sind?! Da kannste doch nischt for!»

«Dann laß mich auch mitgehen, Rieke!»

«Nee, du sollst dir nich mit uns behängen! Det is nischt for dir. Jetzt, wo du 'ne feine Stellung hast –!»

«Nimmst du mir etwa die Stellung übel, Rieke?!»

«Du bist keen Arbeeta, Karl, und du wirst ooch keena! Ick habe mir det jestern anders jedacht. Aba wie de mir erzählt hast, det du mit dem Rittmeista jesprochen hast, janz uff du und du, ick könnte det nich!»

«Aber die Stellung hätte ich nicht annehmen sollen auf dem Büro, nicht wahr, Rieke?»

«Doch hättste! Jrade hättste! Bloß – det ick dabei injesehen habe, det ick dir bloß hemme, det hatt ick jestern abend noch nich kapiert. Aber heute hab ick's kapiert, und da sare ick: Schluß, Karl!»

«Rieke!» sagte der Junge. «Jetzt will ich dir etwas sagen: wenn ich jetzt nicht mit dir gehen darf, und wenn ich nicht weiter zu euch kommen darf, dann trete ich die Stellung morgen nicht an!»

«Det tuste nich, Karl!»

«Das tue ich, Rieke!»

Sie sah ihn fest an. Er sah sie wieder an, mit leuchtenden Augen. Alle Müdigkeit war von den beiden abgefallen. Dann drehte sich Rieke kurz um. Sie nahm ein Tuch vom Haken, ein dunkles Umhängetuch mit langen Fransen, wie es die Arbeiterfrauen tragen. Sie legte es über Kopf und Schultern und sagte: «Na, denn komm, Karl! Laß det Kind die Bulette, sagt Mutta.»

«Und Mutta hat immer recht!» lachte Karl Siebrecht, als er schon hinter ihr die Treppe hinunter stieg.

Auf den Höfen gurgelte und spülte und sprühte der Regen. Im dunkeln Torweg stießen sie an zwei, die dort eng nebeneinander standen. «Sieh jefälligst erst hin, ehe de einen umrennst!» schalt eine zornige Stimme.

«Entschuldje man, Ernst!» sagte Rieke, die Augen wie eine Katze haben mußte. «Det nächstemal weeß ick det, in welche Ecke du knutschst!» Es gab ein verlegenes Geräusch, ein Räuspern, und sie waren auf der Straße. Der Wind sprang sie mit aller Gewalt an, er jagte eisige Tropfen gegen ihre Gesichter, die sofort kalt wurden. Schulter an Schulter, vornübergebeugt, kämpften sie sich gegen den Sturm vorwärts. «Det war der Bäcker!» rief Rieke. «Und det Mädchen is aus die Bügelei in der Jartenstraße!»

«Ich kann den Bäcker nicht ausstehen!» rief Karl zurück.

«For wat denn nich? Det is doch een juter Junge! Wenn de noch een Mächen wärst – for junge Mächen is er nich so jut... Die loofen ja alle bloß seine mehlichte Visage nach!»

An der Haltestelle der Straßenbahn standen sie allein. Aber gerade als sie einstiegen, kam noch ein dritter gelaufen, und hinter ihnen schob sich der Bäckergeselle Ernst Bremer in den fast leeren Wagen. – «Nanu, Ernst!» rief Rieke. «Wat is denn mir dir los? Jehste denn jetzt ooch noch woanders uff de Tour?»

«Ick kann jehen, wo andere ooch jehen!» sagte der Bäcker mürrisch und warf einen feindseligen Blick auf Karl Siebrecht.

«Und fahren kannste ooch!» lachte Rieke. «Jott, haste denn die Lotte so einfach wegjeschickt?»

«Welche Lotte? Ick kenn doch keene Lotte!»

«Ach, det warst du wohl nich, ebend im Durchjang?»

«Den du umjerannt hast, det war ick! Vasteht sich!»

«Und keene Lotte nich? Da standste wohl janz alleene, Ernst?»

«Stand ick ooch! Oder –?»

«Oder wat, Ernst?»

«Oder stand ick nich alleene?»

«Doch! Du standst alleene, und die Lotte stand ooch alleene! Ihr habt euch bloß ein bißchen aneinanderjehalten, det ihr nich umjefallen seid, Ernst!»

«So 'n Stuß!»

«Und wohin fährste, Ernst?»

«Det wird sich zeijen. Immer de Neese nach, sagte Muffi, da kriegte er eenen druff.»

«Paß mal uff, Ernst!» sagte Rieke jetzt energisch. «Wenn de mit mir fahren willst, det is nich. Ick hole Vata'n. Vata is blau. Da kann ick dir nich brauchen.»

«Aber den kannste brauchen?»

«Du machst dir ja lachhaft, Ernst! Wat denkste dir denn? Denkste, jetzt kannste mit mir anfangen? Bei dir piept er ja! Du bist een juter Junge, habe ick immer jesagt, aber wenn de so kommst, is't sofort alle!»

«Aber den kannste brauchen?» fragte der Bäcker wieder beharrlich.

«Det kann ick ooch! Und warum, Ernst? Weil der nich an Mädchen denkt! Det ist mein Freund, Ernst –!»

«So plötzlich? Det is ja mächtig plötzlich!»

«Det jeht dir doch nischt an, Ernst, wat? Ha ick dir jefragt, wieso du deine Brautens so plötzlich wechselst?»

«Siehste, jetzt redst de schon von Brautens! Erst heeßt det Freund, und denn is det Bräutijam!»

«Du bist doof uff beede Backen, Ernst, det biste! Det kannste dir jar nicht denken, det man ooch wat anderet im Koppe hat als deine olle dußlige Knutscherei! Wat ick mir dafor koofe! Und denn, ick jeh noch uff Schule, Ernst, besinn dir!»

«Det hat mit Schule jar nischt zu tun! Ick habe jesehn, wie er uff dir jesehn hat, jestern abend – ick bin Kenner, een Blick jenügt mir!»

«Du spinnst ja, Ernst! Der is nich wie du.»

«Ick will dir was sagen, Ernst», mischte sich jetzt Karl Siebrecht in diese sich ständig steigernde Zwiesprache. «Da irrt sich die Rieke, ich bin auch wie du.»

«Da siehste es, Rieke! Aba . . .»

«Aber was du von der Rieke sagst, das ist Quatsch. Ich habe ein Mädchen zu Hause, da, wo ich her bin, und an die denk ich . . .»

«Ist det wahr, Karl?»

«Das ist ganz gewiß wahr, Ernst!»

Ernst Bremer überlegte. «Det haste dir eben ausjedacht.»

«Das habe ich mir bestimmt nicht ausgedacht. Sie heißt übrigens Erika, ich nenne sie aber Ria. Da siehst du es!»

Der Bäcker war noch immer mißtrauisch. «Haste denn een Bild von ihr?» fragte er. «Zeig mir mal det Bild!»

«Ich habe kein Bild von ihr.» Und etwas unlogisch. «Sie ist doch die Tochter vom Pastor!»

Aber gerade dies schien den Bäcker zu überzeugen. «Wenn et so is!» sagte er. Und noch einmal nachgrollend: «Man kann ooch mehr Mächen haben!»

«Nu biste aber stille, Ernst!» sagte Rieke Busch energisch. «Du kannst det, du kannst zehne haben, und wenn de de elfte siehst, rennste schon wieda wie Franz Piependeckel! Aber Karl is nich so – wat, Karl, du bist nich so?»

«Nein, bestimmt nicht!»

«Na, Jott sei Dank! Det wäre ja ooch noch schöner, wenn du und hättest ooch mit Oojenverdrehen anjefangen! Wenn du wüßtest, wie du aussiehst, Ernst! Na, nu mach man, Lotte wartet – se wartet doch?»

«Ach die! Na ja, wenn't so is, Karl. Denn nischt für unjut, Rieke. Natürlich biste noch een Schulmädchen, bloß, det een anderer det manchmal vajißt . . .» Er quasselte sich aus der Elektrischen.

«So ein Schmachtfetzen!» sagte Rieke hinter ihm drein. «Wat der sich inbildet, det möchte ich bloß am Sonntagmittag sind. – Aber det ist doch wahr, Karl, mit deine Erika?»

«Doch, Rieke, das ist wirklich wahr.»

«Und haste wirklich keen Bild von ihr?»

«Nein, wirklich nicht.»

«Is se dunkel oder hell, Karl?»

«Ich weiß nicht mal, Rieke. Doch, ich glaube, sie ist hell.»

«So seid ihr alle, ihr Männer, det wißt ihr nie! Is se denn sehr fromm, weil se vom Pastor is?»

«Ich weiß eigentlich nicht, Rieke. Wir haben nie darüber geredet. Fromm ist sie wohl.»

«Küßt se dir denn?»

«Doch, ja, sie hat mir schon einen Kuß gegeben.»

«Na, denn is't jut, Karl. Ick dachte schon, dafür wäre se zu fromm, det wäre ooch nich det richtige! Aber so is't jut, Karl, wenn se dir küßt.»

«Nächste Haltestelle müssen wir raus, Rieke», sagte Karl, dem etwas ungemütlich bei diesem Verhör geworden war. Rieke war imstande, noch herauszubringen, daß es sich nur um einen einzigen Kuß gehandelt hatte. Sie war so verdammt kaltschnäuzig und sachlich!

«Ja, det müssen wa!» sagte Rieke mit Seufzen und stand auf. «Schade, det war janz jemütlich hier! «Der Ernst war zu drollig, wat? Und dann deine Erika – Erika ist ein feiner Name, wat? Von die mußte mir noch alles erzählen, Karl, wat?»

«Du weißt doch schon alles, Rieke!»

«Ja nischt weeß ick! Det bißchen Küssen – aber bis et so weit war, da liegt et! Weeßte, Karl, det is komisch bei mir, det erkläre mir bloß: von Liebe will ick jar nischt wissen. Aber wenn ick so 'n Schmöker zu fassen kriege, von irgend so 'ne Liebe, und die Ollen wollen partuh nich, und ihr bricht det Herze – da heule ick mir weg wie ein Wasserhahn. Wie kommt det, Karl?»

«Wir müssen raus, Rieke!»

«Recht haste, Karl. Also rin in det Unwetta! Hoffentlich sitzt Vata noch im Grünen Baum!»

## 13. Suche nach Vater

Der Grüne Baum, so voll er auch war, beherbergte doch den alten Busch nicht mehr, sie mochten noch so sehr in jedem Winkel nach dem stillen Trinker Ausschau halten. Hier wäre Karl Siebrecht nun schon am Ende seiner Suche gewesen, Rieke Busch aber wandte sich entschlossen zur Theke: «Wart 'nen Oogenblick, Karl», flüsterte sie. «Die müssen hier doch Vata'n kennen –!»

Vor der Tonbank standen die Männer in Doppelreihen, aber auch das konnte Rieke nicht hindern. Sie schlüpfte dahinter, dorthin, wo der schwarzbärtige wortlose Wirt und seine um so wortreichere Wirtin in Seidenbluse mit viel Schmuck ihres Amtes walteten. Es waren die richtigen reich gewordenen Berliner Budiker: sie ganz Majestät mit viel Brust und viel Lippe, die Sorte falsch verstandener Dame, von der man in einem Albdruck träumen kann; er noch etwas unsicher in seinem neuerworbenen Reichtum, aber beide gleich erbarmungslos, gleich gierig. «Was willst du?» herrschte sie sofort schrill die Rieke Busch an, während er vom Zapfhahn her einen giftigen Blick auf das Mädchen schoß.

«Können Se ma nich sagen, wann Vata weg is? Vata is der olle Busch. Vom Bau von dem Kalubrigkeit.»

«Da hätten wa ja ville zu tun, wenn wa uff alle Väta uffpassen wollten!» rief sie und goß mit unglaublicher Sicherheit eine Runde Korngläser voll. Und «Hier kommt keen Busch!» grollte der Budiker.

«Doch kommt er!» beharrte Rieke entschlossen. «Heut mittag hat er erst hier jesessen.»

«Wenn de det weeßt, is't ja jut, mach dir dinne!» schalt der Wirt.

Und seine Gnädige zu den Trinkern an der Theke: «Immer det Jefrage von die Mächen! Wenn de Leute bloß besser uff ihre Männer uffpassen möchten! Aba wir sollen allet wissen! Sind wir Auskunft?»

Die Trinker enthielten sich jeden Urteils, der Wirt aber fühlte sich bemüßigt, mit dem Fuß in der Richtung gegen Rieke zu stoßen, freilich nur drohend. «Hau ab, du!» sagte er.

«Det laß!» meinte ein Arbeiter. «Det Mächen is keen Stiebelknecht!»

«Wo se mir doch im Weje stehn tut!» brummte der Wirt, aber nur als Entschuldigung.

Rieke hob ihre Stimme. Sie stand da hinter der Theke, das dunkle Tuch mit den nassen Fransen um das helle Gesicht, sie war ganz unverschüchtert. Alle diese Männer, nüchterne, angetrunkene, sehr betrunkene schreckten sie gar nicht. Sie stand auf den Zehen, sie rief: «Is denn hier keena, der den ollen Busch kennen tut?»

«Seid doch mal stille!» rief einer. «Hört doch mal her! Hier is een Mächen, det fragt nach dem ollen Busch!» Einen Augenblick war Stille. «Der olle Busch», sagte dann einer langsam, «det is doch der Rote mit dem jestutzten Vollbart, der uff dem jroßen Block jearbeetet hat?»

«Det is er!» rief Rieke. «Det is mein Vata!»

«Na, Mächen», rief der Arbeiter ihr durch das Lokal zu. «Denn mußte nich nach dem ollen Busch fragen, denn fragste nach 'm Dorsch. Denn kennen se 'n alle.»

«Der Dorsch?» riefen sie. «Und ob wir den kennen! Der war heute hier!»

Und selbst die majestätische Wirtin sagte: «Det hättste jleich sagen sollen, Kleene. Den Dorsch kennen wa hier alle. Ich habe überhaupt jedacht, er heißt Dorsch. Ick habe immer Herr Dorsch uff ihn jesagt!»

«Nee», sagte ein Arbeiter, nach einer weißen, kalkbespritzen Kleidung ein Maler. «Den haben se nur Dorsch jenannt, weil er nie den Mund uffmacht!»

«Woher soll ich denn det wissen?!» sagte die Wirtin sehr spitz und aus unfaßlichen Gründen sehr beleidigt. «Ick kümmer mir nich, wie die Leute heißen tun. – Is recht, Karl, sechs Mollen und 'ne Runde Korn – und wer zahlt von die Herren? Steh mir nich im Weje, Mächen!»

Mit der Feststellung, daß der olle Busch eigentlich der Dorsch war, schienen Rieke und ihr Anliegen abgetan. Aber Rieke gab nicht nach, sie ging von einem

Tisch zum andern, sie fragte unermüdlich mit ihrer hellen Stimme, sie ertrug Abweisungen wie plumpe Späße mit der gleichen freundlichen Gelassenheit. Karl Siebrecht blieb nun hinter ihr. Er konnte ihr nicht helfen, sie sprach zehnmal besser als er die Sprache der Leute hier, sie hatte am ehesten Aussicht, etwas zu erfahren. Aber er konnte hinter ihr hergehen, er konnte stehenbleiben, wo sie stand – es war, als beschütze er sie, wenn er sie auch in nichts beschützen konnte. Sie beschützte sich am besten selbst! Und doch war es gut, hinter ihr drein zu gehen! Schließlich fand Rieke den Tisch, an dem ihr Vater gesessen hatte, noch spät am Abend gesessen hatte. Und sie erfuhr dort, daß der Dorsch noch einmal auf den Bau zurückgegangen war, um etwas zu suchen.

Karl Siebrecht flüsterte: «Ich glaube, ich weiß, was er gesucht hat: nämlich sein Maurerzeug! Ich hab doch den Rucksack mitgenommen und bei euch zu Haus abgesetzt.»

«Da haste recht, Karl!» rief Rieke, und ihre Augen leuchteten. «Du hast een kluget Köppcken. Uff sein Zeug is der Olle scharf, da kann er noch so blau sind. Komm, Karl, wir jehen uff den Bau!»

Der die Straße hinabfegende Wind sprang sie unbarmherzig an. Der Regen schlug gegen ihre Gesichter. Aber das war Wohltat nach dem Mief und Gestank der Kneipe. Sie atmeten tief. Als sie um die Ecke bogen, wehte der Wind noch stärker. Die beiden preßten sich Schulter an Schulter aneinander, blieben stehen, spähten in das tiefe Dunkel vor sich. Obwohl der Häuserblock nicht weit sein konnte, sahen sie nichts von ihm. Keine Straßenlaterne brannte mehr. Dann unterschieden sie langsam ein paar kleine, rotleuchtende Punkte und höher schwach schimmernde rote Rechtecke... «Das sind die Koksöfen, an denen ich heute morgen gearbeitet habe!» rief Karl Siebrecht. «Komm, Rieke, faß mich an. Ich glaube, ich weiß den Weg.» Sie traten von der Pflasterung herunter in weichen, regengetränkten Schmutz. Er hielt ihnen die Füße fest, sie gingen vorsichtig... Dann platschten sie tief in eine Pfütze. «Ach, Rieke!» rief Karl Siebrecht. «Wir hätten uns mehr rechts halten müssen! Ich bin ein großartiger Führer!»

«Det macht doch nischt», lachte sie. «Nu können wa lospatschen, nu sind wa eenmal naß!»

Und sie patschten los, Hand in Hand, durch Nässe und Dreck, durch stürmischen Regen, dem schwachen roten Lichtschimmer der Warnlaternen entgegen. Langsam zeichnete sich auf dem wolkendunklen Nachthimmel die schwarze Kontur des Häuserblocks ab, erst flach geduckt, dann immer mehr aufsteigend, drohend. Stärker leuchteten die Koksfeuer in den Fenstern. «Wir müssen jetzt aufpassen, Rieke! Hier stehen überall Steine, Karren, Baubuden –» Und so plötzlich wuchs etwas Dunkles nah vor ihnen auf, daß sie schon dagegenrannten. Es waren Mauersteine, sie befühlten sie mit ihren Händen... Sie lachten beide, atemlos. «Jedenfalls sind wir jetzt da. Hier, links um die Steine, müssen wir gehen.»

«Und wie finden wa Vata'n –?»

Ja, sie waren da, sie standen vor den Bauten, sie standen vor fünf, vor zehn, vor zwanzig, vielleicht vor fünfzig Häusern, die in einem Block vor ihnen lagen. «In manchen Häusern ist schon Elektrisch», sagte Karl Siebrecht.

«Aber nich, wo Vata jemauert hat. Weeßte nich, wo Vata jemauert hat?»

«Nein, Rieke.»

«Det muß doch sind, wo noch Jerüste sind. Kannste nich sehen, wo Jerüste sind, Karl?»

«Das muß auf der anderen Seite sein, von den Koksfeuern weg. Hier ist schon alles fertig.»

«Na, denn komm, Karl! Faß mir an. Hier können wa überall jejen wat anrennen. Is doch jut, det de mit mir jekommen bist, ich bin nich jraulich, aber det hier...»

Finster ragten die Bauten über ihnen in den dunklen Nachthimmel hinein. Sie hatte wie selbstverständlich ihre Hand durch seinen Arm gesteckt, und Karl Siebrecht führte das Mädchen nun höchst ungeschickt, denn dies war eine ganz ungewohnte Situation für ihn. Als sie aber gegen eine Karre angerannt und beinahe zu Fall gekommen waren, drückte er ihren Arm fester an sich, und von der Wärme des Mädchens floß ein ungewohntes, wohltuendes Gefühl in ihn. Sie tasteten sich vorwärts, hielten sich an Gerüststangen und riefen in leere Fensterhöhlen, in Türöffnungen, aus denen es säuerlich scharf nach frischem Kalk roch, hinein: «Vata! Herr Busch! Vata!» Ein öder Widerhall antwortete schwach, erstarb...

«Still mal! Det war doch so, als hätte er jeantwortet –?!»

«Vata! Herr Busch! – Vata!»

Ein öder, rasch hinsterbender Widerhall...

«Das war bloß das Echo, Rieke!»

Sie tasteten sich weiter, der Sturm riß an ihren Kleidern, Gesicht und Hände waren eisig von der peitschenden Nässe. Und wieder Rufen und Lauschen und Tasten... Dann blieb Rieke stehen. «Det hat doch allens keenen Zweck nich, Karl», sagte sie. «Wenn der Olle blau is, hat er sich hingehauen. Da können wa uns dämlich rufen, der hört nich.»

«Wir können aber nicht in den Bauten suchen, Rieke! Wir kommen keine Leiter hoch. Man sieht ja die Hand nicht vor Augen!»

«Ebend! Und der Mann liegt in de Kälte und Nässe! Wat machen wa bloß?»

Karl Siebrecht überlegte. «Ich glaube, Rieke», sagte er dann, «wir haben es falsch angefangen. Wenn dein Vater sein Zeug sucht, wird er es doch zuerst im Bauschuppen suchen. Daß es nicht mehr auf dem Gerüst liegt, wo er mittags gemauert hat, weiß er doch auch.»

«Meenste, Karl? Da kannste recht haben. Jloobst de, det de den Bauschuppen findest?»

«Ich glaube. Wir holen uns eine von den roten Laternen – das hätten wir überhaupt gleich tun sollen.»

Sie tasteten sich zurück. Sie stolperten oft, hielten sich aneinander und tasteten weiter. Sie waren übermüdet, durchfroren, mutlos. Um sie standen dunkel drohend die Bauten des Herrn Kalubrigkeit, ein winziger Bruchteil der Drei-Millionen-Stadt, die Karl Siebrecht zu erobern gedachte. Ach, er dachte jetzt nicht an Eroberung, er wollte nur einen Menschen finden und dann ins Bett gehen, schlafen, schlafen... Sie holten sich eine rote Laterne, unter vielen Schuppen fanden sie endlich die Baubude. Sie stießen die Tür auf, zwängten sich hinein, krachend schlug der Wind hinter ihnen die Tür wieder zu. In der Baubude war ein bißchen Licht von einer Stallaterne mit hellem Glas. Sie schien auch sehr warm nach der nassen Kälte draußen, ein runder Eisenofen glühte rot in einer Ecke. Neben dem Eisenofen saß zusammengesunken ein Mann – sie taten einen raschen Schritt: «Vata –!»

«Herr Busch?»

Der eisengraue Alte neben dem Ofen hob schläfrig den Kopf. Blinzelnd fragte er: «Wer seid denn ihr? Was habt denn ihr hier zu suchen? Das Betreten der Baustelle ist verboten! Ich bin der Nachtwächter!»

«War hier mein Vater? Ich meene den Maurer Busch, so eenen mit rotem kurzem Bart. Die Leute sagen ooch Dorsch uff ihn.»

Der Nachtwächter, Nachtschläfer, machte eine Bewegung mit der Hand. «Dahinten auf den Säcken liegt einer. Wenn das dein Vater ist, dann nimm ihn mit! Das ist hier nachts auf der Baustelle verboten. Er ist aber blau. Junge, leg Preßkohlen auf, ein Wetter ist das!» Und sein Kopf sank schon wieder schläfrig vornüber.

Die Kinder waren bereits im Winkel bei den leeren Säcken. Ja, da lag auf ihnen der Maurer Busch und schlief fest, den toten Schlaf des Betrunkenen schlief er. Langsam, röchelnd ging der Atem. Das mit Straßendreck und Kalkstaub beschmutzte Gesicht sah finster verschlossen aus. Eine Blutkruste an der Stirn bewies, daß auch der Maurer Busch in der Dunkelheit seinen Weg nicht gleich gefunden hatte. In der Hand hielt der schlafende Mann einen Maurerhammer. «Er hat sein Werkzeug gesucht», flüsterte Karl Siebrecht.

«Kannst ruhig laut reden», sagte Rieke. «Der wacht so bald nich uff, Karl.» Sie setzte sich neben den Vater auf die Säcke. «Den kriegen wa so nich nach Haus, Karl. Vielleicht zu morgen. Fahr jetzt nach Haus, Karl, jetzt kriegste noch 'ne Elektrische. Ich bleib bei Vata'n.»

«Dann bleibe ich auch hier, Rieke!»

«Det hat doch keenen Sinn nich, Karl! Zu wat denn? Is jenug, wenn eener nich schläft! Wat kannste hier noch nützen?»

«Und was hat es für Zweck, daß du bei Vater sitzt, Rieke? Hilft das was? Ändert das was?»

«Ick weeß nich! Nee, jloobe ick; bloß, ich bin seine Tochter.»

«Und ich bin dein Freund, dein richtiger Freund, Rieke!»

«Ick weeß, Karl. Na, denn setze dir nahe bei mir, eene halbe Stunde, aber nich länger! Denn mußte in de Betten.»

«Warte, ich werde erst noch Kohlen nachlegen.» Dann kam er zurück. «Das ist auch eine Nummer Nachtwächter», berichtete er. «Wegen dem können sie den ganzen Bau wegtragen! Er ist nicht mal aufgewacht, als ich Kohlen auflegte!»

«Wat weeßte, wat der Olle sich am Tage schindet? Laß ihn man schlafen, wir haben det Jute davon. Wenn er wach wäre, schmiß er uns valleicht raus aus de Bude!»

«Da hast du recht, Rieke!»

Eine Weile saßen sie schweigend. Um die Bude brauste der Wind, auf das Teerpappendach prasselte der Regen. Der Ofen fauchte. Der Schläfer röchelte schwer, den Maurerhammer hielt er in der Hand. Das Mädchen schauerte zusammen. «Mir friert, Karl! Friert dir nich?»

«Nein», log der Junge. «Komm, leg deinen Kopf in meinen Schoß Rieke. Hier sind Säcke genug, ich decke dich warm zu. So . . .»

«Det is jut, Karl. Du bist jut, det biste! So'n bißken verwöhnen is fein. Hat se dir ooch verwöhnt, deine Erika?»

«Das war alles so anders, Rieke.»

«Det vasteh ick. Se ist doch 'ne Pastorsche. 'ne Pastorsche is mächtig fein, wat, Karl?»

«Ach Gott, Rieke, sie ist ja noch so jung . . .»

«Wie alt ist se denn?»

«Erst vierzehn.»

«Da is se noch een bißcken älter als ick! Aba se weeß wohl noch nischt –»

«Nein, sie weiß noch nichts –»

«Haste ooch noch nischt jewußt, bis du bei uns kamst, Karl?»

«Doch, ein bißchen, Rieke. Weißt du, Rieke, mein Vater hat nämlich Pleite gemacht . . .»

«Det is komisch mit uns beede, Karl», sagte Rieke langsam. «Wa passen. Du hast keene Mutta nich, wie ick. Und dein Vata jenau wie meina – darum paasen wa.»

«Ja, das ist wirklich komisch, daß ich gerade dich in der Bimmelbahn treffen mußte.»

«Jloobst de, Karl, jloobst de, det's mit Vata'n noch mal anders wird?»

«Ich weiß nicht, Rieke. Vielleicht, wenn er richtige Arbeit findet?»

«Na, schließlich is't egal. Vata is nu mal Vata! Leicht hat der Mann det ooch nich. Morjen früh jeh ick mit Vata uff 'ne Baustelle, ick weeß schon eene, und seh, det er wieda Arbeet kriegt. Vata kann nich reden, det kann ick. Aba mauern kann Vata! Se saren uff ihn, er macht de beste Fuge von alle Berliner Maurer – nie een Loch, nie een Spritzer.»

«Mein Vater war auch tüchtig. Vater war nur zu gutmütig. Ich werde nicht gutmütig sein wie Vater, Rieke!»

«Du bist so jutmütig wie dein Vata, Karl! Du bist jutmütig wie een Schaf! Wenn de nich so jutmütig wärst, läg ick hier nich mit dem Kopp in deinem Schoß. Det liegt sich jut so, Karl! Mir wird schon wärmer.»

«Das ist ganz etwas anderes, Rieke. Mit dir ist es ganz etwas anderes. Bei dir kann ich so sein, du nützt es nicht aus.»

«Det denkste! Ich nütze dir ooch aus!»

«Und ich dich! Ich wäre ja ganz verlassen und verloren in dieser Stadt, Rieke, ohne dich!»

«Denkste det wirklich, Karl?»

«Ganz wirklich, Rieke?»

«Det is jut, Karl. Denn lieg ick noch mal so jerne in deinem Schoß!» Eine ganze Weile schwiegen sie. Sie gaben sich dem Gefühl von Entspannung, Wärme und Zufriedenheit hin, das sich langsam in ihnen ausbreitete. In dieser grauen, stürmischen, nassen Novembernacht hatten die Kinder etwas wie ein Daheim gefunden, nicht in der Baubude, sondern ineinander. Es tat so gut, nicht ganz allein zu sein unter Millionen Menschen. Es tat so gut, nicht kämpfen, sondern vertrauen zu dürfen. Viel hoffnungsvoller sagte Rieke: «Ick kriege morgen Arbeet for Vata, bestimmt. Und denn mach ick aus mit dem Polier, det ick alle Woche sein Jeld hole, ick geniere mir nich.»

«Wird denn dein Vater damit einverstanden sein?»

«Denn halt ick for Vata'n Schnaps zu Hause. Wenn der Olle seine Tour kriegt und weeß, er hat keen Jeld, und der Schnaps wartet uff ihn zu Hause, dann kommt er heem, det is det Jute bei meinem Ollen, det er nie nich uff Pump säuft, wat Jutet hat jeder Mensch.»

«Und du hast keine Angst –?»

«Det haste schon mal jefragt, det weeßte doch? Jestern abend! Nee, mehrstens habe ick keene Angst! Und nu bin ick janz vergnügt, ick gloobe immer, du bringst mir Jlück, Karl.»

«Hoffentlich, Rieke, du kannst es brauchen.»

«Und nu paß uff, Karl! Jetzt zitterst de nach Hause! Red nicht, morgen früh um sieben trittste hier wieda an mit Vatas Werkzeug. Ick jeh von hier. direkt uff de Baustelle. Willste det tun, Karl?»

«Ja, natürlich. Aber willst du hier wirklich allein bleiben, die ganze Nacht, Rieke? Wenn der Wächter dich nun rausschmeißt?»

«Er schmeißt mir schon nicht raus, Karl! Der kann froh sind, wenn ick ihn nich raussetze! Und, nich wa, Karl, heute nacht schläfste mal bei uns, nich bei de Brommen. Es ist wegen Tilda. Und denn setzte ihr, ehe du abhaust, Milch auf. Brot is ooch noch da, von der Tante Bertha, schönet Landbrot, und Butter und Speck. Da machste dir und Tilda'n Stullen. Und denn bringste Stullen for Vata'n mit...» Sie hatte noch zehn andere Weisungen für ihn, nur für sich hatte sie keine Wünsche.

Mit einem leisen Gefühl des Bedauerns sah Karl Siebrecht das helle lebendige Gesicht von seinem Schoß verschwinden. Das letzte, was er von ihr sah, war, wie sie neben ihrem Vater kniete. Sie hatte von dem Ofen warmes Wasser geholt, sie wusch das Gesicht des Schlafenden sachte ab. Das Licht der Stalllaterne erhellte ihr Gesicht, es war wie ein sanfter Stern in der düsteren Wirrnis der Bude. Karl Siebrecht trat in die Nacht hinaus.

## 14. Auf dem Zeichenbüro von Kalubrigkeit & Co.

Karl Siebrecht trägt wieder seinen weißen, steifen Kragen. Vaters manchesterne Hosen sind von Rieke Busch gewaschen und hängen im Schrank neben den Sonntagshosen von Busch. Während Karl alle Tage seine Sonntagshosen trägt, kann der Maurer Walter Busch, der Dorsch, mit vollem Recht seine Arbeitshosen tragen: dank Riekes Mundwerk hat er wieder Arbeit. Und er arbeitet auch. Schweigsam und nüchtern, mit dem immer abwesenden Blick seiner blaßblauen Augen fügt er Stein an Stein und läßt zwischen ihnen die berühmte Fuge ohne Fehl und Tadel. Das Leben lächelt – Karl Siebrecht verdient hundertundzwanzig Mark im Monat, er ist Hilfszeichner, vorläufig noch auf tägliche Kündigung. Aber Herr Oberingenieur Hartleben ist ihm günstig gesinnt, der Junge hat trotz seiner Jugend, trotz seiner lückenhaften Kenntnisse alle Aussicht, fest angestellt zu werden.

Er hätte seine Schlafstelle bei der Brommen neben dem zweifelhaften Bäcker Bremer gut aufgeben und sich ein möbliertes Zimmer mieten können: seine Einkünfte erlauben das. Und er hätte auch der alten Minna ihre zweihundert Mark zurücksenden können, auch das erlauben seine Einkünfte. Wenn sie statt dessen auf ein Sparbuch gelegt worden sind, das Rieke Busch versteckt hat, so ist daran nur Rieke schuld. Diese nicht umzubringende, immer wieder neu hoffende Rieke, die trotz allen Mutes ein gesundes Mißtrauen in jeder Periode des Glücks setzt: «Wart man lieber ab, Karl! Det muß nich immer so weiterjehen! Keener weeß, wat kommen kann. Wenn de dir zweihundert Mark jespart hast, denn schickste diese weg! Eher nich!»

Wenn Karl Siebrecht auch lange nicht so mißtrauisch gegen das Glück der kleinen Leute war wie die durch hundert Erfahrungen gewitzte Rieke Busch, so war er doch ohne weiteres mit dem Zurückbehalten des Geldes einverstanden gewesen. Ja, man war im ganzen zufrieden mit dem jungen Mann auf der großen Zeichenstube der Baufirma Kalubrigkeit & Co. – aber war er mit der Zeichenstube einverstanden? Er war sich dessen nicht ganz sicher, er konnte es sich einfach nicht denken, daß dies von Bestand sein würde! Zwar die ersten unangenehmen Tage lagen hinter ihm, da man den von Herrn von Senden empfohlenen Knaben mit unverhohlenem Mißtrauen angesehen hatte. Zwei lange Tage fast hatte man ihm keine andere Arbeit gegeben, als Bleistifte zu spitzen, mit einem Messer Bleistifte so zu spitzen, daß eine lange, tödlich drohende, nadelscharfe Spitze entstand! Er hatte sehr intensiv an all die unangenehmen und lästigen Arbeiten denken müssen, die Rieke Buschs Leben fast den ganzen Tag ausfüllten, um durch dieses nadelspitze Fegefeuer mit Humor hindurchzukommen. Aber dieser intensive Gedanke hatte ihm entschieden geholfen: wenn sein schärfster Bedrücker, ausgerechnet der knapp zwei Jahre ältere Wums ihm einen Bleistift zurückgegeben hatte: «Da mach mal erst 'ne ordentliche Spitze ran! 'ne Spitze, die auch spitz ist!», so hatte er mit entwaffnender Freundlichkeit gesagt: «Also 'ne Spitze, die 'ne Spitze hat? Wird gemacht, Herr Wums!» Und er hatte eben die Spitze noch einmal gespitzt, so daß sogar der picklige Wums nichts mehr hatte sagen können.

Am dritten Tage hatte dann aber der wortkarge, ältliche Oberingenieur Hartleben, der in einem heiligen Sonderraum neben dem Zeichensaal hauste, plötzlich losgeknurrt: Was denn das heißen solle? Die Herren Zeichner möchten sich ihre Bleistifte gefälligst selber spitzen wie üblich. Und der Oberingenieur hatte Karl Siebrecht persönlich an einen tiefen braunen Schrank geführt und ihn gefragt, ob er sich wohl zutraue, aus dem Wust von Bauzeichnungen, die dort ungeordnet aufgestapelt waren, die Zeichnung der Dachkonstruktion XYZ – Straße Nummer soundsoviel aufzufinden – man brauche sie höchst nötig für die Baupolizei, die mal wieder stänkere...

Karl Siebrecht hatte sich das zugetraut. Am nächsten Morgen schon war die Dachkonstruktion gefunden, und nun war der Junge beauftragt worden, eine endgültige Ordnung in das Durcheinander dieses Schrankes zu bringen. Tagelang waren Zeichnungen über Zeichnungen durch seine Hände gegangen, diese Zeichnungen, auf denen die Daumen der Poliere und der Bauschlosser ihre deutlichen Spuren hinterlassen hatten – er hatte sie verglichen, geordnet. Nun lagen sie Fach bei Fach, wie sie zueinander gehörten, von den Fundamenten bis zum Dachfirst, jedes Fach säuberlich beschildert, ein wohlgefälliger Anblick. Ja, es tat auch Karl Siebrecht wohl, als er diese von ihm geschaffene Ordnung sah. Aber war das alles? Eroberte man so Berlin?

Wenn Herr Oberingenieur Hartleben in seinem Allerheiligsten über der

Planung ganzer Häuserblocks und Straßenzüge versunken saß, wenn von dort das eifrige Klappern seiner überlebensgroßen Reißschiene und seines gewaltigen Dreiecks klang, wenn Herr Oberingenieur Planungen von derart ungeheuren Dimensionen entwarf, daß er auf einem Riesentisch auf dem Zeichenblatt selbst bald hockte, bald auf den Knien mit weit hingestrecktem Oberkörper lag, als bete er demütig eine Gottheit an, dann durfte ihn niemand stören. Dann führte an seiner Statt in der Zeichenstube der Herr Diplomingenieur Feistlein das Kommando. Diplomingenieur Feistlein dünkte sich sehr viel, denn er hatte auf einer richtigen Hochschule studiert, was noch manch roter Schmiß in seinem blühenden Antlitz bewies. Die anderen, auch Herr Oberingenieur Hartleben, hatten im besten Fall ein Technikum besucht, sie waren nichts gegen Herrn Feistlein. Karl Siebrecht aber, der nicht einmal eine richtige Lehre durchgemacht hatte, der war schon der reine Garnichts.

Die geplanten Bauten im Bayrischen Viertel der Stadt Berlin beschäftigten Herrn Oberingenieur Hartleben sehr stark: als Karl Siebrecht mit dem Ordnen des einen Schrankes fertig geworden war, schickte ihn Herr Feistlein einfach an einen anderen Schrank. Und von dem anderen Schrank an einen dritten. Da aber Herr Feistlein, wie er oft stolz von sich sagte, kein pedantischer Ordnungsmensch war, sondern ein Architekt, also ein freier Künstler, wurde die hinter Karl Siebrecht entstandene Ordnung fast ebenso rasch wieder zerstört, wie sie geschaffen worden war, so daß alle Aussicht bestand, daß er mit dem Ordnen der zehn oder zwölf Schränke eine Lebensstellung erworben hatte. Nicht genug damit! Herr Feistlein ging auch dazu über, den Knaben Karl, wie er ihn nur nannte, zu Botendiensten zu verwenden. Dann mußten Marken von der Post geholt, nun Briefe zur Post getragen werden, jetzt war Zeichenmaterial herbeizuschaffen, nun ein Stoß Pausen auf eine Baustelle zu bringen. Für all solche Wege gab es nur den Knaben Karl.

Der Knabe Karl erledigte diese Dinge eigentlich recht willig. Er war fast froh, aus dem endlosen, immer etwas düsteren Zeichensaal zu kommen. Er rannte in die frische Winterluft, er lernte immer neue Straßen kennen. In so vielen Häusern hatte er nun Geschäfte – wenn der Herr Feistlein dachte, ihn zu ärgern, so irrte er sich sehr. Das war des Karl Siebrecht Ehrgeiz nicht, ein perfekter Bauzeichner zu werden, um etwa in seinem fünfzigsten Lebensjahre zum Vorsteher einer solchen Stube aufzurücken. Das alles war, er fühlte es, nur Durchgangsstation, eines Tages würde es zu Ende sein, mit oder ohne Herrn Feistlein.

Es sah beinahe so aus, als sollte es mit Herrn Feistlein zu Ende gehen. Denn der Ingenieur ging dazu über, den Knaben Karl auch zu persönlichen Besorgungen anzuhalten. Dann waren aus einem Geschäft in der Französischen Straße zehn ganz bestimmte Zigarren zu holen, dann aus der Weinhandlung des noch nicht lange eröffneten Hotels Adlon eine Flasche Cognac. Der Knabe Karl brachte Cognac und Zigarren, er war sowieso unterwegs, er war ohne Berufsstolz, er brachte, was Herr Feistlein verlangte. Bald aber mußte er auch extra für Herrn Feistlein über die Straße laufen. Jetzt war es nach einem Glas Bier, das vorsichtig unter den Zeichentisch gestellt wurde, nun nach Schrippen und Leberwurst, nun nach zwei sauren Gurken und nun wieder nach einem Glas Bier. Siebrecht merkte die Absicht, und sein jugendlicher Trotz lehnte sich auf.

Aber es war schwer, da böswillig aufzuhören, wo er gutwillig angefangen hatte. Der Ingenieur hatte seine Wünsche ganz allmählich vermehrt, der Punkt, wo sie das Erträgliche überschritten hatten, war längst vorbei – es mußte ein besonderer Anlaß kommen, der Karl Siebrecht berechtigte, seinen Vorgesetzten den Gehorsam aufzukündigen.

Wer wartet, gewinnt. Es kam ein Nachmittag, an dem Herr Oberingenieur Hartleben nicht auf der Zeichenstube anwesend war, der Chef hatte ihn zu sich gerufen. Dies hatte Herr Feistlein zum Anlaß genommen, auch sich auf ein oder zwei Stunden von der Zeichenstube zu beurlauben, ohne vom Chef dazu berufen zu sein. Als Feistlein gegen vier Uhr nachmittags die Stube wieder betrat, glühte ein Antlitz wie eine schöne rote Holländer Tulpe.

Herr Feistlein war nicht gesonnen, sich nun sogleich an seine Arbeit zu machen. Er ging erst eine Weile, gewaltig leuchtend, auf und ab, wobei er die Zeilen vor sich hinsummte: «Wo sind sie, die vom breiten Stein nicht wankten und nicht wichen, die ohne Moos bei Bier und Wein den Herrn der Erde glichen? Sie zogen mit gesenktem Blick in das Philisterland zurück. O jerum, jerum, jerum, o quae mutatio rerum!» – «Knabe Karl!» rief Herr Feistlein herumfahrend: «Übersetze: quae mutatio rerum!»

Der Knabe Karl hätte es sogar gekonnt, soviel Latein hatte ihm der Rektor Tietböhl immerhin beigebracht, aber er hatte keine Lust, sich hier zum Vergnügen der ganzen Zeichenstube examinieren zu lassen. So sagte er: «Keine Ahnung, Herr Feistlein!»

«Da sieht man's wieder!» rief Herr Feistlein, rot strahlend. «Nicht humanistisch gebildet! Oh, welch ein Abgrund von Unwissenheit bist du doch, Knabe Karl! Du ahnst es nicht, wie unwissend du bist, aber ich weiß es, und es tut mir wehe, wenn ich dich ansehe! Unser Kaiser hat gesagt, daß er das Realgymnasium wohl fördert, aber mit Treue an dem humanistischem Gymnasium hängt! Uns Humanisten liebt unser herrlicher Kaiser nach seinen Herren Offizieren am meisten. – Da habt ihr's!»

Damit fuhr Herr Feistlein zu den grinsenden Zeichnern, deren Gesichter sofort ernst oder beifällig wurden, herum und vergaß eine Weile den Knaben Karl. Er ging nun von Zeichentisch zu Zeichentisch, tadelte vieles und fuhrwerkte gewaltig mit seinem Bleistift herum, hütete sich aber wohl, auch nur einen einzigen Strich zu tun. Denn so klar war er noch, seinem Zustand zu mißtrauen. Dann sank er in den Stuhl vor seinem Tisch, stützte das Haupt in die hohle Hand und versank in tiefes Sinnen. Es wäre nun alles gut abgelaufen, wenn Herr Feistlein nicht von dem Schlackerwetter draußen nasse Füße gehabt hätte. Ohne dies wäre er sanft entschlummert, eingelullt von dem warmen Sausen der Gasflammen.

Aber seine Füße störten ihn. Ein paarmal starrte er irritiert auf sie, dann richtete er sich auf und schrie: «Karl, Knabe Karl!»

«Jawohl, Herr Feistlein?»

«Mal herkommen!» Der Knabe Karl kam, er stand vor seinem Herrn und sah ihn an. «Zieh mir mal die Dinger aus!» sagte Herr Feistlein. Der Knabe Karl sah ihn an. «Du sollst mir die Stiebel ausziehn, verdammt noch mal! Hörst du nicht?!»

«Nein, Herr Feistlein!»

«Wie –?!!!»

«Nein, Herr Feistlein, das tue ich nicht!»

«Du tust nicht, was ich dir sage?»

«Nein, Herr Feistlein, dies nicht!»

«Dann soll dich und mich», sagte Herr Feistlein mühsam, «der Teufel holen!» Und Herr Feistlein stieß mit dem Fuß nach dem Jungen.

«Lassen Sie das lieber, Herr Feistlein!» sagte Karl Siebrecht warnend.

Der Ingenieur hatte selbst das dunkle Gefühl, daß es besser wäre, dies zu lassen. Da aber die Anregung dazu von dem Jungen kam, vertrug es sich nicht mit seiner Ehre, auf sie einzugehen. Herr Feistlein schlug noch einmal aus und traf kräftig das feindliche Schienbein. «Da!» rief er, von der Wucht seines Stoßes überrascht und begeistert.

«Da!» rief auch der Junge und hatte den Fuß fest in Händen.

«Laß los, sofort!» schrie Herr Feistlein.

«Nicht, ehe Sie nicht aufhören, zu treten!»

«Ich denke ja gar nicht daran!» rief der Ingenieur. «Du kriegst noch ganz andere Tritte von mir!» Und er bemühte sich, den Fuß aus den Händen des Knaben zu befreien. Dabei hatte er aber jede Rücksicht auf seinen durch Alkoholgenuß gestörten Gleichgewichtssinn vergessen: er rutschte vom Stuhl und landete mit einem Krach auf dem Stubenboden. «Da!» rief er verblüfft. Karl Siebrecht aber hatte den Fuß losgelassen und lachte aus vollem Halse, so sehr amüsierte ihn das rote Gesicht, das fassungslos zu ihm emporleuchtete.

Die ganze Zeichenstube war in einem Aufruhr. Viele fanden sich, die dem gestürzten Gewaltigen dienstfertig aufhalfen. Spaßbolde klopften ihn von hinten sehr kräftig ab. Andere aber auch schoben sich um Karl Siebrecht und flüsterten ihm zu: «Das hast du recht gemacht! – Laß dir nur nichts gefallen von dem! – Dem Protz gehörte lange eine Abreibung!»

«Du bist auf der Stelle entlassen!» schrie der Ingenieur, der sich ein wenig gefaßt hatte.

Karl Siebrecht wäre nicht ungern gegangen, aber so wollte er auch nicht entlassen werden. «Sie können mich gar nicht entlassen, das kann nur der Herr Oberingenieur!»

«Du hast mich tätlich bedroht!»

«Nachdem Sie mich getreten hatten!»

«Du hast mir den Gehorsam verweigert!»

«Nie in dienstlichen Dingen!»

«Ich verwende dich, in was du zu gebrauchen bist!»

«Ich bin als Hilfszeichner eingestellt!»

«Du hast ja keine Ahnung vom Zeichnen!»

«Eine Ahnung habe ich schon!»

«So!» sagte Herr Feistlein. «So!» Er sah sich suchend auf seinem Zeichentisch um. Er faßte nach einer Zeichnung. «Hier ist der Grundriß eines Wohnhauses. Mach mir die Berechnung für die Fundamente, und zeichne die Pläne für den Schachtmeister!»

«Sie wissen sehr gut», sagte Karl Siebrecht, «daß ich das gar nicht zu können brauche. Keiner hat bei meiner Anstellung verlangt, daß ich selbständig berechnen und zeichnen soll...»

«Du kannst nicht zeichnen!» rief Herr Feistlein triumphierend. «Da mußt du eben den Laufjungen spielen!»

«... aber ich habe bei meinem Vater so oft solche Zeichnungen gesehen, daß ich es vielleicht doch kann. Jedenfalls will ich es versuchen.» Er nahm dem verblüfften Herrn Feistlein den Grundriß einfach aus der Hand, überlegte einen Augenblick, machte dann noch eine kleine, nur eine winzige Spur spöttische Verbeugung und ging an sein Tischlein im Winkel, das er bisher nur zum Bleistiftspitzen und Paketemachen gebraucht hatte. Er zündete das Gas an.

«Halt!» rief Herr Feistlein. «Du verdirbst mir die Zeichnung bloß, Karl!» Er fühlte viele Blicke auf sich. Fast verlegen sagte er: «Na, laßt ihn schon! Er wird einen schönen Bockmist anrichten, dieser Laufbursche!» Und er wandte sich zu seinem Zeichentisch. –

Wenn der Oberingenieur Hartleben auch wortkarg war, so sah er doch viel. Möglicherweise hatte er aber auch seine Zuträger. Es konnte der reine Zufall sein, es konnte aber auch mit Vorbedacht geschehen, daß Herr Hartleben am nächsten Vormittag gerade am Tisch des jungen Siebrecht stehenblieb, erst weiterredete – er berichtete von neuen Bauplanungen des Chefs –, nun einen zerstreuten Blick auf diesen Tisch warf, dann seine Rede unterbrach und erstaunt rief: «I, ich glaube gar! Du machst ja wohl Zeichnungen für den Schachtmeister, Karl! – Herr Feistlein!»

Herr Feistlein fuhr hoch und lief rot an. «Jawohl, Herr Hartleben! Jawohl! Ich habe dem Jungen – dieser Junge behauptet nämlich, er könnte einfach alles zeichnen...» Karl Siebrecht sah den Herrn Feistlein fest an. Herr Feistlein verstummte. Eine grobe Stimme rief aus dem Hintergrunde «Oho! Oho!» und verstummte auch. «Schließlich ist er als Hilfszeichner eingestellt», sagte Herr Feistlein schwach.

Jemand säuselte vernehmlich: «Und holt Bier –!» Ein paar lachten los.

Oberingenieur Hartleben hatte die Zeichnung in die Hand genommen. «Gar nicht so schlecht», nickte er. «Aber – ist das nicht das Gelände, wo aufgefüllt werden muß, wo gar nicht ausgeschachtet wird? Wie, Herr Feistlein?»

«Ich glaube. Ich erinnere mich momentan nicht genau. Es ist immerhin möglich, Herr Hartleben.»

«Soso», sagte der Oberingenieur. «Karl, gib diese Zeichnungen an Herrn Feistlein zurück.»

Unter tiefem Schweigen der ganzen Zeichenstube trug Karl Siebrecht die Zeichnungen zu Herrn Feistlein. «Bitte sehr, Herr Feistlein!» sagte er.

«Danke!» murmelte der. Er wollte nach den Zeichnungen fassen, besann sich und befahl, mit zwei Fingern zwischen Hals und Kragen, der ihn zu beengen schien: «Da, auf den Tisch!» Karl Siebrecht ging an seinen Platz zurück.

«Von nun an, Karl», sagte der Oberingenieur Hartleben, «bekommst du deine Arbeit von mir zugeteilt, und nur von mir, verstanden?»

«Ja, Herr Oberingenieur.»

Herr Hartleben nickte und fuhr in seinem Vortrag über die Bauplanungen des Herrn Kalubrigkeit fort.

Von Stund an war Karl Siebrechts Stellung im Büro gesichert. Niemand kam mehr auf den Gedanken, ihm Stifte zum Anspitzen anzuvertrauen. Als einzige

Erinnerung an überwundene Zeiten verblieb der Stube die Redensart «und holt Bier». Immer, wenn nach jemandem gefragt wurde, rief ein Spaßvogel: «Und holt Bier!»

Dann sahen alle Augen zu Karl Siebrecht hin. Er aber sah nicht hoch. Er hatte die angenehmste Arbeit, Herr Hartleben sorgte dafür, daß der Anfänger nicht in der öden Beschäftigung des Pausens steckenblieb. Auch das mußte getan werden, aber dazwischen gab es Zeichnungen, bei denen nachzudenken und etwas zu lernen war. Dann stand der Oberingenieur wohl auch einmal fünf Minuten am Tisch des Jungen und erklärte ihm mit ein paar Worten dies und jenes, oder sein Zeichenstift löste mit einigen raschen sicheren Strichen ein für unlösbar gehaltenes Problem. Manche merkten, daß der Oberingenieur auf eine stille, unmerkliche Art den Laufburschen auszeichnete, und sie gingen dazu über, Karl Siebrecht mit Sie anzureden, unter ihnen als erster der Pickelhering Wums. Herr Feistling redete den Karl Siebrecht nicht mit Sie an, er redete ihn, wenn es irgend zu vermeiden war, überhaupt nicht an. Es hatte wohl noch eine kleine Aussprache unter vier Augen zwischen dem Oberingenieur und seinem Diplomingenieur gegeben. Eine lange Zeit ging Herr Feistlein gedrückt umher, sein Gesicht blühte weniger, und er ließ nichts mehr von der Überlegenheit des Akademikers über die Besucher eines Technikums verlauten. Nein, Karl Siebrecht hatte auf der ganzen Linie gesiegt. Er war im Besitz einer gesicherten Stellung, die tägliche Kündigung war in eine vierzehntägige verwandelt, er lernte etwas und hatte die besten Aussichten auf ein langsam ansteigendes Gehalt. Aber freute ihn das? Es freute ihn gar nicht. Es machte ihn unruhig. Solange seine Stelle noch etwas Provisorisches, Behelfsmäßiges gehabt hatte, war sie zu ertragen gewesen, aber jetzt, da alles in feste, sichere Bahnen gelenkt war, kam ihm immer wieder der Gedanke: Das habe ich doch nicht gewollt! An der Art Vorwärtskommen ist mir doch nichts gelegen!

Wenn er am Morgen seinen Weg aus der Wiesenstraße nach der Krausenstraße antrat, wenn er aus den engen, überfüllten, schmutzigen Arbeiterquartieren durch das verrußte Industrieviertel der Chausseestraße in den Geschäftstrubel der oberen Friedrichstraße kam und weiterging durch das reichbeschilderte Vergnügungsquartier bis in den Bezirk der Büros, wenn sich dies Tag für Tage wiederholte, die gleichen Läden, die gleichen Schilder, der gleiche mit Fuhrwerken und Autos brausende Verkehr, in dem er unbeachtet mitwimmelte – dann fühlte er, daß er jung war, daß er nicht so mitwimmeln durfte, daß er etwas anderes wollte. Manchmal blieb er stehen, als schüttelte es ihn, und er dachte: Nicht so! Nicht so! Nicht so!

Und wenn er dann auf die Zeichenstube kam, und leise summend begrüßte ihn das Gas mit seinem süßlichen, weichen Geruch, und wenn er über sein Jakkett die Überärmel zur Schonung streifte, und wenn er immer die gleichen Gesichter sah, den Herrn Feistlein und den pickligen Wums und den Bechert und den Karbe, und wenn er dann dachte, daß er im Frühling, im Sommer, heute übers Jahr die gleiche Stube, das gleiche Gas, die gleichen Ärmel, das gleiche Reißbrett seiner wartend finden würde – dann hätte er am liebsten kehrtgemacht, wäre auf die Straße gelaufen und hätte geschrien: Ich will Berlin erobern! Heh, Berlin, hier bin ich! Ich bin kein Stubenhocker und will nie einer werden! Los! Aber dann fühlte er den Blick des Herrn Feistlein auf sich, rasch nahm er den Zeichenstift in die Hand und dachte mit jungenhaftem Trotz: Nun gerade nicht! Dem tue ich den Gefallen noch lange nicht! Der würde ja denken, ich bin vor ihm ausgerissen. Das andere hat noch Zeit, das kann ich jeden Tag anfangen. Jetzt bleibe ich erst noch ein paar Wochen hier und ärgere den, bis er platzt. Nein, er konnte wirklich noch nicht fort – schon um des Herrn Feistlein willen nicht. Und dann hätte er die Rieke Busch auch so betrübt, wenn er diese vorzügliche Stellung aufgegeben hätte – gerade jetzt zur Weihnachtszeit.

## 15. *Bruder und Schwester*

Ja, Rieke Busch hatte eine so gute Zeit wie noch nie in ihrem Leben. Obwohl nun schon der Dezembermonat gekommen war, in dem die Maurer oft feiern müssen, ging der alte Busch noch alle Tage zur Arbeit. Meistens war Dreckwetter, und wenn es einmal fror, so fror es nur so wenig, daß es der Maurerei keinen Eintrag tat. Unter vier Grad Frost bleibt kein Maurer zu Haus. Auch der alte Busch nicht, der sonst nicht nur den Frost zum Anlaß fürs Blaumachen nahm. Jeden Morgen ging er wortkarg und blicklos fort, und jeden Abend erwartete ihn daheim in der Wiesenstraße seine Schnapsflasche, aus der ihm die Rieke einschenkte; erst ganz nach Wunsch, später, als alles gut ging, schon zögernder, schließlich, als alles weiter gut ging, verdünnte sie den Schnaps mit Wasser und setzte dafür gestoßenen weißen Pfeffer hinzu, damit er auch scharf genug schmeckte. Das tat sie in aller Heimlichkeit, auch ihr Freund Karl erfuhr nichts davon. Das gab dann manchmal unruhige Nächte, lange Stunden mußte sie auf Vaters Schoß sitzen, die Arme um seinen Hals, ihm den Bart kraulend, und statt der Tochter die Frau sein – auch davon erfuhr Karl Siebrecht nichts. Denn am nächsten Morgen ging der Maurer Busch wie sonst zur Arbeit. Ihm war nichts anzusehen, und die ein wenig blasse Rieke hatte dafür die Belohnung, am Freitag vom Polier eine wirklich volle Lohntüte abzuholen. Ach, wie die Familie vorwärtskam! Da war auch noch das Kostgeld, das Karl Siebrecht zahlte – sie lebten direkt üppig, es gab in diesen Wochen nicht nur am Sonntag Fleisch. Und Rieke hatte schon Kohlen für den ganzen Winter gekauft und Kartoffeln, sie hatte für Tilda und sich warmes Zeug angeschafft, und bei alledem hatte sie sogar noch Geld zurückgelegt. «Ick jloobe wirklich, du hast det Jlück in't Haus jebracht, Karl», konnte sie am Abend sagen, wenn die beiden in der Küche zusammensaßen. Tilda schlief dann schon, und der alte Busch saß am Fenster, starrte in die Nacht hinaus, das Schnapsglas auf dem Fensterbrett, er sah und hörte nichts.

«Verrede es dir bloß nicht, das Glück», sagte Karl Siebrecht warnend.

«Ach wat! Unglück kommt von alleene, jetzt freu ick mir erst mal.»

«Und was machst du mit all dem Geld, Rieke? Du mußt ja reich werden!»

«Wer ick ooch! Karl, weeßte wat, aber det is noch tiefstet Jeheimnis, ick jloobe, ich riskier wat!» Sie sah ihn mit unternehmungslustigen, vor Freude glänzenden Augen an.

«Was riskierst du denn, Rieke?»

«Ja, wat wohl? Karl, ick koof mir 'ne Nähmaschine uff Abzahlung!»

«Wirklich –? Was willst du denn mit einer Nähmaschine? Dein bißchen Näherei!»

«Doch, det tu ick, dazu bin ick imstande; Karl, ha ick dir denn det noch nich jesagt? Doch, det ha ick schon jesagt, haste bloß vajessen, oller Tranpott! Det ist doch mein Traum seit meine Kindertage. Immer, wenn ick bei andere Leute komme, und die Madam sitzt an de Maschine und ritsch, 'ne Naht ruff, und ratsch, 'ne Naht runter, und denn meine fußlige Stichelei mit de Nadel – Karl, 'ne Nähmaschine, det is for mir det Höchste, danach kommt 'ne janze Weile jar nischt!»

«Aber was hast du denn soviel zu nähen, Rieke?»

«Ach, Karl, du bist doch bloß een Junge, darum redste ooch so dußlig! Zu nähen hat 'ne Frau immer, det merkt ihr Männer bloß nich! Und denn, wenn ick erst 'ne Maschine habe, denn mach ick all den Quatsch nicht mehr mit Reinmachen. Det bringt doch keen Jeld, Karl. Nee, denn nähe ick Konfektion . . .»

«Was tust du? Konfektion?»

«Na ja, weeßte nich, wat Konfektion is? Ick denke imma, du weeßt allens! Denn näh ick Kindermäntel. Erst ha ick jedacht, ick näh Wäsche. Aber Wäsche ist mir zu poplig mit all die Knopflöcher und Spitzen an die weißen Hosen und Rüschen und Falten – det is nischt for mir. Bei mir muß allet fix jehen. Ick nähe Kindermäntel.»

«Ja, kannst du das denn auch?»

Sie warf ihre hellen Haare in den Nacken und lachte, lachte übermütig und siegesgewiß. «Du olla Dussel du! Und du willst wat Jroßes werden? Du willst janz Berlin erobern? Ja, kannste denn det? Haste det jelernt? Na, wenn du's noch nich kannst, denn lernste det. So schlau wie die anderen sind wir doch allemal! Oder nich –?»

«Doch!» mußte Karl Siebrecht zugeben. «Aber wirst du auch Arbeit kriegen?»

«Natürlich! Ick weeß schon 'ne Firma in de Jerusalemer, die nehmen mir jleich. Die machen det ohne Zwischenmeista, da vadiene ick noch extra wat bei. Jott, Karl, wenn ick erst meine Maschine habe, det soll ein Leben hier werden! Und immer bei Tilda'n – Tilda jar nich mehr alleene.»

Der alte Busch hatte schon eine ganze Weile am Fenster sachte vor sich hingebrummt und gemurrt, sie hatten im Eifer ihrer Unterhaltung aber nicht auf ihn geachtet. Jetzt schlug er mit der Hand zornig gegen die Fensterscheibe, daß sie klirrte. Rieke Busch sprang auf. «Ja doch, Vata! Kriegst noch eenen. Sei bloß ruhig, du erschreckst ja det Kind! – So, siehste, Vata! Und trink schön langsam, noch eenen jibt es heute abend nich.»

«Karl», sagte sie dann und setzte sich wieder zum Jungen. «Kommste mit, wenn ich die Nähmaschine koofe?»

«Aber ich verstehe nichts von Nähmaschinen!»

«Doch nicht darum, Mensch! Bloß, weil ick so kleen bin! Weil ick se doch uff Abzahlung haben will! Du bist doch schon älter, und denn kannste jebildet reden. Wir machen denen einfach 'nen Schmus vor, det Mutta krank is und nich selba kommen kann.»

«Was kostet denn so 'ne Maschine?»

«Die, die ick möchte, zweihundertsechzig. Hundert Anzahlung, die ha ick nächste Woche zusammen, und der Rest alle Woche fünf Märker.»

«Das dauert ja endlos, Rieke!»

«Zweiunddreißig Wochen – det is nich sehr lange, Karl!»

«Weißt du, Rieke, nehmen wir das Geld doch einfach von meinem Sparbuch! Daß wir die Leute da ankohlen sollen, das möchte ich nicht. Du kannst es dann ja alle Woche auf mein Sparbuch zurückzahlen.»

«Det jibt et aba nich! Wat du dir bloß ausdenkst! Det is ja nich dein Geld, vastehste? Wa haben ausjemacht, daran jehn wa nur in de höchste Not. Biste jetzt in Not, Karl?»

«Das nicht. Aber ich möchte wirklich nicht gern . . .»

«Ach, du mit dein feinet Jetue! Wollen wa denn die Leute rinlegen? Die sollen doch ihr Jeld kriegen, uff die Stunde kriegen se's! Det is doch bloß, weil ick noch so aasig jung bin! Na, Karl, zieh keenen Flunsch – willste oder willste nich?»

«Ich will schon.»

«Det is schön von dir, Karl, det freut mir. Du bist een richtiger Freund durch dick und dünn, so wat ha ick mir imma jewünscht. Ach, Karl, ick freu mir so! Komm, Karl, wollen wa eenen scherbeln?» Und sie summte, sich vor ihm drehend, den Rock hob sie mit gespreizten Fingern: «Kumm, Karlinecken, kumm, kumm, kumm in meine jriene Laube. Ach nee, so jeht det nich. Wie jeht denn det, Karl? Wat stehste denn da und starrst mir an wie Muffi? Ha ick wat an mir?»

Ja, da stand er wie ein Stock und starrte sie an. Plötzlich war es ihm aufgegangen, wie hübsch seine kleine Freundin war, leuchtend von Leben, strahlend von Hoffnung. Er starrte sie an und begriff den Bäcker Ernst Bremer besser, dieser Bengel hatte einen Blick für hübsche Mädchen! Rieke Busch war schon jetzt ein verteufelt hübsches Mädchen, und sie würde noch zehnmal hübscher werden. Aber er wollte auf sie aufpassen, er wollte ihr ein rechter Bruder sein, ihr sollte kein Leid geschehen. Für solche wie den Bäcker war Rieke Busch nicht gewachsen. Und Karl Siebrecht zwang sich zu einer ernsten Miene, er sagte so steif wie der Rektor Tietböhl: «Ich glaube, Rieke, du hast deine Schularbeiten noch gar nicht gemacht, und es ist schon nach neun Uhr!»

«Ach, die ollen Schularbeeten!» sagte Rieke und schob die Unterlippe verächtlich vor.

«Und morgen hast du auch Konfirmanden-Unterricht, kannst du denn deine Sprüche schon?»

«Ach, die ollen Sprüche! Wat ick mir for Sprüche schon koofe!»

«Los, Rieke!» befahl er. «Hol deine Hefte und dein Neues Testament.»

Sie sah ihn von der Seite an und brach in Lachen aus. «Jott, Karl, du jefällst mir!» rief sie. «Jenau wie Lehrer Jalle siehst du jetzt aus.»

«Wir haben ausgemacht, Rieke, daß du regelmäßig und ordentlich deine Schularbeiten machst.»

«Ja doch, Karl! Bloß, et hilft nischt.»

«Natürlich hilft es.»

«I wo! Ick bin dumm jeboren, und ick lerne ooch nischt zu.»

«Du weißt ganz genau, daß du nicht dumm bist.»

«Ja, allens wat ick for meine Arbeet brauche, det lerne ick sofort, aber die ollen Bücha –! Karl, schämste dir nich manchmal, det ick so unjebildet bin?»

73

«Du bist meine kleine Schwester, und ich werde schon dafür sorgen, daß du nicht lange mehr ungebildet bist», sagte er stolz.

«Bin ick det, Karl? Bin ick deine Schwesta?» rief sie und lief auf ihn zu. «Det is jroßartig von dir, darauf jibst de mir 'nen Kuß!» Sie legte die Arme um seinen Hals. «Na, 'nen richtigen, 'nen richtigen süßen... Mach die Oogen zu und denk, ick bin deine Ria —!»

«Das darfst du nicht sagen, Rieke. Das schickt sich nicht! Du bist meine Schwester.»

«Na, det weeß ick doch, du olla feina Hammel! Det ick nich deine Jeliebte bin, det weeß ick. So liebste mir nich, nich uff die Art! Aber desterwejen kannste mir doch 'nen richtigen Kuß jeben, nich so wie een Stockfisch. Det hat mir schon imma jefehlt, det mir mal eena streichelt. Mit die olle Knutscherei habe ick jar nischt im Sinn. Also, Karl, nu mal los, nimm mir mal richtig in deine Arme...»

Und Karl legte seine Arme um ihre zarte, ach, so zarte Gestalt, er näherte seinen Mund ihrem ihm entgegengehobenen Kindermund —

— und er fühlte sich losgerissen von ihr, er taumelte rücklings durch die Küche, schlug gegen den Herd und fiel schwer zu Boden... Da aber, wo er gestanden hatte, stand jetzt der alte Busch, schwer atmend, seine Lippen bewegten sich. Er sprudelte undeutliche wilde Laute hervor, die Arme pendelten, als wollten sie sofort losschlagen... Und da stand Rieke, schneeweiß...

Ehe sich aber Karl Siebrecht aus seinem Sturz hatte aufraffen und ihr zu Hilfe eilen können, hatte sich Rieke schon gefaßt. «Wat fällt denn dir ein, Vata?!» rief sie und hatte die Arme in die Seiten gestemmt, in der typischen Keifstellung so vieler Berliner Weiber, die sie ganz unbewußt übernommen hatte. «Du bist wohl janz verrückt jeworden! Kiek eena den an: nu wird er plötzlich eifersüchtig! Det jibt et bei mir aba nich, vastehste! Nimmste sofort die Arme runter, Vata! Wenn det so is, wenn der Schnaps so uff dir wirkt, denn jibt et jarkeenen mehr, vastanden?!» Sie beruhigte sich. Sie besann sich. «Haste dir wat jetan, Karl? Nee? Nich? Na, is man jut. Vata meent et nich so.» Und wieder zum Vata: «Wat machste bloß for Zicken, Vata? So wat mußte nich wieda machen, da kannste mir wild mit machen! Det is mein Bruda, der Karl, vastehste det? Da haste jar nicht eifersüchtig zu sind!» Sie nahm den Vater bei der Hand und führte ihn wieder zu seinem Stuhl am Fenster. «Na, nun beruhige dir man», sagte sie sanft. «Hast wat Schlechtet jeträumt, Vata? Is allens nich wahr, ick bin deine Beste. Rieke is deine Beste, wat, Vata?» Sie saß wieder auf des Vaters Schoß, die Arme um seinen Hals. Zu Karl Siebrecht sagte sie: «Jeh man schlafen, Karl. Det hat heute abend doch keenen Zweck mehr. Man muß sich ebend nich zu doll freuen, denn jeht's imma schief! Hau dir in die Mulle, Karl. Und ich mach meine Schularbeeten noch, ick vaspreche dir's, Karl, darauf kannste dir verlassen! Du sollst 'ne jebildete Schwesta kriegen! Jute Nacht, Karl!»

«Gute Nacht, Rieke. Gute, gute Nacht...»

«Danke schön, Karl. Det war so jut wie 'n Kuß. Danke schön, Karl. Jute, jute Nacht.» — —

Aber von diesem Abend an ging es mit dem alten Busch immer schlechter. Noch wanderte er morgens wie sonst zur Arbeit, aber nun sah er am Abend nicht mehr so sehnlich nach seinem Schnaps aus wie bisher, weil er nämlich schon welchen in sich hatte! «Ick weeß nich, wat det mit Vata'n is», klagte Rieke zu Karl. «Ick weeß nich, der Olle trinkt heimlich – det hat er doch noch nie jemacht!»

«Stimmt denn sein Lohngeld?» fragte Karl.

«Det is et ebend – es stimmt! Ob der Olle Schulden in die Kneipen macht? Aba die pumpen ihm doch nischt, wo er nie 'nen roten Heller in de Tasche hat!»

Aber bald stimmte auch das Geld in der Lohntüte nicht mehr. Oder doch – es stimmte schon, aber der Alte hatte blaugemacht, heut ein paar Stunden, dann einen halben Tag. Der Polier hatte die Rieke schon vermahnt, so ginge es mit ihrem Vater nicht weiter. Jetzt, wo jeden Tag Frost kommen könne, dürfe er einfach nicht fehlen. Busch würde zu den ersten gehören, die man entließ...

«Wo biste jewesen, Vata?» fragte Rieke ganz aufgeregt. «Wo biste am Mittwochmorgen jewesen? Zu de Arbeet biste jegangen wie sonst, det weeß ick, bloß anjekommen biste nich bei de Arbeet!»

«Jott, Tochter», sagte der Alte dann bloß. «Wie soll ick det wissen? Mittwoch – sagste Mittwoch?»

«Jawoll, Mittwoch vormittags haste blaujemacht.»

«Mir is een Tag wie der andere, Tochter!» antwortete der Alte trotzig, und mehr war nicht aus ihm herauszukriegen.

Aber Rieke hatte nun in all den Jahren so viele «Touren» vom Alten erlebt, daß sie sich nicht mehr sonderlich aufregte. «Der besinnt sich, Karl», sagte sie. «Der besinnt sich von janz alleene! Dem mußte bloß Zeit lassen! Der is nu mal so...»

### 16. Die Nähmaschine

Vor dem Geschäft von Hagedorn hatten sie sich verabredet. Rieke Busch war auch darin bereits ganz eine erwachsene Frau: sie ließ Karl Siebrecht warten. Eine Weile hatte er nach ihr ausgeschaut, ob er nicht ihre schnelle, helle Gestalt im Gewühl der Weihnachtskäufer entdecken könnte. Aber sie kam nicht, sie kam noch immer nicht, und er hatte sich nur schwer auf der Zeichenstube von Herrn Feistlein freigebeten! Die Leute lachten. Mit Paketen beladen, drängten sie in einem endlosen Strom an ihm vorüber, eilig ausschreitend, denn es fror. Wenn sie lachten, flog eine Wolke Dampf aus ihrem Munde. Aber geschneit hatte es noch nicht, nun, dafür war noch Zeit. Es waren immer noch fünf Tage bis zum Heiligen Abend.

Sie kam noch immer nicht, und Karl Siebrecht wandte sich der Betrachtung der Hagedornschen Schaufenster zu. Es gab deren zwei, eines rechts, das andere links von der Ladentür. In dem rechts waren nur Nähmaschinen aufmarschiert. Es gab deren von allen Arten, riesengroße, deren stumpfes Schwarz nur von wenig glänzendem Nickel aufgehellt war, und ganz kleine, mit einem Rädchen an der Seite, mit der Hand zu drehen. Diese waren mit vielen bunten Bildern und Kanten geschmückt, aber alle, die großen wie die kleinen, waren nach den an ihnen befestigten Schildern «prima primissima» oder auch «einfach pyramidal», «pryramidale Erfindung der Neuzeit». Und jede einzelne war leicht zu erwerben: «Bequeme Ratenzahlung ganz nach Ihrem Belieben!» Karl Siebrecht versuchte die Maschine zu entdecken, auf die Rieke ihr Wünsche gerichtet hatte. Zweihundertsechzig Mark sollte sie kosten, er wußte es noch gut. Aber von Preisen war im Schaufenster nichts zu sehen. Karl Siebrecht wandte sich der Betrachtung des Schaufensters links von der Ladentür zu. Es schien ihm wesentlich interessanter, denn hier gab es Fahrräder zu sehen. Natürlich konnte er radeln, aber er hatte es nie zu einem eigenen Fahrrad gebracht, er hatte immer nur Vaters, auf hundert Baustellen leiderprobtes Rad benutzen dürfen. So sah er sich denn Rad für Rad aufmerksam an – die Zeit wurde ihm nicht lang. Rieke konnte ruhig noch eine Weile ausbleiben! Er nahm sich vor, nachher im Laden nach den Preisen und Zahlungsbedingungen von Rädern zu fragen. Es würde großartig sein, in die Zeichenstube mit einem Rad fahren zu können. Mit einem Rade würde er Berlin, diese Anhäufung vieler Städte, erst richtig kennenlernen. Er war bisher kaum über die paar Hauptstraßen, durch die ihn sein Weg führte, hinausgekommen. Und er mußte jede Ecke von Berlin kennen, von dieser Stadt, die er eines Tages erobern würde. Er seufzte schwer . . .

«Junger Mann, det is aber nich det richtige Fenster!» sprach Riekes helle Stimme neben ihm. Sie hatte schon eine Weile dagestanden, war seinem Blick gefolgt und hatte seinen Seufzer gehört. «Und nun kommste und siehst meine Maschine an! Ick weeß, Karl, ick bin zu spät dran, ick konnte nich anders. Se haben Vata'n jebracht, er is von der Leiter jefallen, natürlich molum! Hat sich nich ville jetan, 'ne Brüsche an de Stirn und de Hand verstaucht.»

«Das is aber schlimm, Rieke!»

«Wieso is det schlimm? Mit's Mauern wär's doch bei dem Frost jeden Tag alle jewesen, und nu ha ick den Mann doch unter Aufsicht. Die Männa, wo ihn jebracht haben, sagen ja, keena hat Vata'n zu Schnaps injeladen, nie nich. Aber det muß nich wahr sind, jegen 'ne Frau halten die Männa bei so wat immer zusammen. Na, nu ha ick Vata'n zu Haus, und nu wer ick ihn det Saufen schon wieder abjewöhnen. – Kiek, det is meine Nähmaschine.» – Und sie zeigte auf eine ziemlich große schwere Maschine, die kaum Schmuck aufwies, ein sehr sachliches Ding für so ein junges Mädchen, dachte Karl Siebrecht.

«Die sieht aber viel zu schwer für dich aus, Rieke!» meinte er. «Willst du nicht lieber eine leichtere nehmen? Die da links sieht doch viel hübscher aus.»

«Det is doch nischt für schwere Mantelstoffe, Karl! Na, laß man, dadervon verstehste nischt. Laß mir man machen. Komm rin, Karl. – Sage mal, det macht dir doch wirklich nischt aus, wenn ick sare, du bist mein Bruda? Karl Busch mußte dir unterschreiben, vajiß nich!»

«Wenn es sein muß . . . Aber vielleicht geht's auch so. Da steht ja: Ratenzahlung ganz nach Ihrem Belieben.»

«Dadruff mußte nischt jeben, Karl! So wat schreiben die immer. Det is bloß, damit se eenen erst in den Laden kriegen, und denn reden se eenen doof und dußlig. Aba laß se, mir sollen se nich for dumm verkoofen.»

Das Weihnachtsgeschäft schien weder in Nähmaschinen noch in Fahrrädern sehr lebhaft zu sein. Rieke Busch und Karl Siebrecht, nein, jetzt Karl Busch, waren die einzigen Kunden und wurden sofort bedient von Herrn Hagedorn und von seiner Frau, einer kleinen, dicken Alten. «Diese Nähmaschine? Aber Frollein haben einen Blick, die beste Maschine, die ich auf Lager habe! Echt englisches Fabrikat, durch und durch englisch! Unter uns, Fräulein, die deutschen Maschinen taugen alle nichts! Aber das wissen Sie besser als ich! Nicht wahr, Mieze, das Fräulein hat den Blick –?» Frau Mieze Hagedorn sah Rieke nur noch mürrischer an. «Aber nun, Mieze, zeig dem Fräulein mal die Bedienung!» Er schob seine Frau schon wieder weg. «Das ist das Schiffchen. Frollein, sehen Sie das Schiffchen? Echt englisch! Rundschiffchen! Nicht die Langschiffchen wie bei den deutschen Maschinen! Und wenn Sie nun spulen wollen – Mieze, zeig dem Frollein doch das Spulen –!»

«Det weeß ick allens alleene», sagte Rieke unerschüttert. «Reden Se sich bloß nich in Brand, Männeken. Wat soll denn die Maschine kosten?»

«Ach, kein Geld, kein Geld! Echt englisch, Sie müssen das bedenken, Frollein, die Zölle! Die Zölle fressen einen ja auf! Eine deutsche Maschine wie die da ist natürlich zwanzig Taler billiger! Mieze, rück doch mal die andere Maschine vor!»

«Lassen Se man, junge Frau, ick weeß schon, wat ick haben will. Wat soll die Maschine kosten? Nu mal ernsthaft!»

«Aber versuchen Sie doch mal, Frollein! Hören Sie bloß mal den Unterschied! Wie laut die näht – da hören Sie gar nichts bei der Engländerin! Mieze, hol doch mal ein Stück Stoff, das Frollein möchte Probe nähen!»

«Se sollen mir saren, wat die Maschine kostet, oder ick jehe bei die Konkurrenz!» Rieke hatte sehr entschlossen gesprochen, sie ging schon auf die Ladentür zu.

«Geschenkt!» rief Hagedorn eilig. «Ich verschenk die Maschine, so wahr ich hier stehe, Frollein! Neunzig Taler, weil Sie es sind, Frollein! Es ist meine letzte englische Maschine, ich sollte sie gar nicht weggeben –»

«Neunzig Taler!» rief Rieke. «Denken Se, ick bin Ihr Affe? Zu meina Mutta –» triumphierender Blick auf Karl Siebrecht – «haben Se am Montag gesagt, se kostet zweihundertfuffzig! Und nu neunzig Taler! Se denken wohl, ick bin ein Kind, det Se schaukeln können?»

«Aber, Frollein, Frollein!» Herr Hagedorn war ganz entsetzt. «Hier muß unbedingt ein falscher Irrtum vorliegen! Die Maschine hat immer neunzig Taler gekostet. Ich kann Ihnen Rechnungen zeigen...»

«Nu zeijen Se doch!» lachte Rieke ganz ungerührt. «Zweihundertfuffzig, und denn uff Raten, hundert an und der Rest fünf Mark de Woche.»

«Und dann noch auf Raten!» rief Herr Hagedorn. «Nein, an dem Geschäft verlier ich nur –»

«Also denn juten Abend!» sagte Rieke entschlossen und faßte nach der Klinke der Ladentür. «Denn jeh ick ebent zur Konkurrenz! Komm, Karle!»

«Einen Augenblick, Fräulein!» rief plötzlich die dicke kleine Frau Hagedorn. Sie wandte sich zu ihrem Mann und flüsterte eilig mit ihm. Er schien zu widersprechen, die Frau überredete, schalt dann...

«Du, die hat was vor», flüsterte Siebrecht zur Rieke. «Wollen wir nicht doch lieber zu einem andern gehen?»

«Wat soll die denn vorhaben? Hauptsache, ick kriege die Maschine so, wie ick se will!»

Frau Hagedorn hatte gesiegt. Sie hatte einen engbedruckten Bogen mit dem Abzahlungsvertrag vor sich hingelegt und sagte mürrisch: «Also meinetwegen, Fräulein, wir wollen mal 'ne Ausnahme machen. Was ist denn Ihr Vater?»

«Maurer.»

Klagend rief Herr Hagedorn: «Das ist auch kein Beruf bei dem Wetter!»

Seine Frau warf ihm einen verweisenden Blick zu und fragte weiter: «Und was ist die Mutter? Aufwartefrau? Warum kommt die denn nicht selber? So, sie ist krank, sie hat dich geschickt –?»

Wieder rief er: «Dann kann sie ja auch nicht nähen, dann hat es ja Zeit mit dem Vertrag!»

Und streng sagte sie: «Jetzt biste mal stille, Max!» Und zu Rieke: «Ja, deine Mutter muß aber unterschreiben!»

Rieke bat fast: «Det jeht doch ooch, det ick for ihr unterschreib? Wo se's mir extra uffjetragen hat!»

«Wie alt bist du denn? Sechzehn? Du siehst aber nich wie sechzehn aus.»

«Und det is mein Bruder», fuhr Rieke hastig fort. «Der is anjestellter Bauzeichner bei Kalubrigkeit und Co., 'ne janz jroße Firma.»

«Nie gehört!» rief Hagedorn aus dem Hintergrund. «Diese Baufirmen verkrachen alle Tage, und denn sitzt so einer auf der Straße!»

«Stille biste!» rief die Frau wiederum. «Also, denn unterschreiben Sie – hier Frau Busch, da Ihr Vater, der Maurer Busch.» Und Frau Hagedorn ging vom Schreibtisch fort zu ihrem Mann.

«Rieke!» flüsterte Karl Siebrecht flehend. «Unterschreib nicht. Laß uns gehen. Die legen uns nur rein!»

«Aba wie können die uns reinlejen, Karle?» fragte Rieke bittend. «Wa wollen doch pünktlich bezahlen und können's doch ooch. Laß mir jetzt nich sitzen, Karle!»

«Es ist nicht richtig, Rieke», flüsterte Karl wieder und zögerte doch schon unter ihrem flehenden Blick. «Man soll so was nicht tun, wir fallen rein!»

«Wie können wa rinfallen, Karle? Wa haben doch dein Sparbuch, wenn wirklich wat schiefjeht! Karl, blamiere mir nich for die Leute, wo ick soviel jequasselt habe!»

«Aber lesen möchte ich doch erst mal, was da gedruckt steht», sagte Karl Siebrecht und griff nach dem Blatt.

«Lesen Sie man, junger Mann», sagte der Händler gleichgültig. «Wegen Ihnen drucke ich doch keine andern Bedingungen im Abzahlungsgeschäft.»

«Hör mal zu!» rief Karl Siebrecht aufgeregt. «Da steht, Rieke, daß die Maschine sofort zurückgeht, wenn wir eine Wochenrate im Rückstand bleiben, und daß dann auch alles bereits Bezahlte verfällt.»

«Das ist so üblich», sagte Herr Hagedorn plötzlich wieder eifrig. «Das unterschreiben alle, das muß auch so sein! Ich kriege doch keine neue Maschine zurück. Und Sie wollen die Raten doch pünktlich zahlen, da kann Ihnen so 'ne Bedingung doch ganz egal sein.»

«Natürlich!» sagte Rieke und schrieb schon. Halt! hatte Karl Siebrecht noch einmal rufen wollen, aber es war schon zu spät. Zögernd stand er da, den Halter in der Hand, eine Unruhe in der Brust warnte ihn. Aber da war der flehende Blick seiner kleinen Freundin, ihr felsenfestes Vertrauen auf ihn, er würde sie nie steckenlassen. Karl Siebrecht schrieb, er schrieb: Karl Busch.

«Wir hätten nicht unterschreiben sollen», sagte er gleich darauf wieder, sie hatten kaum den Laden verlassen. «Es war dumm von uns!»

«Ach wat!» lachte Rieke vergnügt. «Mir kleid't dumm, Karle, det weeßte doch. Die Hauptsache: ick hab meine Maschine!»

## 17. Der Laufbursche

Pünktlich am nächsten Vormittag war die Nähmaschine im dritten Hof der Wiesenstraße eingetroffen, und keine Viertelstunde, so saß Rieke an der Maschine und nähte probeweise darauflos. Erst behutsam, dann, mit leicht sich rötenden Wangen, immer schneller, immer mutiger. Oh, sie hatte nicht aus Prahlerei zu Karl Siebrecht gesagt, daß sie Maschinennähen konnte, sie konnte es wirklich! Nicht umsonst hatte sie auf ihren Aufwartestellen die Augen offengehalten: sie hatte mancher Hausfrau vieles abgesehen. Rieke trat schneller und schneller, ihre Augen blitzten. Der alte Busch, der, die verstauchte Hand in einer Binde, stumpf am Fenster saß, sah verwirrt herüber. Er schloß die Augen, schüttelte den Kopf, als störe ihn dies Geräusch, und sah wieder herüber. «Wat, Vata, det bringt Leben in de Bude!» lachte Rieke triumphierend, und Herr Hagedorn war nun schon ganz vergessen. Tilda stand neben der Maschine und sah mit strahlenden Augen dies nickelblinkende, rumpelnde, schnurrende Ungeheuer. «Wat, Tildeken, det macht sich!» lachte Rieke wieder. «Und det erste, wat ick nu richtig nähe, Tilda, det is 'n Wintermantel for dir aus Tante Berthas Kleid. Wat sagste nu −?»

Rieke tritt und näht, sie näht alte Lumpen, eine Naht rauf, eine runter, die Maschine näht wirklich wie Puppe. Und das Rumpeln der Maschine breitet sich aus in dem Hinterhaus an der Wiesenstraße. Überwohner und Unterwohner horchen auf das ungewohnte Geräusch aus der Buschschen Wohnung, die Nachbarn legen das Ohr an die Wand ... Nicht lange, so klopft die erste an die Tür: «Det war mir doch so wunderlich, Rieke, ick dachte schon, hier is wat passiert, weil det so rumpelt! Aber det du nu 'ne Maschine hast mit deine vierzehn Jahre! Ick bin elf Jahre verheiratet und hab noch immer keene! Immer, wenn ick dachte, nu is et soweit, nu haben wa de Kröten zusammen, denn kam wieda wat Kleenet und neese waren wa.» Andere Nachbarinnen folgten, bald stand ein dichter Haufe Frauen bei Buschens in der Küche. Und die Kunde breitete sich im ganzen Haus aus, vom ersten Hof kam die Brommen, und aus dem Vorderhaus sogar die Frau des Vizewirts Spaniel, von der die Sage ging, sie trage nur seidene Wäsche. Rieke erlebte den stolzesten Tag ihres Lebens, sie wurde angestaunt, gelobt und bewundert. Und wenn sie auch mit ihrem nüchternen Menschenverstand gut wußte, wieviel Neid sich hinter all diesen rühmenden Worten verbarg, so tut Lob eben doch wohl, auch wenn's nicht ganz ehrlich gemeint ist.

Der alte Busch wurde unruhig von all den Frauen und ihrem Geschwätz. Er suchte nach seiner Mütze und verschwand, aber heute hinderte ihn Rieke nicht. Sie hätte ihm sogar noch eine Mark zugesteckt, wenn er darum gefragt hätte. Nimmermüde führte sie die Maschine vor, erklärte die Vorzüge des Rundschiffchens vor dem Langschiffchen, und wurde dabei immer rotbackiger und aufgeräumter. So fand sie Karl Siebrecht, als er von seiner Zeichenstube nach Hause kam. Die letzte Besucherin hatte sich verlaufen, und Rieke saß, schachmatt, aber selig, vor ihrer Maschine. «Karle», sagte sie und kam ihm langsam entgegen. Sie legte ihre Hände auf seine Schultern. «Karle, det is mein schönster Tag! Die Maschine is da, und alle haben se mir bewundert, Karle, heute bin ick janz glücklich...»

«Das ist großartig, Rieke! Ich freu mich auch, über dich!»

«Ja, Karle, und det det so jeworden is, daran bist alleene du schuld. Seit ick dir in eure Kleinbahn sah – weeßte noch die ulkichte Nudel mit ihre Notbremse? –, seitdem jeht det jut bei uns!»

«Ach, Rieke, rede nicht! Was habe ich wohl mit der Maschine zu tun?! Die hättest du auch ohne mich angeschafft! War übrigens der Hagedorn selber hier?»

«Och!»

«Und ging alles glatt? Hat er nicht nach deiner Mutter gefragt?»

«Ach der! Der kann ville fragen – for den weeß ick imma 'ne Antwort. – Nee, Karle, red nich, ohne dir wär det mit de Maschine nischt jeworden. Es ist nich bloß von wejen deinem Kostjelde, trotzdem det ville hilft. Nee, nich bloß darum. Es is von wejen die Kurage – seit ick dir kenne, ha ick 'ne janz andere Kurage im Leibe. Det is et.»

«Ach, Rieke, das beruht ganz auf Gegenseitigkeit! Ich freue mich immer auf dich, wenn ich abends nach Hause gehe.»

«Tust du det, Karl? Wirklich? Det is fein, det hätt ick nie von mir jedacht! Ick bin doch bloß 'ne unjebildete Berliner Krabbe aus 'm Wedding, aber det is jut. Det macht mir Laune! – Und nu hör zu, Karl», ohne weiteres ging Rieke Busch von den Gefühlen zur praktischen Seite des Lebens über, «ick wollt ja eijentlich erst zu Neujahr mit die Näherei for Feltens in de Jerusalemer Straße anfangen, aber ick habe mir det anders übalegt. Det sind noch elf Tage – wat soll ick de neue Maschine unjebraucht stehenlassen? Ick mache schon morgen bei Feltens, und wenn de Zeit hast, denn kommste mit. Det is ne janze Wucht Stoffe, die ick da kriege, die schaff ick nich alleene. Wenn de mir die buckeln hilfst, Karle, det soll mir ooch uff 'ne Molle nich ankommen, junger Mann!»

«Natürlich, Rieke, helf ich dir, und die Molle spendiere lieber dem Vater. Wo ist er denn? Schon wieder weg? Vater wird immer geheimnisvoller, um den müssen wir uns mal kümmern.»

«Recht haste, Karl, man müßte bloß mehr Zeit haben. Also morjen zittan wa bei Feltens.»

Und so zitterten sie denn am nächsten Tage wirklich zu Feltens. Karl Siebrecht entdeckte, daß auch bei dieser Firma schon alles auf eine Frau Friederike Busch vorbereitet war, aber zur Beruhigung seines Gewissens brauche er hier nichts zu bestätigen, er mußte auch nicht den großen Bruder spielen. Nur als sich die Haufen zugeschnittener Mantelteile immer höher vor Rieke auftürmten, meinte Herr Felten unzufrieden: «Deine Mutter hätte auch gut mitkommen können, Kleine. Das schafft ihr beide nicht – ihr schmeißt mir die Stoffe bloß in den Schneematsch!»

«Det schaffen wa alles, Herr Felten», antwortete Rieke ungerührt. «Wat denken Se, wat ick for Kräfte habe! Und mein Freund erst – der is nämlich uff 'n Zeichenbüro. Bauzeichner is der –» Nun ist allerdings nirgendwo bekannt, daß Bauzeichner über sonderliche Kräfte verfügen müßten, aber so frei Rieke von jeder Eitelkeit für die eigene Person war, so stolz war sie auf ihren Freund. Sie hatte das übrigens gleich wieder vergessen, sie stürzte sich in einen zornigen Streit mit Herrn Felten, der ihrer Ansicht nach nicht genug Nähgarn herausgeben wollte. «Det jibt et nich, Herr Felten!» rief sie schrill. «Mir können Se nich belackmeiern! Drei Rollen Garn uff fuffzehn Mäntel?! Bei Sie piept's wohl?! Uff zehn Mäntel drei Rollen, und det is schon wenig, manche geben ooch vier Rollen uff zehn Stück!»

«Das hier sind aber alles Kindermäntel!»

«Als wenn ick det nich wüßte! Jlooben Sie, Sie haben alleene Oogen int Jesichte?! So blau! Nu her mit's Jarn, Männecken, noch zehn Rollen, sare ick ...»

Zu Anfang waren Karl Siebrecht solche Auseinandersetzungen seiner Rieke recht peinlich gewesen. Er war mit einem gewissen Feinheitstick aus seiner Kleinstadt nach Berlin gekommen, aber er hatte rasch begriffen, daß, was in der Kleinstadt galt, hier noch lange nicht genügte. In Berlin mußte man schimpfen können, wer da dachte, mit flüsternder Vornehmheit sich zu behaupten, der lag schon unter dem Schlitten. Eine beliebte Redensart Riekes war es, daß fein von dünn kommt und: dünn toogt nischt, dünn reißt imma! So hörte Karl Siebrecht jetzt auch den Streit zwischen Rieke und Herrn Felten mit stillem Vergnügen an, fest davon überzeugt, seine kleine Freundin werde schon zu ihrem Recht kommen. So wurde es auch. Herr Felten legte zwar keine zehn, aber er legte doch sechs Rollen zu. Beide grollten leise nach, und doch war beiden anzumerken, daß sie nicht unzufrieden waren und daß keines dem anderen böse war. Nur als die Stoffberge nun in zwei große schwarze Schneidertücher eingeschlagen waren, als Rieke und Karl sie auf den Rücken nehmen wollten, erwies sich, daß hier Herr Felten recht gehabt hatte: die Last war zu schwer. «Ich habe es ja gleich gesagt», meinte Herr Felten, überlegen lächelnd, «ihr schafft das nicht; ihr hättet eben die Mutter mitbringen sollen!» Er war aber durch seinen Sieg gnädig gestimmt. «Dann soll euch für diesmal der Laufbursche die Mäntel mit dem Lieferrad hinfahren – aber nur diesmal, verstanden? Ausnahmsweise! Sonst ist Abholen und Bringen eure Sache!»

«Vasteht sich, Herr Chef!»

«Franz!» schrie Herr Felten. «Franz, komm mal her!» Aber kein Franz rührte sich in den dunklen Tuchgewölben. «Wo der Bengel bloß mal wieder steckt?! Der schläft auch ewig! Ich will doch mal sehen –» Herr Felten ging auf sachten Sohlen in die immer tiefere Dunkelheit zwischen den düsteren Stoffregalen, und auf sachten Sohlen folgten ihm Rieke und Karl Siebrecht. Leise öffnete der Chef die Tür zu einem Verschlag, und da lag nun, matt von einem nur halb vorhandenen Gasglühstrumpf beleuchtet, der Botenjunge der Firma Felten. Aus Stoffballen, aus dem schönsten Aachener Samt, hatte er sich eine Lagerstätte bereitet, da schlief er, sanft und selig, in allem Dreck und Speck seiner völlig ungewaschenen siebzehn Jahre, aber wahrhaft fürstlich zugedeckt, wiederum mit Aachener Samt. Herr Felten war so erschrocken, daß ihm die Arme sanken. «Mein schöner Samt», flüsterte er. «Zehn Mark der Meter – und dieser Schweinekerl legt sich ...»

Zum Schaden des Schläfers verwendet man in der Konfektion noch Maßstäbe, die aus hartem Holz geschnitten und auf einen Meter geeicht sind. Der Gedanke an den hohen Preis seines Aachener Samts hatte die Arme des Herrn

Felten elektrisch belebt, ein Meterstock war zur Hand gewesen und fing schon an zu tanzen. Mit einem Schrei fuhr der Junge von seinem Samtlager hoch und begann zu springen unter dem Stock, der auch sprang. «Herr Felten, lassen Sie das!» jammerte er. «Herr Felten, ich bitte Sie! Herr Felten, mir war so kalt! Herr Felten, ich lasse mir das nicht gefallen!»

Aber der Stock tanzte unbarmherzig weiter, und in dem engen Käfterchen gab es kein Entrinnen für den Jungen. «Zehn Mark —» stöhnte Herr Felten. «Warte, Franz, dir will ich schon heiß machen! Bei mir sollst du nicht frieren! Zehn Mark, und legt sich mit seinen dreckigen Schuhen darauf —» Die letzte Erwägung verlieh Herrn Feltens Armen besondere Kraft, der Stock pfiff nur so durch die Luft, der Junge stieß einen lauten Schmerzensschrei aus. Mit der Kraft der Verzweiflung rannte er gegen seinen Peiniger an. Der kam ins Wanken, und zwischen Karl und Rieke entsprang der Knabe Franz in das weitläufige, düstere Lager. «Verfluchter Bengel, warte nur!» rief Herr Felten und sprang ihm, den Stock fester packend, nach.

Aber jetzt half ihm der Stock nichts gegen die schnelleren Beine des Jungen. Eilig huschte der um die Regale, die ungeschickten Schläge fielen nur auf Holz, nie auf Fleisch, und während Herr Felten, immer knapper an Atem, nur noch leise ein «Zehn Mark —» ächzte, schrie der Bengel ihm immer gellender seine Beschimpfungen ins Gesicht: «Sie alter Aasvogel, Sie! Sie Kinderausbeuter! Sie Blutsauger! Sie können mich —! Ich mach hier überhaupt Schluß! Machen Sie Ihren dreckigen Laden alleine! Ich zeige Sie auf dem Gewerbeamt an! Sie Stoffschinder! Sie alter Samthengst, Sie!» Rieke und Karl Siebrecht hielten sich die Seiten vor Lachen. Denn nun war der Knabe darauf geraten, im Vorbeilaufen Stoffballen um Stoffballen aus den Regalen zu reißen. Dumpf polternd fielen sie zu Boden, sie wirbelten Staub auf, der den matten Schein der spärlichen Gaslampen verdüsterte. Manche entfalteten sich, sie legten sich um die Füße des nachstolpernden Felten, der nur noch leise jammern konnte. «Das will ich dir zeigen, du alter Papageienvogel!» schrie triumphierend der Bengel. Er stemmte seine Schulter gegen ein Regal, es neigte sich — und dumpf polternd stürzte es. Aus einer alles verhüllenden Staubwolke, die sich über dem Kampfplatz erhob, tönte die klägliche Stimme des Chefs: «Höre auf, Franz! Bitte, höre auf! Ich will dich auch bestimmt nicht mehr schlagen —»

«So, willst du das nicht mehr?» schrie schrill der Botenjunge. «Sei froh, wenn ich dich nicht schlage! Willst du mir meine Papiere geben, du alter Lohndrücker, du?! Du vertrocknete Maßelle, du!»

«Ja, ja! Bitte, Franz, schmeiß nicht noch mehr um!»

«Und willst du mir meinen vollen Wochenlohn geben? Zwölf Mark!»

«Franz, das geht nicht! Das ist Erpressung! Heute ist erst Donnerstag! Sechs Mark will ich dir geben — oh, du liebes Jesuskind im Himmel! Da schmeißt er schon wieder ein Regal um!»

Donnergepolter ertönte, der Staub verdichtete sich, kläglich schrie Felten: «Ja, ja, Franz! Du sollst zwölf Mark haben! Höre nur endlich auf!»

«Aber in drei Minuten, Chef», klang drohend die Stimme aus der Staubsäule, «sonst fliegt wieder was hin!»

«Ja, ja doch, Franz, laß mich doch nur suchen! Man sieht ja nichts vor Staub!» Sie hörten den Felten niesen, röcheln, husten, stöhnen, mit Papier rascheln.

Auch sie husteten, rieben sich die Augen. Ein kalter, frischer Windzug fuhr in den Staub: Franz hatte die Ausgangstür aufgestoßen, um sich einen raschen Abgang zu sichern. Aus der sich senkenden Wolke tauchten zuerst die Häupter der Kämpfer auf, mit zerrauften Haaren, die Gesichter mit Staub und Schweiß verklebt. «Hier sind deine Papiere und dein Geld, Franz», rief sanft der Chef und wedelte damit.

«Und was haben Sie in der anderen Hand? Die Elle! Du falscher Hund, du!» schrie der Botenjunge. «Gleich legen Sie alles auf den Tisch – und nun gehen Sie ganz zurück, zu den beiden Hübschen da, sonst donnert's noch einmal! So ist es recht, Chef, immer hübsch artig!» Der Junge nahm Geld und Papiere, sah sie flüchtig an. «Siehste, wie hübsch das geht, Chef!» rief er noch. Er warf sich mit aller Kraft gegen ein Regal. Der Donner des Sturzes mischte sich mit einem Klageseufzer von Herrn Felten. Laut schlug die Ausgangstür zu: der Junge war entflohen.

«Da gibt es gar nichts zu lachen!» sagte Herr Felten verdrossen. «Den Bengel zeige ich bei der Polizei an! Den mache ich haftbar! Na, hört schon auf zu lachen, faßt lieber an beim Aufräumen. Lieber Gott, wie sieht mein schönes Lager aus –» Und zu diesem Seufzer hatte Herr Felten wirklich alle Veranlassung, das Lager sah aus, als hätten Räuber darin gehaust. Ganz unmöglich schien es, daß ein einzelner Junge in fünf Minuten eine derartige Verwüstung hatte herbeiführen können. «Na, nun faßt doch an!» sagte Herr Felten ungeduldig. «Fangt an, die Ballen aufzuwickeln. Und bürstet die Stoffe vorher gut ab – hier sind Bürsten –»

«Hören Se mal, Herr Felten», sagte Rieke, «Sie sind ja komisch! Wat jeht denn uns Ihr Lager an? Sind wir Ihre Anjestellten? Sie schnauzen uns hier an...»

«Ich habe euch doch nicht angeschnauzt! Ich habe euch bloß gebeten, mir zu helfen –»

«Jebeten? Ick höre imma jebeten. Hast du wat von jebeten jehört, Karl?»

«Kein Gedanke! Angeschnauzt haben Sie uns, Herr Felten! Komm, Rieke, wir gehen nach Haus!»

«Aber nun seid doch nicht so», bat Herr Felten nun wirklich flehentlich. «Ihr könnt mich doch nicht so sitzenlassen! Das dauert doch Stunden, bis ich das allein aufgeräumt kriege! Ich will euch ja gerne was geben!»

«'nen Taler für jeden!» sagte Rieke rasch. «Det ist jemacht!»

«I wo, Rieke!» rief Karl Siebrecht. «Fünf Mark für jeden – und das ist noch billig, was, Herr Felten? Wo wollen Sie denn jetzt am späten Abend noch Leute herkriegen?» Karl Siebrecht fand, er mußte nun auch anfangen, ein bißchen geschäftstüchtig zu werden, sich auf Berlin umzustellen. Rieke sollte ihm doch nicht in allem Praktischen überlegen sein!

Sie sprang ihm auch sofort bei. «Recht haste, Karl!» rief sie. «Fünf Mark für jeden, det is noch billig, Herr Chef. Und denn überhaupt, wo mein Freund Bauzeichner is, der macht doch so 'ne Arbeit sonst überhaupt nich.» Und nach einigem Zappeln und vielem Stöhnen willigte Herr Felten denn auch schließlich in den Preis. Eine Weile arbeiteten die drei fast schweigend, nur die kummervollen Seufzer des Herrn Felten unterbrachen von Zeit zu Zeit die Stille. Als wieder ein besonders schwerer Seufzer im Lager erklang, sagte Rieke: «Der kam aber von't Herze, Herr Felten.»

«Der verfluchte Bengel!» seufzte Herr Felten nun laut. «Mich gerade zum Fest sitzenzulassen! Wo kriege ich jetzt einen Laufjungen her?»

«Daran hätten Se denken müssen, ehe Se den Stock in de Hand nahmen, Herr Felten», sagte Rieke weise.

«Und der Dreckfink soll seine Füße ungestraft an meinem schönen Samt abwischen dürfen! Zehn Mark kostet mich der Meter!»

«Det wissen wa nu, Herr Felten. Aba wer woll am meisten jestraft is, Sie oder er?» Felten seufzte nur.

Karl Siebrecht aber meinte: «Wenn Sie einen Handkarren hier haben, will ich unsere Stoffe schon nach Haus fahren, Herr Felten. Ich bringe den Karren dann morgen früh zurück, ehe ich aufs Büro gehe.»

«Es ist ein Dreirad», seufzte Herr Felten. Und nach einigem Überlegen: «Sagen Sie mal, was sind Sie? Bauzeichner? Wann machen Sie denn da Schluß?»

«Meistens um fünf. Wieso?»

«Vielleicht sind Sie zu fein dazu – die jungen Leute sind ja alle zu fein heute fürs Geldverdienen –, aber wenn Sie dann abends noch drei, vier Stunden kämen und lieferten mir die Ware ab? Bloß, bis ich einen anderen Jungen habe?»

«Wat meenste?» fragte Rieke.

«Was würden Sie denn dafür ausgeben?» erkundigte sich Karl Siebrecht.

«Na, fünf Mark habe ich gedacht.»

«Fünf Mark den Abend, det is nich schlecht! Det würde ick mir überlegen, Karl!»

«Den Abend! Bin ich denn wahnsinnig? Die Woche meine ich natürlich!»

«Das ist ja ein feines Geschäft, was Sie mir da vorschlagen, Herr Felten», sagte Karl Siebrecht. «Ich mache Ihnen nach Feierabend die Arbeit von Ihrem Botenjungen, und statt zwölf Mark geben Sie mir fünf. Danke schön.»

«Recht haste, Karl!»

«Aber der Junge war zehn Stunden hier!»

«Reden wir nicht mehr davon, Herr Felten!»

«Ich meine doch nur, der Junge hat hier zehn Stunden gearbeitet und Sie –»

«Wir reden nicht mehr davon, Herr Felten!»

«Ich meine doch nur . . .»

«Wo mein Freund Bauzeichna is – der verdirbt sich bloß seine Hände!»

«Wir reden nicht mehr davon, Rieke.» – Nachdem sie noch eine Viertelstunde davon geredet hatten, war Herr Felten erledigt: für einen Wochenlohn von zwanzig Mark wurde Karl Siebrecht der Aushilfslaufbursche der Firma Felten.

«Paß uff, Karle», sagte Rieke bei ihrem späten Heimweg. Sie ging eilig neben ihm, der ihre Mäntel auf einem Dreirad beförderte. «Paß uff, Karle, nu vadienen wa Jeld wie Heu!»

«Beruf es bloß nicht, Rieke», sagte er warnend, aber auch er war zufrieden und stolz. Er hatte das Gefühl, als hätte er nun den Fuß auf die unterste Leitersprosse gesetzt. Hinauf, hinauf auf die Stadtmauer von Berlin!

Manchmal bedauerte es Rieke in der nächsten Zeit doch, daß sie sich ihre Näherei nicht durch einen Zwischenmeister hatte zuteilen lassen: man hätte sich da um ihre Arbeit gekümmert und ihr mit Rat und Tat beigestanden. So saß sie mitunter fast verzweifelt vor ihrer Näherei und wußte nicht aus noch ein. Dann ergriff sie eine panische Angst, ihre Arbeit könne wegen Pfuscherei zurückgewiesen werden und sie müßte dann all diese Stoffe ersetzen. Sie hatte schon immer wenig geschlafen, jetzt schlief sie fast gar nicht mehr, und auch durch dieses bißchen Schlaf spukten noch Abnäher, Kellerfalten und aufgesetzte Taschen. Aber Rieke biß die Zähne zusammen und sagte sich: Det hilft nu allens nischt mehr. Durch mußte! Mir von dem alten Felten ankotzen lassen? So blau! Und sie bezog Posten vor dem Feltenschen Hause – die Aufsicht über den alten Busch kam mal wieder zu kurz –, paßte dort einer Schneiderin auf, die ablieferte, und heftete sich an ihre Sohlen. Sie schob mal wieder die kranke Mutter vor, für die sie um Rat fragen müßte, und erreichte, daß sie mit auf die fremde Schneiderstube genommen wurde. Sie war dort still und bescheiden, oh, wie gut konnte Rieke den Mund halten, wenn es nötig war! Sie machte sich enorm nützlich, und dabei hielt sie ihre Augen offen: ihr entging nichts. Es kostete sie zwei volle Arbeitstage, aber in diesen zwei Tagen lernte sie mehr, als manche andere in zwei Monaten gelernt hätte. Hinter Rieke Busch stand ein ehernes Muß. Die Schneiderin, eine ältliche, sonst nicht gerade süße Person, sagte zu ihr beim Abschied: «Na, Rieke, und wenn de wieder nich Bescheid weeßt, denn fragste mir direkt – det olle Hintenherum mag ich uff den Tod nich ausstehen!»

Rieke Busch machte ihren allerschönsten Schulmädchenknicks und sagte: «Denn dank ick ooch schön, Fräulein Zappow!»

«Und mit dem Bügeln von die schweren Stoffe kommste doch nich zurecht, Rieke», fuhr Fräulein Zappow kategorisch fort. «Det is nischt for dir. Wenn de mit deine Arbeit soweit bist, denn schick ich dir meinen Bügler. Der is nich teuer, der macht dir det so, det kein Jemecker bei Felten is.»

Wieder ein tiefer Knicks, wieder ein: «Denn dank ick ooch schön, Fräulein Zappow!»

«Noch billiger kommste», sagte Fräulein Zappow, milde gestimmt durch soviel Dankbarkeit, «wenn de 'nen Mann im Haus hast, dem kann mein Bügler det zeigen. Det lernt jeder. Haste nich noch 'nen Vater? Mir war doch so.»

«Mit Vata is for so wat nischt los, danke ooch schön, Fräulein Zappow. Aba vielleicht lernt's mein Freund...»

«Wat, 'nen Freund haste ooch schon in deinen Jahren – ick muß saren, ihr Mächen vom Wedding –!»

«Doch nich so, Fräulein Zappow! Wat ick bin, for mir broochte de Liebe nich erfunden sein! Nee, det is so eener, mehr wie 'n Bruda, vastehn Se, Fräulein Zappow?» Aber auf der Treppe schon steckte Rieke der Zappowschen Tür die Zunge heraus. Du olle Zieje, sagte sie bei sich, von deinetwejen hätt ick die beiden Tage bloß Knopflöcher nähen dürfen! Wenn ick und wäre nich so uff 'n Kien jewesen... Und Rieke kehrte mit neuem Mut zu ihrer Näherei zurück.

Während seine kleine Freundin sich so mit mancherlei Sorgen plagte, von denen sie doch nie ein Wort – auch zu ihm nicht – laut werden ließ, freute sich Karl Siebrecht seiner Doppelverdiener-Existenz. Nach der süßlich lauen Luft der Zeichenstube in das abendlich lichterhellte Berlin sich zu stürzen, im Trab in die Jerusalemer Straße zu laufen, das schwere Dreirad zu holen, die vielen gewichtigen Pakete und Packen mit Konfektionsware aufzuladen, das war eine Wonne! Dann spürte er weder Hunger noch Kälte, Schnee mochte treiben, der Winterwind um die Ecke pfeifen: gewaltig klingelnd fuhr er los. Warm wurde ihm dabei, er hätte auch in Hemdsärmeln fahren können, das machte ihm gar nichts aus. Bloß kein Stubenhocker werden, dachte er. Und wenn er spät am Abend, meist schon in der Nacht, zu Rieke kam – sie hatte ihm seine Stullen hingestellt und saß noch immer bei ihrer Näherei –, dann sagte er wohl, eifrig kauend: «Daß du das aushältst, Rieke! Immer in der Stube hocken!»

«Im Winta?» fragte sie dagegen, echtes Großstadtkind, das sie war. «Da verderbe ick mir doch draußen bloß mein Zeug. Det spart – in de Stube sitzen. Det wirste schon sehen, wie lange deine Klamotten halten, Karl, jetzt wo de alle Tage uff de Straße liegst.»

«Ach was», lachte er. «Das tut gerade gut, sich ordentlich durchpusten zu lassen. Und wenn die Kleider hinüber sind, gibt's neue, ich verdiene ja genug Geld!»

«Jetzt noch», sagte sie warnend. «Hat denn der Felten noch imma keenen neuen Jungen?»

«Ach, der! Der ist, glaube ich, mit mir so zufrieden, daß er gar nicht mehr nach einem neuen sucht. Nicht mal gejammert hat er, als er mir meine zwanzig Mark ausgezahlt hat!»

«Und wie is det uff de Zeichenstube?»

«Auch im Lot, Rieke! Alles im Lot! Beim Oberingenieur bin ich Hahn im Korbe. Da sitze ich fest, auf der Zeichenstube kann ich hundert Jahre alt werden.»

Ach, der ahnungslose Knabe Karl! Wohl hatte er bei Rektor Tietböhl die Schillersche Ballade vom Ring des Polykrates auswendig lernen müssen, aber die richtige Nutzanwendung dazu, das Inwendige gewissermaßen, mußte ihm erst ein besserer Lehrer beibringen: das Leben selbst. Hundert Jahre sicherer Sitz in der Zeichenstube? Dieser ahnungslose Knabe – keine hundert Stunden saß er mehr sicher ... Denn gegen Mittag des nächsten Tages öffnete sich die Tür der Zeichenstube, und herein trat, an der Spitze einer Kommission, die er herumführte in seinem ausgedehnten Betriebe – herein also trat Herr Kalubrigkeit selbst, kurz, fett, schwärzlich, wiederum in einem Gehpelz, aber in einem noch viel feineren als damals auf der Baustelle, das sah Karl Siebrecht sofort. Karl Siebrecht trat in den Schatten eines großen Schrankes, Herr Kalubrigkeit machte eine umfassende, doch unsichere Geste durch den ganzen Raum: «Herr Oberbaurat! Meine Herren! Das sind nu alles meine Malersch!» Er schwieg, schielte unsicher auf das nächste Reißbrett, sah hastig weg und schwieg weiter. In der Gruppe, der er sich nun wieder zuwandte, wurde einiges gemurmelt. «Na ja», sagte Herr Kalubrigkeit. «Da ist ja wirklich nicht viel zu sehen. Das ist ja immer dasselbe. Ich komme nie her. Gehen wir rauf, meine Herren, Herr Oberbaurat! Eine Treppe höher, da ist meine Finanzabteilung. Siebenundzwanzig Angestellte, die beiden Prokuristen nicht gerechnet –»

Seine Stimme verlor sich im Füßescharren der Auswanderer. Karl Siebrecht atmete auf – es wäre ihm doch nicht angenehm gewesen, hier vor allen Kollegen... Übrigens hatte er in der Gruppe der Besucher sehr wohl den Herrn von Senden gesehen, dem hätte er gern guten Tag gesagt, aber es hatte sich wirklich nicht so gemacht. Auch die anderen Zeichner atmeten auf: je seltener der Chef kommt, um so gefürchteter ist er, um so leichter schlug jetzt wieder das Herz. Sie steckten die Köpfe zusammen, das Wort von den «Malersch» kursierte. Einige grinsten dazu, andere waren empört, vor allem Herr Feistlein. Oberingenieur Hartleben ging unermüdlich den langen Gang auf und ab, er sorgte dafür, daß allmählich wieder Ruhe wurde. Karl Siebrecht saß schon längst an seinem Zeichentisch, die Reißschiene klapperte, mit einem sanften Schnurren glitt die Reißfeder um das Kurvenlineal. Hinter ihm, über seine Schulter, sagte der Oberingenieur Hartleben: «Das war unser Chef, Karl. Kanntest du ihn schon?»

«Doch, ich habe ihn schon mal gesehen», antwortete der Junge, ohne hochzublicken.

«Da regen sie sich künstlich auf», sagte der Oberingenieur immer in seinem Rücken, «weil er sie ‹Malersch› genannt hat, wo sie doch Zeichner sind. Sie sind empört, daß er ihre Arbeit nicht richtig würdigt. Aber keiner zieht die Konsequenzen und geht. Auch ich nicht. Verstehst du das, Karl? Es müßte dich eigentlich empören.»

«Jeder hängt an seinem Brot», sagte Karl Siebrecht und blies sanft auf die Zeichnung, damit die Tusche schneller trocknete. «Auch ich hätte gerade jetzt meinen Posten ungern verloren.»

«Wir sagen alle immer ‹gerade jetzt›, Karl! Wir sind alle feige. Wir sind ein feiges Geschlecht geworden», rief der Oberingenieur bitter.

«Gerade hier in Berlin habe ich das nicht gefunden», antwortete Karl Siebrecht und dachte an Rieke Busch. «Ich finde, die Leute sind hier unglaublich zäh und mutig.»

«Und hast dich doch im dunklen Schrankwinkel versteckt, Karl!» sagte eine andere, etwas schleppende, etwas näselnde Stimme hinter ihm. «Ich habe dich wohl gesehen.»

Karl Siebrecht sprang auf. Sein Ärmel verwischte die noch nicht trockene Tusche, aber das sah er jetzt noch nicht. «Herr von Senden!» rief er und freute sich. «Ich habe Sie auch gesehen. Ich freu mich...»

«Siehst du, Karl, das ist hübsch von dir», meinte der Rittmeister, «und am hübschesten finde ich es, daß man dir deine Freude deutlich am Gesicht abliest. Die sitzen oben in ihrer Finanzabteilung und essen Kaviarbrötchen, wir können ruhig ein Wort miteinander plaudern. Wie gefällt es dir denn hier? Aber zuerst muß ich wohl den Herrn Oberingenieur Hartleben fragen, wie du ihm gefällst?»

«Er macht sich, er macht sich», sagte der Oberingenieur lächelnd. «Seinen Jahren entsprechend, leistet er genug.»

«Nun, das freut mich zu hören», meinte der Rittmeister. «Übrigens habe ich nie daran gezweifelt.»

Er hatte sich auf Karl Siebrechts Stuhl gesetzt und die Beine übereinandergeschlagen. Heute trug er zart himbeerfarbene Socken mit einem purpurnen Zwickel. Karl Siebrecht sah es sofort. Herr von Senden zog ein goldenes Zigarettenetui aus der Tasche und bot es dem Oberingenieur, der mit einem Hinweis auf die strenge Ordnung der Zeichenstube ablehnte. Der Rittmeister aber nahm sich eine. «Ich will es riskieren», sagte er. «Ich bin zwar nur stiller Teilhaber der Firma, sehr stiller sogar, aber immerhin…» Nun brannte die Zigarette, und Herr von Senden wandte sich wieder an Karl. «Übrigens dachte ich gar nicht mehr, dich hier vorzufinden. Vor ein paar Tagen hatte ich abends eine Vision von einem Jungen, der dir glich wie ein Ei dem anderen. Dein Doppelgänger saß auf einem Dreirad und schob vor sich einen wahren Berg von Paketen her. Der bist du also nun doch nicht gewesen.»

«Doch, der bin ich auch gewesen!» sagte Karl Siebrecht und wurde ein wenig rot. Vor dem Rittmeister machte es ihm nichts aus, aber der Oberingenieur hätte es nicht zu wissen brauchen.

«War das nur so per Zufall», fragte der Rittmeister weiter, «oder ist das eine Dauerbetätigung bei dir?» Er sah dabei nicht Karl, er sah die Asche seiner Zigarette an. Dann stippte er sie mit einem langen rosigen Fingernagel ab.

«Vorläufig mache ich das alle Abende», sagte der Junge.

«Wegen Geld?» erkundigte sich der Rittmeister immer weiter.

«Auch!» antwortete der Junge immer wortkarger. Jetzt wußte er wieder, was er an dem Rittmeister auszusetzen hatte: der Mann war ein Bohrer. Er zerfaserte alles, schließlich blieb einem gar nichts Festes mehr in den Händen.

«Aber», fragte der Rittmeister erstaunt, «sollte sich da nicht eine etwas würdigere und einträglichere Beschäftigung für dich finden lassen? Botenjunge auf einem Dreirad! Sicher hat Herr Hartleben dann und wann Überarbeit zu vergeben, die nicht schlecht bezahlt wird – nicht wahr, Herr Hartleben?» Der nickte.

Der Junge überlegte einen Augenblick, dann stürzte er sich kopfüber in seine Antwort. «Aber», rief er, «ich will gar keine andere Arbeit! Die gefällt mir, das finde ich gerade so schön in Berlin, daß man hier tun und lassen kann, was man will! Daß keiner nach einem fragt! Warum ist denn das unwürdig, Botenjunge zu sein? Warum ist es würdiger, Zeichnungen zu machen? Ich versteh das nicht, und der richtige Berliner, soweit kenne ich Berlin auch schon, versteht das auch nicht. Wissen Sie, Herr Rittmeister, wie mir ein Mann das erste Trinkgeld in die Hand gedrückt hat, da habe ich gezuckt. Da hat er zu mir gesagt: ‹Bist du zu fein, Geld zu verdienen? Da biste wohl auch zu fein, Brot zu essen?› – Sehen Sie, Herr Rittmeister, das war ein richtiger Berliner – der hat recht! Das ist das einzig Unwürdige: Brot zu essen, das man nicht verdient hat! – Verzeihen Sie, Herr Rittmeister, Sie habe ich natürlich nicht damit gemeint!»

Der Herr von Senden hatte ein wenig von seiner überlegenen Blasiertheit eingebüßt bei diesem jugendlich feurigen Ausbruch. Herr Oberingenieur Hartleben machte mit den Armen runde, beschwichtigende Bewegungen, als scheuche er ein Huhn vor sich her. Dem Jungen kamen beide Herren unsäglich komisch vor in ihrer Bestürzung – er mußte lächeln. Aber das Lächeln verging ihm, als eine fette, schleppende Stimme sagte: «Ach, Schwager, würdest du nicht einen Augenblick raufkommen und ein paar Worte mit dem Oberbaurat reden? Er macht nun doch Schwierigkeiten wegen der Bauerlaubnis. Nanu, wer ist denn das?»

Der Herr Kalubrigkeit mochte vom Bauzeichnen nichts verstehen und von der ganzen Bauerei wenig. Aber Menschenkenntnis hatte er, und ein Gesicht, das er einmal gesehen hatte, vergaß er so leicht nicht wieder. Er hatte einen von Koksstaub geschwärzten Karl Siebrecht gekannt, und nun sah er einen sauber gewaschenen Jüngling mit hohem Stehkragen, aber das konnte ihn nicht einen Augenblick irreführen. «Das ist ja der Kerl aus Pankow!» schrie Herr Kalubrigkeit, und seine Stimme wurde gellend. «Das ist ja der rote Hetzer, den ich vom Bau geschmissen habe! Das ist ja der Lump, der meinen Koks und mein Holz verschenkt, das ist der Kerl, der mir meinen Polier abspenstig machen wollte, der mir tausend Schwierigkeiten mit diesen Trockenmietern gemacht hat! – Was machen Sie denn hier –?!» Jetzt rückte der Kalubrigkeit dem Siebrecht direkt auf den Leib, und wie es sich gehört, wurde er dabei immer intimer. «Was hast du auf meiner Zeichenstube zu suchen?! Willst du etwa meine Maler aufhetzen, du Anarchist, du –?!»

«Einen Augenblick bitte, Schwager», ließ sich Herr von Senden vernehmen, aber seine Stimme klang nur schwach gegen das Gebrüll des Selfmademannes.

«Keinen Augenblick, Schwager! Machst du, daß du von meinem Büro kommst, du Lümmel, du?! Auf der Stelle verschwindest du, oder ich lasse dich wegen Hausfriedensbruchs einstecken! Ich zähle bis drei – und wenn du dann nicht fort bist –! Eins – zwei – drei –!»

Vor sich das unabwendliche Ende, war Karl Siebrecht ganz ruhig geworden. Er hatte nicht die geringste Ursache, sich vor irgendwem zu verkriechen. So hatte er gelassen das «drei» abgewartet, und als ihn nun der Kalubrigkeit ansah, vor Wut fast berstend und doch schon voller Hohn, weil der Junge sich eines Hausfriedensbruches schuldig gemacht hatte, sagte er: «Ich bin hier Bauzeichner bei Ihnen, Herr Kalubrigkeit, fest angestellt. So ganz ohne weiteres können Sie mich nun wohl doch nicht heraussetzen, glaube ich!»

«Bauzeichner!» schrie Herr Kalubrigkeit, nun brüllte er wirklich schon wie ein wilder Ochs. «Welcher Kerl hat die Unverschämtheit gehabt, diesen Lumpen hier einzustellen?! Ich schmeiße den Kerl raus!»

«Welcher Lump», schrie nun auch Karl Siebrecht und trat dicht an Herrn Kalubrigkeit heran, «welcher Lump hat Ihnen das Recht gegeben, mich einen Lumpen zu nennen?!» Er fühlte eine Hand auf seiner Schulter, er sah sich rasch um, es war die Hand des Rittmeisters. Unwillig schüttelte er sie ab, er schrie: «Sagen Sie das noch einmal, und Sie fliegen aus Ihrer Zeichenstube heraus, Herr Kalubrigkeit!»

Angesichts solcher Bedrohung hörte Herr Kalubrigkeit sofort mit Brüllen auf. «Ich will wissen, wer diesen Menschen eingestellt hat.»

«Ich, Herr Kalubrigkeit», sagte der Oberingenieur, aber von irgendwelchem Männermut vor Fürstenthronen war aus seinen Worten nichts zu hören. Im Gegenteil, Herr Hartleben war sehr bleich, seine Stimme schwankte, er hielt das Auge gesenkt und sah weder seinen Brotherrn noch Karl Siebrecht an. Karl Siebrecht sah das wohl, er sah auch – mit einem flüchtigen Blick – die gespannten Gesichter seiner Kollegen, die erschrocken und doch irgendwie erfreut über diese anregende Unterbrechung ihrer Arbeit wirkten. Er sah aber auch den schmissigen Herrn Feistlein, der Schritt für Schritt leise der verhandelnden Gruppe näher zog: wo der Löwe jagt, wittert die Hyäne Beute.

«Warum haben Sie den Mann eingestellt?» fragte Herr Kalubrigkeit.

«Ich . . .» Der Oberingenieur hob nun doch das Auge und sah in der Richtung des Herrn von Senden. Aber von da kam kein Wort. Herr von Senden betrachtete nachdenklich die Asche seiner Zigarette, dann schnippte er sie mit dem langen rosigen Nagel ab.

«Nun –?» drängte Herr Kalubrigkeit.

«Der junge Mann ist ein ganz fähiger Zeichner – für seine Jahre», sagte der Oberingenieur, als gar keine Hilfe kam. «Ich hatte natürlich keine Ahnung, daß Sie ihn schon hatten tadeln müssen, Herr Kalubrigkeit.»

«Ich habe den Bengel vom Bau geschmissen!» schrie in einem neuen Wutanfall der Unternehmer.

«Hätte ich das gewußt, ich hätte natürlich nie –»

«Und das nennen Sie einen fähigen Zeichner, Herr Hartleben?» rief Herr Kalubrigkeit und deutete auf das Reißbrett des Jungen. «Dies Geschmier nennen Sie wohl eine Bauzeichnung?! Ich muß mich doch sehr wundern, Herr Hartleben, darüber sprechen wir noch –»

Und wahrhaftig, was da auf dem Reißbrett von Karl Siebrecht zu sehen war, sah nicht nach einer Bauzeichnung aus. Der Jackenärmel des hochfahrenden Jungen hatte gründliche Arbeit geleistet: es war Geschmier! «Ich verstehe es nicht», stammelte der Oberingenieur. «Er hat sonst nie –»

Auch jetzt nicht die geringste Hilfe von Herrn von Senden. Dafür sagte Herr Feistlein schneidig: «Entschuldigen Sie die Unterbrechung, Herr Kalubrigkeit! Ich möchte feststellen, daß ich mehrfach die schwersten Bedenken gegen den Jungen bei Herrn Hartleben erhoben habe. Freilich ohne Gehör zu finden. Meiner Ansicht nach ist dieser Bengel faul, unfähig, vor allem aber zu Widersetzlichkeiten geneigt.»

«Und das lassen Sie sich gefallen, Herr Oberingenieur?!» rief Karl Siebrecht dem bedrückt Dastehenden zu. «Von diesem fetten Kerl, der raucht und säuft und sich immer, wenn Sie mal fort sind, von der Arbeit drückt?! Da meutern Sie nicht –?! Und Sie sagen kein Wort, wenn der feine Herr von Senden nicht verraten will, daß Sie mich auf seine Empfehlung eingestellt haben, jawohl, nur auf Ihre Empfehlung, Herr Rittmeister!»

«O heilige Einfalt . . .» murmelte der Herr von Senden.

«Hübsche Dinge hört man da, hübsche Dinge», meinte Kalubrigkeit. «Nun, darüber werden wir später reden, wir müssen jetzt hinauf zum Oberbaurat, Schwager. – Herr Hartleben, geben Sie diesem – Jungen seine Papiere und soviel Geld, wie er eben zu kriegen hat. In fünf Minuten ist er aus der Zeichenstube – verstanden?!»

«Jawohl, Herr Kalubrigkeit», sprach der Oberingenieur.

Ein paar Minuten später stand Karl Siebrecht vor dem Oberingenieur. «Ich habe», sagte er eilig, «dir auch ein Zeugnis ausgeschrieben, das ist alles, was ich noch für dich tun konnte.»

«Es tut mir leid, daß Sie soviel Unannehmlichkeiten meinetwegen haben.»

«Ach! Es geht schon in einem hin. Ich werde eben alt, mein Junge, du weißt noch nicht, was das heißt, und Herr Feistlein ist mehr nach dem Sinne unseres Chefs.»

«Der Rittmeister hätte Ihnen beispringen müssen», sagte der Junge. «Ich hätte nie gedacht, daß er so feige ist!»

«Er will sich wohl bei seinem Schwager keine Läuse in den Pelz setzen. Der Kalubrigkeit ist eben der, der das Geld verdient. Und darum hängen wir von ihm ab und haben keinen Mut vor ihm. Das sind eben die Menschen, Karl.»

«Nein, das sind sie eben nicht!» antwortete der Junge. «Sie sind älter und viel klüger als ich, Herr Hartleben, aber das weiß ich nun doch besser. So sind die Menschen nicht, und so können sie auch gar nicht sein. Sonst kämen nur die Lumpen hoch und trampelten die anständigen Leute unter die Füße. Ich, ich werde anders hochkommen, und wenn ich hochgekommen bin, werde ich zu meinen Leuten anders sein.»

«Ich will es dir wünschen», sagte der Oberingenieur trübe. «Also, mach es gut, Karl, du weißt, ich werde dich vermissen. Ich habe immer gerne an deinem Zeichentisch gestanden. Viel Glück, Karl!»

«Ich danke Ihnen auch schön, Herr Oberingenieur. Und ich wünsche Ihnen auch viel Glück!» Der Oberingenieur seufzte bloß. Die Tür des Zeichensaales schlug hinter Karl Siebrecht zu. Die hundert Jahre seines Sichersitzens waren vorüber.

## 19. Kalli Flau tritt auf

Schon auf dem Wege zu Felten hatte Karl Siebrecht den Entschluß gefaßt, Rieke vorläufig nichts von seiner Entlassung zu erzählen. Er würde am Morgen wie sonst losgehen und sich den Tag über nach einer neuen Arbeit umsehen. Vorläufig hatte er den Felten und mit ihm zwanzig Mark in der Woche. Dazu hatte er den ganzen Tag frei, er würde noch einen zweiten Laufburschenposten annehmen, zwanzig und zwanzig macht vierzig, dann stand er schon beinahe wie vor seiner Entlassung aus der Zeichenstube! Er kam fast zwei Stunden früher als sonst zu Felten, und das war nur gut, denn die Pakete und Ballen türmten sich dort schon. «Nun mal ein bißchen fix, Karl!» sagte Herr Felten verdrießlich. «Auf die Dauer geht das wirklich nicht so mit den paar Abendstunden. Die Kundschaft klagt auch, daß du immer erst so spät kommst.»

«Vielleicht», sagte Karl Siebrecht vorsichtig, «vielleicht kann ich jetzt ein paar Tage lang auch vormittags kommen, Herr Felten, wir haben im Augenblick nicht soviel zu tun.»

«Ach nein?» sagte der Felten sehr aufmerksam, und der Junge wußte sofort, daß er einen Fehler gemacht hatte. «Da haben Sie dich wohl rausgesetzt?»

«Keine Spur!» rief Karl Siebrecht. «Was Sie bloß denken, Herr Felten. Ich müßte auch erst den Oberingenieur fragen. Sicher ist noch gar nichts.»

«Soso. Na ja, denn mach mal schnell, Karl. Du mußt heute mindestens viermal fahren.»

«Es würde auch eine Kleinigkeit extra kosten, wenn ich dann vormittags käme», bohrte Karl Siebrecht weiter.

«Was, noch mehr?!» rief Herr Felten. «Kommt gar nicht in Frage, Karl! Zwanzig Mark sind mir schon lange viel zuviel!»

«Meine Arbeit ist bestimmt zwanzig Mark wert!»

«Stimmt! Alles, was wahr ist! Aber rechnen kannst du nicht, Karl! Wenn ich mir nun einen Laufburschen für zwölf Mark nehme —»

«Was der schon tut für zwölf Mark in der Woche! Das ist doch Bruch, Herr Felten!»

«Gewiß wird er weniger tun als du, Karl. Aber der ist dann zehn, elf Stunden hier, und in der Zeit schafft er für seine zwölf Mark eben doch soviel wie du für deine zwanzig in vier Stunden! Da habe ich doch recht, Karl?» Karl schwieg. «Na, ich will nicht so sein, Karl. Ich will dich ja auch nicht auf zwölf Mark runtersetzen, aber von der nächsten Woche an sagen wir fünfzehn, was? Ich kann doch kein Geld an dir verlieren!»

Karl Siebrecht war so verblüfft über diesen unerwarteten Ausgang seiner Forderung auf Lohnaufbesserung, daß er eine ganze Weile schwieg. Dann sagte er ärgerlich: «Tut mir leid, Herr Felten. Für weniger als zwanzig Mark arbeite ich nicht. Dann mache ich Schluß!»

«Du wirst es dir überlegen, Karl», sagte Felten gleichmütig. «Jetzt, wo das Fest vorbei ist und wir den stillen Januar haben, gibt es Laufburschen wie Heu.»

Während Karl Siebrecht mit seinem vollen Dreirad mühselig gegen den feuchten Wind anstrampelte, mußte er immer an die letzten Worte von Felten denken: der Mann hatte ja recht! Es war Januar geworden, es war nicht mehr die überhastete Weihnachtszeit. An vielen Geschäften ging die Ladenklingel nur für die Umtauschenden, faule Geschäfte, stille Zeit. Es war ein verdammt schlechter Zeitpunkt, den sich Karl Siebrecht da zum Arbeitswechsel ausgesucht hatte. Schließlich mußte er in den sauren Apfel beißen und sich mit den fünfzehn Mark einverstanden erklären. Aber nein, das tat er nicht, den Gefallen tat er dem Felten nicht! In der nächsten Woche würde ihn der Mann auf zwölf Mark heruntersetzen und so immer weiter! Felten hatte es eben doch gerochen, daß auf der Zeichenstube Schluß war. Es war eine Dämlichkeit gewesen, den Mann erst auf diesen Gedanken zu bringen – aber darum willigte er doch nicht ein. Zwanzig Mark oder Schluß. Und was dann? fragte eine leicht besorgte Stimme. Ach was! Gerade als Karl Siebrecht dies «Ach was!» dachte, kippte das Dreirad. Von Natur kippen Dreiräder, namentlich wenn sie stark belastet sind, nicht leicht. Aber das Pflaster war durch den nassen Wind von einer leichten Eisschicht überzogen, bei der Fahrt um eine Ecke war das Rad erst gerutscht, dann gegen die Bordschwelle geschlagen, an dieser Bordschwelle kippte es ...

Ach was! hatte Karl Siebrecht gerade gedacht, und laut rief er: «Da haben wir den Salat!» Da lag er schon auf dem Bürgersteig, halb begraben unter seinen Stoffpaketen.

«Da hast du den Salat!» antwortete ihm eine andere lachende Stimme, und jemand machte sich daran, die Pakete von ihm abzuräumen.

Sofort dachte Karl Siebrecht an den Handwagen in der Wiesenstraße und den Dieb Fritz Krull. Mit einem Ruck machte er sich frei, sprang auf die Beine und schrie: «Hände weg von meinen Paketen!»

«Sachte, sachte!» lachte der andere. «Denkst du, ich bin so einer? Von mir aus kannst du dir deine Pakete sauer kochen!» Sie sahen sich lachend an, im Schein der Gaslaterne, und sie gefielen sich beide vom ersten Augenblick an.

Der andere war auch ein Junge, vielleicht zwei, drei Jahre älter als Karl Siebrecht und darum auch breiter, kräftiger, wennschon kleiner. Es war ein dunkler Junge mir einem ziemlich gebräunten Gesicht. Fein war er auch nicht gerade gekleidet. Er hatte braune derbe Schuhe an, eine blaue Hose, einen blauen Sweater, unter dem ein blaues Hemd hervorschaute, und eine blaue Schirmmütze. Eigentlich sah er wie ein Matrose aus. Unwillkürlich fragte Karl Siebrecht: «Du bist wohl nicht von hier? Du bist wohl aus Hamburg?»

«Nein!» lachte der. «Aber ich komme aus Bremen. Ich bin vom Schiff ausgerissen, verstehst du. Zuviel Schacht, und der Smutje gab mir nie was zu fressen.»

«Was ist Schacht?» fragte Karl Siebrecht. «Und was ist ein Smutje?»

«Schacht sind Prügel, und Smutje ist der Koch», sagte der andere schnell. «Wollen wir nun die Pakete im Dreck liegen lassen, oder wollen wir sie wieder aufladen?»

«Aufladen!» Der Junge gefiel ihm immer besser. «Aber wir brauchen sie nicht wieder zu packen. Zehn Häuser weiter lade ich ab – das Stück schiebe ich.»

«Gemacht!» sagte der andere, und schweigend luden die beiden auf.

«Na denn! Ich danke dir auch schön», sagte Karl Siebrecht, als sie damit fertig waren.

«Warte! Das Stück gehe ich noch mit», meinte der andere und half schieben.

«Na denn!» sagte Karl Siebrecht wieder, als sie vor dem Haus angelangt waren.

«Bringst du parterre oder höher?» fragte der Matrose, aber er war wohl nur ein Schiffsjunge.

«Zweiter Stock!»

«Dann also los!» sagte der und belud sich mit einem Stoß Pakete.

«Ich kann dir aber nichts geben –» mußte Karl Siebrecht nun doch sagen.

«Halt doch den Rand! Hab ich dich schon um was gebeten? Ich habe gerade eine Viertelstunde Zeit.»

Und sie buckelten gemeinsam die Pakete in den zweiten Stock.

«Na denn! Danke auch schön!» sagte Karl Siebrecht zum drittenmal, als sie wieder unten auf der Straße waren.

«Welche Gegend fährst du denn?» wurde er nun gefragt.

«Jerusalemer Straße.»

«Genau, wo ich hin muß! Laß mich vorn auf deinem Rad sitzen! Aber kipp mich nicht in den Rinnstein!»

Der andere lachte. Ein vergnügtes, sehr lautes Lachen. Aber diesmal lachte Karl Siebrecht nicht mit, er war mißtrauisch geworden. Bedenken stiegen in ihm auf über diesen anhänglichen Begleiter. «Gemeine Kälte heute!» sagte der, während Karl Siebrecht fleißig trat.

«Ja», wurde ihm nur kurz geantwortet.

«Na, in der Jerusalemer werde ich erst mal einen steifen Grog genehmigen», meinte der Seefahrer. «Da gibt's doch was, wo man einen Grog kriegen kann?»

«Weiß ich nicht. Ich trinke nie Grog», antwortete Karl Siebrecht abweisend, aber doch ein wenig erleichtert. Denn wenn der sich noch Grog spendieren konnte...

«Ich bin nämlich ein großer Grogtrinker!» fuhr der ganz unbekümmert fort. «Was meinst du, was ich Grog vertragen kann?»

«Keine Ahnung!»

«Taxier mal!»

«Ich sage dir doch...»

«Bloß taxieren! Unser Käpten auf der ‹Emma› – das ist so 'n Trawler – wurde schon von vierzehn Grog duhn, ich aber habe es auf einundzwanzig gebracht!»

«Du sohlst ja! Einundzwanzig Grog –»

«Es können auch dreiundzwanzig gewesen sein, nachher kam ich mit dem Zählen durcheinander.»

«Und überhaupt finde ich Saufen einfach ekelhaft! Ich habe genug davon gesehen. – Jetzt sind wir hier – wenn du absteigen willst? Ich muß noch auf den Hof!»

«Also denn!» sagte der Seemann überraschend schnell, nickte noch einmal und schaukelte schon die Straße hinab.

«Auf Wiedersehen und danke schön!» rief ihm Karl Siebrecht in einer Mischung von Reue und Befriedigung nach. Dann schob er das Rad auf den Hof und belud es für die zweite Fahrt. Es gab einen harten Abend, vier Fahrten waren zu machen. Der Wind wurde immer schneidender und kälter; wenn er die Finger nur drei Minuten um die Lenkstange gebogen hatte, war es, als könnte er sie nicht wieder geradestrecken. Und das Rad wurde immer schwerer.

Als er seine vierte Fahrt antrat, sagte Herr Felten: «Ich mache dann Schluß, es ist schon wieder nach zehn. Ich kann deinetwegen nicht immer die halbe Nacht hier sitzen. Wenn du das Rad zurückbringst, schließe gut ab und wirf die Schlüssel in den Briefkasten. Ich habe die Doppelschlüssel eingesteckt.»

«Ist gut, Herr Felten.»

Aber Herr Felten ging noch nicht. «Hast du dir das nun überlegt, Karl?»

«Was–?» fragte Karl Siebrecht, obwohl er es sehr gut wußte.

«Das mit den fünfzehn Mark Wochenlohn.» Herr Felten war ganz milde.

Der Junge aber hatte das Gefühl, für sein Frieren und Schleppen eine Zulage und nicht einen Abzug verdient zu haben. Er sagte abweisend. «Tut mir leid, Herr Felten, für weniger als zwanzig Mark in der Woche tu ich die Arbeit nicht!»

«Dann trennen wir uns also am Sonnabend, Karl», sagte Herr Felten. «Tut mir auch leid, du bist ein tüchtiger Junge, aber Geld verlieren will ich nicht an dir. Gute Nacht, Karl!»

«Gute Nacht, Herr Felten.»

Einen Augenblick stand Karl Siebrecht wie angedonnert. Arbeitslos – Angst wollte ihn überkommen, die gleiche Angst, die dem Herrn von Senden und dem Oberingenieur vor Kalubrigkeit den Mund verschlossen hatte. Aber dann warf er den Kopf trotzig in den Nacken und lachte. Er hatte das Restgehalt von der Zeichenstube in der Tasche. Hier bekam er noch einen Wochenlohn, und Minnas Geld lag unangerührt auf der Sparkasse. Er stand besser da als im November bei seinem Berliner Anfang. Er hatte mehr Geld, und er kannte jetzt Berlin, zwar erst ein bißchen, aber so unerfahren wie im November war er doch nicht mehr.

Als er von dieser letzten Fahrt heimkehrte, froh, jetzt in die Wärme zu Rieke zu kommen, löste sich eine dunkle Gestalt aus dem Torweg. «Du, hör mal –» sagte die.

«Was ist denn noch?» fragte Karl Siebrecht und sah den Seemann mißtrauisch an. Der sah etwas verändert aus. Sein schönes Braun hatte eine graue, kranke Färbung angenommen, und die Stimme zitterte. Also wohl betrunken – ekelhaft!

«Ich wollte dir bloß noch was sagen ...»

«Was denn? Mach schon – mir ist saukalt!»

«Mir auch. Ich habe dich nämlich vorhin angesohlt: ich trinke gar keinen Grog. Ich vertrage keinen, verstehst du?»

«Ja ...» sagte Karl Siebrecht zögernd. Das war alles etwas seltsam. Der Mensch sah auf einmal so erbärmlich aus.

Der machte plötzlich eine große, aber ungeschickte Bewegung. «Das wollte ich dir bloß sagen. Damit du nicht denkst, ich bin ein Lügner.»

«Na, das macht ja nichts. Ist schon gut», meinte Karl Siebrecht etwas verlegen.

«Also denn!» sagte der andere, schwieg, ging aber noch immer nicht. Nach einem Augenblick sagte er: «Was ich dich fragen wollte ...» Er zögerte, dann sagte er rasch: «Wie heißt du eigentlich?»

«Karl Siebrecht.»

Das belebte den anderen. «Kiek mal an!» rief er. «Ich heiße auch Karl. Karl Flau. Aber auf der ‹Emma› – das war so 'n Trawler – haben sie mich immer Kalli genannt. Kalli Flau. Aber flau bin ich nicht, sonst nicht, bloß heute abend.»

«Das macht wohl die Kälte», meinte Karl Siebrecht, bloß um etwas zu sagen.

«Ja», sagte der andere gedankenlos. Und dann wieder: «Also denn –!» Er wandte sich zum Gehen.

In Karl Siebrecht kämpften einen Augenblick Mißtrauen und Hilfsbereitschaft einen kurzen Kampf. «Du hör mal, Kalli!» rief er dann. «Du wolltest mich doch noch was fragen!»

«Ich hab dich doch schon gefragt», sagte der andere halb im Gehen, «wie du heißt.»

«Lüge nicht schon wieder!» rief Karl Siebrecht. «Du wolltest mich was anderes fragen, das habe ich wohl gemerkt.»

Der andere wandte ihm sein Gesicht zu. Sie standen nahe beieinander, halb im Torweg, das Licht einer Gaslampe fiel auf ein vor Kälte bleiches Gesicht.

«Ja», sagte Kalli Flau, «ich wollte dich wirklich was anderes fragen. Es ist bloß so verdammt schwer. Sage mal, Karl –» er sprach immer langsamer und mühsam – «Karl», er flüsterte nur noch, «glaubst du, daß es eine Schande ist, wenn man aus Hunger bettelt?» Er starrte mit weitaufgerissenen Augen aus bleichem Gesicht den anderen an. Sein Mund stand halb offen, seine Lippen zitterten.

«I wo!» sagte Karl Siebrecht plötzlich. «I wo! Eine Schande – sich mit Grog besaufen, das ist eine Schande! Komm her, Kalli, jetzt schieben wir erst das Rad in den Keller, und dann kommst du mit mir aufs Lager. Der Chef ist schon fort, und ich habe die Schlüssel. Mein Abendbrot habe ich auch noch nicht gegessen, ich bin heute einfach nicht dazu gekommen. Ach, stell dich bloß nicht an, ich kriege schon noch was zu essen, wenn ich nach Haus komme!»

Wenige Minuten später saßen dann die beiden in jenem Käfterchen, in dem Karl Siebrecht vor gut zwei Wochen seinen Vorgänger auf dem Samtlager schlafend gefunden hatte. In dem Kanonenofen brannte ein lustiges Feuer, und mit der ausstrahlenden Wärme nahmen die Backen des Seemanns allmählich wieder ihre schöne braune Farbe an. Kräftig kauend berichtete er seine Lebensgeschichte. Aber es war eigentlich nur wenig zu berichten. Sohn eines mecklenburgischen Tischlermeisters und vom Vater für das gleiche Handwerk bestimmt, hatte er sich den Kopf mit Geschichten von Seeabenteuern erhitzt. Er war nach Bremen durchgebrannt und hatte nach langem Suchen auf der «Emma» angeheuert. Der Vater hatte schließlich die Papiere herausgerückt und seine Einwilligung gegeben, allerdings mit der strengen Weisung, der Sohn möge sich nicht eher wieder zu Hause sehen lassen, bis er etwas Rechtes geworden sei. Mit der «Emma» aber war es Essig gewesen. Sie hatten über ein halbes Jahr auf den Sandbänken südlich von Island gefischt, aber so gut wie nichts gefangen. Das Unglück hatte sie mit einer seltenen Hartnäckigkeit verfolgt: wo die «Emma» auftauchte, verschwanden die Fische, entstanden Stürme, riß der Schleppsack. Und an allem war nur diese verdammte Landratte, dieser Schiffsjunge Kalli Flau schuld. Mit dem an Bord würde es nie einen Fang geben. Schließlich ließen alle ihren Zorn an dem Jungen aus, von morgens bis abends und von abends bis morgens regnete es Prügel. «Ich bin von Vater eine ganze Wucht gewöhnt, Karl», erzählte Kalli. «Darauf kannst du dich verlassen, aber was zuviel ist, ist zuviel, sagte der Pastor, da fiel er ins Jaucheloch. So bin ich denn ausgerissen, und heilfroh sind die, daß ich von Bord bin, darauf kannst du dich verlassen! Ich bin ja doch nur deren Jonas gewesen, verstehst du? So nennen sie den, der dem Schiff Unglück bringt. Weißt du, der Jonas gehört eigentlich in einen Walfischbauch und nicht an Bord.»

«Und was willst du nun anfangen, Kalli?»

«Mir hier Arbeit suchen! In Berlin gibt's für alle Arbeit. In Berlin kommt jeder hoch, so sagen sie doch überall, also wird es schon wahr sein. Ich hätte auch schon Arbeit, bloß –»

«Bloß –?»

«Es ist, weil ich nichts im Magen hatte, Karl! Auf der Spree liegen doch jetzt die Äppelkähne, das geht den ganzen Tag: der eine holt sich einen Sack voll, und die Hausfrauen kommen mit ihren Taschen. Da kann man einen guten Tagelohn machen, wenn man auf Draht ist.»

«Und warum hast du keinen guten Tagelohn gemacht, Kalli?»

«Weil ich umgekippt bin! Ich hab Pech gehabt. Gleich der erste, dem ich mich anbot, hat anderthalb Zentner Äpfel gekauft. Ich den Sack auf den Bukkel – anderthalb Zentner sind sonst gar nichts für mich! Aber bedenke, seit Bremen – das sind nun drei Tage – habe ich kaum was in den Magen gekriegt. An der zweiten Straßenecke waren plötzlich meine Beine weg, ich lag da, und aus dem geplatzten Sack rollten die Äpfel über die ganze Straße. Da habe ich gleich wieder Dresche gekriegt, meine erste Berliner Dresche! Von da an war mein Mumm weg. Immer wenn ich mich wem anbieten wollte, dachte ich: der knallt mir wieder anderthalb Zentner auf den Rücken. Aber morgen, mit deinen Butterbroten im Leibe –»

«Was morgen wird, das werden wir noch sehen! Jetzt schläfst du erst mal hier, und morgen, ganz zeitig, bin ich wieder da und lasse dich raus. Ich schließ dich ein, das darfst du mir nicht übelnehmen.»

«I wo! Ich werde schlafen, sage ich dir!»

«Und paß gut auf, mit dem Licht und dem Feuer! Bist du auch wirklich satt? Na schön, morgen früh bringe ich mehr, Kalli, auch eine Kanne Kaffee. Gute Nacht, Kalli!»

«Gute Nacht, Karl! Gott, werde ich schlafen!»

«Ich auch, Kalli! Gute Nacht!»


## 20. Später Besuch und Streit

Karl Siebrecht stürmte in die Buschsche Küche, den Magen voll Hunger und die Zunge voll Plauderbedürfnis. Denn wenn er auch der Rieke nichts von seiner Entlassung aus dem Zeichensaal erzählen wollte, so doch um so mehr von seinem neuen Freunde Kalli Flau – denn daß der ein richtiger Freund fürs Leben werden würde, das fühlte er schon. Die Rieke aber stand auf seinen Gruß nicht von der Maschine auf, sondern rief nur «'n Abend» und ließ das ewige Teufelsding weiterschnurren. Statt ihrer aber erhob sich ein langer Mann vom hölzernen Bretterstuhl am Herde, und der Rittmeister von Senden sagte: «Guten Abend, mein Sohn Karl. Spät kommst du, doch du kommst.»

«Guten Abend», sagte Karl Siebrecht, übersah aber die ihm hingehaltene Hand, hatte die eigenen Hände auf den Rücken gelegt und sah den Rittmeister feindlich an. «Hat Ihnen Ihr Schwager, der Herr Kalubrigkeit, diesen Besuch auch erlaubt, oder sind Sie wieder einmal ohne sein Vorwissen unterwegs?»

«Ohne sein Vorwissen, Karl, ohne sein Vorwissen natürlich!» lachte der Rittmeister ohne alle Übelnehmerei. «Ganz nach meiner verkrochenen und feigen Natur, nicht wahr, Karl?»

«Bei mir witzeln Sie das nicht weg», antwortete der Junge böse, «daß Sie den Herrn Hartleben feige im Stich gelassen haben. Sie *hatten* mich ihm empfohlen. Ich habe auf der Schule nie recht kapiert, was ‹zynisch› bedeutet – bei uns daheim in der Kleinstadt war keiner so. Aber seit ich Sie kenne, Herr von Senden, weiß ich es: zynisch heißt hündisch, und hündisch ist, wer sich auch seiner Schande nicht schämt!»

Einen Augenblick war es still in der Stube, sogar die Maschine hatte zu nähen aufgehört. Dann fing sie wieder an zu rattern, und der Rittmeister sagte sanft: «Du machst es einem Freunde nicht leicht, Karl.»

Wild rief der Junge: «Sie sind nie mein Freund gewesen, und ich will auch nicht, daß Sie je meiner werden!»

«Doch! Doch!» sagte der Herr von Senden unbeirrbar. «Ich bin dein Freund, Karl, daran kannst du nun wirklich nichts ändern. Das hängt ja nun nicht allein von dir ab. Und was nun mein Eintreten für den Oberingenieur Hartleben angeht –»

«Ich will keine Erklärungen! Ich habe es mit meinen eigenen Augen gesehen, wie feige Sie sich benommen haben. O so feige – ich habe mich für Sie geschämt, Herr Rittmeister!»

«Was aber hätte es in jenem Augenblick dem Hartleben genützt, wenn ich für ihn eingesprungen wäre? Mein Schwager hätte ihn doch herausgesetzt, denn mein Schwager war im Zorn. Nun habe ich hinterher ruhig mit ihm gesprochen und habe Erfolg gehabt: Herr Hartleben bleibt.»

«Ja», sagte der Junge bleich vor Zorn, «damit hat Ihr Schwager Sie dafür bezahlt, daß Sie den Oberbaurat bei den Kaviarbrötchen rumgeschwatzt haben! Oh, wie das alles stinkt – selbst wenn ihr etwas Anständiges tut, ist es noch unanständig!»

Er wandte sich ab und ging zum Fenster. Dabei sagte er im Vorbeigehen zu Rieke: «Mach mir ein bißchen zu essen, Rieke. Ich habe schrecklichen Hunger – der geht doch gleich.»

«Mein lieber Junge», sagte der Herr von Senden, «ich glaube, du gehst ein wenig streng mit mir ins Gericht. Wäre ich arm und nicht der Schwager des Herrn Kalubrigkeit, du würdest milder über mich urteilen.»

«Aber Sie sind nicht arm, Sie haben es nicht nötig, Schlechtes zu tun, wie mancher Arme leider muß!»

«Was dir auch dein Gefühl über mich sagt, Karl, dein Verstand muß dir bestätigen, daß meine Methode die erfolgreichere ist. Trotz deiner Tapferkeit und deines Opfermutes lägen die Trockenmieter heute auf der Straße – verzeih, wenn ich dich daran erinnere! –, und Herr Hartleben wäre ohne Stellung!» – Der Junge schwieg finster, er sah in die Nacht hinaus. – «Aber reden wir nicht mehr vom Vergangenen», fuhr der Rittmeister fort, setzte sich wieder auf den Bretterstuhl und schlug die Beine übereinander. Schon hatte er sein goldenes Zigarettenetui in der Hand. Schon brannte die Zigarette. «Reden wir von der Zukunft, von deiner Zukunft, Karl. Du hast deine Stellung verloren – was gedenkst du zu tun? Oder besser: was kann ich für dich tun, Karl?»

«Nichts!»

«Sage das nicht», meinte der Rittmeister. «Ich weiß, du hast Mut und gute Anlagen. Aber du wirst zehn Jahre deines Lebens verlieren, um dich aus dem Gröbsten herauszuarbeiten. Wenn ich dir beistehen darf, wirst du von diesen zehn Jahren sechs oder sieben ersparen. Denke, sieben Jahre mehr Lebensarbeit, die dich freut! Das kann dich doch nicht freuen, den Laufburschen zu spielen, Karl?»

«Doch, das freut mich, Herr Rittmeister!»

«Aber wieso? Jeder Stiesel kann sich auf ein Rad setzen und Pakete an irgendeiner Wohnungstür abgeben!»

«Aber ich lerne die Stadt dabei kennen! Berlin! Und die Leute, die Berliner!»

«Richtig, du willst ja Berlin erobern, und was man erobern will, das muß man kennen!»

«Ich hätte Ihnen das nie erzählen sollen, Sie verhöhnen mich bloß ...»

«Aber ich verhöhne dich nicht! Es ist doch wahr, was ich sage. Und auf meine eigene –» er lächelte, «natürlich verkrochene und zynische Art, glaube ich sogar daran, daß du Berlin erobern wirst – auf deine Weise, nämlich für dich. Wahrscheinlich bin ich heute noch der einzige Mensch, der dir das zutraut.»

«Sind Se nich!» rief Rieke. «Ick ooch!» Nachdem sie Karl seine Stullen zurechtgemacht hatte, war sie nicht wieder an ihre Maschine gegangen. Sie war am Küchentisch stehengeblieben und hatte dem Gespräch zugehört. Nun wandte sie dem Besucher ihr schmales Gesicht zu.

«So?» fragte der Rittmeister. «Sie auch, Fräulein? So sind wir also schon zwei, die an ihn glauben. Und bald werden es fünfzig sein, und später hundert und noch später Tausende. Aber daß das nicht zu spät wird, daß er dann nicht schon seine beste Kraft verausgabt hat, darum möchte ich ihm rascher vorwärtshelfen, das verstehen Sie doch, mein kleines Fräulein?»

«Det vasteh ick schon! Aba...»

«Einen Augenblick! Meinen Sie nicht, er würde das vielfältige Gefüge einer Stadt wie Berlin besser kennenlernen —» der Rittmeister sprach jetzt nur noch zu Rieke —, «wenn ich ihn beispielsweise in einer Großbank unterbrächte? Da würde er sehen, wie das Geld hierhin und dorthin fließt, wie es aus trockenem Sand Städte aufblühen läßt und Industrien entstehen, in denen Zehntausende ihr Brot finden. Er würde es lernen, diesen Geldstrom dorthin zu lenken, wo er am meisten Früchte trägt, zum Segen der Stadt Berlin. Ich könnte ihn gut in einer solchen Bank unterbringen, ich sitze zufällig in einem Aufsichtsrat —»

«Ich will mich nicht wieder auf ein Büro setzen. Ich tauge nicht dafür!»

«Nun gut, er sagt, er taugt nicht fürs Stillsitzen. Auch gut. Aber, Fräulein, sein Oberingenieur auf der Zeichenstube hat mir gesagt, daß er eine wirklich gute zeichnerische Begabung hat. Wenn er sich ein paar Jahre auf die Hosen setzte, würde ich ihn nach Charlottenburg auf die Technische Hochschule schikken. Er könnte Baumeister, Architekt werden, genau der andere Schlag als die Herren Kalubrigkeit. Und er könnte Häuser bauen, ganze Städte, wirkliche Wohnungen für die Arbeiter, mit Licht und Sonne —» er sah in der Küche um — «statt solcher Höhlen! Wäre denn das nicht eine bessere Aufgabe für ihn? Und er will aus lauter Eigensinn bloß Pakete ausfahren, ist denn das richtig, Fräulein?»

«Mensch! Karl! Der Mann is nich dumm. Überleg dir det. Wenn er dir nur sagt, wat er for seine Hilfe will, denn for nischt is nischt, und ick jloobe nich daran, det Se so wat aus lauter Edelmut für Karlen tun.»

«Ihnen das zu erklären, wird wohl am schwersten sein, Fräulein», sagte der Rittmeister lächelnd. «Denn nach Ihren Begriffen will ich wirklich nichts für meine Hilfe. Kein Geld, nicht einmal seine Gesellschaft. Meinetwegen kann er auch hier bei Ihnen weiterleben, Fräulein —»

«Sie sollen nicht mit der Rieke reden, Sie sollen mit mir sprechen!» schrie der Junge plötzlich los. «Das möchten Sie, jetzt auch noch meine Freundin gegen mich aufhetzen! Das will er nämlich, Rieke! Was will so ein Mann mit Geld? Er hat so viel Geld, er würde sich nicht nach einem Hundertmarkschein bücken. Aber er will mich, er will in mich hineinkriechen, er will sein Spielzeug aus mir machen. Er möchte mich hin und her schieben wie eine Schachfigur. Er langweilt sich zu Tode, da will er doch was zum Spielen haben, und dafür bin ich ihm gerade gut genug! Und nun will er dich mir auch noch wegnehmen! Merkst du denn nicht, Rieke, er ist genau wie der Versucher, der Jesus auf einen hohen Berg führte, und zeigte ihm alle Schätze der Welt und sagte: Dies alles will ich dir geben, wenn du mir deine Seele gibst. Er hat keine, darum will er meine. Aber ich habe es Ihnen schon einmal gesagt, Herr Rittmeister: nie! Und Sie können noch hundertmal kommen, und immer werde ich sagen: nie!» Karl Siebrecht hatte sich wieder in eine wilde Erregung hineingeredet, nun stand er da und sah den Rittmeister bleich und entschlossen an.

«Schade!» sagte der und nahm aus seinem Etui eine neue Zigarette. «Du hast dich um ein paar gute Arbeitsjahre geredet. Aber wir sehen uns wieder,

Karl. Das ist unvermeidlich, ob wir uns suchen oder nicht. Gute Nacht, Karl. Gute Nacht, mein kleines Fräulein, seien Sie ihm nicht gar zu böse.» Er brannte die Zigarette an und ging aus der Küche.

«Schade!» sagte Rieke, kaum daß die Tür geklappt hatte. «Det haste dumm jemacht, Karl!»

«Ich will keine Hilfe von diesem Mann!»

«Er is 'n Fatzke mit seine feinen Socken», meinte Rieke beistimmend. «Aber der Mann hat et ehrlich mit dir jemeint, Karl.»

«Ich mag ihn nicht, und so soll er mir auch nicht helfen.»

«Wieso denn nich? Sei bloß nich doof, Karl! Wat de da jesagt hast, von Vasucha und alle Schätze dieser Welt, det klingt ja ganz schön, aba wat soll det? Du bist ohne Stellung, und der Mann hätte dir 'ne Stellung besorgt. Wenn du nich uff 'n Büro sitzen magst, hättste dir underdes 'ne andere besorgt, det nenne ick praktisch. Erst hättste mal durch den zu leben jehabt. Von die zwanzig Mark bei Felten kannste ooch nich fett werden.»

«Die Stellung bin ich auch am Sonnabend los!»

«Nu schlägt's aber dreizehn! Und du schickst den Mann aus de Stube! Karle, diesmal vasteh ick dir wirklich nich! Von wat willste denn nu leben?»

«Ich werde schon wieder was finden!»

«Ja, jetzt im Winta! Läufste drei Wochen rum, und denn haste wat mit fuffzehn Mark de Woche! Und den Mann schickste weg, als wärste der Jraf Koks selbst! Dir vasteh ick nich mehr, Karl! Een bißcken Unvanunft steht ja jut zu Jesichte, aba det is mir zu ville!»

«Aber sieh doch ein, Rieke, wenn ich mir von dem Mann helfen lasse, dann muß ich auch so leben und das werden, was er sich denkt.»

«Wieso mußte –?»

«Ich will aber das werden, was ich will!»

«Und det kannste nich, wenn er dir 'ne Stellung besorgt? Det vasteh ick nich. Wo is denn da der Schiedunter, Karl, ob de nun rumloofst nach 'ne Stellung oder hast jleich eene? Deswejen kannste doch werden, wat de willst!»

«Nein, du verstehst mich wirklich nicht, Rieke, zum erstenmal nicht. Und daran ist nur der Kerl schuld, der hat dir den Kopf verdreht.»

«Mir hat keener den Kopf verdreht, Karle, dafor bin ick zu helle. Du hast Mist jemacht, Karl, det redste mir nich aus.» Sie seufzte tief. «Det Jahr fängt jut an, det muß ick saren. Du ohne Arbeet, Vata säuft, und der Hagedorn war heute nachmittag ooch wieder da.»

«Der Hagedorn? Was wollte der denn? Der hat doch seine Rate pünktlich gekriegt.»

«Ja, wat wollte der wohl? Dußlig reden! Mutter wollte er sehen! In welchem Krankenhaus se liegt, wollte er wissen. Du, Karl, dem trau ick nich mehr, der führt wat im Schilde...»

«Das habe ich gleich gesagt, daß dem nicht zu trauen ist!»

«Ja, det haste jleich jesagt, aber unterschrieben haste darum doch! Ick jloobe, Karl, der will uns wegen die Unterschriften an den Karren fahren!» Wirkliche Angst klang aus Riekes Stimme.

«Also nehmen wir doch das Geld von meinem Sparbuch», sagte Karl Siebrecht, «und zahlen den Kerl aus, dann haben wir unseren Frieden. Trotzdem –» er überlegte einen Augenblick, dann sagte er: «Eigentlich hatte ich einen anderen Plan, Rieke.»

«Wat haste denn for 'nen anderen Plan, Karl?»

«Also, paß mal auf, Rieke. Ich habe da 'nen Jungen getroffen.» Bei der Erinnerung an Kalli Flau belebte sich Karl Siebrecht. «Achtzehn Jahr ist der. Er war Schiffsjunge, aber nun ist er in Berlin und sucht nach Arbeit. Ein feiner Kerl, der wird dir auch gefallen.» Riekes Miene wurde immer abweisender, je lebendiger Karl Siebrecht wurde. «Der hat mir nun erzählt, daß auf der Spree jetzt Obstkähne liegen und daß da immerzu jemand gebraucht wird, der den Leuten die Äpfel nach Haus schafft. Da kann man einen Haufen Geld verdienen. Bloß mit dem Auf-dem-Buckel-Schleppen, das schafft nichts. Da habe ich nun gedacht, wenn ich mir von dem Sparbuch ein Dreirad kaufe, oder besser noch zwei, für den Kalli Flau auch eines –»

«Wieso denn ooch for den?»

«Der hat jetzt gar kein Geld, wo er doch gerade vom Schiff ausgerissen ist. Ich habe ihn erst mal in der Kammer bei Felten schlafen lassen, und mein Abendbrot habe ich ihm auch gegeben. Der war ja so verhungert, Rieke –»

Aber Rieke war nicht mehr zu halten. «Det is ja jroßartig, Karl!» schrie sie los. Sie hatte die Arme in die Seiten gestemmt und keifte, gerade als sei Karl nicht ihr Freund. «Da haste dir ja wat Feinet anjehandelt, det muß ick sagen, Karl! Vata arbeitslos, du arbeitslos, fast nischt zu Fressen mehr in't Haus, und denn sammelste dir noch so 'n Straßenläufer auf, jibst ihm deine feinen Stullen und läßt ihn bei Felten schlafen! Wenn der nu morjen mit 'nem Puckel voll Stoffe losjelaufen is, wat dann, Karl?»

«So ist Kalli Flau nicht! Und außerdem habe ich ihn eingeschlossen!»

«Injeschlossen! Karle, wenn ick so 'n Stuß bloß höre! Wo det Lager parterre liegt, der broocht doch nur 'n Fenster uffmachen! Nee, Karl, heute biste vernagelt wie 'ne olle Eiakiste!»

«Du hast den Kalli ja noch gar nicht gesehen –»

«Ick will ihn ooch jar nich sehn! Hau bloß ab mit solche Freunde! Det sich so eener nich schämt, jleich den ersten Abend mit's Betteln anzufangen!»

«Es ist ihm sauer genug geworden, Rieke!»

«Wat heeßt hier sauer? Denke doch bloß an den Fritze Krull und an seine Sandkiste im Tierjarten! Dem haste ooch jleich jeglaubt, und denn hattste deinen Knuff im Bauch weg! Der wird dir noch ganz anders eenen vasetzen, dein neuer Freund da!»

«Das wollen wir abwarten, Rieke.»

«Abwarten, ja, aber von wat? Erst beköstigen wa ihn, und denn koofen wa ihm ooch noch 'n Rad! Uff Abzahlung natürlich – als wenn ick mit den Hagedorn nicht schon Sorjen jenug hätte!»

«Aber, Rieke, mit den Äpfeln kann man wirklich viel Geld verdienen, das leuchtet mir ein.»

«Wenn dir det bloß einleuchtet, dir und deinem Freund! Ihr seid ja beide doof! Mensch, wa sind doch im Januar, alle Tage kann det Pickelsteine frieren, und wat wird dann mit deine Äppel? Weg sind se! Äppel sind doch keene Eisfrucht nich! Den Tag, wo zehn Jrad Frost im Kalenda stehen, is det Jeschäft alle, und ihr sitzt da mit eure Räder und eure Abzahlung.»

«Dann findet sich eben etwas anderes!» sagte Karl Siebrecht, aber etwas schwächer, denn Riekes sehr richtiger Hinweis auf einen drohenden stärkeren Frost hatte ihn doch getroffen.

«Ja, find sich!» höhnte Rieke jetzt ganz offen. «Aba den Mann, der det jut mit dir meint, der dir 'ne Stellung bringt, den schmeißte aus der Küche! Jetzt weeß ick doch, warum du dem seine Stellung nich wolltest: mit deinem neuen Freund willste zusammen sein! Aba daraus wird nischt! Ick jebe det Sparbuch nich raus, und wenn de mir in Stücke haust, Karl!»

«Ich werde dich schon nicht in Stücke hauen, Rieke», sagte Karl Siebrecht trübe lächelnd. «Aber mit dir ist heute nicht zu reden.»

«Mit dir ist heute nicht zu reden, Karl, det is et! Janz unvanünftig biste!»

«Also gut, Rieke, ich bin unvernünftig. So laß mir meine Unvernunft...»

«So redet ihr Männer alle, wenn ihr jar nischt mehr zu sagen wißt! Aba ick habe doch recht, und det Sparbuch kriegste nich!»

«Wir reden morgen weiter darüber. Gute Nacht, Rieke.»

«Wa reden nich mehr darüber, det is erledigt! – Iß erst deine Stullen, Karl, eh de ins Bett jehst!»

«Danke, ich habe keinen Hunger mehr. – Gute Nacht, Rieke.» Sie schwieg. «Ich habe gute Nacht gesagt, Rieke!» Schweigen. «Wir wollen doch nicht verzankt ins Bett gehen, Rieke! Es wäre das erste Mal!»

«Eenmal muß det erste Mal sind, sagte det junge Mächen, da fiel se! Nee, Karl, jute Nacht sare ick dir heute nich, det wäre bloß äußerlich. Ich bin Schuß mit dir!»

«Also denn nicht gute Nacht», sagte Karl Siebrecht unter der Tür. «Aber es tut mir leid.» Er stieg die Treppe hinunter.

Oben riß Rieke die Tür wieder auf. Ohne Rücksicht auf die Nachtruhe der Mitbewohner schrie sie ihm durch das Treppenhaus nach: «Denkste, mir tut det nich leid, du olla Dussel?! Denkste, ick werde 'ne jute Nacht haben, bloß, weil du se mir wünschen tust? Det denkste?! Sei lieba vanünftig, du olla Boomaffe du!» Oben knallte die Tür. Nun doch ein wenig erleichtert, trat Karl auf den Hinterhof.

## 21. Schlag um Schlag

«Das ist der Kalli Flau», sagte Karl Siebrecht. «Und das ist also die Rieke Busch. – Guten Morgen übrigens, Rieke.»

«Morjen, Karle! Morgen, Kalli! Oder muß ick Herr Flau sagen? Mir is det ooch recht.»

«Zu was denn, Rieke?» lachte Kalli und schüttelte Rieke die Hand. «Wir sind doch beide Freunde vom Karl Siebrecht, da werden wir uns doch nicht siezen.»

«Ja, ick bin ein Freund von Karle», sagte Rieke mit Betonung. «Na, denn will ick euch man Frühstück jeben, es is allens fertig. Ick habe mir schon jewundert, det du jar nich bei mir reingeschaut hast heute uff 'n Morjen. Aba du hattest wohl keine Zeit for mir.» Sie setzte die Kaffeebecher mit einem Puff auf den Küchentisch, mit einem Schwung folgte der Stullenteller. Karl Siebrecht schaute seine Freundin besorgt von der Seite an, er fand, sie sah blaß und verweint aus. Sie zürnte ihm immer noch.

«Ich wollte auch zu dir, Rieke», sagte er. «Aber ich habe verschlafen und mußte machen, daß ich den Kalli rausließ. Ich bin gerade vor Herrn Felten hingekommen.»

«Na, und hat der nischt jemerkt, der Felten?»

«Gar nichts, Rieke!»

«Im Gegenteil, Rieke», lachte Kalli Flau. «Er hat mich sogar als Boten angestellt – für fünfzehn Mark die Woche!» Diese Mitteilung war nicht zum richtigen Zeitpunkt gemacht...

«So?» sagte Rieke, und ihre Stimme wurde wieder einmal ganz schrill. «So?! Dem haste den Posten verschafft, Karl, und was machst du?! Du kuckst in' Mond, und wir mit! Det is mit euch Männern doch ewig dasselbe: wenn ihr dußlig seid, dann seid ihr ooch egal dußlig, da jibt et jar kein Uffhören. Die schönen fuffzehn Mark, die hättest du ooch jut gebrauchen können, aber nee, dein neuer Freund muß se kriegen.»

«Ich hatte dem Felten schon gesagt», verteidigte sich Karl Siebrecht, «daß ich nicht für fünfzehn Mark arbeiten würde, lange, ehe ich Kalli Flau kannte.»

«Kalli!» höhnte sie. «Kalli! Wat det schon for een Name is! Wenn ick det bloß höre! Kalli! Det wird ja nun woll in eene Tour jehen, Kalli vorne und Kalli hinten! Ick bin ja froh, det ick den nich ooch Karl nennen muß wie dir. Aba Kalli – det is 'n Name for 'n Hanswurst, nicht for 'n Menschen!»

«Und ich bin auch ein Hanswurst, Rieke», lachte Kalli Flau, der ungerührt dem Streit der beiden zugehört hatte. Er hatte dabei fleißig Brote vertilgt, während Karl Siebrecht fast nichts gegessen hatte. «Warte nur, du wirst dich schon an mich gewöhnen, Rieke, und dann lachst du auch über mich. Und du sollst von mir dein richtiges, reelles Kostgeld kriegen, wenn du mich hier sitzen haben willst, heißt das, Rieke.»

«Und ich werde bestimmt etwas finden –» fügte Karl Siebrecht hinzu. «Ganz schnell werde ich etwas finden.»

«Wat du schon finden wirst!» sagte Rieke wegwerfend, war aber durch Kallis Ansprache doch etwas besänftigt. «Kuck dir lieber an, wat ick heute früh jefunden habe.» Sie zog die Tür zur Stube auf. «So haben se 'n mir jebracht, heißt det. Schon heute früh um vieren. Auf 'm Hof hat er jelegen, toll und voll, der Olle –» Der alte Busch lag auf dem Bett, noch halb in seinen Kleidern. Er sah wirklich ganz greulich aus, zerschlagen und gedunsen, wie ein Leichnam, der aus dem Wasser gezogen ist. «Und denn hat er hier noch anjejeben, jetobt hat der Mann, ick sare dir, Karl! Ick habe Tilda'n bei die Reinsberg bringen müssen, imma hat der Mann uff det Kind losjewollt! – He, Sie junger Mann!» plötzlich sprach Rieke wieder mit ihrer hellen scharfen Stimme, während sie bis dahin leise und verzweifelt geflüstert hatte. «Det is hier keen Anblick for Sie! Vorläufig jehören Se noch nich zu meine Familie! Machen Se, det Se hier rauskommen.» Und sie schloß die Stubentür mit einem scharfen Ruck vor Kalli Flau. Gleich fuhr sie, ohne allen Übergang, mit ihrer leisen verzweifelten Stimme fort: «Wat mach ick mit dem Mann bloß, Karle? Die Nachbarn saren ja, et is Dilirjum, und ick muß uff de Polizei melden, det der Mann wegkommt in de Trinkerheilstätte.»

«Das wäre vielleicht ganz gut!»

«So? Det sagst du? Du hast doch nich 'n Troppen Vastehste in deinem

Kopp, Karle! Und wat mach ick, wenn Vata weg ist? Jloobste, die lassen mir Tilda'n? Jloobste, die lassen mir die Wohnung? Die stecken mir und Tilda'n in't Waisenhaus! Und denn ist allens futsch, wat ick mir hier zusammenjerakkert habe. Det hier alles, det wird vakooft, und denn bin ick een Armenkind! Ha ick det nötig, een Armenkind zu werden?! Wo ick so jeschuftet habe – jeder Jroße hätte den Kram lange hinjeschmissen!»

«Rieke, wir finden bestimmt einen Ausweg. Du sollst nicht in ein Waisenhaus kommen, ich verspreche dir das! Wir müssen eben besser auf Vater aufpassen. Jetzt habe ich mehr Zeit, wir müssen rauskriegen, wer ihm zu trinken gibt.»

«Ja, sare bloß, Karle, wer jibt dem Mann zu trinken? Der Mann is doch keene Jesellschaft nich, det se ihn zu ihrer Unterhaltung mit Schnaps uffüllen! Und alle Tage toll und voll! Ach, Karl», weinte sie, «verlaß mir bloß nich! Wenn ick dir nich mehr habe, denn hau ick den Kram ooch hin! Denn dreh ick den Jas uff . . .»

Sie hatte die Arme um seinen Hals geworfen und weinte fassungslos an seiner Brust. Es war ein sehr ungewohntes Gefühl für Karl Siebrecht. Hastig strich er über ihren Scheitel. Es war doch ein schönes Gefühl! Daß er einem Menschen so viel bedeutete, das hatte er noch nicht gekannt in seinem Leben. «Weine doch nicht so, Rieke», tröstete er. «Ich gehe doch nicht weg von dir! Warum wohl? Das sieht nur alles jetzt so dunkel aus, es wird auch wieder hell.»

«Nie, Karle, nie!» schluchzte sie. «Wir sind hin, Karle, det fühl ick!»

«Aber nein, Rieke! Denke daran, wie kurze Zeit ist es erst her, daß du dich über deine Maschine gefreut hast! Nun ist es dunkler, aber bald wird es wieder hell.»

«Schick den anderen weg, Karle!» bat sie unter Tränen. «Schick ihn bloß weg! Wat soll'n wa denn mit dem?! Det ist doch jenug, wir beede, Karl!»

«Aber, Rieke, warum soll er denn nicht bei uns sein? Das ist doch ein guter Junge, verlaß dich darauf. Warum soll ich denn nicht auch einen Freund haben, der nimmt dir doch nichts weg.»

«Doch, der will dir nur ausnützen – det kenn ick. Du bist so jutmütig, Karle, alle wollen se dir bloß ausnützen. Ick ooch – ick am allerersten –»

Sie weinte immer weiter an seinem Halse, aber schon leiser. «Schick ihn doch weg, Karl!» bat sie noch einmal. «Tu mir den einzigsten Jefallen!»

Ehe Karl Siebrecht diesen neuen Angriff abwehren konnte, klopfte es kräftig an die Tür, und Kallis Stimme rief: «Da ist ein Herr, der Rieke Busch sprechen möchte!»

Mit einem Ruck machte sie sich von seinem Halse los. Mit weit aufgerissenen Augen, geisterbleich, sah sie den Freund an. «Jetzt kommt es, Karl!» flüsterte sie. «Jetzt kommt det Unglück, ich spür et!» Sie bückte sich zu der Waschschüssel und spülte sich das Gesicht ab. «Na, denn man los, Karl! Du hast mir wackeln jesehen, aber det sollen die nich! Immer Forsche in die Brust, wenn't ooch schwerfällt! Denn komm, Karl, wollen mal hören, wat der Hagedorn will.» Sie hatte es ganz richtig erraten: in der Küche stand Herr Hagedorn, und neben ihm ein junger Mann . . . «Morjen, Herr Hagedorn», sagte Rieke. «Det is aber noch nich die Zeit for die nächste Rate. Die is erst Donnerstag!»

«Die Rate geht mich nichts mehr an», sagte Herr Hagedorn. «Ich will die Maschine holen!»

«Auf wat hin denn?» fragte Rieke noch ganz sanft. «Wat ha ick denn vabrochen, det Se mir die Maschine wegholen wollen?»

«Ich habe die Maschine an eine Frau Busch verkauft...»

«Mutta ist in't Krankenhaus. Wenn Se wat mit Mutta'n besprechen wollen, müssen Se warten, bis se wieder hier is, Herr Hagedorn.»

«Deine Mutter ist seit Jahren tot, ich habe mich erkundigt», sagte Herr Hagedorn, und es war nun nichts mehr mit «Sie» und «Frollein». «So was ist Betrug.»

«Se haben Ihr Jeld jekriegt, jenau, wie wenn't von Mutta'n käme – stimmt det oder stimmt det nich, Herr Hagedorn?»

«Ich schließe keine Verträge mit Kindern, das ist gesetzlich verboten. Sie haben mich auch betrogen, junger Mann, Sie sind gar nicht der Bruder von dem Mädchen! Das ist eine Urkundenfälschung, das wissen Sie sehr gut. Seien Sie froh, wenn ich Sie nicht ins Zuchthaus bringe. Ich hole meine Maschine wieder.»

«Se haben Ihr Jeld bekommen, Herr Hagedorn», sagte Rieke noch einmal, aber nur schwach.

«Der Vertrag ist ungültig. Ich nehme mir die Maschine wieder.»

«Halt!» rief Karl Siebrecht. «Sie haben immer gewußt, daß es gar keine Frau Busch gab! Das ist jetzt bloß ein Kniff von Ihnen!»

«So eine Frechheit! Ich soll gewußt haben, daß die Frau Busch nicht lebt –? Seh ich aus wie ein Mann, der sein Geld aus dem Fenster wirft? Mache ich Geschäfte mit Kindern? Ich verlange meine Maschine! – Fritz, faß mal die Maschine mit an!»

«Ihr faßt die Maschine nicht an, oder –» rief Karl Siebrecht und stellte sich drohend neben sie. Vor ihr stand schon bleich, aber entschlossen Rieke Busch. Voller Bedeutung streifte Kalli Flau die Ärmel seines Sweaters hoch.

«Ach, ihr wollt nicht?» fragte Herr Hagedorn. «Prügeln werde ich mich nicht mit euch! Fritz, hol den Herrn Wachtmeister vom nächsten Revier. Der kann dich dann gleich mitnehmen, Junge, wegen Urkundenfälschung! Und deine Freundin auch!»

«Sie werden es sich überlegen, Herr Hagedorn», sagte Karl Siebrecht kalt.

Sein Gehirn arbeitete fieberhaft. Es mußte ein Mittel geben, diesen Mann vom Äußersten zurückzuhalten.

«Sie würden auch reinfallen. Man wird uns glauben, wer weiß, wie bekannt Sie schon vor Gericht sind, wie oft Sie schon solche Geschichten gehabt haben. Und wir werden beweisen, daß die Rieke vor Ihren Augen unterschrieben hat. Wir werden die Tinte von der Unterschrift untersuchen lassen.» Er sah den Mann an.

«Ach, die Tinte! Was du dir ausdenkst!» Aber er schien nicht mehr so sicher.

«Fragt sich, wem der Richter mehr glaubt. Seien Sie vernünftig, Herr Hagedorn, nehmen Sie das Restgeld.»

«Ich verliere bei dem Geschäft! All die Zeit, die ich versäumt habe, und jetzt wieder das Abholen, das kostet doch alles mein Geld!»

«Wie hoch ist der Rest? Hundertdreißig Mark, nicht wahr, Rieke?» – Rieke nickte. – «Ich will Ihnen was sagen, Herr Hagedorn: ich gebe Ihnen mein Sparbuch – das lautet auf zweihundert Mark, und Sie geben mir dafür den Vertrag zurück und bestätigen schriftlich, daß die Maschine uns gehört.»

Rieke rief: «Karle, det tuste nich! Hundertdreißig Mark, mehr nich!»

«Wir haben eine Dummheit gemacht, Rieke, dafür müssen wir jetzt bezahlen! Es ist Lehrgeld, du kannst sicher sein, ich bezahle es nur einmal – still jetzt, Rieke! – Wie ist es, Herr Hagedorn: ja oder nein?»

«Also her mit den zweihundert. Der Mensch macht mich kaputt!» Und Herr Hagedorn sank auf den Küchenstuhl und trocknete sich sein Gesicht ab.

«Das Sparbuch, Rieke!»

«Karle!» sagte sie flehend. «Es ist doch dein Jeld! Wie kommst du dazu?! For meine Maschine, for mir!»

«Das Sparbuch –» wiederholte er nur.

«Ich würde das Aas verdreschen und die Treppe runterschmeißen!» sagte Kalli Flau und betrachtete seine Arme. «So ein feiger Hund, wenn der erst fühlt, es gibt Senge, der reißt aus.»

«Laß man, Kalli!» sagte Karl Siebrecht. «Dies mach ich, wie ich will.»

Rieke war vor dem Küchenschrank hingekniet und hatte einen Stoß Wäsche herausgenommen. Sie griff in den Schrank, tastete, aber ihre Hand kam leer zurück. Sie stutzte, dann fing sie an, die Wäsche auseinanderzulegen, Laken um Laken, Handtuch um Handtuch. Alle sahen ihr schweigend zu. Zwischen dem Stoß Wäsche lag nichts. Rieke nahm sehr schnell den Stoß Wäsche daneben heraus, es waren Arbeitshemden des alten Busch, Unterhosen. Sie griff in den Schrank, die Hand kam wiederum leer zurück. Immer schneller legte sie Hemden und Hosen auseinander. Alle schwiegen, alle sahen ihr zu. Und wieder lag nichts zwischen der Wäsche. Nun war nur noch ein kleines Häufchen im Schrank: Riekes und Tildas Wäsche. Sie nahm sie eilends heraus. Ihre Hände zitterten so, daß sie die Stücke nicht mehr ordentlich auseinanderlegen konnte, sie wühlte in ihnen.

Der junge Mensch sagte: «Paß auf, Vater, die haben gar kein Sparbuch. Alles fauler Zauber.» Herr Hagedorn auf seinem Küchenstuhl seufzte schwer.

Rieke stand jetzt vor dem Schrank, sehr bleich, die Hände gegen die Brust gepreßt. Ihre Kinderstirn lag in Falten. «Rieke –» sagte Karl Siebrecht sanft.

«Ach –» sagte Rieke. Sie drehte sich rasch um und ging aus der Küche in die Stube. Die Tür klappte scharf, dann hörten sie drüben Rumoren und Poltern. Dann Stille. Dann einen hellen, klagenden Schrei.

«Hierbleiben!» sagte Karl Siebrecht und ging rasch in die Stube, deren Tür er hinter sich zuzog.

Rieke stand am Fenster. Ihr Gesicht sah erbärmlich aus, in ihren hellen Augen war ein fassungsloser, angstvoller Ausdruck, als sei sie ein Hund, der sich vor Schlägen fürchtet. Sie hielt das Sparbuch aufgeschlagen in den Händen. «Karle», flüsterte sie. «Ach, mein lieber Karle...»

Er warf einen Blick in das Buch. Was er in der letzten Minute geahnt und gefürchtet hatte, war Wahrheit geworden: nur Auszahlungen standen auf der Seite. Unwillkürlich warf er einen Blick auf die Schlußsumme. «43 Mark» stand da. Gott sei Dank, dachte er. Es ist nicht alles fort.

Sie hatte angstvoll in seinem Gesicht zu lesen versucht. «Karle!» flüsterte sie. «Wat mach ick nur? Vata hat dein janzet Jeld vasoffen! Und ick hab jesagt, bei mir is dein Jeld sicher! Schlag mir, Karle, ick bin der Dussel jewesen, und dir habe ick jeschumpfen – schlag mir tüchtig in't Jesichte!»

«Tochter», sagte der alte Busch. «Tochter . . .»

Karl Siebrecht sah erst jetzt, daß der Maurer aus seinem Rausch erwacht war. Er lag da, das Kinn in seine Hand gestützt, ein weinerliches Grinsen auf dem Gesicht. «Det macht nischt! Det mach ick jrade! Dafor komm ick dir uff, Tochta! Morjen jeh ick uff 'n Bau, ick jeh gleich jetzt, wenn de willst!»

«Vata! Vata!» rief Rieke. «Wat haste bloß anjerichtet?! Du hast mir unjlücklich jemacht, du hast mir in Schande jestürzt . . .»

«Stille, Rieke!» sagte der Junge hastig. «Jetzt nicht.» Er nahm ihr das Buch aus der Hand und steckte es in seine Tasche. «Bleib hier, halte ihn ruhig. Das da draußen bringe ich in Ordnung.» Und er ging rasch in die Küche. «Herr Hagedorn», sagte er. «Es tut mir leid, ich kann Ihnen Ihr Geld im Moment nicht geben. Der alte Busch ist krank geworden, und der hat das Sparbuch in Verwahrung! Aber Sie kriegen Ihr Geld heute abend noch vor Ladenschluß, das verspreche ich Ihnen.»

«Dann nehme ich die Maschine mit!» rief der Händler. «Und den Kaufvertrag behalte ich auch!»

«Lassen Sie die Maschine hier, Herr Hagedorn! Das Mädchen braucht sie doch zum Nähen. Ich gebe Ihnen mein Ehrenwort, Sie bekommen heute abend zweihundert Mark. Das ist doch ein Geschäft für Sie!»

«Was heißt hier Geschäft!» schrie Hagedorn. «Zweihundertfünfzig muß ich haben!»

«Gut», sagte der Junge verzweifelt. «Ich verspreche Ihnen zweihundertfünfzig Mark! Gehen Sie schnell und lassen Sie die Maschine hier –!»

«Zweihundertfünfzig und die Maschine!» schrie der Händler. «Sag schnell ja, oder Fritz holt die Polizei!»

«Herr Hagedorn . . .» fing Karl Siebrecht an.

Da ging die Stubentür auf, und der alte Busch kam in die Küche. Er sah schrecklich aus, mit seinem zerstörten, gedunsenen Gesicht, vornübergebeugt, die Arme baumelnd, mit nackten Füßen, nur in Hose und offenem Hemd, das die rotzottige Brust sehen ließ.

«Ich will meine Maschine!» schrie Herr Hagedorn noch.

«Nehmen Sie sich in acht! Er hat das Delirium», flüsterte der Junge hastig. So voll die kleine Küche war, der alte Busch sah niemanden. Er schlich mit patschenden Füßen, er lauschte, mit schrägem Kopf, die Augen zur Decke . . . «Rieke –?» flüsterte er. «Bist du det, Rieke?»

Herr Hagedorn hatte schon genug. «Lauf, Fritz, lauf!» schrie er und stürzte aus der Tür, den eigenen Sohn beiseite stoßend. Der stürzte ihm nach.

«Rieke?» flüsterte der Maurer. «Rieke? Wo biste denn? Haste dir vasteckt?»

«Ick bin ja da», sagte Rieke. «Hier bin ick ja. Siehste mir denn nich, Walter? Komm, setze dir. Dachtste, ick wär weg? Ick bin imma da! Deine Rieke valäßt dir doch nich, Walter. Du bist doch mein Bester –!» Und sie warf einen flehenden Blick zu Karl Siebrecht hinüber.

Der alte Busch schlief wieder. Tilda war noch bei der Nachbarin. Es ging auf Mittag, aber keines hatte Hunger. Die Küche war kalt, aber keines dachte daran, das ausgegangene Feuer wieder anzuzünden. Sie saßen alle drei um den Tisch herum. Kalli Flau hatte beide Unterarme auf den Tisch und das Kinn daraufgelegt, mit fest geschlossenen Augen blinzelte er ein Häuflein Geld an, das in der Mitte des Tisches lag. Dazu pfiff er leise und melancholisch.

Rieke Busch saß vornübergebeugt mit gesenktem Kopf. Die fleißigen Kinderhände lagen halb geöffnet und tatenlos in ihrem Schoß. Auch sie sah auf das Geld, aber mit weit offenen Augen, die blaß schienen. Ihre Zähne nagten an der Unterlippe, auf ihrer Stirn stand eine senkrechte Grübelfalte.

Karl Siebrecht schließlich hatte sich ganz zurückgelehnt, er wippte auf den zwei Beinen des Stuhls. Als einziger sah er nicht auf das Geld, sondern zur Decke. Die Geldansammlung auf dem Tisch stammte fast ganz von Karl Siebrecht. Es waren die

60,– Mark halber Monatslohn, die er gestern auf der Zeichenstube ausbezahlt erhalten hatte,

43,55 Mark, die er auf sein Sparbuch geholt hatte, und

7,62 Mark, die noch in seiner Tasche gewesen waren. Dazu kamen

13,17 Mark aus Riekes Besitz;

–,62 Mark aus Tildas Sparbüchse;

–,06 Mark aus Kalli Flaus Vermögen; und

5,11 Mark, die sich in des Maurers Busch Taschen gefunden hatten.

130,13 Mark lagen dort auf dem Tisch. Jedem von den dreien hatte sich diese Zahl fest eingeprägt; mit ihren beiden 13, die eine Null umgaben, schien sie ihnen von unheilvoller Vorbedeutung zu sein.

Nach einer langen Zeit sagte Rieke: «Er wird ooch mit zweihundert zufrieden sind, Karle. Verlaß dir druff.»

«Ich habe ihm zweihundertfünfzig versprochen, und er kriegt auch zweihundertfünfzig!» sagte Karl Siebrecht. «Ich will auch so einem Kerl Wort halten.» Und wieder wurde es still in der Küche.

119,87 Mark – das war die zweite Zahl, die sich den dreien in der Küche eingeprägt hatte. Das war die Summe, die bis zum Abend herbeigeschafft werden mußte, Karl Siebrecht hatte es versprochen. 119,87 Mark, eine phantastische Summe, weit über die Möglichkeiten von Handerwerb hinaus. «Ich werde meinen Sonntagsanzug und meine guten Schuhe verkloppen», sagte Karl Siebrecht.

«Nischt!» antwortete Rieke sofort. «Denn kannste nie 'ne bessere Stelle annehmen, Karl! Eher verklopp ick die Maschine!»

«Einmal gehört die Maschine dir noch nicht, und dann bleibt sie überhaupt hier!» Und wieder herrschte Schweigen in der Küche.

Dann sagte Rieke Busch vorsichtig: «Ich wüßt 'nen reichen Mann, der dir gleich helfen täte, Karle.»

«Nie», sagte Karl Siebrecht, ohne seine Stellung zu verändern. «Nie!»

«Nicht jeschenkt, Karl, bloß jeborgt!»

«Nie, Rieke, das weißt du wohl.»

«Ick will dir ooch nich zureden. Ick meine bloß . . .» Und wieder Schweigen. Dann stand Karl Siebrecht mit einem Ruck auf. «Also los, Rieke, es hilft nichts. Wir werden deine Mäntel so, wie sie sind, bei Felten abliefern: fertig, halbfertig, unfertig. Wir machen einen letzten Schwindel von deiner Mutter – und dann ist mit allem Schwindel Schluß für immer!» Vor Mitleid wurde er ärgerlich: «Ach, kuck nicht so, Rieke. Heule dann lieber! Du wirst noch viele Mäntel in deinem Leben nähen können!»

«Er wird uns so jut wie nischt dafor zahlen, der Felten, wenn er merkt, wir broochen Jeld!»

«Wir lassen es ihn eben nicht merken! Los, Kalli! Rieke, sage uns, was wir zusammenpacken sollen. Wir machen zwei große Packen für uns, Kalli, und einen kleinen für Rieke!»

«Jehn wa alle drei, Karle?»

«Natürlich. Für zwei ist's zu schwer. Wieso?»

«Denn muß Vata mit. Ick laß Vata'n nich eine Minute mehr alleene. Ick hab meine Backpfeife weg.» So hielten sie denn ihren Auszug, Karl und Kalli gebeugt unter ihren schweren Packen, Rieke führte den Vater an der Hand. Zitternd, flüsternd ging der alte Busch neben ihr.

Dann, zwei Stunden später, saßen sie wieder um den Tisch. Noch immer war es kalt, noch immer hatten sie nichts gegessen, noch immer war Tilda bei der Nachbarin. Nur der alte Busch saß jetzt am Fenster, er spielte mit seinen Fingern. Nie wieder wird der Mann mauern! dachte Karl Siebrecht, als sein Blick auf ihn fiel. Der muß nun auch durchgefüttert werden, dachte er und wandte, beschämt über diesen Gedanken, den Blick fort zu dem Geldhaufen, der wieder auf dem Tisch lag. Er war nicht viel größer geworden. Es waren dazugekommen:

11,70 Mark für Riekes fast dreiwöchige Näherei;

10,– Mark Vorschuß auf Karl Siebrechts Wochenlohn;

6,– Mark Vorschuß auf Kalli Flaus künftigen Wochenlohn.

27,70 Mark, das war das ganze Ergebnis ihres Weges zu Felten!

Und wie schwer waren die erkämpft! Ach, Karl Siebrecht hatte noch in anderer Bedeutung recht gehabt: es war wirklich noch zu früh gewesen mit Riekes Näherei! Sie hatte ihr Können überschätzt, alles war doch nicht in zwei Tagen von der Näherin Zappow zu lernen. Felten war genau gewesen, knickerig genau, aber er war nicht gemein gewesen, er hatte ihre Lage nicht ausgebeutet. Er hatte Rieke Fehler auf Fehler an ihren Mänteln gezeigt, die Jungen hatten es schon gar nicht mehr sehen mögen, wie Rieke abwechselnd rot und blaß wurde. Sie hatte sich so geschämt: wie hatte sie vor Karl Siebrecht mit ihrem Können geprahlt! Was mußte der Freund von ihr denken! Ach, die kleine, arme, mutige Rieke – das Leben ersparte ihr nichts. Sie traf Schlag um Schlag, 11,70 Mark als Lohn für fast drei Wochen Schuften; 11,70 Mark, das war das Ergebnis von so viel hochfahrenden Träumen!

«Zweiundneunzigsiebzehn müssen wir noch schaffen», sagte Karl Siebrecht gedankenvoll. «Jedenfalls sind die verdammten Dreizehn aus der Zahl weg!»

Und Kalli Flau: «Wollen wir nicht den Herd anstecken und ein bißchen Kaffee kochen, Rieke? Ich denke immer, wenn wir erst was Warmes im Magen haben, fällt uns auch was ein.»

«Ick hab keen Brot mehr im Haus», sagte Rieke und sah scheu das Geld auf dem Tisch an.

«Na, auf die paar Grochen kommt's nun auch nicht an, Rieke!» rief Kalli und griff nach dem Geld.

«Halt!» befahl Siebrecht. «Bis der Hagedorn bezahlt ist, kommt's auf jeden Groschen an! Koch Kartoffeln, Rieke, oder was du hast, Kaffee – meinethalben auch gar nichts. Aber das Geld bleibt hier.»

«Ick werd Kartoffeln kochen, Karl», sagte Rieke, und so tat sie, während die Jungen stumm den Geldhaufen bewachten.

Nach einer Weile hatten sie dann gegessen, Kartoffeln mit Salz, aber doch nicht nur Kartoffeln mit Salz, sondern Karl Siebrecht hatte noch eine Mettwurst beigesteuert, die letzte aus einem sehr umfangreichen Paket, das die getreue Minna ihrem Karl zu Weihnachten gesandt hatte. Die getreue Minna, deren Geld nun dahin war, für eine lange, lange Zeit, denn die wirtschaftliche Lage der drei sah nicht nach Ersparnissen aus.

«Ach ja –» seufzte Karl Siebrecht, und die beiden anderen sahen ihn erwartungsvoll an. Es war nun doch so, daß Karl Siebrecht aus irgendwelchen unbekannten Gründen die Führung in dieser Sache hatte, obwohl Kalli Flau älter und Rieke Busch viel weltklüger war. «Ach ja!» sagte er noch einmal, aber wacher – sie sollten nicht merken, daß er mit seinen Gedanken weit fort von dieser dringenden Geldbeschaffung gewesen war. «Jetzt haben wir gegessen, und warm sind wir auch geworden – ist euch nun was Vernünftiges eingefallen?»

«Mir nichts», sagte Kalli Flau. «Man könnte eine ganze Menge anfangen, wenn bloß die Zeit nicht so kurz wäre. Es sind gerade noch vier Stunden.»

«Ja, wenn!» sagte Karl Siebrecht. «Und du – Rieke?»

«Nischt, Karl. Und du?»

«Ja, Rieke...» sagte er langsam. Er sah sie nachdenklich an, wie sie da vor ihm an der anderen Tischseite saß, das Gesicht in die Hand gestützt, sehr blaß. Nach Jungenart hatte er selten auf ihr Aussehen geachtet, aber jetzt fiel ihm doch auf, wie dunkle Ringe um ihre Augen lagen, wie dünn der Arm war, auf den sie den Kopf stützte. «Ja, Rieke...» sagte er noch einmal.

«Wat is, Karl? Du weeßt wat! Sag schon!»

«Es wird dir aber weh tun, Rieke.»

«Als wie mir –? Mir tut jar nischt mehr weh – nach dem Theata!»

Und sie sah zu dem alten Busch am Fenster hinüber. «Mach schnell, Karle! Laß mir nich zappeln! Es ist wat mit die Maschine, ick weeß schon! Willste se doch verscheuan?»

«Nicht verkaufen, Rieke, aber wir könnten sie versetzen, auf dem Leihamt.» Einen Augenblick war Stille. Die beiden Jungen blickten auf Rieke. Deren Gesicht zog sich zusammen, ihre Augen füllten sich mit Tränen. Die Jungen sahen fort.

Dann sagte Rieke: «Wenn se erst mal weg ist, kommt se ooch nich wieda, det weeß ick, ebensojut können wa se gleich vakloppen!» Die Jungen schwiegen mit gesenktem Blick. Und wieder Rieke: «Wat werden die Leute über mir sagen! Det janze Haus wird über mir lachen! Knappe vier Wochen hab ick die Maschine jehabt, ick trau mir keenem Menschen mehr ins Jesichte zu sehen!»

Noch immer schwiegen die Jungen. Rieke stampfte mit dem Fuß auf, zornig rief sie: «Det is 'ne beschissene Welt, die taugt nischt! Imma jib ihm uff de Kleenen, die können strampeln und sich schinden, aus die wird doch nischt. Aber die Großen, die können angeben wie Jraf Koks...» Ihre Stimme brach. Schluchzen kam. Sie sprang auf, lief durch die Küche, blieb bei der Maschine stehen. «Wat ick mir über die jefreut habe!» Sie strich mit der Hand schüchtern darüber. «Det war die jrößte Freude meines Lebens! Und nu – nach knapp vier Wochen...» Der Schmerz überwältigte sie. Sie konnte nicht mehr weitersprechen.

«Sie kommt ja wieder, Rieke», sagte Karl Siebrecht sanft. «Wir versprechen dir, wir wollen nicht eher ruhen, bis du deine Maschine wieder hast – nicht wahr, das versprechen wir ihr, Kalli?» Kalli Flau nickte ernst mit dem Kopf.

Aber Rieke war nicht besänftigt. Rieke war nicht getröstet. Im Gegenteil, sie stampfte mit dem Fuß auf, sie rief: «Wat ihr schon vasprechen könnt! Ihr seid ja ooch nischt, und ihr habt ja ooch nischt! Bloß Einbildungen, die habt ihr! Und du am meisten, Karl! Jawoll, kuck mir noch an! Du brauchst bloß uffstehen und zu dem reichen Fatzken hinjehen und ihm sagen ‹Jib mir 'n blauen Lappen!› und du hast'n. Aber nee, det jeht nich! Und warum jeht det nich? Von wejen deine Einbildungen! Weil de dir einbildest, du bist zu fein für so wat, darum werd ick meine Maschine los!» Sie sah ihn zornig an, und Karl Siebrecht sah sie wieder an, aber er sagte kein Wort. Noch einmal rief sie: «Ja, kiek mir nur an! Det is so, wie ick sare!» Aber sie wendete sich schon ab, dem Fenster zu. Und wieder war Schweigen in der Küche. Dann kam Rieke vom Fenster zurück. Sie legte ihre Hand schüchtern auf Karl Siebrechts Schulter und sagte leise: «Det hätte ick nich saren sollen, Karle. Det ick det jesagt habe, det tut mir von Herzen leid. Det is alles jar nich wahr.»

«Vielleicht ist es aber doch wahr, Rieke.»

«Nee, sag det nich! Det mußte machen, wie du denkst. Bloß manchmal bin ick een wahrer Deibel, denn muß ick loslejen, ob's stimmt oder nich, det is denn ejal. Biste mir böse, Karl?»

«Nicht die Spur, Rieke.»

«Siehste, det kann mir schon wieder ärgern. Warum biste mir nich böse? Det muß dir doch böse machen, wenn ick so zu dir bin! Ist dir denn det janz egal?»

«Egal gar nicht, Rieke, aber –»

«Na laß, ick vasteh dir doch nich. Ick bin so, und du bist anders, det is so, und det bleibt so. – Und nu, Jungens, macht rasch, det ihr mit die Maschine aus meine Küche kommt. Ick will ihr nich mehr sehn! Wat muß, det muß! Aber mitjehn tu ick nich, det bring ick nu doch nich übers Herze. Ick bleibe bei Vatan, da ha ick doch ooch wat!»

Und sie lachte, aber böse. Die Jungen eilten sich, mit der Maschine aus der Küche zu kommen, und als sie erst ein Stück die Treppe hinunter waren, öffnete Rieke leise die Tür und lauschte. Sie hörte die halbblauten Kommandos: «Jetzt heb sie ein bißchen, Kalli! – Faß sie doch unten an, Karl! So kriegt sie ja Übergewicht!»

Sie nickte, und nun hörte sie das, vor dem sie sich gefürchtet hatte: die Stimme einer Nachbarin. Aber sie hörte auch die Antwort Karl Siebrechts. Sie war so laut gesagt, als wüßte er, daß sie hier in der Küchentür stand und lauschte. «Kommt zur Reparatur», log Karl Siebrecht. «Eine Feder ist kaputt.»

Rieke zog leise die Tür zu. Einen Augenblick stand sie da, die Hand auf dem Herzen, aber lächelnd. Dann seufzte sie, drehte sich um und fing an, die Küche aufzuräumen.

## 23. Alles am Ende

«Wat is denn nu los —?» fragte Rieke Busch fassungslos. Schon eine ganze Weile hatte sie das Poltern auf der Treppe gehört, aber sie hatte nicht darauf geachtet. Sie war damit beschäftigt gewesen, nach der Küche den Vater ein wenig in Ordnung zu bringen. «Wat is denn nu los —?!» fragte sie, als die beiden Jungen wieder mit der Maschine in die Küche hereinkamen.

Karl Siebrecht sagte finster: «Sie nehmen die Maschine nur, wenn wir eine Bescheinigung bringen, daß sie uns auch gehört. Zu deutsch also eine Quittung von Hagedorn.» Er warf sich auf einen Stuhl, streckte die Beine von sich und starrte vor sich hin.

«Das ist 'ne komische Maschine», sagte Kalli Flau und wärmte über der Herdplatte seine froststarren Hände. «Haben sollt ihr sie nicht, und loswerden könnt ihr sie auch nicht. Unser Käpten von der ‹Emma› — das ist so 'n Trawler, Rieke — sagt immer: die Fische, die man fängt —»

«Halts Maul, Kalli!» schnauzte Karl Siebrecht.

«Jawohl, Karl . . .! Die Fische, die man fängt, sind zu klein, und die großen zerreißen das Netz —»

«Halts Maul, Kalli!»

«Im Moment, Karl. — Wozu fängt man eigentlich Fische?»

«Und wat nu, Karl?» fragte Rieke.

«Ja, wat nu, Rieke?» äffte er ihr nach.

Und dann wurde es endgültig still in der Küche. Lange, lange war es still. Langsam wurde es dämmrig, dann schneller dunkel. Karl Siebrecht saß auf seinem Stuhl und schien vor sich hinzudösen. Kalli Flau hatte sich darangemacht, aus einer alten Kiste Kleinholz zum Feueranmachen zu schnitzeln, Rieke stopfte irgendein Wäschestück. Nur der alte Busch wurde immer unruhiger. Er wollte fort, seine Stunde, zu trinken, war gekommen. Dreimal schon hatte ihn Rieke von der Tür zurückgeholt. «Soll ick den Jas anstecken, Karle?» fragte sie dann. Er antwortete nicht.

«Der is eingepennt, Rieke», flüsterte Kalli Flau.

«Der soll man schlafen», flüsterte sie zurück. «Mit uns is doch nischt mehr zu machen.»

«Du, Rieke . . .»

«Ja, Kalli?»

«Was ist denn das für ein reicher Knopp, von dem Karl ohne weiteres Geld kriegen kann?»

«Ach, laß doch, Kalli. Der jeht ja doch nich!»

«Gibt der ihm wirklich soviel Geld, wie Karl haben will?»

«Det jloobe ick stark! Der hat sich sogar anjeboten, Karlen studieren zu lassen, uff Baumeesta. Aba Karl will ja nich.»

«Und warum will Karl nicht?»

«Ach, ick weeß nich. Er hat da wat von de Bibel jesagt, det der Herr der Vasucha is – ick vasteh det nich. Würdste Jeld liegenlassen, wat de kriegen kannst – und denn in unsre Lage?»

«Ich nicht, Rieke! Ich bestimmt nicht!»

«Ick ooch nich, Kalli. Aber det is det: Uns, die wir't nehmen, wird nischt anjeboten, und er, der't kriegen kann, der nimmt et nu wieda nich. Komisch is det injerichtet uff de Welt, Kalli.»

«Ich höre alles, was ihr sagt», rief Karl Siebrecht ganz vergnügt. «Denkt ihr, ich habe geschlafen? Ich habe nicht einen Augenblick geschlafen!»

«Natürlich haste geschlafen, Karl! Ick habe dir doch schnurkeln jehört.»

«Nicht habe ich geschlafen!»

«Doch haste! Von wat haben wa denn jeredet?»

«Ihr habt geredet, warte mal – ach, weißt du, Rieke, vielleicht habe ich doch einen Augenblick geschlafen. Mir war so, als wäre ich wieder in dem Hühnerschuppen von Vaters Garten, weißt du, ich habe dir davon erzählt, wo ich mal mit Ria war –»

«Ick weeß schon, Karl!»

«Aber Ria war nicht bei mir. Siehst du, ich habe doch nicht geschlafen! Ich hörte euch deutlich reden, daß ich nicht zum Rittmeister wollte, um Geld bitten. Aber ich dachte, das brauche ich ja auch gar nicht. Hier sind ja die Hennen, die Eier legen. Und ich fing an, nach den Eiern zu suchen. Es war ganz dunkel, und ich stieß mich an der Gießkanne und an der Karre, aber dann fand ich doch ein Ei. Es war sehr schwer, ich merkte gleich, daß es aus Gold war, und ich dachte, nun haben wir genug Geld für den Hagedorn und für alles.» Er schwieg, völlig zufrieden.

«Und denn, Karle?»

«Dann bin ich eben aufgewacht, und nun bin ich wieder hier bei euch in der Küche. Du bist doch auch da, Kalli –?»

«Bin ich, Karl. Immer zur Stelle, wenn Kalli gebraucht wird.»

«Ja, Karle», sagte Rieke. «Nu biste wieder bei uns in de Küche! Aba hier findste keene joldenen Eier ins Dustere. Die Uhr is bald sechse, um sieben will der Hagedorn sein Jeld, und zweiundneunzigsiebzehn fehlen uns noch imma!» Sie hatte bitter und erbarmunslos gesprochen, ach, sie war wohl so unglücklich, die kleine Rieke, daß sie ihrem Freund sogar seinen schönen Traum mißgönnte!

«Also dann!» sagte Karl Siebrecht. «Dann muß ich also das Geld schaffen.» Er stand auf. «Wo ist denn meine Mütze? Ach, hier! Also dann wartet hier, kurz vor halb sieben bin ich wieder zurück.» Und er ging zur Tür.

«Karle!» rief Rieke und lief ihm nach, hielt ihn fest. «Wohin willste? Jeh nich bei den! Vajiß, wat ick gesagt habe! Wenn de bei den jehst und überwindst dir und holst det Jeld meinetwejen – det vazeihste mir dein janzet Leben nich! Lieba soll der Hagedorn uns alle ins Kittchen stecken!»

«Rieke», sagte Karl Siebrecht. «Rieke! Du sagst immer, du verstehst mich nicht. Aber dich verstehe ich auch nicht. Nun soll ich wieder nicht zu ihm gehen? Aber wenn ich nicht zu ihm gehe, das verzeihst du mir doch auch nicht? Das vergißt du doch auch nicht in deinem ganzen Leben nicht?»

«Doch, Karle, bestimmt! Jeh nich bei den!»

«Ich gehe ja auch nicht zu ihm. Ich gehe zu ganz jemand anders.»

«Det sagste jetzt bloß so, um mir zu beruhigen, Karle.»

«Nein, Rieke, ich gehe wirklich zu jemand anders. Komisch, ich habe nie an den gedacht, und ich habe auch nicht von ihm geträumt, aber als ich aufwachte, da wußte ich: zu dem mußt du gehen, der gibt dir das Geld! – Und nun muß ich laufen, Rieke, sonst verpasse ich ihn.» Und damit war Karl Siebrecht aus der Stube und lief in einem Trab bis vor das Haus in der Krausenstraße, in dem die Firma Kalubrigkeit ihre Büros hatte. Er kam auch wirklich noch ein paar Minuten vor sechs dort an und sah sie alle, eilig oder langsam, aus dem Flur gehen, seine ehemaligen Kollegen, von dem pickligen Wums an bis zum schmissigen Herrn Feistlein, der eine schöne Zigarre rauchte.

Zuletzt aber kam der Oberingenieur Hartleben, und den sprach Karl Siebrecht an, und es wurde ihm nicht einmal schwer, diesen Mann um Geld zu bitten. Der Oberingenieur freilich war sehr überrascht, und so ohne weiteres sagte er nicht etwa ja, sondern Karl Siebrecht mußte alles Warum und Wieso haarklein berichten, und dann gab es erst eine Menge Tadel, Ermahnungen, Warnungen. So erfuhr Karl Siebrecht gleich, daß, wer Geld borgt, einen ganzen Sack ungebetenen Rat dazubekommt, den er doch mit dem Gelde nicht zurückzahlen darf. «Nun, ich sehe schon, Karl», sagte der Oberingenieur schließlich, «ich muß dir diesmal das Geld geben. Aber es ist das einzige Mal, daß ich dir Geld leihe, das merke dir. Ich bin auch nicht so gestellt, daß ich das Geld entbehren kann. Du wirst es mir wiedergeben müssen, Karl, und je eher du das tust, um so lieber ist es mir. – Nein, einen Schuldschein will ich nicht, ich borge dir das Geld auf deine Anständigkeit hin.»

Das war schon in der Wohnung des Oberingenieurs, daß diese Rede gehalten wurde. Herr Hartleben trug natürlich eine solche Summe nicht mit sich in der Tasche herum. Sein Lebtag würde Karl Siebrecht nicht das kleine, schlecht erhellte Eßzimmer vergessen, in dem sie beide verhandelten. Der Tisch war schon gedeckt zum frühen Abend- oder späten Mittagessen, und alle Augenblicke steckte ein Kind oder auch die Frau den Kopf durch die Tür, um zu sehen, ob der Vater noch immer nicht mit dem unerwünschten Besucher fertig war. Nun schloß der Oberingenieur ein Seitenfach des häßlichen, grün verglasten, gelben Büfettchens im Jugendstil auf, und da stand auf ein paar Weingläsern eine Zigarrenkiste. Die nahm er heraus. In der Zigarrenkiste lagen ein paar Scheine und Münzen. Der Oberingenieur zählte – er seufzte beim Zählen – und sagte: «Hier sind also fünfundneunzig Mark, Karl!»

«Ich brauche aber nur zweiundneunzig Mark siebzehn!»

«Nun, nimm schon die fünfundneunzig!»

«Ich möchte aber nicht mehr, als ich brauche!»

«Ich sage dir, nimm! Zwei Mark dreiundachtzig sind schon wenig genug, wenn das alles Geld ist, von dem ihr in den nächsten Tagen leben wollt.» Und hastig setzte Herr Hartleben hinzu: «Aber mehr kann ich dir nicht geben, Karl!»

Er brachte den Besucher selbst über den engen Gang zur Wohnungstür, und aus der Küche sahen Frau und Kinder schweigend auf Karl. Ihm kam vor, als sähen alle ihn böse an, und er hatte ein so schlechtes Gewissen, als habe er ihnen ihr Geld und damit ihr Brot fortgenommen. Noch auf der Straße grübelte er, wieso es ihm leichter geworden war, den Oberingenieur Hartleben, dem das Geld knapp war, um Hilfe anzugehen als den Herrn von Senden, der ihm wahrscheinlich einen Hundertmarkschein ohne alles Fragen in die Hand gedrückt hätte. Aber freilich, da lag es wohl: er wollte nichts in die Hand gedrückt haben, ihm sollte nichts geschenkt werden. Jetzt war es schwer entbehrtes Geld, das zurückgegeben werden mußte, mochte es noch so schwer angehen!

Die beiden warteten schon sehr auf ihn, denn die Uhr war schon fast sieben.

Er erzählte nur mit ein paar Worten, wie er es nun doch geschafft hatte, gab Rieke die restlichen 2,83 Mark zum Brotkaufen und lief mit Kalli Flau zu Hagedorn. Von dort mußten die beiden sofort zu Felten, der würde schon böse sein, weil sie so spät kamen. Aber da sie zu zweien waren, würden sie die verlorene Zeit schon wieder einbringen. –

Es war spät in der Nacht, als die beiden Jungen müde und hungrig heimwärts schlichen. Sie hatten noch schwer arbeiten müssen, Felten hatte ihnen nichts geschenkt. «Gottlob, Karl», sagte Kalli Flau. «Heute abend hat Rieke Stullen, nicht bloß Kartoffeln. Kartoffeln halten nicht vor. Hast du auch so 'nen Hunger?»

«Ich könnte auf der Stelle einen Elefanten anbeißen!»

«Morgens auf der ‹Emma› – das ist –»

«– so 'n Trawler, ich weiß schon, Kalli. Sage mir nun endlich, was ist eigentlich ein Trawler –?»

So halfen sie sich über den Heimweg. Dann rissen sie die Küchentür auf und riefen: «Hunger, Rieke, Stullen! Stullen, Rieke! Stullen!»

«Brot? Ick hab keen Brot, ick hab gar nischt. Ein paar Kartoffeln sind noch da!»

«Aber...»

«Die zwei Mark dreiundachtzig...»

«Denkt ihr! Aba Vater hat wieder jetobt, und ick hab ihm Schnaps koofen müssen, det er bloß ruhig war. For det schöne Jeld Schnaps! Und nu stehn wa da...»

«Ohne Essen...»

«Ohne Geld...»

«Ohne Arbeet...»

«Na, wieso?» fragte Kalli Flau. «Dann essen wir eben Kartoffeln. Und morgen gehen wir zu den Äppelkähnen an die Spree. Du sollst sehen, da ist was zu machen! Schön warm ist's hier. Und am Sonnabend kriegst du noch zehn Mark von dem Felten, Karl. Die Maschine können wir jetzt auch versetzen, denn nun haben wir die Quittung von Hagedorn. Ich weiß nicht, was ihr wollt. Ich finde, wir stehen eigentlich ganz gut da!»

## 24. Ein harter Winter

Der Apriltag war klar und sonnenwarm, ein vorweggenommener Maitag. Die Dienstmänner mit ihren roten Mützen, sechs oder sieben an der Zahl, saßen an der Westseite des Stettiner Bahnhofs behaglich im warmen Licht. Einige frühstückten ihre Stullen, andere dösten. Es war eine ruhige Viertelstunde zwischen zwei Zügen. «Da kommt auch der Paule!» sagte einer.

«Und seine Haifische wieder dabei!» meinte ein anderer.

«Sitzt auf seinem Karren und läßt sich ziehen!» kopfschüttelte ein dritter. «Daß die Blauen so was bloß dulden! Er tut ja keinen Handschlag mehr, der Küraß!»

«Laß ihn doch!» besänftigte der vierte. «Paule kommt an die Siebzig!»

«Dann soll er sich zur Ruhe setzen!»

«Und seine Tochter mit ihren drei Bälgern? Wo der Schwiegersohn sitzt, schon all die Jahre! Du lieber Mann, Paule hat fünf Mäuler satt zu machen!»

«Es soll aber nicht sein!» grollte der andere. «Sind die jungen Bengel Dienstmänner? Sie haben keine Lizenz, und sie zahlen keine Steuern! Mögen sie wegbleiben hier von unserem Bahnhof! Es ist gegen das Recht!»

«Du redest, wie du es verstehst! Was heißt schon Recht? Es war ein harter Winter, und ein Junger hat mehr Hunger als ein Alter!»

Unterdes war der Handwagen mit dem alten Küraß herangekommen. Kalli Flau half dem Steifbeinigen herunter, Karl Siebrecht rollte die Karre zu den anderen, so daß sie jetzt als letzte hinter den Karren der anderen Dienstmänner stand. Es war die hübscheste Karre, schön grün gestrichen und mit einem funkelnagelneuen Schild: «Dienstmann Nr. 77. Paul Küraß. Müllerstraße 87 – Hinterhof.» Der alte Mann war zu den anderen Dienstmännern getreten. «Wat en schöner Morjen heute morjen. Na, denn wolln wa mal sehen!» Er spuckte in die alten sehnigen Hände, wahre Vogelkrallen. «War woll nich ville los, heute vormittag?»

«Nischt, Paul», antwortete ein Gutwilliger.

«Aber ick denke, der Schwedenzug bringt wat.»

«Und deine Haifische?» fragte ein anderer hitzig. «Denkst du, Paul, das lassen wir uns ewig gefallen?! Die sind nicht in der Innung, Paul, die schnappen uns das Brot weg!»

Unterdes hatten auch Karl und Kalli ein paar Mark gewechselt. «Ich geh dann zum Haupteingang, Karl!» hatte Kalli gesagt.

«Paß aber auf, daß dich die Grünen nicht schnappen!» Die Grünen waren die Gepäckträger, sie waren noch viel erbittertere Feinde der Jungen als die Dienstmänner.

«Sollen die aufpassen, daß ich sie nicht schnappe!» lachte Kalli unbekümmert und schob los, beide Hände in den Taschen. Er trug noch immer seine Matrosenkluft aus dem Januar. Viel hatte sie von ihrer Schönheit eingebüßt, aber der Junge hatte gewonnen: er sah fester aus, das mager gewordene Gesicht hatte etwas Sicheres bekommen. Die dunklen Augen blickten vergnügt und unbekümmert in die Welt. Sie schlugen sich vor niemandem nieder.

Auch Karl Siebrecht hatte sich in diesem Winter verändert und verbessert: sein Gesicht war mager geworden, aber seine Schultern breiter. Auf dem ganzen Körper kein Gramm Fett, aber Muskeln und Sehnen genug, so viel davon, daß ihn auch ein Zwei-Zentner-Koffer nicht erschreckte. Noch immer trug er die Manchesterhose des Vaters, aber die unpraktische Joppe war durch eine braune, nicht mehr ganz frische gestrickte Wolljacke ersetzt worden. Früher hatte sie der alte Busch unter seinem Maurerkittel getragen. Der Winterwind hatte mit Schnee und Regen das Gesicht des Jungen gegerbt, aber auf den Bakkenknochen lag ein gesundes Rot. In der Zeichenstube des Herrn Kalubrigkeit wären seine Finger jetzt ungeschickt für Reißschiene und Zirkel gewesen, aber sie wußten mit Sackschnauzen und Korbhenkeln ausgezeichnet Bescheid. Karl Siebrecht drehte sich um. Kalli Flau war um die Bahnhofsecke verschwunden. Er sah jetzt zu den Dienstmännern hin, die eifrig auf den alten Küraß einredeten. Er konnte sich gut denken, um was es wieder ging, nämlich um sie, um die beiden Jungen, um die unberechtigte Konkurrenz! Aber sie würden noch ganz anders reden, wenn er ihnen erst gesagt hatte, was ihnen heute zu sagen er entschlossen war. Er sah sie alle langsam der Reihe nach an: die Wichtigsten waren da, die, denen die anderen folgen würden. Vor allem war Kiesow da, Dienstmann Nr. 13, ihr schlimmster Feind, der Stänkerer, mit dem würde er den schwersten Stand haben. Karl Siebrecht bohrte die Hände noch tiefer in die Hosentaschen und schob die Schultern hin und her: die Wolljacke war schon zu warm. Die Sonne brannte hindurch, morgen würde er die Jacke zu Hause lassen. Und was würde er statt der Jacke anziehen? Es fiel ihm nicht das geringste ein, was da sonst Anziehbares zu Hause war. Nun, auch das würde sich finden, nur keine Aufregung. Es hatte sich ja auch in diesem Winter immer wieder was gefunden, so aussichtslos die Lage manchmal auch aussah. Es war kein vergnüglicher, kein behaglicher Winter gewesen, oh, weit von dem! Aber es war ein Winter gewesen, in dem man sich selbst hatte beweisen können, ob man zu etwas taugte oder ob man sich doch lieber zu dem Schürzenzipfel von der alten Minna verkroch! Die Pellkartoffeln waren zu einer Dauereinrichtung geworden und Brot zu einem Festschmaus! Sich richtig satt zu essen in Brot, so weit waren sie noch nicht einmal heute. Aber wenn sogar Rieke einmal weich werden wollte und gemeint hatte, auf dieses eine Brot komme es nun doch wohl nicht an, Karl Siebrecht war unerbittlich geblieben: erst wurden die Schulden bei Oberingenieur Hartleben bezahlt. Nie hatte er vergessen können, wie Kinder und Frau ihn aus der Küche angestarrt hatten, als sei er ein Räuber, der ihnen Vaters Geld forttrug.

Rieke mit ihrem nüchternen Verstand und der genauen Kenntnis der Stadt Berlin hatte – leider! – recht behalten: mit den Äpfelkähnen war es Essig gewesen. Ein, zwei Tage hatten die Jungen da verdient. Dann war schwerer Frost gekommen, die Spree fror zu, und die Äpfel verschwanden, weiß der Henker, wohin, wahrscheinlich zu den Großhändlern und in die Zentralmarkthalle. Ein paar Tage hatten sich die Jungen noch bei dieser Markthalle herumgetrieben, aber das war nichts, den einen Tag konnte man einen Taler verdienen, und die nächsten zwei Tage sah man in den Mond. Neue Sparmaßnahmen waren nötig geworden: Karl hatte seine Schlafstelle bei der Witwe Bromme aufgegeben und schlief nun in der Buschschen Küche. Kalli Flau aber hatte immer in aller Heimlichkeit die Feltensche Kammer als Schlafplatz benutzt, bis Herr Felten dahinterkam und ihn an die Luft setzte. Es war aber sowieso fällig gewesen, denn Herr Felten hatte einen Laufjungen für elf Mark in der Woche entdeckt. So schliefen die beiden Freunde von da an gemeinsam in der Küche. Die Nähmaschine war nun doch zu Vater Philipp gewandert, und die Jungen hatten ihr Heil bei den Kohlenhändlern versucht, die doch bei solcher Kälte Hochkonjunktur haben mußten. Aber es brachte nichs ein: die Hälfte der Arbeitszeit verlief man, ehe man einen Posten gefunden hatte – und die Jungen wollten immer gleich zwei Posten haben, da sie sich nicht gerne trennten. Hatte man aber etwas gefunden, so blieben plötzlich die Kohlenwaggons aus, und man mußte wiedern feiern. Außerdem saute man sich das Arbeitszeug mehr ein, als der Kram wert war: Rieke kam gar nicht mehr aus dem Waschen heraus. Der Februar brachte viel Schnee, und die Jungen gingen unter die Schneeschipper. Das war eine geruhsame Beschäftigung. Die Stadt Berlin war eine milde Dienstherrin, sie verlangte nicht, daß die Braue ihrer Schneeschipper von Schweiß naß wurde. Aber so milde sie war, so sparsam war sie auch, Seide war bei Schipperlöhnen nicht zu spinnen. Außerdem war dies keine Beschäftigung nach den Herzen der Jungen, sie war, geradeheraus gesagt, stumpfsinnig und brachte sie mit den Letzten der Letzten zusammen: den Gästen der Palme, der Herberge zur Heimat in der Wiesenstraße. Das waren nun wirklich die aussichtslosesten Gestalten, aller Romantik bar, arbeitsscheue Schnapssäufer und unverbesserliche Lügner. Die Jungen lernten diese Kerle hassen. So waren sie ordentlich froh, als das Februarende Tauwetter brachte, obwohl sie nun wieder gar nichts verdienten. Sie machten sich an die Bahnhöfe, mit großer Vorsicht zuerst, denn hier gab es die behördlich eingesetzten Gepäckträger und Dienstmänner, die eifersüchtig auf ihre verbrieften Vorrechte achteten. Aber Karl Siebrecht hatte das Glück, am Stettiner Bahnhof auf den alten Dienstmann Küraß zu stoßen, der ihm mit seiner ausgemergelten Gestalt und der Hakennase über einem fast immer feuchten weißen Schnauzbart von seinem Ankunftsabend in Berlin noch in lebhafter Erinnerung war.

Der alte Mann hatte den Jungen natürlich längst vergessen, aber an «det freche Aas vom Wedding» mit seiner Leberwurst erinnerte er sich noch wohl. Er leckte sich sofort den Bart, als ihm Karl Siebrecht von dieser Leberwurst sprach. Zuerst halfen die Jungen dem Alten nur gelegentlich, bald aber ergriffen sie Besitz von seinem ganzen Betrieb, der Dienstmann Nr. 77 war nur noch Staffage. Der Alte ließ sich das gern gefallen. Die Jungen machten ehrlich Halbe-Halbe mit ihm: die Hälfte bekam er für das Firmenschild und die andere Hälfte die Jungen für die Arbeit. Küraß stand sich mit seiner Hälfte jetzt sogar besser als vorher mit dem ganzen Verdienst, denn die Jungen waren hinter der Arbeit her wie die Fliegen hinterm Honig, und gerade die schwersten Lasten, die er schon längst abgelehnt hatte, waren ihnen die liebsten. Auch die Jungen waren zufrieden. Die Nähmaschine konnte von Vater Philipp wiedergeholt werden, nachdem der Herr Hartleben sein Geld zurückbekommen hatte. Sie stand nun bei der Näherin Zappow, Rieke hatte es doch nicht gewagt, noch einmal selbständig zu arbeiten. Sie half der Zappow, es war langweilige Arbeit, es

war auch schlechtbezahlte Arbeit, denn die Zappow war geizig, aber man mußte es als Lehrzeit nehmen. In einem halben Jahr vielleicht würde Rieke soweit
sein, allein Aufträge auszuführen.

Ja, es ging wieder langsam voran in der steinigen Wiesenstraße. Jetzt verdienten schon drei Geld – nein, eigentlich vier. Denn Rieke hatte ihr Wort
wahr gemacht, sie hatte den Vater nicht wieder aus den Augen gelassen, keine
Viertelstunde war der Mann mehr ohne Aufsicht gewesen. Es waren zuerst
schlimme Zeiten mit ihm, oh, Rieke war voll Gift und Galle gewesen, wenn
die paar Groschen im Hause statt für Brot für diesen verdammten Fusel ausgegeben werden mußten, damit der Alte nur Ruhe gab. Aber ganz langsam hatte
sie ihn heruntergekriegt, aus dem Liter war ein halber Liter geworden, ein
Viertelliter. Nun bekam er schon nichts mehr, und es ging auch. In den Nächten war der alte Busch noch immer unruhig, die Rieke – die verstorbene Frau
Rieke – wollte ihm nun einmal den Frieden nicht gönnen. Aber das ließ sich
ertragen, der Rieke – dem sehr lebendigen Mädchen Rieke – machte eine
durchwachte Nacht noch immer nichts. Freilich, sehr zusammengeschnurrt war
der Maurer bei dieser Entwöhnung, Karl Siebrecht hatte es richtig geahnt: der
Mann würde wohl nie mehr auf einen Bau gehen. Er wurde jetzt rasch grau,
sein kurz gehaltener roter Vollbart verschoß von Woche zu Woche mehr. Aber
da saß dieser Mann nun stumpfsinnig am Fenster bei der Zappow, und die
Zappow ärgerte das. Die Zappow ärgerte jeder Mensch, der nicht so arbeiten
mußte wie sie. Sie sah sich das einen Tag an, sie sah es sich – mit viel Schelten auf Rieke – auch noch einen zweiten Tag an, aber am dritten nahm sie ein
Bügeleisen, drückte es dem alten Busch in die Hand und kommandierte: «Nu
aber los, Männecken! Nu haste lange jenug Feierabend jehabt, nu wird jebü-
gelt!» Und, siehe da, der alte Busch bügelte. Unter den nicht aufhörenden Be-
lehrungen, Ermahnungen, Scheltreden von Fräulein Zappow lernte er es,
Frauen- und Kindermäntel zu bügeln. Zuerst mußte man noch sehr auf ihn
aufpassen. Mitten im schönsten Bügeln vergaß er völlig seine Beschäftigung,
stand da, glotzte ein Loch in die Luft, bis der Geruch von angesengtem Stoff
Fräulein Zappow daran mahnte, daß nicht nur ein Loch geglotzt, sondern auch
eines gebrannt wurde. Dann sprang sie auf und überschüttete ihn mit Schmä-
hungen. Gehorsam setzte er sein Eisen wieder in Schwung und vergaß das
nächste Mal, Kohlenglut nachzufüllen, und bügelte kalt, ein wenig verwirrt darüber, daß die Mäntel nicht glatt werden wollten. Aber allmählich lernte er es,
mit der Zeit wurde der Maurer Busch zu einem ausgezeichneten Bügler. Jetzt
bügelte er schon richtig mit Schwung und Gefühl für Fasson. Weiß der Himmel, was er sich dabei dachte, wenn er dastand. Er hatte den Mantel fertig-
gebügelt, hielt ihn vor sich hin und schüttelte ihn sachte, daß die Falten auch
richtig fielen. Dann trat ein Ausdruck in sein Gesicht – es war, als käme ein
Funken Licht in seine ausgeblaßten Augen. Die Zappow rief Rieke Busch an:
«Kiek bloß, wie er wieder mal dasteht, Rieke! Der olle Jenießa! Ordentlich
zärtlich tut er mit dem Mantel, als steckte janz wat anderes darin. Diese Männa – Schweine sind se durch de Bank, vor denen is nischt sicher!»

Der alte Busch hätte nun sehr viel mehr verdienen können als die paar Groschen, die ihm Fräulein Zappow gnädigst bewilligte. Gute Bügler waren immer gesucht und verdienten ihr Geld. Aber sosehr Rieke Busch für Geldver-

dienen war, hier widersetzte sie sich. Der Vater kam nicht aus ihrer Nähe. Man mußte nicht jede Dummheit in seinem Leben ein paarmal machen. Und wahrscheinlich tat der alte Busch wirklich nur in ihrer Nähe gut. Keiner konnte erraten, was in seinem Kopfe, selbst in den lichtesten Momenten, vorging. Aber immer sah er in der Tochter wohl eher die Mutter. Das Sprechen hatte er sich fast ganz abgewöhnt, er gab nur Laute von sich, die Mißbehagen, Einverständnis, Hunger ausdrückten. Nur nachts, wenn er «unruhig» war, was jetzt seltener vorkam, sprach er noch, und dann sprach er auf eine unbeholfene, erschütternd eindringliche Art, als habe durch ein Wunder ein Stummer Sprache bekommen. Er war wohl schrecklich allein mit sich. Die ganze Welt war längst versunken für ihn, und die einzig Überlebende außer ihm war die tote Frau. An sie dachte er, für sie schlug noch sein fühlloses Herz, zu ihr sprach er, bei ihr flehte er, ihm endlich zu verzeihen, ihm die Last seines bösen Gewissens abzunehmen. Aber die einzig für ihn noch Lebende war tot, sie hörte nicht, ihr Herz war Asche, sie verzieh nie mehr. Und also dann: Staub zu Staub, Asche zu Asche, Erde zu Erde!

Aber wenn es auch nur Groschen waren, die der Bügler Busch verdiente, Groschen kam zu Groschen, rundete sich zur Mark, sie konnten schon mit Talern rechnen. Wurde dadurch irgend etwas anders? Die Schulden waren bezahlt, die Nähmaschine aus England eingelöst und endgültig ihr Eigentum – schlemmten sie darum? Schliefen die Jungen darum wieder in Betten statt auf dem harten Küchenboden, in Woilache eingewickelt? Machten sie sich satt mit Brot? Wurde ein einziges Wäschestück angeschafft? Nichts von alledem! Jede Mark, die nicht zum Nötigsten gebraucht wurde, verschwand unerbittlich bei Karl Siebrecht. Er war geizig, er war knickerig geworden. Er ließ sich von Rieke genau ihren Wochenverdienst aufzählen und bat sie um ein paar Mark, weil Tilda unbedingt neue Schuhe haben müsse, so sagte er nur abweisend: «Das hat Zeit. Das kommt alles später. Außerdem ist bald Sommer, da kann Tilda ruhig barfuß laufen.» Und der Wochenlohn verschwand in Karls Tasche. Wo blieb der Junge mit dem Gelde? Was hatte er vor? Rieke Busch tröstete sich mit dem Gedanken, daß Karl wohl sparte, um möglichst rasch Minnas Spargroschen zu ersetzen.

Aber Karl Siebrecht dachte nicht an diesen Spargroschen. Minna hatte Zeit. Eines Tages würde auch Minna an die Reihe kommen, aber jetzt noch nicht. Auch die kleine Stadt, in der man noch hatte weich sein dürfen, war weit fort, ebenso weit wie Ria, die nie geschrieben hatte, nicht einmal eine jämmerliche Ansichtspostkarte. Auch Ria war fort, etwas, das eingeschlafen im Herzen lag, das sich einen kurzen Augenblick rührte, eine Schläferin, die einmal die Augen aufschlug – wie sanft und süß einem davon wurde! – und schon wieder weiterschlief. Nein, all das war abgetan, nicht für Minna wurde gespart, sondern für etwas ganz anderes, für etwas wirklich Wichtiges! Wenn Karl Siebrecht es sich genau überlegte, unterschied ihn etwas Wesentliches von seinen beiden Freunden, Kalli Flau und Rieke Busch. Es war nicht die Sprache, die ihn von Rieke Busch unterschied, und nicht die bessere Schulbildung, die er vor Kalli Flau voraus hatte. Das waren unwesentliche Dinge. Man konnte sich sehr gut eine Rieke mit einwandfreiem Deutsch denken und einen Kalli, der etwas vom alten Homer gehört hatte. Die Freunde wären darum nur wenig anders gewesen! Nein, was ihn ganz wesentlich von den beiden unterschied, war, daß diese beiden ganz zufrieden mit ihrer jetzigen Lage waren. Sie verdienten genug, sie konnten sogar etwas zurücklegen, also schön, was nun noch? Nichts weiter! Vielleicht hatte Rieke Busch noch einen kleinen Traum vom Vorwärtskommen, aber weiter als bis zu einer von ihr geführten Schneiderstube reichte er auch nicht. Kalli Flau aber war ein vergnügter Vogel, der jeden Tag für das Seine sorgen ließ, er dachte nicht weiter als bis zum nächsten Brot.

Das alles war nun in Karl Siebrechts Augen gar nichts. Er wollte voran. Hier den gerade noch geduldeten Handlanger eines alten Dienstmannes zu spielen, das war für ein paar harte Winterwochen ganz recht gewesen, aber auf die Dauer konnte es nicht genügen. Wenn Kalli Flau manchmal davon sprach, daß mit der Zeit wohl die Mütze des Dienstmannes 77 auf sein Haupt übersiedeln würde, so konnte er darüber nur lächeln. Ein Dienstmann werden – du lieber Himmel, wahrhaftig, und was dann? Dann kam gar nichts mehr, Dienstmann war schon ein Schlußpunkt. Es gab nicht einmal Oberdienstmänner – lachhaft! Dies war der Unterschied zwischen Karl Siebrecht und seinen Freunden: sie wollten so wenig. Eigentlich wollten sie gar nichts als nur leben, und das war, weiß Gott, wenig vom Leben verlangt, nur leben! Karl Siebrecht wollte viel mehr. Jetzt, da er in der Stadt Berlin heimisch geworden war, schämte er sich, daß er einmal von der Eroberung dieser Stadt geträumt und gesprochen hatte. Es klang so verdammt großschnauzig. Wenn Rieke Busch nur einmal scherzhaft eine Anspielung auf diesen Traum machte, wurde er saugrob. Sie solle gefälligst an gewisse Unterschriften denken, jeder rede und mache einmal eine Dummheit, sie müsse ihm nicht ewig unter die Nase gerieben werden! So verschloß er ihr den Mund. Er verschloß sich selbst den Mund, nicht einmal in seinen ehrlichsten Stunden gestand er sich, daß der Traum von der Eroberung Berlins noch immer in ihm lebte. Er dachte an etwas anderes, an etwas viel Größeres, als die beiden sich je träumen ließen, aber immerhin an etwas Mögliches. Er sagte ihnen nichts davon, ahnungslos war Kalli Flau um die Ecke des Bahnhofs gegangen, Rieke Busch wußte nichts davon, daß er nun im Begriff stand, ihre Groschen aufs Spiel zu setzen. War das alles? Nein, wenn er dies erreicht hatte – und es konnte sehr gut schiefgehen, es konnte viel eher schiefgehen als gelingen –, wenn er dies erreicht hatte, so kam sofort etwas anderes. Und dahinter ein Neues! Und wieder dahinter mehr, noch mehr... Gott verdamm mich! dachte er und bewegte die Schultern im Gefühl der Kraft unter der sonnenwarmen Wolljacke. In den nächsten Jahren werde ich nicht viel Ruhe kriegen, und der Kalli auch nicht. Der Junge wird sich noch wundern, wie ich ihn rumtreiben werde!

Er hatte die Dienstmänner bei all diesen Überlegungen und Erinnerungen nicht aus dem Auge gelassen. Sie hänselten noch immer den alten Küraß mit seinen beiden Haifischen. Er würde ihnen gleich anderen Stoff zum Hänseln und Hecheln geben! Noch acht Minuten bis zum Warnemünder Zug, der die Dienstmänner in alle Windrichtungen zerstreuen würde! Gerade noch Zeit genug für sein Vorhaben! Nur nicht sich auf lange Quackeleien einlassen! Unwillkürlich warf Karl Siebrecht einen Blick zu der Seite hin, wo Kalli Flau verschwunden war. Vielleicht war es doch ein Fehler gewesen, Kalli von dieser Unterredung auszuschließen. Der hatte die Gabe, die Leute mit einem Witz

guter Stimmung zu machen. Aber das war nun zu spät. Er hatte auch immer
gedacht, es wäre besser, wenn er seine erste Schlacht allein schlug. Er würde
schon aufpassen, daß er diesmal nicht zu scharf wurde. Er hatte in letzter Zeit
eine Neigung bei sich festgestellt, zu scharf zu werden, zu kommandieren. Das
kam von seiner Stellung zu Rieke und Kalli her; da war er stillschweigend als
Führer anerkannt worden. Aber andere würden nicht so stille schweigen.

Noch sieben Minuten! Siebrecht schluckte noch einmal und ging los. Er hatte,
wie Kalli Flau, die Hände in die Taschen der Hose gebohrt und bummelte auf
die Männer zu. «Hört mal einen Augenblick, ihr!» sagte er.

## 25. Karl Siebrecht macht ein Angebot

Dies war nicht gerade der richtige Anfang. Kiesow sagte sofort streitlustig:
«Kiekt euch mal den an! Hast du hier auch was zu reden, du?»

Und der leicht erregbare Kupinski rief: «Bei dir piept's wohl, ja?»

Sie machten Anstalten, ihm den Rücken zu drehen. Er hatte jetzt die Hände
aus den Taschen genommen. Falsch hatte er angefangen, er wollte nicht
falsch fortfahren. Er suchte mit den Augen den Meckerer, den streitsüchtigen
Kiesow, sah ihn fest an, ließ ihn nicht wieder aus den Augen und sagte: «Ich
zähle hier auf dem Platz fünf Gepäckdroschken und acht Dienstmänner: In
sechs Minuten läuft der D-Zug Gjedser–Warnemünde ein –»

«Was der Junge nicht alles merkt! Kluges Köpfchen!» höhnte Kiesow.

Karl Siebrecht fuhr unbeirrt fort: «– und ein Haufen Fremder kommt mit.
Ein Teil bleibt in Berlin, ein Teil, die knappe Hälfte, fährt sofort weiter: In
zwei Minuten sind die Gepäckdroschken fort, in fünf Minuten gibt es keinen
freien Dienstmann. Aber damit sind noch lange nicht alle Fremden befriedigt,
die stehen herum und schimpfen.»

«Laß sie schimpfen, die werden ja warten gelernt haben!»

«Aber unterdes kommen die Haifische», Karl Siebrecht grinste, «solche Haifische, wie der Kalli Flau und ich, und wir fischen euch die fetten Brocken
weg.»

«Und dafür gehört euch der Arsch versohlt, mein Junge!» rief der hitzige
Kupinski. «Warte mal, wir erwischen euch noch im Dustern!»

«Sicher», gab Karl Siebrecht zu. «Aber ihr könnt nicht alle Haifische ver-
sohlen, es sind zu viele. Schlauer wär's schon, ihr würdet alle Fremden abfertigen, dann schwämmen die Haifische von selbst ab!»

«Ach, du willst, daß mehr Dienstmänner da sind?» fragte Kiesow spöttisch.
Endlich glaubte er zu ahnen, worauf Karl Siebrecht hinauswollte. «Du möchtest selbst Dienstmann werden? So siehst du aus!»

«Kann ich ja gar nicht, Kiesow!» sagte Siebrecht. «Bin noch zu jung. Weiter,
hört nur weiter zu! Da stehen also eure Fremden und schimpfen. Nun aber die,
die ihr geschnappt habt, die ihre Anschlüsse erreichen wollen. Nach dem Lehrter und nach dem Bahnhof Friedrichstraße, das geht, das läßt sich schaffen.
Aber wie ist es mit dem Potsdamer und mit dem Anhalter Bahnhof? Gerade
mit dem Anhalter ist es Scheibe! Um den Münchener Schnellzug zu erreichen,
habt ihr siebenunddreißig Minuten. In diesen siebenunddreißig Minuten müßt

ihr hier das Gepäck aufladen, hinkarren und auf dem Anhalter abfertigen lassen. Dreimal klappt es, und beim viertenmal ist's Essig! Dann gibt es einen Riesenkrakeel, Beschwerden, Geschimpfe. Und wenn ihr's auch schafft, wie kommt ihr an? Abgerackert, geschunden, die Zunge aus dem Halse! Das ist doch kein Geschäft!»

«Recht hat er», sagte einer. «Ich mag schon gar kein Gepäck mehr nach dem Anhalter annehmen.»

«Das wissen wir alle längst», meinte Kiesow. «Das ist schon immer so gewesen. Wozu trittst du den ganzen Quatsch wieder breit?»

«Das will ich euch sagen!» Karl Siebrecht hatte auf die Uhr gesehen. Es waren noch knapp drei Minuten bis zum Schwedenzug, jetzt war der rechte Augenblick, ihnen seinen Vorschlag zu machen. Jetzt oder nie. «Du hast ganz recht gesagt, Kiesow: ich habe Quatsch breitgetreten. Denn es ist Quatsch, was ihr macht, saudämlicher Quatsch!» Nun war sein Hochmut doch wieder mit ihm durchgegangen. Aber das half nun alles nichts mehr; er konnte sich nicht mehr bremsen, nur weiter so! «Es ist Quatsch, daß ihr nur einen Teil der Fremden abfertigt, wo ihr von allen Geld ziehen könnt! Es ist Quatsch, daß ihr euch abschindet, erreicht den Anschluß doch nicht und kriegt für eure Schinderei einen auf den Deckel! Es ist Quatsch, daß ihr sagt, so ist es immer gewesen, und also bleibt es auch so! Hornochsen seid ihr allesamt, weiter gar nichts −!»

«Nun kriegst du aber gleich was in die Fresse, du freches Aas, du!» schrie Kupinski und trat bedrohlich nahe an den Jungen.

«Halt mal, Kupinski!» rief Kiesow und faßte den Zornigen am Arm. «Verdreschen können wir ihn immer noch, und das werden wir auch tun. Erst soll er uns erzählen, was er vorhat. Denn er hat was vor, sonst hätte er uns doch nicht all den Kohl vorgebetet. Also, was ist, was willst du tun?»

«Das will ich euch sagen», antwortete der Junge und funkelte ihn stolz an. «Von morgen früh an werde ich hier mit einem zweispännigen Plattenwagen am Stettiner Bahnhof halten, und wer will, schmeißt sein Gepäck rauf. Ich fahre es für euch ab, vorläufig nur zum Anhalter und Potsdamer. Eure Kollegen geben es dort auf, und ich nehme deren Gepäck wieder hierher zurück. Sechsmal am Tage werde ich hier halten, alle zwei Stunden, von zehn Uhr morgens bis acht Uhr abends. Der Wagen wird dastehen, und ihr könnt tun, was ihr wollt!» Damit bohrte Karl Siebrecht die Hände wieder in die Taschen, warf den Kopf in den Nacken und trat ein paar Schritte von ihnen fort. Er hatte seinen Spruch gebetet.

Die standen einen Augenblick schweigend, dieses rauhe Angebot war ihnen doch zu überraschend gekommen. Dann schob einer seine Dienstmannsmütze nach hinten, fuhr sich mit dem Jackenärmel über die Stirn und sagte: «Donner, ist das heute eine Hitze!» Und schwieg wieder.

Alle schwiegen. Sie warfen halbe, verstohlene Blicke aufeinander, auf den Jungen. Keiner wagte das erste Wort, keiner wollte sich festlegen. Dann rief der Dienstmann 77, der alte Küraß: «Macht, wat der Junge sagt! Der Junge is joldrichtig! Ick hab noch nie so ville Jeld jemacht, wie seit der Junge mir hilft! Der Junge is in Ordnung!»

Und als hätten diese Worte Kiesow in Gang gesetzt, fragte der plötzlich, mit schräggehaltenem Kopf, zu Karl Siebrecht hinüber, die Augen fest zugekniffen: «Und was willst du dabei verdienen? Oder stellst du deinen Wagen umsonst?»

Karl Siebrecht sah ihn wieder an. «Die Hälfte eurer Taxen!» sagte er. Nicht mehr.

Im gleichen Augenblick brach der Sturm los. «Du bist ja verrückt geworden!» schrien sie. «Die Hälfte von unserem Verdienst sollen wir dir abgeben? Und wir? Wir kucken in den Mond, was? Du bist ja ein richtiger Ausbeuter, aus dir kann noch was werden – aber nicht bei uns!»

Und der Kupinski schüttelte die Fäuste gefährlich nahe vor ihm und schrie: «Ich schlag dir die Fresse ein! Deine Zähne kannst du deinen Pferden in den Hintern garnieren! Ich schlag dir die Fresse ein, daß du Backzähne spuckst!» Die jammernde, Gnade flehende, beruhigende Stimme des alten Küraß verhallte ungehört.

Der Junge ließ sie schreien. Im Grunde seines Herzens verachtete er sie. Sie waren ja so dumm! Sie konnten nicht rechnen. Sie waren zwanzig, dreißig Jahre älter als er, sie mußten ihm an Kenntnis der Stadt Berlin und Welterfahrung weit überlegen sein, aber sie begriffen nichts, was man ihnen nicht erklärte. Sie waren auch wohl verhetzt, sie glaubten, was des einen Vorteil, müßte des anderen Schaden sein. Sie verstanden nicht, daß an einer Sache zwei den Vorteil haben konnten.

«Dein feiner Wagen kann hier stehen, bis er Wurzeln schlägt!» sagte Kiesow. «Von uns kommt kein Koffer rauf! Und mit denen vom Anhalter werden wir auch reden!» setzte er drohend hinzu.

«Und wenn der Küraß seine Koffer auf deinen Wagen stellt, schmeiß ich sie selbst wieder runter!» rief Kupinski drohend.

Siebrecht sagte: «Ihr könnt eben nicht rechnen. Ihr denkt, ich nehme euch Geld. Ich gebe euch noch Geld zu –»

«Halte die Schnauze jetzt! Wir wollen von deinem Dreck nichts mehr hören!»

Unbeirrt fuhr Kurl Siebrecht fort: «Ihr bedenkt nicht, daß ich mit meinem Wagen das Gepäck von allen Reisenden fortschaffe, es bleiben keine mehr stehen für die Haifische! Da habt ihr euren Verlust schon wieder rein! Ihr könnt aber in der Zeit, in der ich zum Anhalter fahre, andere Fuhren annehmen, zum Lehrter, zur Friedrichstraße, in die Wohnungen, die habt ihr über euren alten Verdienst weg – stimmt das oder stimmt das nicht?»

Jetzt schwiegen sie. Aber sie sahen ihn noch immer finster und argwöhnisch an. Sie witterten noch immer eine Falle, eine Hinterlist. Plötzlich rief einer: «Und wenn du mit den Koffern durchgehst? Wir sind für die Koffer haftbar, nicht du!»

Der Junge zuckte bloß die Achseln. «Ich hätte schon zwanzigmal mit den Koffern vom Opa Küraß durchgehen können, wenn ich das gewollt hätte!»

«Ein Wagen voll lohnt sich besser als eine Karre!»

«Es kann ja immer einer mitfahren von euch – wenn ihr soviel Zeit und Geld über habt!» Er hatte dieses Geschwätz satt. Gesagt war, was gesagt werden mußte, nun sollten sie sehen, wozu sie sich entschlossen. Gut stand seine Partie nicht, darüber war er sich klar. Sie mochten ihn nicht, einmal, weil er ein Haifisch war, dann mochten sie ihn überhaupt nicht.

Da sagte es Kiesow auch schon: «Wenn du nicht so 'ne verdammt hochnäsige Schnauze hättest! Wenn man vernünftig mit dir reden könnte!»

Gott sei Dank kamen jetzt die ersten Reisenden des Schwedenzuges aus dem Seitenportal. Sie riefen: «Droschke! Droschke hierher!» Und ein dicker Berliner schrie schallend: «Ein Droschkong erster Jüte!» Ein Gepäckträger schalt die Dienstmänner: «Wo bleibt ihr bloß? Der Zug ist längst drin!»

Im Augenblick waren die Dienstmänner verschwunden. In der immer dichter werdenden Flut der Reisenden sah man hier und dort ihre roten Mützen. Sie waren zerteilt, auseinandergerissen, ehe sie noch der von Kiesow geäußerten Antipathie einmütig zugestimmt hatten. Es würde jetzt ein, zwei Stunden dauern, bis sie wieder zusammenkamen, Stunden, in denen jeder für sich nachdenken konnte. Karl Siebrecht atmete auf, vielleicht war das seine Rettung.

## 26. Zusammenstöße

Kalli Flau berührte Karl Siebrecht an der Schulter: «Du», sagte er. «Komm! Ich hab eine feine Fuhre nach dem Westen geschnappt, fünf Koffer und zwanzig Schachteln! Oder auch zehn! Und einen großartigen, echt englischen Bullenbeißer! Mensch, ist das 'ne Töle! Mir ging er gleich in den Hosenboden! Wo ist denn der Opa −?»

«Eine Fuhre nach dem Westen? Eigentlich wollte ich jetzt nicht... Na, wenn du sie schon geschnappt hast, hilft es nichts! Wir können das andere auch am Nachmittag besprechen. Los, Opa, schieb deine Karre an den Ausgang.»

«Jotte doch, Junge», fing der Opa zu jammern an. «Det hättste doch nich machen sollen! Die sind ja alle so jiftig uff dir, die vatrimmen dir, da kannste Jift druff nehmen! Wozu bloß? Du hattest doch deinen juten Vadienst −»

«Also los, Kalli!» Karl Siebrecht war nicht gesonnen, sich dies Gegreine geduldig anzuhören. «Wo stehen denn die Koffer?»

«In der Halle! Was hat denn der Opa? Was hast du denn ausgefressen, Karl? Hast du Streit mit den anderen gehabt? Wenn sie dich vertrimmen wollen, muß ich auch dabeisein!»

«Ich erzähl's dir nachher, Kalli! − Sind das die Koffer? Das ist eine schöne Wucht. Guten Morgen, mein Herr − wohin sollen die Koffer? − Ach, verzeihen Sie! Guten Morgen, Herr Rittmeister!»

Und der Herr von Senden und Karl Siebrecht sahen sich wieder einmal an, mitten im Gedränge des Stettiner Bahnhofs. «Du siehst, wir treffen uns immer wieder, Karl!» lächelte der Rittmeister und bot dem Jungen seine Hand. «Und jetzt bist du also unter die Gepäckträger gegangen? Wo werden wir uns das nächste Mal wiedersehen? Was wirst du dann sein?»

Der Junge hatte die Hand nur flüchtig gedrückt. Jetzt bückte er sich nach den Koffern. «Ich weiß schon, Kurfürstenstraße zweiundsiebzig», sagte er.

Aber er bekam einen so kräftigen Stoß, daß er taumelte. Der Dienstmann 13 namens Kiesow schrie: «Willst du machen, daß du hier wegkommst, verdammter Lümmel! Du hast hier gar nichts zu suchen! − Verzeihen Sie, mein Herr», sagte er zu dem Rittmeister, «aber der Junge ist nicht berechtigt, hier Gepäck anzunehmen. Das sind so Bengels, Herumtreiber, denen dürfen Sie keinen Handkoffer anvertrauen, schon ist er weg! − Au, verdammter Köter!»

Denn die englische Bulldogge hatte an der Leine der gnädigen Frau, der Frau

von Senden, der geborenen Kalubrigkeit, einen Satz gemacht und den streit-
baren Dienstmann angegangen. Der Rittmeister griff fest in die Leine. «Down,
Daisy!» befahl er. Und mit erhobener Stimme: «Down, sage ich, Daisy!» und
sanft zum Dienstmann: «Sie irren sich, mein Freund, dieser Junge ist berechtigt, mein Gepäck anzunehmen, er *ist* vertrauenswürdig. Außerdem ist er mein
Freund. Nicht wahr, Karl, das bist du doch?»

Der Dienstmann 13, Kiesow, sah argwöhnisch von einem zum anderen, ganz
unsicher, was nun wieder gespielt wurde. Aber gegen diesen Reisenden in seinem riesig karierten, echt englischen Mantel war nichts zu sagen. Wie ein Mit-
verschworener dieses Bengels sah er nicht aus. Also tippte er an sein Mützen-
schild, sagte brummig: «Na, denn entschuldigen Sie man, ich dachte bloß...»
Und schob ab, nicht ohne einen unheilverkündenden Blick auf Karl Siebrecht
zu werfen.

«Muß ich hier noch lange stehen, Bodo?» fragte die geborene Kalubrigkeit
spitz. «Oder hast du deine Unterhaltung jetzt beendet?»

«Diesen Moment!» antwortete der Rittmeister. Und zu Karl Siebrecht: «Also, wir sehen uns dann in der Kurfürstenstraße. – Bitte, meine Liebe!» Er ging
mit ihr fort, halb vor ihr, während die Bulldogge mit der gespaltenen Nase gegen seine Hosenbeine stieß.

«Mach los, Karl!» drängte Kalli. «Es stinkt!»

Jawohl, es war nicht zu verkennen, daß ein heftiges Gewitter für die beiden
Knaben am Himmel stand. Bei den Schaltern sah man den Dienstmann 13 heftig auf einen Bahnbeamten einreden, auch ein paar grüne Gepäckträger standen recht unwirsch in der Nähe. Karl und Kalli beluden sich mit dem Gepäck.
Sie mußten es auf einmal fortkriegen, da half nichts, sie konnten es nicht wagen, ein Stück in der Halle stehenzulassen. Gottlob war es nicht soviel, wie Kalli gesagt hatte. «Was haben die heute bloß?» flüsterte der. «Häng mir den
Hutkarton noch um den Hals, Karl!»

«Nachher!» sagte Karl und hängte ihm den Karton um den Hals.

«Woher kennst du denn den feinen Pinkel?» wurde er wieder gefragt.

Und wieder antwortete er bloß: «Nachher!»

Unangefochten kamen sie noch aus der Halle. Neben der Karre des Küraß
stand der Dienstmann Kupinski und redete eifrig auf den Alten ein. Als er die
Jungen kommen sah, sagte er nur noch: «Also, du weißt Bescheid, Küraß!»
und sah aus finsteren Augen auf das heranwankende Gepäck.

«Ach Jotte doch, wie konntste det ooch bloß sagen, Karle!» jammerte der
Opa sofort los. «Allet wäre jut, wozu haste bloß Hornochsen jesagt?! So wat
muß die Herren doch beleidigen!»

«Hast du Hornochsen zu denen gesagt, Karle?!» fragte Kalli Flau. «Das ist
großartig, Karl, das haben diese Hornochsen redlich verdient!»

Ein dumpfes Grollen entrang sich der Brust des lauschenden Kupinski.

Aber der Opa jammerte weiter: «Und nu bringt ihr all das Jepäck! Ich soll
doch nich mehr mit euch fahren, saren sie. Sie saren, sie schlagen mir meine
Karre kaputt. Sie zeigen mir bei's Jewerbe an, saren sie...»

Kalli Flaus Gesicht wurde streitsüchtig. «Wenn was kaputtgeschlagen wird –»
fing er an.

«Ruhig bist du, Kalli!» befahl Karl Siebrecht. Und zum Küraß: «Diese Fuhre fährst du noch mit uns, Opa! Und von da an ist Schluß. Du weißt ja, ich habe was anderes vor.»

«Ach, du mit deinem Wagen!» brummte der Alte. «Wat det wohl wird? Keenen Koffer setzen se dir druff!»

«Du hast 'nen Wagen, Karl?» rief Kalli Flau begeistert, aber nicht gerade geschickt. «Das finde ich großartig! Da hängen wir die ganzen Hornochsen ab! Wir machen eine Gepäckbeförderung auf –»

«Also denn los! Quatsch nicht, Kalli, ehe du nicht Bescheid weißt!»

Das Gepäck war nun aufgeladen und festgebunden. Siebrecht warf noch einen prüfenden Blick auf den finster dastehenden Kupinski. Rasch entschloß er sich. «Es tut mir leid», sagte er, «daß mir das mit den Hornochsen so rausgefahren ist. Ich habe es nicht so gemeint. Seit Wochen habe ich mir die Sache schon durchgerechnet, ihr konntet das gar nicht so schnell kapieren. Aber rechnet mal nach, ihr werdet schon sehen, wo euer Vorteil sitzt!»

«Jetzt hast du gut reden», sagte der Mann böse, «wo du merkst, du bist hinten runtergefallen. Aber uns redest du nicht dumm. Du kommst nicht wieder auf den Bahnhof.»

«Also schön, rechnet es euch in Ruhe nach», antwortete Karl Siebrecht und ging wieder an seinen Karren. «Los, Kalli! Hau ruck! Komm, Opa!»

Das Gefährt, sanft knurrend unter dem Gewicht der rittmeisterlichen Koffer, setzte sich in Bewegung. In der Gabel ging Kalli Flau, hinten schob Karl Siebrecht, neben ihm trabte der alte Küraß. Nur ehrenhalber legte Dienstmann 77 seine Hände von Zeit zu Zeit an den Berg aus Gepäck: er schob nicht mit. Dafür füllte er des Jungen Ohren mit wehleidigem Gejammer und Vorwürfen. Nach drei Minuten war Karl Siebrecht dieses Geschwätz völlig unerträglich geworden, er wechselte mit Kalli die Plätze. Jetzt aber war es noch schlimmer: er hörte den Alten vor Kalli seine Klagelieder singen und ihm berichten, was geschehen war, aber falsch. Karl Siebrecht verfluchte sich und den Opa, sich, weil er nicht schon vorher dem Freunde alles erzählt hatte, den Alten aber nur, weil er eben alt war, das heißt geschwätzig, greinend, voll steter Angst. Schließlich, als es ihm zu bunt wurde, drehte er sich, immer weiter fahrend, um und schrie: «Verdamm mich! Verdamm mich! Verdamm uns! Wenn du jetzt nicht deinen Mund hältst, Opa, stopfe ich dich eigenhändig aus und stecke dich da ins Naturkundemuseum!» Er sah von dem Alten hinüber zu den hohen funkelnden Scheiben des Museums.

Da tat es einen Krach! Der Karren mit Karl Siebrecht wurde zur Seite geworfen, der Kofferberg geriet ins Schwanken, fiel und traf den Opa. Der Opa seufzte tief und setzte sich aufs Pflaster ... Zugleich wurde Karl Siebrecht vorne an der Brust gepackt und gewaltig hin und her geschüttelt. Dazu brüllte eine zornige Stimme: «Das hast du absichtlich getan, verdammter Lümmel! Kannst du denn nicht richtig fahren, du Rotzjunge du? Meine Karre hast du absichtlich angerempelt!» Es war aber wieder einmal der Dienstmann 13, Kiesow, der so schüttelte und schrie.

Kalli Flau hatte den kaum beschädigten Opa sitzen lassen, wo er saß, nämlich zwischen den verstreuten Koffern auf dem Pflaster, und war dem Freund zur Hilfe geeilt. Er faßte die Arme des zornigen Kiesow und sagte mahnend: «Hände weg von der Butter, oder es knallt!»

Zornig schrie Karl Siebrecht: «Du hast es absichtlich getan, Kiesow! Du bist ja von hinten gekommen und mir in die Seite gefahren, außerdem ist mein Karren kaputt, nicht deiner!»

«So, hast du jetzt auch einen Karren?!» schrie Kiesow zurück. «Gar nichts hast du, eine freche Schnauze hast du! So was will Koffer fahren und schmeißt sie auf die Straße! Das werde ich den anderen erzählen!»

«Darum also hast du's getan, Kiesow!» rief Karl Siebrecht zurück. «Jetzt hast du dich aber verraten!»

Der laute Streit hatte, wie immer, einen Haufen Neugieriger angelockt, die alle Zeit hatten, stehenzubleiben und zuzuhören. Ein Droschkenkutscher zügelte vor der Koffersaat seine Rosse und sprach vernehmlich: «Na, jibt's denn so wat?!» Eine Elektrische klingelte ungeduldig. Eine Equipage mit zwei langmähnigen und langschwänzigen Apfelschimmeln hielt einen Augenblick, und Herr von Senden schaute mit seinen dunklen Augen auf den Streit. Er legte sich aber gleich wieder in die Kissen zurück, und die Hufe der Pferde klapperten davon. Karl Siebrecht verfluchte das Schicksal, das diesen unerwünschten Mann immer herbeiführte, wenn er in Streit und Verlegenheit war. Nun nahte der Schutzmann, der Blaue mit der Pickelhaube. Noch im Gehen angelte er in der rückwärtigen Tasche seines Rockes nach dem Notizbuch. Dazu sagte er: «Weitergehen, meine Herrschaften! Hier gibt's nischt zu kieken! Ansammlungen kann ich nicht dulden!» Er war wohl ein alter Spieß, mit einem grauen Schnauzbart und kugeligen, vorstehenden Augen, in deren Weiß sich viele rote Äderchen abzeichneten.

«Den müssen Sie aufschreiben, Herr Wachtmeister!» sagte der Dienstmann Kiesow eifrig. «Der kann ja nicht fahren! Immerzu hat er nach hinten und aufs Museum gekuckt, statt wohin er fährt! Absichtlich ist er mir in die Karre gefahren!»

«Das lügst du, Kiesow!» rief Kalli Flau zornig. «Wie kann er dir denn absichtlich in die Karre fahren, wenn er nach der anderen Seite sieht, so was ist ja Quatsch! Nein, du bist von hinten gekommen, und du bist uns absichtlich in die Seite gefahren!»

Der Wachtmeister hatte schweigend von einem zum anderen gesehen, ohne den Kopf zu drehen, nur die kugeligen Augen sehr langsam hin und her wendend. Das dicke Notizbuch mit dem Wachstuchdeckel hielt er noch ungeöffnet in den Händen. «Nun, wie ist es?» fragte er jetzt nicht unfreundlich den Karl Siebrecht. «Wer hat recht? Der oder der?»

«Ich weiß nicht!» sagte der Junge, und rascher: «Ich zeig keinen an. Wenn ich mit einem Krach habe, mache ich es mit ihm alleine aus!»

«Das ist es!» rief Kalli Flau eifrig. «Der Kiesow da hat schon mit meinem Freund auf dem Stettiner gestänkert, weil er denkt, wir nehmen ihm die Kundschaft fort. Wir sind Haifische, sagte er. Wir helfen aber nur dem Opa...»

Diese Worte richteten die allgemeine Aufmerksamkeit auf den Opa, der immer noch wie traumverloren auf dem Pflaster saß. Der Stoß, der ihn hingesetzt hatte, war für seine alten Knochen zu kräftig gewesen. Jetzt aber rief er, immer noch zwischen seinen Koffern sitzend: «Jute Jungen sind det, Herr Wachtmeesta, allet, wat recht is! Die helfen 'nem ollen Mann! Die Kollegen wollen det ja nich haben, die haben mir die Jungens direktemang verboten – und wat mach ick olla Mann ohne die? Jott, und nu ist ooch meine Karre kaputt – Kiesow, det hättste nich tun dürfen, allet, wat du willst, aber det nich, die Karre nich...» Der Ton seiner Klage, fast ohne Vorwurf, einfach und schlicht der Jammer eines alten Mannes, der voller Sorgen ist, überzeugte. Beistimmendes Gemurmel ließ sich hören. Zornige Blicke richteten sich auf Kiesow.

Dem wurde langsam klar, daß dieser Hase anders als erwartet lief, sein Zorn hatte ihm einen Streich gespielt. «Soll er doch kieken, wohin er fährt –» murmelte er unmutig. «Ich kann meine Augen auch nicht überall haben!» Womit er seine Sache schon verlorengab.

Der Schutzmann hatte sich ein Urteil auch gemacht. «Los, Jungens!» sagte er. «Helft eurem Opa auf die Beine. Schiebt die Karre an den Straßenrand und tut die Koffer drauf. Das bißchen kaputte Rad bindet ihr mit 'nem Strick zusammen, bis zum Lehrter Bahnhof hält's dann schon. Kurz vorm Lehrter ist rechts 'ne Schmiede, die flickt euch das für 'n paar Groschen! Und nun –» Der große Moment war gekommen! Der Wachtmeister hatte sein dickes Notizbuch aufgeschlagen und hielt den Bleistift schreibfertig in der Hand. Er sprach nur noch zu dem Dienstmann 13, Kiesow... «Und nun sagen Sie mir, soll ich Sie aufschreiben, oder wollen Sie sich mit Ihrem Kollegen im guten einigen –?»

«Ach, die paar Groschen!» sagte Kiesow verlegen.

«Ich frage Sie nicht nach den paar Groschen, ich frage Sie, ob Sie sich mit Ihrem Kollegen einigen wollen!»

«Das macht mir gar nichts aus!» brummte Kiesow.

«Ick frage Sie nicht, ob Sie det was ausmacht, ick frage Sie wegen Einigung!» Der Wachtmeister sprach mit erhobener Stimme, im Affekt wurde sein Tonfall unverkennbar berlinisch.

«Na ja –» antwortete Kiesow.

«Wat heißt hier na ja?! Soll ick Sie aufschreiben?»

«Dieses nicht, Herr Wachtmeister! Ich will, wenn Sie meinen...»

«Sie wollen sich also einigen mit Ihrem Kollegen? Mann, sagen Se endlich, wat Se wollen, oder ick schreibe Ihnen uff de Stelle uff, und Sie haben es für ewige Zeiten in Ihren Papieren!»

«Dieses nun doch nicht! Ich will ja, Herr Wachtmeister!»

«Sie wollen sich einigen?»

«Na ja doch! Das sage ich ja die ganze Zeit!»

«Na, Gott der Herr sei gelobt!» sagte der Wachtmeister und steckte sein Notizbuch umständlich in den Rockschoß. «Sie haben gehört, Opa? Er will Sie schadlos halten. Und wenn er nicht kommt, ich habe die ganze Woche noch Dienst hier am Neuen Tor, dann kommen Sie zu mir. Dienstmann 13, das behalte ich auch ohne Aufschreiben.»


## 27. Streit mit Kalli Flau

Eine halbe Stunde später hatte der Schmied das Wagenrad geflickt, und der Großvater war auf den Lehrter Bahnhof geschickt worden. Er sollte sich ruhig ein bißchen vor die Halle in die schöne Sonne setzen und den Schreck ausschwitzen. Die Fuhre schafften sie schon allein, und das andere würde alles noch gut werden ...

Nun waren sie die Invaliden- und Paulstraße hinuntergefahren und kamen am Schloß Bellevue vorbei in den Tiergarten. Die Bäume waren noch kahl, aber im Sonnenschein sahen ihre Linien sanfter aus, als runde schon der aufsteigende Saft die Äste. Der Rasen aber wurde wirklich grün, und überall brachen aus ihm in gelben, lila und weißen Tuffs die Kelche des Krokus. Die beiden hatten bis dahin sehr rasch gezogen, als wollten sie die verlorene Zeit einbringen, nun verlangsamte sich ihr Schritt. Schließlich gab Kalli das Schieben hinten auf und kam nach vorn zu Karl. Er legte nur eine Hand auf den Holm und sagte: «Laß uns nur langsam gehen, Karl. Auf eine Viertelstunde kommt es jetzt auch nicht mehr an.»

«Recht hast du!» gab Karl Siebrecht zu und schlenderte nur noch. «Wir wollen die Sonne genießen. Es werden noch genug schlechte Apriltage kommen. Gott sei Dank!»

«Warum meinst du Gott sei Dank?»

«Weil die Kerls bei schlechtem Wetter unseren Wagen eher gebrauchen werden als bei gutem.»

Einen Augenblick schwieg Kalli. Dann meinte er: «Du sagst ‹unseren Wagen›, Karl. Aber nimm es mir nicht übel, Karl, mir hast du bisher von der ganzen Geschichte noch nicht ein Wort gesagt.» Wieder schwieg er. Dann setzte er doch hinzu: «Und der Rieke wahrscheinlich auch nicht.»

«Nein, der auch nicht», gab Karl Siebrecht zu und war ein wenig rot geworden. «Weißt du», versuchte er sich zu entschuldigen, «ich wollte nicht eher reden, bis es soweit war. Ich mag das Hin-und-Her-Geschwätze nicht. Und dann ist es mir plötzlich über den Hals gekommen, ehe ich noch mit dir gesprochen hatte. Das hat mich selbst geärgert.»

«Ich hätte schon nicht hin und her geschwätzt», sagte Kalli Flau. «Du weißt gut, Karl, ich mach bei allem mit, was du anfängst. Mit mir kannst du Pferde stehlen. Aber reden wir nicht mehr davon. Was willst du nun eigentlich anfangen?»

Karl Siebrecht setzte es ihm auseinander. Er wurde wieder warm dabei. Wieder fiel das Wort Hornochse. Jeder, der nicht einsah, daß diese neue Regelung für alle Teile vorteilhaft war, war eben ein Hornochse! Kalli Flau war keiner, er sah es sofort ein. Aber am meisten interessierte ihn nun die Frage, wo Karl Pferd und Wagen hernehmen wollte. Hatte er schon was Festes abgemacht?

«Pferde!» sagte Karl Siebrecht mit Nachdruck. «Nicht ein Pferd – Pferde! Es muß gleich nach was aussehen, sonst beißt keiner an. Und ich habe auch einen guten Rollwagen. Das heißt, was Festes habe ich noch nicht ausgemacht, ich wollte erst sehen, wie das mit den Dienstmännern ausgeht.»

«Und wie ist es ausgegangen, Karl, was meinst du selbst?»

«Schlecht», gab Karl Siebrecht zu.

«Und der Zusammenstoß mit dem Kiesow eben, war der nun schädlich oder nützlich? Der Blaue hat ihm doch gesagt, er soll sich mit uns einigen.»

«Mit dem Opa», verbesserte Karl. «Mit dem wird er schnell fertig, dem gibt er eine Mark, und fertig ist der Lack. Auf uns aber wird er nun eine Extrawut haben, das heißt auf mich.»

«Auf mich sicher auch, ich habe ihm ja sogar Dresche angeboten. Du aber hast gesagt, du willst ihn nicht anzeigen.»

«Das hat alles nichts zu sagen. Dich mögen sie, und mich kann keiner ausstehen, weiß der Henker, warum!» Er dachte einen Augenblick nach, dann sagte er: «Doch, ich weiß schon warum!»

«Warum meinst du denn, Karl?»

«Weil ich klüger bin als die! Das giftet die, darum können sie mich nicht leiden!» Er sah Kalli Flau herausfordernd an, und als der schwieg, fragte er: «Nun, stimmt das Kalli, oder stimmt es nicht?»

«Ach, Karl –» sagte Kalli und schwieg wieder.

«Was heißt das: ach, Karl –? Stimmt es oder stimmt es nicht?»

«Natürlich stimmt es nicht, Karl. Es gibt einen ganzen Haufen Leute, die klüger sind als die Dienstmänner am Stettiner. Das wissen die ganz gut, und das finden die auch ganz richtig, deswegen haben die noch lange keine Wut auf die Klügeren. Aber –»

«Aber –?» fragte Karl Siebrecht ungeduldig, als Kalli Flau noch immer schwieg.

«Ach, du schnappst ja doch ein, wenn ich es dir sage, Karl!»

«Ich schnappe bestimmt nicht ein, Kalli!»

«Doch tust du es!»

«Bestimmt nicht, Ehrenwort, Kalli!»

«Also meinethalben! Weißt du, Karl, du hast so eine verfluchte hochnäsige Art zu den Leuten. Zu allen, Karl, nicht nur zu den Dienstmännern. Auch zu Rieke und zu mir.»

«Ich habe euch doch nie –» fing Karl Siebrecht gekränkt an.

«Doch hast du, Karl! Du hast uns schon viele Male merken lassen, wie dumm wir sind und wie klug du bist. Du denkst immer, wir merken es nicht, aber wir merken es doch. Du mußt ja nicht immer die Leute gleich Hornochsen schimpfen –»

«Aber sie waren Hornochsen, richtige Hornochsen waren sie!»

«Ja, glaubst du denn, Karl, das haben sie dir übelgenommen, daß du sie Hornochsen geschimpft hast?! Die schimpfen sich noch ganz anders untereinander: Mistvieh und alter Madensack, deswegen schnappen die noch lange nicht ein. Aber wenn du sie schimpfst ...»

«Siehst du, es ist nur, weil ich es tue. Mich können sie eben nicht leiden!»

«Aber wenn du sie schimpfst, dann fühlen sie, daß du sie verachtest, und das kränkt sie. Darum ist dir heute auch alles schiefgegangen, und darum haben sie solche Wut auf dich. Sieh mal, Karl, daß es Arme und Reiche und Dumme und Kluge auf der Welt gibt, das wissen wir alle, und darüber regt sich keiner groß auf. Wenn nun aber die Klugen, die doch schon viel besser weggekommen sind, anfangen, die Dummen verächtlich zu behandeln, dann muß es ja schiefgehen, Karl!»

Karl Siebrecht schwieg eine lange Weile still zu den Worten des Freundes. Sie waren nun schon in der Hofjägerallee, sie schlenderten langsam nebeneinander her. Leise ächzend lief die Karre hinter ihnen, Karl Siebrecht drückte nur gerade so viel auf die Holme, daß sie im Gleichgewicht blieb. Er schämte sich ein wenig, gerade die schlichte Art, in der Kalli gesprochen hatte, hatte so etwas Überzeugendes an sich. Und doch dachte er: Und ich habe doch recht! Sie sind nun mal Hornochsen, und das finde ich verächtlich. Nur nicht so anmerken lassen darf ich es mir – das war nicht richtig!

«Nun bist du also doch eingeschnappt, Karl», fing Kalli wieder an.

«Nein, bin ich gar nicht, Kalli!»

«Und warum sagst du nichts?»

«Weil ich nachdenke.»

«Worüber denkst du denn nach?»

«Ach, nur so. – In einem hast du doch unrecht, Kalli. Daß ich es mit den Dienstmännern falsch angefangen habe, habe ich schon zugegeben. Aber daß ich dich und die Rieke verachte, ist nicht wahr, euch mag ich richtig gern. Ich weiß auch gar nicht, wann ich euch so was hätte merken lassen!»

Nun war es Kalli, der schwieg. Als ihn aber Karl Siebrecht drängte: «Sag nur ein einziges Beispiel, wo ich euch verächtlich behandelt habe», antwortete er nur: «Ach, Karl, wozu soll man das alles heraussuchen? Es sind ja alles nur Kleinigkeiten!»

Karl Siebrecht rief: «Siehst du, gar nichts weißt du! Das hast du nur so hingesagt, und das finde ich nicht hübsch von dir! Ich bin immer euer guter Freund gewesen, und nun redest du so von mir! Und vielleicht sprichst du auch mit Rieke so über mich...»

Bei diesen Worten des Freundes hatte sich Kalli Flau aufgerichtet. Unwillkürlich zog er stärker am Karren, der jetzt über die Tiergartenstraße fort in die Friedrich-Wilhelm-Straße rollte. Kalli sah den Freund ein paarmal von der Seite an, rasch, wischte sich mit der freien Hand über den Mund, schluckte und sagte dann grob: «Manchmal verdienst du einfach Prügel, Karl!»

«Was ist denn jetzt mit dir los?» rief Karl Siebrecht und sah den Freund erstaunt an. «'ne Schraube locker geworden, was?!»

«Bei wem wohl die Schraube locker geworden ist?» schrie Kalli plötzlich wütend. «Du willst mich hier wohl dummreden? Du willst mir Vorwürfe machen, als wenn ich mit Rieke über dich quatsche?! Gleich zwitschere ich dir aber eine, daß du ewig daran denken sollst!»

«Ich versteh wirklich noch immer nicht, was du eigentlich von mir willst, Kalli?» rief Karl Siebrecht, dem es zu dämmern anfing, daß er es wieder einmal falsch angefangen hatte.

«So, du verstehst nicht, du Hornochse, du?» schrie Kalli Flau, plötzlich rasend vor Wut. «Dann will ich es dir sagen, du Riesenroß! Von was willst du eigentlich dein großartiges Unternehmen starten? Womit willst du denn Pferde und Wagen bezahlen, he?»

«Du weißt doch, Kalli», sagte Karl Siebrecht nun ganz verwirrt, «daß wir Geld gespart haben. Gestern waren es gerade hundert Mark –»

«So, haben wir Geld gespart, du Flachkopf?» schrie Kalli Flau immer rasender. «Du hast Geld gespart, du hast uns unser Geld abgenommen, heißt das, und dann gehst du her und erzählst allen Leuten von deinem großartigen Rollfuhrunternehmen, aber die Rieke und mich, uns fragst du überhaupt nicht! Ach, du hättest uns gar nicht zu fragen brauchen, nur davon erzählen hättest du sollen – keiner hätte ein Wort dagegen gesagt! Aber du bist ja so schrecklich fein, du kannst das Hin-und-Her-Geschwätze nicht vertragen! Und das nennst du Freundschaft, und mir willst du Vorwürfe machen?! Ich habe immer, ohne Wort, getan, was du willst! Aber du bist noch nie auf die Idee gekommen, uns auch nur zu fragen, ob uns auch recht ist, was sich dein hochgeborener Schädel ausgeheckt hat! Weißt du, was du bist, Karl? Das hochnäsigste Armloch von ganz Berlin bist du, und wenn du so weitermachst, dann kannst du dir deine Freunde bald mit der Laterne suchen! Bloß finden wirst du keine, die Rieke nicht und mich auch nicht!» Nach diesem kräftigen Ausbruch sah Kalli den Freund noch einmal zornig an, spuckte dann kräftig aus, sagte wegwerfend: «Ach was, überhaupt alles Scheibenhonig!» und zog kräftig weiter.

Karl Siebrecht aber war so bestürzt über diese unerwartete Meuterei seines Getreuesten, daß er im ersten Augenblick seine Gedanken nicht sammeln konnte, sondern nur aufs Geratewohl sagte: «Dir hätte ich schon alles erzählt, Kalli, aber die Rieke redet immer soviel über alles.»

Damit aber hatte er es erst richtig verkehrt gemacht. Der Kalli Flau tat vor Wut einen Satz, schüttelte ihm die Fäuste vor der Nase und schrie: «Sage das noch einmal, du verfluchter Lügner, du! Nun auch die Rieke schlechtmachen! Von was willst du denn leben die nächsten Tage bei deiner feinen Fahrerei, wenn kein Geld einkommt? Doch bloß von der Rieke! Und du willst behaupten . . .»

«Ich habe bloß gesagt, daß die Rieke ein bißchen viel redet.»

«Die Rieke kann besser den Mund halten, wenn's darauf ankommt, als du! Du machst deine Klappe immer nur auf, wenn es ganz verkehrt ist! Aber ich habe es jetzt satt mit dir, Karl! Das eben hat mir den Rest gegeben. Bloß Freund sein zum Ja- und Amen-Sagen und zum Kuschen, dafür danke ich! Mach du dir von jetzt an deinen Dreck alleine, da fahre ich noch lieber auf der ‹Emma› mit Käpten Rickmers!» Er hatte die Karre losgelassen und stolzierte jetzt steifbeinig wie ein zorniger Gockel zum Bürgersteig hinüber. Karl Siebrecht starrte ihm nach. Er konnte es noch immer nicht begreifen, daß dies geschehen war, wie es geschehen war, daß es endgültig zu Ende sein sollte. Nein, es war wirklich noch nicht zu Ende: Kalli Flau kam zurück. Mit zusammengekniffenen Augen und verächtlicher Miene sagte er: «Weil man dir so was ja noch extra sagen muß, Karl Siebrecht: mit der Rieke werde ich kein Wort über die ganze Sache reden, der erzählst du es am besten selbst. Und viel Spaß wünsche ich dir dabei!» Wieder spuckte er aus. Dann setzte er sich in Marsch, von Karre und Freund fort, der Herkulesbrücke zu. Die Jungen waren in der letzten Zeit nicht mehr recht weitergekommen, bei den erregteren Punkten ihrer Unterhaltung waren sie meist stehengeblieben. Kalli Flau ging an das Geländer der Brücke, stützte seine Arme darauf und fing an, in den Landwehrkanal zu spucken, ein Zeichen dafür, was er von dieser Welt und ihren Menschen hielt.

Karl Siebrecht legte sich in den Ziehgurt und brachte die Karre wieder in Gang. Wie schwer sie ihm plötzlich schien, da er allein an ihr zog! Als er im Rücken Kallis angekommen war, hielt er an und rief, erst halb, dann ganz laut: «Kalli! Kalli Flau!» Schließlich drehte sich Kalli Flau auch um, aber nur halb. Dabei macht er jene auffordernde Bewegung, die nicht nur unter seefahrenden Leuten und in Hafenstädten verstanden wird. Worauf er sich wieder dem Kanal zuwandte und seine Spuckerei neu aufnahm. «Na, denn nicht!» rief Karl Siebrecht patzig und fuhr los, alleine, nach der Kurfürstenstraße 72.

Er hatte es sich so schön gedacht, der Karl Siebrecht, daß der Opa mit Kalli zusammen die Koffer in die Wohnung hinaufschaffen würde, so daß er dem Rittmeister gar nicht vor die Augen kam. Das war nun wieder einmal anders geworden als erwartet. Er würde zu tun haben, die Koffer allein hinaufzuschaffen. Ein paar Stücke waren ganz hübsch schwer, und kein Mensch, der sie ihm auf den Buckel half ...

Und warum das alles? Wegen einem reinen Quatsch! Wegen Empfindlichkeit! Wegen Einschnappen! Nun schön, richtiger wäre es vielleicht gewesen, die beiden vorher zu fragen, schließlich war ihr Geld dabei, das stimmte. Aber er hatte den Kalli ja auch überraschen wollen! Heute mittag hatte der Maler das Schild für den Rollwagen fertig: «Berliner Gepäck-Beförderung Siebrecht & Flau.» Vor dieses Schild hatte er den Kalli führen wollen: Da sieh, was ich mir ausgedacht habe! – Damit war es nun Essig. So ein alberner Affe! Ja, dachte Karl Siebrecht, und die weitreichenden Folgen dieses Streites wurden ihm plötzlich klar, ja, nun war es wohl mit dem ganzen so herrlich geplanten Transportunternehmen Essig –? Er fuhr immer langsamer. Jetzt sah sein Gesicht finster aus vor lauter Grübeln. Mit den Dienstmännern war es schiefgegangen, darüber war kein Zweifel. Und auf Kalli Flau als Hilfe konnte er auch nicht rechnen. Die hundert Mark muß ich nun wohl schandenhalber zurückgeben? grübelte er weiter. Wenigstens Kallis Anteil, das werden etwa fünfunddreißig Mark sein. Und wie steht es mit Riekes Anteil? Dreißig Mark – dann bleiben mir nur fünfunddreißig Mark, damit kann ich nichts anfangen, da bin ich gleich aufgeschmissen. Und er fing wieder an zu rechnen, was er in den letzten Wochen schon hundertmal berechnet hatte: der Fuhrwerksbesitzer verlangte zehn Mark am Tag für die Stellung des Wagens und der Pferde, dazu fünfundzwanzig Prozent von der Siebrechtschen Tageseinnahme. Das war nicht teuer, aber für Karl Siebrecht war es, auch wenn alles glatt ging, fast zu teuer. Er rechnete sechs, sieben Tage, bis sich die Sache einlief, bis sich die Dienstmänner daran gewöhnt hatten und ihm wirklich ihr Gepäck brachten. Aber nun ging nichts glatt. Kalli Flau hatte Kutscher werden sollen – der fiel schon aus. So mußte Karl Auflader und Kutscher spielen, das war schon schwer genug. Und mit den Dienstmännern war er ganz ernstlich verkracht – würden die sich in sechs, sieben Tagen so weit besonnen haben, daß sie ihm das Gepäck brachten? Dabei konnte er gar nicht mehr so lange warten, genaugenommen besaß er nur fünfunddreißig Mark, und von denen sollte er auch noch den Maler bezahlen. Und all die Tage durch würde er von Riekes Verdienst leben müssen und sollte ihr auch noch erzählen, was er vorgehabt hatte und wie es schiefgegangen war?! Oh, verdammt, verdammt, verdammt – dieser elende Kalli Flau! Das waren gerade die richtigen Freunde, die einen im ersten Moment, wo es wirklich darauf ankam, im Stich ließen! Hornochsen waren das! Also nicht Hornochsen – Esel! Nein, gerade Hornochsen, nicht Esel! Nun hatte sich seine anfängliche Bestürzung doch noch in Wut verwandelt. Er biß die Zähne zusammen und zerrte stürmisch am Karren. Eines Tages würden sie es schon einsehen, wie gut er es mit ihnen gemeint hatte, die Sache würde florieren und viel Geld einbringen! Dies war die Gelegenheit, keinen Schritt wich er zurück! Wenn er sich dies entgehen ließ – zehn Jahre konnte es dauern, bis ihm wieder etwas so Gutes einfiel! Überall saßen schon die anderen und verdienten ihr Geld. Dies war seine Lücke, in die er schlüpfen konnte. Sie mochten sich auf den Kopf stellen, sollten sie ihn einen schlechten Freund schimpfen, er schlüpfte hinein. Und er nahm sie mit, er brachte sie mit in die Höhe – sie sollten es schon einsehen, wer ihr wahrer Freund war.

Kurfürstenstraße 86! Hol es der und jener, da war er wirklich vierzehn Häuser zu weit gefahren! Nun, immer noch besser zu weit als nicht weit genug, immer noch besser über das Ziel hinaus, als vor dem Ziel liegengeblieben! Morgen früh Punkt zehn Uhr hielt sein Rollwagen vor dem Stettiner, mit zwei erstklassigen Pferden und mit dem Schild «Berliner Gepäck-Beförderung Siebrecht & Flau»! Er dachte nicht daran, den Namen Flau übermalen zu lassen – die Übelnehmerei von solchen Genossen ging ihn einen Dreck an! Und nun gleich den schwersten Koffer auf den Rücken gewuchtet und über die Dienstbotentreppe in die rittmeisterlichen Bezirke! Das Schwerste immer zuerst, dann wußte man doch, daß es hinterher leichter kam. Als er sich den zweiten Koffer auf den Rücken lud, fühlte er einen Blick auf sich. Da stand der Herr Rittmeister in einem vielfach verschnürten Rauchjakett auf dem Balkon und sah ihm nachdenklich zu. «Wo sind denn deine Freunde geblieben?» fragte er von oben.

«Haben was anderes zu tun!» rief er zurück und ärgerte sich, daß ihn der Rittmeister schon wieder erwischt hatte. Gottlob konnte der aber nicht wissen, wieso die Freunde was anderes zu tun hatten.

«Soll ich dir jemand zur Hilfe runterschicken?» fragte der Rittmeister nun.

«Nein, danke, es geht schon so!»

«Wie du willst», sagte der Rittmeister ganz freundlich und sah weiter zu, wie Karl sich mit dem Koffer plagte. Zu seinem Ärger ärgerte sich der Junge wieder, daß der Rittmeister tatenlos zusah, ihm Hilfe nicht geradezu aufdrängte, obwohl er diese Hilfe abgelehnt hatte und immer weiter ablehnen würde – da kenne sich einer aus!

Als er diesen zweiten Koffer im Schlafzimmer bei der gnädigen Frau absetzte, kam der Herr von Senden auf seinen langen Beinen hereinstolziert, beide Hände in den Taschen, wobei er die Hosen etwas hochzog, so daß man taubengraue seidene Söckchen sah über maisfarbenen Halbschuhen aus Wildleder mit Knöpfen. «Nun, mein Sohn», sagte er, «Reichlich viel für einen jungen Mann, diese Kofferschlepperei ganz allein, was?»

«Ich schaffe es schon», sagte Karl Siebrecht und wollte gehen.

Der Rittmeister winkte ihm ab. «Laß nur, Karl», sagte er. «Der Portier bringt eben den Rest herauf.» Und zu seiner Frau: «Das ist der junge Mann, Ella, über den dein Bruder so böse war.»

Die Frau schloß einen Augenblick fest den Mund. Dann sagte sie: «Ich habe es mir schon gedacht, Bodo.»

Der Rittmeister lächelte. Aber ehe die Frau noch etwas Weiteres hätte sagen können, fragte er schon: «Der Zwischenfall am Neuen Tor befriedigend verlaufen, Karl? Ihr habt ein bißchen Karambolage gespielt, kommt mir vor.»

«Doch, alles in Ordnung!» antwortete Karl Siebrecht kurz.

Der Rittmeister nickte nur. Nähere Auskünfte schien er nicht erwartet zu haben. Er zog eine aus grünen Perlchen geflochtene Geldbörse aus der Tasche. «Und wie ist die Taxe, mein Sohn!» fragte er.

«Zwei Mark fünfundzwanzig», sagte der Junge eilig.

«Schade», meinte der Rittmeister, indem er das Geld abzählte, «daß nicht doch einer von deinen Freunden mitgekommen ist. Ihnen würde ich ein Trinkgeld geben, dir wage ich keines anzubieten.»

«Ich nehme auch Trinkgeld», sagte der Junge trotzig, «aber nicht von Ihnen!»

Herr von Senden nickte nur. «Genau wie ich gedacht habe», sagte er ganz ungerührt. «Hier ist dein Geld, Karl, zähle es bitte nach – ich habe keinen Groschen dazugemogelt, um deine Gefühle für mich zu bestechen.» Seine Ironie war einfach ekelhaft. «Auf Wiedersehen, Karl – unter glücklicheren Umständen!» Der Junge hätte ihn schlagen mögen vor Wut . . .

«Auf Wiedersehen», sagte er nur.

Diesmal wurde Karl keine lange Aristokratenhand gereicht, sei es nun, weil die Frau mit den dunklen Augen beobachtend dabei stand, sei es aus reinem Zufall. Karl Siebrecht ging. –

Unterdes war Kalli Flau seiner Spuckerei in den Landwehrkanal bald überdrüssig geworden. Sein erster Zorn war verraucht. Der Karl hatte eine Abreibung verdient, er hatte sich schon lange nicht mehr so benommen, wie sich ein richtiger Freund zu benehmen hat, vor allem zu Rieke nicht. Rieke schuftete von früh bis abends, der Karl aber tat, als sei das alles ganz selbstverständlich. Er konnte groß angeben, wenn ein Teller nicht ordentlich abgewaschen war! Gott, der gute Karl hätte auf der «Emma» sein sollen, Käpten Rickmers' Trawler, da wäre ihm das Angeben schon vergangen! Ein Kochgeschirr ohne Fischschuppen hatte man da nie zu sehen gekriegt. Aber Karl war fein, und wahrscheinlich blieb er auch fein, trotz aller Abreibungen. Es hatte seine Vorteile, einen so feinen Kerl zum Freund zu haben. Er wurde nie gewöhnlich; was er tat, war sauber, er riß nie unanständige Witze, er besoff sich nicht. Er wusch sich morgens und abends, und er konnte sehr unangenehme Bemerkungen machen, wenn man es mit dem Zähneputzen einmal nicht so genau nahm oder wenn sich plötzlich beim Hochschieben eines Jackenärmels eine graue Schmutzkante zeigte! Kalli Flau, der jetzt in der Richtung auf den Lehrter Bahnhof durch den Tiergarten schaukelte und dabei gedankenvoll vor sich hinpfiff, war sich also ganz klar darüber, daß das feine Getue von Siebrecht seine guten Seiten hatte. Fein – nun gut, er sollte so fein sein, wie er wollte, dieser komische Knopp, der in der Woche drei frische Hemden anzog und dann zur Nacht noch ein Nachthemd verlangte, trotzdem er sich eben gerade vom Kopf bis zu den Füßen abgewaschen hatte! Bei dem wurde ein Hemd ja nie richtig dreckig – alles ganz unnötige Wascharbeit für die Rieke! Und dann diese Anstellerei mit den Fingernägeln, dieses ewige Gerede von den Trauerrändern! Er ging doch wahrhaftig sogar der kleinen Tilda mit einem Taschenmesser auf den Leib und pulte ihr an den Nägeln herum. Es war doch egal, wie die Nägel bei einem Kind aussahen! Tilda rutschte ewig auf der Erde herum, gleich sahen die Nägel aus wie zuvor. Karl Siebrecht aber behauptete, wichtig ist, daß sie überhaupt rein gemacht worden seien, daß sie gleich hinterher wieder dreckig würden, sei nicht so wichtig. So was war doch einfach albern! Kalli Flau spuckte in großen Bogen nach einem freundlichen gelben Krokus im Rasen und traf ihn auch.

Übrigens: spucken durfte er auch nicht mehr, wenigstens in der Wohnung nicht. Karl duldete nicht einmal einen Spucknapf! Und dann dieses höllische Theater, wenn jemand mal das Messer zum Munde führte. Sie hatten zuerst gar nicht verstanden, was er eigentlich wollte, sie alle vier, wie sie da waren, der alte Busch, Rieke, er, der Kalli Flau und auch die kleine Tilda schon hatten in aller Selbstverständlichkeit mit dem Messer gegessen. Viere gegen einen! Messer mußte sein, Gabel konnte sein, brauchte aber nicht. Aber Karl hatte wahrhaftig seinen Kopf gegen die vier durchgesetzt. Rieke aß nun schon ganz wie der Karl, sie führte die Gabel, als schriebe sie auf dem Teller mit einem Federhalter... Überhaupt die Rieke! Sie hatte es am schwersten, an ihr hatte er immer am meisten zu mäkeln. Wenn sie zur Mittagsstunde mal noch ihre Pantoffeln an den Füßen hatte, gleich ging die Stänkerei los: eine schöne Schlamperei das! Sie würde sich hübsch die Füße verderben mit ihren ewigen Filzpantoffeln! Sie wollte wohl durchaus einen Plattfuß kriegen! Gott, dieser Trottel! Sah er denn wirklich nicht, wie die kleine Rieke sich alle Mühe gab, sauber und nett auszusehen, wie sie sich ein Schleifchen ansteckte, die Haare glatt machte, die Hände vor dem Essen wusch – alles bloß, um ihm zu gefallen! Sie riß sich doch wahrhaftig schon alle Beine für ihren Karl Siebrecht aus. War der denn völlig blind? Nun würde er heute mittag oder am Abend heimkommen und der Rieke brühwarm all diesen Quatsch von ihrem Streit und seinem großartigen Fuhrunternehmen vorbeten, ausgerechnet der kleinen Rieke, die wahrhaftig schon genug auf dem Buckel hatte. Das durfte nicht sein. Kalli Flau runzelte die Stirne, er dachte scharf nach. Er mußte die Sache vorher mit Karl in Ordnung bringen, dieser Streit mußte begraben werden. Nun, das war nicht so schwierig, man zankte sich, sagte sich die Meinung, und dann vertrug man sich wieder.

Ganz aufgemuntert und ohne Zorn auf den feinen Freund langte Kalli Flau beim Lehrter Fernbahnhof an. Er suchte den Alten vor und in der Halle, schließlich fand er ihn auf einer Bank in dem schmalen Grünstreifen seitlich des Bahnhofs. Küraß hatte sich da schön in die warme Aprilsonne gesetzt und war friedlich eingedrusselt, erschöpft von den Aufregungen dieses Morgens. Auf seiner runzligen hohen Greisenstirn stand in kleinen Tröpfen ein sanfter Schweiß, seine rote Mütze lag neben ihm. Das blankgeputzte Messingschild «Dienstmann 77» schimmerte hell im Sonnenschein. Kalli setzte sich auf die Bank neben den Alten, auch er nahm die Mütze ab und ließ sich von der Mittagssonne bescheinen. Nach einer Weile fing er an, sich zu langweilen, und in der Langeweile griff er nach der roten Mütze des Alten. Es war eigentlich eine sehr hübsche Mütze. Kalli hätte gern eine solche getragen. Sie hätte das ganze Leben sicherer gemacht und einen festen Verdienst garantiert! Er setzte sich die Mütze auf den Kopf. Sie saß überraschend gut. Sie saß so fest auf seinem mit dicken schwarzen Haaren bedeckten Schädel, als sei sie für ihn gemacht, nicht für den haarlosen mageren alten Schädel dort. Kalli Flau stand auf und ging ein wenig mit der roten Mütze hin und her. Er hätte sich gerne damit gesehen, es war gar nicht ausgeschlossen, daß er eines Tages eine solche rote Mütze tragen durfte. Er konnte schnell zum Kronprinzenufer laufen und sich in der Spree spiegeln. Aber meistens war das Wasser dreckig und voller Ölflecken, das gab einen schlechten Spiegel für eine so schöne Mütze ab. Dann fiel ihm ein, daß im Wartesaal Spiegel hingen. Er würde dort so tun, als habe er Gepäck zu holen, auf dem Lehrter Bahnhof war er kaum bekannt.

So schob er denn über den Bahnhofsplatz auf den Bahnhof zu. Er hatte den Bahnhof aber noch nicht erreicht, als ihn ein unglaublich dicker Mann anhielt. «Dienstmann, das ist aber ein Glück, daß ich Sie erwische! Hier, nehmen Sie mein Gepäck! In den D-Zug nach Hamburg. Geht in vier Minuten! Ich hole mir schnell die Fahrkarte! – Zweiter! Raucher! Eckplatz!»

«Aber –» fing Kalli Flau an. Doch der Dicke war schon entwetzt. Unglaublich schnell lief er, seinen Bauch in der lockeren Hose schaukelnd, über den Platz und verschwand im Bahnhof. «Aber –» hatte Kalli gesagt. Er hatte dem Mann erzählen wollen, daß er gar kein Dienstmann war, daß aber auch ein Dienstmann Gepäck nicht auf den Bahnsteig bringt, sondern nur ein grünjackiger, schwarzmütziger Gepäckträger. Zu alldem war er nicht mehr gekommen, der Dicke war zu schnell gewesen, er hatte es eilig zu seinem Zug ... Dies war eben ein verkehrter Tag! Seufzend belud sich Kalli mit beiden Koffern, fest entschlossen, sie in der Halle dem nächsten Gepäckträger zu übergeben.

Aber in der Halle war kein Gepäckträger zu sehen. Dafür herrschte dort das übliche Hasten und Rennen vor Abfahrt eines großen Fernzuges. Während Kalli sich noch suchend umsah – er dachte kaum noch an die rote Mütze auf seinem Kopfe, sondern nur an die Koffer in seinen Händen, die er gerne losgewesen wäre –, da kam der Dicke schon wieder angeprescht. «Los, los, Dienstmann!» rief er. «Höchste Eisenbahn! Ich denke, Sie haben mir schon längst einen Platz besorgt! Und er stürzte ihm voran durch die Sperre. Wohl oder übel mußte ihm Kalli folgen. Der Billettmann sah ihn kaum an, warf nur einen flüchtigen Blick auf die rote Mütze. Kalli Flau war auf dem Bahnsteig und lief hinter dem Dikken drein, der hurtig am Zuge entlanglief. Der Dicke stürzte in einen Wagen. «Bleiben Sie draußen, Mann, reichen Sie mir die Koffer zum Fenster herein.» Und schon fuhr sein Kopf aus einem Abteilfenster. «Sehen Sie», strahlte er, «habe ich doch noch einen Eckplatz gekriegt. Das ganze Abteil ist noch leer. Na langen Sie mir mal die Koffer rauf.» Er hob sie mit Ächzen in die Netze, dann warf er einen Blick auf die Bahnhofsuhr. «Gott, was ist das?!» rief er. «Es sind ja noch acht Minuten bis zur Abfahrt! Warum haben Sie mir das nicht gesagt, Mann?! Hätte ich mir die ganze Lauferei erspart!»

Nun war es zu allen Aufklärungen doch zu spät. «Ich bin bloß ein Dienstmann, Herr», sagte Kalli Flau. «Ich bin kein Gepäckträger hier vom Bahnhof. Ich weiß nicht, wie die Züge hier gehen!»

«Natürlich!» lachte der Dicke. «Hätte ich ja auch sehen können, daß Sie Dienstmann und nicht Gepäckträger sind. Na, darum keine Feindschaft nicht. Gelaufen sind Sie großartig mit den beiden schweren Koffern! Sind zwei Mark genug?»

«Viel zuviel!» lachte Kalli Flau. «Eine Mark ist schon zuviel! Sechzig Pfennig wäre der Satz ...»

«Nehmen Sie schon die zwei Mark! Ich fahre nämlich zu meiner Braut.» Kalli Flau wunderte sich, daß so dicke Leute sich noch verlobten, vor allem, daß sie Bräute fanden. «Ach Gott, ja, der Mann mit den Blumen ist noch nicht da! Ich habe einen Mann mit Blumen an den Zug bestellt.» Er sah sich suchend um: «Gottlob, da kommt er!»

Kalli Flau sagte nicht gottlob, er verfluchte den Dicken, seine Hast, die Koffer, die Hamburger Braut, vor allem aber die Blumen! Warum kaufte der Dikke seine Blumen nicht in Hamburg, warum schleppte er sie von Berlin mit, bloß damit sie welk wurden während der Fahrt? Natürlich, gleich bei der Ankunft in Hamburg, auf dem Bahnsteig noch mußte er ihr die Blumen in die Hand stecken, weil er eben so ein Dicker war! Dicke müssen es mit Blumen machen. Und mit Süßigkeiten, sicher hatte er auch Süßigkeiten in den Koffern... Das alles schoß durch Kallis Kopf, und dabei dachte er doch an ganz, ganz andere Dinge! Das geht schief, dachte er, das geht verdammt schief. Das ist schon schiefgegangen! Was wird Karl Siebrecht sagen? Der Kerl hat mich schon gesehen! Und laut sagte er: «Also, ich danke schön, mein Herr. Wünsche glückliche Reise!» Und zog dabei tief, tief seine rote Mütze, setzte sie nicht wieder auf...

Während doch schon neben ihm der elende Kiesow sagte: «Hier sind die Blumen, mein Herr, bitte, eins zwanzig. Wenn Sie es vielleicht passend haben? Ich muß noch was erledigen!»

Fort! dachte Kalli Flau, nur fort! Und dachte schon wieder: Es ist schon viel zu spät! Er hat mich gesehen. Besser, ich mache es jetzt mit ihm aus, als daß er es nachher an die große Glocke hängt. Oh, was wird Karl nur sagen? Ich denke, er hat Mist gemacht, und nun habe ich selbst den allergrößten Mist gemacht...

«Na?!» sagte der Dienstmann 13 herausfordernd zu dem falschen Dienstmann 77. «Jetzt haben wir euch aber geschnappt, was?» Und als der andere schwieg. «Na, denn komm man, denn wollen wir uns mal beide beim Stationsvorsteher melden, was?»

«Was geht denn das den Vorsteher an, Kiesow?» fragte Kalli. «Das können wir doch beide untereinander ausmachen, meinst du nicht?»

«Meinst du?» fragte der Dienstmann und betrachtete den Kalli Flau nachdenklich. Dann: «Setz nur ruhig die Mütze wieder auf, du Nummer siebenundsiebzig! Wo hast du denn den andern?»

«Den Opa Küraß? Der sitzt auf der Bank vorm Bahnhof und pennt. Daher habe ich doch bloß die Mütze. Ich habe sie ihm weggenommen, als er schlief.»

«Ach, Scheiße!» sagte Herr Kiesow und spuckte aus. «Ich meine doch den anderen, das Aas!»

«Der ist gar nicht hier! Der weiß von alledem gar nichts!»

«Du kannst deiner Großmutter viel erzählen! Wie lange reist ihr denn schon auf die Tour?»

«Auf welche Tour wohl?»

«Auf die Tour mit der Mütze doch! Daß ihr uns mit der Mütze von dem alten Küraß die Kundschaft wegschnappt!»

«Aber ich sage dir doch, es war der reine Zufall! Bloß, weil der Opa eingeschlafen war, habe ich mir die Mütze aufgesetzt. Und dann wollte ich mich im Wartesaal im Spiegel besehen, wie mir die Mütze stand, weil ich denke, ich werde vielleicht auch einmal Dienstmann...»

«Denkste!»

«Und da kam der Herr gerannt und hatte es so eilig mit seinem Gepäck, weil er dachte, sein Zug fuhr schon. Aber seine Uhr ging falsch...»

«Na, nun hör schon auf!»

«Es ist aber wahr, Kiesow!»

«Ich versteh immer wahr!»

«Wirklich! Du kannst es mir glauben, Kiesow!

«Kann ich, tu's aber nicht.» Kiesow stand in düsterer Überlegung. «Wenn ich den anderen schnappen könnte, ließe ich dich laufen. An dir liegt mir nichts, du bist soweit ganz ordentlich . . .»

«Aber der andere ist wirklich nicht hier! Der hat damit gar nichts zu tun! Du hast ihn doch selbst mit den Koffern am Neuen Tor gesehen, Kiesow. Der bringt die Koffer in die Kurfürstenstraße.»

«Und warum du nicht? Du warst doch auch dabei!»

Einen Augenblick überlegte Kalli Flau. Die Hauptsache war, daß Karl nichts mit der Sache zu tun bekam. Er würde sich schon durchhelfen, auf ihn hatten sie keine solche Wut. «Ich habe mich mit ihm verkracht, Kiesow!»

«Hast du? Das lügst du schon wieder! Du willst ihn bloß rausreißen!»

«Warum glaubst du mir nichts, Kiesow? Ich habe dich doch noch nie angeschwindelt!»

«Eben hast du mir 'ne ganze Latte aufgehuckt!»

«Es ist aber alles wahr! Wirklich, Kiesow! Frag den Küraß! Wenn er nicht noch schläft, sucht er schon verzweifelt nach seiner Mütze, und meine Mütze liegt neben ihm auf der Bank!»

«Und der andere? Wo steckt der?»

«Ich sage dir doch, in der Kurfürstenstraße!»

Wieder dachte Kiesow nach. Dann sagte er: «Na, denn komm. Setze die Mütze auf, und dreh das Gesicht weg, wenn du durch die Sperre gehst!»

Während ihres Gespräches war der Zug abgefahren, mit den letzten gingen sie durch die Sperre. Als sie hindurch waren, wandte sich Kiesow flüsternd an den Jungen: «Wenn sie dich eben geschnappt hätten, wäre es nicht unter Kittchen zu machen gewesen! Hast einen Dienstmann gespielt und die Bahn um die Bahnsteigkarte betrogen. Die sind mächtig scharf auf so was!»

«Es war nett von dir, daß du mir durchgeholfen hast, Kiesow!»

«Ich habe dir nicht durchgeholfen, bilde dir doch so was nicht ein! Du bist noch nicht durch; wenn du mich angeschwindelt hast, beeide ich es, daß du die Bahn beschissen hast!»

«Ich habe dich nicht angeschwindelt, Kiesow . . .»

«Na, wollen mal sehen . . .»

Sie traten aus dem Bahnhofsportal. Und da, gerade gegenüber, an dem Grünstreifen, stand Karl Siebrecht mit der Karre des alten Küraß, und der Opa stand vor ihm, hielt die Mütze des Kalli in den Händen und redete kläglich auf den Jungen ein. «Gottes Donner!» fluchte Kiesow. «Ich hätte nicht gedacht, daß du so gemein lügen kannst. Kalli!»

In demselben Augenblick war es Kalli Flau klar, daß er sich nun richtig mit Karl Siebrecht verkrachen mußte, so daß der Dienstmann 13, Kiesow, es glaubte. Sonst waren sie für ewige Zeiten auf allen Bahnhöfen erledigt, und er kam auch noch ins Kittchen, womit keinem genützt war. Er stürzte auf den Opa Küraß zu, riß ihn von Karl Siebrecht zurück und schrie: «Willst du wohl mal nicht mehr mit dem Kerl reden, Opa? Der macht mit deinem Karren die Fuhren, und dann steckt er das Geld ein! Und er ist mit seinem verdammten hochnäsigen Maulwerk überhaupt schuld, daß wir dir nicht mehr helfen dürfen, Opa! Gegen mich haben sie nichts, der Kiesow hat es eben erst gesagt. Von seinetwegen kann ich überhaupt Dienstmann werden, aber du verdirbst uns alles, Karl, mit deinem hochnäsigen Getue! Mit dir bin ich fertig! Ich habe es dir schon in der Hofjägerallee gesagt, was du mir kannst! Ja, das kannst du mir! Kreuzweis kannst du's mir!» Und je bleicher er den Freund unter seinen Schimpfreden werden sah, um so stärker schrie er, denn er mußte den Kiesow überzeugen, sonst war alles verloren. Und dabei dachte er doch immer: Um Gottes willen, er sieht so unglücklich aus, das kommt nie wieder in Ordnung, das verzeiht mir der Karl nie –

«Bist du das, Kalli?» fragte Karl Siebrecht ganz leise, als Kalli endlich nicht mehr schreien konnte. «Und schon die rote Mütze auf? Dienstmann von Herrn Kiesows Gnade –?»

«Jawohl», nickte Kalli. «Ich werde Dienstmann!» Und um es ganz gut zu machen: «Das ist besser als deine alberne Fahrerei!»

«Schwein!» sagte Karl Siebrecht, spuckte aus vor ihm und ging.


## 29. Ein Geldmann meldet sich

Während Kalli Flau die anerkennenden Worte des Dienstmanns Kiesow anhörte und dabei verzweifelt dem verlorenen Freunde nachschaute, während er dann auch von dem Opa Küraß den Karl schlechtmachen hörte, der es doch besser hätte wissen müssen, aber der nach Greisenart an nichts mehr hing als an seinem armen bißchen Leben – unterdes ging Karl Siebrecht, den Kopf gesenkt, die Stirne vorgeschoben, ging vor sich hin, ging und schmeckte es, wie das so schmeckt, wenn man von einem Freund verraten wird um eines schnöden Vorteils willen. Um Dienstmann zu werden. Um einer albernen roten Mütze willen hatte ihn der Freund verraten! Und er hätte ihn zu was gemacht, das mehr wert war als alle roten Mützen. Aber mochte das noch sein, mochte er eben Dienstmann werden, manche wollten eben nicht hoch hinaus, blieben lieber in der sicheren Geborgenheit, wollten nicht schwimmen lernen – gut, gut, Kalli, alles gut: werde du Dienstmann, aber deswegen noch keine Feindschaft! Deswegen können wir doch Freunde bleiben! Den Jungen würgte es im Halse, er stellte sich vor ein Schaufenster und starrte blind hinein. Du hättest es doch besser wissen müssen! Wenn es manchmal hochnäsig klang, was ich sagte, wenn ich ein bißchen viel gemeckert und getadelt habe – ich habe es doch nicht böse gemeint, ihr wart doch meine einzigen Menschen in dieser großen Stadt Berlin – ach, ihr seid doch eigentlich meine einzigen Menschen auf der ganzen Welt. Aus lauter Liebe habe ich an euch herumgemäkelt, ich wollte euch immer besser haben. Wenn der Opa einen «Charlottenburger» machte, dann hat mich das gar nicht gestört, aber ihr! Ihr wart doch ihr! Der Junge starrte noch einmal zornig ins Fenster, sah nichts und ging weiter. Und nun wirst du zu Rieke hingehen und wirst mich bei ihr verklatschen, so wie du es mit mir vor Kiesow und Küraß getan hast. Ich hätte es ja nie von dir gedacht, aber nun, wo du das eine fertiggebracht hast, wird dir ja wohl auch das andere nicht schwerfallen, und dann ist es zu Ende mit mir und Rieke. Soll ich mich denn gegen einen solchen Dreck auch noch verteidigen? Es kotzt mich schon an, auch nur daran zu denken, und ich soll den Mund auftun und darüber reden? Nein, danke schön, nicht für mich.

Karl Siebrecht ging in seinem traurigen Zorn immer schneller. Es war ihm gleichgültig, ob er an Vorübergehende anstieß, er merkte es gar nicht. Er dachte immer weiter. Aber wenn Kalli Flau auch in dieser einen Sache sein Wort hielt und der Rieke nichts von dem Streit sagte, es ging doch nicht mehr weiter, dieses enge Zusammenleben in den beiden Löchern der Wiesenstraße. Sie konnten den Riß nicht vor Rieke verbergen, sie konnten nicht so tun, als arbeiteten sie noch zusammen, sie konnten nicht weiter aus einem Topf wirtschaften. Was aber dann? Fort! Und wohin? Wieder in die Schlafstelle zu der Witwe Bromme, aber diesmal nicht nur Schlafstelle, als einzigen Gefährten den mehlweißen Bäcker Bremer – keine Rieke mehr... Keine Aussprache mehr... Nichts mehr... Oh, dieses Leben war zum Kotzen! Eben dachte man, man hatte sich aus dem Dreck gearbeitet, eben war die «Engländerin» gewonnen, waren die Schulden bezahlt, ein Teil der Schulden – und da saß man schon wieder im Dreck, schlimmer als vorher, denn diesmal hatte man keine Freunde mehr...

Karl Siebrecht sieht hoch. Seine Beine haben aufgehört zu laufen, sie sind an ihrem Ziel. Was ist das Ziel seiner Beine? Der Stettiner Bahnhof. Diese guten Beine, sie sind weitab vom Kopf, sie haben noch nicht kapiert, daß es mit dem Stettiner alle ist! Was soll er noch auf einem Bahnhof, auf dem Kiesow und Flau Dienstmänner sind?

Aber der Junge geht nicht. Der Junge bleibt stehen auf seinem Platz und sieht in die Bahnhofshalle hinein. Es sind die stillen fünf oder zehn Minuten zwischen zwei Zügen, die Halle ist weit und leer. Nur wenige Menschen sind da, nur wenige steigen die breite Treppe zu den Bahnsteigen hinauf oder hinunter – Überängstliche mit Platzsorgen. Von seinem Platz aus kann Karl Siebrecht die Bahnhofsuhr sehen, über der Gepäckannahme hängt sie, sie zeigt 3 Uhr 10. Zwischen vier und fünf Uhr will er den Fuhrunternehmer Wagenseil sprechen, das ist ausgemacht. Und hundert Mark hat er in der Tasche. Wenn die Unterredung so verläuft, wie er erwartet – und warum soll sie eigentlich nicht? Es ist ja schon alles besprochen –, dann ist der Stettiner Bahnhof gar nicht für ihn erledigt, dann wird er ihm noch viel heimatlicher und vertrauter, als er jetzt schon ist... Karl Siebrecht sah auf und sah gegenüber, an einer Säule des Bahnhofsvorbaus, einen langen blassen Jungen lehnen, der ihn unverwandt ansah. «Na, Haifisch?» sagte der Junge schließlich.

«Tag, Haifisch!» antwortete Karl Siebrecht ziemlich abweisend.

Sie kannten sich beide, sie jagten beide im gleichen Revier. Der blasse lange Junge mit den grauen Korkzieherhosen hieß Tischendorf, Hans Tischendorf. Kalli hatte gehört, er sei bei einem Rechtsanwalt wegen eines Mankos in der Portokasse fortgejagt worden. Auch hier auf dem Bahnhof stand er in schlechtestem Ruf: er sollte besonders gerne Mädchen vom Lande in den Abendstunden Gepäck tragen, mit dem er dann verschwand. Aber das war wohl geschwindelt, sonst stünde der Junge nicht am hellichten Tage hier. «Flaue Zeit, was?» sagte wieder der Tischendorf. «Wetter ist zu schön!»

«Meinst du?»

«Selbstmurmelnd! Tragen die Leute ihr Gepäck lieber selbst! Bei Regen und Kälte sind wir gut!»

«Kann schon stimmen», gab Karl Siebrecht zu.

«Und ob!» sagte der andere. Und dann, ganz gleichgültig tuend, obwohl dies entschieden die Frage war, wegen der er das Gespräch überhaupt angefangen hatte: «Stimmt das, daß mit den Rotmützen verkracht bist!»

«Wer sagt das?»

«Ach, keiner! Ich hab so was gehört.»

«Wo denn?»

«Weiß ich nicht, die Leute reden viel, was?»

«Weiß ich auch nicht. Ich rede nicht mit den Leuten!»

«Eben! Aber die Leute reden von dir!»

«Das kann mir schnuppe sein!»

«Eben! Ich sag's ja.» Eine Stille entstand. Der Tischendorf betrachtete nachdenklich seinen Mittelfinger, der ihn zu ärgern schien. Dann führte er ihn zum Mund und biß energisch an dem Fingernagel herum. Noch mit dieser Kauerei beschäftigt, schielte er zu Karl Siebrecht hinüber und fing wieder an: «Ne feine Idee von dir – das mit den Gepäckfuhren.»

«Meinst du –?»

«Doch! Das muß gehen wie geschmiert!»

«Glaubst du?»

«Selbstmurmelnd! Würde ich gleich mitmachen!»

Karl Siebrecht tat diese erste Anerkennung seines großen Planes gut, wenn sie auch von dem unsympathischen Hans Tischendorf kam. «Wenn aber die Dienstmänner nicht mitmachen?» fragte er.

«Die kommen! Die kommen schon! Du mußt es nur solange aushalten.» Er sah erst den abgekauten Nagel, dann den Karl Siebrecht nachdenklich an, und ganz plötzlich fragte er: «Brauchst du noch Geld?» Karl Siebrecht schwieg. Er überlegte. Sollte es wahr sein, daß dieser unsympathische Bengel, dieses bleiche Berliner Kellergewächs mehr Zutrauen zu ihm hatte als seine Freunde? Sollte der Tischendorf wirklich Geld haben und es auf ihn wagen? Da sagte der schon: «Hundert Mark könnte ich einschießen – aber du machst es wohl mit deinem Kumpel?»

«Kumpel –?»

«Na, mit dem Matrosen doch. Mit deinem Freund doch. Dafür sage ich Kumpel.»

«So», antwortete Karl Siebrecht nur und überlegte immer weiter. Hundert Mark würden ihn in den Stand setzen, Rieke und Kalli ihr Geld zurückzugeben und es vierzehn Tage auszuhalten. Er wartete, daß der andere weiterredete, aber jetzt schwieg der.

«Geld kann man immer brauchen», sagte Karl Siebrecht schließlich.

«Besonders, wenn man was Neues anfängt», gab der andere zu.

«Du würdest aber bei mir mitmachen wollen?» fragte Karl Siebrecht vorsichtig. Er empfand Widerwillen bei dem Gedanken, daß statt Kalli Flau Hans Tischendorf bei ihm auf dem Rollwagen stehen sollte. Der Bengel sah so unappetitlich aus, als sei er ganz und gar, nicht nur an den Nägeln, abgekaut.

«Das muß nicht sein», sagte Tischendorf. «Von mir aus kannst du die Sache gut mit deinem Kumpel machen.» Er dachte nach. Dann: «Weißt du, ich kenne hier eine ganze Menge von den Haifischen, auch ein paar Grünjacken und Rotmützen. Wir alle würden dir unser Gepäck bringen, und du würdest heimlich, daß die anderen es nicht merken, nicht Halbe-Halbe mit uns teilen, sondern uns sechzig geben – mit vierzig verdienst du auch noch genug.» Er sah aus seinen dunklen, scheuen Augen, die stets nach schlechtem Gewissen aussahen, Karl Siebrecht prüfend an, wie der sich wohl zu diesem Vorschlag stellte.

«Ach so», sagte der. «So denkst du dir die Sache!» Mit sechzig – vierzig ging die Sache zur Not natürlich auch, freilich das meiste von seinem Verdienst ging flöten, und er allein trug das Risiko! Aber er hatte einen Stamm fester Kundschaft, er würde keinen Tag hier ganz vergeblich stehen... Und doch – und doch, dieser Vorzugstarif konnte nicht geheim bleiben. Es würde Krach geben, und entweder flog er bei diesem Krach ganz auf, oder alle bekamen den Vorzugstarif. Dann war es nur ein knappes Geschäft.

«Na?» fragte Hans Tischendorf. «Was meinst du? Du kannst es dir ja noch überlegen. Jedenfalls, die hundert Mark halte ich für dich bereit.» Und er klopfte mit seiner grauen Hand auf das schmierige Jackett.

«Ja, die hundert Mark...» sagte Karl Siebrecht langsam und sah den Haifisch fragend an.

Der aber glaubte, der Fisch säße nun fest am Angelhaken, und sagte: «Über die hundert Mark gibst du mir einen Schuldschein. Ich kann das Geld täglich zurückfordern, du kannst es mit vierzehntägiger Kündigung zurückzahlen. Du gibst mir fünf Prozent Tageszinsen, die ich mir jeden Tag bei dir kassiere.» Nicht umsonst war der Knabe Tischendorf dermaleinst in der Schreibstube eines Anwalts tätig gewesen, aber Gutes hatte er dort nicht gelernt.

«Fünf Prozent Tageszinsen», wiederholte Karl Siebrecht, noch ganz überwältigt. «Das sind hundertfünfzig Mark Zinsen auf hundert Mark im Monat!»

«Beziehungsweise hundertfünfundfünfzig», sagte dieser wahre Haifisch rasch. «Das ist billiges Geld, verstehst du? Bedenke bloß mein Risiko! Ich gebe dir jetzt die hundert Mark, Mensch, und du gehst um die nächste Ecke, und weg bist du!»

«Wenn du das wirklich dächtest, gäbst du mir nie die hundert Mark. Das ist gar kein Risiko!»

«Aber du kannst platzen, wo du doch mit allen Dienstmännern verkracht bist!»

«Du sagst ja selbst, die kommen!»

«Wenn sie aber nicht kommen? Nichts Gewisses weiß man nicht! Du erzählst mir ja nicht, was du mit denen gehabt hast!»

«Ich werde es mir überlegen», sagte Karl Siebrecht langsam, obwohl er seine Antwort sehr genau wußte. Aber er hatte es schon mit den Dienstmännern und mit Kalli Flau verdorben, er wollte nicht auch den Hans Tischendorf vor den Kopf stoßen, der mit seinem unbestimmten Anhang ein gefährlicher Gegner werden konnte. «Vorläufig brauche ich noch kein Geld.»

«Und wie ist es mit dem Vorzugstarif? Ich muß den anderen doch Bescheid sagen.»

«Das muß ich erst nachrechnen. Ich glaube, es gibt nur Stänkerei.»

«Stänkerei gibt's immer, wo Geld verdient wird», sagte der Haifisch philosophisch. «Wenn du davor Angst hast?»

«Angst – ich?» fragte Karl Siebrecht zurück und warf den Kopf in den Nak-ken. «Ich habe überhaupt keine Angst! Ich will bloß keine schlechten Geschäfte machen!» Er nickte dem Tischendorf kurz zu und ging eilig vom Bahnhof fort.

## 30. Franz Wagenseil tritt auf

Karl Siebrecht ging rasch durch die Invalidenstraße und bog in die Brunnen-straße ein. Er ging denselben Weg, den er damals in seiner ersten Berliner Nacht bei Regen und Kälte mit Rieke Busch gemacht hatte. Damals hatte er einen Karren gezogen, alles war ungewiß und fremd gewesen. Nur, daß er da-mals schon dunkel empfunden hatte, dies kleine Mädchen, das da hinten am Karren schob, sei etwas Freundlich-Vertrautes, ein Inselchen Sicherheit in einem Ozean von Ungewißheit, ein friedlicher Lichtschein in der Nacht.

Heute ging er den gleichen Weg an einem strahlend hellen Vorfrühlingstag, er stand vor großen Ereignissen. Von morgen an würde er ein Stück Transport-unternehmer sein – und bei der Unterhaltung eben mit dem widerlichen Ti-schendorf hatte er klar erkannt, was er nun zuerst tun mußte: er mußte Rieke Busch alles erzählen, Pläne und Streit, sie hatte ein Recht, davon zu erfahren, und wenn er es auch durchführen würde, falls sie dagegen war, es war besser und anständiger, gegen ihren Rat zu handeln als ohne ihr Wissen. Darin hatte Kalli Flau recht. Er ging immer schneller. Eine Last war von seinem Herzen gewichen, er begriff sich selbst nicht, daß er so lange hatte schweigen können. Da hatte er wahrhaftig mit allen Leuten schon über seinen Plan geschwatzt, nur mit der Rieke nicht! Wieso eigentlich nicht? Aber er würde es nun sofort tun – und wie leicht würde ihm dann sein! Jawohl, einen Menschen mußte der Mensch haben, der an allem teilnahm, sonst war er kein Mensch. Sonst wurde alles böse, hart, bitter in einem – er hatte ein Stück davon zu fühlen bekom-men in der letzten Zeit. Aber nun würde das alles gleich in Ordnung sein . . . Aber so schnell er auch ging, an diesem sonnigen Nachmittag erreichte er die Freundin nicht mehr, es sollte Abend werden, ehe er sie wiedersah. Die gute Stunde glitt vorüber, die Wohnungstür war zu, und als er mit seinem Schlüssel aufgeschlossen hatte, war alles leer. Rieke war auf Besorgungen fort oder bei der Schneiderin Zappow. Und er mußte zu dem Wagenseil, er hatte keine Zeit mehr, sie zu erwarten oder zu suchen. Grenzenlos enttäuscht sah er sich in der kleinen Küche um.

Wenigstens wollte er diese Gelegenheit benutzen, um sich für Wagenseil besser anzuziehen, so etwas war immer gut. Vielleicht kam Rieke in der Zwi-schenzeit zurück, trotzdem es schon jetzt nicht mehr so leicht sein würde, mit ihr zu reden. Die Stimmung war weg. Er suchte sich aus dem überfüllten Kü-chenschrank frische Wäsche, aus der Kammer seinen Sonntagsanzug, wusch sich gründlich und zog sich langsam an. Er nahm sogar den hellblauen Seiden-schlips, den er bei jenem Abschied von Ria und seitdem nicht mehr getragen hatte. Aber er dachte nur ganz flüchtig an Ria. Er dachte auch nicht mehr an Rieke, nicht an Kalli, nicht an Kiesow, nicht an Tischendorf. Er dachte nur noch an die ihm bevorstehende Unterredung mit dem Fuhrherrn Wagenseil.

Karl Siebrecht stieg die enge, riechende Treppe in der Wiesenstraße hinunter, als ihm von unten her ein Schritt entgegenkam. Es war dunkel auf der Treppe, und Karl war nicht verpflichtet, diesen Schritt zu kennen, er ging eilig weiter. «Du, Karl —» sagte Kalli Flau mit bittender Stimme. «Einen Moment mal —»

«Ich habe gar keine Zeit», antwortete Karl Siebrecht und stieg weiter ab.

«Nur einen Augenblick», bat Kalli wieder. «Ich will dir nur erklären —»

«Du hast deine rote Mütze vergessen!» sagte Karl Siebrecht schneidend und war schon einen Treppenabsatz tiefer.

«Armleuchter!» brüllte ihm Kalli Flau wütend nach. Er sagte aber nicht «Armleuchter» ...

So, der war erledigt, er würde es sich überlegen, ehe er ihn wieder anquatschte! Dem hatte er's großartig gegeben, dachte Karl Siebrecht, aber gar so großartig war ihm nicht zumute.

Er kam in die Frankfurter Allee, ohne etwas davon zu merken. Hier hatte Herr Wagenseil seinen Fuhrhof. Es war kein kleiner Fuhrbetrieb – o nein, im Gegenteil. Wagenseil hatte mindestens zwanzig Gespanne laufen, in der Hauptsache schien er Steine und Mörtel für Bauten zu fahren.

Karl Siebrecht war, ganz von seinem großen Plan erfüllt, eines Tages einfach auf diesen Fuhrhof getapert, übrigens nicht auf den ersten, wo er sein Anliegen vorbrachte. Aber meist war er kaum angehört oder barsch abgefertigt worden. Auch Herr Wagenseil hatte nicht gerade viel überflüssige Zeit. Neben seinem Fuhrbetrieb handelte er noch mit Kohlen und Kartoffeln, mit Stroh, Heu, Hühnerfutter. Nacheinander sechs verschiedenen Beschäftigungen hingegeben, hatte er den Jungen angehört. Er war ein langer, kräftiger Mann, vielleicht in den Vierzigern, nicht unsympathisch im Aussehen, rasch in Bewegungen wie im Reden. Am liebsten schien er zu äppeln, wie es der Berliner nennt. Er sprach nie ganz ernsthaft, machte lieber einen Witz. «Darüber kann man reden, mein Sohn», hatte er gesagt. «Du kannst ja mal wiederkommen! Zähl mal eine Stunde lang alle Dienstmänner in der Königgrätzer Straße!»

Und gleich die erste Frage, als der Junge wiederkam, als hätte Herr Wagenseil in der ganzen Woche an nichts anderes gedacht: «Na, wieviel Dienstmänner?»

«Siebenundsechzig rauf, einundsechzig runter vom Bahnhof», hatte Karl Siebrecht geantwortet.

«Sechse, die sich festgesoffen haben!» antwortete Herr Wagenseil prompt. «Hilf der Mutter da den Sack auf die Waage, mein Sohn! Wie heißt du eigentlich? Ja, Mutter, echte rote Dabersche Kartoffeln, die einzigen Roten, die sogar unser Kaiser verdauen kann. – Wie alt bist du?» –

Am Eingang zum Fuhrhof stand ein schwarzgeteerter Schuppen mit der Rieseninschrift «Büro». In ihm saß ständig ein ältliches weibliches Wesen, das ebenso verstaubt schien wie die Papiere um sie. Sie war aber ein tüchtiger Hofhund. «Herr Wagenseil?» fuhr sie Karl Siebrecht an. «Was wollen Sie denn von Herrn Wagenseil?!» Das «Sie» war entschieden nur seinem grauen Überzieher und dem Filzhut zuzuschreiben.

«Ich möchte ihn mal sprechen.»

«Sprechen? Zu was denn? Geld? Geld haben wir heute nicht da! Müssen Sie morgen noch mal wiederkommen!»

«Ich will kein Geld. Ich möchte ihn bloß geschäftlich sprechen.»

Aber wenn das «geschäftlich» Eindruck auf die Dame machen sollte, so machte es jedenfalls den falschen Eindruck. Prompt ging sie zum «Du» über. «Such ihn dir doch selber! Soll ich wissen, wo der Wagenseil ewig steckt!»

So suchte ihn Karl Siebrecht. Er fand ihn bei einer friedlich stillen Beschäftigung in einer Ecke des Fuhrhofs. Wagenseil fütterte aus einer Futterschwinge die Hühner. «Alles muß man alleine machen!» beklagte er sich, aber ohne Klage. «Eier wollen die Weiber haben, aber das Füttern vergessen sie. Gehen Sie doch ein bißchen an die Seite, Sie scheuchen mir ja die Hühner weg! Wer sind Sie überhaupt?»

«Ich hatte mit Ihnen wegen der Gepäckbeförderung geredet, Herr Wagenseil.»

«Ach so, ja richtig! Sie sind der Jüngling. Man erkennt dich ja gar nicht wieder! Ist es nun soweit?»

«Einmal muß man anfangen, Herr Wagenseil.»

«Bei mancher Sache fängt man am liebsten gar nicht erst an. Wo hast du denn deinen Freund? Du wolltest doch einen Freund mitbringen, der Kutscher spielen soll.»

«Mit dem habe ich mich verkracht», antwortete Karl Siebrecht zu seiner eigenen Überraschung, denn davon hatte er Herrn Wagenseil eigentlich nichts erzählen wollen.

«So?» antwortete der nur. Er stülpte die Futterschwinge um, daß die restlichen Gerstenkörner wie ein goldener Regen auf die Hühner fielen, gab sie mit einem «Da!» dem Jungen zum Halten, zog Messer und Kautabak aus der Tasche, schnitt sich ein Stück Priem ab, schob es in den Mund und fragte dabei: «Und was sagen die Dienstmänner und Gepäckträger?»

«Die haben abgelehnt!» antwortete wieder dieser überraschende Karl Siebrecht.

«Rindviecher!» sagte der Wagenseil. Er stelzte, dem Jungen voran, über den Hof auf einen einfahrenden Wagen zu. «Ich habe meinen Bengel hingeschickt, die Karren zu zählen. Zweiundachtzig rauf wie runter hat der gezählt. Keine Besoffenen diesmal.»

«Da ist aber ein Geschäft, Herr Wagenseil!»

«Natürlich ist das ein Geschäft! – Heu?» fragte er den Kutscher. «Wiesenheu oder Kleeheu?»

«Kleeheu nehm ich lieber, Herr Wagenseil. Wie ist denn heute der Preis?»

«Eins neunzig – bloß, ich hab keins. Ein Geschäft ist das schon, bist du aber auch der richtige Mann fürs Geschäft, Junge? – Und Kleeheu ist heute auch nicht da, morgen kommt wieder was rein. Nimm so lange ein paar Ballen Haferstroh mit. Da rüber zum Schuppen! – Sage mal, Junge, bist du noch nicht auf die Idee gekommen, daß ich dies Geschäft ohne dich machen könnte –?»

«Nein, Herr Wagenseil, so was traue ich Ihnen nicht zu.»

«Natürlich traust du mir das zu! Bloß du bist noch nicht auf den Gedanken gekommen! Sehr helle bist du in Geschäften noch nicht, mein Sohn! – Na, komm mal mit in meine Bude!» Er warf das ältliche Fräulein einfach heraus. Dem Tönchen ihres Arbeitgebers war diese bissige Dame nun doch nicht gewachsen. «Mach, daß du rauskommst, olle Zicke!» schalt er, aber ohne zu schelten, nur so, vielleicht um Schwung in sie zu bringen und jeden Widerstand im

Keime zu ersticken. «Den ganzen Tag muffelst du herum und nischt ist in Ordnung! Wiege dem Kalkhorst sein Haferstroh ab, aber verwiege dich nicht wieder! Ich weiß genau, wieviel Bund auf einen Zentner gehen. Ich sehe alles!»

«Was Sie wohl sehen!» schimpfte sie noch, um wenigstens das letzte Wort zu haben, war aber schon draußen.

Wagenseil warf sich auf einen Stuhl, daß es krachte. Er streckte seine schwarzledernen Gamaschenbeine weit von sich, sah Karl Siebrecht an und fragte: «Rauchst du? Nee? Dann setz dich. Ich rauche auch nicht, Rauchen ist Quatsch!» Und ohne jeden Übergang: «Ich habe drei Arten, das Geschäft zu machen. Einmal ohne dich –»

«Das tun Sie nicht, Herr Wagenseil!»

«Und warum tu ich es nicht? Nicht aus Anständigkeit. Im Geschäft gibt's keine Anständigkeit, und du hast mir deine Karten offen genug hingelegt? Warum mach ich es also mit dir?»

«Vielleicht, weil ich der richtige Mann dafür bin.»

«Du der richtige Mann? Du, der sich schon mit allen verkracht hat! Merke dir eins, mein Sohn, in diesem Betrieb gibt's nur einen richtigen Mann für alles, und das bin ich! – Nee, mein Sohn, sondern weil du einen schlauen Gedanken gehabt hast in deinem Köppchen, und wo ein schlauer Gedanke ist, da sitzen vielleicht noch mehr! Bloß darum! Denkst du, daß ich meinen Jungen in die Königgrätzer geschickt habe? Nicht die Bohne! Das war glatt gelogen – ich lüge überhaupt viel, das muß man beim Geschäft. Aber Lügen macht mir auch so Spaß! Nee, ich habe selber vier Stunden lang die Gepäckkarren gezählt und habe mir gesagt: da muß also ein dußliger Bengel kommen, um zu sehen, was so vor Augen liegt. Also ist der Bengel gar nicht dußlig, sondern wir sind's!»

Herr Wagenseil war längst wieder aufgestanden. Sitzfleisch hatte er nicht. Er war auf und ab gelaufen, hatte an der Kopierpresse gedreht, einer Schrankfüllung einen dröhnenden Schlag versetzt, hatte ins Telefon geblasen, er war nicht eine Minute unbeschäftigt gewesen.

Karl Siebrecht sagte dankbar: «Nicht wahr, es ist ein glänzendes Geschäft?»

Wagenseil riß das Fenster auf und brüllte über den Hof: «Du olle Zicke, schlaf nicht ein! Siehst du nicht, daß die Frau da nach Kartoffeln steht?! Gib ihr von der neuen Industrie! Poussier lieber nicht soviel mit dem Kalkhorst!»

«Ich poussiere nie, Herr Wagenseil!» schrie das Fräulein empört zurück.

«So siehst du auch aus!» lachte Wagenseil. «Genau so!» Er schmiß das Fenster zu. «Du kannst die Sache als eigener Unternehmer starten, und ich stelle bloß Pferde und Wagen gegen tägliche Bezahlung, wie wir es besprochen haben. Dann hast du alles Risiko. Oder ich übernehme den ganzen Krempel von Anfang an, und du wirst mein Angestellter. Ich gebe dir zu Anfang fünfzig Mark die Woche, später, wenn's erst klappt, hundert. Geht's sehr gut, noch mehr. Und dazu zwei Prozent vom Umsatz. Na, überleg dir den Rummel!»

Der Herr des Fuhrhofs ging an den Telefonapparat, verlangte eine Verbindung und fing an, in den Apparat hineinzureden, wobei sich seine Stimme ständig steigerte, bis sie schrie. Aber sanft fing sie an: «Ja, hier ist Franz. – Emil, bist du das? Selbst? Was hast du dir eigentlich gedacht, als du mir den Rappen auf den Hof gebracht hast? – Ein gutes Pferd ist das? Wo das wohl gut ist? Das ist genausogut wie du, du oller Roßtäuscher du! Das hat ja Rotz,

Mauke, Krupp und Hahnentritt in einem, und ein Krippensetzer ist es auch! In einer halben Stunde ist der Gaul von meinem Hof, oder es war das letzte Geschäft, das du mit Franz Wagenseil gemacht hast!»

Unterdes überlegte Karl Siebrecht sehr aufgeregt den Vorschlag. Fünfzig Mark die Woche, das war glänzend. Und bald hundert und vielleicht noch mehr. Und zwei Prozent vom Umsatz, das mußte auch einen Haufen Geld bringen! Das hieß Sicherheit und Vorwärtskommen – und er konnte sofort Rieke wie Kalli ihr Geld zurückgeben . . .

Der Wagenseil lärmte immer toller am Telefon. Nun stampfte er schon mit den Füßen und schlug mit der Faust an die Wand. «Ich verstehe mehr von Pferden als alle Pferdehändler von Berlin zusammen! Was ihr im Koppe habt, das habe ich schon längst aus dem Arsch geschissen! Du bist ja doof, Emil! Ich habe was Neues vor, ich brauche mindestens zehn neue Pferde, gängige Ostpreußen, am besten mit ein bißchen Hannoveraner Blut drin. Aber frisches Material, das ich auf dem Pflaster traben lassen kann, ohne daß es gleich lahm wird . . .»

Mit halbem Ohr hatte Karl Siebrecht zugehört. Ob er die neuen Pferde fürs Gepäck will? dachte er. Er muß das Geschäft für noch viel besser halten als ich! Zweihundert Mark im Monat, das ist ja mehr als die Wucherzinsen, die mir Tischendorf abnehmen wollte! Aber wenn das Geschäft so glänzend ist, dann will ich es auch alleine machen! Und überhaupt: ich will keines Menschen Angestellter sein, durch mich selbst will ich vorwärtskommen!

«Geld?» schrie Franz Wagenseil jetzt. «Du hast doch immer noch dein Geld von mir gekriegt, Emil! – Bloß mit dem Gerichtsvollzieher? Emil, Mensch, die Gerichtsvollzieher wollen doch auch leben! Ich habe immer alles, bloß kein Geld nicht – ich mache noch mal Pleite? Einmal, sagst du? Zehnmal mach ich noch Pleite! Was schadet denn das? Hauptsache, du kriegst dein Geld! Kannst dir ja das Eigentumsrecht an den Gäulen vorbehalten.» Plötzlich ganz milde: «Also in einer halben Stunde holst du den Rappen, den Mistbock! Wegen den Ostpreußen reden wir noch!» Er hängte ab und war sofort wieder in der anderen Sache. «Wie wird es?» fragte er. «Unternehmer oder Angestellter?»

«Unternehmer!» sagte Karl Siebrecht ohne Schwanken.

Wagenseil pfiff durch die Zähne. «Wieviel Betriebskapital hast du?» fragte er.

«Hundert Mark,» sagte Karl Siebrecht.

«Schafskopf!» lachte Wagenseil. «Tausend hättest du sagen müssen! – Alles dein Geld?»

«Nein . . .» Dies kam nun doch zögernd.

«Wieviel ist dein eigenes?»

«Fünfunddreißig Mark!»

«Vergiß das nicht», sagte Wagenseil plötzlich fast aufgeregt. «Vergiß das bloß nicht! In zwanzig Jahren wirst du daran denken, daß du den großen Zirkus mit fünfunddreißig Mark Eigenem aufgezogen hast – und dumm bist du auch nicht, wenn du auch bloß aus Dummheit so ehrlich bist. Hättest du tausend Mark gesagt, hätte ich den Laden vielleicht doch ohne dich gemacht. Dann wärst du mir zu stark gewesen. Mit tausend Mark kannst du jeden Fuhrwerksbesitzer in Berlin mieten. Jetzt brauchst du mich!»

«Ich will es auch nur mit Ihnen machen.»

«Weil du bloß hundert Mark hast! – Paß auf, mein Sohn, wie ich mir den Kram denke. Jetzt fangen wir bloß mit einem Wagen an, und du spielst Kutscher, bis wir die Dienstmänner kirre haben. Du hast gehört, was ich wegen der neuen Pferde telefoniert habe?»

«Ein bißchen. Die sollen dafür sein?»

«Natürlich! Ein Wagen ist nichts. Wir müssen zehn Wagen haben, zwanzig, wir halten an allen Bahnhöfen, zu jedem Zug! Dann schmeißen wir die Dienstmänner raus, die brauchen wir dann nicht mehr. Wir machen es mit den Gepäckträgern. Und nachher fliegen die auch. Wir holen uns unser Gepäck vom Publikum selbst. All die Prozente sparen wir.»

«Dann machen wir aber die Dienstmänner brotlos!»

«Na, und wenn schon? Viele von denen jedenfalls! Wir können natürlich viel billiger als die fahren, und zum Schluß kommt das Größte: wir machen uns an die Bahn ran und schließen mit der einen Vertrag, daß wir allein in Berlin Gepäck befördern dürfen. Der Bahn werden wir dafür bezahlen müssen, und nicht zu knapp, aber laß man, das Geschäft wird doch gut werden.»

Karl Siebrecht sah den langen Mann mit glänzenden Augen an. Was er sich geträumt hatte, dieser Mann hatte es eben mit klaren, geschäftsmäßigen Worten gesagt! Einen flüchtigen Augenblick dachte er an die brotlos werdenden Dienstmänner, an den alten Vater Küraß, aber der Gedanke verging sofort wieder. Wir müssen doch vorwärts, dachte er. Wenn man alles Alte schonen will, gibt es überhaupt kein Vorwärts! Ich will dann schon für den Opa sorgen. Und dann sah er «seinen» Betrieb, «seine» Wagen an allen Bahnhöfen, «seine» Pferde auf allen Straßen traben! «Wir müssen auch das Gepäck in die Wohnungen schaffen und von den Wohnungen holen», sagte er. «Für die kleinen Leute sind die Gepäckdroschken viel zu teuer.»

«Richtig!» sagte der Wagenseil. «Ich habe es doch gleich gesagt: Wo ein kluger Gedanke im Köppchen steckt, wachsen noch mehr. Dann brauchen wir vierzig, fünfzig Wagen. Ich habe keinen Pfennig Geld, bloß Schulden. Aber für dies Geschäft verkloppe ich den ganzen Fuhrhof, in dies Geschäft steige ich bis zum Hals rein! Aber, verstehst du, Junge, daß es schlauer ist, du läßt mich machen und wirst mein Angestellter? Bei dir geht es zu langsam! Hundert Mark – zwei, drei Monate wirst du nur mit einem Wagen fahren; ich habe eine Heidenangst, wenn es andere erst sehen, kommen die uns zuvor!»

«Ich will es alleine machen! Ich werde schon schnell vorankommen», sagte der Junge hartnäckig. «Ich will keines Menschen Angestellter sein, auch Ihrer nicht!»

«Ach, du denkst», lachte Wagenseil, «ich werde dich wie die Zicke behandeln? Na ja, vielleicht behandle ich dich auch so. Übrigens macht das keinen Schiedunter, ob du auch der Unternehmer bist! Anschnauzen tu ich dich doch, ich schnauze immer alle an!» Ganz rasch: «Junge, laß uns Kompagnons werden. Du schießt dein Köpfchen ein und ich die Gespanne! Ist das ein Wort?»

«Ich will es alleine machen!» sagte Karl Siebrecht hartnäckig.

«Schön! Aber das sage ich dir, Söhnchen, geht die Karre schief in diesen zehn Tagen, dann mache ich den Kram alleine! Dann kannst du betteln, soviel du willst, nicht als Kutscher stelle ich dich ein, nicht mal als Handlanger! Das ist ausgemacht!»

«Gut!» antwortete Karl Siebrecht entschlossen.

«Und warum tue ich's nicht? Nicht aus Rache, auch nicht als Strafe! Sondern weil du dich verrechnet hast! Dann suche ich mir eben einen besseren Rechner. Schlecht rechnen kann ich alleine. Ich habe schon einen Haufen Berufe gehabt in meinem Leben: Bauer bin ich gewesen, eine Kiesgrube habe ich gehabt, eine Zementwarenfabrik, Vieh habe ich gehandelt – immer bin ich pleite gegangen! Und warum? Fleißig bin ich genug, aber ich kann nicht rechnen! Ich gehe immer gleich zu groß ran, und dann reicht das Geld nicht. Das hat mir bei dir imponiert, daß du klein anfangen willst, daß du Geduld hast. Aber vielleicht ist es bloß Dummheit bei dir?»

«Ich schaffe es schon!»

«Warten wir's ab. Genug gequatscht!» Er riß wieder das Fenster auf. «Frollein, kommen Sie mal rein, Sie müssen hier was schreiben! – Ach, lassen Sie doch die olle Tunte stehen, das ganze Kartoffelgeschäft lohnt sich nicht mehr!» Er warf das Fenster wieder zu. «Jetzt werden wir einen Vertrag machen, nur so unter uns, ganz ohne Rechtsverdreher und Stempel. Wie alt bist du eigentlich?»

«Sechzehn.» Dies kam nun doch sehr zögernd.

«Na also! Schönes Alter, ich wollte, ich wäre auch noch so jung. Übrigens –» Er sang: «Schatzi, sag du zu mir! Kannste ruhig! Deswegen schnauze ich dich auch nicht mehr an.»

«Warum müssen wir denn einen Vertrag machen?» fragte Karl Siebrecht zögernd.

«Aber natürlich! Hast du etwa Angst vor mir, du denkst wohl, ich bin kein anständiger Mensch? Bei dir doch, bei dir doch immer! Was habe ich dir nicht von mir und meinen Pleiten erzählt? Das weiß kein Mensch hier in Berlin, nicht mal meine eigene Frau – hör, und», fiel es ihm plötzlich ein, «der Rappe, wegen dem ich eben telefoniert habe –»

«Stimmt was nicht mit dem Rappen?»

«Natürlich nicht!» strahlte Wagenseil. «Bei mir mußt du aufpassen, ich lüge schlimmer als gedruckt! Der Rappe ist ein feines Pferdchen! Aber ich habe ihm gestern abend Rizinus und Aloe gegeben. Die ganze Nacht hat sich das Aas im Mist gewälzt und geschwitzt – der Emil läßt mir auf der Stelle hundert Mark ab, wenn er den Kraken sieht!» Er sah Karl Siebrecht lachend an – beglückt von der eigenen Geschäftstüchtigkeit.

Ein ungemütliches Gefühl überkam den Jungen. Ein ganz gewissenloser Geschäftemacher, sagte er sich. Mit dem dürfte ich nichts anfangen. Und wieder trotzig: Aber wenn es keine anderen gibt? Ich werde schon aufpassen – und wenn er mich reinlegen will, schmeiße ich ihn raus!

«Na, Zicke?» fragte der Fuhrherr. «Hast du die olle Mutter abgewimmelt? Die paar Kartoffeln, die wir noch da haben, verkaufen wir aus, und dann ist Schluß. Ich fange was Neues an, was ganz Großes!»

«Was Sie schon anfangen!» sagte sie verächtlich. «Wohl mit dem Bengel da?»

«Halt's Maul, Zicke! Red ich mit dir von meinen Geschäften!? Schreiben Sie, Frollein, mit Kopiertinte. Vertrag zwischen ... Sag deinen Namen, Junge, auch die Wohnung ... Und dann: Fuhrunternehmer ... na, Sie wissen schon ...»

«Mit so einem Kind können Sie doch keinen Vertrag machen, Herr Wagenseil!»

«Ob du die Schnauze hältst?! Was geht dich das an? Der Junge verdient in einem Jahre mehr als du in zehn Jahren, du olle Jungfer!»

«Was soll ich also schreiben?»

«Schreibe also so irgendeinen Mist hin...»

«Das wird mir bei Ihnen leicht...»

«Daß der Bengel sich verpflichtet, für sein Gepäckbeförderungsunternehmen Gespanne nur bei mir anzufordern, und ich verpflichte mich, ihm jederzeit so viel Gespanne mit Kutschern zu stellen, wie er braucht. In den ersten vier Wochen zahlt er mir zehn Mark für Gespann und Tag und fünfundzwanzig Prozent von seiner Roheinnahme, von da an zwanzig Mark pro Gespann und Tag und vierzig Prozent seiner Roheinnahmen...»

«Sie sind ja verrückt, Herr Wagenseil!» schrie Karl Siebrecht. «Das ist viel zuviel! Davon haben wir nie geredet!»

«So, bin ich verrückt, du dämlicher Hund, du?» schrie Wagenseil sofort los. «Mach auf der Stelle, daß du aus meinem Büro kommst, mit deinen hundert Mark in der Tasche! Denkst du, ich mache wegen deinem schönen Überzieher Geschäfte mit dir? Ich kann mir zehn solcher Überzieher kaufen, zwanzig!»

«Und nicht bezahlen!» schrie Karl Siebrecht dagegen. «Meiner ist bezahlt.» Er hatte wohl gesehen, wie das Fräulein ihm zugezwinkert hatte. Es hatte aufmunternd genickt und «Kßt!» gemacht, als hetze es einen Hund. Zudem hatte ihm Wagenseil selbst eine gute Lehre durch sein Gespräch mit dem Pferdehändler gegeben.

Er reagierte auch sofort. «Sei doch kein Kamel, Karl», sagte er lachend. «In vier Wochen hast du die Dienstmänner längst ausgebootet und steckst deren fünfzig Prozent ein —»

«Ich will dir fünfunddreißig Prozent geben.»

«Nichts! Fünfundvierzig!»

«Eben hast du vierzig gesagt!»

«Habe ich nicht! Fünfundvierzig habe ich gesagt — nicht wahr, Frollein, Sie haben's gehört?»

«Sie sagen viel, Herr Wagenseil.»

«Siehste, Karl! Wahrscheinlich habe ich sogar fünfzig gesagt! Fünfzig müßten es jedenfalls sein!»

«Dann habe ich zwanzig gesagt», meinte Karl. Beide mußten lachen. «Na, und dann außerdem noch zehn Mark für den Fuhrtag statt zwanzig!»

«Aber ich muß die Kutscher löhnen! Das erste Gespann ist ohne Kutscher, verstehst du wohl, Karl? Das brauchen wir nicht extra in den Vertrag zu schreiben!»

«Du gibst deinen Kutschern bestimmt keine sechzig Mark die Woche, Franz!»

«Ein bißchen muß ich doch auch verdienen, Karl! Hast du eine Ahnung, wie teuer der Hafer ist!»

«Wie teuer ist denn der Hafer?» fragte Karl Siebrecht grinsend. All seine Erinnerungen an die Markttage in der kleinen Stadt, an manche geschäftliche Unterredung des Vaters waren in ihm wach geworden.

«Acht Mark kostet der Zentner jetzt!» stöhnte Wagenseil.

«Abgemacht!» rief Karl Siebrecht und streckte ihm die Hand hin.

«Für acht Mark den Zentner liefere ich dir morgen tausend Zentner, Franz!» – Sogar das bissige Fräulein mußte lächeln. Es sah aus, als habe sie eine Maus verschluckt.

«Handeln wir denn hier um Hafer?!» rief Wagenseil. «Wir wollen doch einen Vertrag machen! Also schreiben Sie hin, Frollein... Dann will ich auch nicht so sein, ich gebe schon nach! Also schreiben Sie: zwanzig Mark das Gespann und vierzig Prozent der Roheinnahmen.»

Einen Augenblick stand Siebrecht verblüfft. «Das hast du doch schon vor fünf Minuten gesagt!» rief er dann.

«Habe ich das?» grinste Wagenseil. «I wo! Ich habe immer von fünfzig Prozent geredet!» Er sah den Jungen vergnügt an. «Na, sag selbst, was du geben willst. Bist doch ein anständiger Kerl! Frollein, schreiben Sie auf, was er sagt.»

Dieser Appell machte Karl Siebrecht weich. «Fünfzehn Mark das Gespann und dreißig Prozent», sagte er.

Wagenseil stieß ein Gebrüll aus. «Wenn Sie das schreiben, Frollein, fliegen Sie achtkantig durch die Scheiben!» Er wandte sich an Karl Siebrecht. «Ich habe gedacht, du bist ein anständiger Kerl!» schrie er. «Aber nun ist Schluß! Du bist genauso ein Betrüger –»

«Wie du!» lachte der Junge.

Nach fünf weiteren Minuten einigten sie sich auf siebzehn Mark und 33 $^{1}/_{3}$ Prozent. So wurde es aufgeschrieben und von beiden unterzeichnet.

«Und nun kopieren Sie das gleich, Frollein», sagte Herr Wagenseil. «Das Original kriegt mein Partner, und die Kopie trennen Sie mir vorsichtig aus dem Kopierbuch –»

«Sie wissen gut, ich darf nichts aus dem Kopierbuch trennen», widersprach das Fräulein. «Sie kriegen wieder Stänkerei mit dem Revisor, Herr Wagenseil!»

«Halt's Maul und trenn raus!» sagte der Fuhrherr kurz. «Ich will es mir rahmen lassen; wenn ich die ersten Hunderttausend zusammen habe, laß ich es mir rahmen! Gott, Junge, habe ich dich angeschissen! Ich hätte es natürlich auch für zehn und fünfundzwanzig gemacht!»

«Das nächstemal werde ich dich schon anschmieren, Franz!» sagte Karl Siebrecht.

«Das erlebst du nicht!» lachte Wagenseil. «Du nicht! – Na, und nun komm, Karl, ich habe noch einen Umzug für kleine Leute zu machen, die warten schon drei Stunden auf mich. Verdient wird nichts dabei, aber immer kann man ja auch nicht nee sagen. – Ich will doch mal sehen, ob du überhaupt mit Pferden fahren kannst!»

«Ich habe bei uns zu Haus sogar Heufuder von der Wiese gefahren!»

«Allerhand! Aber in der Stadt ist doch ein anderes Fahren. Laß deine feinen Klamotten hier, zieh meinen Lederanzug an! Feines Wetter für einen Lederanzug heute, du wirst schwitzen! – Willst du wohl wegkucken, olle Zicke! So was möchtste, einen jungen Mann in Unterhosen sehen!»

«Sie haben ja oft nicht mal Unterhosen an, wenn Sie sich umziehen, Herr Wagenseil!» antwortete das Fräulein spitz.

«Kieke da, das hat sie also doch gemerkt!» wunderte sich Wagenseil. «Was so ein jungfräuliches Gemüt alles sieht und sich merkt. Ich muß mich doch sehr wundern, Frollein . . .»

«Ich wundere mich bei Ihnen überhaupt nicht mehr», antwortete die Dame und drehte die Kopierpresse fest.


## 31. Auszug von Rieke

In bester Stimmung ging Karl Siebrecht von Wagenseil zu dem Schildermaler. Er hatte dem Franz bewiesen, daß er nicht nur mit Pferden fahren, sondern auch bei einem Umzug anpacken konnte. Und diese gute Stimmung hielt auch an, als er beim Schildermaler eintraf. Das Schild war fertig. Es sah genauso aus, wie er es haben wollte für den Anfang: nicht zu groß und auffallend, aber deutlich und sachlich. «Sieht gut aus», meinte er: «Wie gefällt es Ihnen denn, Meister?» Er sah das Schild fast verliebt an: kaum ein halbes Jahr war er in Berlin, und es gab schon ein Firmenschild mit seinem Namen.

«Es ist ein Schild, wie ein Schild eben ist», meinte der Maler philosophisch. «Wer bist du denn: der Siebrecht oder der Flau?»

«Ich bin der Siebrecht, Meister.»

«Na ja. Denn paß man gut uff den Flau uff; es jibt ville, denen am Ende von so wat flau jeworden is!»

«Ich hole das Schild dann morgen vormittag. Guten Abend. Meister.»

Es war der erste Schatten wieder auf seinem Glück. In den letzten Stunden hatte er fast ganz vergessen, daß es Schatten gab, viele Schatten, und daß noch nichts erreicht war, gar nichts, fast weniger als nichts, daß viel verdorben war. Langsam ging er nach Haus. Fast langsamer noch stieg er die Treppen zu der Buschschen Wohnung hinauf. Er sagte: «'n Abend», und die sagten wieder «'n Abend», und dann war es still. Sie hatten miteinander geredet, und nun er eingetreten war, waren sie still. So war es also jetzt.

Sie waren alle vier im Zimmer: der alte Busch, Rieke, Kalli und die kleine Tilda. Nun waren fünf im Zimmer, aber durch den fünften waren die vier still geworden. So war das also jetzt. Dann fragte Rieke: «Willste dein Essen jleich, Karl?»

«Danke», antwortete er. «Ich will erst mein gutes Zeug ausziehen.»

Sonst hätte sie gefragt, warum er sein gutes Zeug anhatte, aber heute sagte sie nur: «Schön.»

Einen Augenblick stand er noch unentschlossen, da sagte Kalli Flau: «Ich gehe dann mit Tilda noch einen Moment in den Humboldthain, Rieke!»

«Nimm Vata'n mit, Kalli!»

Aha! dachte Karl Siebrecht. Ich soll mit Rieke allein bleiben. Rieke soll mich allein vorkriegen. Wenn sie mir so kommen . . . Und er ging trotzig in die Kammer, sich umzuziehen. Er ließ sich viel Zeit dabei. Als er wieder in die Küche kam, stand sein Essen auf dem Tisch. «Da ist dein Essen, Karl», sagte Rieke.

«Danke», sagte er.

Eine Weile aß er schweigend, und Rieke saß nähend am Fenster. Ein paarmal sah er zu ihr hin, sie sah blaß aus, und ihr Mund war fest geschlossen. Genauso sah sie aus, wenn sie eine schlimme Nacht mit dem alten Busch gehabt hatte.

Ein paarmal war er versucht, sie anzusprechen – Warum sagst du nichts, Rieke? oder so etwas –, aber er ließ es. Reden hatte keinen Zweck mehr, es war doch alles kaputt. Sie stand auf Kallis Seite, das sah man klar. Plötzlich begegnete er ihrem Blick. Sie sah ihn an mit einem leisen, vorsichtigen Lächeln, nur mit den Augen lächelnd... «Na, Karle –?» fragte sie und ließ ihre Näharbeit sinken.

«Na, Rieke –?» fragte er zurück. Es sollte kriegerisch klingen, aber es klang viel freundlicher als beabsichtigt. Sie hatte ja Karle gesagt.

«Wat haste denn mit Kalli jehabt? Oder magste nich davon reden?»

«Eigentlich nicht.»

«Na, denn laß», sagte sie ruhig, nicht die Spur gekränkt und nahm ihre Näharbeit wieder auf.

Aber das war ihm nun auch wieder nicht recht. Ein paar Löffel aß er schweigend, dann konnte er sich nicht mehr bezwingen, sondern fragte vorsichtig: «Was hat dir denn Kalli erzählt?»

Sie war ganz bereit, Auskunft zu geben. «Det ihr Streit miteinander jehabt habt. Du hast ihn falsch vastanden, sagt er.»

«So! Ich habe ihn natürlich falsch verstanden! Wo er schon den Dienstmann gespielt hat!»

«Det war anders, Karle, det mußte er: der Kiesow hat ihn mit der roten Mütze uff 'm Bahnsteig erwischt!»

«Er scheint dir ja doch eine ganze Menge erzählt zu haben, der Kalli!»

«Det hat er! Det macht ihm Kumma, det kannste mir glooben. Mir macht det ooch Kumma...»

«Warum denn? Du hast doch damit gar nichts zu tun, Rieke.»

«Wo ihr beide meine Freunde seid, red bloß nich so dußlig, Karl.» Rieke kam langsam in Fahrt. «Da soll mir det keenen Kumma machen? Sei so jut –»

«Ich kann nichts dafür!» sagte er trotzig. «Ich habe keinen Streit angefangen. Ich habe keine rote Mütze aufgesetzt und den Dienstmann gespielt von Herrn Kiesows Gnaden. Und wie er mich dabei beschimpft hat.»

«Det mußte er doch, Karle! Laß dir det bloß erzählen: der Kiesow hatt 'n uff dem Bahnsteig erwischt mit der roten Mütze und wollte ihn anzeigen wejen Betrug. Und damit er ihn nich anzeigt, mußte er sich mit dir verkrachen, weil der Kiesow 'ne Pieke uff dir hat –!»

«Ach nee!» sagte Karl Siebrecht spöttisch. «Weil der Kalli nicht angezeigt werden will, muß er mich verraten. Und damit bist du noch einverstanden – na, ich muß schon sagen, Rieke...»

«Aba det war doch janz anders, Karl, vasteh mir doch», rief sie verzweifelt. «Det war doch von wejen deinem Jeschäft, det dir Kiesow dein Jeschäft nich vermasselt, darum doch!»

«Verstehe ich nicht. Was hat mein Geschäft damit zu tun, ob der Kalli angezeigt wird oder nicht? Ich will dir was sagen, Rieke, der Kalli hat dich rum und dumm geredet...»

«Ick laß mir von keenem rum und dumm reden, ooch nich von dir! Der Kalli is een anständiger Kerl, der verrät keenen Freund nich!»

«Aber ich tu das wohl, sag's ruhig, Rieke!»

Flammend vor Zorn rief Rieke: «Davon ha ick keen Wort jesagt! Det lügste, wenn de det behauptest, Karl! Ick hab bloß jesagt, det der Kalli imma anständig jewesen is, zu dir wie zu mir!»

«Aber ich bin nicht anständig zu euch, so soll das doch heißen, nicht wahr, Rieke?»

«Wat du nur ewig hast? Uff welchen Nerv bohrste denn jetzt? Det klingt doch mächtig nach schlechtet Jewissen! Nich een Wort ha ick jesagt, det du nich anständig bist!»

«So? Du nicht! Aber daß du es weißt: der Kalli hat mir vorgeworfen, daß ich dich schlecht behandle! Das hat er dir wohl nicht erzählt? Davon habt ihr wohl nicht geredet?!»

«Nee», sagte Rieke plötzlich ganz leise. «Davon hat er mir nischt jesagt. Det hätt er nich sagen dürfen, der Kalli. Det is meine Sache, wie du zu mir bist, det jeht ihn jar nischt an.»

«Und wie bin ich zu dir? Bin ich etwa schlecht zu dir, wie der Kalli behauptet?» Der Streit war abgeflaut. Sie sprachen jetzt fast leise miteinander. Karl Siebrecht saß noch immer am Küchentisch vor dem abgegessenen Teller, in dem der Löffel lag. Die Küche roch nach Kohl. Rieke war von ihrem Nähplatz aufgestanden, sie stand am Herd, kaum zwei Meter von ihm ab. Sie mußte in den letzten Wochen gewachsen sein. Plötzlich fiel ihm auf, wie hager und elend sie aussah, gar nicht wie ein junges, tatkräftiges Mädchen. Ihm fiel ein, daß sie in knapp zwei Wochen, zu Palmarum, konfirmiert wurde. Und dann fiel ihm der dumme Vers ein: Vierzehn Jahr und sieben Wochen ist der Backfisch ausgekrochen ... Rieke war nun vierzehn Jahr, seit ein paar Wochen schon.

Sie hatte ihn bisher immer nur kurz angesehen. Jetzt aber richtete sie den Blick ihrer hellen Augen voll auf ihn und sagte: «Na, Karle, det weeßte doch am besten, wie du zu mir jewesen bist die letzte Zeit.»

«Ich weiß nicht», verteidigte er sich, «daß ich schlecht zu dir gewesen bin.»

«Na, Karle», sagte sie mit der alten Offenherzigkeit, «anders wie früher biste doch jewesen, wat?»

«Ich weiß nichts davon», behauptete er. «Wieso denn? Und warum überhaupt?»

«Na, Karle, seit du dein dußliges Fuhrjeschäft im Koppe hast, von da an biste doch janz vaändert!»

Dies war ein böses Wort — er fuhr hoch und schlug mit der Faust auf den Tisch, daß der Teller tanzte. Der Löffel klirrte dabei gegen den Rand. «Siehst du, da haben wir's ja!» schrie er. «Bloß darum hackt ihr auf mir herum, weil ich das vorhabe. Schon heute früh hat der Kalli mit mir geschimpft, weil ich ihm nicht alles vorher gesagt habe! Und jetzt fängst du auch an! Dußliges Fuhrgeschäft, wahrhaftig! Ich grüble Tag und Nacht, wie ich euch vorwärtsbringe, jawohl, euch auch, nicht nur mich. Aber ihr wollt gar nicht! Euch ist solch ein Loch in der Wiesenstraße gut genug für euer ganzes Leben, mit seinem Kohlgeruch und den angeschlagenen Tellern! Da verbündet ihr euch gegen mich, und dann sagt ihr, ich habe euch verraten! Über so was lach ich nur, hörst du, Rieke, ich lache darüber!»

Aber er lachte nicht. «Det tut mir leid», sagte Rieke, «dußlig hätt ick nich sagen sollen. Det ist mir so rausjerutscht. Sei nich böse drum, Karle!» Sie streckte ihm bittend die Hand entgegen.

Aber er achtete gar nicht darauf. «Weißt du, was mir heute für mein dußliges Fuhrgeschäft geboten worden ist?» rief er prahlerisch. «Fünfzig Mark Wochenlohn! Und in kurzem hundert Mark, und dann noch mehr! Das ist, was ihr dußlig nennt! Weil ihr von nichts was versteht, weil ihr neidisch seid! Weil ihr mir das nicht gönnt!»

«Det sare nich, Karl», antwortete sie sehr blaß. «Red bloß nich so wat. Ick bin nich neidisch – uff dir schon jar nich, und ick jönn dir allens.»

Er achtete nicht auf das, was sie sagte. Er hatte sich über den Tisch gebeugt und sprach ihr nahe ins Gesicht: «Aber das ist, was euch am meisten wütend macht: daß ich euer Geld dafür nehmen will, ihr habt Angst um eure paar Kröten!»

Sie sah ihn an, lange. Er konnte nicht weiterreden. Sein schlechtes Gewissen hatte ihn so lange geplagt, bis er dies von dem Geld vorgebracht hatte, ganz gegen Absicht und Willen. Denn das wußte er ja am besten, daß er sie zum mindesten darum hätte fragen müssen. Und ebensogut wußte er, daß sie sofort ja gesagt hätten. Aber das eben hatte er nicht übers Herz gebracht, sie zu fragen, denn Fragen war Bitten, und er mochte keinen bitten, auch sie nicht. So hatte er's im Streit vorgebracht, als eine Anklage gegen sie, und er wußte, daß die Anklage falsch war. Aber sie sollte sich verteidigen, wo er sich hätte verteidigen müssen, und aus ihrer Verteidigung wollte er Stoff zu neuer Anklage finden, bis es so weit war, daß er das Geld ohne Fragen in der Tasche behalten konnte, daß sie es ihm aufdrängte, daß sie es unter keinen Umständen zurücknahm – auch wenn er es ihr anbot.

«Jeld!» fragte sie blaß. «Wat redst du von Jeld? Ha ick mit einem Wort von Jeld geredet? Nich jedacht ha ick an Jeld.» Sie steigerte sich: «Nimm allens Jeld, wat wa haben, vaklopp allens, wat da is, ooch die Maschine, det is mir so piepe! Wat frag ich nach Jeld! Sei lieber so wie de früher zu mir warst! Du hast mal jesagt, wa sind wie Schwesta und Bruda. Aba det sind wa lange nich mehr, Karle!»

«Es ist, seit dieser verfluchte Kalli Flau dazwischengekommen ist...» versuchte er, sich zu verteidigen.

Ihre Worte hatten ihn doch angefaßt. Und dabei brannte ihn das Geld in der Tasche, er hätte es so gerne herausgenommen und ihr hingelegt! Dann war er frei von Zwang und Bindung und Druck und schlechtem Gewissen... Aber, sprach es in ihm, dann habe ich nur noch fünfunddreißig Mark. Und Wagenseil hat gesagt, wenn es schiefgeht, werde ich nicht einmal sein Kutscher, und in drei Tagen schaffe ich es nicht!

Unterdes hatte Rieke Busch gesagt: «Wat redste bloß von Kalli? Der is doch nich zwischen uns jekommen! Einen bessern Freund kriegste nie im Leben!»

«Ja, ein feiner Freund, der mich um eine rote Mütze verrät!»

«Mit dir is nich zu reden, Karle!» sagte Rieke. «Na, mach, wat de willst, und sei, wie de mußt, ick wer kein Wort mehr saren, und der Kalli ooch nich. Valleicht besinnste dir wieder, det wäre jut, wenn's bald wär.» Und sie wandte sich fort, ging ans Fenster, öffnete es und sah hinaus.

Längst war die Sonne hinter den Häuserdächern verschwunden, längst war das Dämmern über die große Stadt gekommen. In den Höfen und auf den Straßen brannten nun wohl schon lange die Laternen. Aber hier oben sah man nichts davon: es war fast dunkel in der Küche. Und ebenso dunkel sah es in Karl Siebrecht aus. Hin und her gerissen stand er am Küchentisch und wußte nicht, was er tun sollte. Noch am Morgen wäre alles ganz einfach gewesen, eine leichte Frage «Macht ihr mit?» – ein «Ja» – und alles war erledigt. Aber er hatte sie überraschen wollen, und nun war eine Überraschung nach der anderen für ihn gekommen: Die unselige Unterredung mit den Dienstmännern. Der erste Streit mit Kalli. Kalli, Kiesow und die rote Mütze und der zweite Streit. Das wucherische Angebot des Tischendorf. Die Abmachungen mit Wagenseil, nach denen es kein Zurück mehr gab. Und nun stand er hier und wußte, er mußte immer weiter, vielleicht für immer von diesen fort, den einzigen Menschen, die er mochte ... Und mußte doch weiter ... Es hatte ihn sachte angerührt, als er sich klargeworden war, daß sein Werk viele Dienstmänner ums Brot bringen würde. Und es faßte ihn jetzt viel stärker, als er sah, daß ihm dies Werk vielleicht die neu gewonnene Schwester und den Freund nehmen würde ... Die Eroberung von Berlin – wie oft hatte er davon geträumt! Aber in all seinen Träumen hatte er wohl an Entbehrungen, Kampf, Feinde gedacht, nie aber hatte er daran gedacht, daß er mit seinen Freunden würde kämpfen müssen, ja, gegen sich selbst. So also wurde man Eroberer, indem man zuerst alles Weiche in sich selbst bekämpfte! «Rieke», sagte er. «Versteh doch, ich muß es tun.»

«Det vasteh ick schon lange», sagte sie, aber müde, ohne Streitsucht.

Und wieder fing er an: «Rieke, sieh es ein, es wird hier nicht gehen, so zusammen zu hausen mit Kalli.»

«Ich schicke Kalli'n nich weg, ick nich. Wenn du die Kurage hast, ick wer nischt dagegen saren!»

«Ich habe gedacht», fuhr er fort, «meine Schlafstelle bei der Brommen ist doch noch frei – wenn ich da rüber ziehen würde? Vorläufig nur.»

Sie sah immer aus dem Fenster. «Det mußte machen, wie de denkst, Karle», sagte sie. «Aba vajiß nich: wegziehn is leicht, zurückziehn is schwer, for dir bestimmt.»

Sie schwieg, und er schwieg auch. Dann gab er sich einen Stoß, er faßte den letzten entscheidenden Entschluß. «Dann ist das noch mit dem Geld, Rieke. Ich möchte es doch lieber zurückgeben. Du bekommst dreißig und Kalli Flau fünfunddreißig Mark.»

«Lej et hin», rief sie ungeduldig. «Lej et hier uff den Küchentisch! Sei bloß nich so umständlich! Wat mir det schon interessiert! Du willst weg von uns, na, denn jeh! Aba valang nich, det ick dir noch loben soll deswejen!» – Er mußte die Gasflamme in der Küche anstecken, um das Geld abzuzählen. Nun lag es auf dem Tisch, fünfundsechzig Mark lagen dort, kostbares Geld, unbedingt notwendiges Geld. Geld, durch dessen Fehlen sein Unternehmen wohl scheitern würde, aber es mußte sein. Nur ich allein, dachte er. Nur aus eigener Kraft! – «Det mit dem Jeld stimmt nich», sagte Rieke halblaut. «Det weeßte selbst janz jut. Det meiste von de Maschine hast du bezahlt, wenn wa ooch nen Strich machen durch det, wat Vata wegjejurgelt hat. Det is dein Jeld, wat da liegt.»

«Es ist mir lieber so, Rieke», sagte er. Er hatte seinen Korb aus der Kammer geholt und fing an, seine Sachen zu packen. Er war jetzt ganz ruhig und entschlossen.

«Wie ick imma jesagt habe, schenken magste, aba jeschenkt kriegen, da biste zu fein dazu. Und det is nich mal jeschenkt. Reicht denn nu dein Jeld for det, wat du vorhast?»

«Ich schaff es schon, Rieke.»

«Wa wollen's hoffen, denn wenn det wejen unserm Jelde schiefjeht, denn kommste nie wieda bei uns, und det täte mir leid, Karle.»

«Mir auch, Rieke, aber ich komme wieder. Laß mich nur erst durch sein, aber dies muß ich allein durchkämpfen!»

«Warum wohl? Ick ha immer jehört, zwie sind bessa als einer. Aber det ist wohl wieda so, det de mir nischt vadanken willst. Ick bin da anders, Karl, ick bin dir jerne dankbar, for de Maschine, und det de Vata'n mit aus dem Dreck jeholt hast, und det de die Schose mit Hagedorn jeschafft hast. Dafor bin ick dir dankbar – und for allet andere ooch. For allet andere am meisten.» Er hätte sie gerne gefragt, was denn dieses andere war, für das sie ihm am meisten dankte. Aber er wagte es nicht. Endlich lag sein Weg klar vor ihm. Er mußte schnell fort von dem Geld dort auf dem Tisch, ehe er wieder schwankend wurde. Rieke schien auch keine Antwort erwartet zu haben. Sie sagte, vom Fenster forttretend: «Und nu laß mir einpacken, bei dir wird det wie Kraut und Rüben! Wer packt denn die Schuhe uff die weiße Wäsche? Hol man lieber den andern Korb aus der Kammer und die Klamotten von dir. Und deine Wäsche bringst mir weita. Det hat damit jar nischt zu tun, det wäre ein Jammer, wenn deine schöne Wäsche in de Waschanstalt verungeniert würde. Wenn de nich selber kommen magst, schickste die Brommen. Wo willste denn essen?» So war sie. Bis zur letzten Minute aufrecht, standhaft, ohne Klage und Vorwurf. Rieke Busch.

Selbst der eigensüchtige Junge an ihrer Seite empfand etwas davon, so tief er auch in seine Pläne versponnen war, «Rieke», sagte er, «du bist großartig!»

Sie lächelte matt. «Det kommt dir bloß so vor, Karl, weil de mir los wirst. Vorher bin ick dir nich so vorjekommen. Nu jib mir mal aus dem Küchenschrank deine Unterwäsche.»

Sie waren noch beim Packen, als Kalli mit Vater Busch und Tilda zurückkam. Angesichts der Koffer blieb Kalli verblüfft stehen, dann pfiff er langgezogen. Rieke sagte: «Der Karle zieht for 'n paar Tage bei die Brommen. Der muß jetzt seine Ruhe haben. Wa haben det so ausjemacht.»

Hitzig rief Kalli: «Wenn einer hier auszieht, dann bin ich es. Und ich finde es überhaupt gemein von dir, Karl –»

Rasch fuhr Rieke dazwischen: «Ruhig biste, Kalli! Du hast hier jar nischt zu finden! Mach mal lieba den Korb zu, ich kriege die Stange nich durch!»

Murrend gehorchte Kalli. «Dann ziehe ich eben auch aus!»

«Jawoll, dazu biste imstande!» spottete Rieke. «Damit ick janz ohne Hilfe sitze. Und wer trägt mir die Preßkohlen aus dem Keller ruff? Und wer paßt hier uff, wenn ick weg muß? Türme du man ooch ab, mir is det ejal.»

«Karl», sagte Kalli entschlossen. «Komm auf den Absatz, ich muß ein Wort mit dir reden.»

Und wieder Rieke: «Nischt da! Jar nischt habt ihr miteinander zu reden. Es is schon viel zu ville jeredet worden, nu is erst mal Ruhe! Karl, hol den Ernst Bremer, der kann dir die Körbe helfen anfassen.»

«Ich kann die Körbe auch gut anfassen, dazu brauchen wir keinen Bäcker!» trotzte Kalli Flau.

«Det ihr wieder Stunk anfangt! Nischt da», verbot Rieke Busch. «Und steck det Jeld in, wat uffn Küchentisch liegt, Kalli. Du weeßt jut, hier soll keen Jeld rumliegen, von wejen jewisse Leute...» Und sie sandte einen Blick zum alten Busch hinüber, der aber ganz friedlich an seinem Fenster saß.

«Ich rühre das Geld nicht an, Rieke», widersprach Kalli. «Was gehen mich die Kröten an? Meine sind es nicht!»

«Du steckst det Jeld in, Kalli! Det is unser Notjroschen, den hast du in Verwahrung, damit er imma parat is! Da jeht nischt von ab, bloß in de höchste Not, vastehste?» Und Kalli Flau schien verstanden zu haben, er steckte das Geld ein.

Karl Siebrecht ging und kam wieder mit dem Bäcker Bremer. Der warf verwunderte Blicke auf diesen unvermuteten Auszug und tat auch allerlei neugierige Fragen, auf die Rieke aber recht scharf zu antworten wußte. Als sie den zweiten Korb holten, war der Bäcker aber ganz still. Er sah nur gespannt zu, wie Karl der Rieke die Hand gab und sagte: «Na, denn auf Wiedersehen, Rieke, mach's gut!»

«Uff Wiedersehn, Karle! Mach du's ooch jut und vajiß die Wäsche nich!»

Unter der Tür noch sagte Karl Siebrecht ganz allgemein in die Stube: «Guten Abend». Das sollte allen anderen, vornehmlich aber Kalli Flau, gelten. Und er war noch stolz darauf, daß er sich soweit überwunden hatte.

Weniger stolz wäre er wohl gewesen, wenn er gesehen hätte, wie wenige Augenblicke nach dem Zuklappen der Tür Rieke am Küchentisch zusammensank und losweinte in ihre Hände hinein, klagend, herzzerbrechend klagend... Weniger stolz... aber da war Karl Siebrecht schon mit viel Stolz dabei, die zudringlichen Fragen des Bäckers über die Gründe seines Auszugs ein für allemal abzuschneiden.


## 32. Der erste Tag

Der Rollwagen hielt an der Westseite des Stettiner Bahnhofs, ein wenig entfernt vom Ausgang bei der Gepäckausgabe, mehr nach dem Vorortbahnhof zu. Es war kurz nach zehn Uhr vormittags, der Warnemünder D-Zug mußte in ein paar Minuten eintreffen. Die Pferde waren nur mäßig geputzt, es war ein Gespann zweiter Garnitur, mit ziemlich geflickten Geschirren. Darüber hatte es die erste Auseinandersetzung mit Franz Wagenseil gegeben. Bei der zweiten war es um das Schild gegangen. «Das Schild kommt nicht an meinen Wagen, Gott verdamm mich», hatte der Wagenseil geflucht, «das ist mein Gespann!»

«Aber ich bin der Unternehmer!»

«Du bist mir ein schöner Unternehmer! Gib mir lieber meine zehn Mark!»

«Heute abend. Und das Schild kommt doch dran!»

«Erst, wenn ich dir alle Knochen im Leibe zerschlagen habe, du dämlicher Rotzjunge!»

So war der Streit eine Weile gegangen. Schließlich war Karl mit beiden Schildern losgefahren, und seines war viel kleiner. Er schwor sich, von seinem ersten Verdienst ein neues Schild malen zu lassen, dreimal so groß als das von Wagenseil. Es war überhaupt ein Kreuz, von einem so launischen Mann ab-

160

hängig zu sein, heute so, morgen so. Hoffentlich war er bald soweit, daß er überhaupt von keinem Menschen mehr abhängig war...

Karl Siebrecht wußte nicht, warum Herr Franz Wagenseil heute so düster in eine Zukunft blickte, die ihm gestern noch rosig erschienen war. Der Pferdehändler Emil Engelbrecht war nämlich durch Bestechung eines Wagenseilschen Fuhrknechtes hinter das Geheimnis von Rizinus und Aloe gekommen und war gegangen, seiner Aussage nach direkt zur Polizei! Und dem Rappen ging es nun wirklich schlecht. Wagenseil war in der Gefahr, einen Gaul voll bezahlen zu müssen, der ihm durch seine Fuchsschliche krepierte. Was Wunder, daß der Franz Wagenseil finsterster Stimmung war und auch ein Unternehmen wie die Berliner Gepäckbeförderung für einen Bockmist ansah. Alle wollten sie ewig was von ihm, Geld, Pferde – und der Junge war nicht mal für zehn Mark gut. Bockmist, besch... eidener!

Karl Siebrecht also stand um zehn Uhr neun Minuten neben seinem Gespann. Das Sattelpferd hatte er vorschriftsmäßig abgesträngt, und er hatte auch die Vorsicht gebraucht, den auf dem Bahnhofsplatz diensttuenden Blauen zu fragen, ob er da wohl halten dürfe, länger halten dürfe, vielleicht lange halten dürfe. Der Blaue hatte nichts weiter als die gewichtigen Worte gesprochen «Von mir aus!», was aber als Erlaubnis völlig genügte. Der Aprilmonat stritt gegen seinen Ruf: auch heute schien die Sonne, am blauen Himmel segelten weiße Wölkchen über den Bahnhofsplatz. Der Junge pusselte am Geschirr herum und schielte dabei von Zeit zu Zeit nach den Dienstmännern, die etwa fünfzehn Meter von ihm teils standen, teils auf ihren Karren saßen. Sie taten alle so, als sei da kein Rollwagen der Berliner Gepäckbeförderung auf dem Bahnhofsplatz. Karl Siebrecht war sich klar darüber, daß er heute kaum eine Fuhre kriegen würde, so schnell gaben die Dienstmänner nicht nach. Obwohl sie im Hinblick auf seine Kasse sehr schnell nachgeben mußten! Er hoffte... Denn eigentlich war es ja nicht auszudenken, daß er hier bis zum Abend untätig stehen sollte, den Pferden an Mähnen, Schwänzen und Geschirr herumpusselnd, und es brannte ihm auf den Nägeln! Mit jeder müßig verrinnenden Minute rann ihm sein Kapital fort – und in dreieinhalb Tagen, nun nur noch in dreieinviertel Tagen, war es alle. Ein ganz klein bißchen hoffte er auf den ekelhaften Tischendorf. Er war zwar fest entschlossen, nicht die geringste Konzession zu machen, halb und halb wurde geteilt, nicht anders, aber vielleicht gab Tischendorf nach. Um nachzugeben mußte er aber erst einmal kommen, und das tat er nicht. Statt seiner kam der Dienstmann Kupinski. Er fuhr mit seinem leeren Karren an den Karren der anderen Dienstmänner vorbei, und obwohl er dort noch gut hätte einrücken können, schob er seine Karre Siebrechts Pferden so unter die Nase, daß sie die Köpfe hochwarfen und zurückdrängten.

«Nanana», sagte Karl Siebrecht friedlich, «was haben dir denn meine Pferde getan, Kupinski?»

«Eine Unverschämtheit, uns den Platz wegzunehmen!» schimpfte Kupinski.

«Zieh deine Karre ein bißchen vor. Die Gäule können so nicht stehen.»

«Meine Karre bleibt, wo sie steht!»

«Dann ziehe ich sie vor!»

«Wenn du meine Karre anrührst, schlage ich dir alle Knochen im Leibe kaputt!»

«Gut», sagte Karl Siebrecht nach kurzem Überlegen, «dann gehe ich zum Schutzmann. Ich habe von ihm die Erlaubnis, hier zu halten!»

«Was der schon zu erlauben hat!» knurrte Kupinski, aber unsicher war er doch geworden.

«Sei schon vernünftig, Kupinski», sagte Karl Siebrecht überredend. «Du hast Platz genug, wo die anderen Karren stehen.»

Zugleich aber knuffte er das Handpferd in die Seite, der Graul prellte vor und stieß rumpelnd gegen die Karre. Damit verlor Siebrecht wieder, was er durch seine Besonnenheit gewonnen hatte, denn aufbrausend rief Kupinski: «Sollen jetzt deine verdammten Gäule unsere Karren zertrampeln dürfen?» Und er streifte die Ärmel hoch zum Zeichen, daß eine gütliche Einigung nicht mehr möglich war.

In diesem Augenblick rettete Kalli Flau die Lage. Wie gestern kam er aus dem Seitenportal, mit Koffern beladen, und rief: «Wo bleibt ihr denn? Der Warnemünder Zug ist drin!»

Sofort zerstreuten sich die Dienstmänner, die bis dahin dem Streit zwischen Karl Siebrecht und Kupinski gespannt zugeschaut hatten. Auch Kupinski nahm seine Karre, fluchte noch, aber schon halb unterwegs: «Das bleibt dir nicht geschenkt!» und stieß den Karren zu denen der Kollegen.

Dort lud Kalli mit dem alten Küraß Gepäck auf. Er hatte eine ganze Wucht, viel zuviel für einen Mann und einen Opa, wahrscheinlich von drei oder vier Reisenden. Unwillkürlich fing Karl Siebrecht an zu rechnen: Das Gepäck schätzte er auf vier Mark achtzig, das waren zwei Mark vierzig für ihn – das half schon weiter! Kalli Flau hielt beim Aufladen den Kopf gesenkt, er sah nicht hin zu dem Rollwagen seines ehemaligen Freundes. Um so eifriger schaute und redete der alte Küraß. Mit der schamlosen Neugierde des Alters schien er nicht müde zu werden, über Siebrecht zu schwätzen. Schließlich schien er gar willens, zu ihm hinüberzugehen, ein scharfer Ruf Kallis brachte ihn zurück. Kalli legte sich in den Gurt, schwächlich schob der Opa nach, und die Gepäckfuhre verschwand rumpelnd der Invalidenstraße zu...

Karren auf Karren folgte, und da Karl Siebrecht einmal beim Rechnen war, so blieb er dabei. Er berechnete Fuhre auf Fuhre und kam zu dem Ergebnis, daß dieser eine Zug ihm an die zwanzig Mark eingebracht hätte! Und immer wieder sagte er sich: Ich habe ja nie damit gerechnet, daß sie schon am ersten Tage nachgeben! Doch erfüllte zornige Trauer sein Herz: es war sein Geld, das dort fortfuhr, sein Plan, der zerstört wurde. Klar war, daß alle Dienstmänner gegen ihn im Bunde waren, auch die Gleichgültigen, selbst jene, die sonst immer gegen den Kopf der Mehrheit handelten. Aber warum kam Tischendorf nicht? Von Tischendorf und seinen Haifischen hatte sich auch nicht einer sehen lassen. Freilich operierten die am liebsten in der Haupthalle, die mit ihren zwei Ausgängen bessere Fluchtgelegenheiten bot. Siebrecht sah sich um. Es war jetzt still um den Bahnhof geworden, die Flut der Reisenden hatte sich verlaufen. Die Pferde standen ruhig, sachte schlugen sie mit den Schwänzen nach den ersten Fliegen, die von der Wärme hervorgelockt waren. Kein Dienstmann war zu sehen, alle Karren waren fortgefahren. Karl Siebrecht trat in den Bahnhof. An der Gepäckausgabe standen noch ein paar Reisende, aber nur Frauen und Mädchen, meist ohne Hut, die wohl nur ihre Handkoffer holten. Die waren kein Geschäft für ihn. Er stieg die Treppe zu den Bahnsteigen hinauf und sah sich dort um. Aber auch hier oben war keiner von Tischendorf und seiner Bande zu sehen. Dafür begegnete er einem grünjackigen kleinen Mann mit O-Beinen und einem langen traurigen Gesicht, das Siebrecht immer an einen geschnitzten Pfeifenkopf erinnerte. Der Mann hatte ihm ein paarmal Kundschaft zugeschanzt, er war in seiner Art kein unfreundlicher Mann. «Tag, Herr Beese!» sagte Karl Siebrecht.

Der Mann betrachtete ihn. «Quatsch lieber nicht mit mir!» sagte er schließlich, aber doch nicht so unfreundlich, daß das Gespräch dadurch völlig abgebrochen wurde.

«Warum soll ich nicht mit Ihnen reden?» fragte Karl Siebrecht. «Ich habe Ihnen doch nichts getan. Sie haben mir ein paarmal Gepäck verschafft, Herr Beese, und da wollte ich fragen –»

«Frag mich lieber nichts!»

«Ich habe da nun diesen Rollwagen, Herr Beese. Sie werden schon davon gehört haben...»

Der Mann betrachtete ihn düster. «Ich habe ein bißchen zuviel von dir gehört, mein Junge», sagte er dann. «Ich habe die Neese voll von solchen, wie du bist.»

«Was ist Ihnen von mir gesagt worden? Sagen Sie es mir, Herr Beese. Ich gebe Ihnen mein Wort, ich werde Ihnen sagen, ob es wahr ist oder nicht –»

Der Mann hatte sich schon zum Gehen gewendet. Jetzt blieb er stehen und sah den Jungen mit seinem langen traurigen Gesicht schweigend an.

«Hören Sie zu, Herr Beese! Ich fange etwas Neues an, das gerade den Gepäckträgern am meisten zugute kommt. Ich gebe Ihnen für alles Gepäck, das Sie mir für den Anhalter bringen, die Hälfte von der Taxe! Sie brauchen es mir nur auf den Wagen zu setzen.»

«Alles schön und gut...» fing der Mann an.

«Aber...» fuhr Karl Siebrecht fort, «aber ich muß wissen, was hier über mich geredet wird. Ich habe all mein bißchen Geld in diese Geschichte gesteckt, und ich bin erledigt, wenn irgendein Lump Lügengeschichten von mir erzählt. Das ist doch klar?»

«Verstehe ich, aber –»

«Daß die Dienstmänner gegen mich sind, nehme ich ihnen gar nicht übel. Sie denken, ich nehme ihnen ihr Brot weg, weil sie bisher diese Fuhren gemacht haben. Aber warum seid Ihr Gepäckträger gegen mich? Ihr könnt durch mich doch nur verdienen?!»

«Was du sagst, klingt ehrlich», sagte Herr Beese. «Und nun wollen wir kein langes Kokolores machen, sieh mir gerade in die Augen und dann sage mir: ist das wahr, Junge, oder ist das nicht wahr, daß du gestern auf dem Lehrter mit unserer Jacke und Mütze auf dem Bahnsteig erwischt worden bist?»

«Das ist erstunken und erlogen!» schrie der Junge wütend. «Nie habe ich so etwas gemacht! Sagen Sie mir den Mann, der Ihnen das erzählt hat, und vor Ihren Augen will ich ihn zur Rede stellen! Ich will mit ihm auf das nächste Polizeirevier gehen und ihn als Verleumder anzeigen! Sagen Sie mir den Namen!»

«Das nun nicht», entgegnete der traurige Langköpfige. «Ich will mich nicht mit den Leuten hier auf dem Bahnhof veruneinigen. Ich habe Unfrieden genug zu Hause, verstehst du – wo muß der Mensch seine Ruhe haben.»

«Ich weiß auch so, wer das gesagt hat. Der Kiesow hat es gesagt! Der hat uns gestern am Neuen Tor mit seiner Karre angerempelt. Dafür hat er vom Blauen was auf den Deckel gekriegt, und nun will er sich rächen.»

«Ich habe keinen Namen genannt», sagte Herr Beese. «Das leiste ich mir nicht. Wenn du den Mann vor Polizei und Gericht ziehen willst, ich weiß von nichts. Aber ich glaube dir, und darum will ich auch was für dich tun. Ich will mit den Kollegen reden.»

«Schönen Dank, Herr Beese!»

«Nichts zu danken, warte erst ab, ob die auf mich hören. Und dann, da sitzt so ein verrückter Ausländer seit einer halben Stunde im Wartesaal Erster, der hat sicher seine fünf Zentner Koffer mit, und der Mann will partuh mit seinen fünf Zentnern zusammen nach dem Anhalter fahren, und keine Gepäckdroschke, die groß genug ist – was meinst du, was müßtest du dafür haben?»

«Zehn Mark bestimmt, Herr Beese!»

«Für dich allein?»

«Nein, fünf Mark für Sie und fünf Mark für mich!»

«Quatsch! Acht Mark für jeden! Sechzehn Mark werde ich dem Pinsel abknöpfen! Und laß dir am Anhalter ein ordentliches Trinkgeld geben, das sage ich dir!»

Sie stocherten den langen rothaarigen Ausländer im Wartesaal auf, sie zogen mit ihm zur Gepäckausgabe – und dabei stürmte und jubelte es in des Jungen Brust, stürmte, weil der Kiesow ihn so gemein verleumdet hatte, und es jubelte, weil er heute doch schon eine Fuhre bekam, und was für eine! Und daß der Gepäckträger Beese mit den anderen reden wollte! Er schaffte es also doch! Sie holten die schweren Schrankkoffer aus der Tiefe der Gepäckausgabe – der Rothaarige stelzte dabei immer stumm hinter ihnen drein –, sie zogen und preßten und schoben sie gegen den Ausgang, sie brachten die Koffer auf den Bahnhofsplatz. «Nun hol mal den Wagen ran», sagte Herr Beese. Aber Siebrecht hörte ihn nicht. Er stand und starrte. Er starrte auf den Fleck, wo sein Wagen gestanden hatte. Aber da war nur Pflaster, leeres Pflaster, sein Wagen war weg! «Wo hast du denn deinen Wagen?» drängte der Gepäckträger. «Du mußt doch wissen, wo du deinen Wagen gelassen hast!»

«Mein Wagen ist weg», flüsterte der Junge, schneeweiß, mit zitternden Lippen.

«Na, weißt du!» sagte Herr Beese mit einem langen Blick. «Und was mach ich mit den Koffern?»

«Warten Sie! Er muß ja hier irgendwo stehen!» sagte Siebrecht verzweifelt. «Vielleicht sind die Pferde einen Schritt weitergegangen! Aber ich hatte das Sattelpferd abgesträngt!»

Und er lief los. Er lief in alle Seitenstraßen, in die Chauseestraße, in die Friedrichstraße, in die Tieckstraße, in die Schlegelstraße, in die Novalisstraße, in die Brunnenstraße, in die Invalidenstraße, er suchte seinen Wagen. Er lief und er lief – Angst hatte ihn gepackt. Sein Wagen! Wagenseils Wagen! Als er wieder am Bahnhof vorüberkam, sah er nach der Westseite. Da standen die Karren der Dienstmänner. Die Dienstmänner saßen auf ihnen oder standen da-

bei und schwatzten gemütlich miteinander in der Sonne, auf den nächsten Fern-
zug wartend. Aber die Kofferberge des Ausländern waren verschwunden! Mein
Wagen!

Und weiter lief er...

Plötzlich blieb er stehen. Ein Gedanke war ihm gekommen. Er hatte über
seinen bösesten Feind nachgedacht, und dabei war ihm eingefallen, wo der
Wagen stehen konnte! Wo der Wagen stehen mußte, wenn er den Feind richtig
erraten hatte! Er ging am Stettiner Bahnhof vorüber, er ging die Invalidenstraße hinunter, und seitlich vom Neuen Tor, genau an der Stelle, wo er es erwartet hatte, stand sein Wagen – am Neuen Tor! Siebrecht ging um den Wagen herum. Das Sattelpferd war abgesträngt, die Pferde spielten friedlich in
der Sonne mit den Schweifen. Den Pferden war nichts geschehen. Dem Wagen
war nichts geschehen. Doch, eines: das Schild von der Berliner Gepäckbeförderung war mit Dreck beschmiert, mit einem Dreck, den man auch anders nennen kann. Der Junge verzog den Mund. Das also waren seine Gegner, höher
als zu Scheiße verstiegen sie sich nicht. Er holte von der Pumpe im Tränkeimer
Wasser und wusch das Schild sauber. Dann setzte er sich auf den Wagen und
fuhr stolz zum Stettiner Bahnhof zurück. Es war ihm, als habe er einen Sieg
errungen.

Wieder hielt er am Stettiner. Die Züge kamen und gingen, die Stunden ver-
rannen, und nichts geschah. Die Dienstmänner saßen in der Sonne und schwatzten miteinander, die Leute schwatzen, die sich schon seit vielen Jahren kennen
und einander nicht viel Neues mehr erzählen können. Dann kamen die Reisenden, und die Dienstmänner zerstreuten sich, noch klapperten ihre Karren über
das Kopfsteinpflaster am Bahnhof, und nun war alles still. Der Dienstmann
aber, nach dem Karl Siebrecht Ausschau gehalten hatte, der hatte sich nicht blik-
ken lassen.

Der Junge hatte seine Pferde aus dem Futtersack gefüttert und aus dem Stalleimer getränkt, sich selber aber in der nahen Bierquelle von Aschinger zu füttern und zu tränken, das hatte er nicht gewagt. Er wohnte ja nun wieder bei
der Brommen, nicht einmal Frühstücksbrote hatte er in der Tasche, und gegen
zwei, drei Uhr nachmittags wurde sein Hunger fast unerträglich. Er stellte sich
deutlich Würstchen mit Kartoffelsalat oder italienischen Salat mit Brötchen vor,
und das Wasser lief ihm im Munde zusammen. Da faßte er in die Tasche nach
dem bißchen Geld, das er besaß, und sagte sich immer wieder: Das spart! Ich
habe kein Geld, um es aufzuessen. Und schließlich vergaß er seinen Hunger
über dem Warten. Einmal kam auch der Gepäckträger Beese für einen Augenblick zu ihm. Er betrachtete den Jungen, der da vor seinem leeren Rollwagen
stand, schweigend, und Karl Siebrecht hatte auch keine große Lust, ihn anzusprechen. Schließlich fragte der traurige Pfeifenkopf nach dem, was er vor Augen hatte. «Na, hast du dein Gespann wieder?» fragte er.

«Ja», antwortete Karl Siebrecht.

«Wo war's denn?»

«Am Neuen Tor. Da, wo ich mit dem Kiesow Krach hatte.»

«Gott schuf Menschen», sagte der Gepäckträger, «sie waren aber auch
danach...»

«Der Ausländer?» fragte Karl Siebrecht.

«Ab mit dem Schnellzug zwölf Uhr fünfzig nach Garmisch, ja, Junge, es tut mir gewissermaßen leid.»

«Sie können nichts dafür, Herr Beese, ich weiß.»

«Ich habe auch mit ein paar Kollegen geredet. Sie sind nicht dagegen, sie sagen bloß, erst mußt du dein Kram in Ordnung haben.»

«Ich habe mein Kram schon in Ordnung, Herr Beese. Bloß gegen die Gemeinheit von anderen kann man nichts machen.»

«Eben! Was ich sage. Erst mußt du mit den Rotmützen glatt sein. – Na denn!»

«Na denn, Herr Beese!»

Und langsam, fast unmerklich verrann der sonnige Vorfrühlingstag in Dämmerung und Nacht. Immer noch stand das Gespann am Bahnhof. Die Pferde dösten mit hängenden Köpfen vor sich hin. Karl Siebrecht aber hatte sich gesagt: Wenn auch der Sechsuhrzug mir nichts bringt, fahre ich los.

Der Sechsuhrzug hatte ihm nichts gebracht, aber der Junge fuhr nicht. Er wollte den Achtuhrzug von Warnemünde abwarten, den zweiten Schwedenzug. Er hoffte immer noch. Dann, gegen neun Uhr abends, kam er auf dem Fuhrhof an. Er hatte gedacht, Wagenseil würde um diese Zeit schon fort sein. Aber da war er, in seinen schwarzledernen Gamaschenbeinen wie auf Draht. «Na?» sagte er und streckte dem Jungen die Hand hin. «Wieviel?» Der Junge legte schweigend in die Hand zehn Mark. «Mehr nicht?» fragte Wagenseil.

«Mehr nicht», antwortete der Junge.

Wenn er nun aber das übliche Gepöbel des Fuhrherrn erwartet hatte, so blieb das zu seiner Überraschung aus. Siebrecht konnte nicht wissen, daß der Pferdeknecht, neuerlich von seinem Dienstherrn bestochen, seine Aussage wegen Rizinus und Aloe widerrufen hatte und daß daraufhin eine recht günstige Einigung mit dem Pferdehändler Engelbrecht zustande gekommen war. «Na ja», meinte Franz Wagenseil und steckte die zehn Mark in die Tasche, «anders haben wir den ersten Tag gar nicht erwartet. Oder –?»

«Nein, anders war es gar nicht zu erwarten», bestätigte Karl Siebrecht.

«Haben sie dich angepöbelt?»

«Nicht der Rede wert.»

«Haben sie dir einen Possen gespielt?»

«Nicht der Rede wert.»

Wagenseil dachte nach. «Morgen bekommst du ein Paar andere Pferde», entschied er dann. «Und Sträuße machen wir dir auch ans Geschirr.» Er lachte: «Ich fahre heute nacht noch für die Zentralmarkthalle. Da schaffe ich Blumen an von Firma Klemm und Lange!»

«Kommen nicht an meinen Wagen!» sagte der Junge kurz und war schon gegangen, ehe Franz Wagenseil mit seiner Schimpferei hatte anfangen können.

Dann kam der lange, einsame Abend, ohne Rieke und ohne Kalli . . .


### 33. Der zweite Tag – am Tage

Auf dem Küchentisch der Brommen hatte ein dickes, gut in Zeitungspapier eingeschlagenes Stullenpaket gelegen. «Hat der Kalli abgegeben», berichtete die

Brommen, «und 'nen schönen Jruß von die Rieke. Seid ihr also doch nich auseinander?»

«Von was reden Sie eigentlich?» hatte Karl Siebrecht grob geantwortet, aber ihm war gar nicht grob zumute gewesen. Einen Augenblick erwog er, gleich zu Rieke hinüberzugehen und ihr zu danken, vielleicht erwartete sie ihn. Aber dann hob er es doch lieber für den Abend auf. Er wollte unbedingt zur Zeit am Stettiner halten, heute mußte es anders gehen –!

Es war gut, daß er früh auf den Fuhrhof kam, zuerst sah es ganz so aus, als solle es heute überhaupt kein Gespann für ihn geben. Franz Wagenseil war völlig gekränkte Leberwurst, war auf eine Art kurz und schnippisch, die dem großen Mann sehr komisch zu Gesicht stand. «Ist dir ja alles nicht gut genug, was ich für dich tue», sagte er gekränkt. «Ach was, Pferde, solche Pferde, wie du brauchst, habe ich gar keine. Geh mal bei S. M. in den Marstall, da findest du welche!»

«Sei bloß nicht albern», sagte Karl Siebrecht.

«Ich albern! Du alberner Affe!» schrie Wagenseil. «Wenn ich mal 'ne gute Reklameidee habe, dann ist das albern. Mach dir doch deinen Dreck alleine! Bring lieber Geld, verstehst du? Und du verlangst, ich soll Geld für Blumen ausgeben? Du lächerst mich ja!»

«Du mich auch, Franz!» sagte Karl Siebrecht.

Schließlich bekam er den genesenen, aber noch schonungsbedürftigen Rappen, den er sich erst putzen mußte, und einen reichlich pflastermüden Belgier, rotblond, ein Gespann, das gar nicht paßte. Als aber Karl Siebrecht darauf aufmerksam machte, schrie Wagenseil sofort: «Morgen kriegst du überhaupt nur einen Gaul! Mein Geld spazierenfahren, das möchtest du!»

«Es ist aber meines, Franz!» lachte Karl Siebrecht und fuhr ab.

Sieben Minuten vor zehn hielt er am Bahnhof. Die Dienstmänner waren schon da. Auch der eine, der bewußte. Karl Siebrecht überlegte, ob er schon jetzt mit ihm abrechnen sollte, aber er ließ es. Er war noch zu guter Stimmung, um sich zu krachen. Die Luft war diesig. Die Sonne hatte noch nicht den Dunst über der Stadt durchbrechen können, aber sie würde schon noch kommen, leider. Aber trotzdem würde es heute anders und besser gehen, Karl fühlte es. Er strängte seine Pferde ab. «Na, Karle?» fragte Opa Küraß. Er war auf seinen stöckerigen Beinen herbeigewackelt und betrachtete seinen ehemaligen Karrengefährten neugierig aus vorstehenden Greisenaugen, die ganz voller roter Äderchen waren.

«Na, Opa, das Leben noch frisch?» fragte Karl zurück. Er hatte einen raschen Blick zu den Dienstmännern hinübergeworfen und gesehen, daß sie alle den alten Küraß gespannt beobachteten. Er war also vorgeschickt worden mit irgendeinem bestimmten Zweck und mit keinem guten. Kalli Flau war nirgends zu sehen.

«Wie lange willste denn den Quatsch noch machen?» fragte der Opa.

«Welchen Quatsch wohl, Opa?»

«Den Quatsch mit den Pferden doch.»

«Pferde sind doch kein Quatsch, Opa.» Karl Siebrecht stellte sich völlig verständnislos. «Pferde sind doch Pferde.»

«Du weeßt schon jut, wat ick will, Karle», sagte der Opa gekränkt.

«Keine Ahnung! Aber erzähl mir mal, Opa, was die dir aufgetragen haben. Kalli wird schön schimpfen, wenn er sieht, daß du dich von denen schicken läßt.»

«Ick laß mir von keenem schicken. Und Kalli kann mir jar nischt sagen.»

Aber der Opa war doch sehr unruhig geworden, er schielte nach dem Seitenportal.

«Dann kannst du ja auch wieder gehen, Opa», lachte Karl Siebrecht, «wenn du dich von keinem schicken läßt. Wiedersehen, Opa!»

Jetzt hatte aber auch der alte Küraß gemerkt, daß er ein bißchen veralbert wurde. «Du dummer Bengel!» schalt er. «Mach bloß, det du hier wegkommst! Keener will dir hier sehen! Und Gepäck kriegst du nie! Wir haben for dir jesammelt, du Lulatsch, bloß, weil wir dir nicht mehr sehen können! Eenen Taler haben wir jesammelt, den sollste haben, wenn de hier bloß wegfährst.»

«Gib ihn her, den Taler, Opa!» sagte Siebrecht überraschend und hielt dem Opa die offene Hand hin.

«Nee, nee, nee!» rief Opa hastig und schloß die Hand so fest, daß der Junge merkte, der Spott-, Hohn- und Sammeltaler lag wirklich darin. «Du fährst doch nich weg!»

«Natürlich tu ich's», lachte Karl Siebrecht, «wenn du mir den Taler gibst.»

«Fährste wirklich weg?» fragte der Alte ängstlich und schielte zu den anderen Dienstmännern. Gar zu gerne hätte er sich von ihnen Rat geholt, an diesen Ausgang der Spötterei hatte keiner gedacht. Alle hatten geglaubt, Karl Siebrecht würde in Wut das Geld zurückweisen.

«Wirklich und wahrhaftig, Opa», beteuerte der Junge. «Auf der Stelle fahre ich weg. Mein Wort!» Er strängte schon das Sattelpferd an.

«Na denn», sagte der Opa hilflos. Der Taler glitt in Karls Hand. Er steckte ihn schnell in die Tasche, schwang sich auf seinen Sitz, rief: «Adjüs, Opa!» und «Auf Wiedersehen!» Er knallte mit der Peitsche, die Gäule trabten, Karl Siebrecht sah zurück. Er sah, wie sie alle eifrig und wütend auf den Opa einredeten, sah die hilflosen Gebärden des Alten... Er lachte in sich hinein. Gerade so weit fuhr er in die Invalidenstraße, daß er ihnen aus den Augen war. aber er strängte das Pferd nicht wieder ab. Er blieb auf seinem Kutschersitz, Zügel und Peitsche in der Hand, fahrbereit. Es waren höchstens noch drei oder vier Minuten bis zum Warnemünder Zug. Der wird sich was wüten! dachte er, meinte aber nicht den Opa.

Er mußte gar nicht lange warten, da kamen die Dienstmänner mit ihren Karren auf der Fahrt zum Lehrter Bahnhof, zur Friedrichstraße, zum Potsdamer und zum Anhalter Bahnhof. Manche sahen ihn nicht. Den Kopf gesenkt, die Schulter in den Gurt gestemmt, machten sie geduldig mit ihrer Last einen Bogen um den Feind und fuhren weiter, langsam oder eilig, ganz nach den Zügen, die sie erreichen mußten. Andere sahen ihn. Sie schauten einmal hin, zweimal hin und noch einmal hin, jedesmal aber schauten sie schnell wieder fort. Manche taten, als hätten sie nichts gesehen, und konnten doch das Wiederhinschauen nicht lassen. Einige lachten höhnisch, einer rief: «Da stehste jut!» Einer wurde zornrot, ließ den Holm los, drohte mit der Faust und schimpfte: «Du verdammtet Aas, du!» Das war einer, den der verlorene Taler zu sehr schmerzte.

Karl Siebrecht sah auch Kalli Flau vorüberziehen, in die Gurte gebeugt. Der Freund von ehemals stutzte einen Augenblick, dann rief er: «Morgen, Karl!»

«Morgen, Kalli», rief Karl Siebrecht zurück, und der Freund fuhr vorbei, ohne wieder hochzusehen. Hinter seinem Karren trippelte verstört der alte Opa, nicht einmal zu schieben vermochte er mehr. Zuviel hatten sie wohl auf ihm herumgehackt, und den Rest hatte ihm dann sicher Kalli Flau mit seinen Vorwürfen gegeben.

Einen Augenblick war Siebrecht versucht, den Opa anzurufen und ihm den Taler zurückzugeben. Aber er überlegte es sich anders. Großmütig darf man nur zu einem großmütigen Feind sein, ein kleinlicher Feind hält Großmut immer für Schwäche. Nun endlich kam sein kleinlichster Feind. Karl hatte schon gefürchtet, der habe eine Fuhre in anderer Richtung, etwa zum Schlesischen oder zum Görlitzer Bahnhof. Aber da kam er, und nicht umsonst kam der Dienstmann 13, Kiesow, so spät: seine Karre war hochgetürmt mit Koffern bepackt! Mit Stricken hatte er sie noch festschnüren müssen, die Karre ächzte und krächzte. Und dabei hatte es der Mann auch noch eilig, lang lag er im Gurt, schon jetzt war sein Gesicht gerötet... Ohne aufzusehen, zog Kiesow an Karl Siebrecht vorüber, und «Hüa!» sagte der. Die Pferde gingen los, direkt hinter der Karre ließ Karl Siebrecht sie gehen, so nahe hinter der Karre, daß ihre Nasen fast an die Koffer rührten. Nun stieß die Deichsel – ganz sanft – an den Karren an.

Ein Dienstmann ist es gewöhnt, im Großstadtverkehr zu fahren, kleine Zusammenstöße sind da unvermeidlich. Man schimpft, wenn man Zeit hat, oder zieht schneller, wenn man eilig ist. Kiesow, der den Stoß und Schub gespürt hatte, wandte weiterziehend den Kopf zurück, ein Fluchwort gegen den Unachtsamen auf den Lippen. Sein Blick begegnete dem von Karl Siebrecht. Der sah ihn, hoch über dem Dienstmann thronend, hell und spöttisch an. Die Peitschenschmitze nickte an ihrer Schnur.

Kiesow schloß den Mund, er hatte es eilig, er war schon spät daran. Dieses Jüngelchen würde er sich nachher kaufen. Er legte sich stärker in den Gurt, um aus der Nähe des Feindes zu kommen.

Eine Kleinigkeit schneller ließ Siebrecht seine Pferde gehen. Was für den Dienstmann eine schwere Anstrengung war, für die Gäule war es Spielerei: wieder nickten ihre Nasen über den Koffern, und wieder stieß die Deichsel gegen den Karren. Als das zum drittenmal geschah, wandte der gehetzte Dienstmann den Kopf zurück: «Vadammt noch mal, paß doch auf!» schrie er.

«Verdammt noch mal! Ich paß ja grade auf!» schrie Karl Siebrecht zurück. Und der Dienstmann, der vorwärts mußte, der seinen Zug nicht versäumen durfte, legte sich wortlos in seinen Gurt, vor Wut vergehend.

Sie waren nun am Neuen Tor, an jener Stelle, wo es einen ersten Zusammenstoß gegeben hatte, wo Karl Siebrecht sein herrenloses Gespann mit dem feige beschmutzten Schild gefunden hatte. Kiesow warf einen zweifelnden Blick auf den Schutzmann. Es war derselbe Blaue wie gestern, gerne wäre er ihn um Hilfe angegangen. Aber was sollte er sagen – und gerade diesem Blauen? Er zog rasch in einem Viertelkreis an ihm vorbei, zwischen den beiden Torhäuschen durch, der Luisenstraße zu. Karl Siebrecht atmete auf. Der Feind fuhr nicht zum Lehrter Bahnhof, der nur noch ein paar Schritt entfernt lag, er fuhr zum Potsdamer oder Anhalter, einen weiten Weg, auf dem er gepeinigt werden konnte. Und wie würde er ihn peinigen... Er setzte seine Pferde in Trab. Mit der Peitsche grüßte er: «Morgen, Herr Wachtmeister!» Der Schutzmann sah auf, erkannte ihn, nickte kurz.

An Kiesow vorbei fuhr Karl Siebrecht. Er sah das wütende, gehetzte Gesicht des anderen, das sich entspannte, als er den Jungen vorüberfahren sah. Aber, kaum an Kiesow vorbei, ließ Karl Siebrecht die Pferde wieder im Schritt gehen. Er fuhr nun vor Kiesow her, erst noch in einigem Abstand... Aber seine Pferde krochen. Ach, wie sie krochen – die reinen Schnecken! Rasch kam der Moment, da der Dienstmann 13 fast gegen die Hinterwand des Rollwagens stieß, da er langsam ziehen mußte. Noch langsamer. Und die Zeit drängte, der Zug fuhr, das Gepäck mußte abgefertigt werden, der Bahnhof war noch weit...

Siebrecht sah sich nicht um, aber ihm war, als fühle er die Blicke des Verzweifelnden in seinem Rücken, er fuhr noch langsamer. Dann, ohne den Kopf zu drehen, gewissermaßen nur im Augenwinkel, sah er, daß der Dienstmann Anstalten machte, ihn zu überholen. Er ließ ihn fast bis an die Pferde kommen, dann bog er in einem spitzen Winkel auf die Fahrbahn aus, den Geleisen zu, und eingekeilt zwischen dem massigen Rollwagen und einer anfahrenden Elektrischen, blieb dem Dienstmann nichts, als zurückzufallen, wieder hinter den Rollwagen zu kriechen, zu schleichen, wo er laufen wollte, den unerreichbaren Rücken des Jungen anzustarren, vorne hoch vor sich. So ging es die ganze Luisenstraße hinunter. Es gab kein Entrinnen für Kiesow. Dann, bei der Dorotheenstraße, machte er einen Versuch auszubrechen, statt geradeaus zu fahren, bog er rechts ab, dem Reichstag zu. Aber Karl Siebrecht war auf dem Posten. Im Augenblick hatte er sein Gespann herumgeholt, und nun gingen die Pferde wieder hinter dem Karren, die Deichsel schlug gegen ihn – nun wurde der Mann gehetzt, der eben noch hatte schleichen müssen.

Voraus oder hintennach: Karl Siebrecht behielt das Spiel in der Hand, und er spielte es, bis zur letzten Karte. Der Mann hatte gemein gegen ihn gehandelt, er war sein Hauptwidersacher, der würde die anderen immer wieder von neuem gegen ihn aufreizen. Den mußte er kleinkriegen, der hatte erst seine Lektion zu begreifen. Am Tiergarten entlang, über den Potsdamer Platz, am Potsdamer Bahnhof vorbei. Zufällig sah es der Junge, wie der Dienstmann 13 einen Blick zur Uhr an der Halle warf und wie sich sofort seine Haltung entspannte, der Gurt schlaff wurde: der Zug war endgültig versäumt, Kiesow hatte den Kampf aufgegeben! Karl Siebrecht knallte mit der Peitsche, er ließ seine Pferde traben, holpernd und polternd ging es über die Kopfsteine der Königgrätzer Straße, auf den Anhalter Bahnhof zu, am Anhalter Bahnhof vorbei. Achtundzwanzig Minuten hatte er den Feind geschunden, nur achtundzwanzig Minuten, und wie lang waren sie ihm erschienen! Wie lang mußten sie erst Kiesow vorgekommen sein!

Er hat gewendet, er hält jenseits des Platzes, aber er hat eine gute Sicht auf die Gepäckabfertigung. Nach einer Weile Warten sieht er Kiesow aus dem Bahnhof auftauchen, er hat ein paar Handkoffer, die er auf seine Karre stellt. Kiesow fährt ab, er fährt langsam über den Platz, sieht sich dabei nach allen Seiten um. Es ist Karl Siebrecht gleichgültig, ob er gesehen wird oder nicht:

das Spiel geht doch weiter. Aber er wird nicht gesehen, Kiesow biegt in die Anhalter Straße ein, weg ist die rote Mütze. Schon sitzt der Junge wieder auf dem Bock, die Pferde traben, und noch sind keine drei Minuten vergangen, da stößt die Deichsel wieder an den Karren. Aber diesmal hat es Kiesow nicht eilig, auch er wünscht jetzt die Auseinandersetzung. Er hält seinen Karren so plötzlich an, daß Karl seine Pferde auf dem Fleck parieren muß, sonst treten sie das schwache Holzding in Stücke: «Jetzt will ich dir was sagen –» beginnt Kiesow. Er hat sich von seinen Gurten losgemacht und geht von der Seite auf Wagen und Feind zu.

Aber hier in der belebten Anhalter Straße ist nicht der Ort für eine hitzige Auseinandersetzung. «Später! Später!» ruft Karl Siebrecht und setzt seine Pferde in Trab. Er fährt im Bogen um die Karre herum und rasch weiter. Erst im stillen unteren Ende der Wilhelmstraße hält er den rechten Augenblick für gekommen. Ganz überraschend aus einer Seitenstraße einbiegend, setzt er dem Gegner den Rollwagen – plautz – vor die Nase und zwingt ihn zum Halten. «Nun erzähl, was du zu erzählen hast, Kiesow!» sagt er. Wird ein Kampf einmal unvermeidlich, ist es immer besser, man ist der Angreifer statt der Angegriffene. Siebrecht steht erhöht auf seinem Wagen, er hält die Peitsche in der Hand, aber umgedreht, so daß er mit dem starken, biegsamen Stielende zuschlagen kann.

Kiesow macht sich langsam von seinem Gurt frei. Langsam geht er auf den Wagen zu. Langsam fragt er: «Wie lange willst du das noch machen, du –?»

«Bis du klein beigegeben hast, Kiesow!» antwortete Siebrecht und läßt keine Bewegung des Feindes außer acht. Der Mann scheint ihm zu friedlich, das ist verdächtig. Der Mann hat etwas vor.

«Und was nennst du klein beigeben?» fragt Kiesow. Er steht jetzt einen guten Meter von dem Jungen entfernt, aber auch einen Meter tiefer als der.

«Erstens setzt du als erster dein Gepäck auf meinen Wagen, als Entschädigung für die Hetzerei, die du bei den anderen gegen mich getrieben hast.»

«Da warte man drauf!» antwortet der Dienstmann, aber viel zu ruhig. «Und was noch?»

«Zweitens sagst du den Gepäckträgern auf dem Stettiner, daß es eine gemeine Lüge von dir war, daß du mich in grüner Jacke auf dem Bahnsteig vom Lehrter erwischt hättest!»

«Auch ganz schön!» meinte Kiesow. «Und was noch?»

«Das ist vorläufig alles», sagt Siebrecht.

«Nein, das ist nicht alles, damit fangen wir erst an!» schrie der Kiesow, sprang gegen den Wagen und griff nach den Beinen des Jungen. Er wollte ihn vom Wagen aufs Pflaster reißen.

Aber der war auf seiner Hut gewesen, er sprang zurück, und nun traf der schwere zähe Peitschenstiel den Dienstmann am Kopf. Die Mütze fiel, einen Augenblick stand Kiesow wie betäubt, dann fuhr er mit beiden Händen an den geschlagenen Kopf und schrie: «Jetzt gehn wir auf die Polizei, jetzt kommst du aber mit auf die Polizei! Das blutet ja, das zeige ich denen! Jetzt fliegst du rein!»

«Ja, das blutet, Kiesow», sagte Karl Siebrecht. «Und wenn du willst, gehen wir auf die Polizei. Ach bitte», sagte er zu einem der Neugierigen, die sich schon angesammelt hatten, «haben Sie nicht gesehen, daß der Mann mich angesprungen hat? Daß ich mich bloß verteidigt habe?»

«Natürlich hab ick det jesehen, Jüngling!» sagte der kleine Mann, wie alle Berliner überraschend plötzlich gekränkt. «Denken Sie, ick habe schlechtere Oogen als Sie?!»

«Und böse wärste mit 'm Dötz aufs Pflaster jeballert», sagte eine amtliche Stimme, nämlich ein Briefträger. «Wie können Se denn so wat machen, Mann? Jemanden an de Beene vom Wagen reißen – es ist die Möglichkeit!»

«Und so eener red't von Polizei», murmelte eine Baßstimme.

Kiesow merkte, daß die Volksstimmung gegen ihn war. «Mit dem Peitschenstiel übern Nischel!» murrte er. Dann bückte er sich nach seiner roten Mütze, legte sein sehr fragwürdig aussehendes Taschentuch auf die geschundene, jetzt rasch anschwellende Stelle und klemmte es mit der Mütze fest.

«Daß ihr so sein könnt gegen 'nen ollen Dienstmann –» sagte er vorwurfsvoll. «Na ja, auf ein totes Aas hacken alle Raben!»

«Da hast du recht: ein Aas biste!» rief der Baß, und viele lachten.

Mit einem letzten vorwurfsvollen Blick, der aber den Karl Siebrecht vermied, spannte sich Kiesow vor seine Karre und zottelte langsam davon. Auch der Junge setzte sich wieder auf seinen Bock. «Hüa!» rief er, und die Pferde zogen an. Jetzt folgte er in weitem Abstand dem Kiesow, aber er folgte ihm. Immer sah er die rote Mütze vor sich, und die rote Mütze fuhr nicht zum Stettiner Bahnhof, rechts bog sie ab, immer weiter rechts, nach Osten statt nach Norden wies ihr Kurs. Karl Siebrecht wurde ganz zweifelhaft, ob es noch Zweck hätte, ihr weiter zu folgen ...

Schließlich aber hielt der Dienstmann 13 an. Er hielt ohne jeden ersichtlichen Grund, in einer dieser Straßen beim Schlesischen Bahnhof, die einander alle so ähnlich sehen. Kiesow stellte sich auf den Bürgersteig und sah, die Hände in den Taschen, dem anfahrenden Jungen entgegen. Auch Karl Siebrecht hielt, und einen Augenblick blickten die beiden einander stumm an. Der Dienstmann sah eher trübe als kampfeslustig aus. «Na, denn steig man runter», meinte Kiesow schließlich. «Aber die Peitsche läßt du oben!» Der Junge sah die Straße auf und ab. Sie war weder besonders belebt, noch war sie leer. «Hast du Bange?» fragte Kiesow. «Ich tu dir nichts.»

«Aber ich dir!» rief Karl Siebrecht und sprang vom Wagen. «Nämlich, wenn du mich noch einmal anfaßt.»

Die beiden standen sich schweigend gegenüber, jetzt auf gleichem Boden. Dann fragte Dienstmann 13: «Was willst du eigentlich von mir?»

«Das habe ich dir schon gesagt!»

«Was du gesagt hast, ist Stuß! Das tue ich nie!»

«Dann fahre ich dir so lange vor der Nase rum, bis du es über hast!»

«Dann zeige ich dich an wegen Existenzschädigung!»

«Dann zeige ich dich erstens an wegen Verleumdung ...»

«Das muß einem erst bewiesen werden!»

«Dafür habe ich Zeugen!» behauptete Siebrecht kühn. «Dann hast du mir meinen Wagen verschleppt ...»

«Habe ich nicht!» rief Kiesow rasch. «Das hat ein ganz anderer getan!»

Das weiß ich recht gut», behauptete der Junge. «Aber in deinem Auftrag geschah es.» Er sah den Mann an, er wagte es, nur dieser Mann konnte es getan haben. «Und dann bist du am Neuen Tor gesehen worden, wie du das Schild eingeschmutzt hast!»

«Das war ich nicht!» rief wieder rasch Kiesow. «Ich habe es bloß gehalten!»

«Das genügt mir», lachte der Junge. «Und der Polizei genügt es auch.»

Der Dienstmann 13 sah finster auf den Lachenden. Dann, mit einer plötzlichen Bewegung wandte er sich zu seiner Karre, nahm die drei Handkoffer herunter und stellte sie auf den Rollwagen. «Da!» sagte er. «Da hast du sie! Fahr du sie auf den Stettiner. Ich lasse mich da nicht wieder sehen. Du hast mich alle gemacht.»

Siebrecht sah ihn prüfend an, er glaubte ihm nicht. Dann sagte er: «Macht neunzig Pfennig, Kiesow!»

«Was?» rief der Mann wütend. «Geld willst du auch noch von mir?»

«Mein Anteil am Fuhrlohn», verlangte Siebrecht. «Aus Freundschaft für dich kann ich vorläufig noch nicht fahren, Kiesow!»

Der Mann murrte und murmelte, aber er suchte in seinem Portemonnaie: «Da!» sagte er dann mürrisch. «Einen Groschen kriege ich zurück.»

Der Junge gab ihn. «Da, Kiesow! Nun sind wir glatt.»

«Nee, glatt sind wir nicht», sagte der Mann finster und faßte nach der Brüsche unter der Mütze. «Das kann nun keiner behaupten!»

«Nein, so glatt sind wir nicht», lachte Karl Siebrecht und stieg auf den Bock. «Denn wenn du dich wieder auf dem Stettiner sehen läßt, fängt's von frischem an!» Er fuhr los. Er fuhr im schlanken Trab bis zum Stettiner: Es war noch ein paar Minuten vor zwölf, als er dort anlangte. Ein paar Dienstmänner standen da. Er nahm die Koffer vom Wagen, lief in den Bahnhof. Im Vorbeigehn sagte er zu den Dienstmännern: «Die Koffer habe ich von Kiesow!» Ihren Gesichtern sah er an, daß sie ihm nicht glaubten.

Als er zurückkam, vertrat ihm Kupinski den Weg. Drohend sagte er: «Du, hör mal, gib uns unsern Taler wieder!»

«Euren Taler? Den hab ich mir redlich verdient! Ich sollte wegfahren, und ich bin weggefahren.»

«Du solltest aber ganz wegfahren.»

«Ich bin auch ganz weggefahren. Es ist nichts von mir hiergeblieben! Oder?»

«Ich meine –» Es wurde Kupinski schwer, auszudrücken, was er meinte. «Du solltest für immer wegfahren!»

«Für immer? Davon hat der Opa nichts gesagt. Ich sollte wegfahren, und das habe ich getan. Damit habe ich den Taler verdient!»

«Wir wollen unsern Taler zurück! Du hast uns angeschissen!

«Nein, das habe ich nicht! Aber ihr wolltet mich verhohnepiepeln, und dabei seid ihr reingefallen. Das kostet euch nun einen Taler.» Sie sahen ihn schweigend an. Nicht auf allen Gesichtern war Unwille zu lesen. Manche schienen selbst zu finden, es sei so ganz richtig. Siebrecht sagte: «Der Taler gehört mir. Aber ich will euch was sagen: ich werde ihn dem zurückgeben, der zuerst sein Gepäck auf meinen Wagen setzt.»

«Darauf warte man!» sagte Kupinski höhnisch.

«Jawohl, Kupinski, genau darauf warte ich», antwortete der Junge und ging zu seinem Wagen zurück. Während er den Pferden Hafer gab, hörte er ihre erregten Stimmen. Sie waren in Streit, und wenn sie sich erst seinetwegen stritten, stiegen seine Aussichten. Trotzdem richtete er sich darauf ein, den ganzen Nachmittag wieder umsonst zu warten, so schnell besannen sie sich nicht. Wer aber kam, war der Hans Tischendorf, den er fast vergessen hatte.

«Na, Haifisch?» fragte der gestürzte Stift eines Anwaltsbüros.

«Nichts mehr Haifisch!» lachte Siebrecht. «Ich bin Gepäckfuhrunternehmer! Da, lies das Schild!»

«Habe ich längst gelesen», sagte Tischendorf und warf nur einen kurzen Blick auf das Schild, der dem Jungen scheu vorkam.

Rasch sagte er: «Na, Tischendorf, wieviel hat dir denn der Kiesow dafür gegeben?»

Das Gesicht des anderen wurde nicht rot, aber seltsamerweise röteten sich seine großen abstehenden Ohren. Sie wurden immer röter, Siebrecht sah es mit Vergnügen. «Wofür gegeben?» fragte Tischendorf.

«Für das Fortstehlen von meinem Wagen und das Einsauen vom Schild.»

«Du spinnst ja!»

«Kiesow hat es mir selber gestanden. Er hat das Schild gehalten, sagte er, und du hast eingesaut!»

«Stuß!» sagte Tischendorf. «Ich werde den Kiesow fragen, wenn er kommt. Das kann er gar nicht gesagt haben!»

«Der Kiesow kommt nicht mehr auf den Stettiner, der arbeitet nun auf dem Schlesischen!» Karl Siebrecht hielt es für gut, wenn sich diese Nachricht möglichst bald auf dem Stettiner Bahnhof verbreitete. Sie würde dem Kiesow eine Rückkehr nicht gerade erleichtern.

«Das glaubt dir keiner!» sagte Tischendorf rasch.

«Frage Kiesow selbst! Und sieh dir die Brüsche an, die ich ihm mit dem Peitschenstiel über den Schädel gegeben habe!»

«Ach nee!» sagte Tischendorf nur, und seine dunklen scheuen Augen gingen hierhin und dorthin, nur nicht zu Siebrecht. «Jedenfalls, wenn er behauptet, ich habe was mit deinem Wagen gehabt, dann mache ich ihn meineidig!»

«Das könnt ihr alles vorm Richter ausmachen», meinte Karl Siebrecht. «Wenn sich nämlich Kiesow hier noch mal sehen läßt. Ich habe ihm versprochen, daß ich dann euch beide anzeige.»

Tischendorfs Ohren hatten längst ihre normale Farbe angenommen. Er hatte die Lage juristisch überprüft und nichts Beunruhigendes an ihr gefunden. «Was da schon viel bei rauskommt! Im schlimmsten Falle ist es grober Unfug, kostet zehn Mark Geldstrafe, und die zahlt Kiesow.»

«Warten wir's ab.»

«Und wie stehen die Geschäfte?» fragte Tischendorf, wie es schien, völlig unerschüttert.

«Danke, danke. Habe eben die Koffer für Kiesow gefahren.»

«Schon gehört. Und jetzt glaube ich es dir sogar. Ein Kamel, der Kiesow, sich so von dir ins Bockshorn jagen zu lassen. Mich kriegst du nicht so leicht!»

«Und du mich gar nicht, Tischendorf!»

«Wie steht's denn mit uns? Hast du dir das mit den sechzig Prozent überlegt?»

«Von morgen an nehme ich Haifische nur für vierzig Prozent mit», verkündete Siebrecht.

«Ach nee? Deine Pferde brauchen keine Bewegung?»

«Die kriegen noch zuviel Bewegung!»

«Du kriegst aber kein Gepäck!»

«Das Gepäck kommt schon!»

«Bofke!» sagte Hans Tischendorf diesmal zum Abschied und entschwand, in grauen Korkzieherhosen, völlig ungewaschen.

Und nun war es wieder still um Karl Siebrecht. Langsam entschwanden auch die Stunden, sie brachten die Züge mit ihren Reisenden, mit den Gepäckmassen, aber ihm brachten sie nichts. Die Gepäckträger liefen, die Dienstmänner hoben die Koffer auf ihre Karren und legten sich in die Gurte, er stand tatenlos.

Aber er war doch in der allerbesten Stimmung. Manche Änderung hatte der heutige Tag schon gebracht. Es sah nicht mehr alles hoffnungslos für ihn aus! Vor allem besann sich der April auf seinen Namen. Diesmal stieg der Nebel nicht, er löste sich in einen feinen Regen auf. Dann fing es zu wehen an, und der Regen wurde stärker.

Karl Siebrecht legte den Pferden die Lederdecke über und sah zu, wie auch die Dienstmänner kleine graue Planen über ihre Koffer zogen. Sieh da! sagte er sich. Daran habe ich nicht gedacht. Morgen früh muß ich mir von Franz eine Wagenplane geben lassen, das darf ich nicht vergessen, sonst werden meine Koffer naß. Er rechnete für morgen schon bestimmt mit «seinen» Koffern.

Später bummelte Siebrecht noch durch den Bahnhof, er wagte es heute schon, sein Gespann allein zu lassen. Es würde ganz nützlich sein, dem Gepäckträger Beese von seinen Erlebnissen mit Kiesow zu berichten. Aber er fand Beese nicht, der hatte wohl Spätdienst. Dafür stieß er in «Herren» auf eine ganze Versammlung von Rotmützen, unter ihnen auch auf den nicht rotbemützten Kalli Flau. Sie standen in eifrigem Getuschel um einen Herrn in Zivil.

Bei seinem Erscheinen löste sich die Gruppe sofort auf. Jeder suchte sich einen Platz an der wasserrauschenden Wand, der Zivilist verschwand eilig in einer Toilette. Karl Siebrecht hatte sein Gesicht nicht sehen können, die Gestalt war ihm bekannt vorgekommen, nur ungewohnt verändert. Flüchtig dachte er an den Dienstmann 13 – aber dies war ein Zivilist gewesen...

Er fand einen freien Platz neben Kalli und sagte: «Na, Kalli –?»

Er konnte dem Freunde nicht länger böse sein. Schon war halb vergessen, warum sie sich verzankt hatten.

«Na, Karl?» fragte Kalli mit einem Aufleuchten der Augen zurück.

«Was macht die Rieke?»

«So wie immer. Danke.»

«Ich komme heute abend mal bei euch vorbei.»

«Schön, werde ich ihr bestellen.»

«Also, Kalli!»

«Also! Mach es gut, Karl!»

Er ging, trotzdem er sich den Zivilisten hinter der verriegelten Tür gerne einmal angesehen hätte. Aber er scheute auch nur den Verdacht, zu spionieren.

Der Meister des Fuhrgewerbes saß im Stall und kratzte mit seinem Taschenmesser Lehm von den Schuhen, als Karl Siebrecht mit den Gäulen hereinkam.
«Na, mein Sohn», sagte er und hielt die offene Hand hin. «Hafer verdient?»

«Immer!» prahlte Karl Siebrecht und legte zehn Mark in die Hand. Dann
fügte er langsam Stück für Stück eine Mark und fünfundneunzig Pfennig dazu. «Dein Anteil, Franz!»

Wagenseil besah das Geld nachdenklich, dann spuckte er kräftig drauf.
«Handgeld», sagte er. «Strumpfgeld nennen's die kleinen Mädchen in der Jägerstraße! Daß unsere Kinder lange Hälse kriegen!» Er spuckte langsam über
die linke Schulter nach dem Rappen hin. «*Das* Geld gebe ich bestimmt nicht
aus – bis zum nächsten Gerichtsvollzieher!» Er seufzte schwer: «Viel ist es
nicht, Karl!»

«Es ist ein Anfang, Franz!» tröstete Karl Siebrecht. «Sie besinnen sich schon.»

«Besinnen sie sich wirklich?» fragte Wagenseil. «Für eins fünfundneunzig
würde ich mich nicht viel besinnen.»

«Dienstmänner sind eben billiger als du. – Du, Franz, du mußt mir morgen
eine Regenplane mitgeben für die Koffer.»

«Schön! Hast du viel Stunk mit denen?»

«Es geht! Dem schlimmsten Schreier habe ich heute einen über den Döz gegeben.»

«Hast du recht gemacht», sagte Wagenseil und betrachtete den Jungen
nachdenklich. «Weißt du was?» rief er mit einem plötzlichen Aufflammen,
«du müßtest was Amtliches haben, dann lassen sie dich eher in Ruhe!»

«Wieso was Amtliches? Ich bin doch nichts Amtliches!»

Aber Wagenseil war von seinem Einfall begeistert. «Du mußt einen langen
grünen Mantel kriegen, bis an die Hacken. Mit blanken Knöppen. Und dann
eine grüne Mütze mit dem Messingschild ‹Berliner Gepäckbeförderung›.
Mensch, Karl, das ist eine Idee. Pyramidal siehst du dann aus. Dann rührt dich
keiner mehr an.»

«Ich lasse mich doch nicht als Affe ausstaffieren!» rief Karl Siebrecht entrüstet. «Ich bin doch kein Kintopp-Portier. Ausgeschlossen, Franz! Das Geld spa-
re lieber. So ein Zeug ziehe ich nie an.»

«Na, höre mal, Karl», sagte Wagenseil, aber seine Stimme klang ziemlich
drohend, «wir wollen hier jetzt ganz ruhig reden, wir wollen uns hier nicht
streiten! Das ist eine ganz erstklassige Idee, sage ich dir. Du verstehst bloß
nichts von Reklame. Aber Reklame ist das halbe Leben!»

«Ja, ja, ja», sagte Karl Siebrecht gelangweilt – gleich würde es wieder den
unvermeidlichen Krach geben. «Wir wollen lieber gar nicht mehr davon reden,
Franz. Ich ziehe solch Zeug doch nicht an!»

«Du ziehst das Zeug doch an!»

«Dann kaufe mir doch lieber einen Sattel und setze mich ganz rot auf den
einen Gaul, und auf den anderen setzt du eine Meerkatze, die kann Becken
schlagen – wenn Reklame, dann Reklame!»

«Einen alten Sattel habe ich noch irgendwo liegen», sagte der Fuhrherr nachdenklich. «Das wäre noch nicht mal das Dümmste . . .»

«Höre mal, Franz», rief Karl entsetzt. «Wollen wir nun ein reelles Fuhrunternehmen aufmachen, oder wollen wir Zirkus spielen? Die Leute wollen ihre Koffer von einem Bahnhof zum andern gebracht haben, und zwar reell ...»

«Reell!» schrie Wagenseil und sprang auf. «Sagst du mir in meinem eigenen Stall, daß ich nicht reell bin –?! Auf der Stelle machst du, daß du aus meinem Stall kommst, oder ich werfe dich achtkantig hinaus!» Und er warf schon, aber nur einen Putzstriegel, der harmlos gegen die Wand fuhr.

«Du hast wieder deinen Vogel, Franz», sagte Karl Siebrecht unter der Stalltür. «Aber das Schöne bei dir ist, Franz, daß du alle Tage einen anderen Vogel hast –»

Er sprang zur Seite, und der Wasserguß aus dem Stalleimer klatschte wirkungslos an ihm vorbei auf den dunklen Hof.

«Daß du dich nicht wieder auf meinem Hof blicken läßt, du miserabler Klopphengst, du!» brüllte Wagenseil in höchster Wut. «Mir eins fünfundneunzig anzubieten – 'ner Nutte gibt man mehr!»

«Gute Nacht, Franz, und auf Wiedersehen!» rief Karl, da war er schon auf dem Hof.

Er ging an dem Büro vorbei, das Fenster öffnete sich. «Du, hör mal, Siebrecht!»

«Ja –?»

«Es hat ein Herr nach dir gefragt, vor einer Stunde etwa. Du möchtest auf ihn warten, er käme noch mal vorbei.»

«Was denn für ein Herr? Wie hieß er denn?»

«Weiß ich nicht. Da hätte ich viel zu tun, wenn ich mir alle Namen merken wollte von denen, die hier vorbeikommen!» Das säuerliche Fräulein empörte sich. «Aber du kannst es machen, wie du willst, von mir aus!»

«Dann werde ich zu Ihnen hereinkommen, hier im Dunkeln wartet es sich auch nicht schön.»

«Na, komm schon rein!» Und als Karl Siebrecht im Büro war: «Hat er dich wieder mal rausgeschmissen?»

«Ja.» Karl Siebrecht war noch bei dem Herrn, der nach ihm gefragt hatte: «Sah er vielleicht wie ein Matrose aus?»

«Weiß ich nicht. War schon halb duster, als er kam. Und nun halte den Mund, ich muß hier rechnen.»

Gute zehn Minuten herrschte tiefes Schweigen auf dem Büro. Dann kam Herr Wagenseil reinstolziert, den Jungen beachtete er nicht: «Sie, Karline», brummte er das Fräulein an. «Telefonieren Sie mal mit meiner Ollen! Ich komme heute nicht zum Abendessen. Ich begieße mir die Nase für eins fünfundneunzig!»

Das Fräulein reagierte nicht, das Fräulein rechnete.

Mit erhobener Stimme sprach der Chef: «Haben Sie Schmalz in den Ohren, Sie Essigkruke, Sie! Meine Olle sollen Sie anrufen! Und sagen Sie ihr gleich, ich bin schon weg, sonst quasselt die mir noch die Ohren voll!»

«Erstens bin ich weder 'ne Karline noch 'ne Essigkruke, zweitens ist Ihre Frau keine Olle, und drittens –»

«Drittens telefonierst du Misthaken auf der Stelle, oder ich drehe dir den Hals um!»

Wagenseils Faust donnerte auf den Tisch. Wie von einem Windstoß geschleudert, flog das Fräulein an den Apparat. Wagenseil warf sich in einen Stuhl, zog das Messer aus der Tasche und fing an, seine Nägel damit zu pflegen. Dabei fragte er grämlich: «Was sitzt du denn noch hier rum?»

«Ich warte auf einen.»

«Auf wen denn?»

«Weiß ich nicht.»

«Ich möcht mal wissen, was du eigentlich weißt!» Er unterbrach sich: «Heh, Sie Zicke, Sie sollen doch sagen, ich bin nicht hier!»

Das Fräulein reichte ihm sauer-süß lächelnd den Hörer. «Ich konnte es nicht anders machen, Herr Wagenseil, sie hat Sie gehört...»

«Das lügst du! – Ja, Else?» Seine Stimme klang plötzlich sanft, dabei war es, als habe er einen Schlucken, soviel Ansätze machte er. «Ja, es tut mir furchtbar leid – bißchen spät geworden, ja? – Hatte ein krankes Pferd im Stall – warte noch auf den Tierarzt. – Ich will weg? I wo, ich will doch nicht weg, wer erzählt denn so was? – Hat sie falsch verstanden. – Was hat sie gesagt? Ich will saufen gehen? Diese Giftkröte, Else...»

Seine Stimme klang so sanft, aber dabei hatte er mit der freien Hand nach einem Locher gefaßt und schleuderte ihn gegen das Fräulein. Gemeinsam mit Karl floh sie aus dem Büro, in dem der Chef sanft weiter telefonierte...

«Haste mal seine Frau gesehen?» fragte die Sekretärin, das Fräulein Palude, draußen im Dunkeln.

«Nein, die ist ihm wohl über?»

«Manchmal! Gerade wie er und wie sie Stimmung haben! Diesmal habe ich ihn schön reingelegt! Nun kann er heute abend nicht weg, die ruft ihn alle fünf Minuten an, bis es ihm über ist und er nach Haus kommt. – Ich gehe auch nach Haus jetzt. Wartest du noch?»

«Kein Gedanke! Es ist schon nach neun, der kann ja wiederkommen!»

Ein Stück gingen die beiden noch gemeinsam. Das säuerliche Fräulein war richtig aufgekratzt, weil es seinem Chef einen Possen gespielt hatte. Es wußte eine ganze Menge von ihm zu erzählen, von seinen plötzlichen Sparsamkeitsanfällen, wenn er über ein Pfund Hafer tobte, und von seiner sinnlosen Sucht, alles Neue anzuschaffen...

«Jetzt soll ich sogar Schreibmaschine lernen. Einen Vogel hat er, wo er nicht mal richtig Deutsch kann. Da soll er sich man eine Neue, eine Junge, nehmen – aber das erlaubt ihm die Frau nicht. Früher war überhaupt immer ein Jüngling auf dem Büro, aber mich hat sie ihm erlaubt...»

Auf dem Alexanderplatz trennten sich die beiden. Siebrecht hatte das Gefühl, daß er bei Fräulein Palude einen Stein im Brett hatte, das freute ihn. Überhaupt freute ihn sein ganzer Tag. Und nun ging er zu Rieke, er hatte erreicht, was er gewollt hatte, oder doch beinahe erreicht. Nun wurde es ihm leicht, sich mit ihnen auszusöhnen. Mit Kalli war er übrigens schon so gut wie ausgesöhnt, es würde ein netter Abend bei Rieke werden.

Der Junge ging immer schneller, ein feiner, dichter Regen schlug ihm ins Gesicht. Er war fast wie Nebel. Die Gaslaternen brannten in einem grauen Dunst. Drei Schritte ab von ihnen war es schon wieder ganz dunkel.

Siebrecht hatte ein gutes Gefühl für die Richtung, in der er gehen mußte. Er war zuerst die Dirckensstraße hinaufgegangen, und als ihm die dann zu weit nach links abbog, hatte er sich rechts gehalten. Er kannte die Straßen nicht, er tastete sich so durch, einmal las er Dragonerstraße, kurz darauf Münzstraße. Es mußte aber eine schlechte Gegend sein, das bißchen, was er von den Häusern im Schein der Gaslampen sah, war scheckig, wie aussätzig. In den Destillen wurde laut gegrölt, Betrunkene torkelten auf der Straße.

Jetzt kam aus der Seitenstraße ein Herr in langem Mantel heraus. Die Straße auf und ab sehend, ging er vorsichtig in die Mitte der Fahrbahn. Schon ein ganzes Stück vor Karl hob er die Hand nach dem Hut, wodurch sein Gesicht zur Hauptsache verdeckt wurde, und fragte mit einer tiefen, vielleicht durch den Nebel unnatürlich klingenden Stimme: «Entschuldigen Sie, wo bin ich hier eigentlich?»

«So genau kann ich Ihnen das auch nicht sagen», meinte Karl Siebrecht, stehenbleibend. «Da hinten, irgendwo, ist der Alexanderplatz –»

Der Herr schlug ihm mit der geballten Faust ins Gesicht. Zugleich hob er den Fuß und trat dem Jungen mit aller Gewalt gegen den Leib. Der schrie vor Schmerz und Schreck auf, krümmte sich nach vorn, und fiel auf das Pflaster. Der andere warf sich über ihn, dunkel sah er ein Gesicht, in dem die Augen leuchteten, ein Hagel von Schlägen bearbeitete ihn. Er konnte nicht mehr denken, sich nicht wehren.

Mit mir ist's alle ... dachte er schlaff.

Da fühlte er, wie der Mann über ihm fortgerissen wurde. «Warte, mein Junge», hörte er eine Stimme. «Ich bin auch noch da!»

Das ist ja Kalli! dachte er bei halbem Bewußtsein. Wie kommt denn Kalli hierher? Aber natürlich, Kalli muß es sein, mein einziger Freund Kalli Flau...

Damit schwand ihm das Bewußtsein. Er konnte aber nur wenige Sekunden fortgewesen sein, denn als er sich aufrichtete, sah er noch immer den anderen neben sich knien und hörte das Geräusch von Schlägen, das flehentliche, murmelnde Bitten des Geschlagenen. Der Schmerz in seinem Leib hatte nachgelassen, halblaut fragte er: «Bist du das wirklich, Kalli?»

Der andere hörte einen Augenblick auf mit Schlagen. «Natürlich bin ich das, Karl», sagte er vergnügt. «Wer denn sonst?»

Und wieder fing er an mit Prügeln.

«Wen verhaust du denn da?» fragte Karl Siebrecht. «Hör doch endlich auf damit! Der hat doch genug!»

«Aber das ist doch Kiesow!» rief Kalli Flau. «Hast du das denn nicht gewußt? Der ist dir doch den ganzen Abend schon nachgelaufen, sogar bis auf den Fuhrhof? – Und ich bin wieder dem Kiesow nachgelaufen!» setzte er mit einem Grinsen hinzu, das Karl Siebrecht nicht sah und doch sah.

«Das hätte ich wissen sollen!» stöhnte Kiesow und setzte sich auch aufrecht. Nun saßen zwei auf dem nassen Straßenpflaster, und zwischen ihnen stand Kalli Flau.

«Ja, das hättest du wissen sollen, Kiesow!» höhnte der. «Aber dafür bist du eben zu dumm! Hast du wirklich geglaubt, ich wär mit dem Siebrecht verkracht! So was gibt's ja gar nicht, was, Karle?»

«Nein, Kalli, so was gibt's gar nicht», antwortete auch Karl Siebrecht. Die

Schmerzen ließen immer mehr nach, ihm wurde so fröhlich zumute. Eine Last glitt von ihm ...

«Ich kann dich noch immer anzeigen wegen der roten Mütze auf dem Lehrter», stöhnte der Dienstmann 13.

«Du kannst überhaupt keinen Menschen mehr anzeigen, Kiesow!» rief Kalli Flau hitzig. «Und wenn du jetzt schon wieder ein Maul riskierst, gibt's noch eine Wucht!» Er schwang seine Fäuste kriegerisch vor Kiesows Nase, der ängstlich aufstöhnte und den Kopf zwischen die Schultern zog.

«Er hat die anderen gegen dich aufhetzen wollen», erklärte Kalli Flau, «heute nachmittag im Stettiner ... Du mußt ihn auch gesehen haben, Karl!»

«Ach, das war der Kiesow, der auf dem Klo verschwand?»

«Ja, das war er. Und an ihm hat es nicht gelegen, daß du nicht von dreien statt von einem überfallen worden bist. Aber so gemein waren die doch nicht, dabei mitzumachen. Freilich, gewarnt hat dich auch keiner.»

Einen Augenblick herrschte Stille, Kiesow ächzte noch immer vor sich hin und wischte an seinem Gesicht herum.

«Was machen wir nun mit ihm, Karl?» fragte Kalli dann und half dabei dem Freund auf die Beine. «Genug hat der noch lange nicht!»

«Ich tu gewiß nichts mehr gegen euch!» stöhnte Kiesow.

«Du sollst jetzt aber was für uns tun!» sagte Karl. «Du hast genug gegen uns gehetzt, du bist uns eine Entschädigung schuldig. Du kommst morgen früh und von da an regelmäßig auf den Stettiner und gibst all dein Gepäck auf meinen Wagen!»

«Ich kann doch morgen nicht kommen! Ich kann doch morgen nicht laufen!» jammerte Kiesow. «Wo der mich so vertrimmt hat!»

«Läufst du denn auf dem Kopf, Kiesow?» fragte Kalli Flau spöttisch. «Ich habe dich nur an deinen dämlichen Döz geschlagen. Das mußt du eigentlich spüren!»

«Ihr macht ja mein Geschäft hin!» jammerte Kiesow. «Mir bleibt ja nichts, wenn ihr die Hauptfuhren macht.»

«Dir bleiben alle Bahnhöfe außer dem Anhalter und Potsdamer», sagte Karl Siebrecht. «Und dir bleiben vor allem die Fuhren in die Wohnungen, die habt ihr bisher meist den Haifischen überlassen. Serviere du ruhig deinen lieben Freund Tischendorf ab. Der Ratte bin ich sowieso noch eine Abrechnung schuldig, von wegen Wagenwegfahren und Schildeinsauen, du weißt doch, Kiesow?»

«Das weiß er auch», stöhnte Kiesow. «Das hat er nun auch noch rausgeknobelt!»

Eine Weile ließen sie ihm Zeit. Dann fragte Karl Siebrecht: «Also wie ist es, Kiesow, ja, oder soll Kalli noch einmal anfangen?»

«Ich muß schon ja sagen, ihr laßt mir nichts anderes übrig, so zu zweien auf einen nieder!»

«Er wird ja sagen und doch nicht kommen, Karl», meinte Kalli. «Er wird ja sagen und weiter hinter unserem Rücken hetzen. Er ist und bleibt ein hinterhältiger Hund – das bist du, Kiesow!»

«Ich bin jetzt gewiß ehrlich!»

«Das bist du nie! Und weil du das nicht bist, gibst du uns jetzt als Pfand deinen Ausweis als Dienstmann. Den behalten wir so lange, bis wir gesehen haben, du meinst es wirklich ehrlich!»

«Jungens, den kann ich euch doch nicht geben, den brauche ich doch! Und ich habe ihn auch gar nicht bei mir.»

«Du hast eben nach deiner Brusttasche gefaßt, da sitzt er! Nein, Kalli, nimm ihn nicht mit Gewalt, er muß ihn freiwillig hergeben, er kann ja noch mal eine Tracht Prügel haben, wenn ihm das lieber ist.»

«Und das nennst du freiwillig, Siebrecht?!»

«Gib schon her, Kiesow, danke schön. Ich werde ihn dir gut aufbewahren, aber nicht auf meinem Leibe! Nächtliche Überfälle sind nutzlos! Auf Wiedersehen, Kiesow, morgen früh am Schwedenzug! – Los, Kalli, ich freue mich auf zu Hause. Und nun erzähle mir vor allen Dingen: wie war das mit der roten Mütze?»

Der weite Weg nach der Wiesenstraße wurde beiden nicht lang, so viel hatten sie einander zu erzählen. Sie gingen Arm in Arm – zuerst, weil Karl Siebrecht doch noch ein bißchen wacklig auf den Beinen war, dann, weil es ihnen gut gefiel. Karl Siebrecht sah ein, wie unrecht er dem Freund getan hatte, aber auch Kalli Flau gab zu, daß der Freund in manchem recht hatte.

«Was wahr ist, muß wahr sein, Karle», sagte er. «Unbequem bist du oft für uns mit deinem ewigen Hecheln und Feintun. Aber recht hast du wahrscheinlich. Ich glaube jetzt wirklich, du kitzelst uns noch hoch.»

«Glaubst du das wirklich?» fragte Karl Siebrecht erfreut. «Glaubst du jetzt auch, daß der Fuhrbetrieb klappen wird?»

«Bombensicher!» sagte Kalli Flau mit Überzeugung.

Dann kamen sie in die Wiesenstraße. Es war lange nach zehn Uhr. Über der nie abreißenden Näherei saß Rieke Busch, hob den Kopf und rief Kalli ungnädig an: «Wieso kommste denn so spät, Kalli? Det janze Essen is een Matsch! Det mach lieba nich noch eenmal! Haste wat von Karlen jesehen? Wie jeht denn sein Jeschäft? Hat er meine Stullen jejessen? Wie war er denn jestimmt?»

«Ach, der Hammel!» sagte Kalli Flau wegwerfend. «Der kann mir ja im Mondschein begegnen! Der und sein feines Getue! Der soll mir noch mal kommen!»

Er stolzierte mit steifen Armen in der Küche auf und ab wie ein streitsüchtiger Hahn – und Riekes Augen wurden immer größer und ängstlicher.

Aber ehe sie noch etwas hatte sagen können, ging die Tür auf, und herein polterte Karl Siebrecht und schrie: «Kommst du hier raus, Kalli – ?! Kommst du gleich runter auf den Hof –?! Das möchtest du, dich hier bei der Rieke verkriechen, du feiger Kerl –!»

Und auch er stolzierte wie ein kriegerischer Hahn in der Küche, er sah wahrhaft schrecklich aus mit seinem blau und blutig geschlagenen Gesicht, dem zerrissenen Hemdkragen und den von Straßendreck beschmutzten Kleidern ...

Die Jungens sahen auf Rieke. Ihr immer starrer werdendes Gesicht machte ihnen tiefen Spaß, sie hatten sich so königlich auf diese «Überraschung» gefreut.

«Ach, Rieke –!» rief Karl Siebrecht schließlich, er konnte sich nicht mehr halten, er brach in Lachen aus. Und auch Kalli Flau platzte los.

«Ihr habt euch jekloppt?!» rief Rieke in tiefstem Schmerz. «Nu is allet hin –!» Und sie schlug die Hände vors Gesicht und brach in ein lautes jammervolles Weinen aus.

Den Jungen blieb das Lachen in der Kehle stecken, ihr dummer Scherz sah plötzlich gar nicht mehr scherzhaft aus.

«Rieke!» rief Karl Siebrecht, lief zu ihr hin und umfaßte sie. «Weine nur nicht! Es war doch bloß Scherz, Rieke! Wir haben uns ausgesöhnt, Rieke!»

Und Kalli Flau von der anderen Seite: «Aber Rieke! Wir haben uns doch nicht gekloppt. Wirklich nicht. Der Karl und ich . . .»

Sie riß sich los von ihnen, sie schrie zornig weinend den Karl an: «Du hast ihn vertrimmt, ick seh det doch! Schäm dir wat! Zwei Jahre älta biste und hast viel mehr Kräfte wie der! Und du vakloppst ihn, wo de mir extra vasprochen hast, uff 'n uffzupassen!»

«Rieke! Rieke!» rief Karl Siebrecht. «So höre doch, er hat mich nicht geschlagen! Der Kiesow hat mich geschlagen, der hat mich überfallen, und ohne Kalli läge ich jetzt auf einer Unfallwache! Kalli hat mich rausgekloppt. Kalli hat auf mich aufgepaßt, genau, wie er dir versprochen hat!»

«Is det wahr?!» rief sie, und ihre Tränen liefen weiter über das blasse Gesicht. «Is det wirklich wahr? Ach, Kalli, komm her bei mich. Du kriegst 'nen Süßen! Bist ja doch mein Bester, wenn de andern nich zu Hause sind. Na, Karle, jib mir die Flosse. Is ooch allet wieda jut?»

«Alles, Rieke, alles!» bestätigte Karl mit glänzenden Augen.

«Er hat dir ja mächtig durch die Mangel jedreht», sagte sie, ihn unverwandt betrachtend.

«Kalli den Kiesow aber noch viel mehr! Der kann morgen aus keinem Auge sehen!»

«Det müßt ihr mir alles erzählen, aber nachher. Jott, seid ihr dämliche Bengels, einen so zu erschrecken! Die reinen Kinda! Nu, Kalli, wat stehste hier rum und jrinst wie Nante? Siehste valleicht, det dein Freund nasse Kleedagen hat? Willste dir valleicht jütigst bei die Brommen bemühen und ihm trocknet Zeug holen? Na!»

«Das kann ich doch selbst?»

«I wat! Laß den man loofen. Du bist hier Besuch. – Vata, schlaf nich in, mach Feuer in de Maschine, ick muß noch wat kochen for die Jungens. – Kennste den noch, Vata? Det is Besuch, det is nich der Karle von vorjestern! Det is een janz anderer Karle, Vata, der war uff 'ne weite Reise, der war lang fort von uns. Aba nu is er ja wieda zurückjekommen bei uns, wat, Karle, det biste doch –?»

«Ja, Rieke, nun bin ich wieder zurückgekommen zu euch –»

«For diesmal noch», sagte Rieke. Aber das sagte sie ganz leise, nur zu sich, als sie sich zum Herd wandte.

## 35. Der dritte Tag

«Da brat mir einer 'nen Storch», sprach Herr Wagenseil, als Karl Siebrecht an diesem Morgen den Stall betrat. «Was ist denn nun in dich gefahren, Karl?»

«Heute ist es soweit, Franz!» lachte Karl Siebrecht vergnügt und legte seine Sträuße, vier kleine und zwei große, vorsichtig auf eine Futterkiste. «Heute eröffnet die Berliner Gepäckbeförderung ihren Betrieb richtig! Daraufhin bin ich deiner Anregung gefolgt, Franz!»

Franz Wagenseil warf einen Blick durch die offengebliebene Stalltür. «Und dabei regnet's junge Hunde», sagte er ungnädig. «Hättste nicht besser Wasserlilien und Seerosen gekauft, Karl? Das wäre bei dem Regen das beste. Ich kann dir auch noch ein paar Frösche fangen, zur Garnierung.»

«Nachher, Franz, nachher!» sagte Karl Siebrecht, den die Launen seines Vertragspartners nicht mehr rührten. «Erst möchte ich die Pferde anschirren, ich muß pünktlich auf der Bahn sein. Welche kriege ich denn? Hast du vielleicht was Lahmes oder Halbtotes für mich im Stall?»

«Das würde pyramidal zu dir passen», sagte der Fuhrherr, der sich beim näheren Anblick des Jungen immer mehr erheiterte. «Dich haben sie ja fein zugerichtet! Seit wann bist du denn verheiratet? Du siehst gerade so aus, als wärst du in der Nacht durchgegangen, und deine Olle hätte dir einen festlichen Empfang bereitet...»

«Den andern solltest du erst mal sehen, Franz!»

«Welchen andern?»

«Den Dienstmann, der mich so zugerichtet hat! Der kann heute aus keinem Auge sehen!»

«Hast du das von einem Dienstmann?»

«Natürlich. Deine Else habe ich doch mit keinem Auge gesehen, Franz.»

Aber selbst diese Spitze konnte heute den Wagenseil nicht stechen. «Kommt der andere auch auf den Stettiner?» fragte er neugierig.

«Dafür ist gesorgt, der kommt! Der muß jetzt tun, was ich will! Darum geht ja heute der Betrieb los. Welche Pferde kriege ich also? Aber ich verlange deine besten!»

Wagenseil schlug den Jungen auf die Schulter, daß der zuckte. «Du bist doch der richtige!» rief er. «Die beiden Tage jetzt habe ich gedacht, ich habe Mist gemacht, du bist zu fein fürs Geschäft, aber nun bist du doch richtig! Und Blumen hast du auch. Hör nur immer auf das, was der alte Wagenseil sagt! Der hat den richtigen Riecher!»

«Blanke Knöppe ist aber nicht, Wagenseil!»

«Verdirb mir jetzt nicht wieder die Laune! Blanke Knöppe kommen auch noch, darauf fresse ich einen Besen. Du brauchst sie dann ja nicht zu tragen, das können deine Kutscher tun. Nun paß mal auf, diesmal nehmen wir diese Pferde hier. Die sehen prima aus und können traben. Die kriegst du jetzt alle Tage.»

«Ich höre immer alle Tage! Heute abend schmeißt du mich ja doch wieder raus!»

«Du sollst mir nicht die Laune verderben, sage ich dir, dämlicher Bengel!»

«Ich werde dir deine Launen so lange verderben, bis du bei mir keine mehr hast, Franz!»

«Das bringst du nicht fertig. Das hat nicht mal Else geschafft. – So, schirre immer an, ich wichse unterdes die Hufe blank – heute sollst du ein Gespann haben wie aus dem Marstall!»

«Ja, heute –!»

«Affe! Mich kannst du nicht ärgern –! Wie hast du dir das mit den Sträußen gedacht? Die kleinen an die Schéuklappen, was? Und die großen –?»

«In die Laternenhalter.»

«Richtig, doof bist du nicht, nur manchmal. Ich komme heute mal selber auf den Bahnhof und sehe mir euren Rummel an. Der andere ist doch bestimmt da?»

«Der andere ist bestimmt da!»

Aber ganz sicher war Karl dessen nicht. Die Drohungen und der abgenommene Ausweis mochten noch so stark wirken, vielleicht konnte Kiesow einfach nicht kommen. Kalli Flau hatte sehr derbe Fäuste, und er hatte schonungslos Gebrauch von ihnen gemacht...

Als er dann aber am Stettiner Bahnhof anfuhr, sah er sofort, Kiesow mußte schon in die Erscheinung getreten sein, wenn er jetzt auch nicht zu erblicken war. Sonst hatten die Dienstmänner beim Anblick des Rollwagens beiseite geschaut, sie hatten ihn nicht grüßen wollen. Heute sahen sie ihm alle gespannt entgegen. Sie hatten also Kiesows Gesicht gesehen und waren nun auf das seines Gegners neugierig.

«Guten Morgen!» grüßte Karl Siebrecht im Vorbeifahren, sah sie an, gönnte ihnen den vollen Anblick seines geschundenen Gesichtes und schnickte vergnügt mit der Peitsche.

«Morjen –!» sagten sie, nicht alle, aber die meisten.

Dann rief einer: «Wat haste aber ooch abjekriegt aus Mutters Lumpensack!»

«Warum denn nicht?» rief Siebrecht lachend über die Schulter zurück. «Einer muß auch nicht alles haben wollen!»

Er hielt, strängte das Sattelpferd ab und hatte das bestimmte Gefühl, heute bekam er sofort Fracht. Er hatte noch keine zwei Minuten so gestanden, da kam einer geschlendert, und ausgerechnet war es der hitzige Kupinski.

Der stellte sich neben den Wagen und musterte stumm den Blumenaufputz. Dann tat er seinen Mund auf und sprach: «Wie zur Hochzeit oder wie zum Begräbnis. Was soll es nun sein?»

«Hochzeit!» antwortete Karl Siebrecht kurz.

«Als wie wieso?»

«Weil's heute richtig losgeht mit dem Gepäckfahren.»

Kupinski überlegte den Fall, spuckte aus und sagte: «Von uns bringt dir keiner was!»

«Doch!» widersprach der Junge.

«Na, wer wohl?»

«Kiesow –!»

«Kiesow! Du lächerst mir! Wo du ihn so zugerichtet hast!»

«Das war in aller Freundschaft. Hinterher haben wir uns ausgesprochen, und er hat eingesehen, es ist nur sein Vorteil.»

«Das lügst du!»

«Es ist aller Vorteil!»

«Das weiß man noch nicht. Aber das mit Kiesow lügst du!»

«Wetten, daß Kiesow Gepäck bringt?»

«Wetten? Um was denn?»

«Wenn Kiesow bringt, bringst du auch!»

«Und was wettest du?»

«Ich –?» Karl Siebrecht überlegte einen Augenblick, dann sagte er kühn: «Alles Geld, was ich in der Tasche habe!»

«Wird nicht viel sein!»

«Laß mal sehen!» Karl Siebrecht zählte. Die Blumen waren abgegangen, auch das Essen gestern. «Elf Mark achtzig», sagte er.

«Die wettest du?»

«Die wette ich!»

«Gemacht!» Und Kupinski hielt ihm seine Hand hin. Sofort schlug Siebrecht ein.

«Gemacht!»

«Junge, die verlierst du!» sagte Kupinski noch.

«In zehn Minuten werden wir es wissen!» meinte Siebrecht siegesgewiß.

Er sah Kupinski zu den andern gehen, reden, ein aufgeregtes Gespräch entstand, immer wieder wurde zu ihm und zu seinem Wagen hingesehen. Die Unterredung wurde so hitzig, daß sie darüber wieder einmal die Zeit vergaßen.

In der Pforte erschien Kalli Flau mit Koffern und schrie: «Der Schwedenzug ist da! Los!»

Aber er wurde zur Seite gestoßen von dem Dienstmann Kiesow. Schwankend unter seiner Last lief er auf den Wagen zu, warf sein Gepäck darauf und schrie: «Ich habe als erster mein Gepäck darauf gesetzt, ich kriege den Taler! Her damit! Siebrecht!»

«Hast du das gesehen, Kupinski?!» schrie Karl Siebrecht wild vor Freude zu den völlig verblüfften Dienstmännern hinüber. «Los! Gepäck ranschaffen! Die Wette ist für mich gewonnen!» Und hingerissen fing er an, auf dem Wagen herumzuspringen und zu schreien: «Hierher! Hierher mit dem Gepäck! Hier wird Gepäck am billigsten in ganz Berlin gefahren! Hier fährt die Berliner Gepäckbeförderung! Von und zu den Bahnhöfen, pünktlich! Gewissenhaft! Billig! Hierher!»

Aus zwei blaugeschlagenen Augen glotzte Kiesow trübe zu ihm hinauf. Er flüsterte: «Mein Taler!»

Kalli Flau setzte seine Koffer auf den Wagen, faßte Karl Siebrecht am Bein und sagte: «Du bist wohl verrückt geworden, Karl?! Was sollen denn die Leute von dir denken! Ich denke, du bist ein solider Geschäftsmann, kein Hanswurst!»

«Du hast ja so recht, Kalli!» rief Siebrecht. «Aber ich kann nicht anders! Ich bin so glücklich! Komm, Kalli! Soll ich dir eine Blume schenken? Ich liebe dich – ich will dir einen Kuß geben!»

Und dabei hatte Siebrecht fünf ganze Koffer auf seinem Rollwagen!

«Halte bloß jetzt die Schnauze, Karl», flüsterte Kalli Flau. «Da kommt Beese – bei dem mußt du dich vernünftig benehmen. Der nimmt es einem direkt übel, wenn man vergnügt ist.»

Und Karl Siebrecht benahm sich auf der Stelle vernünftig, als er den Gepäckträger Beese wirklich auf seinen Wagen zusteuern sah. Er gab Kiesow seinen Taler: «Hau ab, Kiesow, verdient hast gerade du ihn nicht, aber ich will nicht so sein. Was war, ist von jetzt an vergessen. Sieh, daß du noch ein paar Koffer kriegst, geh in die Halle und jage die Haifische!»

Und zu dem Gepäckträger: «Guten Morgen, Herr Beese! Also wollen Sie es doch mit mir versuchen, das ist nett von Ihnen.»

«Die Blumen», sagte Herr Beese und schüttelte seinen langen traurigen Pfeifenkopf. «Wenn ich die Blumen vorher gesehen hätte, ich wäre nicht gekommen.»

«Aber Blumen sind doch nichts Schlechtes, Herr Beese!»

«Blumen», sprach der und kopfschüttelte weiter, «Blumen sind überall, wo man reinfällt. Bei der Taufe und bei der Hochzeit und bei's Begräbnis. Aber bei der Scheidung, da sind keine Blumen, so ist das. Na, nun nimm mal die Koffer, wo ich schon einmal da bin. Wenn du um zwölf wieder hier bist, werden die Blumen ja hoffentlich verregnet sein.»

Und er sah hoffnungsvoll auf das Gepladder.

Aber der Nachmittag verlief noch besser als der Vormittag, und die Abendfuhre füllte den großen Rollwagen fast ganz. Den Haifisch Tischendorf aber nahm Karl nicht mit. Der hatte wohl nach seiner rattenhaften Art den ganzen Tag gestöbert, gewittert, gerochen – und nun kam er an, mit drei Koffern.

«Da, Haifisch!» sagte er.

«Runter mit den Koffern von meinem Wagen!» befahl Karl Siebrecht.

«Was –? Wir haben doch ausgemacht...»

«Nichts haben wir ausgemacht! Gestern hast du deine Chance gehabt, heute nicht mehr. Ich fahre nur für Gepäckträger und Dienstmänner, nicht für Haifische!»

Es war Karl Siebrecht sehr klar, daß er gestern anderes zu Tischendorf gesagt hatte. Aber ebenso klar war ihm, daß, wie die Sache sich jetzt entwickelt hatte, Hans Tischendorf und sein Anhang nur eine Gefahr für ihn bedeuteten. Er lernte sein Geschäft. Bindendes hatte er mit Tischendorf nicht vereinbart.

«Und du warst selbst noch vor drei Tagen Haifisch!» sagte Hans Tischendorf und nahm seine Koffer vom Wagen. «Na warte, das sollst du bereuen!»

«Willst du mir drohen?» rief Siebrecht und sprang mit beiden Beinen vom Wagen. «Komm her, Tischendorf, warte doch!»

Hans Tischendorf lief schon. Er lief mit seinen drei Koffern, lief, so schnell er nur laufen konnte, um den Bahnhof herum.

Karl Siebrecht aber sah ihm nach und sagte: «Weg mit Schaden!»

## 36. Vier Jahre später

Vier Jahre später, also im Frühjahr des Jahres 1914, fuhr die Berliner Gepäck-beförderung bereits mit sieben Wagen, und die Familie Busch wohnte nicht mehr in der Wiesenstraße. Mit Sack und Pack, mit der «Engländerin» und ihren beiden jungen Männern war sie in die Eichendorffstraße umgezogen.

Die Wohnung war, wenn auch erheblich größer – sie hatte vier Zimmer, einen Laden und Küche –, kaum eine Verbesserung. Rieke klagte oft über sie. Einmal lag sie ebenerdig, und hatte kaum Sonne und nie gute Luft, dann aber war die Gegend gar nicht nett. Es ist eine Tatsache, daß die schönsten Romantiker, die Schlegel, Tieck, Novalis und Eichendorff, ihren Namen Straßen von wenig schönem Ruf haben leihen müssen. Es gab sehr viel zweifelhafte Lokale in diesen Straßen und ganz unzweifelhafte Dämchen. Rieke Busch stellte oft Vergleiche an zwischen den Proletariern des Weddings und diesen Damen, die auf den Schnepfenstrich zogen, und diese Vergleiche konnten nicht zum Vorteil der neuen Wohnung ausfallen.

Karl Siebrecht aber sagte gereizt: «Ach was, Rieke, was sollen die ewigen Quengeleien? Das weiß ich alles selbst. Aber kennst du eine Wohnung und einen Laden, die günstiger für meine Zwecke liegen? Na also!»

Und das mußte wahr sein: die Wohnung, der Laden lagen fast am Ausgang der Eichendorffstraße, genau gegenüber dem Stettiner Bahnhof, und der war noch immer der Hauptplatz der Berliner Gepäckbeförderung geblieben, trotzdem in der letzten Zeit auch andere Bahnhöfe ständig an Bedeutung für die junge Gesellschaft gewannen, vor allem der Lehrter Bahnhof, aber auch der Anhalter und der Schlesische Bahnhof und sogar der Bahnhof Charlottenburg.

In dem Laden hatte Karl Siebrecht sein Büro eingerichtet, dort befand sich das Telefon, mit dem die ständig wachsenden Bestellungen der Privatkundschaft auf Abholung von Gepäck entgegengenommen wurden. Es wurde bedient von Fräulein Palude, jenem ältlichen, etwas säuerlichen Fräulein, das einst auf dem Fuhrhof im Dienst gewesen war und das Karl – nicht ganz im Einverständnis mit Franz Wagenseil – übernommen hatte. Unter dem Siebrechtschen Einfluß hatte Fräulein Palude viel von ihrer Säuerlichkeit verloren, sie hatte sich sogar entschlossen, noch Schreibmaschine zu lernen, und schmetterte mit Verve auf diesem neumodischen Dings herum, was Franz Wagenseil bei seinen Besuchen im Büro immer wieder zu der Bemerkung veranlaßte: «Na also, bei mir haben Sie's nicht lernen wollen, aber da braucht nur so ein junger Laffe zu kommen, sofort klappt's. Die Öllsten sind immer die Döllsten.»

Unterstützt wurde Fräulein Palude von dem Bürolehrling Egon Bremer, einem fünfzehnjährigen, rothaarigen, sommersprossigen Bruder des Bäckers Bremer in der Wiesenstraße. Er war aber in der Hauptsache Laufbursche, Bote und Radler, immer zwischen dem Büro und den Bahnhöfen unterwegs, um die Weisungen des Hauptquartiers an die einzelnen Gespanne weiterzugeben.

Denn es war Karl Siebrecht noch immer nicht gelungen, in die Bahnhöfe selbst vorzudringen, sich dort Büros einzurichten. Es lag das nicht so sehr an den

Bahnhofsverwaltungen, die sehr wohl den Segen seiner Einrichtung erkannt hatten. Es lag das nicht an der Bahn, es lag allein an der Firma Siebrecht & Flau, die nicht über das nötige Betriebskapital für Pacht, Kaution und Einrichtungen der neuen Geschäftsstellen verfügte. Daß aber trotz guten Geschäftsganges die Firma immer noch von der Hand in den Mund lebte und mit dem Gelde gerade so hinschrammte, lag wieder nicht an Karl Siebrecht und Kalli Flau, sondern es lag allein...

«Also sieh mal, Rieke», sagte der nun zweiundzwanzigjährige Kalli zu der achtzehnjährigen Freundin, «nimm es bloß nicht tragisch, wenn Karl jetzt etwas gereizt ist. Ich würde es an seiner Stelle auch sein. Wir sparen und sparen, und der Franz wirft das Geld mit vollen Händen zum Fenster heraus! Jetzt soll er sich sogar Gewächshäuser bauen. Ananas will er züchten! Der hat ja 'nen Vogel!»

«Hat er schon imma jehabt», antwortete Rieke Busch. «Und Karle weeß det ooch janz jut. Bloß: Karle is zu anständig! Ick ärjere mir ooch über Karlen, ick ärjere mir, weil er zu anständig is!»

Jawohl, die beiden Jungen, die aber nun schon junge Männer waren – Karl Siebrecht war jetzt zwanzig Jahre alt –, sparten. Ihnen war die Entwicklung des Geschäftes nicht so zu Kopf gestiegen wie – andern. Sie hatten sich anständige Monatsgehälter bewilligt, mehr nicht. Karl Siebrecht bekam dreihundert Mark im Monat, Kalli Flau zweihundertfünfzig.

Auf diesem kleinen Abstand hatte Kalli bestanden. «Nee, nee, Karl», hatte er gesagt. «Das ist ja ganz schön, daß ich dein Teilhaber bin, und wir wollen es auch dabei lassen, aber eigentlich bin ich es doch nur auf den Wagenschildern. Du hast alle Verantwortung und alle Sorgen, ich bin nicht mehr als dein Wachthund.»

«Nun, nun», hatte Karl Siebrecht erwidert, «jedenfalls bist du ein erstklassiger Wachthund, und so einer kostet viel Geld! Ich wüßte wirklich nicht, was ich ohne dich anfangen sollte!»

Das stimmte. Natürlich waren die Zeiten längst vorbei, als sie selbst auf dem Rollwagen fuhren. Karl Siebrecht hatte die Leitung der Geschäfte, er kümmerte sich um Abrechnung und Geldbeschaffung, um Disposition und Ausbau, er war auf den Bahnhöfen und auf dem Fuhrhof.

Aber Kalli Flau hatte mit den Menschen zu tun. Er besaß die Karl Siebrecht abgehende Gabe, mit jedermann von gleich zu gleich zu reden. Er war ständig bei Kutschern und Aufladern, Gepäckträgern und Dienstmännern. Und obwohl er wirklich nichts anderes war als ein Wachthund, ein Aufpasser, ein Kontrolleur der Firma, war er bei den Leuten beliebt. Er machte Witze mit ihnen, trank auch einmal eine Molle und einen Korn mit ihnen – nie mehr –, aber sie wußten, seine Augen waren scharf, in seiner Nähe ließ sich nicht ein Gepäckstück auf die Wagen mogeln.

Der eigentliche Nutznießer der Firma Siebrecht & Flau war Franz Wagenseil. Niemand verdiente an ihr soviel Geld wie er. Und völlig mühelos. Als das Geschäft erst in Gang gekommen war, hatte er rasch nacheinander das Fouragegeschäft, dann den Kartoffel- und Kohlenhandel aufgegeben. Das lohnte sich nicht mehr, das war alles bloß Läpperkram.

Dann war auch das Fuhrgeschäft sanft entschlafen. Er begnügte sich mit dem

Stellen von Fuhrwerken für die Berliner Gepäckbeförderung, das brachte genug ein! Den Fuhrhof besorgte ein alter Futtermeister, da brauchte er nur alle Woche einmal eine Pupille hinzuschmeißen!

Der Fuhrherr selbst aber legte sich auf die lockere Seite, saß in Schenken herum und amüsierte sich nachts mit kleinen Mädchen. Das war zu jener Zeit gewesen, als Frau Elschen offiziell zu Besuch bei ihrer Mutter in Schivelbein, Hinterpommern, weilte. Aber in einer sehr angetrunkenen Stunde hatte Franz Wagenseil seinem Freunde Karl erzählt, daß Elschen mit einem Schornsteinfeger durchgegangen war. Der Umstand, daß es gerade ein Schornsteinfeger war, schien Wagenseil viel mehr zu kränken als das Durchgehen.

«Und da sagt man noch, daß Schornsteinfeger Glück bringen! Sag selbst! Was kann Elschen bloß an so 'nem schwarzen Kerl finden? Verstehst du das, Karl?»

Auch Karl verstand es nicht. Aber jedenfalls kehrte Elschen nach einiger Zeit von ihrer kranken Mutter in Schivelbein, Hinterpommern, zurück und nahm die Zügel des Eheregiments wieder in ihre Hände. Mit der Kneipensitzerei und den kleinen Mädchen war es für Franz nun wieder vorbei. Else Wagenseil war nicht weicher, sie war noch strenger geworden. Aber vielleicht hatte sie selbst das Gefühl, daß sie zwar nicht moralisch, aber gesellschaftlich einen Fehltritt begangen hatte. Sie mußte sich rehabilitieren. Eine Villa in Erkner wurde erstanden. Elschen und Franz sagten nur «die Filla». Und auf dem Gartengrundstück der Filla wurden jetzt Gewächshäuser zur Ananaszucht gebaut. Franz Wagenseil wollte ganz Berlin mit Ananas beliefern. Er konnte genau vorrechnen, wieviel Hunderttausende ihm das bringen mußte. Die Firma Siebrecht & Flau aber zahlte!

Dabei konnte nichts weniger üppig und reich aussehen als die Räumlichkeiten der Firma und ihrer Inhaber. In dem «Büro» genannten Laden war nur das Nötigste, die Regale waren aus Fichtenholz, und die Kasse bestand aus einer Blechbüchse, in der einmal Thorner Kathrinchen aufbewahrt gewesen waren. Man erkannte noch Spuren der bunten Malerei auf dem Deckel. Am Tage stand sie in Fräulein Paludes Schublade, nachts nahm sie Karl Siebrecht in sein Zimmer mit. Stühle waren immer knapp.

Waren wichtige Verhandlungen zu führen, die nicht jeder hören durfte, so ging man vom Laden in das anstoßende, auch nach der Straße zu liegende Zimmer, in dem die beiden jungen Firmeninhaber schliefen. Ihre Betten standen in der dunklen Ecke des Zimmers hinter einer spanischen Wand, die ewig knarrte und gerne umfiel. Im offenen Teil des Zimmers standen ein Tisch mit ein paar Stühlen, eine Kommode, zwei Kleiderschränke, das war alles. Man wusch sich wie früher in der Küche. Den einzigen Schmuck des Zimmers bildete eine goldgerahmte Dreimastbrigg in Buntdruck. Kalli hatte das Bild irgendwo aufgetrieben und behauptete in gewissen Zeiten gesteigerten Selbstbewußtseins, das sei der Trawler «Emma» von Käptn Rickmers, auf dem sei er einmal gefahren.

Das war aber auch die einzige seemännische Erinnerung bei Kalli Flau. Im übrigen war er ein Teilchen der Stadt Berlin geworden. Er schaukelte nicht einmal mehr beim Gehen. Mit Rieke berlinerte er sogar manchmal – aber nur, wenn Karl Siebrecht nicht in der Nähe war. Der hörte das gar nicht gerne: Rieke sollte richtig deutsch sprechen, Kalli nicht berlinern lernen.

Im übrigen war Kalli Flau ein breiter, untersetzter junger Mann, dunkel, mit ruhigen Augen und einem kleinen schwarzen Schnurrbat. Siebrecht war ihm längst über den Kopf gewachsen, er war sehr blond und fast zu schlank, gut um einen halben Kopf länger als Kalli.

Neben dem Zimmer der jungen Männer, aber nur über den Flur erreichbar, lag die Schneiderstube Riekes. Hier stand die Engländerin, die noch nie gestreikt hatte, und benähte, was aus der Gegend des Oranienburger Tors seinen Weg in die Eichendorffstraße fand. Rieke hatte mit den Jahren so viel gelernt, daß sie ihre Kundschaft, lauter kleine Leute, zu deren Zufriedenheit mit Blusen, Unterkleidern und Röcken versorgte. Manchmal gab es auch ein Kostüm zu nähen, das waren dann große Tage für Rieke.

Sehr umfangreich war Riekes Kundenkreis nie und durfte es auch nicht sein: sie hatte die Wohnung mit drei Männern und die kleine Tilda zu versorgen, die jetzt auch schon zur Schule ging.

Die beiden Schwestern schliefen in einer ziemlich engen, sehr dunklen Stube nach dem Hofe heraus. Aber diese Lage war Rieke noch lieber als die hellere nach der Straße zu. «Da hör ick doch wenigstens nicht alle Nacht det Jejohle und Jejachter von die anjesoffenen Weiber! Karle, det is 'ne bescheidene Jejend. Wedding is viel hübscher. Mach man, det wir hier balde wieder ausziehen!»

Worauf Karl sein Sprüchlein von der günstigen Lage betete.

In der vierten Stube neben der Küche, die aber bloß eine enge, lichtlose Kammer war, hauste der alte Busch. Der Maurer hatte nun zum drittenmal umgesattelt: aus einem Bügler war er Portier geworden. Das heißt, nicht eigentlich Portier, dafür war er zu stumpf, denn er redete nun schon lange überhaupt nichts mehr. Aber er fegte für die verwitwete Portiersfrau die Treppen, hielt die Höfe sauber, kümmerte sich um den Müll, brachte verstopfte Klosetts wieder in Ordnung und bastelte sogar an den elektrischen Leitungen herum.

Besonders auf ihn aufgepaßt mußte nicht mehr werden. Was in seiner Brust gestürmt hatte, war zur Ruhe gegangen. Die Last auf seinem Herzen war nicht fortgenommen, aber das Herz hatte sich wohl an sie gewöhnt. Alle acht oder zehn Wochen kriegte er «seine Touren», dann ging er in die nächste Kneipe und betrank sich. Die Gastwirte rundum kannten ihn alle, sie sandten dann zu Rieke: Vater sei nun voll, sie möge ihn nur abholen.

Dann kam Rieke und löste ihn ein, denn der alte Busch hatte nie einen Pfennig in der Tasche. Selten noch, daß sie ihn in der Nacht darauf beruhigen mußte. Am nächsten Morgen war er wieder auf seinem Posten. «Jottlob, det haben wir mal wieder ausgestanden für zwei Monate», sagte Rieke dann zu Karl. «Dieses Mal hat er nur drei zwanzig verbroocht. Der Mann verträgt imma weniger, Karle! Weeßt de noch, wie Vata mal hundertsechzig Märker von deinem Sparbuch uffjetutscht hat – da war er noch in Form!»

«Gott ja, die zweihundert Mark von der alten Minna!» antwortete Karl Siebrecht. «Nun wird es aber wirklich Zeit, daß ich sie ihr zurückschicke. Ich muß mich direkt schämen! Wie lange habe ich von Minna nichts mehr gehört, Rieke? Zwei oder drei Jahre?»

«Weihnachten vor zwei Jahre hat se dir doch noch 'ne Jans jeschickt, Karle!»

«Und ich habe ihr nicht mal gedankt! Und das Geld habe ich ihr auch nicht geschickt! Zu nichts kommt man mehr! Und nie habe ich Geld −!»

## 37. Telefongespräch mit einem alten Bekannten

Aber wenn Karl Siebrecht sagte, daß er kein Geld hatte, so stimmte das doch nicht ganz. Er wie Kalli sparten, soviel sie nur konnten, und der ganze Haushalt sparte mit. Jede Mark, die vom Geschäftsgewinn abgezweigt werden konnte, wurde diesem Sparfonds zugeführt.

Karl war sich klar darüber, daß, so gut die Geschäfte gingen, es doch seit ein, zwei Jahren kein rechtes Vorwärts mehr gab. Die Einnahmen hielten sich ständig auf der gleichen Höhe und waren, so wie der Betrieb jetzt aufgezogen war, auch kaum steigerungsfähig. Gewiß, er konnte noch ein oder zwei Wagen mehr fahren lassen, aber dann war es auch alle, darüber hinaus gab es nichts mehr.

Der junge Mann, der im Laden an der Eichendorffstraße am Fenster stand und über den kalkweißen Anstrich der Scheibe auf die vom Mailicht helle Straße hinaussah, wußte seit langem, was zu geschehen hatte: er mußte direkt an das Reisepublikum heran. Er mußte auf jedem Bahnhof einen Schalter haben, wie die Gepäckabfertigung, wie die Billettschalter. Das Publikum mußte seine Gepäckscheine direkt bei ihm auf dem Bahnhof abgeben können.

Aber dazu brauchte er Geld, viel Geld, Tausende, wahrscheinlich Zehntausende. Die Bahn verlangte die Einstellung kaufmännisch geschulter Kräfte, eine Buchführung, die ein wenig mehr war als das einfache, von der Palude eingerichtete Kassenbuch. Kassenschränke, Büromöbel mußten gekauft werden. Wahrscheinlich hätte sich Karl Siebrecht das Geld leicht borgen können, aber das wollte er nicht. Er hatte die Firma aus eigenem aufgebaut, es war seine Firma, es sollte auch allein seine Firma bleiben. Er wollte keine Teilhaber, weder tätige noch stille. So hatte er in aller Heimlichkeit angefangen zu sparen, zurückzulegen, heimlich vor allen anderen, heimlich sogar vor der Palude, nur nicht heimlich vor seinen beiden Freunden. Etwas hatte er doch gelernt: nicht wie früher seine Pläne allein mit sich herumzutragen, sondern er hatte die beiden eingeweiht. Nicht, daß er viel oder oft davon geredet hätte, nein, er hatte ihnen einmal eröffnet, dies und jenes habe er vor − wollten sie mitmachen? Sie hatten ohne Zögern ja gesagt, sie legten sich dieselben Entbehrungen auf wie er, sie lebten kein bißchen besser als in der Wiesenstraße.

Langsam, oh, sehr langsam wuchs die Einlage jenes Sparbuchs, das Karl Siebrecht so oft abends im Bett ansah. Zahlen, nur Zahlen − aber jede Zahl bedeutete etwas. 30 Mark − das war ein Ausflug nach Hundekehle, den sie nicht gemacht hatten. 18 Mark − Rieke hatte sie gestiftet, den Schneiderlohn für ihr erstes Kostüm. Hier 300 Mark − das hatte geschafft, das war die Summe, die Kalli und er allmonatlich von ihrem gemeinsamen Gehalt einzahlten. 300 Mark von 550 Mark erspart − das kam ihnen damals schon allerhand vor. Unterdes war die monatliche Sparsumme auf 400 Mark gestiegen; von 150 Mark im Monat bestritten die beiden ihren ganzen Lebensunterhalt, gaben Rieke Kostgeld und Miete, kleideten sich, zahlten Wäsche und Schuhwerk! Sonst nichts − nichts über das Allernotwendigste hinaus.

Langsam war die Schlußsumme gestiegen, viel zu langsam, denn da war einer, der an ihnen zehrte, der sie immer wieder zurückwarf – ein geldgieriger Verschwender! Aber nun lautete sie doch über 4000 Mark – während Karl Siebrecht durch die Scheibe auf die öden Häuser drüben starrte, sieht er die Zahl vor sich: 4263,50 Mark. Nun ist soweit, er wird dieser Tage auf die Eisenbahndirektion gehen und mit dem Herrn sprechen. Wenigstens für sein erstes Büro auf dem Lehrter Bahnhof muß das Geld reichen. Er ist soweit!

In seinem Rücken rasselte das Telefon, die Palude nimmt den Hörer ab und meldet sich: «Berliner Gepäck-Beförderung.» Es ist Gepäck abzuholen aus einer Privatwohnung. Karl Siebrecht hört halb hin. Jawohl, auch diese Anrufe mehren sich, aber sie würden wirklich zahlreicher werden, wenn er seine Büros auf den Bahnhöfen hätte. Das gäbe seiner Firma einen offiziellen Anstrich, jetzt ist sie doch nichts als ein Laden in einer Nebenstraße mäßigen Rufes.

Plötzlich horcht Karl Siebrecht auf. Fräulein Palude hat die Adresse notiert: Kurfürstenstraße 72.

«Einen Augenblick, Fräulein Palude», sagte er und nimmt ihr den Hörer aus der Hand. «Lassen Sie mich mal . . .»

Es ist ein plötzlicher Einfall, weiß Gott, woher. «Hier Karl Siebrecht», sagte er. «Herr Rittmeister von Senden selbst? Hier spricht Karl Siebrecht, Her Rittmeister. Vielleicht erinnern Sie sich meiner?»

Nur einen Augenblick hat der Mann am anderen Apparat gestutzt, jetzt sagt er lebhaft: «Aber natürlich! Karl Siebrecht! Die Trockenmieter, die Zeichenstube – wie sollte ich das vergessen? Und wie geht es dir, Karl, mein Sohn? Wir haben uns ja eine Ewigkeit nicht gesehen – zwei, drei Jahre, nicht wahr?»

«Es wird wohl schon vier Jahre her sein, Herr Rittmeister. – Ja, es geht mir so einigermaßen. Ein bißchen von dem, was ich erreichen wollte, habe ich erreicht.»

Es klingt Stolz aus Siebrechts Stimme.

Der Herr von Senden versteht ihn sofort. Dieser reiche Mann weiß nach Jahren noch alles von dem armen Jungen, den er doch nur vier- oder fünfmal sah.

«Ach ja, die Eroberung von Berlin!» ruft er. «Ein Stückchen hast du also geschafft? Davon mußt du mir aber erzählen, Karl!»

Es geht Karl Siebrecht doch seltsam mit diesem Mann! Er kann ihn eigentlich nicht ausstehen, diesen blasierten Nichtstuer, der bloß wegen Geld die Schwester eines üblen Mannes geheiratet hat. Und doch sagt er sofort: «Gewiß, Herr Rittmeister, ich komme gern einmal wieder zu Ihnen.»

«Und wann machen wir das?» fragt der Herr von Senden. «Ich verreise heute nachmittag für ein paar Wochen.»

«Vielleicht nach Ihrer Reise?» fragt Karl.

Aber der Rittmeister ruft: «Nein, nein, Karl, besser heute noch, sonst bist du mir doch wieder entschwunden.»

«Ich bin immer hier im Büro erreichbar.»

«Dann bist du also ein Büromensch geworden? Ich kann es mir nur schwer vorstellen, und ich glaube auch nicht, daß es von Dauer sein wird. Besser, du kommst jetzt gleich zu mir, läßt sich das mit deinen Bürostunden einrichten? Gibt dein Chef dich frei?»

«Ich glaube», lächelt Karl Siebrecht. «Ich stehe ganz gut mit meinem Chef! Dann bin ich also in einer guten halben Stunde bei Ihnen.»

«Schön, mein Junge! Ich freue mich.»

Karl Siebrecht hat angehängt und sieht gedankenlos Fräulein Palude an. Er freut sich, aber er weiß eigentlich nicht, warum. Er hat doch nie etwas vom Rittmeister wissen wollen.

«Sie haben aber mächtig feine Bekanntschaften», sagt Fräulein Palude neugierig. «Das habe ich gar nicht gewußt, Chef!»

«Es gibt recht vieles, was Sie nicht wissen, Fräulein Palude», antwortet Karl Siebrecht trocken. Das ist der Ton, den er sich seinen Angestellten gegenüber angewöhnt hat, und er hat es erreicht, daß sie alle in ihm trotz seiner Jugend den Chef sehen. Niemand würde es noch einfallen, ihn – wie etwa den Kalli Flau – an seine Haifischzeit zu erinnern. Auch Fräulein Palude hat längst vergessen, daß sie ihn einmal als armen Jungen kannte, der sich bei ihr auf dem Büro wärmte und den sie duzte.

«Ich gehe dann also für zwei, drei Stunden fort, Fräulein Palude», sagt Karl Siebrecht. «Es wird ja nichts Besonderes los sein.»

Er ist schon im Begriff, in sein Zimmer hinüberzugehen, um sich für den Besuch umzuziehen, da fällt ihm etwas ein. «Ach ja, Fräulein Palude», sagt er. «Und dann machen Sie mir den Kontoauszug für Franz Wagenseil fertig.»

«Gleich, Herr Siebrecht?»

«Ja, gleich. Ich möchte ihn mitnehmen.»


## 38. Kriegserklärung an Franz Wagenseil

Karl Siebrecht steht in seinem Zimmer. Er hat sich rasiert und gewaschen, nun zieht er sich sonntagsmäßig an. Er will auf Herrn von Senden einen guten Eindruck machen. Er will zeigen, daß er wirklich vorangekommen ist.

Nun hört er Fräulein Palude nebenan mit jemand sprechen. Es ist nicht die Stimme des rothaarigen, sommersprossigen Lehrlings Egon Bremer, es ist eine andere Stimme. Einen Augenblick erwägt Siebrecht, ob er nicht durch die Wohnungstür statt durch die Ladentür das Haus verlassen soll. Die Stimme da drüben ist ihm leider sehr bekannt. Er schüttelt unmutig den Kopf, immer erst das Unangenehme.

«Morgen, Franz», sagt er und tritt in den Laden. «Was, bist du so früh schon in der Stadt? Oder hast du wirklich mal deinen Fuhrhof kontrolliert? Not täte es!»

«Nanu?!» antwortet Franz Wagenseil ziemlich überrascht. «Du bist ja mächtig pampig schon am frühen Morgen! Was fehlt denn meinem Fuhrhof bleistiftweise?»

«Die Aufsicht fehlt ihm! Alle Tage sind die Pferde saumäßiger geputzt und schlechter gefüttert! Die Wagen werden wohl überhaupt nicht mehr geschmiert, was, Franz? Und wie steht es mit den Planen, die du mir schon vorige Woche fest versprochen hattest? Drei Wagen fahren noch immer ohne Planen.»

Franz Wagenseil bleibt diesen Beschwerden gegenüber erstaunlich friedlich. «Die Planen? Ja, sind die denn noch immer nicht da? Die müßten doch längst da sein!»

«Natürlich sind sie nicht da, und das weißt du auch ganz gut, Franz! Du hast deinem Futtermeister, als er dich daran erinnerte, ja gesagt, ich könnte dir mit meinen Planen im Mondschein begegnen, du kauftest keine!»

«Ja», sagt Franz Wagenseil gekränkt, «wenn du mit meinem Futtermeister unter einer Decke steckst!»

«Hast du das gesagt, oder hast du das nicht gesagt, Franz?»

«Ich schmeiße den Kerl raus!» schreit der Fuhrherr. «So ein versoffener Hund, mich bei dir zu verklatschen!»

«Also hast du's gesagt», stellt Karl Siebrecht unerbittlich fest. «In drei Tagen sind die Planen also da, Franz, sonst schaffe ich auf deine Kosten welche an!»

«Dem Kerl werde ich es heimzahlen! Noch heute fliegt er raus!»

«Das wäre gar nicht schlecht. Ich bin ganz überzeugt, er treibt einen blühenden kleinen Haferhandel, und ich darf bei deinen Gäulen die Rippen zählen. Dann übernimmst du für eine Weile das Füttern und Putzen, Franz – du sollst sehen, wie gut das dem Stall und dir tut! Die Faulenzerei taugt nicht für dich.»

«Faulenzerei», ruft Franz Wagenseil empört. «Hast du 'ne Ahnung, was ich um die Ohren habe! Jetzt stellen wir gerade die Eisenkonstruktion vom zweiten Gewächshaus auf.»

«Ohne dich werden sie die aber wohl kaum hochkriegen, Franz», spottete Karl Siebrecht. «Ist sonst noch was? Ich habe eine Verabredung.»

«Ein bißchen Geld hätte ich gerne», meint Wagenseil fast verlegen. «Ich habe da eine kleine Rechnung.»

«Wieder einen Vorschuß auf die Wochenabrechnung? Fräulein Palude, haben wir Geld da?»

Karl Siebrecht braucht Fräulein Palude gar keinen Wink zu geben: «Keine zehn Mark habe ich in der Kasse», antwortet sie, ohne mit der Wimper zu zucken.

«Du olle Zicke!» schimpft Wagenseil im plötzlichen Zorn los. «Den Quatsch kenne ich doch noch von mir her! Du lügst! Immer stopft sie Geld in alle möglichen Ecken, das ist doch ihr Fimmel! Zur Löhnung muß Geld da sein, als wenn nicht erst der Chef und dann die Arbeiter kämen!»

«Ich bin nicht mehr Ihre Angestellte, Herr Wagenseil, gottlob!» sagt Fräulein Palude spitz. «Für Sie bin ich immer Fräulein Palude!»

«Was bist du?» schreit Franz Wagenseil und fuchtelt mit den Fäusten. «Eine olle Zicke bist du und bleibst du . . .»

«Laß den Unsinn jetzt, Wagenseil!» sagt Karl Siebrecht scharf. «Damit imponierst du hier keinem einzigen Menschen. Also, du hast es gehört: es ist kein Geld da, du mußt dich also bis zur nächsten Abrechnung gedulden. Auf Wiedersehen, Franz, ich muß jetzt gehen!»

Franz Wagenseil hat sich sofort gefaßt, er nimmt sich heute überhaupt erstaunlich zusammen. «Einen Augenblick noch, Karl, ich möchte dich unter vier Augen sprechen, nur ein paar Minuten.»

«Aber wirklich nur für ein paar Minuten», antwortet Siebrecht und läßt den Fuhrherrn in das Nebenzimmer vorangehen. Und zu Fräulein Palude: «Sobald der Kontoauszug fertig ist, bringen Sie ihn mir.»

«Sofort!» sagt Fräulein Palude und beginnt, eifrig zu schreiben.

«Also was ist?» fragt Karl Siebrecht, nachdem er die Tür hinter sich zugezogen hat. «Ich sage dir aber gleich, Franz, Geld gibt es nicht! Ich habe mir das hin und her überlegt, die ganze Vorschußgeschichte muß aufhören. Du gerätst bloß immer tiefer in die Tinte. Richte dich mit dem ein, was dir zusteht, du verdienst genug.»

«Du hast ja ganz recht, Karl», antwortet Franz Wagenseil nachgiebig. «Es soll auch von jetzt an aufhören, ich verspreche dir das. Nur heute mußt du mir noch aushelfen, Karl! Ein allerletztes Mal, wirklich.»

«Ich habe das vom allerletzten Mal nun einmal zu oft gehört, Franz! Es ist endgültig Schluß, sage ich dir. Es gibt kein Geld mehr!»

«Ach, sei doch nicht so! Sieh mal, Karl, ich kann wirklich nicht dafür. Da hat mir dieser Trottel aus dem Ruhrgebiet die Heizungsanlage für die beiden Gewächshäuser mit Nachnahme geschickt. Damit konnte ich doch nicht rechnen.»

«Wieviel —?»

«Es klingt ja ein bißchen viel, aber du mußt bedenken, dafür ist auch der Wert vorhanden. Das ist kein verpulvertes Geld! Wenn die Gewächshäuser erst fertig sind, repräsentieren die doch einen Wert von Zehntausenden!»

Karl Siebrecht ekelte dies Geschwätz geradezu. «Wieviel —?» fragte er wieder.

Wagenseil wagte es. «Dreitausendzweihundert...» sagte er und sah den jungen Mann erwartungsvoll an.

«Dreitausendzweihundert...» wiederholte Karl Siebrecht.

In seinem Kopf erschienen die Ziffern 4263,50, er zog 3200 ab, blieben ungefähr tausend. Das hieß, sie mußten noch mindestens ein Jahr sparen, um wieder so weit zu sein, wie er heute war. Ein Jahr? Und wie oft würde Franz Wagenseil in diesem Jahr mit neuen Forderungen kommen?

«Nein», sagte er hart. «Es ist ganz ausgeschlossen, Franz. Jedes Wort darüber ist umsonst. Ich gebe dir das Geld nicht.»

«Du mußt es mir geben!» antwortete Franz Wagenseil verbissen. «Du kannst mich nicht sitzenlassen.» Fast bittend: «Sieh mal, Karl, ich habe dich damals auch nicht sitzenlassen, ich habe dir in Gang geholfen.»

«Daran hast du mich oft genug erinnert, Franz, und darum bin ich schon viel zu lange nachgiebig gewesen. Weil du mir aber einmal in Gang geholfen hast, besitzt du kein Recht, mich jetzt zugrunde zu richten. Ich sage dir, es ist Schluß!»

«Ich muß die Heizung einlösen! Was soll ich mit Gewächshäusern ohne Heizung?»

«Laß sie stehen, wie sie sind. Es wird in zwei, drei Jahren auch noch Heizungen zu kaufen geben. Hast du überhaupt eine Ahnung, wie dein Konto bei uns steht, Franz? Lassen Sie sehen, Fräulein Palude — Ja, so ist es richtig. — Bitte, Franz, du hast bereits jetzt elftausendsiebenhundert Mark Schulden bei uns.»

«Das ist Lüge!» schrie Wagenseil wütend. «Das ist Betrug! Das hat diese verdammte Zicke hier angerichtet, die ist bloß wütend, daß ich sie nicht mit gnädiges Fräulein anrede. Das erkenne ich nicht an! Tausend Mark habe ich vielleicht Vorschuß, womöglich auch zweitausend, ich muß das erst zu Hause nachsehen.»

«Beruhige dich, Franz. Wir wollen jetzt Posten für Posten miteinander durchgehen. — Danke schön, Fräulein Palude, ich brauche Sie im Augenblick nicht mehr. — Außerdem gibt es Quittungen über jede Summe von deiner Hand.»

«Ach, Quittungen –! Ich scheiß auf Quittungen!» schrie Wagenseil wutentbrannt. «Quittungen kann jeder Hornochse nachmalen, soviel er will.»

«Überlege dir ein wenig, was du sagst, Franz», antwortete Karl Siebrecht kalt... «Du kannst aber ruhig so weiterreden, wenn du von mir hinausgeworfen werden willst.»

«Was sind das hier für sechshundert Mark im Januar?! Hier steht ‹Faktura von Porer sechshundert Mark›, ich kenne keinen Porer! Ihr kreidet mir wohl all eure Rechnungen an, was? Dann könnt ihr wunderbar elftausendsiebenhundert Mark an den Schluß schreiben!»

«Das ist der Pelzmantel, mein lieber Franz, den du deiner Frau zu Weihnachten geschenkt hast. Der Kürschner wollte ihn im Januar wieder holen, weil du nicht bezahltest. Du gabst mir den Auftrag, zu zahlen.»

«Darüber hast du aber keinen schriftlichen Beleg», grinste Wagenseil höhnisch. «Ich bestreite, daß ich dir den Auftrag zum Zahlen gegeben habe!»

«Schön, ich werde den Pelzmantel heute noch von deiner Frau abholen lassen. Das übrige kannst du ja dann mit deiner Else ausmachen!»

«Ach die, die kann mir im Mondschein begegnen!»

«Es müssen dir allmählich ein bißchen viel Menschen im Mondschein begegnen. Wie denkst du dir nun den Ausgleich deiner Schuld?»

Wagenseil schwieg verbissen.

«Ich schlage dir vor, wir behalten von nun an drei Viertel deines Guthabens aus den Abrechnungen ein. Dafür werde ich die Entlohnung der Kutscher übernehmen. Die Lohnsummen werden dir natürlich belastet. Ich will nur, daß die Kutscher regelmäßig ihr Geld kriegen.»

«Einverstanden!» sagte der Fuhrschnell schnell. «Unter einer Bedingung –»

«Unter welcher Bedingung?»

«Daß du mir jetzt noch einmal dreitausendzweihundert Mark gibst. Sagen wir dreitausenddreihundert, dann habe ich gerade fünfzehntausend Mark Schulden bei dir! Das ist eine hübsche glatte Summe, mit der läßt sich auch viel besser rechnen.»

«Nein», sagte Karl Siebrecht nach kurzem Überlegen. «Ich habe dir gesagt, du kriegst kein Geld mehr von mir, und dabei bleibt es. Elftausendsiebenhundert sind schon viel zuviel, du wirst fast ein Jahr zu tun haben, bis du davon wieder runter bist!»

«Ich muß aber meine Heizungen bezahlen!» sagte Wagenseil hartnäckig. «Ich mache mich nicht vor meinen Nachbarn lächerlich. Die Gewächshäuser müssen fertig werden.»

«Dann nimm eine Hypothek auf deine Villa auf.»

Wagenseil lachte. «Soviel Hypotheken, wie da schon drauf ruhen! Ich sehe schon das Dach nicht mehr vor Hypotheken.»

«Ja», sagte Karl Siebrecht. «Dann...» Er überlegte: «Ich will dir noch einen Vorschlag machen, Franz. Wir lösen unseren Vertrag, und du übereignest mir deinen Fuhrhof mit allem lebenden und toten Inventar. Dafür streiche ich deine Schuld und gebe dir noch dreitausenddreihundert Mark obendrein! Damit ist dein Fuhrgeschäft über und über bezahlt.»

«Und wovon soll ich dann leben?» rief Wagenseil.

«Wovon jeder lebt: von deiner Arbeit! Überlege doch, Franz, das mit der

Villa und den Gewächshäusern, das ist doch alles Unsinn! Du verstehst nichts von der Gärtnerei, fange wieder eine vernünftige Arbeit an. Du bist doch der Kerl dazu, sich immer wieder hochzukrabbeln, du bist doch das reine Stehaufmännchen!»

«Nein», sagte der Fuhrherr finster. «Du redest mich nicht dumm, Karl. Den Fuhrhof behalte ich, und den Vertrag lösen wir nicht.»

«Das soll mir recht sein. Du weißt, ich habe schon in Erinnerung an frühere Zeiten immer gern mit dir gearbeitet. Aber kümmere dich wieder mehr um die Pferde. Wie sehen die Geschirre aus? Die Hälfte davon ist schon mit Bindfaden geflickt!»

«Gib mir Geld, und die Geschirre sollen in Ordnung kommen!»

«Du kriegst fünfzehn Mark am Tage für das Gespann, für hundertfünf Mark in der Woche bekomme ich tausend Gespanne in Berlin! Und außerdem kriegst du deinen Gewinnanteil, der noch sehr viel höher ist, und für den du gar nichts tust. Nein, Franz, du wirst deine Geschirre allein flicken müssen, auch dafür gebe ich dir kein Geld.»

«Dann sollen die Wagen fahren, wie sie wollen. Mir ist das scheißegal, was die Leute von deiner Firma denken!»

«Wenn die Leute aber schlecht von meiner Firma denken, gehen die Einnahmen zurück, und auch du bist geschädigt!»

«Soll doch alles in den Klump gehen!» schrie Wagenseil. «Entweder du gibst mir jetzt die dreitausenddreihundert Mark oder ich . . .»

Er brach ab und sah Karl Siebrecht finster grübelnd an.

«Diese dreitausenddreihundert Mark sind für die Heizung bestimmt», fing Karl Siebrecht unermüdlich wieder an. «Dann hast du also eine Heizung. Nun ein paar Fragen, Franz: Sind die Maurerarbeiten schon bezahlt?»

Wagenseil schwieg.

«Sind die Erdarbeiten bezahlt?»

Wagenseil schwieg. – «Hast du das Glas schon gekauft? Komposterde für die Beete? Kohlen für die Feuerung? Hast du das Geld für die Kulturen? Für die Gehälter? Hast du ein, zwei, drei Jahre Zeit, bis die Anlagen Ertrag bringen?» – Immer finsteres Schweigen. – «Du sitzt heute schon völlig fest, Franz! Mach dich los von dem ganzen Zeug und fang wieder frisch an.»

«Das Geld für das andere hat Zeit. Wenn ich heute die Heizung eingelöst habe –!»

«Bist du übermorgen, spätestens nächste Woche nach neuem Geld wieder hier. Ich kenne dich doch, Franz!»

«Ich schwöre dir, wenn du mir heute mein Geld gibst, komme ich nie wieder um Vorschuß zu dir!»

«Schwöre lieber nicht, Franz, denn du kannst den Schwur nicht halten. Aber wenn du deiner Sache so sicher bist, daß du hier schwören willst, so kannst du auch ein schriftliches Abkommen mit mir treffen. Wir vereinbaren, daß unser Vertrag erloschen ist und daß der Fuhrhof in meinen Besitz übergeht, wenn du noch einmal wegen Vorschuß zu mir kommst! Dafür erhältst du dreitausenddreihundert Mark.»

«Darauf willst du also raus!» sagte Franz Wagenseil höhnisch. «Du willst mich aus der Firma raushaben! Und ich habe dich erst zu was gemacht! Was warst du denn damals? Ein Rumtreiber, ein Straßenjunge, und das ist nun dein Dank!» Er holte Atem, Karl Siebrecht sah ihn nur stumm an. «Du schwimmst im Gelde», fuhr der andere bitter fort, «ich habe es ja eben gehört, jeden Augenblick kannst du Tausende bezahlen. Und ich, durch den du erst was geworden bist, laufe herum und habe keine zehn Mark in der Tasche! Mir verweigerst du alle Hilfe!»

«Ja, wahrhaftig, sieh mich an, sieh das Büro an, das alles erzählt dir davon, wie sehr wir im Geld schwimmen. Ich habe keine Villa, Franz. Ich habe zwei Anzüge. Die paar Tausender auf der Sparkasse habe ich in fast zwei Jahren mit Kalli von unserem Gehalt gespart, Rieke hat auch mitgeholfen.»

«Gehalt!» lachte Franz Wagenseil spöttisch. «Ihr habt gut von euren Gehältern sparen! Ihr setzt sie euch so hoch an, wie ihr wollt!»

«Ich bekomme dreihundert Mark im Monat und Kalli Flau zweihundertfünfzig.»

«Und das soll dir einer glauben?!» Wagenseil versuchte zu lachen. «Wo bleiben denn all die Gelder, die ihr einnehmt?»

«Aber bei dir, Franz, bei dir! Ich kann dir aus den Büchern nachweisen, daß du fast vier Fünftel der Roheinnahmen bekommst. Von dem letzten Fünftel bezahle ich alles: Beifahrer, Büro, Telefon, Steuern, Gehälter – alles. Du hast den günstigsten Vertrag von der Welt, Franz, ich war ein dummer Junge, als ich ihn mit dir abschloß!»

«Und aus *dem* Vertrag willst du mich rausdrängen! Das sieht dir ähnlich! Aber daraus wird nichts, dafür bin ich dir zu schlau! Der Vertrag ist ganz klar, du darfst deine Gespanne nur von mir nehmen.»

«Habe ich je etwas anderes getan? Habe ich auch nur den Versuch gemacht, mich mit einem anderen Fuhrherrn in Verbindung zu setzen?»

«Das wäre dir auch teuer zu stehen gekommen.» Die Stimmung von Franz Wagenseil war umgeschlagen. Er sah finster und grüblerisch aus. Siebrecht betrachtete ihn argwöhnisch. Hinter diesem veränderten Benehmen steckte etwas. «Du willst mir also das Geld nicht geben, Karl?»

«Nein!»

«Überlege es dir gut, Karl. In einer Woche wärst du vielleicht froh, so billig wegzukommen.»

«Drohungen haben gar keinen Zweck, Franz, du bekommst kein Geld!»

«Und ich bekomme doch Geld!» rief Franz Wagenseil plötzlich triumphierend. «Ich bekomme alles Geld, was du hast, und noch mehr!» Er starrte dem jungen Mann ins Gesicht, höhnisch, mit einer bösen Freude. Plötzlich lachte er los. «Und du Idiot hast mir noch selbst den Rat gegeben, wie ich dich reinlege!» Dann hörte er auf zu lachen. Es schien ihn schon zu reuen, daß er soviel gesagt hatte. «Morgen, Karl», sagte er plötzlich und wollte gehen.

«Einen Augenblick, Franz!» rief Karl Siebrecht.

Der Fuhrherr blieb stehen, sein Gesicht veränderte sich. «Willst du mir das Geld also doch geben, Karl?» fragte er. «Das ist vernünftig von dir!»

«Da!» zeigte Karl Siebrecht auf den Tisch. «Da – steck dir deinen Kontoauszug ein. Du wirst ihn in der nächsten Zeit brauchen, um die Zahlen zu vergleichen. Von nun an werden fünfundsiebzig Prozent deines Anteils zum Ausgleich einbehalten.»

Der Fuhrherr wurde blaß. Dann ballte er zornig den Auszug zusammen und warf ihn in eine Ecke. «Da! Das ist dein Kontoauszug wert», schrie er. «Du willst also Krieg mit mir führen, du Lausejunge, der noch nicht trocken hinter den Ohren ist! Du sollst was erleben!»

«Ich will nicht Krieg mit dir führen, Franz. Ich will dir ein wenig kaufmännische Ordnung beibringen. Wenn du aber Krieg willst, so sollst du ihn haben.» Er sah den Franz Wagenseil kühl an.

Der lachte auf. «Du Junge, du!» rief er. «Du sollst was erleben! Du sollst mich noch kennenlernen!»

«Ich kenne dich schon!» sagte Karl Siebrecht.

Da ging Franz Wagenseil – er lachte. Mit einer wahren Freude dachte er daran, daß dieser Jüngling noch keine Ahnung davon hatte, wessen Franz Wagenseil alles fähig war.

### 39. Fräulein Bruder im Tiergarten

Auch Karl Siebrecht, der durch den maigrünen Tiergarten der Wohnung des Herrn von Senden zuging, dachte darüber nach, daß er eigentlich den Franz Wagenseil nicht kannte. In diesen vier Jahren hatte er ihn als leichtsinnigen Verschwender kennengelernt, auch als einen geldgierigen Plänemacher, als einen gewissenlosen Geschäftsmann, der doch nicht ohne Gutmütigkeit war. Aber wessen dieser Mann fähig war, wie weit er sich von seiner Geldgier und Rachsucht würde hinreißen lassen, das wußte er nicht. Bestimmt war Franz Wagenseil kein Dienstmann Nr. 13, Kiesow, er würde keine nächtlichen Überfälle arrangieren, so war er nicht. Aber Karl Siebrecht hatte das dunkle Gefühl, als könne sein Vertragspartner ebenso gemein und hinterhältig sein wie jener heutige Gasuhrenableser, nur würde er andere Mittel wählen. Sein Ziel aber würde immer nur Geld sein, Geld, das er dem Gegner abnahm, um es sinnlos zu verschwenden.

Karl Siebrecht ging weiter durch den Tiergarten. Aber er sah weder das junge Grün der Bäume noch die gelben Trauben des Goldregens, noch die lila und weißen Dolden des Flieders. Er sah nicht all die hellen Kleider der Frauen und Mädchen, und wenn er einen Reitweg überqueren mußte, blickte er nur ungeduldig auf die Reiter, diese Herren Offiziere in den bunten Uniformen der Garderegimenter – blickte auf sie, sah sie aber nicht. Er dachte noch immer an Herrn Franz Wagenseil. Was war der damals noch für ein Kerl gewesen, als Karl vor vier Jahren seinen Fuhrhof betrat! Jawohl, auch damals schon ein Mann mit einem Vogel, aber ein rühriger Mann, ein fleißiger Mann, nicht zu fein, nach Feierabend selbst eine Möbelfuhre zu machen.

Und heute? Ein fauler Herumtreiber, ein Schuldenmacher, ein Phantast – nein, dem Franz Wagenseil war das mühelose Geldverdienen nicht bekommen! Je mehr er verdiente, um so größer wurden seine Ansprüche. Bei all seiner Umtriebigkeit war Franz Wagenseil faul bis in die Knochen, er war nicht der richtige Partner für eine aufstrebende Firma. Es war höchste Zeit, ihn auszuschiffen, und nun wurde er ausgeschifft.

Karl Siebrecht stampfte energisch mit seinem Fuß auf – er stampfte auf etwas Weiches. Zugleich ertönte ein Aufschrei aus weiblichem Munde direkt neben ihm.

Erwachend sah er erst zur Erde, dann zur Seite. Er war so versponnen in seine Auseinandersetzung mit Franz Wagenseil gewesen, daß er nichts gesehen und gehört hatte. Weder hatte er etwas vom Tiergartenfrühling gesehen, noch hatte er den ärgerlichen Ausruf der jungen Dame vernommen, der die Handtasche weggeglitten war. Er hatte sogar – «Ich glaube, ich stehe auf Ihrer Tasche...» sagte er verwirrt.

«Sie glauben es?!» rief sie zornig. «Ich weiß es! Sie haben sogar noch extra draufgetrampelt!»

«Ich wollte bestimmt nicht auf Ihre Tasche treten», sagte er grenzenlos verlegen. «Ich dachte...»

«Nun, was dachten Sie?» drängte sie, als er stockte. «Sie treten wohl die Leute, mit denen Sie sich zanken, mit dem Fuß –?»

Er sah sie bewundernd an. Es kam ihm vor, als habe er noch nie ein so reizvolles junges Mädchen gesehen. Sie war fast so groß wie er, ein schutenartig herabgebogener weißer Strohhut umgab das längliche Gesicht mit den sanft geröteten Wangen wie ein Rahmen. Lange, korkzieherartig gedrehte blonde Locken berührten leicht diese Wangen.

«Nun?» fragte sie herausfordernd, als er nichts tat, sie nur immer weiter anstarrte – und ihr Gesicht rötete sich ein wenig stärker. «Nun –?! Würden Sie wenigstens meine Tasche aufheben?»

«Aber natürlich!» rief und bückte sich nach der Tasche. Als er sich wieder aufrichtete, war auch sein Gesicht gerötet. Er versuchte, die mißhandelte Tasche mit seinem Jackenärmel sauber und blank zu reiben.

Sie betrachtete das mit schweigender Mißbilligung. Endlich sagte sie: «Wenn Sie Ihren Jackettärmel ganz eingeschmutzt haben, geben Sie mir meine Tasche vielleicht zurück.»

«O bitte –!» sagte er hastig und reichte ihr die Tasche. Karl Siebrecht hatte einen unglücklichen Tag, vielmehr: er hatte einen glücklich-unglücklichen Tag. Die Tasche war offen, beim ungeschickten Hinüberrreichen fiel der Inhalt auf den Weg.

«Sind Sie aber ungeschickt!» rief sie, jetzt wirklich zornig.

Beide bückten sich gleichzeitig nach dem verstreuten Inhalt. Mit einem kräftigen Bums berührten sich ihre Köpfe. Halb gebückt starrten sie einander an, er grenzenlos verwirrt, sie in zornigem Erstaunen.

«Ja, gibt es denn so etwas –?!» rief sie, rieb sich den Kopf und rückte an ihrer Schute.

«Wirklich, ich benehme mich wie ein Idiot», antwortete er schuldbewußt und fing an, den Inhalt der Tasche aufzusammeln: einen Schlüssel, Spiegel und Taschentuch, ein Geldtäschchen...

«Sie benehmen sich wie ein Idiot? Sie sind einer!» rief sie. «Ich habe so was noch nicht erlebt! – Wollen Sie wohl das Bild nicht ansehen?!» Sie riß es ihm hastig aus der Hand, das Bild zerriß, und in seiner Hand blieb der wichtigere Teil: der Kopf eines mit einer Couleurmütze gezierten Studenten, dessen linke Backe zwei lange Durchzieher schmückten.

«Daran bin ich aber wirklich nicht schuld...» murmelte er verzweifelt.

«Indiskret sind Sie also auch noch! Was hatten Sie das Bild anzustarren?!» Sie sah ihn verächtlich an. «Im übrigen ist es mir ganz egal, das Bild stellt nämlich meinen Bruder vor.» – Unter seinem Blick wurde sie immer röter. – «Sie haben gar nichts zu grinsen! Es ist wirklich mein Bruder! Er studiert Medizin, bitte sehr!» Ihr Blick war voll Verachtung und Überlegenheit.

«Ich griene wirklich nicht, Fräulein», entschuldigte er sich. «Natürlich ist es Ihr Bruder. Hier, bitte schön!» Und er machte einen Versuch, ihr den schmissigen Kopf auszuhändigen.

«Schmeißen Sie den Lappen doch weg! Was soll ich denn damit –?! Ich mache mir gar nichts aus dem Bild! Das Bild ist mir ganz egal, ich sehe meinen Bruder alle Tage!» Der Ausdruck Ihrer Augen, die zornige Erregtheit der Sprache straften ihre Worte Lügen. «Sie sollen mich nicht so ansehen!» rief sie. «Wissen Sie, was Sie sind? Sie sind einfach ein ekelhafter Mensch! Sie sind der ekelhafteste Mensch, den ich in meinem ganzen Leben getroffen habe!» Jetzt waren ihr die Tränen wirklich nahe.

«Ich bitte tausendmal um Verzeihung», sagte er schuldbewußt.

«Das hilft mir gar nichts!» rief sie. «Sie haben mir meine Tasche verdorben, und Sie haben mir mein Bild zerrissen.» Dies entsprach nicht ganz den Tatsachen, darum rief sie hastig: «Und Sie haben mir auch eine Beule beigebracht!» Sie rieb sich energisch die schmerzende Stelle. «Was wollen Sie nun noch? Haben Sie noch ein Attentat auf mich vor?! Gehen Sie doch schon!»

«Ich wollte Sie um Verzeihung bitten.»

«Ich habe Ihnen doch gesagt, daß ich Ihnen nicht verzeihe! Also gehen Sie jetzt endlich!»

«Wirklich, Fräulein, ich bitte Sie ...»

«Sie sollen jetzt gehen! Ich unterhalte mich nicht mehr mit Ihnen!»

«Bitte, Fräulein! Bitte!!»

«Also schön, ich verzeihe Ihnen, aber nun gehen Sie auch!» – Sie hatte es sehr dringlich, ihn fortzubekommen.

«Geben Sie mir doch die Hand, zum Zeichen, daß Sie mir verzeihen!»

«Aber unter keinen Umständen!»

«Bitte –!»

«Na schön, sonst werde ich Sie doch nicht los! Also, adieu, Herr – Tollpatsch!»

«Auf Wiedersehen, Fräulein – Fräulein ...»

«Nun, wie heiße ich? Sehen Sie, es fällt Ihnen nicht einmal etwas ein!»

«Auf Wiedersehen, Fräulein – Bruder!»

Einen Augenblick betrachteten sie sich schweigend. Es war noch unentschieden bei ihr, ob sie zornig werden oder lachen wollte. Dann lachte sie. «Also frech sind Sie auch noch!» rief sie. «Idiotisch, ungeschickt, frech – gottlob, daß ich Sie nie wiedersehe!»

«Auf Wiedersehen!» sagte er ernst und ging. Als er sich nach zehn Schritten umdrehte, ertappte er sie, wie sie den endlich gefundenen Fetzen des Bildes aufhob. Ihre Blicke begegneten einander. Mit einer zornigen Bewegung warf sie den Kopf in den Nacken, daß die langen Korkzieherlocken hochflogen, dann streckte sie ihm die Zunge aus und entfernte sich eilends.

«Da haben wir also den Eroberer von Berlin!» sagte der Rittmeister und nahm seine langen Beine, eines nach dem anderen, vorsichtig vom Kamingitter. «Karl, mein Sohn, ich freue mich!»

«Ich freue mich auch, Herr Rittmeister!» antwortete Karl Siebrecht und schüttelte herzlich die lange, schmale Hand. «Sie sind aber ganz weiß geworden!»

«Ja, mein Junge», sagte der Rittmeister und strich sich unwillkürlich über den vollen, aber wirklich schneeweiß gewordenen Scheitel. «Die Jahre kommen, von denen es heißt, sie gefallen uns nicht mehr. – Übrigens haben mir die Jahre vorher auch schon nicht übermäßig gefallen.»

«Es steht Ihnen aber gut», meinte Karl Siebrecht und sah mit ehrlicher Sympathie in das Gesicht des Mannes, gegen dessen Zuneigung er sich so lange gewehrt hatte.

«Doch ich nenne dich noch immer du und sage Junge zu dir! Du bist ein Mann geworden, ein junger Mann, wollen wir sagen, und so werden wir uns jetzt zu dem Sie entschließen müssen, nicht wahr, Herr Siebrecht?»

Aber dagegen protestierte der junge Mann: «Nein, nein, Herr Rittmeister. Wir wollen es genauso lassen, wie es früher war, mit ‹du› und ‹mein Sohn› und ‹Karl›. Das ist mir am liebsten. Außerdem bin ich erst zwanzig Jahre alt, und das ist noch gar kein Alter!»

«Du mußt viel Erfolg gehabt haben, mein Sohn», lächelte der Rittmeister, «sonst wärest du nicht so milde zu mir. Vor vier Jahren hättest du es am liebsten gesehen, ich hätte dich mit ‹Herr› und ‹Sie› angeredet. Wie ist es dir ergangen in diesen vier Jahren? Erzähle doch!»

Sie saßen beide in tiefen Sesseln vor dem Kamin, in dem aber kein Feuer brannte. Die Fenster standen offen, und der warme Maiwind blähte sanft die Gardinen. Der Herr von Senden hatte seine Füße wieder auf das Kamingitter gesetzt, und Karl sah die untadeligen Lackschuhe und rosenrote seidene Socken. Wie gut ihm das tat! Wie ihn das an alte Zeiten erinnerte! Wie diese Socken, die er damals als faxig gefunden hatte, den Abstand zwischen damals und heute begreiflich machten! Heute fand er sie völlig berechtigt und sogar hübsch.

«Ach, Herr Rittmeister!» rief Karl Siebrecht. «Bitte, sagen Sie mir doch erst, wie steht es auf der Zeichenstube? Was macht Herr Oberingenieur Hartleben? Und wie geht es dem Dicken mit den Schmissen, der mich eine Zeitlang so geschunden hat – wie hieß er doch? Ich glaube, Senftlein?»

«Ich kann es dir nicht sagen, mein Sohn», antwortete der Rittmeister. «Ich sehe meinen Schwager nur noch selten, und mit seinen Geschäften habe ich gar nichts mehr zu tun. Fast gar nichts», verbesserte er sich. «Man baut nicht ungestraft im Westen. Herr Kalubrigkeit hat sich dabei ein wenig übernommen, es gab etwas zuviel Anstände mit der Baubehörde, kurz, mir wurde die Chose zu langweilig, und ich zog mich zurück.» Er betrachtete nachdenklich die Glanzlichter auf seinen Lackschuhen. «Aber mein Schwager hat sich bestens arrangiert, muß ich sagen. Zur Zeit ist er, wie ich höre, ein großer Mann, sogar ein Orden soll ihm winken. Er baut nämlich nur noch Kirchen. Kirchen sind augenblicklich das Feinste, noch viel feiner als Warenhausbauten.»

«Und Herr Hartleben?»

«Ich weiß es nicht. Ich weiß es wirklich nicht, mein lieber Sohn. Er hat dir damals irgendwie geholfen, nicht wahr? Er sprach mir mal davon. Ich habe ihn aus den Augen verloren, man lernt so viele Menschen kennen, er wird wohl auf irgendeiner anderen Zeichenstube sitzen, ich will es hoffen.»

«Ich hätte Herrn Hartleben gerne einmal wiedergesehen», sagte Karl Siebrecht nachdenklich. «Er war immer sehr nett zu mir.»

«Ja, du möchtest ihn gerne wiedersehen», meinte der Rittmeister mit seiner alten Skepsis, «weil du Erfolg hast und vorangekommen bist; wenn es bei ihm aber unterdes zurückgegangen ist, wäre dies Wiedersehen nicht sehr erfreulich für ihn, nicht wahr? Nun, lassen wir das, mein Sohn, ich möchte dir nichts von der Taufrische deiner Gefühle nehmen. Ich sehe schon, du besitzt noch deine alte Empfindlichkeit. – Und wie steht es mit dir? Du arbeitest jetzt auf einem Büro?»

«Ja und nein.» Und Karl Siebrecht fing an zu erzählen. Zuerst glaubte er, er könne es mit ein paar Sätzen abtun, nur ganz kurz Umfang und Zweck seiner Firma schildern. Aber entweder machte es dies Wiedersehen oder der eben überstandene Streit mit Wagenseil, oder der Rittmeister war ein so guter Zuhörer, oder das Fräulein Bruder hatte ihn so aufgekratzt – plötzlich war Karl Siebrecht in einer genauen Schilderung seines Werdegangs. Er erzählte von Kiesow und Küraß, von Wagenseil und Kupinski, von Kalli, Rieke und dem alten Busch – nur von der heutigen Kriegserklärung erzählte er kein Wort.

«Soso», sagte der Herr von Senden endlich. «Ich erkläre mich besiegt und geschlagen, mein Sohn. Ich glaubte immer, es hülfe dem Menschen, wenn man ihm ein wenig hilft. Aber ich sehe, der Mensch kommt ohne Hilfe viel weiter. Du wenigstens hast allein viel mehr erreicht, als ich dir hätte helfen können. Es ist ja ganz egal, ob du sieben Wagen oder siebzig fahren hast. Zahlen sind nie ein Erfolg. Aber du hast erreicht, daß du auf eigenen Beinen stehst, daß du nur dir selbst vertraust, daß du durch dich allein etwas geworden bist – zu dem allen hätte ich dir nie verhelfen können, Karl!» Er betrachtete Karl Siebrecht, ein wenig ironisch lächelnd, aber die Ironie galt wohl mehr dem Rittmeister selbst als dem jungen Mann. «Du hast mich geschlagen», fing er wiederum an, «und ich will meine Lehre daraus ziehen. Ich verspreche dir jetzt, ich werde dir nie wieder meine Hilfe oder Geld anbieten, ohne Scheu davor kannst du mich besuchen. – Ja, ich gehe sogar so weit, daß ich sage: ich werde dir nicht einmal Geld geben, wenn du mich darum bittest, denn du würdest es mir hinterher doch nicht verzeihen!» Er unterbrach sich. «Nanu!» rief er. «Was machst du denn für ein Gesicht, Karl?! Ich glaube gar, ich habe wieder einmal im falschen Moment das Richtige gesagt. Wolltest du mich etwa um Geld angehen? Brauchst du Geschäftskapital? Willst du die Firma vergrößern? – Dann habe ich nichts gesagt. Hier hast du einen Teilhaber, einen so stillen Teilhaber, daß er sich vier Jahre lang nicht einmal erkundigen wird, ob die Firma überhaupt noch besteht. Und nun sage mir die Summe, und in zwei Minuten sollst du einen Scheck in der Tasche haben. Wir aber reden von etwas anderem.»

«Nein, nein, Herr Rittmeister!» rief Karl Siebrecht, und ihm war so leicht, daß sich wieder eines jener feigen Rückzugstore verschlossen hatte. «Sie haben das richtige Wort genau im richtigen Augenblick gesagt. Vielleicht habe ich sogar so etwas gedacht, nicht für heute, aber für später. Doch Sie haben recht, wenn ich mir von Ihnen helfen ließe, würde ich es Ihnen nie verzeihen. Aber vor allem würden Sie es mir nie verzeihen. Sie mögen mich ja doch nur so lange leiden, solange Sie stolz auf mich sein können, und käme ich zu Ihnen um Hilfe, wäre es mit diesem Stolz sofort vorbei.»

«Das war nicht dumm geredet, Karl», sagte der Rittmeister nach einem kurzen Schweigen. «So wollen wir es denn bei dem lassen, was ich gesagt habe: jeder für sich und Gott für uns alle! – Sofort aber durchbreche ich all meine Schwüre und lade dich ein, mit mir mein Mittagessen zu teilen. Du wirst zugeben, daß ich dein Feingefühl weitgehend geschont habe: außer einem Sessel habe ich dir bisher nichts angeboten. Also iß schon mit mir, es ist dann nicht so langweilig. Meine Frau», meinte er lächelnd, und Karl Siebrecht sah, der Rittmeister hatte ihn mal wieder durchschaut, «meine Frau macht nämlich in der Stadt Besorgungen, als müsse sie sich für eine Jahresreise ins Innerste Afrikas ausrüsten. Wir fahren aber nur für vier Wochen auf meine Klitsche in Vorpommern. Also komm, mein Sohn, es ist einer Firma recht gut, wenn sie sich auch einmal ohne ihren Chef behelfen muß!»

## 41. Schlimme Nachrichten

«Herr Flau hätte Sie gerne gesprochen. Er ist hinten bei Fräulein Rieke», sagte Fräulein Palude, als ihr Brotherr spät, aber glänzender Stimmung in den Laden in der Eichendorffstraße kam. Er hatte wirklich einmal das Geschäft sich ganz überlassen und den Nachmittag mit dem Rittmeister verbracht. Er war sogar noch mit Sendens in ihrer Equipage zum Stettiner Bahnhof gefahren – und das bewies, wie nahe er dem Rittmeister in diesen Stunden gekommen war.

«Schön!» antwortete Karl Siebrecht und wandte sich zur Innentür. «Ich gehe dann gleich mal rüber. Sonst war wohl nichts Besonderes?»

«Doch!» antwortete die Palude, und ihr Ton bewies, daß sie das schwerste Geschoß noch aufgespart hatte. «Herr Wagenseil war auch hier!»

«Aber das weiß ich doch! Ich habe doch selbst mit ihm gesprochen», meinte Karl Siebrecht mild erstaunt.

«Das wissen Sie eben nicht!» rief die Palude triumphierend. «Er war nämlich noch einmal hier!»

«Noch einmal? Was wollte er denn noch einmal hier? Hat er sich etwa rüdig benommen?»

«Das möchte ich ihm nicht geraten haben! Nein, er war ganz anständig, er hat mich nicht einmal olle Zicke genannt. Nein, Herr Siebrecht, der Franz hatte einen kleinen schmierigen Kerl mit. Er hat gesagt, der vertritt ihn jetzt, der ist sein Rechtsbeistand. Haben Sie schon mal von dem Rechtsanwalt Ziegenbrink gehört?»

«Nein!»

«Aber ich!» sagte sie. «Ich kenne den Schweinehund. Er hat den Wagenseil schon zweimal vertreten, einmal bei einer Pferdebetrügerei und einmal, wie er den Gardekürassieren verschimmeltes Heu geliefert hatte. Der Ziegenbrink ist der schlimmste Gauner von Berlin, der vertritt nur Betrüger, Räuber und Mörder!»

«Und das ist sein Rechtsanwalt –?»

«Jawohl, das ist sein Rechtsanwalt!» antwortete Fräulein Palude. «Herr Siebrecht», fuhr sie eifrig fort, «Sie müssen sofort auch einen Anwalt nehmen, sonst kriegt der Ziegenbrink uns unter!»

«Nein!» antwortete Karl Siebrecht und schüttelte den Kopf. «Warum denn?» Seine Gedanken waren noch bei den Erlebnissen des heutigen Tages: plötzlich wußte er es, daß der Tiergarten herrlich grün gewesen war, der Goldregen und der Flieder blühten, und überall schlugen die Finken. Er sah das junge Mädchen mit dem schmalen hellen Gesicht und den blonden, leise zitternden Korkzieherlocken. Einen Augenblick erschien die Zeichenstube von Kalubrigkeit & Co., sie war ganz leer, nur über ein Reißbrett gebeugt stand der Herr Oberingenieur Hartleben, allein. Von ihm hatte der Rittmeister nichts erzählen können, und die Zeichenstube wurde dunkel. Rosarote Söckchen aus Seide... Der Rittmeister und er hatten stundenlang vergnügt miteinander geplaudert, und die Blasiertheit des Herrn von Senden hatte den jungen Mann diesmal nicht abgestoßen.

Aber während diese Gedanken und Bilder wirbelnd durch seinen Kopf schossen, war es ihm, als griffe eine Hand nach seinem Herzen und drücke es langsam immer fester zusammen. Eine Ahnung von schwerem, trübem Unheil überkam ihn, dunkle Stunden drohten, alles Heitere entschwand.

«Nein!» hatte er gesagt, «keinen Anwalt!» Er warf den Kopf in den Nacken und fragte Fräulein Palude: «Was können die uns schließlich wollen? Wir haben immer reell gegen Franz Wagenseil gehandelt.»

Die Palude warf ihrem jungen, unerfahrenen Chef einen mitleidigen Blick zu. «Der Ziegenbrink hat gesagt», meldete sie trocken, «er erkennt unseren Kontoauszug nicht an. Und er hat gesagt, wir sind nach dem Vertrag nicht berechtigt, auch nur einen Pfennig von den Wochenabrechnungen einzubehalten, sonst klagt er sofort. Und der Ziegenbrink sagt, er erkenne überhaupt sämtliche Abrechnungen mit dem Wagenseil nicht an, er verlangt Vorlage und Einsicht in unsere Bücher.» Fräulein Palude schwieg, und jetzt sah sie ihren Brotherrn wirklich sehr sorgenvoll an. Auch der schaute bekümmert drein, denn es war ihm klar, daß seine Buchführung mit ihrer ärmlichen Kassenkladde alles andere als kaufmännisch einwandfrei war. Und selbst diese ärmliche Kladde gab es erst seit zwei Jahren, seit Fräulein Paludes Kommen. Vorher gab es nur Notizbücher mit Wachstuchdeckel, mit Bleistifteintragungen, die Karl Siebrecht gemacht hatte, wo er gerade gewesen war, auf dem Rollwagen, am Gepäckschalter, an einer Straßenecke.

Aber wieder warf Karl Siebrecht den Kopf in den Nacken. Er sagte: «Sie, Kalli, Rieke, ich, auch der Franz, wir wissen es alle, daß stets anständig abgerechnet worden ist, und mit Anständigkeit kommt man immer durch, Fräulein Palude!»

«Gehen Sie lieber zu einem Anwalt!» riet die Palude.

«Nein», sagte er. Plötzlich mußte er lachen. «Wissen Sie was, Fräulein Palude? Das alles ist ja nur ein Schreckschuß! Der Ziegenbrink wird schnell genug merken, daß Franz keinen Pfennig Geld hat, und für nichts wird er nichts tun!»

«Aber Sie haben Geld», sagte Fräulein Palude. «Dem Ziegenbrink ist es egal, von wem er sein Geld holt!»

«Meines kriegt er nicht, und Franz hat keins! Wetten, daß der Spuk in drei Tagen zu Ende ist?»

Fräulein Palude bewegte zweifelnd ihren Kopf. Und sie hatte recht zu zweifeln, Karl Siebrecht sollte bald erfahren, daß Franz Wagenseil Geld hatte.

Kalli Flau und Rieke saßen an dem Schneidertisch und tranken einen improvisierten Nachmittagskaffee. Die Stoffe waren beiseite geschoben, daß ein Eckchen des Tisches frei war. Eine häßliche braune Tonkanne stand dort, zwei Tassen ohne Untertassen, und im Papier, wie es vom Bäcker gekommen war, das Gebäck: ein paar Stücke Mohnstriezel und Schnecken. Beide fuhren schuldbewußt hoch, als Karl Siebrecht unvermutet eintrat. Sie wußten, er haßte diese liederliche Art. Er fand, ein Luxus, den sie sich leisten könnten, sei ein anständig gedeckter Tisch.

Aber heute war er nicht in der Stimmung, erzieherisch zu wirken. «Na, ihr beiden Sünder!» sagte er nur. «Habe ich euch wieder einmal ertappt? Es muß doch herrlich sein, sich so gehenzulassen, aber ich werde es nie verstehen. – Nein, Rieke, danke, keine Tasse für mich, und ich esse auch nichts. Ich habe heute beim Rittmeister von Senden gegessen. Ja, den habe ich auch wieder einmal gesehen – er war übrigens sehr nett.»

Sie warteten beide, daß noch weiteres käme. Aber weiteres kam nicht. Das war so Karl Siebrechts Art, sehr mitteilsam war er zu seinen Freunden nicht. Er fragte lieber, als daß er antwortete. Sie waren schon daran gewöhnt. Er hatte vom Schneidertisch das Rädchen genommen, mit dem die Schneiderinnen ihre Schnittmuster ausradeln, und spielte nachdenklich damit. «Haste Krach mit dem Franz jehabt, Karle?» fragte die Rieke vorsichtig.

Er fuhr aus seinen Gedanken auf. «Hat die Palude was erzählt?»

«Die –? Kein Wort hör ich von der! Die kann mir doch nicht ausstehn! Nee, Karle, aber ihr habt ja Krach jenug jemacht in deine Stube, sojar bei's Maschinennähen ha ick euer Jeschrei jehört!»

«Ich habe bestimmt nicht geschrien, Rieke!»

«Na, du valleicht nich, bei's Schreien klingt eine Stimme durch die Wand wie die andere. Hat er sich denn wieda bejeben, der Franz?»

«Nein», sagte Karl Siebrecht. «Er hat sich nicht begeben, der Franz.» Er sah rasch zu Kalli Flau hinüber, der ihn mit seinen dunklen Augen schweigend ansah, und sagte: «Er hat uns den Krieg erklärt, Kalli.»

«Ach, der olle Wutkopp!» meinte Rieke verächtlich. «Wenn er det nächste Mal wieda Jeld braucht, is er wieda so kleen!»

«Er bekommt aber kein Geld mehr von mir», sagte Karl Siebrecht und stand auf. «Hör zu, Kalli! Paß auf, Rieke!» Dies war rein rhetorisch, denn sie hörten auch ohnedies gespannt zu und paßten auf wie die Schießhunde. «Franz hat heute früh wieder dreitausenddreihundert Mark Vorschuß von mir verlangt, für seine dämlichen Gewächshäuser. Er hat schon elftausendsiebenhundert Mark Schulden bei uns. Ich habe ihm gesagt, daß ich ihm nichts mehr gebe, daß ich im Gegenteil drei Viertel seiner Bezüge von ihm einbehalte – zur Abdeckung seiner Schulden. Bist du damit einverstanden, Kalli? Du bist mein Partner.»

«Jott sei Dank!» sagte Rieke. «Det hättste schon vor zwei Jahren tun sollen, Karle. Der olle Hurenbock, det is schade um jede Mark, die de an den jewandt hast!»

«Nun, Kalli?» fragte Karl Siebrecht wieder. «Ja oder nein?»

«Natürlich ja, Karl. Du weißt doch, du kannst tun, was du willst. Ich bin nur dein Wachthund.»

«Ach, Kalli, sage doch nur nicht so was, dann muß ich mich ja schämen. Der Franz ist nun aber mit seinem Geld zu Ende, und mit dem Geld scheint auch seine letzte Anständigkeit flöten gegangen zu sein. Er ist am Nachmittag in meiner Abwesenheit mit einem Anwalt angerückt und hat mit Bücherprüfung und Klage gedroht.»

«Det is doch janz einfach», meinte Rieke. «Da nimmste dir ooch 'nen Linksanwalt, den jerissensten, den de findest!»

«Denselben Rat hat mir schon deine Freundin Palude gegeben, und ich habe ihr gesagt, daß ich keinen Anwalt brauche. Was meinst du, Kalli? Kommen wir allein durch? Wir sind immer anständig gewesen.»

«Das mach du, wie du denkst, Karl», sagte Kalli wieder. «Aber wenn du meinst, dem Franz täte mal eine tüchtige Wucht gut...» Er streifte lachend seine Ärmel hoch. «Soll ich, Karl?»

«Dies ist keine Sache wie mit Kiesow. Wir müssen uns alle mächtig zusammennehmen und dürfen keine Dummheiten machen.»

«Ach, Karl», lachte Kalli. «Damit meinst du doch nur, daß du dich zusammennimmst und daß wir keine Dummheiten machen dürfen! Na, wir wollen uns schon Mühe geben, was, Rieke?» Und er nickte der Freundin vergnügt zu, *er* machte sich keine großen Sorgen wegen Franz Wagenseil.

«Wissen möchte ich nur, was der Franz vorhat», sagte Karl Siebrecht grübelnd. «Es ist ein verdammtes Gefühl, so dazusitzen und nicht zu wissen, was die tun wollen!»

«Ich habe übrigens den Wagenseil heute auch gesehen», sagte Kalli Flau plötzlich.

«So? Du auch? Hier auf dem Büro?»

«Nein, bei unserem Wagen am Anhalter. Er hatte einen Mann bei sich, sie sahen sich zusammen die Pferde an. Es war ein ziemlich großer, fetter Kerl, er sah wie ein Viehhändler aus. Wagenseil sagte Emil zu ihm.»

«Emil? Das kann Emil Engelbrecht gewesen sein, das ist ein Pferdehändler! Was kann das nur wieder bedeuten? Franz wird doch nicht jetzt noch Pferde kaufen!»

Einen Augenblick schwiegen alle. Dann sagte Rieke: «Na, Mensch, Karle, wenn der mit Emil seine Jäule ansieht, dann will er doch Pferde vakoofen, det is doch klar!»

«Das kann der Franz aber nicht. Er hat gerade noch Anspannung genug für unsere Wagen, und die muß er halten, dazu ist er verpflichtet! – Nein, dahinter steckt etwas anderes!»

«Aber wenn er keine Pferde kaufen und keine verkaufen kann, was kann dann noch dahinterstecken?» fragte Kalli Flau.

«Na, Mensch», sagte Rieke wieder. «Man kann doch ooch Pferde tauschen!»

Einen Augenblick sahen sich alle drei an. Dann rief Karl Siebrecht: «Die Rieke hat's mal wieder! Rieke, du mit deinem gesunden Menschenverstand! Natürlich will er die Pferde gegen schlechtere eintauschen, das gibt Geld – für seinen Anwalt und vielleicht auch für seine Gewächshäuser! Aber ich denke beinahe, er vergißt jetzt sogar seine Gewächshäuser über dem Kampf gegen uns. – Also, paß auf, Kalli! Es hilft alles nichts, du mußt dich an seine Kutscher heranmachen. Ein paar von ihnen sind ganz ordentlich. Versprich ihnen was –»

«Was denn? Mit 'ner Molle und 'nem Korn ist das nicht abgetan, Karl!»

«Versprich ihnen», sagte Karl Siebrecht mit Nachdruck, «daß wir sie eventuell in unsere Dienste übernehmen! Ich habe das feste Gefühl, daß bei diesem Kampf einer auf der Strecke bleibt, und das muß Franz Wagenseil sein! Also versprich ihnen das! Denen ist die Liederwirtschaft bei Franz doch auch über. Geh gleich los, Kalli! Nimm das Rad vom Egon, sieh, daß du noch möglichst viele Kutscher erwischt. Rede mit ihnen! Horche, ob der Franz mit dem Engelbrecht auch noch bei den anderen Gespannen gewesen ist, schone ihn nicht, er schont uns auch nicht!»

«Schön», sagte Kalli und griff schon nach seiner Mütze. «Ich fahre dann gleich los. – Aber, Karl, wäre es nicht das schlaueste, du sähest dich schon nach einem anderen Fuhrherrn um? Du kannst heute zehn für einen haben, so wie wir bezahlen!»

«Ja, wenn ich das könnte!» rief Karl Siebrecht. «Aber der Vertrag sagt ganz klar, daß ich meine Gespanne nur von Franz nehmen darf. Wir sind auf ihn angewiesen, er mag uns noch so sehr schikanieren! Nehme ich nur ein Gespann woanders, legt der Anwalt uns sofort rein!» Er sah Kalli an. «Ach, Kalli, du sagst immer: was ich mache, ist richtig. Aber mit diesem Vertrag habe ich die größte Dummheit meines Lebens gemacht! Nie wieder mache ich einen Vertrag, der mich einem Menschen ganz in die Hände liefert! Also mach's gut, Kalli!»

«Mach du es auch gut, Karl», antwortete Kalli Flau, und die beiden jungen Männer gingen.

Karl Siebrecht lief lange Stunden ziellos durch die Straßen. Ein schwerer Druck lastete auf ihm, das Vorgefühl kommenden Unheils wollte nicht von ihm weichen. Ferne war der Tiergarten, ferne das junge Mädchen mit der Handtasche. Wie billig schien jetzt alle Blasiertheit des Herrn von Senden! Er sollte ruiniert werden, und einer, den er trotz all seiner Schwächen noch immer für seinen Freund angesehen hatte, der war es, der ihn ruinieren wollte! Er oder ich, sagte er sich, und daß es keine andere Wahl gab, das war's, was ihm das Herz schwer machte! Der Jammer der Jugend hatte Karl Siebrecht gepackt, alle Ideale der Kindheit sah er zerbrochen! Diese Welt war trostlos, der Geschmack des Lebens ekelte ihn, als äße er Fäulnis. Er fühlte sein Herz unter dem harten Griff seufzen . . .

### 42. Ein Hausfriedensbruch

Früh kamen Karl und Kalli auf den Fuhrhof, doch nicht zu früh. Sie fanden die Kutscher zusammengerottet um den alten Fuhrmeister, und die Kutscher waren empört! Die Jungen warfen einen Blick in die Stände, und auch sie waren empört. Nicht umsonst hatte Wagenseil gestern mit dem Pferdehändler Engelbrecht einen Rundgang gemacht: über Nacht waren alle Pferde ausgetauscht, und was da jetzt in den Ständen die Köpfe hängen ließ, das war die traurigste Versammlung elender Krippensetzer, die je in einem Berliner Stall gestanden hatte. «Alle reif für den Wurstmaxe», sagte ein Kutscher.

«Mit den Gäulen fahr ich nie!» schrie ein anderer.

«Der Schimmel da bricht schon in die Knie, wenn ich ihm nur das Kummet überhänge», stellte ein dritter fest.

«Ich werde mit Herrn Wagenseil sprechen, sobald er kommt», sagte Siebrecht finster. «Jetzt putzt erst mal und schirrt an. Wir müssen es heute eben versuchen.»

«Und ich fahre mit den Pferden nicht!» schrie der Kutscher von vorhin wieder. «Ich lasse mich nicht von allen Kollegen auslachen!»

«Seien Sie doch vernünftig, Mann!» brüllte ihn Karl Siebrecht an. «Ich habe Ihnen doch gesagt, es ist nur für einen Tag!» Und als der Mann immer noch zögerte: «Herr Flau hat doch mit Ihnen gesprochen? Wir verstehen uns doch?»

«Das schon! Das schon! Aber es ist eine Gemeinheit von dem Wagenseil – ist es etwa nicht gemein, daß die Pferde nicht gefüttert werden sollen?»

«Was ist das, Futtermeister? Sind die Pferde etwa nicht gefüttert?»

«Häcksel haben sie gekriegt und ein bißchen Stroh», sagte der alte versoffene Kerl mürrisch. «Der Franz sagt, sie sind bei Engelbrechten gefüttert – und so sehen sie ja wohl auch aus, was?» Er grinste frech.

«Sofort holen Sie Hafer vom Boden!» schrie ihn Karl Siebrecht an. «Das ist ja eine Hundsgemeinheit, was ihr hier macht! Die armen, verhungerten Luder –!»

«Schreien Sie mich nicht an!» sagte der Futtermeister giftig. «Ich bin nicht bei Ihnen in Lohn und Brot. Sie haben mir gar nichts zu sagen.»

«Sie sollen Hafer runterholen!» rief Karl Siebrecht zornig und faßte den Mann bei der Schulter.

Auch die Kutscher murrten drohend, nur einer rief: «Was soll man in die Schinder noch Hafer füttern! Die legen sich ja doch an der nächsten Ecke lang hin! Schade um den schönen Hafer!»

Siebrecht schoß einen scharfen Blick auf den Mann, dann sagte er zu dem Futtermeister: «Nun, wird es bald mit dem Hafer?»

Eingeschüchtert murrte der: «Franz hat den Schlüssel mitgenommen, ich kann nicht ran.»

«Dann brich doch den Futterboden auf!» rief ein Kutscher.

«Das tue ich auch!» sagte Karl Siebrecht. Er war jetzt ganz kalt und entschlossen. «Kalli, sei so gut, da drüben im Holzschuppen muß eine Axt stehen, hol mir die!» Und zu den Kutschern: «Also putzt jetzt ein bißchen, das Rumschimpfen hat auch keinen Sinn. Der Wagenseil wird sich schon noch anders besinnen!»

Und zu Kalli: «Danke schön, Kalli. Ich gehe rauf, bleibe du so lange hier unten!»

«Laß mich das doch besorgen, Karl», bat Flau.

«Wenn jemand hier etwas Ungesetzliches tut, dann will ich es sein.»

«Laß mich wenigstens als Teilhaber mitgehen», lachte Kalli.

Das Lachen tat Karl Siebrecht gut. Es war alles nur halb so schlimm: Kalli konnte noch immer lachen. «Du Schafskopf!» sagte er zärtlich. «Es genügt doch, wenn einer von den Teilhabern eingelocht wird! Verstehst du nun?»

Er ging nach oben. Ein paar Schläge mit dem Rücken der Axt auf das alte Vorhängeschloß sprengten es schon. Er ging in den Boden hinein, griff nach einem Sack, fing an, ihn zu füllen.

Da hörte er Stimmen unten. Die schreiende, zornige von Franz Wagenseil, nun eine fette, jetzt die klare Stimme von Kalli Flau: «Ich denke gar nicht daran, aus dem Stall zu gehen ...»

«Halt!» rief Karl Siebrecht und sprang wieder die Treppe hinunter, die Axt in der Hand. Er fuhr zwischen sie. «Kalli, halte den Mund! Was gibt's hier?» fragte er wild. «Siehst du nach deinen Schindern, Franz? Schämst du dich nicht bis auf die Knochen? Du willst ein Fuhrherr sein?! An diesen Gespannen soll dein Namensschild hängen?! Schäme dich was! Schäme dich vor deinen Kutschern! Pfui Deibel!»

Einen Augenblick wankte selbst Wagenseil unter diesem Angriff. Doch er besann sich. «Was hast du da oben zu suchen mit meiner Axt?» fragte er.

«Er hat den Haferboden aufgebrochen!» meldete der Futtermeister hämisch. «Und bedroht hat er mich auch!»

«Ich habe dich bedroht, du Hanswurst?» lachte Karl Siebrecht. «Ich habe dir gesagt, du sollst Hafer holen!»

«Aber Sie haben mich angefaßt!»

«An der Schulter, wie man ein Kind anfaßt! Und als du sagtest, du hättest den Schlüssel nicht, da habe ich den Futterboden aufgebrochen.»

«Vorzüglich, vorzüglich!» sagte der Anwalt Ziegenbrink. «Das gibt zwei Strafanzeigen. Wir haben hier Zeugen genug.»

«Und ich habe Zeugen genug, daß Sie die Pferde ohne Futter an die Arbeit schicken wollen! Tierquälerei wird auch bestraft!»

«Im schlimmsten Fall mit einer kleinen Geldstrafe!» sagte der Anwalt. «Außerdem wird der Händler Engelbrecht bezeugen, daß die Pferde gefüttert sind.»

«Jawohl, mit Häcksel und ein bißchen Stroh! – Franz, besinn dich! Was soll denn das? Vielleicht ruinierst du mich damit, aber bestimmt richtest du dich zugrunde! Sieh die Pferde an, die können doch nicht arbeiten!»

Ehe Franz Wagenseil noch antworten konnte, sagte der Anwalt rasch: «Es sind gute Arbeitspferde, auch das wird Herr Engelbrecht bezeugen. Gewiß, ich gebe zu», lächelte er, «es sind vielleicht keine Schönheiten. Aber Sie fahren auch keine Gräfinnen, Sie fahren nur die Koffer von Gräfinnen! Nirgends in unserem Vertrage steht, daß wir Ihnen ausgesucht schöne Gespanne stellen müssen. Wir haben Ihnen Gespanne zu stellen – da sind sie!»

«Die Pferde können nicht arbeiten, du hast mir arbeitsfähige Gespanne zu stellen, Franz!»

«Wir bestreiten das! Wir bestreiten das in toto! Wir haben Ihnen einfach Gespanne zu stellen.» Der Anwalt Ziegenbink war unerschütterlich. «Aber selbst wenn sich ein Gerichtshof auf den Standpunkt stellen sollte, daß die Gespanne arbeitsfähig sein müssen, so werden wir Sachverständige über die Arbeitsfähigkeit der Gespanne bringen. Natürlich muß man sich vor Überladung hüten. Für jeden aus einer Überladung entstehenden Schaden müssen wir die Firma Siebrecht & Flau verantwortlich machen!»

Karl Siebrecht hatte dem kleinen Herrn mit der Goldbrille aufmerksam zugehört. «Quatsch!» sagte er jetzt. «Sie wissen gut, daß jedes Wort von Ihnen

Quatsch ist! Aber solche Rechtsverdrehereien sind wohl Ihr Beruf, und diese Schweinereien machen Ihnen anscheinend noch Spaß! Ihnen kommt es auf ein paar krepierte Pferde nicht an! Sachverständige? Wir haben hier Sachverständige genug! Heh, Sie da, wie heißen Sie doch?» Er wandte sich an einen Kutscher. «Sie – Staffelt – nicht wahr? Trauen Sie sich zu, mit den Pferden in einem Trab vom Stettiner zum Anhalter einen vollbeladenen Rollwagen zu fahren?»

«Ausgeschlossen», sagte der Kutscher. «Nicht bis zum Oranienburger Tor komme ich mit den Schindern.»

«Ich verbiete dir», schrie jetzt Franz Wagenseil, «mit meinen Leuten zu reden! Das sind meine Leute, verstehst du? Auf der Stelle verläßt du meinen Hof, du und der andere Kerl da, oder –»

«Was oder?» fragte Karl Siebrecht.

«Hausfriedensbruch», soufflierte der Anwalt.

«Jawohl!» schrie Franz Wagenseil. Das Weiß seiner Augen war gelblich verfärbt, und seine schmutzigen Hände zitterten. Sicher hatte er das beim Pferdetausch gewonnene Geld sofort in der Nacht versoffen.

«Jawohl, das ist Hausfriedensbruch! Ihr geht jetzt von meinem Hof. Ich fordere dich zum erstenmal auf –»

Karl Siebrecht lächelte.

«Zum zweitenmal!»

Siebrecht lächelte. Alle Gesichter waren ihm zugewandt.

«Zum drittenmal!»

«Und ich bin immer noch hier!» stellte Karl Siebrecht fest.

«Also Hausfriedensbruch», sagte der Anwalt trocken. «Das wäre in einer Viertelstunde das dritte Vergehen! Lassen Sie jetzt einen Schutzmann holen.»

Franz Wagenseil sah sich unentschlossen unter seinen Kutschern um, wem er wohl diese Weisung geben sollte. «Nun, Franz –?» fragte Karl Siebrecht lächelnd. «Hast du doch nicht ganz den Mut zu allen deinen Gemeinheiten?» Wagenseil zuckte zusammen. Und Karl Siebrecht rasch: «Nun, ehe du dich entschlossen hast, will ich dir das wenigstens ersparen. Komm, Kalle, überlassen wir Franz seinen Schindern..., allen seinen Schindern!» Er sah den kleinen Anwalt bedeutungsvoll an, dann gingen sie vom Fuhrhof.

## 43. Warten auf einen Zwischenfall

Aber, kaum vor dem Tor des Fuhrhofs angelangt, wurde Karl Siebrecht wieder düster. Wie er da mit Kalli Flau vor dem Tor des Fuhrhofs auf die Gespanne wartend auf und ab ging, besprach er noch einmal die Lage, die trostlos schien. Sie waren ganz auf Wagenseil angewiesen; jedes von anderer Seite gemietete Fuhrwerk bedeutete einen Schadenersatzprozeß, der von vornherein verloren war. Überhaupt drohten Prozesse über Prozesse... «Solange sie noch Geld bei uns wittern, werden sie nicht nachgeben, Kalli.»

«Mach doch eine Weile den Laden zu!» schlug Kalli vor.

«Und am ersten Tag, den wir nicht da sind, fahren die für eigene Rechnung! Nein, Kalli, dann können wir überhaupt nicht wieder zurück. Das wollen die ja gerade, die Firma schlucken!»

«Aber was sollen wir tun?»

«Ich weiß es noch nicht. Erst einmal durchhalten, es mit den Schindern versuchen! Es wird mir schon was einfallen! Ich habe das Gefühl, als wäre da noch was zu machen. – Kalli, du mußt sofort nachher Hafer kaufen. Bei jedem Aufenthalt werden die Gäule gefüttert, schärfe das den Kutschern bitte ganz genau ein!»

«Die werden schon füttern! Aber es geht von unserm Geld.»

«Ich weiß, es wird über unsere Ersparnisse hergehen. Aber das hilft nichts. Nimm dir wieder Egons Rad und fahre überall herum. Ich bleibe im Büro. Ich muß ja dort sitzen, ich kann im Moment nichts tun. Jeder Kutscher bekommt die Telefonnummer vom Büro auf einem Zettel in die Tasche gesteckt, und beim kleinsten Zwischenfall werde ich angerufen. Ich bin überall sofort da!»

«Ist recht, Karle! – Hör bloß das Geschimpfe!»

Sie sahen durch die Einfahrt auf den Fuhrhof. Die Kutscher zogen jetzt die Pferde aus dem Stall. Man hörte die schreiende Stimme von Franz Wagenseil, polternde, grobe Antworten der Kutscher. «Das ist eine Hoffnung, Kalli: seine Leute sind alle gegen ihn.»

«Es sind auch ein paar pflaumenweiche darunter», warnte Kalli. «Bei dir reden sie so und bei ihm anders.»

«Die gibt's überall. Aber auch den Pflaumenweichen wird's keinen Spaß machen, mit den Gäulen zu fahren. Da geht's los!»

Ein Wagen nach dem andern rollte vom Hof. Ach, es war ein jämmerlicher Anblick, diese elenden Gäule zu sehen, auf deren dürrer, knochiger Brust die Kummete rutschten! Manche ließen die Nasen fast bis aufs Pflaster hängen, als lohnte sich kein Blick zum Himmel mehr, da das Erdengrab doch schon so nahe war. Andere hoben nur mit Vorsicht die lahmen, steifen Beine. Es gab Felle, die aussahen, als seien die Motten darin gewesen, es gab große blutig gescheuerte Stellen. Ja, jetzt im Licht der Maisonne sah man erst, wie abgetrieben, wie elend, wie am Ende diese Gäule waren.

Unter dem Eingang standen Franz Wagenseil und sein Rechtsvertreter. Wagenseil sah finster aus, er kaute an seinen Lippen, nicht einen Augenblick konnte er die Hände ruhig halten. In dieser Minute schämte er sich. Plötzlich steckte er die Hände in die Taschen, drehte um und ging eilig, als fliehe er, in das kleine Büro, dessen Tür er krachend hinter sich zuwarf. Sein Rechtsbeistand blieb unter dem Tor stehen. Mit einer milden, nur mäßig interessierten Heiterkeit betrachtete er diese Versammlung sämtlicher Rosinanten Berlins. Er zog ein großes, gelbseidenes Tuch aus der Tasche und fing an, seine Brille zu putzen. Dann, als er sah, daß Karl Siebrecht die Kutscher um sich versammelte, ging er leise näher, machte ein paar Schrittchen, verhielt, und machte wieder ein paar Schrittchen, pirschte sich in Hörweite. Aber Kalli Flau hatte ihn nicht aus dem Auge gelassen. «He, Sie! Sie haben hier nichts zu schnüffeln!»

Der Anwalt sah ihn milde an. «Mit wem habe ich die Ehre? Herr Flau, nicht wahr? Der zweite Inhaber dieser bemerkenswerten Firma. Dieser sehr bemerkenswerten Firma!» Er rückte an der Brille. «Ich muß Sie auf einen Rechtsirrtum aufmerksam machen, Herr Flau: Die Straße dient dem öffentlichen Verkehr. Ich kann hier stehen, wo ich will.» Und er ging noch näher an den Kreis.

«Siebrecht!» rief Kalli warnend.

Karl Siebrecht warf nur einen Blick auf den Spion. «Los!» rief er und sprang auf den nächsten Wagen. Die Kutscher begriffen im Augenblick, auch sie sprangen und bildeten nun eine erhöhte Versammlung, während der kleine Mann unten stand. Oben steckten sie die Köpfe zusammen.

In unerschütterlicher Gelassenheit zuckte Ziegenbrink die Achseln, legte die Hände auf den Rücken und wandelte gemessen die Frankfurter Allee hinunter, seinem Büro entgegen. Kräftig wurde von den Kutschern hinter ihm dreingelacht. Noch einmal gab Karl Siebrecht seine Instruktionen. Jeder Mann bekam die Telefonnummer des Büros, Kalli Flau Geld für Hafer. Dann rollten die Wagen fort. Sogar das Klappern der Räder schien heute kläglich zu klingen. Die blankgeputzten Messingbeschläge an den Geschirren ließen die Pferde nur noch elender aussehen.

Auch am Eingang zum Fuhrhof sah einer den Wagen nach. Es war Franz Wagenseil, der dort wieder stand, die Hände in den Taschen. Karl Siebrecht ging an ihm vorbei, er mied den Blick des anderen nicht, er suchte ihn auch nicht. «Du, Karl», rief Wagenseil halblaut.

«Was ist noch?» Karl Siebrecht blieb stehen.

«Vielleicht können wir uns doch noch irgendwie vergleichen?»

«Es ist zu spät, Franz!»

«Das soll also heißen: du oder ich?»

«Das soll heißen: du!» Karl Siebrecht ging, die Würfel waren gefallen, nun gab es kein Zurück mehr.

Vor dem Laden in der Eichendorffstraße stand der alte Busch, einen Piassavabesen, mit dem er das Trottoir gekehrt hatte, in der Hand. Er betrachtete mit seinen stumpfen Augen die beiden Reservegespanne, die vor dem Laden vorgefahren waren. «Nun, Vater Busch», fragte Karl Siebrecht, «wie gefallen Ihnen meine Pferde?» Der alte Mann sah ihn an, er murmelte etwas, das nicht zu verstehen war. Dann drehte er den Besen um und hielt ihn mit dem Borstenende Karl Siebrecht hin. Der starrte verständnislos auf den Besen.

«Du sollst dir drei Haare ausreißen, Karle!» rief Rieke vom Fenster ihrer Schneiderstube. «Det bringt Jlück, meint Vata!» Sie lachte. «Ick weeß nich, Vata hat manchmal zu komische Jedanken!»

Aber Karl Siebrecht fand den Gedanken gar nicht so komisch, daß ihm an diesem Unglückstage auf der Straße Glück angeboten wurde. Er griff zu und riß drei der langen, steifen rotbraunen Borsten aus. Dann sagte er: «Danke schön, Vater Busch!» und verwahrte die Borsten sorgfältig in der Brusttasche seines Jacketts.

Der alte Busch hatte lautlos zu lachen begonnen, er lachte noch, als Karl Siebrecht in das Büro trat. Auch Fräulein Palude stand am Fenster und betrachtete die beiden Gespanne. «Sind das jetzt unsere Pferde?» fragte sie mit Entrüstung ihren Chef.

«Jawohl, das sind jetzt unsere Pferde!»

«So sind alle Gespanne?»

«Ja – so und schlimmer sind alle Gespanne!»

«Und da gehen Sie nicht auch zu einem Anwalt? Wenn Sie auch zu einem Anwalt gingen, fielen die sofort rein!»

«Wenn ich zu einem Anwalt ginge, bekäme ich einen Prozeß, keine anderen Pferde! Ich fürchte, Fräulein Palude, ich kann nicht so lange warten. – Etwas anderes: haben wir viele Anrufe von Privatkundschaft? Nicht viel? Das ist gut. Ich werde einen von den Wagen danach schicken, und neue Bestellungen werden vorläufig nicht angenommen. Darf ich mir heute Ihr Rad leihen, Fräulein Palude?»

«Selbstverständlich, Herr Siebrecht.»

Eine Weile hatte er draußen zu tun: er schickte den einen Reservewagen aus, um die Koffer der Privatkundschaft abzuholen. Gottlob, es war nur eine kleine Fuhre, die rasch erledigt sein würde. Es war ihm ein unheimliches Gefühl, nur einen Reservewagen zu haben. Er schärfte dem Kutscher ein, sich zu beeilen. Als er in das Büro zurückkam, fragte er: «Keiner von den Kutschern angerufen?»

«Keiner.»

«Holen Sie mich sofort, wenn was ist, ich gehe einen Augenblick zu Fräulein Rieke.»

Tief in Gedanken platzte er in Riekes Schneiderstube hinein, das nur notdürftig bekleidete weibliche Wesen, das dort stand, stieß einen Schreckensschrei aus. Er murmelte eine Entschuldigung und zog sich wartend in die Küche zurück. Da stand er, starrte auf den Hof und dachte an seine Gespanne, die jetzt zwischen den Bahnhöfen unterwegs waren, an diese jämmerlichen Gäule, die sich kaum auf den Beinen halten konnten und die nun schwerbeladene Rollwagen ziehen sollten. Der Reiseverkehr war maimäßig stark, es gab noch nicht sehr viel großes Gepäck, aber es gab zahlreiche Handkoffer. Am schlimmsten waren wieder die beiden Wagen dran, die zwischen Stettiner und Anhalter fuhren. Die Anschlüsse waren knapp. In den letzten beiden Jahren hatte es keinen verpaßten normalen Anschluß gegeben, das war sein Stolz gewesen … Er hielt es nicht mehr aus, dies Frauenzimmer bei der Rieke blieb endlos. Er ging aufs Büro und fragte die Palude: «Nichts?»

«Nichts, Herr Siebrecht!»

Wieder stand er und starrte auf den Hof. Der alte Busch war jetzt dabei, ihn zu fegen, er schwang den Besen in weitem Bogen von rechts nach links, von rechts nach links … Staub wirbelte auf, Apfelsinenschalen schoben sich schwerfällig zur Seite, Papier tanzte hoch … Es sah nach Sauberkeit aus, aber es sah auch nur danach aus. Schaute man genauer hin, so merkte man, der meiste Dreck wurde in die Ecken geschoben. Gerade aus den Ecken aber mußte er raus! Das war es! Er hatte es versäumt, er hatte gearbeitet, wie der alte Busch fegte, nämlich liederlich. Er hätte es nie soweit kommen lassen dürfen. Er riß das Fenster auf und schrie den alten Busch an: «Da, in den Ecken fegen! Verstehen Sie?! In den Ecken liegt der Dreck!»

«Heh –?» fragte der und legte die Hand ans Ohr, als sei er schwerhörig.

Karl Siebrecht besann sich. Er nahm aus der Tasche die drei steifen Borsten, hielt sie hoch und sagte zu dem Alten: «Die werden mir Glück bringen, Vater Busch, was –?» Und sofort fing der Alte wieder an, auf diese lautlose Art in sich hineinzulachen, als habe er einen trefflichen Witz gemacht. Es hatte aber etwas Unheimliches, dieses Lachen. –

Die Anprobe war gottlob gegangen, Karl Siebrecht konnte zu Rieke.

«Morjen, Karl», begrüßte sie ihn. «Hattste wat Besonderes, det du so rinjeplatzt bist? Die kleene Bruhn hat sich in ihr Neglischee direkt erschreckt. Sie hat jedacht, du kuckst ihr wat weg!»

«Nein, nichts Besonderes», sagte er zerstreut. «Ich wollte dir nur mal guten Tag sagen.»

«Und det mit deine Pferde vor der Tür, det nennst ooch nischt Besonderes? Ick ha jedacht, ick kann nich mehr richtig kieken.»

«Ach, hör schon auf von den Pferden!» sagte er gereizt. «Seit einer Stunde hör ich immer nur: die Pferde! Die Pferde! Jawohl, das sind die Pferde, die mir der Franz gestellt hat. So sind sie alle. Sonst noch was?»

«Entschuldige man, Karle, du bist ja heute lieblich! Ick habe jedenfalls noch nich mit dir über die Pferde jekakelt!»

Und Rieke setzte sich energisch an ihre Maschine.

Er war sofort bei ihr und legte ihr die Hand auf die Schulter. «Sei nicht bös, Rieke, seit zwei Stunden warte ich, daß sich einer von den Schindern langlegt. Ich bin schrecklich nervös.»

«Is schon jut, Karle, ick vasteh dir ja. Den Franz, wenn ick den hier hätte!»

«Paß auf, Rieke, ich will dich was fragen. Ich habe hier den Vertrag mit Franz Wagenseil, willst du dir den nicht mal durchlesen? Du hast doch solch einen guten Verstand. Ich grüble und grüble, ob es nicht irgend etwas gibt, wie ich von dem Vertrag loskomme, ohne daß die mich fassen können.»

«Du willst janz von Franzen los?»

«Ganz! Mit Franz ist für immer Schluß!»

«Jott sei Dank!» sagte sie und nahm den Vertrag. Er war mit den Jahren ein recht umfängliches Schriftstück geworden, dieser Vertrag zwischen der Firma Siebrecht & Flau und dem Fuhrwerksbesitzer Franz Wagenseil, aber all diese Zusätze und Änderungen, die jetzt manche Seite füllten, bezogen sich nur auf Abrechnung und Zahlungsart, auf Sonntagsarbeit und Überstunden. Die Grundbedingung, daß Karl Siebrecht alle benötigten Gespanne nur von dem Fuhrherrn Wagenseil entnehmen durfte, war nie geändert oder eingeschränkt worden. Rieke las lange, endlos lange. Schließlich hob sie den Kopf und sagte: «Da steht nischt, det du nich mit Handkarren fahren kannst!»

«Daran habe ich auch schon gedacht, aber das Geschäft ist zu groß geworden dafür, wir schaffen es nicht mehr mit Handwagen. Ich glaube auch nicht, daß wir die Kutscher und Beifahrer dazu kriegen, Handkarren zu ziehen, das geht vielleicht für zwei, drei Tage...»

«Zwei, drei Tage sind eine lange Zeit, Karle, da kann viel passieren!»

«Was soll denn passieren? Ich komme nicht los von dem Vertrag!»

«Hat denn der Franz so ville Zeit zu warten, ick denke, der is Matthäi am letzten?»

«Ein bißchen Geld wird er ja durch den Pferdetausch gekriegt haben, der hält es schon noch eine Weile aus.»

«Und wie lange halten wir es aus?» – Er zuckte die Achseln. – Sie sah ihn nachdenklich an. «Ick an deiner Stelle, ick würde mal mit die Leute von der Bahn reden, mit die Bahnhofsvorsteher. Oder wenn da noch eener höher is, mit dem! Imma gleich bei's höchste Tier jehen, Karle. Die kleinen Hunde, det sind imma die Kläffa!»

«Ja, da ist noch die Eisenbahndirektion, aber das sind so hohe Herren, was ist für die Siebrecht & Flau?»

«Det sare nich, jerade zu solchen mußte jehn! Mensch, Karle, du bist doch sonst so for det Feine, wenn de dem Mann erzählst, so und so und dies und das, det ha ick jemacht, und so spielen die Brüda mit mir – der Mann hat doch Verständnis für so wat! Uff de Stelle jehst de bei dem!»

«Ich glaube, du hast wirklich recht, Rieke. Nicht, daß er mir jetzt helfen könnte, da muß ich allein durch. Aber vielleicht drücken sie ein Auge zu, wenn es diese Tage nicht so klappt.»

«Also jeh schon, Karle! Schieb et nich uff de lange Bank!»

«Nein, Rieke, jetzt kann ich noch nicht gehen. Ich warte –»

«Uff wat wartest de denn?»

«Auf einen Zwischenfall! Daß ein Pferd tot hinfällt oder so etwas!»

«Ach, Karle, wat biste doch for een Mensch! Mit was für Sachen quälste dir?! Wenn der Zosse umfällt, is et doch früh jenug, dir zu quälen! Und det malste dir nu allens vorher schon so schön aus! Da mußte dir ja hinmachen! Valleicht fällt jar keen Zosse um...»

Die Palude riß die Tür auf: «Herr Siebrecht, in der Königgrätzer Straße ist ein Pferd von uns gestürzt. Sie möchten doch gleich kommen!»

«Da hast du es, Rieke! Habe ich doch recht gehabt!»

«Ick jloobe, du freust dir noch, det nu wirklich een Pferd jefallen is, bloß, damit de recht kriegst, Karle! Hau ab, Mensch, du bist mir furchterbar!»

## 44. Der Zwischenfall

Karl Siebrecht hatte seinen einzigen Reservewagen in die Königgrätzer Straße beordert, und er hatte dabei innerlich gefleht, daß der zweite Wagen nur bald kommen möchte! Nun radelte er im Eiltempo die Wilhelmstraße hinunter und sagte sich immer wieder: Ich muß ganz ruhig bleiben, wie es dort auch aussieht. Sie dürfen mir nicht anmerken, daß ich aufgeregt bin. Vielleicht schnauzen mich die von der Polizei auch an, aber jetzt muß sich zeigen, ob ich etwas tauge! Er fand sein Fuhrwerk nicht mehr in der Königsgrätzer Straße, sie hatten es fortgeschoben. Der hoch mit Gepäck beladene Wagen stand in der ruhigen Dessauer Straße, die unvermeidliche Ansammlung von Neugierigen drum herum. Er drängte sich hindurch. Das eine Pferd, ein knochiger, abgetriebener Brauner, stand ohne Geschirr neben der Deichsel. Das Pferd zitterte an allen Gliedern, seine Haut war schweißnaß. Das andere Pferd lag verdeckt unter der Regenplane. Karl Siebrecht hob eine Ecke der Plane hoch. Es war der Schimmel, der jämmerliche Schimmel, der kaum noch Haare gehabt hatte. Seine Augen waren verdreht, daß man fast nur noch das Weiße sah, die schwach rosafarbene Zunge berührte das schmutzige Pflaster, die Zähne waren sehr lang und sehr gelb. Er ließ den Planenzipfel wieder fallen. «Wie ist denn das passiert, Jahnke?» fragte er den Kutscher, der finster dabei stand.

«Ja, wie ist das passiert, Herr Siebrecht? Gar nichts ist passiert eigentlich. Ich bin ganz sachte Schritt gefahren, wir hatten noch gut Zeit zum Zuge. Plötzlich bleibt das Aas stehen und fängt an allen Gliedern an zu zittern. Ich sage noch: ‹Schimmel, was ist dir? Besinn dir!› Da fällt der Kröpel schon um, als hätte der Blitz ihn erschlagen...»

«Und Sie haben keine Peitsche gebraucht, Jahnke?»

«Ich und ’ne Peitsche –?! Herr Siebrecht, bei so einem abgetriebenen Tier! Wenn Sie so was von mir denken, denn is aber Schluß!»

«Sind Sie der Besitzer?» fragte der Schutzmann, der bisher schweigend zugehört hatte. Er hatte das aufgeschlagene Notizbuch bereit.

Aber ehe Karl Siebrecht noch hatte antworten können, schrie ein Mann aus dem stumm starrenden Publikum: «Das ist ’ne Schande, mit solchen Pferden zu fahren!»

Ein alter Mann schüttelte die Fäuste nach Siebrecht.

«So was gehört ins Loch!» schrie ein anderer. Und nun brachen sie alle los, die bisher dumpf schweigend auf die graue Plane gestarrt hatten, unter der nur die Hufe sichtbar waren, arme hundertfach vernagelte, gesprungene Hufe. «Das ist die Jugend von heute! Schinder sind das!»

«Die sollten se vor den eijenen Wagen spannen, solche Äster, und denn imma feste mit de Peitsche druff!» schrie ein großer Mann mit grüner Schürze und der Hausdienermütze eines Hotels.

«Na, na, immer sachte, meine Herren», sagte der Schutzmann beruhigend. «Das ist ja noch gar nicht raus, daß der junge Mann hier der Besitzer ist. Gehen Sie man weiter. Sie brauchen hier nicht mehr aufzupassen. Wenn der Jüngling hier schuld hat, mir kommt er nicht weg, da brauch ich Sie nicht dazu. Immer weitergehen!» Und er brachte es mit seiner unerschütterlichen Ruhe wirklich fertig, daß der Kreis der Zuschauer sich lichtete. Er schob die Leute mit beiden Armen vor sich her. «Na, nu man los, oder wollen Sie, daß ich Sie zuerst aufschreibe wegen Widerstand? Platz habe ich genug in meinem Buch! – So», sagte er dann aufatmend zu Karl Siebrecht. «Nun sind Sie dran! Aber ein bißchen dalli, ja, ehe hier wieder hundert stehen! Sind das Ihre Pferde?»

«Nein, der Kutscher steht auch nicht bei mir in Diensten. Ich habe das Gespann nur gemietet.»

«Dann sind Sie also von der Firma?» fragte der Blaue und zeigt auf das Schild von Siebrecht & Flau.

«Ja, ich heiße Siebrecht», antwortete Karl, sich zur Ruhe zwingend.

«Na schön», sagte der Schutzmann und klappte sein dickes Notizbuch zu. «Ich habe schon angerufen bei dem – Wagenseil. Er sagt, Sie haben den Wagen überladen.»

«Der Wagen ist nicht voller als gestern, aber es sind andere Pferde.»

«So!» sagte der Schutzmann. «Der Abdecker muß bald kommen, und was machen Sie hier mit Wagen und Pferd? Die müssen weg!»

«Ich habe schon einen anderen Wagen bestellt. Er muß gleich hier sein. Aber, Herr Wachtmeister, da sind auch keine besseren Pferde vor als die hier.»

«Zum Gottsdonner!» sagte der Wachtmeister ärgerlich. «Wozu mieten Sie solche Kröpels?! Es gibt doch anständige Gespanne genug in Berlin!»

«Ich muß! Ich habe einen Vertrag mit dem! Aber der will mir einen Streich spielen!»

«Ich werde mir den Jungen schon kaufen, wenn er hierherkommt! Er wird doch kommen?»

«Ich glaube nicht! Höchstens schickt er seinen Anwalt.»

«Einen Anwalt hat er auch? Wer ist denn sein Anwalt?»

«Der Rechtsanwalt Ziegenbrink, Herr Wachtmeister, wenn Sie den kennen.»

«Ach nee!» Der Schutzmann war ganz Nachdenklichkeit. – «Also der Ziegenbrink – sieh da!»

«Kennen Sie den Anwalt, Herr Wachtmeister?»

«Ich?» fragte der Schutzmann empört. «Wie komme ich denn dazu?! Wie soll ein einfacher Schutzmann den Herrn Rechtsanwalt Ziegenbrink kennen?» Karl Siebrecht war überzeugt, daß der Blaue den Anwalt kannte, aber vielleicht war es gefährlich, auch nur dies zuzugeben. Der kleine Herr Ziegenbrink mit der Goldbrille schien ein recht gefährlicher Mann zu sein.

Nun kam der Reservewagen geschlichen, und die Kutscher fingen an, das Gepäck umzuladen. Kopfschüttelnd sah der Schutzmann zu. «Keinen Strich besser sind die Gäule als die anderen», sagte er mißbilligend. «Jeder kann sich sofort wieder so hinlegen wie der Schimmel!»

«Ja», sagte Karl Siebrecht nur.

«Mit den Pferden kriegen Sie an einem Tag mehr Scherereien», sagte der Schutzmann väterlich, «als Sie in einem Jahre wiedergutmachen können. Stekken Sie die Fahrerei lieber auf, junger Mann!»

«Aber ich muß doch das Gepäck abfahren!»

«Muß? Mit den Gäulen gibt's kein Muß!» Damit wandte sich der Schutzmann zu dem Abdecker, der eben auch mit seinem hohen Wagen gekommen war. Schweigend sah die wieder reichlich angeschwollene Menge zu, wie der tote Schimmel mit einem Flaschenzug in den Wagen gezogen wurde. Dabei standen die drei anderen Pferde, alle ebenso reif für diesen Wagen. Manch böses Wort wurde aus der Menge gesprochen.

Karl Siebrecht stand stumm dabei. In ihm sprach es: Gib es auf! Das schaffst du nicht! Und wieder sprach es: Ich gebe es nicht auf! Ich fahre mein Gepäck. Ich muß es fahren. Er schickte den Jahnke mit dem leeren Wagen und dem einen Pferd auf den Fuhrhof zurück. «Hören Sie, Jahnke», sagte er noch, «wenn Sie in den nächsten Tagen Arbeit suchen sollten, Sie wissen ja, wo mein Büro ist. Ich kann Ihnen allerdings keine Pferde versprechen...»

«Lieber will ich Klosetts räumen, als noch einmal mit solchen Pferden fahren!» sagte der Mann böse.

«Sie fahren ganz langsam auf den Anhalter», befahl Siebrecht dem anderen Kutscher. «Sie rühren mir keine Peitsche an! Der Anschlußzug ist doch versäumt, wir werden heute noch viele Anschlüsse versäumen...»


## 45. Die Niederlage

Während er heimwärts radelte, sagte er sich: Ich darf nicht verloren sein! Ich kann nicht verloren sein! Ich muß es durchkämpfen! Dann sah er sie im Laden sitzen, die beiden Feindinnen, Rieke und die Palude, beeinander, und schon das schien ihm ein schlechtes Zeichen. «Nun, wie viele Pferde sind noch tot?» fragte er und versuchte zu lächeln.

Aber gottlob war kein weiteres Pferd tot. Doch die Nachrichten, die Fräulein Palude von ihrem Zettel ablas, waren auch ohnedies schlimm genug. Zwei Kutscher hatten ausgespannt, hatten die beladenen Wagen auf der Straße stehengelassen und waren wieder in den Stall gezogen. Ein Wagen hatte einen Zusammenstoß gehabt – er hatte nicht rasch genug ausweichen können –, ein Rad war gebrochen, und die Koffer waren auf die Straße gestürzt. Dort war jetzt Kalli Flau. Der Reservewagen, den er zur Privatkundschaft geschickt hatte, war noch nicht zurück – der Lehrling Bremer suchte ihn. Vom letzten Wagen fehlte jede Nachricht. Dafür hatten sich aber schon drei Bahnhöfe gemeldet und höchst ungehalten angefragt, wie das mit der Gepäckabfuhr stünde? Dutzende von Reisenden hätten sich schon beschwert... Und es war kaum erst Mittag!

Die beiden Mädchen wollten vieles fragen und sagen, aber er gebot ihnen Stillschweigen und ging nachdenklich im Büro auf und ab. Das war richtig: mit den Pferden war es nicht zu machen, in einem halben Tag war alles so sorgfältig Organisierte schon in die heillosesete Verwirrung geraten. Das mußte er aufgeben. Es blieb ihm nur, was Rieke heute morgen vorgeschlagen hatte: Handwagen durch die Straßen ziehen – und es war jetzt mindestens die vierfache Menge Gepäck gegen früher zu befördern! Aber wenn er selbst das schaffte, wenn er es ein, zwei Wochen durchhielt, der Vertrag war dadurch nicht aus der Welt. Immer mußte er sich irgendwie mit Wagenseil oder dem Anwalt einigen. Er schüttelte das ab. Das kam später. Was später kam, würde er später überlegen. Das nächste hieß: Handwagen! Er wandte sich um, er diktierte der Palude einen Brief, er benötigte wegen Betriebseinschränkung ab sofort keine Gespanne mehr... So, das war alles; nichts von schlechten Pferden, nichts von dem, was später werden würde. Ich brauche euch nicht mehr – das war seine Kriegserklärung!

«So, den Brief schreiben Sie zweimal! An Franz Wagenseil und an den Anwalt selbst. Alles Eilbote und Einschreiben. Sie tragen die Briefe selbst zur Post. – Und auf dem Rückweg holen Sie tausend Mark von der Sparkasse, in kleinen Scheinen. – Rieke, du verlegst deine Schneiderstube ein bißchen hierher und paßt auf das Telefon auf. Wenn sie von der Bahn reklamieren, sagst du, ich brächte es noch heute in Ordnung. Kutscher und Verlader, die sich melden, sollen hier warten, ich bin bald zurück.» Er war aus dem Büro, ehe sie ihn noch etwas fragen konnten.

Draußen hatte er Glück. Er traf den Reservewagen, den der Lehrling Egon aufgestöbert hatte. Er schickte ihn zum Entladen, dann sollte er sofort auf den Fuhrhof zurück. Egon mußte nach dem einen noch fehlenden Wagen suchen, der wahrscheinlich am Lehrter Bahnhof steckte. Auch der Wagen sollte nur entladen und auf den Fuhrhof zurück. Franz Wagenseil würde nun doch Augen machen – jetzt wurde er lahmgelegt! Und er würde ein paar böse Stunden mit seinen Kutschern bekommen. Sie würden dem Franz schon sagen, was sie von ihm dachten! Er fand den verunglückten Rollwagen in der Nähe der Warschauer Brücke, umdrängt von der unvermeidlichen Ansammlung Neugieriger. Wenigstens hatte der tüchtige Kalli Flau das zerbrochene Rad bereits notdürftig flicken lassen, bis zum Schlesischen Bahnhof würde es gehen. Die Koffer waren schon wieder aufgeladen, aber leider waren zwei beim Herabfallen aufgesprungen. Diese beiden Koffer kosteten ihn auf dem Schlesischen Bahnhof zwei volle Stunden, denn ihre Besitzerin, eine polnische Wanderarbeiterin, behauptete, daß alle möglichen Kostbarkeiten darin gewesen seien. Gottlob war das Frauenzimmer gar zu gierig, die gute Gelegenheit auszunützen. Mit dem, was sie als Inhalt der Koffer angab, hätte sie fünf Koffer füllen können! Schließlich einigte er sich mit ihr auf eine Entschädigung von fünfzig Mark. Sie war sichtlich zufrieden. Wahrscheinlich hatte sie überhaupt nichts verloren. Aber Karl Siebrecht hatte viel mehr verloren als fünfzig Mark. Manch bitteres Wort war ihm auf dem Bahnhof gesagt worden. Das Gepäck häufte sich dort, und er konnte keine bestimmten Angaben machen, wann er es abholen würde. Schon sagte der eine oder andere, daß man ja nur einem anderen Fuhrwerksbesitzer einen Wink geben müsse. Karl Siebrecht, der für die Schuld eines anderen geschlagen wurde, mußte stillhalten, zum Guten reden, scherzen. Schließlich konnte er nicht jedem seine etwas komplizierten Vertragsbeziehungen zu Franz Wagenseil auseinandersetzen. Zudem war den Bahnleuten das ganz gleich: sie wollten ihr Gepäck los sein und nicht die ewigen Beschwerden der Reisenden hören müssen!

Unterdes war Kalli Flau auf die Jagd nach Handwagen gegangen. Sicher gab es unendlich viel unbenutzte Handwagen in Berlin, aber sie hatten keine Zeit, lange nach ihnen zu suchen. Sie mußten nehmen, was sie fanden, kleine und große, alte Rumpelkarren, farbenbeschmutzte Malerwagen, die leicht und lang sind, weil auf sie auch Leitern geladen werden, und die kurzen, gedrungenen schwarzen Karren der Kohlenhändler. Sie nahmen alles zu jedem Preis, mit und ohne Bedienung, immer auf eine Woche.

Während jetzt Karl Siebrecht immer weiter mietete, fing Kalli Flau schon an, die beiden von ihren Kutschern verlassenen Rollwagen leer zu fahren. Gegen Abend hatten sie siebzehn Karren im Gang. Alle Verlader und fünf von den Kutschern Franz Wagenseils waren zu ihnen gekommen. Sie erzählten von wüsten Szenen auf dem Fuhrhof. Es hatte nicht viel gefehlt, so hätte Franz kräftige Dresche bezogen. Aber das alles lag Karl Siebrecht schon fern. Franz Wagenseil war für ihn ein abgeschlossenes Kapitel. Er arbeitete, er zog seinen Karren wie alle anderen. Wie vor vier Jahren trabte er, in den Ziehgurt gebeugt, durch die Straßen Berlins, immer von dem Gedanken gehetzt, daß sie das heute aufgehäufte Gepäck noch fortschaffen mußten. Die Leute waren willig genug, sie arbeiteten bis gegen Mitternacht. Einmal, es war schon nach zehn Uhr abends, sah er in der Invalidenstraße einen in der Gegenrichtung fahrenden Karren: der alte Busch zog, hinten schoben Rieke und die Palude. Weiß Gott, die alte säuerliche Palude schob tief in der Nacht einen Gepäckkarren durch die Straßen Berlins ... Er hatte keine Zeit, sie anzurufen, ihnen zu danken, er mußte weiter. Aber während er sich in den Ziehgurt legte – die Schultern schmerzten schon von der ungewohnten Arbeit –, dachte er mit einem Gefühl tiefer Rührung, daß er diesen Kampf nicht mehr allein kämpfte wie seinen ersten Kampf gegen Kiesow. Jetzt hatte er Freunde in der großen Stadt Berlin. Die vier Jahre waren nicht umsonst vergangen!

Sie schafften es nicht! Sie schafften es auch bis Mitternacht nicht, trotz Laufen und Hetzen. Es hatte sich zuviel Gepäck angesammelt, jetzt sah man erst, wie sehr ein einziger Rollwagen fünf Karren überlegen war. Sie liefen und hetzten, aber wenn Pferde traben, schafft es mehr, als wenn Menschen hetzen. Gegen Mitternacht stoppte Karl Siebrecht den Betrieb ab! Was heute nicht geschafft war, mußte morgen getan werden. Sie würden schon um sieben Uhr wieder anfangen.

Am nächsten Tage verstärkte er seinen Fuhrpark noch um weitere acht Karren, jetzt fuhren sie schon mit fünfundzwanzig Karren! Wieder begann das Hetzen und Jagen, und der Tag war endlos lang. Trostlos starrten sie in die Keller der Gepäckausgaben, sie luden auf und luden auf..., aber das Gepäck wurde nicht weniger, es wurde mehr. Es war, als sei der Teufel gegen sie im Bunde, das Maiwetter blieb herrlich, alle Züge waren überfüllt, sie hatten Hochkonjunktur – in der falschen Zeit! Auf den Gepäckabfertigungen wurde er nun nicht mehr gescholten. Sie sahen ja alle, wie er sich mühte. Aber manch einer sagte ihm doch: «Geben Sie's schon auf! So schaffen Sie es nie! Ohne Pferde wird das nichts! Nehmen Sie doch einfach andere Pferde!»

«Habt nur noch ein paar Tage Geduld!» bat er dann. «In ein paar Tagen wird es bestimmt anders!» Aber er wußte selbst nicht, wieso es anders werden sollte. Die Partei Wagenseil meldete sich nicht, keine Kunde von denen. Keine Klage war überreicht worden, die angemeldete Bücherrevision hatte nicht stattgefunden – es war unheimlich, wie still die waren. Es war verdächtig. Manchmal erzählte einer von den alten Leuten, daß er jemand vom Wagenseilchen Fuhrhof auf einem Bahnhof getroffen hatte, also etwa den Kutscher Lindenberg oder Franz Wagenseil selbst. Es wurde also beobachtet, sie paßten auf, daß er auch ja keine Gespanne mietete, sie hatten den Kampf noch nicht aufgegeben.

Schon wurden die alten Leute, die zuerst am eifrigsten gewesen waren, verdrießlich. Den Kutschern hatte es zuerst Spaß gemacht, weil sie dem Franz Wagenseil einen Streich spielen konnten, aber schließlich waren sie Kutscher. Geld verdienen machte es nicht allein. Sie hatten das Gefühl, nicht nur von ihrem Bock auf die Straße hinuntergestiegen zu sein, nein, sie kamen sich auch sozial tiefer gekommen vor. «Wie lange jeht det denn noch, Chef?» fragten sie. «Sie können doch Pferde massenweise haben, machen Se doch!» – Er konnte sie wieder nur vertrösten, sie würden nie die Zwangslage verstehen, in der er war. Einer wechselte in eine Brauerei hinüber, einer in ein Speditionsgeschäft. Es war eine Frage von Tagen, wann ihnen die anderen folgen würden.

Auch die Beifahrer, die Verlader, wurden ungnädig. Meist waren es frühere Dienstmänner, sie waren es gewohnt, mit einem Gepäckwagen durch Berlins Straßen zu ziehen. Aber das war schon so lange her! Seitdem hatten sie mit einem Lederschurz auf dem Rollwagen gestanden, sie waren in Berlin spazierengefahren worden – es war fast, als hätten ihre Beine nun das Laufen verlernt. «Det is nischt mehr for uns, Chef!» sagten sie. «Nun machen Se aber bald Schluß damit, wat, Chef?» sagten sie. Und wieder nur Vertröstungen!

Ja, er konnte es sich hundertmal sagen: Ich will durchhalten!, er wußte schon den Tag, an dem es mit dem Durchhalten alle sein würde.

## 46. Rettung?

Wenig Karren nur hatte Siebrecht auf seinem Wege zum Anhalter Bahnhof und wieder zurück zum Stettiner gesehen; es ging zu Ende, der Zusammenbruch war nahe! An der Gepäckabfertigung sagten sie ihm: «Was soll denn das? Ein Karren, und wir haben hier Gepäck für vier Rollwagen liegen? So geht das mehr weiter!»

«Nur noch heute Geduld!» lächelte er dünn. «Morgen wird es anders!» Und belud seinen Karren, setzte die fruchtlose Schinderei fort und dachte: Bis morgen ist noch lang, vielleicht fällt mir bis morgen etwas ein. Aber er dachte es ohne rechten Glauben.

Dann kam der Lehrling Egon Bremer gelaufen und meldete: «Sie sollen gleich mal aufs Büro kommen, Chef, die wollen was von der Eisenbahndirektion! Warten Sie, den Karren nehme ich — Anhalter, was?» Und willig legte sich der blasse, sommersprossige Junge, der in den letzten Nächten nicht viel Schlaf bekommen hatte, in den Gurt.

Also auch die Eisenbahndirektion — alles kam zusammen! Da würde er nun wieder die Klagen anhören müssen, mit denen sie ihm seit elf Tagen auf allen Bahnhöfen in den Ohren lagen! Und was konnte er antworten? Konnte er auch nur Abhilfe versprechen? Es war ja ganz nutzlos, überhaupt hinzugehen! Bloß um sich ausschelten zu lassen? Nein, kam gar nicht in Frage! Und doch schrieb er sich die Zimmernummer 387 und den Namen Regierungsrat Kunze nach Fräulein Paludes Angaben auf einen Zettel. «Schön, Fräulein Palude», sagte er.

«Und Sie sollen pünktlich um zehn dort sein!»

«Schön!» sagte er wieder und sah auf des Vaters silberne Uhr. Es war schon nach neun, viel Zeit hatte er nicht mehr. Aber er ging ja überhaupt nicht hin! Es war doch zwecklos!

«Und dann Herr Siebrecht: neun von unseren Leuten sind heute nicht angetreten — was machen wir bloß?»

«Weiß ich schon! Ist in Ordnung! Ich ziehe mich dann schnell um!» Er ging in sein Zimmer. Einen Augenblick stand er fast gedankenlos da, wozu sollte er sich eigentlich umziehen? Er ging ja doch nicht hin!

Nun tat sich die Tür zum Flur auf, und Rieke steckte den Kopf herein: «Haste det schon jehört, Karle, det neun Mann nich anjetreten sind? Wenn da man nur nich der Franz dahintersteckt!»

«Es kommt alles in Ordnung, Rieke, rege dich bloß nicht auf. Und jetzt geh bitte, ich muß mich auch noch umziehen.»

«Ach, Karle, es tut mir ja so leid...»

«Es ist ja gut, Rieke! Ich muß dir nicht leid tun. Es kommt bestimmt noch in Ordnung!»

Er schob sie aus der Stube und fing an, sich umzuziehen. Er hatte sie belogen, er glaubte nicht daran, daß dies wieder in Ordnung kam, aber das erfuhr sie morgen noch früh genug.

Er hatte sich ganz sonntäglich angezogen und stand nachdenklich vor der Palude. Sie sah mit einem so unglücklichen Blick zu ihm auf, daß er lächeln mußte. Er sagte: «Geben Sie mir bitte mein Sparkassenbuch, Fräulein Palude.»

«Wollen Sie denn schon wieder Geld abheben, Herr Siebrecht? Es sind gerade noch neunhundert Mark darauf. Es hat doch keinen Zweck, wieder Leute anzunehmen, wir schaffen es doch nicht.»

«Wir schaffen es schon», log er wiederum und ging. Wenn es denn Zusammenbruch sein sollte, so sollte es ein sauberer Zusammenbruch sein. Heute abend wollte er alle auszahlen und die geliehenen Handkarren zurückgeben, er rechnete in seinem Kopf die Löhne zusammen. Fräulein Palude mußte er mindestens ein Monatsgehalt auszahlen, und der Lehrling Bremer sollte einen Fünfzigmarkschein für seine Schufterei kriegen. Ein tüchtiger Bengel – schade, daß er ihn los wurde. Wenn er alles zusammenrechnete, blieb noch immer Geld über. Und das mußte es auch. Er mußte ohne alle Schulden aus dieser Sache.

«Alles?» fragte der Schalterbeamte.

«Fünf Mark lasse ich stehen!» antwortete er. Er ging aus der Kasse. Er hatte noch immer ein Sparbuch in der Tasche. O nein, ganz gab er sich noch nicht auf! Von der Sparkasse ging er auf das Postamt. Er schrieb eine Postanweisung aus, eine Postanweisung über zweihundertfünfzig Mark an die alte Minna. Viel zu lange hatte er schon damit gewartet, nun, im Zusammenbruch dachte er daran. Es sollte alles seine Ordnung haben, fünfzig Mark für Zins und Zinzeszins auf vier Jahre. Reichlich bemessen, anständig. Gerade im Zusammenbruch konnte man nicht anständig genug sein. Herzlichen Gruß! schrieb er auf den Abschnitt. Zögernder schon: Mir geht es gut. Dann aber rasch: Zu meinem Geburtstag besuche ich dich. – Es waren noch gerade zwei Monate bis dahin. Aber das machte nichts, er würde Zeit haben, Zeit genug... Ob er aber auch das Reisegeld haben würde? Nun, er würde sein Wort halten, er würde die alte Minna besuchen.

Als er aus dem Postamt trat, war es sieben Minuten vor zehn Uhr. Keine Elektrische, kein Pferdeomnibus konnten ihn so schnell zum Schöneberger Ufer bringen, daß er noch pünktlich dort war. Und Herr Regierungsrat Kunze hatte ihm sagen lassen, er müsse pünktlich sein. Es hatte gar keinen Sinn, überhaupt noch dorthinzugehen. Als er noch unschlüssig auf der Straße stand, sah er eine Autotaxe herangefahren kommen. Unwillkürlich winkte er dem Fahrer, und der Wagen hielt neben ihm. Er sagte: «Schöneberger Ufer – Eisenbahndirektion» und stieg ein. Die Wagentür klappte, der Fahrer fuhr an. Zum erstenmal während seines vierjährigen Aufenthaltes in Berlin fuhr Karl Siebrecht in einem Auto. Er benutzte diesen Wagen, er stürzte sich in die Unkosten, um einen nutzlosen Besuch zu machen, um Scheltworte anzuhören, auf die er nichts zu antworten wußte!

Eilig, mit lautem Gehupe, glitt der Wagen durch die Straßen, die Karl so oft mit müden Füßen entlanggetrabt war. Er überholte mühelos jedes Fuhrwerk, quetschte sich an einer Elektrischen vorbei, und nun, da der Fahrer freie Bahn vor sich sah, drückte er auf den Gummiball. Die Hupe schrie wie im Triumph auf, und der Wagen schoß noch eiliger vorwärts. Das war noch Fahren, das war überhaupt das einzige Fahren von der Welt! Karl Siebrecht erinnerte sich: damals, als er von der kleinen Stadt nach Berlin gekommen war, hatte ihn noch der Gedanke besessen, Chauffeur zu werden. Bei jedem Auto, das eine Panne hatte, war er stehengeblieben, hatte zugeschaut und auch manchmal einen Rat gegeben, der nicht ganz töricht gewesen war. Zu jener Zeit hatte Franz Wagenseil noch selbst zwei Autos besessen, einen Liefer- und einen Personenwagen – wo waren die eigentlich hingekommen? Ach ja, Franz hatte sie auf Abzahlung gekauft und natürlich nie die Raten pünktlich entrichtet, sie waren ihm sehr schnell wieder fortgeholt worden. Zu jener Zeit hatte Siebrecht schon jedes Interesse an Autos verloren. Sie hatten ihn sogar oft geärgert, wenn sie seinen Handwagen frech umrundeten oder wenn sie, vor dem Rollwagen fahrend, plötz-

lich laut knarrend den Auspuff betätigten, daß die Pferde sich erschreckt auf-
bäumten und die Fahrer in einer blauen stinkenden Rauchwolke saßen. Dann
hatte auch er auf diese verdammten Biester geschimpft, die nichts konnten, als
stinken und Krach machen.

Nun, jetzt, zum Schluß seiner Zeit als Fuhrunternehmer, saß er in einem Auto!
Weiß es der Himmel, er wußte nicht, ob er in einem Vierteljahr Geld genug
haben würde, auch nur den Sechser für einen Omnibus aufzubringen! Genug,
heute fuhr er in einem Auto. Und wie es nur natürlich war, kam ihm der Gedanke, wie gut sich Gepäck von einem Bahnhof zum andern im Auto fahren
lassen würde. Wie rasch würde das gehen, wie gering würde das Schütteln,
die Reibung der Koffer untereinander sein. Keine verpaßten Anschlüsse mehr,
keine Beschwerden mehr wegen abgestoßener, kostbarer Lederkoffer. Damit
konnten selbst die funkelndsten Gespanne Franz Wagenseils nicht konkurrieren.

Plötzlich sitzt Karl Siebrecht starr da, seine Augen leuchten. Alles ist wie ge-
lähmt in ihm, als sei ein Blitz in ihn geschlagen. Dann aber faßt er sich mit
der Hand an die Stirn und kommt in Bewegung. Autos! Das war die rettende
Idee, Autos zu mieten, verbot ihm der Vertrag nicht! Nicht nach unten, nicht zu
den Handwagen zurück, wie Rieke geraten – vorwärts, zu den Autos, das war
die Lösung. Ich Narr! sagte er sich verzweifelt. Ich Idiot von einem Narren!
Autos hätte ich mieten, Autos hätte ich kaufen sollen! Damals hatte ich noch
Geld, ich hatte über viertausend Mark, es wäre gegangen mit Miete, es wäre
gegangen mit Abzahlung – und ich, ich hätte meine Raten pünktlich bezahlt!
Ich Narr, ich! Einen Augenblick saß er still, noch erschüttert von dieser Idee,
die immer auf der Schwelle seines Bewußtseins gelauert hatte, er wußte es jetzt.
Dann überkam ihn Verzweiflung. Zu spät, dachte er, zu spät. Vierzehn Tage zu
spät! Alles kommt bei mir zu spät! Vier Jahre zu spät habe ich begriffen, daß
ich einen törichten Vertrag abgeschlossen habe, und vierzehn Tage zu spät
kommt mir der richtige Einfall. Jetzt habe ich kein Geld mehr. Ich kann weder
mieten noch kaufen. Nicht die kleinste Anzahlung kann ich leisten. Damals, als
es mit Franz Wagenseil losging, hatte ich wenigstens noch fünfunddreißig
Mark... Er starrte vor sich hin. Er fühlte nicht mehr, daß er fuhr, daß die Riesenstadt um ihn wogte und tobte, er war ganz allein mit sich. Aber, dachte er
hartnäckig, damals, als das mit der Nähmaschine war, habe ich mir doch auch
geholfen. Damals schienen wir doch auch ganz am Ende und sind doch durchgekommen! Wir haben sogar die Engländerin behalten, wie ging das noch zu?
Richtig, ich borgte mir das Geld von Oberingenieur Hartleben! Heute. – Der
Rittmeister fiel ihm ein. Aber er machte eine ungeduldige Bewegung mit der
Schulter. Der Mann war nicht in Berlin, er war auf seinem Gute in Vorpommern
oder Mecklenburg, und er, Karl Siebrecht, brauchte Hilfe bis morgen früh! Da
hieß es also, hilf dir selbst – den lieben Gott und den Rittmeister mußte er
schon besser aus dem Spiele lassen.

«Wollen Sie denn nicht endlich aussteigen?» fragte der Chauffeur ungnädig.

«Natürlich!» sagte er. Sie hielten vor der Eisenbahndirektion, vielleicht schon
eine ganze Weile. Karl Siebrecht stand auf, zahlte und lief in das Gebäude. Es
war eine Minute vor zehn Uhr!

«Pünktlich zehn Uhr», sagte Herr Regierungsrat Kunze. «Nicht zu früh und nicht zu spät, das lobe ich mir!» Karl Siebrecht lächelte schwach als Antwort.

Der Herr Regierungsrat Kunze war ein älterer wohlbeleibter Mann, ein Mann mit einem kräftigen Bauch und einem dicken, fleischigen, aber grauen Gesicht. Er sah aus, als sei er in seinem Leben nie aus diesem dunklen, recht häßlichen Bürozimmer herausgekommen, dessen einziger Schmuck messinggetriebene Arabesken am schwarzen Rohr der Gasbeleuchtung waren. Es war aber keine Gasbeleuchtung mehr, die Eisenbahndirektion hatte fortschrittlich zwei Drähte durch das einstige Gasrohr ziehen lassen und es dadurch in eine elektrische Beleuchtung verwandelt. Herr Regierungsrat Kunze hatte nichts modernisieren können. Er sah genauso aus, als habe er sein Lebtag mit Akten zu tun gehabt, ja, als habe er auch dann und wann zwischen Akten gelegen, so grau und verstaubt wirkte er in seinem Pfeffer-und-Salz-Anzug. Das einzige Erheiternde an ihm waren seine Haare, sie standen steil hoch, genau wie bei einer Haarbürste oder wie gesträubte Igelstacheln. Sie waren aber, wie das zu ihm gehörte, eisengrau. «Nehmen Sie doch Platz, Herr — wer sind Sie nun, Herr Siebrecht oder Herr Flau?»

«Siebrecht ist mein Name, Herr Regierungsrat!»

«Sie sehen noch gewaltig jung aus, Herr Siebrecht. Wie alt sind Sie wohl?»

«Ich bin zwanzig Jahre alt.»

«Aber Ihr Kompagnon, der Herr Flau, ist älter?»

«Jawohl, der ist schon zweiundzwanzig.»

«Schon zweiundzwanzig! Fürwahr ein hohes Alter!» Herr Kunze hüstelte, als habe er Staub in die Kehle bekommen. Er betrachtete durch seine scharfgeschliffene Brille den jungen Mann mit einem milden, leicht erstaunten Interesse. «Man kann also in jedem Sinne sagen: ein junges Unternehmen!»

«Bitte, Herr Regierungsrat, meine Firma besteht seit vier Jahren!» stellte Karl Siebrecht nicht ohne Stolz fest.

«Das wissen wir doch, Herr Siebrecht, und ob wir das wissen!» sagte Herr Kunze vorwurfsvoll. Er griff hinter sich in ein Regal und holte einen Akt hervor, den er auf den Schreibtisch legte. Sogar von seinem Platz aus konnte Karl Siebrecht lesen, daß auf dem Akt groß mit Rundschrift geschrieben «Siebrecht & Flau» stand. Es war nicht einmal ein dünner Akt. Karl Siebrecht wunderte sich, was die hier alles über ihn geschrieben haben konnten. Herr Kunze schlug mit der flachen Hand auf den Akt. Es flog aber kein Staub auf, ein Beweis dafür, daß der Akt zumindest in letzter Zeit häufig benutzt worden war. «Vier Jahre sind keine lange Zeit», sagte Herr Kunze.

«Jetzt hinterher kommen sie mir auch nicht mehr lange vor», gab Siebrecht zu. «Als ich drinsteckte, schienen sie mir manchmal schrecklich lang.»

«Zum Beispiel die letzten vierzehn Tage, wie, Herr Siebrecht?»

Der junge Mann war verblüfft, dieser alte, verstaubte Aktenlöwe redete, als sei er die letzten vierzehn Tage mit vor dem Handwagen gelaufen!

«Es sind in der letzten Zeit ein bißchen viel Klagen über Ihre Firma eingelaufen», erklärte der Regierungsrat. «Es klappte nicht mehr so recht mit der Gepäckbeförderung, wie?»

«Nein», gab Karl Siebrecht zu.

«Und woran liegt das?»

«Ich habe Differenzen mit dem Fuhrunternehmer...» sagte Karl Siebrecht zögernd.

«Auch das wissen wir!» Wieder griff Herr Kunze in das Regal hinter sich und brachte einen zweiten Akt hervor. Auch diesen wesentlich dünneren Akt legte er vor sich. Mühelos las Siebrecht auf dem Deckel «Franz Wagenseil». Diesen Akt schlug Herr Kunze auf. Er nahm ein Blatt heraus, das noch ungeheftet zuoberst lag, hielt es nahe vor seine Brille und las den mit Maschinenschrift geschriebenen Text langsam durch. Dabei runzelte sich seine Stirn. Nun schloß er den Akt Wagenseil, legte das Blatt aber oben auf den geschlossenen Deckel. Er wandte sich an Karl Siebrecht: «Entschuldigen Sie, wie sagten Sie doch eben?»

«Ich sagte, daß ich Differenzen mit Herrn Wagenseil hatte.»

«Und sind diese Differenzen behoben?»

«Nein!»

«Sind sie voraussichtlich zu beheben?»

«Nein!»

«Und was gedenken Sie zu tun?» – Karl Siebrecht schwieg, Herr Kunze wartete eine ganze Zeitlang geduldig. Dann lehnte er sich über seinen Schreibtisch vor und sagte: «Sie verstehen, daß wir nicht uninteressiert daran sind, wer unser Gepäck befördert, und wie es befördert wird. Wir haben Ihr Unternehmen von den ersten Anfängen an verfolgt. Ich muß sagen, daß die Ansichten über Ihre Firma geteilt waren. Es ist darüber lebhaft verhandelt worden...» Herr Kunze strich mit der Hand fast liebevoll über den Akt Siebrecht & Flau. «... Einige Herren waren der Ansicht, daß die beiden Firmeninhaber zu jung und zu unerfahren für ein so verantwortungsvolles Unternehmen seien. Schließlich waren Ihnen jeden Tag Tausende im Wert anvertraut. Andere Herren begrüßten Ihre Idee. Die Fahrerei mit den Dienstmännern war nicht mehr tragbar, der Gepäckverkehr war längst zu stark geworden. Man wollte Ihnen Ihre Chance lassen. Diese Ansicht drang durch.» Wieder ein Streicheln des Aktes. «Sehen Sie, Herr Siebrecht, wir sind hier nicht in der Provinz, wo man erst ängstlich fragt, wer ist einer, was ist einer? Was ist sein Vater? Wir fragen uns: Was leistest du? Bist du zuverlässig?» Einen Augenblick sah er Karl Siebrecht an. Dann sagte er lächelnd: «Es hat mich immer gefreut, daß Sie die Herren, die für Sie gestimmt haben, nicht enttäuschten. Sie haben tüchtige Arbeit geleistet, mit geringen Mitteln!»

«Ich danke Ihnen, Herr Regierungsrat...» Karl Siebrecht konnte kaum sprechen, so glücklich war er. Da hatte er Jahre und Jahre gearbeitet und hatte gemeint, niemand nähme Notiz von ihm, und hier hatten hochgestellte Herren sich seinetwegen gestritten, hatten sich für ihn eingesetzt... «Ich danke Ihnen sehr!» wiederholte er heiß und glücklich.

«Ach, meinen Sie, auch ich hätte für Sie gestimmt? Nun ja, ich bin auch dabeigewesen, es waren aber noch mehr Herren. Und zu danken haben Sie nur sich selbst. Manchmal setzt man auch auf das falsche Pferd.» Plötzlich wurde er ernst. «Aber, Herr Siebrecht, die Zustände, wie sie in den letzten vierzehn Tagen geherrscht haben, die können wir nicht mehr tatenlos ansehen. Die müssen sofort beseitigt werden, von heute auf morgen! Differenzen hin und her – die Gepäckbeförderung darf nicht unter privaten Differenzen leiden!» – Karl Siebrecht schwieg. Regierungsrat Kunze musterte ihn, dann sagte er leise: «Ist Ihnen nie der Gedanke gekommen, Herr Siebrecht, sich an uns um Hilfe zu wenden? Wir sind doch am stärksten interessiert an der regelrechten Abwicklung der Beförderung!»

«Nein», antwortete Karl Siebrecht. «An Hilfe habe ich nicht gedacht. Ich habe schon da und dort verhandelt wegen der Einrichtung von Gepäckannahmestellen auf den Bahnhöfen selbst. Aber –»

«Aber was?»

«Ich hatte noch nicht genug Geld beisammen.»

«Wenn wir Ihnen nun diese Annahmestellen einrichten würden?» fragte Herr Kunze sachte.

«Das wäre herrlich!» rief Siebrecht rasch. Dann aber besann er sich. Alles, was hier verhandelt wurde, kam zu spät, es kam um mindestens vierzehn Tage zu spät. «Aber –» sagte er wieder, «ich bin an Herrn Wagenseil durch einen Vertrag gebunden –»

«Richtig, der Vertrag!» sagte Herr Kunze. Er nahm wieder das Briefblatt zur Hand, das auf dem Akt Wagenseil lag, er las es wieder – mit gerunzelter Stirn. «Ich habe hier eine Anzeige von einem Anwalt oder eine Aufforderung – man kann es auch anders nennen, kurz und gut, wir werden hier darauf aufmerksam gemacht, daß ein gewisser Karl Siebrecht noch nicht mündig ist, daher auch nach dem Handelsgesetzbuch weder eine Firma begründen noch ihr vorstehen darf. Wir sollen also dieser Firma jede Gepäckabfuhr untersagen. Sie sind noch nicht mündig, Herr Siebrecht?»

«Nein, ich bin erst zwanzig Jahre...» Er sagte es tief in Gedanken. Er war wie vor den Kopf geschlagen. Das war also das Letzte, was sie sich ausgedacht hatten: seine Firma bestand widerrechtlich. Nach dem Buchstaben des Gesetzes existierte sie nicht. Wenn aber die Firma nicht existierte, dachte er immer schneller, so war ihre Firmenunterschrift ungültig, es existierten also auch keine Verträge mit ihr. Und er hatte sich an jeden Buchstaben des Vertrages gehalten, dieses Vertrages, den die Partner nun für einen wertlosen Fetzen Papier erklärt hatten. Noch eine Dummheit – Dummheiten über Dummheiten, unbegreiflich die Geduld dieses alten Regierungsrates, der einen so törichten jungen Menschen noch ernst nahm!

«Und wann werden Sie mündig?» hörte er den Herrn Kunze fragen. «Wann werden Sie einundzwanzig Jahre alt?»

«Am einundzwanzigsten Juli. In zwei Monaten.»

«Nun, das ist keine lange Zeit mehr», antwortete der Regierungsrat. Er hatte einen dicken Blaustift zur Hand genommen und fing jetzt an, quer über die Anzeige mit großen Buchstaben etwas zu malen. «Aber Ihr Partner ist jedenfalls mündig, nicht wahr?»

«Doch, der ist mündig.»

«Lassen Sie also in den nächsten beiden Monaten lieber Ihren Partner unterschreiben, was unterschrieben werden muß. Haben Sie es überhaupt nicht so eilig, namentlich nicht mit dem Unterschreiben von Verträgen.» Herr Kunze lächelte schwach. Er war jetzt fertig mit seinem Blaustift. Quer über die Anzeige war geschrieben «Wieder vorlegen in drei Monaten». Er betrachtete sein Werk mit Befriedigung, dann legte er das Blatt in den Akt und schob ihn wieder in das Regal zurück.

Nun nahm er den Akt Siebrecht & Flau zur Hand. Er blies einmal über ihn fort, als wolle er Staub wegblasen, der doch nicht darauf lag. Den Akt in Händen, sprach er: «Sie verstehen, Herr Siebrecht, daß die Direktion so lange nicht mit Ihnen verhandeln kann, solange die Gepäckabfuhr ein Chaos ist. Bringen Sie die wieder in Ordnung, sagen wir in drei Tagen –» Er sah Karl Siebrecht durch die scharfgeschliffene Brille an.

Der hätte vieles antworten können. Daß dies unmöglich war, daß er den Kampf verloren hatte, daß ihm keine Mittel mehr zur Verfügung standen... Aber er besann sich. Dieser in den Akten lebende Mann hatte zum mindesten einen ebenso guten Ausblick in die Welt draußen wie er selbst. Wenn der so sprach, so mußte es eben möglich sein, das Chaos in drei Tagen zu ordnen. Karl Siebrecht verbeugte sich schweigend.

«Und wenn dann wieder alles in Ordnung ist», fuhr Herr Kunze sichtlich befriedigt fort, «dann kommen Sie noch einmal zu uns. Vergessen Sie dann aber Ihren – mündigen Partner nicht. Wir werden über den Ausbau Ihres Unternehmens reden. Wir werden uns in irgendeiner Form daran beteiligen. Wir verdienen auch ganz gern Geld. O nein, wir tun es nicht umsonst, nicht aus Liebe zu Ihnen, wir tun es wegen Geld!» Er klopfte sachte mit dem Akt auf seinen Schreibtisch. Dann blies er noch einmal über ihn hin und legte ihn in sein Fach zurück. «Es hat mich sehr gefreut, Herr Siebrecht! Auf Wiedershen also in vier oder fünf Tagen!»

«Auf Wiedersehen!» antwortete Karl Siebrecht, und jetzt glaubte er es fast selbst, daß es möglich sein würde, Herrn Regierungsrat Kunze wiederzusehen, was hieß, das Chaos in Ordnung zu bringen.

## 48. Der Vater einer jungen Dame

Eine halbe Stunde später steht Karl Siebrecht in einem großen Automobilgeschäft Unter den Linden. Wenn es ihm nicht so auf den Nägeln brennte, würde er sich nie ohne alle Vorbereitungen in dieses pompöse Geschäft getraut haben. Aber Herr Kunze hatte ihm gesagt, in drei Tagen müsse das Chaos in Ordnung sein.

Es ist etwas Phantastisches, Unmögliches, Lachhaftes, was er sich vorgenommen hat: er, der keine fünfhundert Mark mehr besitzt (und die Gehälter für die Palude und Egon sind noch nicht bezahlt), will fünf Automobile kaufen oder leihen, und die Fahrer dazu!

Vergeblich versucht der Prokurist, in dessen Händen Karl Siebrecht schließlich gelandet ist, zu erkunden, was dieser junge Mensch eigentlich will. Er weigert sich, seine Wünsche zu äußern. Er will nur mit dem Chef selbst reden...

«Aber ich sage Ihnen doch, der Chef kommt höchst selten ins Geschäft, noch nicht zweimal in der Woche!» versichert der backenbärtige Prokurist nun schon zum drittenmal. «Und um den Verkauf kümmert sich der Chef selbst gar nicht. Sie können mir ruhig alles sagen. Wenn ich mich nicht irre, möchten Sie ein Automobil auf Abzahlung kaufen? Nun, darüber können wir ja verhandeln – wenn Sie uns Referenzen beibringen können . . .»

Dieser Nachsatz befestigt Karl Siebrechts Haltung. «Nein», sagte er entschlossen. «Ich muß mit Ihrem Chef selbst reden. Wollen Sie mir nicht seine Privatwohnung sagen, wenn er nicht hier ist?»

«Das ist leider nicht möglich. Herr Gollmer wünscht in seiner Villa mit nichts Geschäftlichem gestört zu werden. Wenn Sie sich nicht entschließen können, mir zu sagen, was Sie auf dem Herzen haben –» Der Prokurist machte eine bedauernde Handbewegung.

«Nein, danke. Ich muß mit Ihrem Chef selbst reden.»

«Dann bedaure ich außerordentlich . . .»

Karl Siebrecht stand wieder auf der Straße. Im Mittagslicht dieses Maitages sahen die gewaltigen Linden schon herrlich grün aus. Aber eine Ecke weiter war noch ein anderes Automobilgeschäft, er erinnerte sich gut, eine amerikanische Firma. Ob er es dort einmal versuchte? Mit der Engländerin hatte er alles in allem keine schlechten Erfahrungen gemacht. Aber er hatte sich nun einmal gerade diesen Laden in den Kopf gesetzt. Schon ganz im Anfang, als ihm zuerst in der Autodroschke der Gedanke an Autos gekommen war, war gerade dieser Laden schattenhaft vor ihm aufgetaucht. Sein Blick fiel auf ein kleines Firmenschild an der Tür. Es war klein, nicht breiter als ein Lineal und nicht länger als eine Hand, «Inhaber Ernst Gollmer» stand darauf. Ernst Gollmer – unbekannten Wohnortes. Ernst Gollmer – Schlüssel zum Autoparadies, aber nicht auffindbar. Ernst Gollmer – nur einmal die Woche ortsanwesend. Ernst Gollmer – nicht mit dem Verkauf zu belästigen . . . Aber, wenn man auch die Adresse von diesem Herrn Gollmer verweigerte, sollte es denkbar sein, daß dieser Inhaber der größten Automobilvertretung Berlins in seiner Villa ohne Telefon war? Es war undenkbar! Und alle Telefoninhaber standen in einem Verzeichnis! Karl Siebrecht sah sich um. Schräg gegenüber lag das Café Bauer, auch eine Stätte, die er noch nie betreten hatte! Jetzt betrat er sie – voller Entschluß!

Er fand das Telefonbuch auf einem Tischchen. Er blätterte und sah sofort, was der backenbärtige Prokurist durchaus nicht hatte erzählen wollen: «Gollmer, Ernst, Kaufmann. Grunewald, Königsallee 27.» Grunewald – das war beinahe eine Landpartie, er kam heute noch ins Grüne, er würde noch mehr Laub sehen als das der alten Linden!

Karl Siebrecht fuhr mit der Elektrischen und dann fuhr er mit einem Pferdeomnibus, der ihn am Hause seines Freundes, des fernen Herrn von Senden, vorüberführte. Er sah hoch: all die grünen Jalousien waren herabgelassen, er winkte ihnen fast übermütig zu. Herr von Senden, der gerne geholfen hätte, weilte unerreichbar fern in Vorpommern, Herr Ernst Gollmer, der vermutlich gar nicht gerne half, wohnte erreichbar in Grunewald, und das war besser! Wieder eine Elektrische – und dann zum Schluß noch ein zweiter Pferdeomnibus, dessen Pferdchen in der Maiensonne immer langsamer der Endhaltestelle am Ringbahnhof Halensee entgegenzuckelten. Der runde Lackhut des Omnibuskutschers warf wahre Blitze in dieser Sonne, und ganz behaglich schlenderte Karl Siebrecht, die Hände auf dem Rücken, nun über die große Eisenbahnbrücke, blieb auch einen Augenblick stehen und sah zu den Geleisen hinab, auf denen ein

Güterzug rangierte. Mit ein paar jauchzenden, kreischenden Kindern hüllte ihn der Dampf der Lokomotive plötzlich in eine weiße Wolke – der Dampf verging, und alles war wieder Sonne, Mai und blauer Himmel!

Königsallee 27 – die Tür zum schmalen Vorgarten der großen roten Villa stand offen. Er ging hindurch, stieg ein paar Stufen hinauf und drückte – nun doch mit arg klopfendem Herzen – auf einen Klingelknopf. Er hörte die Klingel schnarren. Vorsorglich nahm er schon jetzt den Hut ab, um es nachher bloß nicht zu vergessen.

Die Klingel hatte geschnarrt, aber nichts erfolgte. Eine ganze Weile wartete er geduldig, dann faßte er zum zweitenmal Mut und drückte wieder auf den Knopf. Wieder schnarrte die Klingel gehorsam, und wieder hörte niemand auf ihren Ruf. Er sah sich argwöhnisch um. Diesem Herrn Gollmer, der sich in seinem eigenen prunkvollen Geschäft verleugnen ließ, war allerlei zuzutrauen: vielleicht gab es hier geheime Beobachtungsfenster, durch die unerwünschte Besucher sofort erkannt wurden. Aber die Villa sah aus wie jede Villa eines reichen Mannes, von irgendwelchen Heimlichkeiten war nichts zu entdecken. Zum drittenmal legte Karl Siebrecht den Finger auf den Klingelknopf, und diesmal ließ er ihn gleich darauf. Wenn man einmal zu etwas entschlossen ist, soll man nicht nachgeben. Hier an der Pforte des Paradieses kehrte er nicht wieder um! Die Klingel schnarrte, schnarrte, schnarrte – endlos!

Plötzlich ging die Tür auf, und eine zornige Mädchenstimme schalt: «Was fällt Ihnen denn ein?! Was soll denn diese Klingelei?! Denken Sie, ich sitze auf meinen Ohren –?» Und in höchstem Erstaunen: «Du lieber Gott! Nein, wie ist denn so was bloß möglich?! Der Handtaschentreter!» Das Erkennen war gegenseitig gewesen, sie starrten sich beide in größter Verblüffung an, das Mädchen aus dem Tiergarten mit den Korkzieherlocken und der junge Mann, der auf ihrer Handtasche herumgetrampelt hatte.

«Das Fräulein mit dem Bruder!» sagte er verblüfft und ließ seinen Hut fallen.

«Da!» rief sie, «da haben Sie schon wieder was hingeschmissen! Nun trampeln Sie bitte auch darauf herum. Sie können ruhig einmal auf Ihren eigenen Sachen herumtrampeln!» Sie besann sich. «Wie haben Sie das denn rausgekriegt, daß ich hier wohne? Das ist doch, gelinde gesagt, eine Unverschämtheit, mir so nachzuspionieren!» Sie warf vor Entrüstung die Locken zurück, und sofort fielen sie wieder nach vorn, stießen leicht pendelnd gegen die Wange. Heute trug sie keinen Hut, dafür hatte sie eine große bunte Schürze um – er hielt sie für eines der Mädchen hier in der Villa.

«Eigentlich wollte ich Herrn Gollmer besuchen», erklärte er und bückte sich nach seinem Hut. Er zögerte, dann überwand er sich und trampelte auf den Hut. «Ich hoffe, Sie sind jetzt zufrieden mit mir, Fräulein?»

«Was sind Sie bloß für ein Mensch!» rief sie. «Auf den schönen Hut zu treten! Geben Sie ihn mir mal her!» Sie nahm ihn aus seinen Händen, bog ihn zurecht und klopfte ihn ab. «Vor Ihnen muß man ja Angst kriegen!»

«Sie haben es doch so gewollt, Fräulein!»

«Wenn Sie alles tun wollen, was ich sage? Da haben Sie ihn – es ist ihm noch besser gegangen als meinem armen Bild!»

«Ihrem Herrn Bruder geht es gut, Fräulein?»

Sie sah ihn empört an, dann warf sie einen raschen Blick in die große Halle. «Schämen Sie sich!» sagte sie und wurde rot. «Ich hoffe, Sie erzählen Herrn Gollmer nichts von meinem – Bruder. Was wollen Sie überhaupt von Herrn Gollmer?»

«Ich möchte – ich will – ich habe etwas Geschäftliches mit ihm zu besprechen!»

«Und da kommen Sie hierher?! Hier redet Vater nie über Geschäfte! Das ist ganz nutzlos, er hört Sie gar nicht erst an, er schmeißt Sie auf der Stelle raus!» Sie sah ihn strafend an.

Ihr Vater... Der große Automobilkaufmann Gollmer war ihr Vater! Wenn das kein Wink des Himmels war! «Fräulein», bat er, «Fräulein, machen Sie es möglich, daß Ihr Vater mich anhört. Tun Sie es mir zuliebe! Es hängt für mich so viel davon ab, einfach alles! Wenn er mich nur anhört, alles andere ist meine Sache! Aber das müssen Sie möglich machen, bitte, bitte!»

Wenn Karl Siebrecht einen Augenblick über sich nachgedacht hätte, wäre es ihm doch aufgefallen, wie leicht ihm bei diesem Mädchen das Bitten fiel, ihm, der sonst nie bitten konnte. Aber er hatte jetzt nicht die geringste Zeit, über sich nachzudenken. Daß er sie hier getroffen hatte, daß sie hier vor ihm stand – und so gut anzusehen, ach, so gut anzusehen! Und daß er etwas mit ihr zu reden hatte, schon das zweite Mal, als er sie sah, hatte er ein Geheimnis mit ihr. Schon darum mußte es mit diesem Kaufmann Gollmer etwas werden, um sie öfter sehen zu können! Bitte, bitte! hatte er gesagt.

«Sie sind aber wirklich komisch!» sagte sie. «Erst schütten Sie mir meine Handtasche aus und trampeln darauf herum, dann zerreißen Sie mir meine Bilder, dann klingeln Sie Sturm wie ein Einbrecher –»

«Einbrecher klingeln doch nicht, Fräulein!»

«Dann haben Sie wie ein Räuber geklingelt!»

«Räuber klingeln auch nicht!»

«Natürlich, Sie müssen immer recht haben! Und da verlangen Sie noch, daß ich mich mit Ihnen gegen Vater verbünde – komisch finde ich das!»

«Ich verlange es doch nicht, ich bitte Sie darum.» Und er sah sie wirklich sehr bittend an.

«Vater ist heute sehr schlechter Laune», meinte sie, ein wenig milder. «Seit zwei Stunden wartet er schon auf den Gärtner. Verstehen Sie was von Gärtnerei?»

«Kohl und Mohrrüben kann ich unterscheiden.»

«Also versuchen Sie es», sagte sie entschlossen. «Aber ich habe mit der Sache nichts zu tun. Gehen Sie hier links um das Haus herum, Vater ist hinten im Garten. Tun Sie, als wenn Sie von der Gärtnerei geschickt wären – und dann? Das ist Ihre Sache! Weiß der Himmel, was daraus wird!» Sie betrachtete ihn kritisch. «Hoffentlich sind Sie im Umgang mit alten Herren geschickter als mit jungen Damen!»

«Also, ich will es versuchen! Ich danke Ihnen!» sagte er mit einem Seufzer. «Würden Sie so nett sein, unterdes für mich den Daumen zu halten? Es kommt wirklich für mich enorm viel darauf an!»

«Haben Sie eine Ahnung, was ich noch alles zu tun habe! In einer halben Stunde essen wir, und das Mädchen ist krank geworden! Ich habe keine Zeit für Daumenhalten!» Ganz überraschend schlug sie ihm die Tür vor der Nase zu, und mit einem Seufzer ging er um das Haus herum. Aus dem Schatten kam er in die Sonne, und doch war ihm so, als sei es jetzt nicht mehr so hell wie neben der Tür. Dann erblickte er Herrn Gollmer auf dem Rasenplatz.

Herr Gollmer war ein großer, ziemlich fetter Mann, der im Augenblick nur mit einem bunten Hemd und einer grauen Flanellhose bekleidet war. Er hatte einen sehr großen, völlig eiförmigen Schädel, der so blank war wie eine Billardkugel – man mußte lachen, daß dieser haarlose Mann der Vater einer so lockigen Tochter war. Herr Gollmer war damit beschäftigt, aus einem jungen türkisgrünen Rasen Gänseblümchen und Butterblumen auszureißen, eine Beschäftigung, die seiner Stimmung nicht gut bekam. «Da!» sagte er zornig. «Das nennen Sie also einen echt englischen Rasen, und dann säen Sie mir solch Dreckzeug rein!» Er betrachtete unwillig die gelbe freundliche Butterblume, die er in der Hand hielt. «Zum Unkrautzüchten brauche ich keinen Gärtner, das schaffe ich allein.»

In Karl Siebrecht tauchten Erinnerungen an den väterlichen Garten auf – wie oft hatte er dort mit der alten Minna Unkraut gejätet, Obstbäume zurückgeschnitten, sogar an das Rosenokulieren hatten sie sich gewagt. «Vom Abreißen gehen die Kuhblumen nicht weg, Herr Gollmer», sagte er. «Die müssen ausgestochen werden. Es gibt Distelstecher, die kann man sehr gut dafür gebrauchen. Man braucht sich nicht einmal zu bücken dabei.»

«So!» grollte Herr Gollmer. «Dann bringen Sie mir das nächste Mal so einen Distelstecher mit! Aber vergessen Sie ihn nicht wieder, wie ihr alles vergeßt!» Er musterte den jungen Menschen mit Mißbilligung. «Wieder ein neues Gesicht. Nie kommt derselbe Mensch in meinen Garten. Nie weiß einer Bescheid. Was ist nun also mit meinen Blattläusen –?»

«Wenn ich sie einmal sehen dürfte?» fragte Karl Siebrecht vorsichtig.

«Sehen –?! Sie müßten die Aasbande schon riechen von hier! – Kommen Sie mit!» Der Automobilkaufmann führte seinen Gärtner ans Haus. Dort standen an langen Spalieren Pfirsiche, Aprikosen und Kirschen. Sie hatten schon ausgeblüht, deutlich sah man die grünen verdickten Fruchtknoten, aber – «Aber ist das nicht ein Jammer?» rief Herr Gollmer. «Sie haben in diesem Jahr so schön geblüht wie noch nie, kein bißchen Frost ist in die Blüte gekommen, und nun sehen Sie sich das an – sehen Sie sich das an!» wiederholte er mit gesteigerter Stimme. «Ich habe mit dem Dreckzeug gespritzt, das mir Ihr Meister gegeben hat, aber das ist ja, als wenn es Zucker für das Viehzeug wäre! Die leben und vermehren sich immer doller! Es ist rein ekelhaft! Und er schaute mit tiefer Abneigung auf das grünlich-schwärzlich klebrige Gewimmel, das an jeder Astspitze, an jedem Fruchtknoten, an jedem Blatt schmarotzte.

Und wieder half Karl Siebrecht seine Erinnerung. «Mit Spritzen allein ist es nicht getan, Herr Gollmer», sagte er.

«So!» rief der kampfeslustig. «Das sagen Sie mir nun, wo ich gespritzt habe wie die Feuerwehr! Ich habe alles gestunken wie ein altes Bootshaus, meine Tochter hat mich aus der Wohnung gejagt –»

«Sehen Sie hier die Ameisen?» rief Siebrecht eifrig. «Sehen Sie, wie die hier an den Kirschbaum hochwandern? Schauen Sie mal genau hin: hier bitte, die da und die und die – die tragen alle Blattläuse. Die Ameisen bringen die Läuse auf die Kirschen ...»

«Wahrhaftig, Sie haben recht – da turnt wieder so ein Aas! Aber wozu tun sie das? Bloß um mich zu ärgern?»

«Da, sehen Sie jetzt die Spitzen an, da sitzen die Blattläuse und saugen den Saft aus den Zweigen, und wieder sind die Ameisen bei ihnen. Aber diesmal tragen sie die Läuse nicht fort, sondern sie streicheln sie, sie melken sie. Der Saft der Läuse ist für sie, was der Honig für die Bienen ist. Darum tragen die Ameisen die Läuse in die Kirschen, damit die ihre Weide finden und damit die Ameisen dann den süßen Saft melken können.»

«Die Ameisen melken die Läuse. Sieh da, Sie sind kein dummer junger Mann», sagte Herr Gollmer nachdenklich. «Sie sind der verständigste Gärtner, den mir Ihr Meister bisher geschickt hat.» Er betrachtete den jungen Mann nicht ohne Wohlwollen. Karl Siebrecht erwog, ob jetzt nicht der richtige Zeitpunkt zum Sprechen gekommen wäre, aber es war noch zu früh. Die wohlwollende Stimmung mußte sich erst festigen. Unwillkürlich warf er einen Blick hinauf zu den Fenstern der Villa. Und als sei es von diesem Blick herbeigezogen worden, erschien das junge Mädchen in einem dieser Fenster. Es hatte die Hände erhoben und zeigte, daß es beide Daumen mit Intensität drückte. Dabei nickte es so nachdrücklich mit dem Kopf, daß die langen Locken wehten. Und wie ein Spuk war das Mädchen wieder verschwunden. All dies war so schnell gegangen, daß Herr Gollmer nur hatte fragen können: «Und was mache ich nun? Nun habe ich zu den Blattläusen auch noch die Ameisen! Hoffentlich haben Sie nicht alle sieben ägyptischen Plagen für mich in Vorbereitung.»

«Wenn Sie spritzen, Herr Gollmer», sagte Karl Siebrecht geläufig, «zerstören Sie wohl die Blattläuse. Aber ein Teil entgeht Ihnen immer. Und von diesen tragen die Ameisen sich neue Kühe auf die eben befreiten Zweige, also müssen Sie zuerst die Ameisen vernichten, Ameisen gehören überhaupt nicht in einen ordentlichen Garten.» – Herr Gollmer betrachtete ihn düster. – «Das ist ganz einfach, Sie gießen jeden Ameisenbau mit heißem Wasser aus. Dann hindern Sie die Ameisen, an den Obstbäumen hochzugehen, das ist schon schwieriger, denn jeder Stamm, jede Stelle, wo die Spaliere in der Erde enden, muß gut mit Raupenleim bestrichen werden.» – Herrn Gollmers Miene wurde immer düsterer. – «Und wenn Sie das alles getan haben, dann spritzen Sie, und in drei oder fünf Tagen haben Sie Ihr Obst blattlausfrei. Natürlich müssen Sie von Zeit zu Zeit den Leimanstrich erneuern, aber das macht nicht viel Mühe.» Karl Siebrecht sah Herrn Gollmer zufrieden mit dem entwickelten Arbeitsplan an.

«Hören Sie mal», sagte der jetzt düster. «Sie sagen immer ‹Sie›, ‹Sie›. Meinen Sie, ich soll das alles tun? Mit heißem Wasser laufen und Leim aufstreichen?»

«Natürlich! Sonst werden Sie die Biester nie los!»

«Mein lieber Jüngling», sprach Herr Gollmer mit Nachdruck, «reden können Sie gut, aber dafür bezahle ich Sie nicht, sondern fürs Arbeiten. Sehen Sie da hinten den Schuppen? Da drin ist Raupenleim und die Obstbaumspritze, und heißes Wasser kriegen Sie in der Küche. Und nun machen Sie sich mal fein an Ihre Arbeit. Ich werde unterdes mittagessen, dann wollen wir sehen, was Sie außer Reden leisten.»

«Einen Augenblick, Herr Gollmer!» rief Karl Siebrecht entsetzt. Er wußte, es war ein ganz falscher Augenblick, aber er konnte doch nicht hier, da die Entscheidung drängte, stundenlang Blattläuse vertilgen. «Ich bin nämlich gar kein richtiger Gärtner, ich bin...»

«Daß Sie kein richtiger Gärtner sind, habe ich schon längst gemerkt. Ein Gärtner verrät nämlich nie seine Geheimnisse. Der hätte die Läuse vertilgt und mich an ein Wunder glauben lassen. Sie werden wohl so ein Gelegenheitsarbeiter sein – in alle Berufe reingerochen und keine Lust zu vernünftiger Arbeit! Wir werden es uns ja nachher besehen! Mahlzeit!»

Verzweifelt sah ihm Karl Siebrecht nach. Aber daß dies nun wirklich nicht der richtige Augenblick war, Herrn Gollmer aufzuklären, das begriff auch er – trotz aller Eile, die er hatte. Herr Gollmer hätte ihn für einen Faulenzer erklärt und vor die Tür gesetzt. Seufzend ging Karl in den Gartenschuppen. Er fand dort alles, was er brauchte, er fand sogar ein Paar sehr schmutzige schilfleinene Hosen, aber besser, als seinen guten Anzug einzuschmutzen, war das doch. Er zog sich um und begab sich mit zwei Gießkannen in die Küche.

Hatte er zuerst nur widerwillig gearbeitet, so kam allmählich Tempo in die Sache. Ihm wurde klar, daß er etwas leisten mußte, wenn seine Bitte auch nur die kleinste Aussicht auf Erfolg haben sollte. Er brühte und lief Trab, die Kannen klapperten, manchmal, wenn er stillestehend sich den Schweiß von der Stirn wischte, sah er zu den Fenstern der Villa hoch. Sie lag ruhig und schweigend da, die Fenster standen offen, kein Mensch war zu sehen. Dann, als das heiße Wasser in der Küche erschöpft war, machte er sich an den Raupenleim. Raupenleim ist eine zähe, sehr klebrige Angelegenheit. Er hat eine verhängnisvolle Neigung, überall dort zu haften, wohin er nicht soll, zum Beispiel an Händen und Kleidern. Leise in sich hinein fluchend, aber in immer schnellerem Tempo hantierte Siebrecht mit dem Leim. Er schmierte, er klebte, er verleimte den Ameisen jeden Zugang. Dabei war er sich dessen wohl bewußt, daß inzwischen auf allen Bahnhöfen eine sich ständig vermindernde Zahl von Karrenschiebern einen aussichtslosen Kampf um stets wachsende Gepäckberge führte! In der Eichendorffstraße rasselte das Telefon, es regnete Beschwerden, und die Palude konnte nichts antworten wie: «Der Chef ist seit Stunden verschwunden!»

Ja, er, der Kommandeur dieses kleinen, heldenhaft kämpfenden Heeres, er arbeitete in der schönsten Maiensonne in einem Garten. Statt Franz Wagenseil zu überlisten, führte er Ameisen auf den Leim, statt Gepäck zu befördern, beförderte er Läuse ins Nirwana! Auch mit den vermessensten Anstrengungen ihrer Phantasie würden sie sich den Chef nie in diesem friedlichen Grunewaldgarten denken können – manchmal war es ihm selbst so, als träume er dies alles nur. Genug des Leims, her mit der Obstbaumspritze! Es war eine Karrenspritze, und Herr Gollmer hatte recht, mit seinen Gärtnern zu grollen: sie war nach der letzten Benutzung nicht gereinigt, und der Kolben war natürlich festgerostet. Oder Herr Gollmer war selbst daran schuld, er würde ihm das schon versetzen; dieser Mann, der hier einfach Sklaven preßte, verdiente keine Schonung. Dann hatte er die Spritze wieder in Gang. Die Lösung fuhr mit einem leichten Sausen aus der Messingdüse, breitete sich fächerförmig aus, glitzerte in der Sonne in allen Regenbogenfarben, und nun fiel sie wie ein dichter Nebel in die Zweige. In die Zweige und auf die Läuse – er lächelte grimmig: von diesem Schreckenstag würden die ältesten Läuse noch ihren Urenkeln berichten, in Läusezeitaltern! Nur wenige entrannen der Vernichtung.

«Das können Sie aber prima!» sagte eine anerkennende Stimme hinter ihm. Er fuhr überrascht herum und hätte jetzt fast die junge Dame mit Nikotinbrühe besprengt. «Sind Sie jetzt endlich fertig mit dem Essen?» fragte er vorwurfsvoll.

«Längst! Vater hat sich noch zu einem Nickerchen hingelegt. Er läßt Ihnen sagen, wenn Sie hiermit fertig sind, sollen Sie Butterblumen aus dem Rasen stechen!»

«Und das haben Sie mir eingebrockt!» Er hatte den Spritzenhahn abgedreht und betrachtete sie vorwurfsvoll. «Wie lange will Ihr Vater denn noch schlafen?»

«Das kann man nicht so genau sagen, manchmal schläft er bis fünf, halb sechs.»

«O Gott!»

«Aber Sie haben ja Ihre Beschäftigung. Wollen Sie nicht ganz als Gärtner bei uns eintreten? Ich finde, diese Tracht kleidet Sie ausgezeichnet.»

Er war für ihren Spott unempfänglich. «Liebes Fräulein Gollmer!» bat er flehend. «Sie haben mir schon so wunderbar geholfen, Sie haben mir auch beide Daumen gedrückt –»

«Ich –? Wie komme ich dazu!»

«Vorhin am Fenster! Aber wahrscheinlich habe ich es nur geträumt. Es ist mir überhaupt alles hier wie ein Traum: der Garten, Sie, alles . . .»

«Vergessen Sie die Blattläuse nicht in ihrem Traum! Vater sagt, Sie sind Spezialist in Blattläusen, Sie werden direkt leidenschaftlich, wenn Sie von Läusen reden.»

«Ach, Fräulein Gollmer, warum ziehen Sie mich immerzu auf? Es hängt soviel für mich an dieser Unterredung mit Ihrem Vater, vielleicht alles. Und nicht nur für mich, für ein halbes Dutzend Leute, die zu mir gehören! Und Sie machen mich zu einem Narren!»

«Was soll ich denn tun?» fragte sie, ein wenig betroffen und eingeschüchtert.

«Wecken Sie ihn auf! Ich muß ihn jetzt sprechen! Es kommt nun schon auf jede Minute an! Vielleicht ist es schon zu spät! Und ich stehe hier rum und beschäftige mich mit Läusen!»

«Sie beschäftigen sich mit mir!» sagte sie streng. Und dann fragte sie argwöhnisch, ganz die Tocher des reichen Mannes: «Sie wollen Vater wohl anpumpen?»

«Nein, ich will ihn nicht anpumpen, wenigstens nicht um Geld! Er soll mir helfen – und nicht einmal das! Ich will ein Geschäft mit ihm machen. Liebes Fräulein Gollmer, bitte, gehen Sie und wecken ihn. Sie können ja alles nachher mit anhören, aber jetzt brennt es!» Er redete immer überstürzter: «Nein, seien Sie lieber nicht dabei, wenn ich Ihrem Vater alles erzähle – wenn Sie dabei sind, kann ich nicht ordentlich reden.»

«Nanu!» rief sie erstaunt. «Ich finde, Sie können gewaltig reden, wenn ich da bin! Sie lassen mich überhaupt nicht zu Wort kommen! Ich –»

«Zum Donnerwetter noch einmal!» schrie eine gewaltige Stimme aus der Villa. «Willst du mal meine Leute nicht von der Arbeit abhalten, Ilse? Und

Sie, Jüngling, beeilen Sie sich ein wenig, für Unterhaltungen bezahle ich Sie nicht! Den Kaffee, Ilse, und ein bißchen dalli!»

«Vater –» flüsterte sie. «Und schon wach... Dann ist er immer schlechter Laune...» Sie eilte davon, und Karl Siebrecht drehte, ergeben und knirschend, wieder den Hahn auf. Wieder breitete sich vielfältig bunt der Wasserstrahl aus, wurde zum Fächer, verwandelte sich in Nebel...

«So», sagte der Gartenbesitzer. «Das genügt für heute. Haben Sie den Kolben doch wieder losgekriegt? Er war mir eingerostet. Spülen Sie die Spritze gut nach, und machen Sie sich wieder menschlich. Sie können sich in der Küche waschen.» Damit drehte sich Herr Gollmer um und war schon wieder fort. Er hatte die Routine aller reichen Leute, den anderen das Wort im Munde abzuschneiden.

Die Spritze war ausgewaschen und Karl Siebrecht gereinigt und sonntäglich. Vom Küchenausgang her sah er in den Garten. In einer Laube klapperten Löffel, er warf den Kopf zurück, legte die Hände auf den Rücken und marschierte entschlossen, quer über den Rasen fort, direkt auf die Laube zu, unter Nichtachtung aller Wege. In der Laube saßen, wie erwartet, Herr Gollmer und Tochter beim Kaffeetrinken. «Wenn ich mich jetzt vorstellen darf», sagte er, und seine Stimme zitterte ein wenig trotz all seiner Entschlossenheit. «Mein Name ist Karl Siebrecht. Ich bin Mitinhaber der Firma Siebrecht & Flau. Wir befassen uns mit der Gepäckbeförderung von und zu den Berliner Bahnhöfen!»

«Hochinteressant!» sagte Herr Gollmer und rührte, ohne aufzusehen, in seiner Kaffeetasse. «Ilse, gib dem jungen Mann einen Stuhl und eine Tasse Kaffee. Da Sie bei der Vertilgung meiner Blattläuse tüchtig waren, will ich Sie fünf Minuten anhören. Gelingt es Ihnen, mich in fünf Minuten zu interessieren, so reden wir weiter. Wenn nicht, gehen Sie.» Herr Gollmer machte die Uhr von der Kette los, ließ den Deckel aufspringen und legte sie vor sich hin. «Um vier Uhr drei ist Schluß!» sagte er drohend.

Karl Siebrecht lehnte sich zurück. Nur nicht so schnell! dachte er. Fünf Minuten sind eine lange Zeit, in fünf Minuten kann man schrecklich viel reden. Ich darf nicht gleich von dem Geschäftlichen anfangen, ich soll ihn interessieren, von Geschäften hört ein solcher Mann genug... Und er fing an, vom Tode des Vaters zu erzählen, wie er nach Berlin kam, wie er Rieke kennenlernte... Er erzählte von den Trockenmietern, von Herrn Kalubrigkeit, von Herrn von Senden...

Vater und Tochter sahen sich an, als ob auch sie den Herrn von Senden kennten. Aber sie stellten keine Fragen, sie ließen ihn erzählen.

Er erzählte, wie er Kalli Flau traf, berichtete von Felten, Hagedorn und der Engländerin. Die Äpfelkähne wurden nicht vergessen, und nun waren sie schon bei den Bahnhöfen, der Opa Küraß tauchte auf, danach Kiesow, Kupinski, Franz Wagenseil – und der Kampf begann. Und während er dies alles erzählte, war es Karl Siebrecht, als erzähle er die Geschichte eines anderen. Es schien ihm nicht sein eigenes Leben, jetzt, da er es erzählte, wirkte es so bunt, aus vielen einzelnen Steinen zusammengesetzt, und doch schien alles nur auf ein Ziel gerichtet...

«Vier Uhr drei», sagte Herr Gollmer. Er knipste die Uhr zu und steckte sie in die Tasche. Einen Augenblick saßen sie starr, der junge Mann und das junge

Mädchen, sie sahen den älteren Mann erschrocken an. «Erzählen Sie doch weiter, Herr Siebrecht», sagte der. «Ich habe Zeit! Noch eine Tasse Kaffee, bitte, Ilse!»

Eine Welle heißer Freude erfüllte den jungen Mann, einen Augenblick konnte er nicht sprechen. Er hob die Hand, er stotterte: «Ich... Ich... Sie...»

Der Automobilkaufmann tat, als habe er nichts gemerkt. «Lassen Sie sich nur Zeit», sagte er. «Der Nachmittag ist noch lang...» Und fünf Minuten später: «So, das wissen wir nun. Sozusagen die menschliche Seite der Angelegenheit. Nun kommt die geschäftliche. Jetzt will ich Zahlen hören. Ilse, bring mir bitte Papier und Bleistift.»

Und nun stellte Herr Gollmer viele Fragen: Wie oft fuhren die Wagen im Durchschnitt? Wie stark waren sie beladen? Wieviel Stück Gepäck? Gewicht? Zahl der Koffer? Verrechnung? Löhne? Länge der täglich zurückgelegten Strecke in Kilometern. «Das ist nichts», sagte Herr Gollmer am Schluß. «Sie arbeiten ins Blaue. Sie kennen ja nicht einmal Ihre Unkosten! Was Ihnen fehlt, ist eine ordentliche Buchführung! Bilanz, mein Sohn, Bilanz! Nun, das werden Sie alles noch lernen, ich schicke Ihnen einen tüchtigen Buchhalter, der Ihnen das erst einmal einrichtet. Ihre Lastautos sollen Sie haben, morgen früh um neun stehen sie bereit. Am schlimmsten ist es mit den Chauffeuren, aber eine Weile helfe ich Ihnen aus. Lassen Sie bald die tüchtigsten von Ihren Leuten die Fahrerprüfung machen. Sie natürlich auch, Ihr Teilhaber auch! Ilse, bestell den Wagen, wir fahren sofort in die Stadt.» Und mit einem Seufzer: «Ich habe es doch gleich gewußt, daß mich die Blattläuse teuer zu stehen kommen würden!»

Herr Gollmer sah den jungen Menschen fast barsch an, dann kniff er die Augen zusammen und fragte: «Warum haben Sie eigentlich nicht Herrn von Senden angepumpt? Das wäre doch viel einfacher gewesen!»

«Kennen Sie Herrn von Senden?» fragte Karl Siebrecht zögernd.

«Doch. Ein wenig.»

«Ja, wenn Sie ihn kennen... Hätte Herr von Senden mir das Geld geliehen, wäre es ihm egal gewesen, ob ich etwas damit leistete oder nicht. Er hätte es mir aus Freundschaft gegeben. Aber bei Ihnen, Herr Gollmer –»

«Richtig!» sagte der dicke Mann kopfnickend. «Ganz richtig. Hätte ich auch nicht anders gemacht. Man soll sich möglichst wenig schenken lassen im Leben – im allgemeinen werden Geschenke zu teuer für den Beschenkten.» Und zu der Tochter: «Nun, Ilse, im Mantel? Willst du etwa mit uns fahren?»

«Ich möchte ein paar Besorgungen in der Stadt machen.»

«Ach nee! Und du hast gar keine Angst, daß dieser junge Mann wieder auf deiner Handtasche herumtrampeln könnte?»

«Nein», sagte sie leise. Und sah ihn nicht an, der sie so sehr ansah. Sie hatte also mit ihrem Vater schon vorher von ihm gesprochen, sie hatte sich für ihn eingesetzt! Freilich, von dem zerrissenen Bild würde sie kein Wort gesagt haben...

Es wurde noch ein recht ereignisreicher Nachmittag für Karl Siebrecht. Und nicht nur für ihn. Auch der backenbärtige Prokurist und die anderen Angestellten Unter den Linden bekamen reichlich zu tun. Die neuen Wagen mußten von der Polizeibehörde zugelassen werden, Schilder mit rasch trocknender Farbe waren zu malen, Chauffeure auszusuchen und anzunehmen, Regenplanen zu kaufen... Es war ein ununterbrochenes Telefonieren, Fragen, Laufen... Der Herr Gollmer saß in seinem Büro hinter dem großen Laden und gab Anordnungen. Jetzt war er nur noch Kaufmann. «Hören Sie, Herr Langbehn», sagte er zu seinem Buchhalter, «Sie richten für die Firma Siebrecht & Flau ein laufendes Konto in unseren Büchern ein. Vorläufig bezahlen wir alles Vorkommende für diese Firma. Herr Siebrecht kann auch Barentnahme machen – bis zum Höchstbetrag, sagen wir erst einmal, von fünftausend Mark. Wöchentlich wird mir das Konto vorgelegt.»

«Jawohl, Herr Gollmer.»

«Hatten sie nicht einen Bekannten, der Stellung suchte, Herr Langbehn? Schicken Sie ihn zu Herrn Siebrecht, er soll dort eine Buchführung einrichten...» Und zu Karl Siebrecht: «Sie werden mich jeden Mittag pünktlich zwölf Uhr anrufen und mir Bericht machen. Pünktlich! In der nächsten Woche fahren wir dann zu meinem Anwalt und machen einen Vertrag über Verzinsung und Rückzahlung. Ich werde Ihnen einen Anwalt vorschlagen, der Ihre Interessen vertritt. – Nun wollen wir mal sehen, wo wir Garagen für Sie auftreiben!» Und er griff wieder zum Telefon.

Es war schon spät, es war schon nach acht Uhr, als Karl Siebrecht in die Eichendorffstraße kam. Er war glücklich und müde. Im geschäftigen Trubel der letzten Stunden hatte er die Freunde fast vergessen. Da saßen sie alle unter der Lampe in der Schneiderstube: Rieke, Kalli, die Palude, ganz in der Ecke der Lehrling Bremer, halb schlafend, und am Fenster wie immer der alte Busch. Sie hoben ihm ihre blassen Gesichter erwartungsvoll und doch ohne Hoffnung entgegen. Die Luft im Zimmer kam ihm trotz des geöffneten Fensters verbraucht und stickig vor, als sei sie stehengeblieben, während in dem strahlend hellen Geschäft Unter den Linden ein rascher Wind wehte, der alles mit sich fort riß, frisch machte...

«Na, Karle?» sagte Rieke fragend.

Er sah sie alle der Reihe nach an.

«Es hilft ja doch nichts», meinte die Palude. «Wir können es ihm ebensogut gleich sagen. Die Leute haben alle Schluß gemacht, Herr Siebrecht! Sie sagen, die Schinderei lohnt sich nicht mehr, die Firma ist doch kaputt. Wagenseil hat wohl bei ihnen rumgeschickt. Von morgen an fährt Franz Wagenseil selber mit neuen Gespannen, Herr Siebrecht!»

«Das kann ich mir denken», antwortete Karl Siebrecht. Und: «Herr Busch!» rief er: «Herr Busch, sehen Sie doch mal her!»

«Heh –?» machte der alte Busch.

Karl Siebrecht holte die drei Borsten vom Piassavabesen hervor. «Kennen Sie die noch? Die sollten mir doch Glück bringen, was?» Der alte Busch war aufgestanden. Nun fing er an zu lachen, auf diese lautlose, fast dämonische Art, als sei ein tiefes Geheimnis bei diesen drei braunen Borsten. «Und sie haben mir Glück gebracht!» rief Karl Siebrecht und hielt die Borsten hoch. «Kinder, von morgen an fahren wir mit fünf Autos! Die Firma Siebrecht & Flau steht *so* da! Wir schlagen jede Konkurrenz! Fünf Autos! Was sagt ihr nun?» Einen Augenblick sah er triumphierend in ihre erstarrten, ungläubigen Gesichter. Und plötzlich, er wußte selbst nicht, wie das kam, liefen ihm Tränen über die Backen, er sagte schluchzend: «Ach Gott, ich bin ja so glücklich! Ich hab nicht mehr gedacht, daß ich's schaffe... Ich glaubte schon, es wäre alles hin... Und nun... fünf Autos...» Plötzlich hielt er Rieke in den Armen, er küßte sie links und rechts ab, er schüttelte sie: «Rieke, freu dich doch! Wir haben's geschafft! Ach Rieke, Rieke, meine Rieke!» Und er hatte die Palude im Arm, dieses alte, säuerliche Fräulein: «Wir bekommen eine tipptoppe Buchführung! Sie sollen nicht mehr über unsere Kladde schimpfen!» Und nun zu Kalli: «Ach, Kalli, Mensch, oller Schlemihl, weißt du auch, daß du von morgen an Chauffeur lernst?! Natürlich, so was ist doch selbstmurmelnd bei uns! Und wenn du deinen ersten Laternenpfahl umgefahren hast, schmeiße ich dich aus der Firma, und du kannst Kutscher bei Franz werden!»

Er konnte sich nicht mehr lassen vor Übermut. Daß sie es noch immer nicht begreifen wollten, daß sie ihn noch immer ungläubig anstarrten, machte ihn stets wilder: Selbst der alte Busch entging ihm nicht. «Ja, Vater Busch, was in so drei alten Borsten drin steckt! Eigentlich haben sie's geschafft, Vater Busch. Aber ich lasse sie rahmen, ich meine die drei Borsten, und darunter schreiben wir den heutigen Tag, den achtzehnten Mai neunzehnhundertvierzehn, und das hängen wir uns dann aufs Büro. Borsten und Läuse, die haben's geschafft! Und dann noch, weil ich einmal im Tiergarten auf einer Handtasche rumgetrampelt bin...» Er redete immer wirrer, sie sahen ihn an, als zweifelten sie schon an seinem Verstande.

Aber allmählich beruhigte er sich und fing an zu erzählen, und die anderen konnten glauben, was sie nicht einmal mehr zu hoffen gewagt hatten. Es wurde ein langer freundlicher Abend, so unruhig er begonnen hatte, so still vor Glück wurde er dann. Unglücklich war nur der Lehrling Egon Bremer, dem seine zu jungen Jahre es verboten, Chauffeur zu werden. Er sah alle Älteren mit Neid an und vernahm düster die Mitteilung seines Chefs, daß nun die Herumlauferei auf den Straßen aufhöre und daß er vom nächsten Tage an Buchführung erlernen werde, doppelte Buchführung, und dann Bilanzen, mein Sohn, Bilanzen sind die Seele des Geschäfts, ei wei! Mit Fräulein Palude war der Lehrling Bremer der Ansicht, daß man diesen neuen Buchhalter sehr kurz werde halten müssen – vom Gepäckgeschäft hatte er jedenfalls keine Ahnung.

Als dann aber am nächsten Morgen pünktlich um acht Uhr der neue Buchhalter antrat, ein junger, glattrasierter Mann mit scharfem, energischem Gesicht, und als der Lehrling Bremer wie meist erst um acht Uhr sieben angestürzt kam, da sprach der neue Herr: «Wir fangen hier nicht um acht Uhr sieben an, mein Sohn, sondern um acht. Das wäre das erste! Und wir stecken hier nicht die Hände in die Hosentaschen, sondern wir arbeiten mit ihnen. Das wäre das zweite! Mit einem so schmuddligen Kragen kommen wir auch nicht hierher. Das wäre das dritte. Und als viertes begibst du dich jetzt in die Küche und wäschst dir ein wenig die Hände, nur ein ganz klein wenig, damit die äußere

Borke abgeht. Und als fünftes holst du dir irgendwo ein Staubtuch und wischst hier im Büro einmal gründlich Staub, auch oben auf den Regalen. Und als sechstes bohrt man nicht in der Nase, wenn man wütend oder verlegen ist. – So, Fräulein Palude, nun wollen wir weitermachen. Nein, gegen Ihre Buchführung ist nichts zu sagen, sie gibt eine gute Grundlage. Aber wie mir gesagt wurde, werden die Geschäfte hier in Kürze einen wirklich großen Umfang annehmen –» Der rothaarige Lehrling Bremer hatte mehr als einen hilfeflehenden Blick auf Fräulein Palude geworfen. Sie mußte sich doch an den Pakt erinnern, den sie gestern abend gegen den Eindringling geschlossen hatten. Aber dieses Weibsbild saß mit ihren Büchern und Abrechnungen friedfertig und eifrig neben' dem neuen schneidigen Herrn am Tisch, und ein Lehrling Bremer schien nicht mehr für sie zu existieren.

Mit einem schweren Seufzer – «Nanu, hast du irgendwelche Beschwerden?» sagte der neue Herr – begab sich Egon Bremer an den Küchenausguß zum Händewaschen und ließ sich dann von Rieke ein Staubtuch geben. Drei Minuten später wirbelte der Staub, wurden Fenster aufgemacht – es wehte ein neuer, frischer Wind in der Eichendorffstraße!

Es wehte ein frischer Wind in der Eichendorffstraße – als Karl Siebrecht an diesem Morgen vor die Ladentür trat, zogen eilige weiße Wolken über den Dächern dahin, und der Himmel war um diese frühe Stunde noch klar und hellblau, ohne Dunst. Die Sonne schien, und der frische Wind wehte unter dem Piassavabesen des alten Busch kleine Staubsäulen auf, die eilig weiterwanderten, irgendwohin, jedenfalls von diesem Haus fort. Mit seinem lautlosen Lachen bot der alte Busch dem jungen Menschen wieder den Besen an. Aber Karl Siebrecht schüttelte den Kopf: «Nicht zuviel, Vater Busch. Einmal Glück haben reicht für eine lange Weile!»

Er trat in den Laden und machte sich mit dem neuen Buchhalter, Herrn Frenz, bekannt, und Herr Frenz sagte: «In großen Zügen bin ich ja schon von Herrn Gollmer orientiert. Ich denke, ich stelle zuerst einmal mit Fräulein Palude einen Status auf – wenn Ihnen das recht ist, Herr Siebrecht?»

«Natürlich», antwortete Karl Siebrecht, «ist mir das recht. Ein Status wird sehr gut sein!» Er hatte aber nicht die geringste Ahnung, was ein Status war. Gedankenvoll sah er dem Lehrling Bremer zu, der mit stark geröteten Ohren Staub wischte und dabei seinen Chef anklagend wegen dieser sein Mannestum entwürdigenden Weiberarbeit ansah.

«Räumen Sie nur tüchtig mit allem auf, Herr Frenz!»

«Soll geschehen, Herr Siebrecht. Würden Sie einmal überlegen, ob wir diesen Laden hier nicht möglichst rasch kündigen? Bestimmt bekommen wir in der Invalidenstraße oder am Anhalter Bahnhof ein würdigeres Geschäftslokal.»

«Die Mieten würden dort sehr viel höher sein.»

«Bestimmt. Aber wie Herr Gollmer meinte, werden wir in aller Kürze mit fünfzehn und zwanzig Auto fahren, da wird eine höhere Miete kaum eine Rolle spielen.»

Da war es wieder, dieses Glück, daß andere an ihn glaubten, ihm vertrauten, ihm vieles anvertrauten – trotz seiner Jugend und all der Dummheiten, die er begangen hatte! Da mußte etwas sein in ihm: ein Kern. Da mußte etwas über ihm stehen: ein Stern – und er selbst lernte immer mehr, diesem Kern und

Stern zu vertrauen. «Ich werde es mir überlegen, Herr Frenz», antwortete er. «Im übrigen gehe ich mit dem Gedanken um, auf den Bahnhöfen selbst Büros einzurichten. Ich stehe mit der Eisenbahndirektion deswegen in Verhandlung.» Herr Frenz machte eine kleine Verbeugung. «Das wäre natürlich eine noch viel bessere Lösung, Herr Siebrecht.»

«Aber wenn uns das auch gelingt», meinte der junge Chef, «ich bin nicht ganz sicher, daß wir diesen Laden und damit die Wohnung aufgeben. Darüber entscheidet allein Rieke – ich meine Fräulein Busch. – Fräulein Busch», sagte er erklärend und sah dabei seinen Angestellten streng an, um ihm von vornherein jede Kritik zu untersagen, «ist unser aller Betreuerin, der gute Geist meiner Firma. Sie hat mir oft mit Rat und Tat geholfen.» Noch ein strenger Blick. «Ich werde Sie nachher mit Rieke – mit Fräulein Busch bekannt machen, Herr Frenz.»

«Es wird mir sehr angenehm sein, Herr Siebrecht», sagte Herr Frenz, wieder mit einer kleinen Verbeugung, und Karl Siebrecht hatte trotz aller formellen Höflichkeit des anderen ein unbehagliches Gefühl: Rieke und dieser messerscharf gebügelte Herr Frenz, das würde nie gut zusammenpassen ...

Er ging an das Telefon und ließ sich mit der Eisenbahndirektion verbinden. Dann verlangte er Herrn Kunze: «Ich möchte Ihnen doch mitteilen, Herr Regierungsrat, daß wir von heute an regelmäßig mit fünf Autos das Gepäck abfahren. Vermutlich werden wir schon in aller Kürze den Fuhrpark weiter vergrößern.

Einen Augenblick kam keine Antwort, es klang fast, als gurgle Herr Regierungsrat Kunze am anderen Ende der Strippe. Aber wahrscheinlich hatte sich Herr Kunze nur verschluckt – man muß die Leute nicht auch schon am frühen Morgen so sehr erschrecken! Nun fragte Herr Kunze: «Dann sind also alle Differenzen behoben?»

«Ich denke wohl.»

«Jedenfalls wird es keine Gepäckrückstände auf den Bahnhöfen mehr geben?»

«Bestimmt nicht.»

«Dann möchte ich Sie bitten, Herr Siebrecht, mit Ihrem Kompagnon in den nächsten Tagen einmal bei mir vorzusprechen. Sagen wir: übermorgen um elf Uhr. Würde Ihnen das recht sein?»

«Jawohl – übermorgen um elf Uhr, Herr Regierungsrat.»

«Und, wenn es möglich ist, bringen Sie doch einen Status Ihrer Firma mit!»

«Es ist möglich! Wir sind gerade dabei, einen Status aufzustellen!»

«Ausgezeichnet! Sie denken auch an alles, Herr Siebrecht! Also dann auf Wiedersehen!»

«Auf Wiedersehen, Herr Regierungsrat!» Karl Siebrecht hängte an und sah sich wie ein Träumender um. Er wußte noch nicht, daß dem Sieger, der die entscheidende Schlacht gewonnen hat, die leichten Siege dann in den Schoß fallen.

Es kam nicht so schlimm, wie ihm am Abend zuvor gesagt geworden war: nicht alle seine Leute hatten ihn verlassen. Ein paar von den gewesenen Dienstmännern, späteren Beifahrern, schließlichen Karrenschiebern, kamen doch. Sie wollten, ehe sie Schluß machten, doch noch einmal mit dem Chef selber reden, ob denn gar keine Aussicht sei –?

Doch, es sei Aussicht! Sie sollten nur noch eine halbe Stunde warten! Nein, er wolle ihnen noch nichts sagen, sie würden schon selber sehen! Jawohl, mit dem Karrenschieben sei es endgültig vorbei, endgültig und für immer...

Er war froh, daß diese Leute doch noch gekommen waren. So konnte er doch jedem neuen Chauffeur einen kundigen Beifahrer mitgeben! Trotzdem stand er zwanzig Minuten später mit Kalli Flau in der Stube, und die beiden zogen ihre Arbeitskluft an. Sie banden einander die steifen Lederschürzen vor, sie hängten sich die großen Ledertaschen um, in der heute abend hoffentlich viel Geld sein würde! Heute wollten die beiden Firmeninhaber von Siebrecht & Flau noch einmal selbst verladen, sie wollten als erste auf ihren Autos stehen, Koffer tragen, Koffer! Sie hatten als arme verachtete, gejagte Haifische angefangen – man muß seine Siege auch zu genießen verstehen!

«Du, Karle», meinte Kalli Flau vorsichtig. «Dein neuer Buchhalter –»

«Herr Frenz, ja. Was ist mit ihm?»

«Ich glaub nicht, daß ich mit dem sehr warm werde.»

«Das brauchst du ja auch nicht, Kalli. Aber er macht doch einen sehr tüchtigen Eindruck, nicht wahr?»

«Aber er paßt nicht ganz zu uns, wie? Hast du nicht gemerkt, Rieke war auch ganz verlegen?! Sie hat kaum ein Wort gesprochen!»

«Ach, das gibt sich schon! Das hilft nun alles nichts, Kalli, wenn wir voran wollen, müssen wir auch mit solchen Leuten umgehen lernen. Du bist übrigens für übermorgen mit mir auf die Eisenbahndirektion bestellt!»

«Ich –?» Kalli war völlig zerschmettert. «Ich –? Auf die Eisenbahndirektion –?!»

«Ja, du, Kalli!»

«Nee, nee, da laß mich aus –!» Kalli Flau wurde ganz aufgeregt. «Nein, da geh du nur allein hin. Mich brauchen sie da nicht, ich versteh von dem ganzen Kram doch nichts. Da kriegen mich keine zehn Pferde hin!»

«Aber ein Auto!» Karl Siebrecht lachte. «Stell dich bloß nicht an, Kalli. Der Regierungsrat Kunze ist nicht halb so schlimm wie Käpten Rickmers. Übrigens hat er ausdrücklich nach dir verlangt.»

«Nach mir? Wieso?»

«Weil du nämlich mündig bist und ich nicht! Du bist der einzige gesetzliche Vertreter der Firma. Ich darf nicht einmal mehr unterschreiben, Kalli!»

«Verdammter Gegenwind!» Kalli war einem Zusammenbruch nahe. «Aber ich kann das alles gar nicht!» sagte er flehend.

«Dann lernst du es. Außerdem ist es nur für zwei Monate – in zwei Monaten werde ich nämlich mündig.»

«Na schön», ergab sich Kalli Flau. «Du mußt aber überall mitgehen.»

«Tu ich!» sagte Karl lächelnd. «Und nun komm, es ist Zeit für die Autos!»

Und die beiden Lederschürzen traten auf die Straße.

Jawohl, da kamen sie! Sie kamen eines nach dem andern, mit lautem Gehupe. Die niedrigen Pritschenkasten waren kanariengelb gestrichen, und von dem Eisenbügel oben, an dem die Regenplane angemacht werden konnte, hingen große Schilder, kanariengelb und schwarz: «Berliner Gepäckbeförderung Siebrecht & Flau» ... Da kamen sie. Da hielten sie vor dem Laden, einer hinter dem anderen, eine militärische Kolonne, ein imponierender Aufmarsch! Der frische Wind jagte durch die Eichendorffstraße, viele Fenster öffneten sich, viele Köpfe schauten, was dies wohl zu bedeuten hätte.

Auch aus dem Laden kamen sie: die kräftigen Auflader, deren Gesichter jetzt lachten. Der Lehrling, dem es in allen Gliedern zuckte, als erster auf so ein Auto zu springen. Die Palude, die vor Freude wahrhaftig einen Schimmer von Jugend bekam. Der Herr Buchhalter Frenz, hinter jedem Ohr einen nadelscharf gespitzten Bleistift, mit strenger Miene, als habe er diese Autos auf ihre ordnungsmäßige Ablieferung hin zu prüfen. Im Torweg stand der alte Busch. Auf seinem Besen gestützt, betrachtete er offenen Mundes die gelben Wagen. Rieke aber, neben sich die kleine Tilda, lag in einem Fenster und rief: «Mensch, Karle, jetzt schlägste aber den Franz! Nu haste jleich fünf Vögel! Det sind ja Kanalljenvögel! Vastehste?»

Alle lachten, sogar der gestrenge Herr Frenz geruhte, schwach zu lächeln. Und von hier aus breitete sich der Name aus. Erst brauchten ihn nur die von der Firma, dann kannten sie ihn schon auf allen Bahnhöfen, schließlich sagte ganz Berlin: «Det sind die Kanalljenvögel!» Und so tüchtig war Herr Frenz, daß er dafür sorgte, daß der Anstrich der Wagen immer schreiender gelb wurde. Karl Siebrecht teilte die Leute ein. Fast alle Autos konnten heute mit zwei Beifahrern besetzt werden. Um so besser, desto schneller wurde das Gepäck verladen. Er fing den flehenden Blick des Lehrlings Egon auf. Sein Herz war milde.

«Na, Egon, dann spring heut noch mal auf ein Auto! Nicht wahr, Herr Frenz, heute lassen Sie ihn noch einmal von der Kette? Aber dann, Egon –!»

«Jawohl, Herr Chef!» sagte Egon, strahlte und sprang. Sprang und strahlte – stand, die Hände in den Taschen, wie ein Fürst oben auf der Autopritsche. Herr Frenz würde ihm heute abend schon sagen, was er von Fürsten mit den Händen in der Tasche hielt...

Dann setzte sich die Kolonne in Bewegung. Ein Wagen nach dem anderen startete, wobei sie den Auspuff dröhnend knattern ließen. Sie hupten und hupten! Am Stettiner Bahnhof fuhren sie eine Schleife, sie fuhren an der Abfahrtsseite vorbei, dann die Längsseite des Bahnhofs hinunter, immerfort hupend – wie die Leute starrten! Und nun trennten sich die Wagen, jeder eilte seinem Bahnhof zu. Das Auto mit Karl Siebrecht aber fuhr am Seitenportal des Stettiner Bahnhofs vor; es war gerade die rechte Zeit für den Schwedenzug. Es war auch gerade die rechte Zeit für den Endkampf mit Franz Wagenseil.

## 50. Nach dem Sieg

Ja, da hielt das Wagenseilsche Gespann, und Karl Siebrecht betrachtete es mit Anerkennung und Wehmut. Wenn er nur einmal, wenn er nur ein einziges Mal mit einem solchen Gespann vor dem Bahnhof hätte halten können! Da fehlte aber auch gar nichts! Die neuen Geschirre glänzten nur so von Lack und Neusilber, die hellen Mähnen der leichten Belgier waren in viele Zöpfchen geflochten, und ihre Hufe waren so spiegelnd geputzt wie höchstens die Lackstiefel eines Offiziers vom Gardekürassier-Regiment. Der Rollwagen war frisch überholt, über ihm hing ein großes Schild: «Einzige Bahnhofs-Gepäckbeförderung. Inh. Franz Wagenseil.»

Karl Siebrecht wandte sich an seinen Beifahrer: «So hätten wir es einmal haben sollen, was, Jahnke?»

«Das können Sie wohl sagen, Herr Siebrecht! Aber nicht einen Koffer haben die auf dem Wagen!»

«Der Beifahrer wird drinnen im Bahnhof sein. Zu Anfang werden die wohl noch Gepäck kriegen, aber wir hängen sie schon ab! Jetzt sind wir die Schnelleren.» Und zu dem noch unerfahrenen Chauffeur: «Am besten reden Sie mit den Leuten von dem Gespann vor uns gar nicht! Die sind nämlich Konkurrenz!»

Worauf der Chauffeur voll Verachtung erwiderte: «Ick und mit Pferdekutschern reden? So 'ne Leute seh ick übahaupt nich! Mit so 'ne Leute mach ick mir doch nich jemein!»

Karl Siebrecht kam mit Jahnke an die Gepäckausgabe, und wer stand dort, eifrig, hitzig redend, fast schon schimpfend? Mit schwarzledernen Gamaschenbeinen der Herr Franz Wagenseil selbst! Auf einen Ruck verstummte er, als er Karl Siebrecht sah. «Ich möchte Gepäck holen!» sagte Karl Siebrecht und sah den Franz Wagenseil gar nicht.

«Mit was holen Sie denn heute?» wurde er vorsichtig gefragt. «Wieder bloß mit dem Handwagen?»

Karl Siebrecht lächelte. «Mit 'nem Kanalljenvogel!» platzte Jahnke los. «Bloß, wat een Kanalljenvogel uff dem Schwanz wegträgt!» Alle platzten los.

«Ich fahre von nun an nur mit Autos!» sagte Karl Siebrecht, als sie sich ein wenig beruhigt hatten.

«Also denn ran mit den Karren! Und sehen Sie, daß wir heute ein bißchen Luft kriegen, es ist wirklich so kein Arbeiten mehr!»

«Heute kriegen Sie soviel Luft, wie Sie nur brauchen!» antwortete Siebrecht, und sie fingen an, die Karren vollzupacken.

Franz Wagenseil war verschwunden. Und er blieb auch verschwunden, eine ganze Weile lang. Er erkundigte sich wohl bei dem Chauffeur des gelben Wagens nach allem Näheren, das der auch nicht kannte.

Sie waren gerade dabei, die ersten Gepäckkarren zum Auto zu stoßen, als Wagenseil wieder angestürzt kam. Er war blaß, seine Hände zuckten. «Das dürfen Sie nicht!» schrie er schon von weitem. «Wenn Sie mir kein Gepäck geben wollen, dürfen Sie dem erst recht keines geben. Der ist ja noch minderjährig, der ist ja bloß ein Rotzjunge! Der darf ja noch gar keine Firma haben –!»

«Das müssen Sie mit der Eisenbahndirektion ausmachen!» wurde ihm geantwortet. «Wir haben Anweisung, nur an die Firma Siebrecht & Flau auszuhändigen.»

«Aber seit wann denn? Früher hat doch jeder fahren dürfen! So etwas gibt es ja gar nicht!»

«Seit wann? Vor einer Stunde ist hier angerufen worden. Ja, Herr Wagenseil, da sind Sie eben ein bißchen zu spät aufgestanden. Hätten Sie den Mist mit den halbtoten Pferden nicht gemacht! – Obacht! Obacht! Sie!» Der «Sie» war Franz Wagenseil. Er stand so bestürzt da, daß er sich beinahe hätte umfahren lassen. Zum erstenmal sah Karl Siebrecht seinen ehemaligen Fuhrherrn ohne ein Wort. Einmal in seinem Leben wußte Franz Wagenseil nichts zu antworten. Der Findige, der Schlaue, der Beschlagene, der Bedenkenlose – nun standen einmal seine eigenen Taten gegen ihn auf. Er wußte nichts zu sagen, er konnte nichts tun. Als sie wieder in den Bahnhof zurückkamen, war er verschwunden. Und als sie wieder aus dem Bahnhof herauskamen, war sein Gespann fortgefahren. Es war ein leichter Sieg gewesen, ohne Kampf erfochten, man hatte keine Ursache, auf dieses Schlußgefecht besonders stolz zu sein! So viele hatten zu diesem Siege geholfen, zum Schluß noch am meisten der Herr Regierungsrat Kunze! Mit Dankbarkeit dachte Karl an diesen verstaubten Mann im dunklen Büro am Schöneberger Ufer.

Sie fuhren und fuhren an diesem herrlichen Maitag, sie beförderten Koffergebirge. Und während sie so dahinfuhren in der Maisonne, heiß vom Verladen und gekühlt vom Fahrwind, grübelte Karl Siebrecht schon über Autos mit größeren Pritschen. Er mußte sich auch eine andere Sorte Chauffeure heranziehen als diese Herren, die zu fein waren, einen Koffer anzufassen, die nur fahren wollten. Sie wurden viel zu teuer. Karl Siebrecht war gerade in solchen Gedanken, als er von einer Mädchenstimme angesprochen wurde: «Würden Sie wohl meine Handtasche zum Stettiner Bahnhof befördern?»

Rot werdend, starrte er in das lockenumrahmte Gesicht von Fräulein Ilse Gollmer!

Boshaft fuhr sie fort: «Sie sind doch Spezialist in Handtaschen, nicht wahr?»

«Ach Gott, Fräulein Gollmer!» rief er glücklich. «Das ist aber nett von Ihnen, daß Sie mich auch besuchen!»

«Ich Sie besuchen? Na, wissen Sie! Ich kam hier gerade vorbei und sah dies komische gelbe Auto, und da habe ich –» Jetzt wurde auch sie rot: «Sie haben ja eine dolle Schürze um, Sie sehen beinahe so schön aus wie als Gärtner! Ich finde aber, Sie können Ihre Schürze mal waschen lassen!»

«Leder kann man doch nicht waschen, Fräulein Gollmer», entschuldigte er sich.

«Dann kratzen Sie es wenigstens mal mit einem Messer ab!» Sie musterte ihn kritisch: «Ihr Scheitel ist auch nicht in Ordnung, und Sie haben nicht einmal einen Schlips um!»

Nachdem sie ihn so völlig zerschmettert hatte, nickte sie gnädig: «Adieu, Herr Siebrecht, übrigens soll ich Sie von Vater daran erinnern, daß Sie ihm einen Distelstecher versprochen haben!» Sie ging, und Karl Siebrecht fiel erst drei Minuten später ein, daß sie ihn also doch extra aufgesucht hatte, sonst hätte sie ihm ja keine Bestellung des Vaters ausrichten können! Sie war ein großartiges Mädchen!

Sie fuhren immer weiter an diesem schönen Maientage, Karl Siebrecht war leicht und froh zumute – aber noch waren nicht alle Schatten der Vergangenheit verschwunden. Da war nun dieser Pferdehändler Engelbrecht – Karl Siebrecht hatte den Mann dann und wann auf dem Fuhrhof gesehen, einen schweren, schlaffen Mann mit einem talgigen Gesicht und merkwürdig kleinen Augen –, auch er suchte Karl Siebrecht auf, einen jungen Menschen, dessen Gruß er früher kaum erwidert hatte.

Karl Siebrecht fuhr auf dem Auto. Er stand ungeduldig neben der vollbeladenen Pritsche – was hatte all diese Rederei für einen Zweck? Begriffen diese Menschen nie, daß Schluß wirklich Schluß hieß? «Es hat gar keinen Zweck, Herr Engelbrecht!» sagte er ungeduldig. «Ich fahre jetzt mit Autos, weil Autos wirtschaftlicher sind. Der Franz kann schicken, wen er will: er kommt doch nie mehr in Frage!»

«Ach, der Franz!» Der Viehhändler machte eine wegwerfende Bewegung. «Der hat sich seine eigene Grube gegraben. Ich rede doch nicht für den Franz. Ich will Ihnen ein Geschäft vorschlagen. Ich habe ein vollstreckbares Urteil gegen die Wagenseils: heute nachmittag noch laß ich ihnen den ganzen Fuhrhof mit Rupps und Stupps pfänden. Ich kann die Stallungen gut für meinen Betrieb brauchen. – Sie haben ja wohl auch eine Stange Gold von denen zu kriegen?»

«Vielleicht.»

«Na, Sie werden Ihr Geld auch nie wieder zu sehen bekommen – Sie nicht und der Ziegenbrink auch nicht. Der hat ihn jetzt in der Zange, aber es fällt nichts mehr raus bei dem Franz. Und bei ihr auch nicht. Gerade noch das Zeug, das sie auf dem Leibe tragen, so alle sind sie –! Ich habe besser aufgepaßt, ich bin jedenfalls zu meinem Geld gekommen.» Er reckte sich schläfrig, aber nur schwach. «Nun wollte ich Ihnen vorschlagen, daß ich als Kompagnon in Ihre Firma eintrete. Ich habe immer Pferde zu stehen, denen ein paar Tage Arbeit nur guttun. Die eiligen kleinen Fuhren machen Sie mit Autos, die schweren mit Pferden.»

«Nein, danke schön, Herr Engelbrecht.»

«Nicht so schnell! Man kann ja ein Wort darüber reden, nicht wahr? Ich bin nicht der Franz, ich bringe nicht nur die Pferde ein, ich würde mich auch mit Geld beteiligen. Ich habe nun mal das Gefühl, mit Ihnen ist Geld zu machen. Was meinen Sie zu einer Beteiligung mit zwanzigtausend Mark –?»

«Und die Wagenseils haben wirklich nichts mehr?»

«Nichts! Nicht mal mehr ein Zimmer. Nicht mal mehr ein Bett, aber die Leute haben es ja nicht anders gewollt. – Nun, wie ist es mit uns beiden? Wir machen einen anständigen Vertrag vor anständigen Anwälten.»

«Nein, danke wirklich, Herr Engelbrecht.»

Es war schwer, diesen langsamen, zähen Mann loszuwerden. Vielleicht war es auch nicht einmal richtig. Siebrecht konnte schon Betriebskapital gebrauchen. Aber er wollte mit all diesen Leuten nichts mehr zu tun haben. Von nun an würde er nur noch mit Menschen wie Gollmer oder Frenz arbeiten. – Saubere Geschäfte! Nichts mehr vom Schlage Wagenseil!

Und während er weiterfuhr und verlud, mußte er an diesen Mann denken, den er einmal auf eine gewisse Art gerne gemocht hatte, auf dessen Fuhrhof er aus und ein gegangen war, den er bei hundert Verrichtungen gesehen hatte, übereifrig, eifrig, dann immer lässiger werdend. Das leichte Geldverdienen hatte ihn verdorben. Weil Karl Siebrecht ihm ein gutes Geschäft gebracht hatte, war er zugrunde gegangen. Was den einen gehoben hatte, hatte den anderen in den Schmutz gedrückt. Karl Siebrecht sah diesen Mann, wie er heute losgefahren war mit seinem funkelnden Gespann: die Pferde waren geborgt, die Geschirre waren geliehen, alles Funkeln war unecht, das Silber war nur Neusilber! Er aber glaubte, alle Trümpfe in der Hand zu haben, siegesgewiß fuhr er zum Bahnhof. Dann fielen alle Karten gegen ihn, seine Trümpfe stachen nicht, der Spieler begriff, daß er alles verspielt hatte, nichts blieb ihm. Doch ja, eines: ein Weib, das ihn haßte, das er haßte – die schwarze Treffdame, seine Unglückskarte, die blieb ihm!

Es war spät, als Karl Siebrecht in die Eichendorffstraße zurückkam. Es war noch später, als er sein Abendbrot aß. Rieke war allein bei ihm in der Stube. Sie war unruhig, sie war bedrückt. Immer wieder ging sie an das Fenster und spähte durch die Gardinen.

«Ist da etwas? Wonach siehst du?»

«Ach nischt!» Sie kam an den Tisch zurück, sah schweigend seinem Essen zu. Dann ging sie wieder zum Fenster.

«Da ist doch was! Wonach siehst du denn?»

«Ach nischt! Bloß, die beiden stehen noch immer da!»

«Welche beiden?» Aber er wußte schon die Antwort.

«Na, die Wagenseils doch! Franz und Else!»

«So!» sagte er. Trotzdem er die Antwort gewußt hatte, war er jetzt verwirrt. «Stehen sie schon lange da?»

«Doch, der Herr Frenz hat ihnen doch det Haus verboten!»

«Was wollten sie denn?»

«Na, mit dir sprechen doch, Karle!»

Er machte sich härter als er war. «Nein», sagte er, «ich habe mit denen nichts mehr zu sprechen.»

Sie schwiegen eine Weile. Dann fragte sie: «Haben die jar nischt mehr?»

«Ich weiß nicht, Rieke. Ich glaube nicht. Nein.»

«Nicht mal 'ne Bleibe for de Nacht?»

«Ich weiß nicht, wahrscheinlich nicht.»

Sie schwieg lange. Dann sagte sie halblaut: «Und die Else hat ihr schwarzet Seidenkleid an, und denn nich wissen, wo schlafen ...»

«Machst du mir einen Vorwurf, Rieke?» fragte er plötzlich. «Wenn die nun gesiegt hätten, und ich stünde draußen, glaubst du, ihm wäre das Herz schwer gewesen? Gelacht hätte er über mich! Mir ist das Herz schwer, Rieke!»

«Ick weeß ja, Karle! Ick mache dir ja ooch keenen Vorwurf, ick habe Wagenseils nie jemocht! Bloß, det se so da draußen stehen! Kannste denn nischt for se tun?»

«Ich will nichts für sie tun.» Er besann sich: «Das ist alles schon einmal passiert, Rieke. Mit kleinen Vorschüssen fing es an, und sie wurden immer größer. Aber da hatte er schon ein Recht auf Vorschüsse, und als ich sie ihm verweigerte, ging er hin und spielte mir gemeine Streiche. Nein, ich will nicht wieder mit ihm anfangen.»

«Kannste ihm keene Arbeit geben?»

«Er würde mich bei jeder Abrechnung betrügen!»

«Denn mach ihn doch zum Kutscher! Mit Pferden weeß er Bescheid!»

«Ich brauche keine Kutscher mehr, ich habe Chauffeure!»

«Du willst ihm eben nich helfen!»

«Richtig, ich will nicht!»

Sie spähte durch die Gardinen. «Jetzt streiten se sich», flüsterte sie.

«Warum sollen sie sich nicht streiten? Sie haben sich ihr ganzes Leben lang gestritten!» Und plötzlich: «Hier, Rieke, bring jedem zwanzig Mark. Aber sage, daß es von dir kommt, sage nichts von mir! Versprich mir das!»

«Ick wer doch nich tun, wat du nich willst, Karle! Bist janz ruhig!»

Jetzt stand er hinter der Gardine. Er sah Rieke über die Straße gehen, der

Streit zwischen den beiden Eheleuten brach ab. Sie redeten alle drei miteinander. Franz wurde immer hitziger. Wahrhaftig, er schrie und schimpfte. Er drohte mit der Faust gegen den Laden. Dann beruhigte er sich langsam, jetzt gab ihnen Rieke das Geld. Überraschend schnell trennten sie sich. Rieke kam ins Haus zurück. Langsam ging Frau Else Wagenseil in ihrem schwarzen Seidenkleid die Eichendorffstraße hinunter, tiefer in die übelbeleumundeten Straßen hinein. Der Franz stand noch am längsten da. Dann überquerte er den Fahrdamm, ging in der Richtung auf den Stettiner Bahnhof. Karl konnte leicht erraten, wohin Franz ging: in die Großdestillation an der Ecke, wo Mut und Erfolg in kleinen Groschengläsern verkauft werden.

«Soll ick abräumen, Karle?» fragte Rieke in seinem Rücken. «Biste satt?»

«Ja, ich bin satt, Rieke», antwortete er.

## 51. Bowle und Bild

«Nein, nein», sagte Herr Gollmer und strich mit der flachen Hand über seinen kahlen Schädel, «fahren Sie nur ruhig für ein paar Tage in Ihre Heimat. Ich habe da gar keine Bedenken. Wenn wirklich Krieg kommt, müssen Sie doch Ihren Laden zumachen.»

«Aber dann ist soviel zu tun», widersprach Karl Siebrecht.

Sie saßen im Garten der Grunewaldvilla. Es war Juli geworden, Juli im Jahre des Unheils 1914.

«Dann ist gar nichts zu tun», meinte Herr Gollmer. «Ihre Autos liefern Sie an die Heeresverwaltung ab, und Sie selbst marschieren in die nächste Kaserne. Zu alldem kommen Sie immer noch zurecht. Sie werden doch auch mündig in diesen Tagen, nicht wahr? Sie müssen doch schon wegen der Vormundschafts-abrechnung dorthin!»

«Werden Sie wirklich schon mündig?!» rief Ilse Gollmer lachend. «Ich kann es gar nicht glauben! Ich kann mich noch gut daran erinnern, wie Sie mit einer Schürze herumliefen! Und nun sind Sie ein richtiger erwachsener Mann – nein, so was!»

Sie hatten sich ein paarmal seit jenem entscheidenden Maitage gesehen, immer nur ganz kurz – über kleine Sticheleien waren sie noch nicht hinausge-kommen.

«Ja, Fräulein Gollmer», antwortete Karl Siebrecht ernsthaft, «und ich war noch so klein, als wir uns kennenlernten, daß ich alles kaputtriß, was mir in die Hände kam, Papier, Bilder, einfach alles!»

«Schweigen Sie!» rief Ilse Gollmer zornig und warf ihre Locken zurück. «Sie sind taktlos! Nun wollte ich einmal nett zu Ihnen sein und Sie fragen, wann Sie Geburtstag haben, aber jetzt tue ich es nicht! Sie und mündig –? Sie werden nie mündig, das sage ich Ihnen!»

«Streitet euch nicht, Kinder», sagte Herr Gollmer behaglich. «Ilse, gieß mir lieber noch ein Glas Bowle ein. Was hat er dir denn zerrissen? Ein Bild? Schenkt er dir einfach ein neues!»

Die beiden sahen sich an und mußten lachen.

«Seht ihr, das höre ich lieber! Nein, fahren Sie getrost! Die fünf bestellten neuen Autos werde ich kaum noch an Sie abliefern . . .»

Herr Gollmer sprach behaglich fort, und schließlich versöhnten sich die bei-den. Die Bowle schmeckte so gut, und die Nacht war so warm, und es war viel schöner, zu lachen als sich zu streiten.

Sie nahm sogar sein Bild in Gnaden an, ein Duplikat des Bildes aus dem Führerschein, auf dem merkwürdig lang, schmal und fest sein Kopf unter einer Ledermütze und über einer Lederjacke zu sehen war. «Mit Lederschürze wür-den Sie ganz hinreißend sein», sagte sie, als sie das Bild in ihre Tasche steckte.

«Und du willst wahrhaftig reisen!» rief der Rittmeister von Senden. Er sah völlig verändert aus in seiner feldgrauen Uniform, mit langen Reitstiefeln. Nicht eine Spur von seidenen Söckchen mehr. «Ich gehe heute nachmittag zu meinem Regiment! Todsicher kommt Krieg, und da willst du reisen!»

«Gerade wenn Krieg kommt, möchte ich gern noch einmal die alte Heimat sehen!»

«Was willst du denn dort? Du wirst staunen, wie fremd dir die Heimat geworden ist. Deine Heimat ist doch jetzt Berlin.»

«Glauben Sie wirklich, Herr Rittmeister?»

«Aber natürlich! Junge, wenn ich daran denke, wie du vor vier oder fünf Jahren auf dem Bau erschienst, voll Kohlenstaub, eine Kokskiepe in der Hand und in einer alten Manchesterhose — ich sehe die Hose noch! Erinnerst du dich —?»

Karl Siebrecht nickte: «Die hatte ich noch vom Vater!»

«Du würdest dich selbst nicht wiedererkennen! Jetzt bist du ein smarter Geschäftsmann geworden. Dieser Anzug ist bestimmt nicht von der Stange.»

«Herr Gollmer meinte, sein Schneider —» sagte Karl Siebrecht etwas verlegen.

«Natürlich hat Herr Gollmer recht! Aber du hast dich eben gewaltig verändert, und deine Kleinstädter werden sich überhaupt nicht verändert haben. Zwischen denen läufst du ja fremd wie unter Mondmenschen herum. Hier ist deine Heimat. In Berlin bist du zu Hause. Diese Stadt hat dich zu dem gemacht, was du heute bist.»

«Ich weiß wohl. Aber ich möchte das alles doch einmal wiedersehen. Meist denke ich nicht daran, die Bahnhöfe und die Straßen und die Koffer, das ist mein Leben! Aber plötzlich, wenn ich abends heimgehe und bin ein bißchen müde, und den ganzen Weg lang brennen die Gaslaternen vor den fremden Häusern, dann denke ich an ein Haus und an den Garten dahinter und an einen dunklen Geräteschuppen, in dem auch die Hühner hausten... Und dann ist mir, als müßte ich dorthin, als müßte ich es mit dem vergleichen, was ich heute geworden bin. Ob mich dort wirklich nichts mehr bindet und hält?»

«Also dann fahre, mein Sohn, fahre! Wir werden uns wahrscheinlich erst nach dem Kriege wiedersehen. Ich nehme an, daß der nicht sehr lange dauern wird, sechs, acht Wochen — zu Weihnachten sind wir jedenfalls bestimmt zu Haus. Also auf Wiedersehen zu Weihnachten, Karl!»

«Auf Wiedersehen zu Weihnachten, Herr von Senden!»


## 53. *Die Heimat aus der Ferne*

Er war doch immerhin noch so jung, daß er sich für diese Reise von zwei oder drei Tagen einen wunderschönen ledernen Coupékoffer kaufte. Und herrliche Oberhemden, wie er sie noch nie besessen. Und Söckchen, die der Rittmeister hätte tragen können. Und braungelbe Halbschuhe zum Knöpfen. Und einen Strohhut, eine Kreissäge. Rieke, die ihm beim Packen half, kam aus dem Staunen nicht heraus. «Wat willste bloß mit all det Zeug herumschleppen? Ick denke, Mittwoch biste schon wieda hier?»

«Ja, bestimmt, Rieke.»

Sie fragte leise: «Denkste denn noch immer an ihr? Du weeßt schon! Sie hat dir doch all die Jahre nich een Wort jeschrieben! Oder doch –?»

«Nein», sagte er kurz. Und dann plötzlich eifrig: «Das ist doch wegen der Vormundschaftsabrechnung, Rieke. Ich muß doch da zum Bürgermeister. Die sollen gleich sehen, daß sie mir nichts zu schenken brauchen.»

«Na ja», antwortete Rieke, «wenn du det so rum meinst!» Aber es klang nicht sehr überzeugt.

Und nun saß er endlich im Zug und sah eifrig in das sommerliche Land hinaus. Sie waren schon fleißig bei der Ernte, sie mähten den Roggen und setzten ihn in Hocken. Und da standen Kühe in einer Koppel und sahen sich langsam nach dem vorüberfahrenden Zug um. Plötzlich fiel ihm ein, wie lange er keine reifen Getreidefelder gesehen hatte und keine weidenden Kühe. Als er in Berlin war, hatte er nicht daran gedacht, es hatte ihm nicht gefehlt, aber nun, da er es wiedersah, merkte er, es hatte ihm eben doch gefehlt. Nur Steine hatte er gehabt, Steine und Menschen. Nein, keine Menschen, sehr wenige Menschen hatten ihm diese viereinviertel Jahre gebracht, nur Leute. Ein Gewimmel von Leuten. Und er hatte mitgewimmelt ...

Da war ein zerfahrener Feldweg. In den Wagenspuren stand vom letzten Regen noch Wasser, und ein kleines Mädchen ging da lang, wohl heim von der Schule, der Ranzen hing auf seinem Rücken. Das kam Karl Siebrecht so schön vor! Alte verkrüppelte Weiden standen am Weg, und rechts und links breiteten sich reifende Felder aus, die Kartoffeln blühten schon, und dazwischen ging dieses Kind – jeder Schritt hinterließ eine Spur in dem weichen Sande. Er war über die harten Granitplatten gelaufen, die keine Spur annahmen, nichts zeugte von ihm ... Diese Felder waren ewig, immer wieder würden die Weiden ausschlagen. Immer wieder würden kleine Kinderfüße sich im Sand abzeichnen – ewig!

Er mußte in die Kleinbahn umsteigen. Und, wahrhaftig, da stand auf dem Bahnsteig, neben dem schon wartenden Zug, der lange, schwärzliche Schaffner, der Mann mit der Notbremse und dem zerrissenen Draht, der Unselige, den Rieke so beschimpft hatte. Und während der Zug anfuhr, während Karl Siebrecht von einem Eckplatz aus in das helle Land hineinschaute, glitt jene andere, novembertrübe Fahrt an ihm vorüber – aber Riekes freundliches Gesicht hatte sie erhellt ... Wieder sah er die schmale, zierliche Gestalt, deren Umrisse die grotesken Linien des alten Frauenkleides verdeckten, er hörte sie losschelten, erzählen, sie besorgte die Tilda – ach, Rieke, Rieke, wie wäre mein Leben wohl verlaufen ohne dich? Sie war nicht mehr daraus fortzudenken!

Der Schaffner kam, um ihm seine Karte abzunehmen, denn die kleine Stadt kannte noch keine Bahnsteigsperre.

«Sagen Sie mal», fragte ihn Karl Siebrecht, «hatten Sie hier nicht vor ein paar Jahren mal Pech mit der Notbremse?»

«Wir? Nee, nicht daß ich wüßte! Im Winter vor zwei Jahren is uns mal ein Kessel eingefroren, und vor drei Jahren haben wir beim Übergang in Zarpin das Doktorauto angefahren, aber von einer Notbremse weiß ich nichts!»

Vergessen und vorbei! Vorübergeweht mit dem Wind, mit dem Novemberregen, mit den Blättern, von denen niemand mehr wußte, mit den Toten in ihren Särgen! Staub zu Staub. Nur zwei auf dieser Erde wußten noch um dieses kleine Erlebnis: Rieke und er. Er und Rieke.

## 54. Derselbe und verwandelt

Er hatte niemandem geschrieben, daß er kommen würde. Zwei Hausdiener standen auf dem Bahnsteig, er gab dem vom Hotel Hohenzollern seinen schönen Lederkoffer und sagte, daß er erst später ins Hotel kommen würde.

Langsam ging er die Bahnhofstraße hinunter. Die Häuser sahen völlig unverändert aus, nur schienen sie niedriger geworden. Geduckt lagen sie unter dem hohen strahlenden Sommerhimmel. Da war der Laden von Biermann; vor diesem Schaufenster mußte der Großstädter lächeln über diesen ungeschickten Aufmarsch von Stallaternen, Zinkeimern, Waschmitteln, und in der Mitte stand ein Kaffeegeschirr mit großen, bunten Blumen! Wie er das alles bewundert hatte – früher! Er ging weiter, die Straße verengte sich, die Häuser rückten näher aneinander, aber höher wurden sie darum nicht. Die Frau, die ihn eben so neugierig angesehen hatte, war die Briefträgerfrau Bartels gewesen – sie hatte ihn nicht erkannt! Hier war das Café Bitterling, einmal in der Woche hatte er hier mit Minna Kuchen geholt, aus dem Laden, in das Café selbst hatte er nie gedurft. Er konnte über die Mauer in den Schulhof sehen, zehn Jahre seines Lebens war er dort in der großen Pause herumgelaufen. Jetzt war der Schulhof ganz leer, auch aus den Fenstern drang kein eifriges Gesumm – ach ja, jetzt waren die großen Ferien. Er ging immer schneller über den kleinen Marktplatz in den Gerstgrund hinein. Was ging ihn das eigentlich alles an? Was hatte er mit diesen Häusern und Menschen zu tun? Mochten sie glücklich sein, mochten sie weinen, er wußte nichts von ihnen, er gehörte nicht mehr dazu!

Tief aufatmend stand er vor dem Haus des Vaters still. Er sah es lange an, es war frisch verputzt und rosa getüncht, es sah fremd und vertraut aus. Hinter jenem Fenster gleich neben dem Eingang hatte der Vater sein kleines Büro gehabt – wie oft hatte er den versorgten, so früh gealterten Kopf dort über Rechnungen gebeugt gesehen, wenn er aus der Schule gekommen war! Jetzt hing dort ein messingblankes Vogelbauer, er hörte den Kanarienvogel singen... Ein kleines Schild war an der Tür, er ging hin, um zu sehen, wer jetzt in dem Hause wohnte. «Fritz Gelsen, Prozeßagent» stand darauf. Er kannte keinen Gelsen – der Mann mußte erst nach seiner Zeit zugezogen sein, und nun war es doch so, daß diesem Neuen das Haus wirklich gehörte, aber er, der es in sich hatte, besaß es nicht! Wenn ich einmal viel Geld habe, werde ich mir das Haus kaufen, dachte er. Und ganz schnell: Nein, nur nicht! Was geht mich das Haus an! Er ging schnell hinten herum und spähte in den Garten. Der Garten war leer, er hätte ungehindert eintreten können, aber er zögerte. Die alten Obstbäume waren abgehauen, auch die mit Buchsbaum eingefaßten Blumenrabatten waren verschwunden. Und dahinten – ach, auch der Geräteschuppen an der Mauer, in dem er ein paar selige, verwirrte Minuten erlebt hatte, war fort. Niedergerissen, keine Spur mehr von ihm – jetzt waren Mohrrübenbeete dort. Alles vertraut und doch fremd geworden! Alles verwandelt, gleich und verwandelt, wie er derselbe und doch verwandelt war. Er warf nur einen raschen Blick auf die Hinterfront des Pastorenhauses – dies sparte er sich für den Schluß auf –, dann ging er eilig.

Er stand auf dem Kirchhof. Hier waren die Gräber von Vater und Mutter. Auf dem Stein stand jetzt auch: «Hermann Siebrecht, gestorben am 11. November 1909» – das hatte die alte Minna besorgt. Beide Gräber waren jetzt dicht mit Efeu übersponnen, man sah nichts mehr davon, daß sechzehn Jahre zwischen dem Todestag von Mutter und Vater lagen – so völlig gleich waren sie sich geworden. Und in seinen Ohren klangen noch die Worte des Pastors Wedekind: «Staub zu Staub! Asche zu Asche! Erde zu Erde!» Unwillkürlich sah er zu jenem Grabstein hinüber, hinter dem damals die Jugendfreundin gestanden hatte. Dann fiel ihm die Aster ein, die er aus des Vaters Gruft herausgeholt hatte. Er griff nach seiner Brust, er lächelte unbestimmt. Wo war die Aster? Er trug sie nicht mehr bei sich auf dem Herzen, er hatte sie verloren, er wußte nicht einmal wann! Vorbei! Vorbei! Was sollte er noch hier? Auch hier war seine Jugend nicht, er hatte sie auch hier nicht wiedergefunden, wenn sie noch irgendwo war, so bei der alten Minna, die ihn aufgezogen hatte, die seine getreueste Freundin gewesen war – dieses alte Mädchen mit seinem trockenen unbeweglichen Holzgesicht. Er mußte zu Minna.

## 55. Die alte Minna

Als er auf den Hof kam, trat sie aus dem Stall, einen Vieheimer in der Hand. Sie blinzelte den Städter einen Augenblick mißtrauisch an, dann wischte sie die Hand an der blauen Schürze ab, hielt sie ihm hin und sagte: «Da bist du ja, Karl! Mächtig fein siehst du aus! Aber ich muß jetzt wohl Sie zu dir sagen!»

Er schüttelte ihr aufgeregt die Hand. «Ach, Minna!» rief er. «Warum sollst du Sie zu mir sagen?! Freust du dich denn gar nicht, daß ich dich mal besuche? Sag, freust du dich?»

«Doch! Doch!» sagte sie und sah ihn prüfend an. «Geben sie dir in der Stadt gar nichts zu essen? Mächtig mager siehst du aus!»

«Ich habe tüchtig zu arbeiten, Minna, davon kommt die Magerkeit. Zu essen bekomme ich schon genug.»

«Ach, so 'n Stadtessen!» sagte sie verächtlich. «Wart mal 'nen Augenblick!» Sie schurrte ins Haus. Ihr Rücken war rund und krumm geworden, ihre Hände ganz hart. So grau war ihr Haar doch früher nicht gewesen?

Er mußte eine ganze Weile auf dem Hof warten, bis sie zurückkam. «Denn komm mal rein!» sagte sie. «Wir haben schon gegessen, aber ich mache dir ein Rührei mit Bratkartoffeln und Speck. Das hast du doch früher so gern gemocht.»

In der Küche mußte er Minnas Schwägerin die Hand geben. Die Frau sah ihn nur kurz und fast feindlich an, Minnas Bruder war nicht zu sehen. Er wurde in die gute Stube geführt und mußte sich auf das Wachstuchsofa setzen. In der Küche nebenan hörte er die beiden Frauen wirtschaften. Um den vertrockneten Fliegenfänger spielten die Fliegen. Er saß da und saß – die Zeit wurde ihm sehr lang. Wozu saß er hier?

Die beiden Frauen nebenan schienen sich zu streiten. Plötzlich hörte er die scharfe Stimme der Schwägerin: «Für so was haben wir kein Geld!» Dann murmelte die alte Minna.

Er stand auf, öffnete ein Fenster und sah hinaus. Aber er sah nichts. Ungeduld, Unruhe, Ärger saßen ihm in den Gliedern. Am liebsten wäre er auf der Stelle fortgegangen. Das sah ihnen so ähnlich, dem Gast der alten Minna, die den ganzen Tag für sie rackerte, nicht einmal ein paar Eier und ein bißchen Speck zu gönnen. Aber er konnte es ihr nicht antun, er mußte schon sitzen bleiben und sich durch das ungegönnte Essen hindurchschlagen.

Er tat es, sie redeten kaum dabei, die Tür zur Küche war nur angelehnt. Dann stand er auf und sagte: «So, Minna, das hat wieder einmal großartig geschmeckt! Zum erstenmal wie früher zu Haus!»

Ein schwaches Lächeln kam bei ihr. «Das ist recht, Karl.»

«Und nun bringst du mich ein Stück zurück zur Stadt, Minna, nicht wahr?»

«Möchtest du? Na schön, ich will sehen ... Dann warte mal ...»

Wieder mußte er lange warten, aber diesmal hörte er wenigstens kein Gezänke. Die Fliegen tanzten weiter um den Fänger – eigentlich war es ganz schrecklich, hier so sinnlos herumzustehen. Minna hatte nur Schwierigkeiten dadurch.

Dann kam Minna. Sie hatte ihren Sonntagsstaat angezogen, er kannte noch jedes Stück: das schwarze Wollkleid mit dem weißen Kragen und die Brosche mit den Vergißmeinnicht. Wer weiß, aus welcher frühen Zeit der Minna diese Brosche wohl stammen mochte? Vielleicht war auch dieses alte hölzerne Mädchen einmal zu Zärtlichkeiten geneigt gewesen? Sicher, einmal war sie genauso jung gewesen wie er, hatte ebenso wie er viel vom Leben erwartet. Ach, wie trostlos war es doch, in eine aufgegebene Heimat zurückzukommen. Nie wieder brennen die Feuer, die einmal erloschen sind. Asche, nur Asche. Staub, nur Staub. Erde ...

Sie gingen zwischen den Feldern, ab und zu sagte Minna ein spärliches Wort: «Die Kartoffeln sehen gut aus. – Der Roggen müßte auch runter –»

Karl Siebrecht blieb stehen. «Minna!» sagte er. «Alte Minna, warum bleibst du bei den Leuten, die unfreundlich zu dir sind? Das hast du doch nicht nötig!»

«Du hättest mir gerne mal einen Brief schreiben können», sagte sie hart. «Dann hätte ich eine Freude gehabt.»

Er schwieg schuldbewußt. Er hätte es wirklich tun können. Er hätte sogar häufiger schreiben können, für einen Brief wäre immer mal Zeit gewesen. Aber er hatte es nicht getan. Er hatte nun einmal keine glückliche Hand im Umgang mit den Menschen, die er gerne hatte. Er war wohl nur ein Egoist! Nach einer Weile, während sie stumm weitergegangen waren, sagte er bedrückt: «Könntest du es wohl übers Herz bringen, zu mir nach Berlin zu kommen, Minna? Es geht mir jetzt recht gut. Und du könntest schön im Hause helfen. Du müßtest nicht ohne Arbeit sein, Minna.»

Sie sah ihn kurz von der Seite an. «Du hast mit dir selbst zu tun. Sieh nur, daß du selber zurechtkommst.»

«Aber es geht mir wirklich gut, Minna! Ich verdiene jetzt schönes Geld, und ich werde noch viel mehr Geld verdienen.» – Sie schwieg hartnäckig. Aber er spürte ihren Unglauben. Um sie zu überzeugen, sagte er: «Ich habe schon fünf

Autos laufen, ich fahre nämlich Gepäck von den Bahnhöfen. Und fünf neue Autos sind schon bestellt!»

«Ach, red bloß nicht!» sagte sie kurz. «Du bist genau wie dein Vater: wenn der einen Bauauftrag bekam, rechnete er mir schon die Tausender vor, die er verdienen würde.»

«Aber es ist wirklich wahr, Minna! Komm nur hin, sieh es dir selbst an!»

Sie blieb stehen, plötzlich funkelten ihre alten Augen vor Zorn. «Du Aufschneider!» rief sie. Genauso ein Prahlhans wie dein Vater bist du! Die haben dich doch gesehen, Karl, nicht nur einer, vier, fünf Leute hier aus der Stadt haben dich gesehen! Mit einer Karre, in einer zerlumpten Jacke bist du in Berlin herumgelaufen, angebettelt hast du die Leute richtig, daß du ihre Koffer tragen dürftest! Ich habe mich ja so geschämt!»

Er schwieg überwältigt. Das hätte er sich ja eigentlich sagen können, daß ihn seine lieben Vaterstädter, die ja auch einmal nach Berlin kamen, dort sehen mußten und daß sie das Gesehene in der ganzen Stadt weitererzählen würden, vergröbert, entstellt, auch böswillig verleumdend. Und die alte Minna hatte das alles gehört, sie hatte es geglaubt und sich zu Herzen genommen. Wenn er jetzt in seinem schönen Schneideranzug als gemachter Mann neben ihr herging, so glaubte sie kein Wort davon. Das war alles nur Prahlerei, wie das Zurückschicken des Geldes Prahlerei war, er bekam es gerade zu hören:

«Wenn du Geld brauchst, ich will dir gerne die zweihundertfünfzig wiedergeben. Und tu mir die Liebe, Karl, erzähl nichts von den fünf Autos und all das Zeug. Es glaubt dir ja doch kein Mensch ein Wort, und mich narren sie damit, wo sie mich nur sehen!»

Es war das alte Lied vom Propheten, dem überall geglaubt wird, nur nicht in seinem Vaterland. Es war die Klatschsucht, die Ungläubigkeit der engen Welt: der Vater hatte es zu nichts gebracht, warum sollte es der Sohn zu etwas bringen? Sie kannten ja die ganze Familie. Zorn erfüllte ihn. In Berlin konnte er kommen, wohin er wollte, man hörte ihn an, man prüfte, was er leistete. Hier war er von vornherein abgetan, er konnte leisten, was er wollte. Sein Vater hatte ja einmal Bankrott gemacht! Er hielt inne, er besann sich. Jetzt haßte er schon die Heimat, die er noch vor wenigen Stunden so sehnsüchtig herbeigewünscht hatte. Haßte er etwa auch Minna? Auch Minna dachte und fühlte wie alle hier... «Minna», sagte er. «Sei ganz ruhig, ich werde mit keinem von den Leuten hier ein Wort über meine Angelegenheiten reden. Ich werde auch keinen um Geld bitten, ich brauche kein Geld. Ich kann in Berlin soviel Geld kriegen, wie ich will.» Das hätte er wieder nicht sagen dürfen, obwohl es der Wahrheit entsprach. Er sah es sofort an ihrem Gesicht. «...Das mit der Karre ist wahr. Aber ich habe mir anständig damit mein Geld verdient, ich habe nie einen Menschen angebettelt, das ist gelogen. Du weißt es ja auch, wie die Leute hier klatschen. Das alles ist aber schon lange her. Zuerst habe ich mit einem Karren Gepäck gefahren, dann mit Pferden, und jetzt fahre ich es mit Autos. Wenn einmal einer von deinen Leuten nach Berlin kommt, dann soll er sich auf dem Stettiner Bahnhof nach einem gelben Lastauto umsehen. An dem hängt ein Schild: ‹Berliner Gepäckbeförderung Siebrecht & Flau›. Und der Siebrecht bin ich!» Er zeigte mit dem Daumen auf seine Brust.

Die alte Minna sah ihn aufmerksam an. In ihrem hölzernen Gesicht bewegte sich kein Muskel.

«Es ist mir ganz egal», fuhr er fort, «was die Leute hier von mir schwatzen. Aber du mußt mir glauben. Ein Mensch in der alten Heimat muß doch an mich glauben, Minna! Nein, ich bin wirklich nicht wie der Vater, ich bin eher zu hart. Wenn ich Schwierigkeiten habe, kommen sie dadurch, daß ich zu hart bin. Ich könnte dir jetzt sagen, daß ich dir alle Monate Geld schicken will. Ich könnte es, es täte mir nicht mehr weh. Aber ich weiß, du würdest es doch nicht nehmen. Darin sind wir gleich, wir mögen uns beide nicht gerne etwas schenken lassen. Aber ich will dir nun fest versprechen, daß ich dir schreibe, nicht häufig, aber dann und wann. Und wenn du einmal zwei oder drei Tage frei hast, dann besuchst du mich und lernst meine Freunde kennen: den Kalli und die Rieke.»

«Hast du denn schon ein Mädel, Karl?»

Er lachte. «Nein, Minna, dafür habe ich noch keine Zeit gehabt, und dafür werde ich auch noch lange keine Zeit haben. Ich muß immer arbeiten. Ich will sehr viel erreichen. Die Rieke ist meine Freundin, so wie du meine Freundin bist, Minna.»

«Ist sie denn auch alt?»

«Nein, sie ist ganz jung, erst achtzehn. Aber das hat wohl nichts damit zu tun, Minna!»

«Nein, wohl nicht», sagte sie, ein wenig verlegen und ein wenig ungläubig. Sie blieb stehen, nahe vor ihnen lag das Städtchen. «Ich will dann zurück. Es wird Zeit fürs Schweinefüttern. Mach's weiter gut, Karl!» Sie streckte ihm ihre harte Hand hin.

«Ach, Minna!» rief er. «Glaubst du mir denn wenigstens?!»

«Mein Jung, mein Jung», sagte sie, und plötzlich zitterten die Lippen in ihrem alten Gesicht. «Ich seh doch, du wirst ein feiner Mann, ein richtiger Herr. Was brauchst du noch die alte Minna? Ich bin doch bloß ein Dienstbote!» Plötzlich hatte sie seinen Kopf zwischen den Händen: «Ach, wenn du doch noch einmal klein wärst, Karl! Daß ich dich abküssen könnte wie früher –»

«Küß doch zu, Minna, küß doch – für dich bleibe ich immer der Karl!»

Er sah ihr nach, wie sie den Weg zwischen den Äckern entlangging. Sie ging sehr gerade, aber ihr Rücken war rund. Sie ging von ihm, ohne sich noch einmal umzusehen. Er wußte, sie würde ihn nie in Berlin besuchen, er ahnte, er würde sie nie wiedersehen. Er fühlte, mit ihr ging der letzte Mensch, der ihn an die alte Heimat band. Minna war hinter einer Wegbiegung verschwunden – er setzte sich auf einen Stein und sah auf die abendliche Stadt, voller Feindschaft. Morgen mittag spätestens fahre ich wieder, sagte er zu sich.

## 56. Der Vormund

Es war noch hell, als Karl Siebrecht in das Städtchen zurückkam, er konnte noch gut zum Onkel Studier gehen. Karl Siebrecht trat in den Laden. Der Onkel wie die Tante waren eifrig hinter dem Ladentisch mit Verkaufen beschäftigt, und das lange, schlaksige Mädchen da mit den blonden Zöpfen mußte eine Art Kusine von ihm sein, Ingrid hieß sie wohl. Endlich kam die Reihe an Karl Siebrecht. «Sie wünschen?» fragte der Onkel.

«Ich möchte für zwanzig Pfennig Zitronendrops», antwortete der Neffe.

Herr Studier griff schon nach dem Bonbonglas, da erkannte er ihn. «Ach, du bist das!» sagte er lang gedehnt. «Ich habe schon gehört, daß du wieder in der Stadt bist. Was willst du denn hier?»

«Darüber können wir vielleicht nach Ladenschluß reden. Zuerst gibst du mir wohl meine Drops?»

Zitronendrops aus Onkel Ernsts Laden waren die Begeisterung seiner Jungenjahre gewesen, er hatte aber nie genug davon bekommen. Heute abend wollte er sich einmal an ihnen sattessen – die Heimatstadt sollte ihm doch nicht nur Enttäuschungen bringen!

«Nach Ladenschluß habe ich auch keine Zeit», erwiderte der Onkel mürrisch. «Wir haben heute Stadtverordnetensitzung. Sage mir gleich, was du willst. Komm mit.» Er öffnete eine Klappe im Ladentisch und forderte den Neffen auf, ihm in sein Büro zu folgen.

«Erst möchte ich meine Bonbons», sagte Karl Siebrecht beharrlich.

«Ach was!» rief der Onkel ärgerlich, besann sich aber und tat Bonbons in eine Düte. Er wog sie ab. «Macht zwanzig Pfennig!» sagte er, hielt die Tüte mit der einen Hand hin und streckte gleichzeitig die andere Hand leer aus.

«Du hast dich wohl geirrt, Onkel Ernst», sagte der Neffe lächelnd. «Für zwanzig Pfennig gibt es ein halbes Pfund Zitronendrops, nicht nur ein viertel.»

Verwirrt rief der Onkel: «Wo habe ich heute abend auch nur meine Gedanken?! Du hast recht! Macht also nur zehn Pfennig!»

«Ich möchte aber für zwanzig Pfennig haben», verlangte Karl, und Herr Studier mußte sich entschließen, umzutüten und noch einmal abzuwiegen. Beim Bezahlen gab Karl ein goldenes Zwanzigmarkstück und ließ den Onkel sehen, daß noch mehr von den großen Goldfüchsen in seinem Portemonnaie waren.

Endlich konnten sie nun in das «Büro» gehen. Es war eine dunkle, schlecht möblierte Hinterstube, wo der Onkel unerlaubt an seine Stammkundschaft Flaschenbier und Schnaps ausschenkte. «Also, was soll es sein?» fragte der Onkel ungeduldig.

«Übermorgen ist mein einundzwanzigster Geburtstag, und du bist mein Vormund.»

«Du hast selbst auf jede Vormundschaft von mir verzichtet», sagte der Onkel hastig.

«Aber du wirst etwas wie eine Vormundschaftsabrechnung ablegen müssen.»

«Es war nichts da, und es ist noch immer nichts da, das wird dir der Bürgermeister auch schreiben. Deswegen brauchst du nicht von Berlin hierherzukommen!»

Der Neffe betrachtete den Onkel. «Also denn, Onkel!» Er nickte leicht. «Du hast natürlich auch Schauergeschichten von mir gehört und denkst, ich will dich anpumpen. Aber ich will nichts von dir, ich will von euch allen nichts! Ich brauche euch nicht, heute nicht – nie! Guten Abend!»

Und er ging mit seinen Zitronendrops.

# 57. Erika

Am nächsten Vormittag stieg Karl Siebrecht die Treppe zum Pastorat hinauf. Er hatte das Haus offen gefunden, und den Weg zum Arbeitszimmer des Pastors kannte er auch. Er klopfte. Der Pastor rief mit starker Stimme: «Herein!», und Karl Siebrecht trat ein.

«Guten Tag, Herr Pastor», sagte Siebrecht. «Sie erinnern sich meiner noch –?»

Der Pastor sah ihn von seinem Stehpult her an, er machte keinen Versuch, dem Besucher entgegenzugehen oder ihm die Hand zu reichen. «Jawohl», sagte er. «Ich kenne Sie. Sie sind der Karl Siebrecht von nebenan. Ich habe Sie getauft und konfirmiert, und Ihre beiden Eltern habe ich begraben. Aber –»

«Nein, Herr Pastor!» rief Karl Siebrecht. «Nun fangen Sie bitte nicht auch noch damit an, daß ich ein zerlumpter Bettler und eine höchst fragwürdige Existenz bin! Meine Vaterstadt nimmt mich wirklich nicht sehr freundlich auf. Ich komme eben vom Bürgermeister und habe mich ausgewiesen, daß ich ein nicht schlechtgestellter Kaufmann bin und daß ich meine Steuern wie jeder rechte Bürger zahle. Wenn Sie wollen, zeige ich auch Ihnen meine Papiere.»

«Nein, nein», sagte der Pastor hastig, und an seinem Gesicht war zu erkennen, daß er seine unhöfliche Begrüßung bereute. «Ich sehe schon, daß die Leute wieder einmal dumm geschwätzt haben. Es freut mich, daß du vorangekommen bist, Karl, aber –»

«Aber, Herr Pastor –?»

«Ich muß dir etwas zurückgeben, Karl», sagte der Pastor und schlug den Deckel seines Stehpultes auf. Er suchte, dann nahm er ein Pappschächtelchen heraus. «Da, Karl, das habe ich zurückgehalten.»

«Mein Silberherzchen!» rief der junge Mensch und sah betrübt auf den kleinen armen Schmuck. «Das hätten Sie Ihrer Erika gut geben können, Herr Pastor, dabei war nichts Unrechtes.»

«Ich liebe solche Dinge zwischen sehr jungen Leuten nicht», antwortete der Pastor. «Du warst damals erst sechzehn, Karl.»

«Ja, ich war sechzehn!» rief er. «Und ich stand ganz allein und verlassen in der Welt, und niemand hatte ein gutes Wort für mich, außer Ihre Erika. Es war schön für mich, in der großen Stadt an sie zu denken, daß doch ein Mensch daheim war, der sich gerne meiner erinnerte. Wir waren nur Kinder, und Kinder schenken einander gern etwas.»

Der Pastor wiegte den Kopf hin und her. «Man weiß nie, was aus solchen Kinderfreundschaften wird», meinte er.

«Nein, das weiß man nicht. Aber das weiß man bei allem nicht. Man muß auch ein bißchen auf Anständigkeit und guten Willen vertrauen, nicht wahr? – Herr Pastor», sagte er bittend, «ich bin nur noch eine knappe Stunde hier, dann reise ich wieder ab und werde kaum zurückkommen. Erlauben Sie, daß die Erika mich zur Bahn bringt –? Ich würde doch gern einen hübschen Eindruck mitnehmen von meiner Vaterstadt.»

«Mit der Erika bis zum Bahnhof?» sagte der Pastor zweifelnd. «Die Leute werden sich die Mäuler zerreißen.» Er besann sich. «Nun gut, ich bin ein wenig in deiner Schuld, Karl, glaube ich, und man soll auch keine Furcht vor den Menschen haben. Warte hier, ich rufe sie.»

Dann kam sie herein, schon fertig zum Spaziergang, und er erkannte sie nicht! Er wäre auf der Straße an ihr vorbeigelaufen und hätte sie nicht erkannt. Ihr Gesicht war so grob geworden und ihre Gestalt so plump, sie hatte eine Figur wie eine Frau.

Weiß der Himmel, ob sie sich wirklich so verändert hatte! Sie war Jahre hindurch sein heimlichster Traum gewesen, da war sie wohl immer zarter und himmlischer geworden. Nun stand sie vor ihm, aus der Erde gewachsen, stämmig, mit roten Backen und einer starken Brust, mit festen Händen, denen man ansah, daß sie zupackten, arbeiteten, in Haus, Garten und Stall – ein Mensch, mitten aus dem täglichen Leben! Keine Blumenelfe mehr, keine zarte Fee... Diese letzte Enttäuschung war die schwerste, weil sie so völlig überraschend kam.

«Karl!» rief sie und vergaß ganz alle Begrüßung. «Wie hast du nur fertiggebracht, daß Vater das erlaubt hat? Die Leute werden reden, und Otto wird mir Vorwürfe machen!»

«Wer ist denn Otto?» fragte er. «Und halt, Ria, du hast mir noch nicht einmal guten Tag gesagt. Guten Tag, Ria. Guten Tag nach soviel Jahren!»

«Guten Tag, Karl, und du sagst wirklich noch Ria! Wie komisch das klingt! Keiner sagt mehr Ria zu mir, alle nennen mich Erika, auch Otto.»

«Also, wer ist Otto?» fragte er ergeben und bedauerte es keinen Moment, daß sein Zug schon so bald ging. Sie waren jetzt schon auf der Straße.

«Aber du mußt doch Otto kennen! Von der Schule her. Er muß zwei oder drei Jahre älter sein als du, der Sohn von Kaufmann Biermann!»

«Ach, *der* Otto!» rief Karl Siebrecht. «Wir nannten ihn immer Schiele-Otto!»

«Pfui, Karl, das ist aber richtig gemein von dir! Übrigens schielt er überhaupt nicht mehr, er hat sich operieren lassen, jetzt hat er höchstens noch einen Silberblick, aber auch das sieht man nicht mehr.»

«Entschuldige mich einen Augenblick, Erika. Ich will nur meinen Koffer hier aus dem Hotel holen. Ich bin sofort wieder zurück.»

Und als Karl Siebrecht wieder auf die Straße trat, seinen Koffer in der Hand: «So, Erika, und nun mußt du mir alles erzählen. Bist du eigentlich schon richtig verlobt mit Otto! Ich sehe keinen Ring an deiner Hand! Wird es dir denn als Kaufmannsfrau gefallen?»

«Aber großartig!» sagte sie. «Ich helfe schon manchmal beim Bedienen. Das ist fein, wenn man einen ganzen Laden voll Sachen hat und nicht alles selber kaufen muß...» So ging es mühelos weiter. Sie war noch längst nicht mit ihrem Bericht fertig, als sein Zug abfuhr. Mit keinem Wort hatte sie nach ihm und seinem Ergehen gefragt. Keinen Gedanken hatte sie für die Vergangenheit gehabt, sie hatte den Schuppen wohl längst vergessen, mit seinen ersten jungen, hastigen Küssen! Aber der Schuppen war ja auch abgerissen, es gab ihn nicht mehr. Es gab nichts mehr von seiner Jugend... Nichts mehr...

## 58. Das Silberherz

Im Zuge redeten die Leute nur davon, daß es Krieg geben würde. Sie sprachen von dem Mord an dem österreichischen Thronfolger, von dem Ultimatum an Serbien, von den Rüstungen Rußlands. Er hörte nichts davon. Er hielt in der Tasche das kleine Silberherz. Plötzlich hatte dies kleine Geschenk eine große Bedeutung für ihn bekommen! Wem sollte er es geben? Hatte er jemand, dem er es schenken konnte? Wußte er wirklich niemanden? Da war Rieke! Aber Rieke war mehr eine Schwester, Schwestern schenkt man keine Herzen! Und da war Fräulein Ilse Gollmer – aber das war ein reiches Mädchen, was sollte sie mit einem so armen Ding? Sie würde ihn nur auslachen, sie würde die Locken zurückwerfen und ihn auslachen. Außerdem war da jenes Bild von dem schmissigen jungen Mann...

Aber er wußte eine Brücke, der Zug fuhr über die Havel, und als er so weit gekommen war, öffnete Karl das Abteilfenster und warf das Herz über die Brücke fort in den Fluß. Schluß mit alledem! Er hatte keine Zeit für so was! Er mußte vorwärts! Da hatte er es wieder gesehen, daß Träume nichts taugten! Wozu hatte er nun eigentlich diese Reise gemacht? Sinnlos vertanes Geld, nutzlos vergeudete Zeit!

Und je mehr sich die Landschaft veränderte, aus dem Ländlichen ins Städtische hinüberglitt, um so stärker dachte er der Stadt Berlin entgegen. Morgen würde er mit Kalli und Rieke seinen einundzwanzigsten Geburtstag feiern, die würden sich freuen, wenn sie ihn so überraschend früh wiederkommen sahen. Dann fiel ihm ein, daß er Herrn Gollmer noch immer nicht seinen Distelstecher gebracht hatte. Das konnte er vielleicht noch morgen erledigen, er konnte am Nachmittag in den Grunewald hinausfahren. Nein, um die Mittagsstunde herum, dann waren Vater und Tochter bestimmt zu Haus!

# ZWEITES BUCH

# Der Mann

## 59. Mahnung an ein Versprechen

Es ist die Schneiderstube in der Eichendorffstraße, die Arbeitsstube, mit der Engländerin und dem großen, glatten Schneidertisch, dessen Holzplatte grauschwarz ist.

Es scheint noch immer die alte Schneiderstube zu sein, obwohl über fünf Jahre vergangen sind, denn nun schreiben wir 1919, den 2. Dezember 1919. Aber vier Kriegsjahre und ein Jahr Waffenstillstand sind nicht spurlos an dieser Stube vorübergegangen: die Gardinen sind nur noch Fetzen, die Dielen sind ohne Farbe, die Tapeten schmutzig und zerrissen, eine zerbrochene Scheibe ist durch ein Stück Pappe ersetzt. Auch an der Bewohnerin, auch an Friederike Busch, sind diese Jahre nicht spurlos vorübergegangen. Das nun dreiundzwanzigjährige Mädchen ist sehr groß und überschlank. Das Gesicht ist erschreckend blaß und so mager, daß nur noch Haut über den Backenknochen zu liegen scheint. Sie steht am Fenster und versucht, im letzten Licht des Dezembertages in einer Zeitung zu lesen. Ihr Rock ist erstaunlich kurz, und die hellen Haare trägt sie jetzt als Bubikopf.

Nun klopft es kurz gegen die Tür, und herein tritt Kalli Flau. Auf den ersten Blick scheint er unverändert, aber der feste Mund, das vorgeschobene Kinn, der härtere Blick, die graue Gesichtsfarbe verraten, daß auch für ihn die vergangenen Jahre schwer waren. Er trägt eine Lederjacke und eine formlose, oft entlauste und verwaschene feldgraue Hose. «Na, Rieke?» fragt er. «Was zu essen da?»

«Die Wrucken von jestern», antwortete sie.

Er verzieht das Gesicht. Dann entschließt er sich. «Na, schön», sagt er. «Aber streu mir ordentlich Pfeffer drauf, Rieke, die müssen aussehen, als wenn's geschneit hätte. Nur nicht schmecken, das Dreckzeug!»

Rieke schiebt die Lumpen auf dem Schneidertisch zusammen, so daß eine Ecke frei wird, stellt zwei Teller und eine Schüssel hin und sagt dabei: «Ick eß 'nen Teller mit, zu zweien rutscht's doch besser.»

Kalli Flau betrachtet sie prüfend. «Sicher hast du heute noch nichts gegessen, das muß anders werden, Rieke!»

«Det saren wa seit fünf Jahren, Kalli, und der Mist wird imma jrößa.»

Eine Weile essen sie schweigend. Dann fragt Kalli, indem er mit dem Kopf auf die Zeitung deutet: «Was macht der Dollar?»

«Vierundvierzigeinviertel», antwortet sie.

«Wieder zwei Mark schlechter!» sagt Kalli. «Ich muß mit der Taxe höher. Der Benzinpreis steigt auch immer gleich.»

«Denn wird bald keena mehr in deine Taxe fahren.»

«Genug! Ausländer und Schieber und Nutten – von denen gibt's so viele, ich hab genug zu fahren, Rieke! Immer von einem Nachtlokal ins andere! Immer von einem Spielklub in den anderen! Immer von einem Nackttanz zum anderen! Es war ein Schweinedusel, daß ich die Autotaxe noch kaufen konnte!»

«War's», gibt Rieke zu. «Sonst wären wa schon längst vahungert wie Vata.

Den hat die Jrippe ooch bloß so schnell umjekippt, weil er nischt im Leibe hatte.»

Wieder essen sie schweigend. Dann fragt Kalli: «Steht sonst noch was in der Zeitung?»

«Ja – aber det willste doch nich hören, Kalli!»

«Wieder was von den Kriegsgefangenen?» – Sie nickt nur. Nach kurzem Zögern sagt er: «Du kannst's mir ruhig erzählen, Rieke, ich will bloß nicht, daß du dir was einbildest.»

Zum erstenmal wird Friederike Busch lebhafter: «Ich bild mir schon nischt ein, Kalli! Davon hat mir mein Leben kuriert, von die Inbildung! Aber ick weeß det, Kalli, hier drinnen weeß ick det», sie legt die Hand auf die Brust, «der Karle lebt noch. Der Karle, der kommt wieda!»

Kalli Flau wirft einen kurzen Blick auf sie. Dann sagt er, was er ihr schon hundertmal gesagt hat: «Das sind nun schon über drei Jahr, daß Karl als vermißt auf der Verlustliste stand. Und nie hat er auch nur ein Wort geschrieben!»

Hastig ruft Rieke: «Zu wat sagste det denn? Det bedeutet jar nischt! Va jangene Woche is erst einer aus Sibirien wiedergekommen – bei die Voß in der Schlegelstraße, du kennst ihr nich, der war sogar vier Jahre fort und nie nich een Wort von ihm! Und nu is er doch zu Hause!»

Beruhigend sagt Kalli: «Sibirien, das ist Rußland, Rieke, in Rußland haben sie Revolution gemacht, da ist alles möglich. Aber Karl war in Frankreich, und in Frankreich herrschen geordnete Zustände.»

«Jeordnete Zustände nennste det?» ruft Rieke wild. «Is det etwa jeordnet, wenn der Clemenceau unsre Männer noch imma festhält?»

«Nein», sagte Kalli. «Das ist es nicht. Und den Clemenceau, wenn wir den hier hätten ...! Aber, Rieke ...» Kalli Flau ist jetzt aufgestanden und steht neben ihr. Er hat sanft seine schwere Hand auf ihre Schulter gelegt. «Aber vermißt ist nicht kriegsgefangen. Er hat drei Jahre kein Wort geschrieben.»

«Wo ick et fühle, Kalli! Ick fühle et doch! Karle lebt –!»

«Du fühlst, weil du hoffst, und du hoffst, weil du es nicht glauben willst. Aber, Rieke, du kannst nicht dein ganzes Leben verhoffen. Du mußt dich daran gewöhnen, daß –» Er bricht ab. Sie hat den Kopf gesenkt, jetzt antwortet sie nicht. Sie weiß, was jetzt kommt, und sie hat nicht die Kraft, sich zur Wehr zu setzen. Kalli Flau fragt sanft: «Du weißt doch, was du mir versprochen hast, Rieke? Es sind nur noch zweiundzwanzig Tage bis Weihnachten ...» Sie sitzt bewegungslos unter seiner Hand. Mit keinem Zeichen verrät sie, daß sie seine Worte hört. Er sieht auf ihren gesenkten Scheitel, dann fällt sein Blick auf den Schneidertisch. «Da liegt noch immer das rote Kleid von der Ägidi», sagt er, «das du schon vorige Woche abliefern wolltest. Du hast keinen Stich daran getan. Du hast die Tilda aufs Land zu Tante Bertha geschickt – wir hätten sie hier auch noch satt gekriegt. Aber du willst gar nichts mehr tun, Rieke, du willst nur noch sitzen und warten und hoffen ...» Sie regt sich noch immer nicht. Sie, die sonst so lebendig und tatkräftig war, empört sich nicht unter seinen Worten. «Wir haben den Krieg verloren», fährt er langsam fort. «Jeder hat viel verloren, auch ich, den besten Freund ... Aber müssen wir darum zugrunde gehen? Muß darum alles zugrunde gehen? Es gibt so viel Arbeit!» Er hat das rote Kleid unter dem Wust anderer Stoffe hervorgezogen und sieht es einen Augenblick gedankenvoll an. Dann hängt er es vorsichtig über die Nähmaschine. Er sagt: «Weiß Gott, daß ich dir das Versprechen nicht um meinetwillen abgenommen habe.» Er spricht immer leiser. «Ich habe dich von allem Anfang an geliebt, und ich weiß, daß du mich nicht...» Wieder unterbricht er sich. Dann sagt er entschlossen: «Es ist nicht um meinetwillen. Es ist nicht deswegen. Sondern du mußt aus diesem Grübeln und vergeblichen Hoffen heraus. Du mußt ein ganz neues Leben anfangen, Rieke, noch einmal von vorne. Du mußt was zu tun haben, was du eben tun *mußt*, Rieke. Vielleicht bekommen wir bald ein Kind...»

Jetzt hebt sie den Kopf und sieht ihn von unten her an. «Een Kind?» fragt sie. «Wozu? For det Elend?»

«Aber das Elend ist nicht ewig, Rieke! Es war einmal nicht, und es werden Zeiten kommen, wo es nicht mehr sein wird! – Nein, bis Weihnachten warte ich noch, und dann heiraten wir, Rieke. Länger sehe ich mir das nicht mehr an. Ich habe dein Versprechen.»

«Det haste!» sagt sie. Und: «Noch zweeundzwanzig Tage...»

Er will etwas erwidern, aber er besinnt sich. Er zieht langsam seine Fahrerhandschuhe an. «Gleich sechse!» sagt er. «Zeit für die Theaterfuhren. Ich zieh denn ab, Rieke.» Mit erhobener Stimme: «Ich gehe jetzt, Rieke, hörst du?»

«Ja doch, Kalli!» Sie hebt den Kopf und versucht, ihn mutig anzusehen. «Hals und Beinbruch, Kalli! Und een reicher Ausländer, der dir 'nen Dollar Trinkgeld schenkt!»

«Könnten wir brauchen, Rieke. – Hör mal, Rieke, willst du dir nicht Mühe geben, heute noch das rote Kleid fertigzumachen?»

«Ja, Kalli.»

«Komm, setz dich gleich an die Maschine, die Ägidi ist sicher schon fünfmal deswegen hiergewesen.»

Sie hat sich gehorsam an die Maschine gesetzt. «Schon zehnmal, fuffzehnmal! Du hast recht, es is 'ne Affenschande mit mir, Kalli!»

Er nickt ihr freundlich zu. «Näh gleich los, Rieke!» sagt er. «Wenn ich weggehe, möchte ich deine Maschine schnurren hören.»

«Na, schön, Kalli...» antwortet sie und fängt an zu treten.

Er sieht ihr einen Augenblick zu, dann entfernt er sich auf Zehenspitzen und schließt die Tür so leise, daß sie sein Gehen nicht merkt. Aber sie denkt wohl schon nicht mehr an ihn. Sie näht noch, aber sie näht immer langsamer. Die Pausen dazwischen werden immer größer. Dann greift sie auf den Tisch hinter sich und nimmt ein Stück Schneiderkreide. Sie fängt an, Strich um Strich vor sich auf die Maschine zu malen. Sie zählt sie nach, sie nickt. «Zweeundzwanzig», sagt sie laut. Nun fängt sie an, die Striche einen um den andern mit dem Finger auszulöschen, erst schnell, dann immer langsamer... Als der letzte Strich ausgelöscht ist, sagt sie halblaut in die leere Stube hinter sich: «Zweeundzwanzig – det is ville zu kurz, Kalli, det kann ick nicht. Jibste noch eenen Monat zu, wat?» Sie horcht, dann, als keine Antwort kommt, dreht sie sich um. Sie sieht, daß sie allein ist, mutterseelenallein. «Kalli...» sagt sie noch hilflos. «Karle...» Dann wirft sie den Kopf vornüber auf die Maschine, sie verbirgt ihr Gesicht in dem roten Kleid der Ägidi. Sie weint hoffnungslos.

## 60. Der Kriegsgefangene

Der Zug ächzt und stöhnt gegen den Winterwind an, er klappert und knirscht. Nach jedem Halt setzt er sich nur mühsam wieder in Bewegung, als sei es nun mit all seiner Kraft endgültig zu Ende.

Der Winterwind pfeift durch den Gang des fahrenden Zuges, viele Scheiben sind zerbrochen, aber der Mann hält den Beobachtungsposten, auf dem er doch nichts sieht, fest. Es ekelt ihn, in sein Abteil zurückzukehren, wo sie schon seit Stunden nur von Politik schwätzen, von Unabhängigen und Kommunisten, vom Friedensvertrag und Lebensmittelwucher, von Schiebern, Scheidemann und Noske – er weiß von all den Dingen nichts, und er will von ihnen allen auch nichts wissen. Er hat sich seine Rückkehr in die Heimat anders gedacht, der Karl Siebrecht. Nun ist alles grau, dunkel, trostlos. Er hört sie bis auf den Gang hinaus schreien und sich beschimpfen. Es sind Schiffbrüchige, sie liegen im Wasser, und mit seiner letzten Kraft wirft jeder dem anderen die Schuld am Schiffbruch vor! Sie ekeln ihn.

Er fährt mit der Hand zum Kopf. Die Narbe brennt und sticht, wie sie es schon seit langem nicht mehr getan hat. Er hat sich seine Heimkehr doch anders gedacht, trotzdem er ja erfahren hatte, daß der Krieg verloren war. Immer, wenn er an die Heimat gedacht hatte in der letzten Zeit, seit er wieder denken konnte, war sie ihm ähnlich erschienen, wie er sie im Sommer 1914 verlassen hatte: voller Kraft und Freude, etwas Sauberes und Geordnetes, dem man vertrauen konnte. Und nun, was fand er nun? Verdreckt und verkommen, ächzend und verzweifelt, jede Sekunde vor dem Steckenbleiben, schien sie diesem Zug zu ähneln, der ihn in immer tieferes Dunkel trug.

Aber plötzlich sind da Lichter, viele Lichter in der Nacht! Der Zug scheint eiliger zu fahren, als sei er nun wegen des Zieles und wegen des Ankommens am Ziel sicher: Ja, er wird schon nach Berlin kommen – aber wie wird er sie finden? Wird er sie überhaupt noch finden? Drei Jahre haben sie nichts von ihm gehört, drei Jahre hat er von ihnen kein Wort vernommen – leben sie noch, Kalli und der Rittmeister? Wo und wie lebt Rieke in dieser verwandelten Welt?

Ja, der Zug fährt wirklich schneller, aber für ihn fährt er lange nicht schnell genug. Drei Jahre kein Wort – und sie werden ihn alle für tot gehalten haben. Er ist da in Frankreich umhergegangen, all diese Jahre nach seiner Schädelverletzung, und hat nichts mehr von sich gewußt – ein Namenloser, ein Ausgelöschter. Er hat wohl gegessen und getrunken, er hat auch die Arbeit getan, zu der sie ihn schickten, seine Hände haben sie getan. Er selbst aber hatte vergessen, er hatte sich an nichts mehr erinnert. Er lebte ohne Freude und Schmerz – wie eine Pflanze. Vielleicht tat ihm die Sonne gut, vielleicht schmeckte ihm ein Essen besser als das andere – er wußte es nicht. Er war ohne Gedächtnis: die Tage zogen über ihn dahin, wie die Wolken über das Land ziehen mit Licht und Schatten, sie hinterlassen keinen Eindruck.

Dann hatten sie wohl entdeckt, daß er vom Vater her ein bißchen mauern konnte. Sie hatten ihn aus dem Lager zu Flickarbeiten in die Häuser geschickt. Und da war es geschehen, daß er etwas hörte, ein vertrautes Geräusch, Treten und Surren ... Sie hatten es ihm erzählt: er hatte dagestanden, den Mauerstein in Händen, ein schwaches Leuchten auf dem Gesicht... Sein Gehirn erinnerte sich, zum erstenmal seit Jahren erinnerte sich sein Hirn wieder... Ein kleines bekanntes Geräusch – ach, es hatte sich ihm wohl so eingeprägt vor allen anderen Geräuschen, diese verdammte Engländerin, um die er gelitten und gestritten!

Mit dem Mauerstein in den Händen war er wie in tiefem Traum in jenes Zimmer gegangen, aus dem das Geräusch der Nähmaschine gedrungen war. Die Frau, die dort genäht hatte, war erschrocken aufgesprungen, als der Kriegsgefangene mit dem Stein in den Händen hereingekommen war. Aber schon der Ton seiner Stimme, mit dem er «Rieke! Rieke!» sagte, hatte sie beruhigt. Und er hatte sofort, wie aufwachend, erkannt, daß dies nicht Rieke war. Er lebte in einem fremden Land, es war dasselbe Geräusch, aber nicht Rieke nähte. Rieke war noch fern...

Noch mehr Lichter, stärkeres Aufklirren, dröhnendes Rauschen, wenn der Zug die immer dichter aneinander liegenden Vorortbahnhöfe passierte. Schneller, schneller doch! Ich habe so viel Zeit versäumt, ich muß wissen, wie sie alle leben, wie Rieke lebt. Warum hatte er ihr nie ein Wort geschrieben? Ach, als er aus seinem langen, traumlosen Schlaf erwachte, war ja schon Friede. Oder wenn dies noch nicht Friede war, so hieß es doch Waffenstillstand, der zum Frieden führen sollte. Jeden Tag konnten die Gefangenen in ihre Heimat entlassen werden. Mündlich war alles so viel besser zu erklären... Aber Tag für Tag, Woche für Woche, Monat für Monat verging, und die Kriegsgefangenen hofften vergebens. Weiter flickten sie Häuser, bauten Straßen, sägten Holz, wurden angeschrien und waren weiter Feinde. Hungerten, liefen immer zerlumpter herum. Bis er dann plötzlich mit einem kleinen Trupp Kranker zur Bahn geschickt wurde, auch ihn rechnete man wohl immer noch zu den Kranken.

Der Zug fährt langsamer. Die Lokomotive schreit ungeduldig ein sperrendes Signal an, dann halten sie endlos. Karl Siebrecht geht rasch in sein Abteil und holt den Karton mit all seinen Besitztümern: ein bißchen schmutzige Wäsche. Die andern sind noch immer beim Reden. Oder schon wieder, es kommt auf eins heraus.

Bahnhof Charlottenburg! Bahnhof Zoologischer Garten! Wieviel Erinnerungen! Wieviel Arbeit! Ganz zum Schluß fuhren die Kanalljenvögel schon im Westen. Wo sind sie hin? Ach, er wird eben noch einmal von vorne anfangen. Es geht schon... es wird schon gehen, jetzt, da er heimgekehrt ist. Wenn er sie nur findet! Sie –? Sie alle? Ja, wenn er sie nur findet, sie, Rieke! Bahnhof Friedrichstraße! Fast taumelnd steigt er aus, in den Gliedern noch das zitternde Geräusch der endlosen Fahrt – nur noch eine Viertelstunde Weg trennt ihn von seinem Ziel, seinem endgültigen Ziel!

Er läuft fast durch die Friedrichstraße. Er hat jetzt kein Auge für den jämmerlichen Trödelmarkt, der sich dort dicht an dicht aufgebaut hat aus echten und falschen Kriegsverletzten, aus Schiebern, Betrügern, Weibern. Er sieht nur einen kleinen Laden in der Eichendorffstraße, er meint, die Palude müßte darin sitzen, und hinten in der Schneiderstube geht die Maschine... Ach, wäre er doch erst in der Schneiderstube! Er geht immer langsamer, er ist kaum noch ein paar Minuten von seinem Ziel entfernt. In ein paar Minuten wird er wis-

sen. Aber was wird er wissen –? Ihm ist angst. Nicht langsam genug kann er
gehen...

Das rote Kleid liegt immer noch ungenäht auf der Maschine. Rieke sitzt, wo
sie vor drei Stunden gesessen. Auf dem Tisch stehen noch immer Teller und
Schüssel, sie hat die Hände schlaff und tatenlos im Schoß. Sie grübelt. Sie grübelt über das, worüber sie seit Jahren grübelt... Plötzlich fährt sie erschau-
ernd zusammen. Es ist so kalt in der Stube... Oder war da ein Gesicht am
Fenster –? Es sind öfter Gesichter am Fenster von neugierigen Betrunkenen,
darum erschauert sie doch nicht. «Ja –?» fragt sie tonlos gegen das Fenster.
Die meisten Scheiben sind schwarz und glanzlos, in einigen wenigen fängt sich
das Licht von der Straße oder von drinnen. Aber kein Gesicht ist zu sehen.
«Ja –?» fragt Rieke wieder, noch leiser.

Sie steht auf. Sie fühlt es in ihrem Herzen, daß jetzt die Minute gekommen
ist, auf die sie drei Jahre gewartet hat. Es ist ein Schmerz, der sich immer mehr
verstärkt. Schritt um Schritt geht sie dem Fenster näher, sie neigt ihr Gesicht
gegen die Scheiben. Scheibe um Scheibe ist leer; gesichtslos. Langsam öffnet sie
das Fenster: der Bürgersteig vor dem Fenster ist leer. Niemand ist da. Rechts
und links lärmen sie in der Straße, aber niemand ist hier in der Nähe...

Niemand? Auf der anderen Straßenseite steht eine lange dunkle Gestalt, in
einen Mantel gehüllt, einen Karton unter dem Arm. Sie scheint herüberzuse-
hen. Rieke sieht zurück. Sie will rufen, aber ihre Kehle ist trocken, sie räuspert
sich, aber sie kann noch immer nicht rufen. Ihr Herz klopft schwer und angstvoll... Langsam schließt sie das Fenster wieder, sie sieht sich im Zimmer um.
Sie entdeckt die Schlüssel auf dem Schneidertisch. Langsam geht sie über den
dunklen Gang durch den dunklen leeren Laden. Sie schließt die Ladentür auf,
einen Augenblick bleibt sie auf der Schwelle der offenen Tür stehen. Die Gestalt ist noch immer da.

Und plötzlich beginnt Rieke zu laufen, sie läuft so schnell und achtlos, daß
sie fast über die Rinnsteinkante fällt. Sie taumelt gegen die schweigsame Gestalt an, sie hält sich an ihr, sie wirft sich gegen sie... Der Karton fällt zur
Erde, zwei Arme umschließen Rieke. «Rieke – du meine einzige, liebste Rieke –» flüstert eine Stimme.

«Karle –» flüstert sie. «Det habe ick jewußt seit drei Jahren! Karle, det du
nur wieder da bist! Karle, du mein Karle!»


## 61. Das rote Kleid wird genäht

Eine Stunde später saßen sie zusammen in der Schneiderstube: Das erste ha-
stige Fragen und Erzählen war vorüber, und ein Verwundern über das unerwartete Glück faßte die beiden. Nachdenklich spielte er mit ihrer Hand, er legte die Finger zusammen und trennte sie wieder – zärtlich. Er sagte: «Wie das
alles gekommen ist! Hast du je daran gedacht, Rieke, vorher?»

Und sie, wie immer ganz ehrlich: «Weeßte, Karle, ick hab dir liebjehabt –
von Anfang an. Schon wie ick dir da im Zug sitzen sah, ha ick mir in dir ver-
knallt.»

Keine Stimme warnte ihn, er hatte kein Gefühl der Gefahr. Jetzt war es nur die Heimat, die aus ihrem Munde zu ihm sprach. «Was wohl Kalli dazu sagen wird –?» fragte er nachdenklich.

«Ach der!» sagte sie. Sie wurde ein wenig rot. «Der hat doch immer jewußt, det ick dir liebe.» Sie dachte nach: «Weeßte, Karle, ick möchte ihm det lieber selbst erzählen, det von uns.»

«Wann kommt er denn?»

«Meistens so morgens um viere, fünfe. Manchmal wird's ooch später. Janz wie er die Fuhren kriegt.»

«Daß er nun Autotaxi fährt! War denn mit dem Gepäck wirklich gar nichts mehr zu machen?»

«Aber nee doch, Karle! Mal streiken die Bahnmenschen, und mal ist der janze Personenverkehr uff drei Wochen jesperrt von wejen Kohlen und Kartoffeln. Und wer reist, der buckelt sein Jepäck alleene. Nee, Karl, mit die Jepäckabfuhr, det ist alle!»

«Das wollen wir doch erst einmal sehen!» sagte Karl. «Gleich morgen frage ich auf den Bahnhöfen nach. Und dann gehe ich auf die Eisenbahndirektion und zu Herrn Gollmer. Hast du je noch was von Herrn Gollmer gehört?»

«Det is der Autofritze, nich wahr? Nee, Karle, wozu auch? Der Kalli hat seine Autodroschke jleich mit die Konzession von einem ollen Chauffeur jekooft. Det hat er jemacht noch von unserm Jeld, wat wir for die Ablieferung von die Kanalljenvögel bekommen haben. Det meiste Jeld is ja an Herrn Gollmer jejangen, aber een bißken jehörte uns doch schon davon. Siehste, so jehören uns jetzt zwei Drittel von die Taxe, wo wir beide zusammenlegen, wat, Karle?» Einen Augenblick legte sie ihren Kopf zärtlich an seine Schulter. «Ick denke imma, du teilst dir wirklich mit Kalli in die Taxe. Einer fährt tags, der andere nachts.»

«Ach nein, Rieke, ich glaube nicht, daß Taxichauffeur was für mich ist. Ich stelle bestimmt wieder was Größeres auf die Beine.»

«Willste imma noch Berlin erobern, Karle, weeßte noch?» Sie lachte. «Mit Berlin is nischt mehr los, Karle, det is 'ne Schieber- und Nuttenstadt jeworden! Det lohnt det Erobern nich mehr!»

«Das wollen wir erst einmal sehen!» sagte er wieder. «Drei Millionen Menschen können nicht alle Schieber sein. Ich fange wieder was an, Rieke, das sage ich dir. Nun erst recht, nun gerade – wo wir den Krieg verloren haben. Eines Tages wohnen wir noch in einer Villa im Grunewald!»

«Jotte doch, sag bloß so wat nich!» rief sie, ehrlich erschrocken. «Wat soll ick denn in 'ne Villa, womöglich mit ein feinet Dienstmädchen mit 'ne weiße Schürze?! Da würde ick mir ja jraulen! Ick bin froh, det wir diese Wohnung hier haben. Jetzt ha ick mir an die Eichendorffstraße jewöhnt, vorher war mir die Wiesenstraße lieba.»

«Und so wirst du dich eben an eine neue Wohnung gewöhnen und schließlich an die Villa im Grunewald!» Er sah sich um. «Nein, Rieke, hier müssen wir raus, und je eher, um so besser! Wie das alles aussieht: die Tapeten, die Diele, die Fenster! Das ist ja keine Wohnung mehr, das ist eine Höhle! Man merkt wahrhaftig, daß Krieg gewesen ist!» – Sie sah sich mit ihm um. Zum erstenmal seit Jahren sah sie mit wirklichem Interesse den Raum an, in dem sie tagaus, tagein lebte, sie sah den Verfall, sie sah auch den Schmutz; sie schämte sich. – «Und am ungedeckten Schneidertisch habt ihr auch wieder gegessen», stellte er erbarmungslos fest. «Das muß jetzt alles ganz anders werden!»

«Det war wirklich Zeit, det du kamst, Karle!» gestand sie reuig. «Ick habe mir die letzte Zeit zu sehr jehenlassen. Det hat Kalli ooch immer jesagt. An Kalli liegt det nich, vastehste? Deswejen wollte er ja ooch . . .» Sie unterbrach sich.

«Nun, was wollte Kalli –»

Aber sie sagte es ihm nicht, sie lenkte ab. «Siehste da det rote Kleid uff die Maschine?» fragte sie. «Det soll seit vier Wochen fertig sin. Heute abend hat er mir noch beschworen, ick soll et endlich fertigmachen. Na, siehste, und da liegt et noch imma!» Wieder lehnte sie den Kopf an seine Schulter. «Aber heute bist du ja ooch jekommen, Karle! Heute entschuldigt mir sogar Kalli!»

Einen kurzen Augenblick ließ er sich ihre Zärtlichkeit gefallen, dann richtete er sich straff auf. «Weißt du was, Rieke, näh das Kleid fertig, jetzt gleich, heute nacht noch. Gerade jetzt, zum Zeichen, daß es nun anders wird!»

Sie war ein wenig enttäuscht. «Wo wir hier so schön sitzen, Karle? Ick könnte ewig so sitzen!»

Er sagte überredend: «Und dann: ich möchte die Maschine wieder gehen hören. Ich habe dir doch erzählt, deine Maschine hat mich wieder aufgeweckt. Laß sie laufen, vielleicht schlafe ich diesmal dabei ein. Ich habe vier Tage und Nächte auf der Bahn gelegen, das merke ich plötzlich. Ich bin todmüde. Näh das rote Kleid, Rieke!»

«Sofort, Karle! Leg dir nur schön hin, hier uff det Sofa. Warte, ick hole dir noch 'ne Decke. Een paar Preßkohlen wer ick ooch noch in den Ofen packen, det du's een bißken warm hast. Es sind die letzten, aber valleicht bringt Kalli een paar Devisen mit – denn hat der Kohlenfritze jleich was zu feuern in seinem Kella! Alles Schiebung, Karle! – Liegste jetzt jut, Karle? Denn jute Nacht, denn schlaf man schön! Jib mir noch 'nen Süßen! Aba 'nen richtigen, nich so kühle! Der war schon bessa! Jott, Karle, det ick nu deine richtige Braut bin! Jehofft hab ick et imma, aber jejloobt nie! Wann wollen wa denn heiraten?»

«Bald, sehr bald», sagte er schlaftrunken. «Vielleicht zu Weihnachten, was meinst du?»

«Nee, nich zu Weihnachten!» rief sie rasch. «Valleicht jleich nach Neujahr?»

«Auch recht, Rieke. Dann fangen wir das neue Jahr gleich richtig an. Und nun laß die Maschine rumpeln und sausen, rumpeln und sausen – wie gut sich das anhört! Nun bin ich erst richtig zu Haus. Näh das rote Kleid fertig, Rieke, diese Nacht!»

Die Maschine rumpelte und schnurrte, sie nähte. Er hatte nicht daran gedacht, daß auch Rieke todmüde war, und sie hatte auch nicht daran gedacht. Er fing genau dort an, wo er aufgehört hatte: als Erzieher und Antreiber, und sie ordnete sich ihm noch williger als früher unter, da sie ihn jetzt lieben durfte. Und sie meinten beide, dies könne gutgehen.

Er erwachte. Die Nähmaschine nähte nicht mehr, dafür sprachen zwei Stimmen halblaut miteinander. Es war noch ganz dunkel, im Schneiderzimmer brannte kein Licht. Die Männerstimme sagte: «Das kann nicht gutgehen!»

Das Mädchen antwortete: «Doch, det wird jutjehen, ick fühle det!»

Der Mann wiederholte: «Er paßt gar nicht zu dir!»

Das Mädchen lachte: «Wat nich paßt, wird passend jemacht! Ick hab ihn doch lieb, Kalli, det haste doch imma gewußt!»

Karl Siebrecht fragte schlaftrunken: «Wovon redet ihr da eigentlich? Ihr redet wohl von mir?»

Einen Augenblick schwieg das dunkle Zimmer, dann sagte Rieke: «Haben wa dir doch uffjeweckt, Karle? Det is aba schade! Du hast so schön jeschlafen!»

«Das ist doch Kalli!» rief Karl, immer wacher werdend. «Kalli, alter Junge, warum kommst du nicht und schüttelst mir die Pranke? Warum brennt denn eigentlich kein Licht?»

«Die streiken wohl mal wieda», erklärte Rieke. «Warte, ick hol 'ne Kerze, det ihr euch doch sehen könnt, wenn ihr euch nach so langer Zeit juten Morjen sagt. Es is schon Morjen, Karle, du hast die janze Nacht durchjepennt, und det rote Kleid is fertig!» Damit tastete sie sich aus dem dunklen Zimmer. Karl Siebrecht aber fühlte, wie eine Hand nach der seinen suchte. Er faßte sie.

«Ich freu mich, Karl», sagte Kalli Flau. «Ich freu mich unmenschlich. Ich hatte längst alle Hoffnung aufgegeben, und nun hat Rieke doch recht behalten mit ihren Ahnungen!»

«Siehst du, Rieke hat immer recht! – Komm, setz dich hier zu mir aufs Sofa. Ich liege so herrlich, und mir ist schön warm. – Also, du meinst, ich passe nicht zu Rieke –?» Aber ehe Kalli noch mit seinem verlegenen Räuspern zu Ende war, fuhr Karl Siebrecht schon fort: «Aber Rieke ist doch die Heimat, die muß man doch liebhaben. Das muß dir doch auch so gegangen sein, als du aus dem Felde zurückkamst!»

Wieder räusperte sich Kalli. Siebrecht aber lachte laut und sagte: «Na, ja, Kalli, bei dir ist das alles anders. Ich kenne Rieke viel, viel länger als du!»

«Zwei oder drei Monate», sagte Kalli Flau trocken.

«So, ist das wirklich nicht länger?» meinte Karl Siebrecht erstaunt. «Ich dachte, es müßten Jahre und Jahre sein! Jedenfalls stehen Rieke und ich ganz anders zueinander. Ihr seid gute Freunde, mehr Bruder und Schwester...» Einen Augenblick stutzte er. Ihm kam eine dunkle Erinnerung, als habe er dasselbe einmal von Rieke und sich gesagt. Als habe auch er so empfunden, all die Zeit vor dem Kriege... Aber er schüttelte es ab, die Erinnerung glitt wieder zurück. Er war heimgekommen, und Rieke, das war die Heimat. «Nein, Kalli», sagte er. «Wir lieben uns wirklich, wie eben verliebte Leute, und da wird auch alles gutgehen.»

Darauf antwortete Kalli Flau nichts mehr, vielleicht, weil er keinen Einwand mehr wußte, vielleicht auch darum, weil Rieke jetzt mit dem Licht kam. Von diesem Thema wurde auch zwischen den beiden Freunden nicht wieder geredet, bis auf ein einziges Mal, kurz vor der Trauung, die wirklich Anfang Januar 1920 stattfand.

Inzwischen aber war viel geschehen. Am meisten und am sichtbarsten schaffte Rieke. Unter ihrer Weisung verwandelte sich die dunkle Höhle in der Eichendorffstraße in eine beinahe helle, saubere Wohnung. Es erwies sich, daß Rieke, wie so viele ihrer Zeitgenossen, Devisen gehamstert hatte, und unter der Zauberlockung dieses fremdländischen Geldes erschienen Handwerker, die eigentlich längst nicht mehr arbeiteten, kamen Waren zum Vorschein, die es seit vier, fünf Jahren nicht mehr gab. Die Dielen wurden geflickt und wie die Türen und Scheuerleisten mit schönster Ölfarbe gestrichen, Tapeten wurden geklebt, Fensterrahmen ausgebessert, Scheiben ergänzt, Öfen umgesetzt. Ja, Rieke brachte das Wunder fertig, daß aus der dunklen Kammer, in der einst der alte Busch gehaust hatte, ein richtiges Badezimmer wurde, was in allen umliegenden Häusern als reiner Hochmut abgelehnt wurde: «So wat jehört an den Kurfürstendamm, nich bei uns!»

Dann kam der Einzug der Waren. Es kamen neue Möbel, es kamen Betten, ja, es kamen sogar Teppiche. Die Schneiderstube zog hinaus in den doch unbenutzten Laden, aus ihr wurde ein Wohnzimmer. Und aus der Stube, in der früher die jungen Männer geschlafen hatten, wurde das Schlafzimmer der jungen Eheleute. Kalli Flau aber zog nach hinten, seine Stube ging nun auf den dunklen Hof hinaus. Hier hatte früher Rieke mit der kleinen Tilda geschlafen, hier wurde fast nichts erneuert, hier machte der Elan Riekes halt, hier waren ihre Devisen zu Ende. «Det kommt späta, Kalli!» sagte sie tröstend.

Wollte sie den getreuen Freund strafen? Sie war viel zu glücklich dazu! Aber wie alle Glücklichen war sie gedankenlos, sie dachte nicht daran, daß, was ihr Glück war, ihm Schmerz bedeutete. Kalli Flau hatte in diesen Wochen mancherlei Anlaß, einen Vergleich zu ziehen zwischen dem trüben apathischen Mädchen, das der Hochzeit mit ihm entgegengebangt hatte, und diesem tatkräftigen, vor Lebenslust sprühenden jungen Weib, das den Tag der Vereinigung mit Karl Siebrecht gar nicht erwarten konnte. Sicher zog er Vergleiche. Aber sie überzeugten ihn nicht, daß Karl Siebrecht der richtige Mann für Rieke Busch war, sosehr es jetzt auch danach aussah. Doch sprach er nie mehr davon mit ihr. Er blieb unverändert freundlich zu ihr, er erwähnte es nie, daß dies ja eigentlich seine Devisen waren, die für seine Hochzeit gespart waren.

Karl Siebrecht sah mit zufriedenem Lächeln dem eifrigen Wirtschaften seiner Rieke zu. Nur ein paarmal schritt er ein, so, als sie eine rot verglaste Ampel für ihr Schlafzimmer und ein schönes buntes Bild über das Bett erstanden hatte. Auf diesem Bild ließen Englein Rosen herabregnen auf eine nur mangelhaft bekleidete Dame, die sich wollüstig auf einem Blumenpfühl wälzte.

Es gab keine Auseinandersetzung deswegen. «Det magste nich?» hatte Rieke bloß erstaunt gefragt. «Der Bilderonkel hat mir doch jesagt, det bammeln sich alle wirklich feinen Leute übers Bette! Na, denn sieh zu, daß du wat Besseres schnappst!»

Und als er mit einem Blumenstück ankam, sagte sie erstaunt: «Det jefällt dir nu bessa? Det vasteh ick nich! Blumen kannste dir doch in 'ne Vase hinstellen, dafor broochste doch keenen Maler! Aber Engel und 'ne Jöttin –! Na, mach wie de willst, uff dem glatten Rahmen läßt sich ooch bessa Staub wischen, uff dem anderen war zu ville Joldklimbim!»

Nein, keinerlei Auseinandersetzungen wegen solcher Dinge, es ging alles glatt. Karl Siebrecht ließ die Rieke wirtschaften und machte sich nicht die geringsten Gedanken über die Herkunft der Devisen und den schlecht ausgestatteten Kalli Flau und die aufs Land verbannte Tilda. Er fand die Teppichmuster wie die Tapeten fürchterlich, aber es war ihm gleichgültig, und er dachte nicht einmal darüber nach, warum ihm die Einrichtung seines künftigen Heims so völlig gleichgültig war. Er lief in diesen Wochen viel in der Stadt herum, er redete und hörte zu auf Bahnhöfen, in Büros, in mancher Wohnung. Und allmählich legte sich immer fester, immer niederdrückender die finstere, die verzweifelte Stimmung dieser Stadt auf ihn, in der alles, gierig oder apathisch, nur noch den Untergang zu erwarten schien.

Karl Siebrecht war wirklich befreit aus der Kriegsgefangenschaft heimgekommen. Er war von einer langen, schweren Krankheit genesen, der Zwang war von ihm genommen, der Krieg war zu Ende. Er hatte geglaubt, wieder arbeiten, Neues aufbauen zu können. Nun mußte er hören, daß niemand mehr an Aufbau glaubte. Es geht doch alles zugrunde, sagten sie. Warum noch arbeiten? Und sie legten die Hände in den Schoß oder schoben mit – ganz nach ihrer Veranlagung. Aber wenn er müde und trostlos nach Haus kam, wenn alle Gänge umsonst gewesen waren – da war dann Rieke zu Hause, Rieke, lebendiger denn je, tatkräftiger, glücklicher, strahlender als je zuvor! Sie lief in seine Arme, sie zog ihn mit sich, sie hatte ihm dies oder jenes zu zeigen. Über ganz Berlin lag ein grauer, erstickender Schleier, aber hier, in diesen paar Räumen der Eichendorffstraße, schien die Sonne, hier wohnte das Glück, hier wurde gelacht, und hier wurde auch noch etwas aufgebaut. «Ach, Rieke», sagte er dann wohl lachend, «warum hast du eigentlich Stühle mit so unglaublich krummen Beinen ausgesucht? Möchtest du denn so krumme Beine haben –?!»

«Aba, Karl!» rief sie strahlend. «Det is ja gerade fein! Setz dir bloß mal Probe druff! So, nu schling mal deine Beene um die Stuhlbeene, det mach ick doch imma so jern! Na, merkste wat? Jroßartig jeht det, wie een Boomaffe fühlt man sich! Direkt hochklettern könnt man an die Dinger!»

Und lachend fügte er sich. In diesen Wochen war Karl Siebrecht, der Heimgekehrte, wirklich sowenig Erzieher wie sonst nie in seinem Leben!

## 63. Suche nach dem Vergangenen

In diesen letzten Wochen des grauen, naß verrinnenden Jahres 1919 war Karl Siebrecht viele Wege gegangen, beseelt von der Hoffnung, daß er das Werk wieder arbeiten lassen konnte, das er einst als blutjunger Mensch in Gang gesetzt. Er war von Bahnhof zu Bahnhof gegangen, wie einst hatte er an den Gepäckausgaben gestanden und nach den alten Gesichtern Ausschau gehalten. Sie konnten doch nicht alle verschwunden sein ... Nein, sie waren es nicht. Manchmal stutzte so ein Mann in der grünen Jacke, einen Augenblick lächelte er: «Sind Se det, Herr Siebrecht? Na, ooch wieda heil zu Hause? Ick freu mir!» Sie schüttelten sich die Hände, aber gleich wurde des anderen Miene wieder trübe: «Se wollen doch nich mit die alte Fahrerei wieder anfangen? Da lassen Se man die Pfoten von! Kommen Se mal rin in unsern Gepäckkeller, wat da rumliegt, det fahren Sie in eine Fuhre raus!»

«Das kommt auch wieder anders! Wenn erst das Vertrauen zurückgekehrt ist.»

«Vertrauen –? Uff wat denn Vertrauen –?! Uff die Regierung? Uff den Dollar?! Uff die Alliierten?!! Nee, Herr Siebrecht, det machen Se sich man ab, det kommt nich wieda zurechte! – Jawoll, een paar fahren. Manchmal! Wenn sie grade nischt Besseres zu tun wissen. Sie können ja mal mit die Kutscher von die Kröpelfuhren reden, wenn die wat anderes sagen, heeß ick Fritze Bollmann!»

Nein, auch die Kutscher erzählten dem Karl Siebrecht nichts anderes. Es waren wirklich Kröpelfuhren, und die Leute erschienen Karl Siebrecht keineswegs so vertrauenswürdig, daß man ihnen Koffer gerne überlassen hätte.

Der Gepäckträger Beese, dem Karl Siebrecht davon sprach, schüttelte ernst seinen traurigen Pfeifenkopf. «Da haben Sie recht, Herr Siebrecht. Sehen Sie mal den Koffer an, den ich hier trage!»

Sie hatten sich oben an den Bahnsteigen auf dem Stettiner Bahnhof getroffen und gleich erkannt. Herr Beese trug einen ziemlich schweren schönen Lederkoffer. «Schöner Koffer», sagte Karl Siebrecht. «Was ist mit ihm?»

«Das ist der einzige Koffer, der sich zu tragen lohnt!» sagte der Gepäckträger Beese. «Das ist nämlich ein Ausländerkoffer! Aber so was bekommen Sie nie zu sehen, das kommt mit dem Auto und geht mit dem Auto. Davon kriegen Sie nicht einen in die Pfoten. So ist das!»

Karl Siebrecht betrachtete den Herrn Beese nachdenklich. «Sie wenigstens sehen ganz unverändert aus, Herr Beese», sagte er, und das stimmte wirklich: trauriger, als Herr Beese schon vor dem Kriege ausgesehen hatte, konnte man wirklich nicht aussehen.

«Das sagen Sie nun auch!» sagte Herr Beese und lächelte. Es war ein kümmerliches, es war ein erbärmliches Lächeln, aber es war ein Lächeln. Er nahm seine Mütze ab. «Und nun kieken Sie mal!»

Ja, das war nun freilich nicht mehr zu übersehen: quer über Herrn Beeses glatten runden Schädel lief eine breite, feurige Narbe. «Granatsplitter?» fragte Karl Siebrecht sachverständig.

Herr Beese nickte nur. «Douaumont!» sagte er kurz.

«Na, dann kucken Sie mich auch mal ab, Herr Beese!» forderte Karl Siebrecht ihn auf und nahm seinen weichen Filzhut ab. Er mußte ziemlich tief in die Kniebeuge gehen, denn Herr Beese war ja nur ein kleiner Mann. «Fühlen Sie ruhig unter meinen Haaren! Sie läuft fast wie bei Ihnen – Verdun!»

Und so befühlten sie gegenseitig ihre Narben und vergaßen den Stettiner Bahnhof und die zugrunde gehende Gepäckabfuhr. Sie erzählten sich, wo sie die Narben gekriegt hatten und wie lange sie gelegen hatten und was sie heute noch davon fühlten – bis Herr Beese von einem wutschnaubenden Schweden aufgestöbert wurde, dessen Zug eben abgefahren war . . .

Karl Siebrecht verstand es allmählich besser, daß sich Kalli auf eine Autotaxe zurückgezogen hatte. Trotzdem scheute er den Weg auf die Eisenbahndirektion nicht. Dem ordentlichen Herrn Kunze mußte das jetzige Chaos doch ein Dorn im Auge sein!

Aber Herr Regierungsrat Kunze war nicht mehr auf der Direktion. Herr Kunze war pensioniert! Siebrecht fand seinen ehemaligen Beschützer in einer kleinen düstern Wohnung, in einem kalten Plüschzimmer, wo er vom Fenster auf eine düstere, kalte Straße hinaussah.

Auch Herrn Kunzes Stimmung war düster und kalt. «Ja, mein Lieber», sagte er, «sie haben mich pensioniert, das heißt, sie haben mich abgesägt. Ich hätte noch zehn, noch zwanzig Jahre arbeiten können, aber man braucht Leute wie mich nicht mehr!»

Einen Augenblick überlegte Karl Siebrecht, dann meinte er, daß es vielleicht sehr gut passe, wenn Herr Kunze pensioniert sei. Und ehe der Regierungsrat noch aufbrausen konnte, erklärte er ihm, daß man bei einer wirklich groß ausgebauten Gepäckabfuhr unbedingt einen Fachmann brauchen werde als Verbindungsmann mit der Direktion. Als er seinen Plan weiterentwickelte, erwärmte sich die kalte Stimmung des anderen ein wenig – er sah wieder Arbeit vor sich. Aber das Feuer ging aus, ehe es noch recht gebrannt hatte.

Herr Kunze schüttelte den Kopf: «Mein lieber Siebrecht, das alles ist nur Phantasterei! Daraus wird nie etwas! Was denken Sie denn, welche Zustände auf der Bahn herrschen!? Alles rollende Material ist ruiniert! Und das bißchen, das noch was taugt, müssen wir an die Entente abliefern: alle Lokomotiven, alle Wagen. Davon erholt sich die Bahn in fünfzig Jahren nicht! Nein, verkaufen Sie Schnürsenkel oder amerikanische Zigaretten, da werden Sie was! Aber arbeiten –? Sehen Sie mich an! Ich glotze zehn Stunden am Tag auf die Straße! Das ist meine Arbeit – die schwerste, die ich in meinem ganzen Leben zu leisten hatte!»

Damit gab er dem ehemaligen Schützling flüchtig und verlegen die Hand, verlegen, weil er sich seine Verzweiflung hatte merken lassen . . .

Schon manches Mal war Siebrecht an dem großen Laden Unter den Linden vorübergekommen, hinter dessen Scheiben, genau wie vor dem Kriege, noch immer oder schon wieder Autos mit Nickel und Lack glänzten und lockten. Er war nicht näher herangegangen. Dies war sein letzter Ausweg, hierhin wollte er erst gehen, wenn er feste Vorschläge zu machen hatte. Nun ging er doch zu dem Laden – wohin sollte er sonst noch gehen?

Die Wagen standen in den Fenstern wie vor dem Kriege, aber jetzt trugen sie keine deutschen Namen mehr, es waren alles französische, englische, amerikanische Wagen. Berlin, die Stadt der Ausländer, wie Deutschland das Land der Alliierten war! Auch das kleine Namensschild an der Tür hatte sich geändert. Wohl trug es noch immer den Namen «Ernst Gollmer», aber ein «& Co.» war dazugekommen, und darunter stand zu lesen «G. m. b. H.». Karl Siebrecht trat ein. Der Laden war gut besucht, sehr gut sogar. Überall standen Gruppen von Leuten um die Wagen, genau jener Schlag Leute, die dem Karl Siebrecht verhaßt waren, dicke Leute in schönen englischen Mänteln, aus deren Taschen sie nur ungern die Hände nahmen, Männer mit harten Augen. In einem mit rotem Leder gepolsterten Auto saß ein weibliches Wesen, etwas unvorstellbar Aufgeputztes und Bemaltes. Es drehte am Steuerrad, wie ein Affe daran gedreht hätte, und stieß dabei hohe, kreischende Schreie aus, die irgend etwas bedeuten sollten, denn vier Männer hörten dem Papageiengekreisch mit ernster Andacht zu.

Karl Siebrecht hatte sich überall umgesehen: der backenbärtige Prokurist war nicht mehr hier. So wandte er sich an einen Cut-gekleideten Herrn, der hinter einem Pult saß, und erkundigte sich nach Herrn Gollmer. Er sei persönlich bekannt mit Herrn Gollmer...

Der Cut sah ihn prüfend an, Karl Siebrecht fühlte es förmlich, wie er auf die Möglichkeit eines Autokaufs hin überprüft wurde. Dann schüttelte der Cut den Kopf: Nein, Herr Gollmer sei nicht hier...

Karl Siebrecht wandte sich zögernd zum Ausgang. Ein Verkäufer ging an ihm vorüber. Flüchtig sahen sie einander an, gleichzeitig erkannten sie sich, mit einem Ruck blieben sie beide stehen. «Na, Haifisch?» fragte Hans Tischendorf, ganz im Ton des Stettiner Bahnhofs und grinste dabei ungemein. «Was machst du denn hier bei uns? Auto kaufen, was? Ich empfehle dir den Packard da hinten, kostet nur eine Kleinigkeit, viertausend Dollar – he?» Und er lachte. Er hatte noch immer das bleiche, käsige Gesicht mit den unruhigen Mausaugen, aber die Pickel waren verschwunden, und die Ratte war sehr selbstsicher geworden. Bestimmt hatte Tischendorf Erfolg gehabt, und er sah auch nicht so aus, als sei er im Felde gewesen. Er trug einen dunklen Anzug mit diskreten hellen Nadelstreifen, dazu ein rohseidenes Oberhemd. «Willst du wieder Lastautos kaufen?» fuhr Hans Tischendorf fort. «Ich habe zufällig gesehen, daß du hier mal Großkäufer gewesen bist! Aber mit dem Fuhrgeschäft ist es doch vorbei. Heute muß man handeln, mein Lieber, nur handeln! Beim Arbeiten setzt man Geld zu, beim Handeln muß man ja verdienen, schon durch die Markentwertung!» Er sah den ehemaligen Feind an. «Ich mache diesen Laden hier nur noch nebenbei», sagte er lässig. «Ich habe eine eigene Firma in der Wallstraße. Gebrauchtwagen, verstehst du? Wenn du zu mir kommst, kann ich dir was zeigen. Man kann gebrauchte Wagen heute erstaunlich billig kaufen – Heeresgut, verstehst du? Man muß natürlich nicht zu genau nach den Papieren fragen, und die Wagen müssen ein bißchen anders angepinselt werden – aber für hundert Mark kann man ja einen Haufen Farbe kaufen, was?» Wieder lachte er. «Sag mir nur, was du brauchst, Siebrecht! Ich besorge dir alles! Du kannst dir den Wagen gewissermaßen auf der Straße aussuchen, und eine Woche später hast du ihn! Das sind Geschäfte, was?»

«Du bist also doch in der alten Branche geblieben, genau wie auf dem Stettiner Bahnhof, wo dir manchmal Koffer verlorengingen, Tischendorf!» sagte Karl Siebrecht kalt.

Der andere hörte auf zu lachen. Sofort bekam sein Gesicht den alten feigen und doch frechen Ausdruck.

«Wo treffe ich Herrn Gollmer?»

«Den Alten? Keine Ahnung! Habe ihn nie gesehen, kenne ihn gar nicht. Kommt nie hierher. Ich glaube, er ist nur noch stiller Teilhaber, wenn er überhaupt noch in der Firma ist!»

«Danke!» sagte Karl Siebrecht.

«Du, Siebrecht, du verstehst doch Spaß? Ich habe eben doch nur einen Spaß gemacht, das verstehst du doch?! Natürlich bin ich nur Angestellter, ich wollte nur ein bißchen angeben vor dir!»

«Guten Tag!» sagte Karl Siebrecht und ging.

Er hatte schon ein paarmal versucht, in der Villa am Grunewald anzuläuten, aber er hatte keine Verbindung bekommen. Nun fuhr er hinaus. Alle Jalousien waren heruntergelassen, die Villa war unbewohnt. Eine Weile stand er am

Gitter und sah in den Garten. Auf den Wegen lag totes Laub, ein Spaten steckte verloren in einem Beet. Nach kurzem Umsehen schwang er sich über die niedrige Eingangspforte. Eilig ging er um das Haus herum. Dies waren die Spaliere, die er an einem denkwürdigen Tage gegen Blattläuse behandelt hatte. Dort hinten stand der Schuppen mit dem Gartengerät. Langsam ging er zu der Laube, in der er einmal Kaffee, einmal Bowle mit den Gollmers getrunken hatte. Er setzte sich auf die feuchte Holzbank, er starrte vor sich hin. Er erinnerte sich des Tiergartens, der Handtasche, des zerrissenen Bildes. Wo war wohl jetzt der schmissige Herr? War er gefallen wie so viele, oder hatten die beiden geheiratet, warf sie jetzt ihre hellen Locken für ihn zurück, lachte für ihn? Er zog seine Brieftasche, nahm einen Zettel und schrieb darauf die Worte: «Ich hätte Sie gerne einmal gesprochen. Ihr Siebrecht.» Er zögerte einen Augenblick, plötzlich war er sich nicht ganz sicher, daß man sich nach fünf Jahren dieses Namens erinnern würde. So setzte er seine Firma darunter: «Siebrecht & Flau, Berliner Gepäckbeförderung» – den Namen einer gestorbenen Firma. So war es heute: das Lebendige mußte sich durch das Tote erklären. Mit dem Zettel in der Hand stieg er die Stufen zur Villa hinauf. Aber als er schon die Klappe zum Briefkasten gehoben hatte, wurde er wieder anderen Sinnes. Er ließ sie fallen – es tönte hohl aus dem unbewohnten Hause wider – und zerknüllte den Zettel. Es hatte alles keinen Zweck. Man erweckte Totes nicht wieder zum Leben. Es war eben vorbei . . .

### 64. Dann sprechen wir uns wieder

Es blieb ihm noch ein Weg, ein allerletzter. Wohl hatte er immer die Hilfe dieses Mannes abgelehnt, schließlich hatte er sogar eine Art Abkommen mit ihm geschlossen, sich nie von ihm helfen zu lassen. Aber jetzt?

Kalli Flau war kein geschwätziger Mensch, von selbst erzählte er nie etwas. Aber allmählich bekam Karl Siebrecht doch Einblick in die nächtlichen Fahrten des Taxichauffeurs, er begriff, warum der Freund so finster und mutlos am Morgen heimkam.

Es war kein schlechtes Geschäft, es brachte Geld, manchmal sehr viel Geld. Aber es war ein übles Geschäft: Betrunkene von einem Nachtlokal ins andere fahren. Schiebern Klubadressen verraten, in denen sie das Geld, das sie sich mit Lebensmitteln erwuchert hatte, verspielen konnten, für betrunkene Pärchen ein fahrendes Sofa sein, andere betrunkene Pärchen in üble Stundenhotels schleppen – das war nun Kalli Flaus Brot geworden. Das würde Karl Siebrechts Brot sein, wenn er nichts anderes fand.

So stieg er wieder einmal die Stufen zu der Wohnung in der Kurfürstenstraße empor. Es lagen keine Läufer mehr auf diesen Stufen, der Marmor war dreckig. Kein Portier teilte mehr die Besucher in zwei Gruppen: Herrschaften und Dienstboten. Das Mädchen, das ihm öffnete, war zweifelhaft: «Der Rittmeister – Sie meinen Herrn von Senden? Ja, ich weiß nicht . . .» und mit einem entschuldigenden Blick umher: «Wir ziehen nämlich!» So sah die Wohnung auch aus, als Karl Siebrecht durch sie geführt wurde. Eine Wohnung in der Abreise, eine halb eingepackte Wohnung, Chaos und Ungemütlichkeit, eine Wohnung auf der Flucht . . .

Der Herr von Senden war nicht überrascht. «Du triffst mich noch gerade, Karl. Schön. Auch heil heimgekommen? Vielleicht wäre es besser, man wäre draußen geblieben, oder gefällt dir die Heimat? – Nein, nicht mehr Rittmeister, es hat sich ausgerittmeistert. Übrigens wurde ich im Krieg befördert, aber das ist jetzt alles egal. Und was machst du, Karl?»

«Ich suche Arbeit, irgendwas.»

«Arbeit? Ich dächte, es müßte Arbeit genug geben in diesem Laden. Aber freilich, Arbeit, die einen Sinn hat, die nicht gleich wieder eingerissen wird – da kann ich dir auch nicht raten, Karl! Oder weißt du was?» Er sah den jungen Menschen nachdenklich an. Er war jetzt ganz weiß geworden, das Gesicht hager, mit langen bitteren Falten. Nichts mehr von Blasiertheit, keine seidenen Socken mehr. «Weißt du was? Komm mit mir, ich will mir da irgendwas in Bayern kaufen, wo ich in Ruhe sitze und nichts höre noch sehe – irgendeine Klitsche. Hier verkloppe ich alles, das heißt, mein Schwager, der Kalubrigkeit, macht das für mich. Der ist tüchtig, das sind Zeiten für den! Wie ist es? Willst du Verwalter bei mir werden oder Knecht? Ich habe noch keine Ahnung. Wir pflügen dann gemeinsam, du mit dem einen Gespann, ich mit dem anderen. Das ist doch noch wenigstens eine sinnvolle Geschichte!»

«Ich heirate in ein paar Tagen, Herr Rittmeister – Herr von Senden», sagte Karl Siebrecht leise.

«So? Hat das einen Sinn? In diesen Tagen? Kinder in die Welt setzen – für dies Leben? Ich denke, wir sind schon zwanzig Millionen zuviel? – Nun ja, du bist jung. Heirate, arbeite – ich mache nicht mehr mit!» Er sah seinen Besucher einen Augenblick an, in den dunklen Augen glühte ein Feuer: «Du hast auch was abgekriegt, sehe ich. Wie weit hast du es denn gebracht im Kriege? Unteroffizier, mehr nicht? Ich dachte, so einer wie du müßte es wer weiß wie weit bringen!»

«Ich war drei Jahre kriegsgefangen.»

«Ach!» machte der Herr von Senden, es schmeckt ihm schlecht. «Na ja, nun sind wir alle friedensgefangen! Aber ich mache nicht mehr mit. Was wirst du anfangen?»

«Ich werde wohl Taxichauffeur werden.»

«Warum machst du so ein Gesicht? Taxichauffeur ist tausendmal besser als überflüssiger Privatmann. Ach, du meinst, das ist nichts, weil es dabei kein Vorwärtskommen gibt? Du wirst schon deine Stunde erkennen. Wenn du deine Chance siehst und brauchst Geld, wende dich nur an mich. Du erreichst mich immer über die alte Adresse.»

«Nein», sagte Karl Siebrecht langsam. «Ich glaube nicht, daß Sie irgend etwas für mich tun können. Ich werde nun wohl Chauffeur werden.»

«Wenn du dir zehn, zwölf Autotaxis kauftest?» schlug der Rittmeister vor. «Das Geld dafür könnte ich dir geben.»

«Nein», sagte Karl Siebrecht. «Das ist nichts für mich. Bloß darum Geld verdienen, weil einem die Taxis zufällig gehören, das würde mir keinen Spaß machen. Als ich zu Ihnen ging, dachte ich, Daß Sie irgend etwas wüßten, nicht wegen der Arbeit, sondern wie das alles weitergehen soll . . .»

«Bin ich der liebe Gott?» rief der Herr von Senden. «Ach, der weiß es auch nicht, der hat auch keine Ahnung, wie das weitergeht. Der muß sich jetzt auch auf seine Menschen verlassen, aber das sage ich dir, Karl! Es gibt noch Menschen, richtige Menschen, die einen Weg wissen. Und wenn sie ihn nicht wissen, so ahnen sie ihn doch. Durch kommen wir, und dann sprechen wir uns wieder!»

«Dann sprechen wir uns wieder, Herr Rittmeister», antwortete Karl Siebrecht, und diesmal hatte der Herr von Senden gegen diesen Titel nichts einzuwenden.


## 65. Eine letzte Mahnung

An diesem Tage, es war der 29. Dezember 1919, kam Karl Siebrecht früher als sonst nach Hause. Eine Weile saß er unentschlossen bei Rieke herum. Ein paarmal machte er den Mund auf, das zu sagen, was ihm das Herz bedrückte, aber er schloß ihn wieder. Er konnte es noch nicht sagen, ihm war, als habe er wieder einmal eine Schlacht um diese Stadt Berlin verloren.

Rieke, die sonst fast ängstlich jede seiner Stimmungen beobachtete, merkte heute nichts. Die Wohnung für das junge Paar war fertig, nun nähte sie an dem Kleid, in dem sie mit ihm aufs Standesamt gehen wollte, einem grauen Kostüm. Ihre Blässe war verschwunden, sanfte Röte lag auf ihren Wangen, jede ihrer Bewegungen war energisch und rasch. «Bloß noch drei Tage, Karle», lächelte sie ihn an. «Ick freu mir so. Freust du dir auch?»

«Doch, ich freu mich auch, Rieke», antwortete er und erwiderte etwas matt ihr strahlendes Lächeln.

«Frau Friederike Siebrecht», sagte sie stolz. «Du, Karle, wie hieß denn deine Mutter eigentlich?»

«Klara.»

«Frau Klara Siebrecht», versuchte sie. «Na ja, Karle, det klingt ooch janz schön, aber Frau Friederike Siebrecht klingt noch bessa. Wat?»

«Natürlich!» antwortete er. «Muß ich dich dann immer Friederike nennen?»

«Ach, du Affe!» lachte sie. «Du weeßt janz jut, wat ick meene!»

«Ist es nicht Zeit, Kalli zu wecken?»

«Doch ja. Willst du et tun? Ick jeh aber ooch jern.»

«Laß man, ich geh schon.»

Aber Kalli Flau war schon wach. Er saß auf dem Bettrand und schnürte seine Schuhe. «Ist recht Karl», sagte er. «Ich bin schon von selbst wach geworden.»

Karl Siebrecht ging ans Fenster und sah auf den fast schon ganz dunklen Hof hinaus. Plötzlich fiel ihm der alte Busch ein, der dort mit seinem Besen hantiert hatte. «Wo wohl die drei Borsten hingekommen sind?» fragte er halblaut.

«Welche Borsten, Karl?»

«Die drei glückbringenden Borsten, die er mich an dem Tag hat ziehen lassen, wo ich zum erstenmal zu Gollmer ging. Ich finde, ich könnte sie wieder mal brauchen!»

«Was schiefgegangen?»

«Alles!» Karl Siebrecht rief es fast zornig. Dann ruhiger: «Von nun an fahre ich mit dir Taxi, du in der Nacht, ich am Tage. Oder umgekehrt, ganz, wie du willst. Jetzt hast du das Kommando.»

«Du weißt, daß ich nie was zu kommandieren habe, Karl», sagte Kalli Flau ruhig, und mit einem Kopfnicken nach der Tür: «Weiß Sie es schon?»

«Nein. Ich mag's ihr noch nicht sagen. Ich komme mir so blamiert vor! Taxichauffeur!»

Kalli Flau war wiederum nicht gekränkt. «Es ist kein schlechtes Brot heute, Karl. Ich bin froh, daß wir's gehabt haben. Wenigstens ist es ein sicheres Brot.»

Plötzlich verstand Karl Siebrecht erst, was er gesagt hatte. «Ach, Kalli», rief er, «sei mir nicht böse! Ich meine ja bloß, weil ich immer so große Pläne habe und weil diesmal gar nichts daraus geworden ist, aber rein gar nichts! Ich wollte dich wirklich nicht kränken, Kalli!»

«Du hast mich nicht gekränkt, Karl. Aber paß auf, wenn du es ihr sagst, daß du sie nicht merken läßt, wie ungern du Taxi fährst.»

«Glaubst du denn, das stört sie? Warum wohl? Ich glaube, es ist ihr ziemlich egal, was ich tue.»

«Du hast wirklich keine Ahnung von dem, was Rieke freut und ängstigt, Karl!»

«Und was freut sie?»

«Zum Beispiel, daß du Taxichauffeur wirst. Und du darfst ihr diese Freude nicht verderben.»

«So? Und wovor ängstigt sie sich?»

«Aber vor deinen großen Plänen doch!»

Karl Siebrecht schwieg eine Weile nachdenklich, dann sagte er: «Aber möchte sie denn, daß ich immer so klein bleibe, ohne Aussicht auf Vorwärtskommen? Da irrst du dich aber in Rieke, Kalli, Rieke gönnt mir alles!»

Jetzt war es Kalli, der schwieg. Dann aber entschloß er sich und fragte: «Und warum, meinst du wohl, hat sie diese Wohnung so schön eingerichtet, warum freut sie sich, daß du Chauffeur wirst? Jawohl, sie gönnt dir alles. Aber sie fürchtet sich davor, daß du irgendwohin gehst, wohin sie dir nicht folgen kann. Hier in der Eichendorffstraße gehört sie zu dir, ich glaube, du hast ihr mal was von einer Villa im Grunewald erzählt, damit hast du sie sehr erschreckt.»

«Rieke ist wie ein Kind», sagte Karl Siebrecht jetzt lächelnd. «Die Grunewaldvilla liegt zwanzig Jahre weit, und vielleicht kommt sie nie. Kommt sie aber, wird sie sich daran gewöhnen.»

Wieder schwieg der Freund im Kampfe mit sich, und wieder entschloß er sich. «Rieke wird sich nicht umgewöhnen, Karl. Hierher in den Norden und Osten Berlins gehört sie, an jedem anderen Platz wird sie unglücklich sein.»

«Das weißt du nicht. Wäre dieser Krieg nicht gekommen, wohnten wir schon irgendwo im Westen, und sie würde sich dort sehr wohl fühlen!»

Hitziger antwortete Kalli Flau: «Wieviel Jahre kennst du Rieke nun schon, Karl? Zehn Jahre, nicht wahr? Und was hat sie von dir gelernt? Spricht sie richtig deutsch? Rührt sie je ein Buch von den Büchern an, die du ihr empfiehlst? Frühstückt sie nicht immer noch heimlich an einer Ecke vom Schneidertisch? Und du willst sie an eine Grunewaldvilla gewöhnen?»

«Du hältst sehr wenig von Rieke», sagte Karl Siebrecht betroffen.

Kalli Flau rief: «Ich halte wenig von ihr? Ich halte hundertmal mehr von ihr als du! Ich finde Rieke richtig, genauso wie sie ist, du möchtest sie immer anders haben! Hast du dir je überlegt, Karl, was du ihr antust, wenn du sie heiratest?» Nun hatte er es doch noch gesagt, und im Augenblick bereute er es nicht, daß er es gesagt hatte. Vielmehr sah er den Freund fast zornig an.

Der sagte verwundert: «Aber ich liebe doch Rieke, Kalli, ich habe es dir doch schon gesagt!»

«Ja, das hast du, und du hast mir auch gesagt, weil sie wie die Heimat ist. Darum heiratest du, weil sie dir guttut! Aber hast du je daran gedacht, ob es ihr guttun wird?»

«Aber Rieke ist doch glücklich, das mußt du doch sehen, Kalli!»

«Ja, jetzt ist sie glücklich – aber wie wird es weitergehen? Denkst du nie darüber nach, Karl? Du hast große Pläne, du willst viel werden, stelle dir doch einmal vor, was soll dann mit Rieke werden? Willst du sie zu deinen feinen Freunden mitnehmen? Und dich dann ihrer schämen, weil sie mir und mich verwechselt? Oder willst du sie zu Hause sitzen lassen und dein eigenes Leben für dich führen? Dazu heiratet man nicht, Karl!»

«Ich habe keine feinen Freunde!» sagte Karl Siebrecht zornig. «Ich habe nur Rieke und dich, und jetzt fällst du über mich her –»

«Rede bloß keinen Unsinn!» rief Kalli Flau wütend. «Das ist genau wie damals in der Hofjägerallee, als du mit den Fuhren anfingst und wolltest durchaus mit deinem Kopf durch die Wand, und Riekes Gefühle waren dir ganz egal! Da habe ich dir auch Bescheid gesagt! Aber du hast nichts gelernt, Karl, rein gar nichts! Du weißt nur, daß du jetzt Rieke heiraten möchtest, weil es dir guttut. Aber was daraus wird, das ist dir piepe. Ich aber sage dir, das ist eine Gemeinheit! Du darfst Rieke nicht heiraten! Du machst sie bestimmt unglücklich, und dich wahrscheinlich auch . . .»

«Höre einmal zu, Kalli . . .» fing Karl Siebrecht hitzig an. Aber ehe er noch weiterreden konnte, ging die Tür auf, und Rieke Busch kam in die Stube. Bei der Aufzählung jener schlechten Eigenschaften, die Karl Siebrecht ihr nicht hatte abgewöhnen können, hatte Kalli Flau eine vergessen: Rieke Busch lauschte auch dann und wann an den Türen, und sie schämte sich dessen gar nicht. So hatte sie auch jetzt gelauscht, und sie hatte dabei nicht einmal das Ohr an die Tür legen müssen, die Freunde hatten laut genug miteinander gestritten.

Jetzt kam sie also herein. Sie war gefährlich blaß, und auf ihrer sonst glatten Stirn stand senkrecht eine tiefe Zornesfalte. «Biste stille, Karle!» sagte sie zu ihrem Verlobten. «Wat dem Kalli zu saren is, det sare ick!» Und nun wandte sie sich an Kalli, der sie schweigend, aber ganz unverlegen ansah, und das Gewitter brach los: «So also biste, Kalli, so een falscher Freund biste! Er soll mir also nich heiraten – und warum nich? Weil du um mir besorgt bist? So siehste aus! Weil du mir selba heiraten willst, darum soll er mir nich heiraten! Det is die reine Wahrheit, Karle, denn det möcht er! Mein Jlück, det is dir schnurzejal – nur haben möchtste mir! Det hättste dem Karle zuerst saren müssen, mein lieba Spitz, det wir ausjemacht hatten, wir heiraten uff Weihnachten, wenn der Karle nich wiedakommt! Und weeß Jott, bloß uff dein Dremmeln hin ha ick dir mein Vasprechen jejeben, bloß, det endlich Ruhe im Hause war!»

«Halt, stopp, Rieke», sagte Kalli, «vergiß nicht, was du mir noch alles versetzen willst! Aber gib erst zu, daß du mir in der Nacht, als Karl kam, das feste Versprechen abgenommen hast, ihm kein Wort von unseren Heiratsplänen zu sagen. Sonst hätte ich ihm das längst erzählt. Es hat mich lange genug gedrückt.»

«Na ja, det soll wahr sind – ha ick denn wat anderes jesagt? Ick habe jesagt, du wolltest mir heiraten, und weil det nischt jeworden is, redste bei Karlen jejen die Heirat! Du bist einfach eifersüchtig!»

«Nein, nein, Rieke», sagte jetzt auch Karl Siebrecht besänftigend. «So ist das nun doch nicht. Ich glaube schon, daß sich Kalli aufrichtig Sorgen um dein Glück macht. Vielleicht hat er wirklich recht, vielleicht bin ich egoistisch, und du wirst mit mir unglücklich –»

«Und wat jeht den det an?!» rief Rieke zornig. «Det is allein meine Sache, ob ick mit dir jlücklich oder unjlücklich werde! Da laß ick mir auch von meine besten Freunde nich reinfummeln! Ick will lieba mit dir zehnmal unjlücklich sin als mit ihm eenmal jlücklich! Jeh doch los, werde doch wat Jrosset, laß mir doch zu Hause sitzen – det is mir allens recht! Jetzt ha ick dir, jetzt halt ick dir – und wat danach kommt, det wird mir auch nich umschmeißen! Danach frage ick nich!» Und damit warf sich Rieke plötzlich aufschluchzend in die Arme von Karl, der sie fest, fest an sich drückte, gerührt und erschüttert. Über dem Scheitel des weinenden Mädchens aber begegneten sich die Blicke der beiden Freunde: Karl Siebrechts Auge hell, etwas lächelnd, ein wenig verlegen; Kallis Blick unbeirrbar ernst und mahnend.

Dann sagte Kalli: «Also denn tjüs, ich muß zu meinem Taxi!» Und er ging, leise nickend.

## 66. Der Taxichauffeur

Am 2. Januar 1920 heirateten Friederike Busch und Karl Siebrecht.

Große Erschütterungen, große Überraschungen brachte die junge Ehe beiden nicht. Sie kannten sich nun schon so lange Jahre, es gab nichts Neues mehr zu entdecken. Es war ein stilles Glück ... Sie durften nun zärtlich zueinander sein, es war schön, einander liebzuhaben.

In diesen immer graueren, stets wirreren Tagen war Rieke das stetige Licht. Karl konnte noch so verzagt nach Hause kommen, sie heiterte ihn auf. Sie vollbrachte Wunder mit dem bißchen Geld, das sich immer rascher entwertete. Es war ihr Stolz, daß «ihre Männer» alle Tage Fleisch bekamen, und sie füllte ihnen die Thermosflaschen, die sie auf ihre Fahrt mitnahmen, mit Bohnenkaffee. Vielleicht war der von Kalli Flau ein bißchen dünner, sein Fleischstück etwas kleiner als das von Karl, aber das geschah ohne Absicht. Rieke selbst trank nur zweiten Aufguß und behauptete, Fleisch widerstehe ihr ... Die Hauptsache blieb Karl. Er mußte bei guter Laune gehalten werden. Am Tage nach der Hochzeit hatte er sich zum ersten Male in das Taxi gesetzt und seine neue Tätigkeit begonnen. Die Erfahrung war ganz neu für ihn, daß Kalli Flau tüchtiger als er war, jedenfalls als Taxichauffeur: Kallis Einnahmen waren meist doppelt so hoch! Zuerst glaubte Siebrecht, es liege daran, daß Kalli des nachts fuhr und er am Tage, Betrunkene gingen eben leichtsinniger mit dem Geld um.

Sie tauschten. Aber es zeigte sich, daß Karl Siebrecht nicht der richtige Mann war, dies Nachtpublikum zu fahren. Betrunkene, die seinen Wagen beschmutzten, warf er zornentbrannt heraus, während Kalli eine Sondertaxe von ihnen erzwang. Er behauptete, keine Adressen von Spielklubs und Nackttanzlokalen zu kennen, und nie half er einem Fahrgast, der schwach auf den Beinen war, mit seinem Mädchen in ein zweifelhaftes Hotel. Er war kein Sittenrichter, o nein, er entrüstete sich nicht moralisch. Dafür hatte er zu lange in Berlin gelebt, es gab so vielerlei Menschen, sie konnten nicht alle wie Karl Siebrecht leben und denken. Aber dieser ganze Betrieb ekelte ihn an, und dieser Ekel war unüberwindlich. Er kam aus dem Kriege, nie konnte er sich an den Gedanken gewöhnen, daß aus soviel Opfern soviel Schmutz geworden war. So wurde seine Nachtkasse noch schlechter als seine Tageskasse. Wieder tauschten sie. Kalli Flau war alles recht, Kalli verdiente immer Geld, er war es, der auch die Devisen nach Hause brachte. Rieke nähte, so verdienten alle drei, sie hatten genug zu essen, sie konnten sich anständig kleiden, sie schafften wieder etwas für die Wohnung an, nun war auch Kallis Zimmer keine Rumpelkammer mehr.

Aber in der Hauptsache verdienten Rieke und Kalli das Geld, er, Karl Siebrecht, der Kopf dieser kleinen Gemeinschaft, war sein Geld nicht wert, er verdiente nicht, was Rieke ihm auf den Teller legte! Wie ihn das wurmte, wie ihn das immer böser auf den verhaßten Beruf machte! Nun fuhr er wieder zwischen den Bahnhöfen, von und zu den Bahnhöfen, und wenn ein bekannter Gepäckträger ihm Koffer in das Auto reichte, fragte er immer dringender: «Na, wird's noch nicht besser? Kann ich nicht bald wieder anfangen?»

Und wenn dann der Mann den Kopf schüttelte: «Besser? Schlimmer wird's, immer schlimmer!» – knallte er in zorniger Wut die Tür seines Autos zu und fuhr los, daß den Fahrgast hinter ihm ein Zittern und Zagen ankam. Er, Karl Siebrecht, ließ sich von anderen ernähren!

Nie sprach er mit Kalli und Rieke ein Wort von diesem geheimen Kummer. Aber er brauchte auch gar nicht davon zu reden, sie wußten auch ohnedies davon. Seine ewig trübe Stimmung, seine gewollte Gelassenheit, sein übergroßes Interesse, die Höhe von Kallis Einnahmen zu erfahren, das alles verriet ihn. Kalli und Rieke fingen an, ihn über die Höhe dieser Einnahmen zu beschwindeln, aber das merkte er bald, und nun fragte er gar nichts mehr. Nun plagte er sich mit ausgedachten Zahlen und vergrößerte den Unterschied maßlos. Rieke mußte sehr viel Kraft aufbringen, ihn jeden Abend wieder aufzuheitern. Aber es gelang ihr fast immer. Nimmer müde wiederholte sie ihm, daß er auf seine Stunde warten müsse, daß diese Zeit für alle Menschen schlecht sei. Wie ging es seinen Kameraden, den alten Frontsoldaten? Verbittert drückten sie sich herum in ungeliebten Berufen oder kämpften verzweifelt gegen Kommunisten, gegen Polen, in Kurland oder gegen Bolschewiken. «Du mußt bloß warten, Karle! Ick weeß, plötzlich stehste haushoch da, und all die kleenen Pinscher können dir jar nischt mehr!»

«Wenn du nicht wärst, Rieke! Ja, wenn du nicht wärst!»

Immer häufiger, immer regelmäßiger, wenn Karl Siebrecht eine Fuhre nach dem Ende des Kurfürstendammes hatte, nach Halensee oder Grunewald, fuhr er zur Gollmerschen Villa. Da hielt er dann und sah von seinem Sitz auf die herabgelassenen Jalousien und in den veröderten Garten. Was versprach er sich von diesen Besuchen? Er wußte es nicht. Selbst wenn Herr Gollmer heimgekehrt wäre, hätte er keine Vorschläge für ihn gehabt. Manchmal stieg Karl Siebrecht auch aus seinem Taxi. Er schwang sich über das Tor und ging im Garten hin und her, saß drei, vier Minuten in der Laube. Was erwartete er? Je unzulänglicher er sich vorkam, je verhaßter ihm seine Tagesarbeit war, um so mehr klammerte er sich an den Gedanken, daß von Herrn Gollmer die Rettung kommen müsse. So konnte er doch nicht weiterleben, ein schlechter Taxichauffeur!

Dann, eines Tages im Frühjahr, stand die Gartenpforte offen. Noch waren die Jalousien geschlossen, aber die Gartentür stand offen. Karl Siebrecht ging um die Villa herum und fand einen alten Gärtner, der ein Beet umgrub. Ohne weiteres fragte er: «Jetzt kommt wohl Herr Gollmer bald zurück?»

Der Gärtner ließ den Fuß auf dem Spaten ruhen und sagte: «Det weeß ick nich. Wieso denn?»

«Wenn Sie doch den Garten zurechtmachen!» rief Siebrecht ungeduldig.

«Ach so, deswejen –? Aber det mach ick alle Jahre, und ick hab den Chef vier, fünf Jahre nich zu sehen jekriegt. Ich schick meine Rechnung ans Büro, und von denen krieg ick denn mein Jeld. Wer sind denn Sie?»

«Ich war früher mal Chauffeur bei Herrn Gollmer», log Karl Siebrecht rasch.

«Ach so, und jetzt fährste Taxi? Det war früha bessa. Nee, det kann ick dir nicht saren, wann er zurückkommt. Jeh doch mal fragen uffs Büro.»

«Die wissen auch nichts.»

«Er drückt sich wohl ins Ausland rum wie all die reichen Leute! Bei uns is für so eenen doch nischt mehr zu holen.»

Karl Siebrecht schwatzte noch eine Weile mit dem alten Gärtner, und von nun an ging er, kam er nur irgend in die Nähe, regelmäßig in den verlassenen Garten. Er arbeitete dort ein, zwei Stunden, jätete Unkraut, band Zweige an, hackte oder begoß. Sein Taxi stand unterdes mit dem blauen Schild «Außer Betrieb» auf der Straße. Nie erzählte er Rieke oder Kalli davon. Er hatte ein schlechtes Gewissen. Er betrog sie um den Fuhrlohn von zwei Stunden. Aber er tat es trotzig: Das ist nun doch alles egal, ich bin einmal ein schlechter Taxichauffeur! Wenigstens die eine Freude will ich haben davon! Er machte sich nie klar, daß er den beiden ruhig von dieser Freude hätte erzählen können. Sie hätten sie ihm herzlich gern gegönnt. Aber er wollte seine Heimlichkeiten haben – vor Frau und Freund, weiß der Himmel, warum diese Freude nur dann etwas taugte, wenn sie heimlich war . . .


## 67. Eine neue Karte wird gespielt

Die Fahrten mit dem Taxi führten Karl Siebrecht kreuz und quer durch die Stadt, mit der Zeit gab es kaum eine noch so entlegene Straße, durch die er nicht schließlich gekommen war. Und doch wurde es Herbst, wurde es Oktober 1920, bis er plötzlich bei einer leeren Heimfahrt dachte: Gott, hier ist ja der Fuhrhof von Franz Wagenseil! Bestimmt war er schon öfter daran vorübergefahren, aber er hatte nicht daran gedacht. Wer war heute Franz Wagenseil? Wo war er? Zugrunde gegangen oder wieder emporgetrieben von der Zeiten Gunst, die allen Sumpfblasen so förderlich war –? Es interessierte ihn nicht.

Aber er stieg doch vom Wagen, ging ein paar Schritte und sah von der Straße auf den Fuhrhof. Er hatte sich gewaltig verändert, er sah sehr anders aus als zu Franzens Zeiten. Hier regierte Franz Wagenseil bestimmt nicht mehr, dafür war alles zu ordentlich, zu aufgeräumt, zu planmäßig angelegt. Rechter Hand lagen wie früher die Stallungen, aber sauber verputzte Stallungen, und linker Hand, wo früher Kohlen und Brennholz gelegen hatten, standen jetzt Garagen, ein paar kleinere für Personenwagen und fünf oder sechs sehr große für Lastwagen. Der Anhänger eines Lastwagens stand mitten auf dem Hof, ein Mann murkste an dem Rad herum.

Die Bretterbude links vom Eingang, die Franz Wagenseil früher sein Büro genannt hatte, war verschwunden, und an ihrer Stelle gab es jetzt ein kleines, gelb verputztes Haus mit der Inschrift «Emil Engelbrecht». Karl Siebrecht stand noch da und dachte nach über diesen Viehhändler Engelbrecht, der nun also wirklich das Wagenseilsche Besitztum an sich gebracht und etwas daraus gemacht hatte – das mußte man schon zugeben. Ein schlaffer, fetter Mann mit einem talgigen Gesicht und merkwürdig kleinen dunklen Augen, wenn er sich recht erinnerte ...

Während er noch an diesen Mann dachte, der einmal sein Kompagnon hatte werden wollen, den er gewaltig hatte abblitzen lassen, ging die Tür zu dem Bürohaus auf, und dieser selbe Mann trat auf den Fuhrhof heraus, genau, wie er ihn in Erinnerung hatte: fahl, fett, schlaff, talgig. Nun trug er auch noch einen khakifarbenen Anzug, der das Erdige, Farblose des Mannes noch unterstrich. «Herr Engelbrecht!» rief Karl Siebrecht unwillkürlich, als der Mann sich zu dem Anhänger wandte: «Einen Augenblick mal!» – Der Mann blieb stehen und sah den Chauffeur in der Lederjacke mit seinen kleinen Augen musternd an. – «Kennen Sie mich nicht mehr?» fragte Siebrecht.

«Natürlich!» antwortete der Viehhändler. «Sie sind der Mann, der den Wagenseil reingelegt hat.» Er hängte seine schlappe Hand in die des jungen Menschen. «Siebrecht, nicht wahr?»

«Der Franz hat sich ganz alleine reingelegt», widersprach Siebrecht ärgerlich. «Dazu hat er mich nicht gebraucht.»

«Richtig!» sagte Engelbrecht. «Übrigens geht es ihm wieder einigermaßen. Er ist Lageraufseher in Mariendorf oder Friedrichsfelde.»

«Das freut mich, ich dachte schon, er wäre ganz hops gegangen.»

«Der nicht. Der nie!» antwortete der Händler. «Und was machen Sie?»

«Ich fahre ein Taxi», sagte Karl Siebrecht und ärgerte sich wieder einmal, daß er es tat, denn es *war* ein Abstieg!

«So!» Der Händler trat einen Schritt auf die Straße hinaus und sah nach dem Wagen hin. «Ein Fiat, was? Sieht ordentlich aus. Eigentum?»

«Ich fahre ihn mit meinem Freund zusammen. Vielleicht erinnern Sie sich an ihn? Kalli Flau?»

Emil Engelbrecht bewegte die Achseln. «Man lernt so viele Menschen kennen», meinte er. «Man kann sie nicht alle behalten. Pferde, ja, da vergesse ich keins, das durch meinen Stall gegangen ist, aber Menschen –» Wieder bewegte er die Achseln. Dann deutete er nach dem Taxi: «Lohnt sich denn das?»

«Man lebt», antwortete Karl Siebrecht und bewegte nun seinerseits die Schultern.

Eine Pause entstand, schon wollte sich Karl Siebrecht verabschieden, da fing Engelbrecht wieder an. «Mit der Gepäckabfuhr ist es Scheibe, was?»

«Jawohl», gab Siebrecht zu. «Und bleibt's auch lange noch.»

«Richtig!» sagte der Händler und schwieg. Dann deutete er mit dem Daumen nach dem großen Anhänger. «Die Dinger sollten Sie fahren können», meinte er. «Aber das können Sie nicht?»

«Nein. Ich habe nur den Führerschein für Personenwagen.»

«Ich an ihrer Stelle machte die Prüfung für Lastwagen mit Anhänger. Die haben eine Zukunft sage ich Ihnen!»

«Ist das besser als Taxifahren?»

Der Händler sah ihn einen Augenblick mit seinen kleinen glanzlosen dunklen Augen an. «Wenn Sie *den* Führerschein haben, weiß ich vielleicht was für Sie», sagte er und wandte sich zum Gehen.

«Halt, Herr Engelbrecht!» rief Siebrecht. «Wenn Sie so was sagen, müssen Sie schon mehr erzählen! Was hätten Sie dann für mich?»

Der Händler sah ihn schlaff und gleichgültig an. «Also dann in vierzehn Tagen wieder», sagte er und ging endgültig.

Karl Siebrecht sah ihm unwillig nach. In vierzehn Tagen kannst du aber lange warten, dachte er und stieg wieder in sein Taxi. Den Rest seiner Tagesfuhren erledigte er so in Gedanken, daß er einen Gast dreimal fragen mußte, wohin er ihn eigentlich fahren sollte: während des Fahrens vergaß er immer wieder das Ziel. Als er dann nach Haus gekommen war, wollte er eigentlich mit Rieke und Kalli von dem Pferdehändler Engelbrecht reden. Aber im letzten Augenblick hielt er den Mund. Er mußte sich erst selbst über die Sache klarwerden. Der Engelbrecht war kein Schwätzer, er war auch kein Phantast wie der Franz Wagenseil. Wenn der so etwas vorschlug, steckte auch etwas Vernünftiges dahinter, jedenfalls etwas Besseres als Taxifahren.

Zwei Tage kämpfte er mit sich. Aber im Grunde war der Kampf von der ersten Stunde an entschieden. Der Händler Engelbrecht verstand sich nicht nur auf Pferde, sondern auch auf Menschen. Vielleicht, wenn der Mann mehr erzählt, etwas von der künftigen Tätigkeit Siebrechts berichtet hätte, hätte der sich nicht so rasch entschlossen. Aber da war etwas Neues, das Geheimnis lockte – und er war seines jetzigen Berufes so überdrüssig! Er war so müde, stundenlang an irgendwelchen Haltestellen auf Fahrgäste zu lauern, die dann, wenn er gerade an die Spitze der wartenden Wagen gerückt war, in den letzten Wagen stiegen, *wenn* es Damen waren.

Er war es so müde, das ewige Ticken der Taxameteruhr hinter seiner Schulter zu hören: jetzt hatte sie ihm endlich ein Brot zusammengetickt, aber auf die Butter dazu durfte er noch lange warten! Er haßte es so ingrimmig, abends seine Tageslosung an Rieke abzuliefern – sie führte die Kasse –, und an ihrer gemachten, übertriebenen Harmlosigkeit merkte er, daß er wieder weniger als Kalli Flau verdient hatte. Er haßte es jetzt sogar, in den Garten einer bestimmten Grunewaldvilla zu gehen – auf den Wegen sammelte sich schon wieder totes Laub. Ein Jahr war vergangen, nichts war geschehen. Wie ein Bettler stand er in dem Garten, schließlich steckte er doch noch einen Bettelbrief durch den Schlitz an der Tür! Nein, lieber ging er doch zu einem Lehrer und meldete sich für den Fahrunterricht an, er spielte die Karte, die ihm der Zufall in die Hand gesteckt hatte. Weiß Gott, ob überhaupt ein einziger Gewinn im Spiel war! Aber er spielte sie ganz für sich allein, niemanden ließ er in seine Karten sehen. Kalli nicht, auch Rieke nicht. Er wußte nicht, warum er mit ihnen nicht darüber sprechen mochte, er war nun einmal so. Und sie würden sich ihr Teil schon denken. Sicher nicht das Richtige; aber daß er wieder etwas vorhatte, das mußten sie ja merken. An den immer weiter sinkenden Einnahmen, denn er ließ seinen Wagen einfach «Außer Betrieb» stehen, wenn er im Fahrunterricht war. An seiner veränderten Stimmung, er war wacher, lebendiger geworden. Neues Blut war in sein Leben gekommen, seine Stimme war frischer. Er grübelte nicht mehr stundenlang vor sich hin, eine Entscheidung war getroffen, es gab wieder etwas, auf das er warten und hoffen konnte.

Wie alle Fahrer von Personenwagen hatte er sich oft über die großen Lastwagen geärgert, wenn er im Straßenverkehr hinter ihnen lag und an diesen schwerfälligen Ungetümen drei Minuten lang nicht vorüber konnte. Jetzt lernte er anders über die Fahrer dieser Wagen denken. Er lernte erkennen, welche Kraft und Disziplin dazu gehörte, so schwere Wagen mit zwanzig Tonnen Last durch den Straßenverkehr zu steuern, auszubiegen, zu überholen, zu halten – alles Fahren mit Personenwagen war dagegen Spielerei! Er hatte einen guten Fahrlehrer, einen Mann, der selbst im Kriege seinen Lastzug gesteuert hatte. Dieser Lehrer schenkte ihm nichts. Drei Tage lang exerzierte er mit seinem Schüler Einkehren auf einem Hof, der nicht viel länger war als der Lastwagen mit seinem Anhänger. Mitten aus dem Straßenverkehr schickte er ihn überraschend durch einen engen Torweg, der dem Lastwagen keinen halben Meter Spielraum ließ, jagte ihn über einen Hof, durch einen zweiten Torweg, und dann ließ er ihn zurückfahren, ohne Anhänger, mit Anhänger – hinterher klebte Karl Siebrecht das Hemd am Leibe. Vielleicht hatte der alte zähe Mann einen Narren an diesem Schüler gefressen – es war unmöglich, daß er jedem soviel Zeit widmen konnte wie diesem einen. An einem späten Abend bestellte er sich ihn und fuhr mit ihm die halbe Nacht durch, auf der Straße nach Bitterfeld–Halle, immer hinter einem anderen Lastzug her. Er lehrte ihn, Abstand zu halten und doch nie den Vorfahrer zu verlieren, zu bremsen, wenn der bremste, Gas zu geben, wenn der Gas gab – immer im gleichen Abstand, Stunde um Stunde. Es durfte keine Müdigkeit geben, kein Nachlassen der Aufmerksamkeit. Und dann, als sie kehrtmachten, wieder auf Berlin zu fuhren, freie Fahrt vor sich – behauptete der Fahrlehrer, ein Reifen sei defekt, und er ließ ihn mitten in der Nacht diesen Reifen auswechseln, allein. Er stand bloß stumm daneben. Dann, dreißig Kilometer weiter, war der zweite Reifen auszuwechseln, und schon nach zwanzig Kilometern der dritte . . .

Vor dem Kriege hätte der junge Mensch gemeutert, er hätte sich nicht so schinden lassen. Nun hatte er stummes Gehorchen gelernt, er wechselte auch den dritten Reifen ohne ein Wort. Seine Hände zitterten, ein unverträglich juckendes Hitzegefühl plagte ihn, alle Muskeln schmerzten, am liebsten hätte er sich in den Graben geworfen und hätte geschlafen . . .

Als sie wieder nach Berlin hereinkamen, dämmerte es schon. Der Lehrer sagte zu ihm: «So, nun schlafen Sie zwei Stunden hier auf meinem Sofa. Um acht machen Sie Ihre Fahrerprüfung.»

Er schlief wie ein Stein, und die Prüfung kam ihm dann wie ein Kinderspiel vor. Der Polizeihauptmann ließ ihn kaum fünf Minuten fahren, dann nickte er: «Schon im Kriege gefahren, was?»

«Im Kriege war ich in Gefangenschaft», antwortete Karl Siebrecht.

«Auch in der Gefangenschaft kann man lernen, sehr viel sogar», sagte der Polizeihauptmann. «Na, es ist gut, Kamerad.»

Etwas verwirrt ging Karl Siebrecht mit seinem neuen Führerschein aus dem Polizeipräsidium. Nun war nur die Frage, wem er zuerst davon sprach: Rieke oder dem Engelbrecht? Er ging zu Engelbrecht.

## 68. Dumala tritt auf

Der Händler Engelbrecht reichte Karl Siebrecht seinen Führerschein zurück. «Na also!» sagte er. «Und was wollen Sie nun tun?»

Etwas ärgerlich antwortete Siebrecht: «Ich dachte, was nun kommt, wollten Sie mir sagen.»

Sie saßen in dem kleinen Bürohaus am Eingang des Fuhrhofs. Es war be haglich warm. Nebenan klapperte eine Schreibmaschine. Der junge Mann war nach der durchwachten Nacht müde und gereizt. Jetzt ärgerte es ihn plötzlich, daß er zum Händler und nicht zu Rieke und Kalli gegangen war. Das Autotaxi wartete schon auf seinen Fahrer, und die ganze Nacht war er auch ohne jede Nachricht ausgeblieben!

«Tjaa!» sagte der Händler in seiner schlaffen, teilnahmslosen Art. «Meistens fahren wir jetzt Briketts von einer Senftenberger Grube direkt nach Berlin, weil's mit der Bahn nicht klappt. Sie müßten morgens um sechs an der Grube sein, wenn die dort aufmachen, sonst gehen Sie leer aus. Das heißt also, Sie müßten hier abends um acht oder neun abfahren. Ich weiß nicht, ob das was für Sie ist?» Er sah den jungen Mann fragend an. In dem verstärkte sich das Gefühl des Ärgers und der Enttäuschung. Briketts spazierenfahren, das war schließlich auch nicht viel anders als Menschen in Berlin herumfahren. Darum seine Selbstständigkeit aufgeben! Er schwieg aber, und Engelbrecht fuhr nach einer kurzen Pause fort: «Dann haben wir hier in Berlin Erde von Ausschachtungsarbeiten zu fahren. Sie bauen da im Grunewald eine neue Straße. Es ist Akkordarbeit, man kann ganz schön dabei verdienen, wenn man fahren kann. Wie ist es damit?» Wieder schwieg Karl Siebrecht. Wozu hörte er sich diesen langweiligen Schwätzer eigentlich noch an? Am besten stand er auf, ging zu Rieke, schwieg ganz von diesem Narrenstreich, noch eine Fahrerprüfung gemacht zu haben, und fuhr weiter brav sein Taxi... «Auch nichts?» fragte Engelbrecht. «Ja, dann weiß ich nicht... Was haben Sie sich denn eigentlich gedacht?»

«Ich weiß es auch nicht», antwortete Karl Siebrecht und stand auf. «Wahrscheinlich irgend etwas, was andere nicht machen können oder nicht tun mögen. Aber ich sehe schon, so was wissen Sie auch nicht.»

«Irgendwas, wozu ein Mann gehört?» fragte der Händler.

«Ja, vielleicht. Aber ich gehe jetzt lieber nach Haus, sonst schlafe ich Ihnen hier noch ein. Ich bin die ganze Nacht durchgefahren.»

«Schlafen Sie hier», schlug der Händler vor. «Bis Dumala kommt.»

«Und wer in aller Welt ist Dumala?»

«Das muß er Ihnen selbst sagen – wenn er es Ihnen sagt.» Der Händler, soweit es sein schlaffes, ausdrucksloses Gesicht erkennen ließ, schien sich zu freuen. «Also hauen Sie sich ruhig hier hin, ich werde Sie nicht stören. Wollen Sie vorher essen? Können Sie haben!»

«Am liebsten ginge ich erst mal nach Haus. Die wissen gar nicht, wo ich geblieben bin.»

«Und verpassen Dumala. Dann haben Sie wirklich was verpaßt! Ich werde einen Boten zu Ihrer Frau schicken. Sie sind doch jetzt verheiratet, was? Ich seh's an Ihrem Ring. Kinder?»

«Nein.»

«Was sollen auch Kinder in so 'ner Welt?!» sagte Engelbrecht etwas überraschend. «Also, ich schicke Ihnen dann was zu essen. Wahrscheinlich fahren Sie heute noch mit Dumala los.»

«Und was werde ich mit Herrn Dumala fahren? Sagen Sie mir wenigstens das, damit ich weiß, ob es einen Zweck hat, hier zu warten.»

«Dumala? Was der fährt?» Der Händler schien sich jetzt wirklich zu freuen. «Allerlei für 'n Sechser! Aber das kann ich Ihnen versprechen, mit Dumala werden Sie sich nicht langweilen! Wenn er Sie mitnimmt, und das ist noch lange nicht raus!»

Dann ging Herr Emil Engelbrecht, seine Schultern zuckten, so sehr freute sich dieser schlaffe, fahle Mann. Karl Siebrecht aber blieb in ärgerlicher Verwirrung zurück. Wäre es ihm nicht albern vorgekommen, er wäre jetzt noch fortgelaufen, aber seine Neugierde war doch geweckt. So aß er denn, was ihm aus einer Wirtschaft geholt worden war, und warf sich auf eine recht harte Chaiselongue. Rasch nahm ihm der Schlaf alle Gedanken an Rieke, Engelbrecht, den rätselhaften Dumala und Taxifahrten, rasch schlief er tief und fest.

Er wachte vom Schlagen einer Tür auf. Es war Dämmerung im Raum, er hatte den halben Tag verschlafen. An seiner Chaiselongue stand ein breiter, stämmiger Mann in einem feldgrauen Soldatenmantel, der seltsamerweise dazu einen steifen schwarzen Hut trug. Er hatte diesen Hut so weit aus der Stirn geschoben, daß man einen Busch dunklen Haars über der sehr breiten, buckligen Stirn sah. Das Gesicht war weiß, groß, mit einem starken Kinn. Im Mundwinkel hing dem Mann ein erloschener Zigarrenstummel. «Dumala!» sagte der Mann nach kurzem Mustern.

«Siebrecht», stellte sich Karl Siebrecht vor und richtete sich halb auf.

«Bleib liegen», sagte der andere. «Du weißt noch nicht, ob sich das Aufstehen lohnt. Was hast du gemacht im Felde, mein Sohn?» Er ließ sich schwerfällig neben dem jungen Mann auf der Chaiselongue nieder. Karl Siebrecht berichtete kurz, er hatte sofort verstanden, daß dieser sogenannte Dumala — bestimmt hieß er anders — ein ehemaliger Feldwebel war, ein Spieß. «Rausschmeißen kann ich dich immer wieder, und schwatzen tust du nicht», sagte der Dumala nachdenklich, als der Bericht zu Ende war. «Du bist doch nicht rot?»

«Ich weiß nicht, was ich bin. Altes Frontschwein vermutlich . . .»

«Ich will's mit dir versuchen», sagte Dumala nickend. «Erstens: gefragt wird gar nischt, sondern nur pariert. Zum zweiten: ob du Geld verdienst, ob du viel Geld verdienst, ob du gar nichts verdienst, kann ich dir nicht sagen. Wenn was da ist, kriegst du was, wenn nichts da ist, schaust du in den Mond. Drittens: wenn was zu fahren ist, fährst du, wenn nichts zu fahren ist, siehst du, wo du bleibst. Viertens: du kennst keinen Menschen, keinen Engelbrecht, keinen Dumala, keinen gar nischt. Kapiert?»

Karl Siebrecht überlegte. Dann sagte er rasch: «Ich mache eine Fahrt, und dann sage ich ja oder nein.»

Der steife Hut nickte wieder: «Schön, mein Sohn. Und jetzt fährst du mit der Vorortbahn nach Köpenick. Drück dich dort ein bißchen vorm Bahnhof herum, ich finde dich schon.» Dabei nickte er wieder kurz und ging. In dem kleinen Büro war es jetzt fast ganz dunkel, nur durch die Türritze fiel von nebenan Licht. Die Maschine klapperte.

Eine Weile blieb Karl Siebrecht noch liegen und überlegte. Er konnte noch immer nach Haus gehen und sich in sein Taxi setzen zum geruhigen Auskommen. Aber es war ja nun einmal so, daß ihn dies geruhige Auskommen anekelte. Lieber versuchte er es einmal mit diesen Leuten.

Er stand rasch auf, zog seine Lederjacke an und ging durch das vordere Büro. Engelbrecht stand neben dem Maschinenfräulein und diktierte. Er sah sich nicht um nach dem jungen Mann. Nachdenklich betrachtete Karl Siebrecht die breiten, fetten Schultern in Khaki. Wieder zuckten sie. Er hätte gerne gefragt, warum der Händler sich so freute – glaubte der, ihn hereingelegt zu haben? Aber dann fiel ihm ein, daß er viertens keinen Engelbrecht mehr kannte. Wortlos ging er aus dem Büro. Eine Viertelstunde später saß er in dem Vorortzug nach Köpenick.

### 69. Die erste verbotene Fahrt

Diese erste stürmische Nachtfahrt im späten Oktober mit Dumala neben sich und dem Beifahrer Hoppe, einem langen, vergnügten Mann, auf dem Anhänger hinter sich, blieb dem Karl Siebrecht in seinem ganzen Leben unvergeßlich. Es war alles noch neu für ihn: zum erstenmal saß er als Alleinverantwortlicher am Steuer eines Lastzuges, führte ihn über unbekannte Straßen einem unbekannten Ziel zu. Es donnerte und dröhnte, die Schienen hinter ihm klapperten – stumm saß Dumala neben ihm, an seiner immer wieder erloschenen Zigarre lutschend, immer noch den steifen schwarzen Hut auf dem Kopf, eine finstere Gestalt. «Schneller!» sagte er nur manchmal. «Noch schneller – wir müssen vor Morgen dort sein.»

«Dort» war irgendein Ort in Hinterpommern, ein Dorf, ein Gut. Siebrecht hatte lange auf der Karte suchen müssen, ehe er ihn überhaupt fand. Noch fuhren sie auf großen Landstraßen, noch hatten sie freie Fahrt. Die Wälder rauschten neben ihnen, dann kamen sie aufs freie Feld, und sofort sprang der Wind sie von der Seite an, erfüllte das Führerhäuschen mit dem feuchten, nahrhaften Geruch von frischgepflügtem Herbstacker. «Noch ein Zahn mehr!» verlangte Dumala. «Schlaf bloß nicht ein, mein Sohn!»

Der Sohn sah vor sich hin. Jetzt dröhnten sie durch ein verschlafenes Städtchen. Seine Hände lagen fest am Steuer, sein Fuß schwebte trittbereit über der Kuppelung. Er hatte keine Ahnung, wie die Straße weiter lief, aber «noch einen Zahn mehr» hatte Dumala gesagt, und so fuhr er einen ganzen Zacken mehr! Alles war noch neu für ihn. Noch verstand er nicht, warum sie diese

Fuhre durchaus in der Nacht erledigten und warum es so geheimnisvoll zuging. Gesagt hatte ihm, getreu seinem Versprechen unter «Erstens», der Dumala gar nichts. Er hatte ihn vom Bahnhof in Köpenick – es war schon dunkel gewesen – auf einen Lagerplatz geführt, an dessen Tor ein richtiger deutscher Soldat Posten stand, ein seltener Anblick in diesen Tagen. Auf dem dunklen, unbeleuchteten Platz hatten Berge von Material gelegen, von irgendeinem aufgelösten Pionier- oder Eisenbahnpark: Schienen und Lokomotiven, Spaten und Feldbahnwagen, Kipploren, Hacken, Weichen... Alles in Bergen, die verrostet, zusammengefallen waren... An einen solchen Berg Schienen hatte Karl Siebrecht seinen Lastzug, feldgrau gestrichen, heransetzen müssen. «Wir fahren heute die Schienen für die Zuckerrübenbahn von Rittergut Neuhof», hatte Dumala zu einem auftauchenden Schatten gesagt, und dann war Siebrecht in die Kantine geschickt worden, um noch etwas Warmes zu essen und zu trinken. Um das Aufladen hatte er sich nicht zu kümmern brauchen. Aber was zum Henker war so geheimnisvoll daran, wenn sich das Rittergut Neuhof eine Bahn zur Zuckerrübenabfuhr zulegte?

In der Kantine hatten ein paar schläfrige, verdrossen aussehende Soldaten herumgesessen, altgediente Leute, die den Mund nicht auftun mochten. Aber das Essen war ausgezeichnet gewesen und der Kaffee richtiger Bohnenkaffee. Unaufgefordert wurde ihm noch ein Stullenpaket gebracht und eine Thermosflasche mit Kaffee.

Die Geleise waren schon fertig aufgeladen, als er zurückkam. «Das ist dein Beifahrer, Hoppe heißt er», sagte Dumala, und die beiden sahen sich im Schein der Autolampe an, schüttelten sich die Hand und trennten sich wieder. Dumala setzte sich neben Karl Siebrecht. «Los!» sagte er. «Bis auf die Chaussee lotse ich dich. Köpenick ist verdammt winklig. Paß gut auf, damit du das nächstemal allein Bescheid weißt.» Als sie auf freier Straße waren, und Karl Siebrecht losfahren wollte, sagte Dumala nur: «An die Seite fahren und halten!» Und dann: «In der Ledertasche links von dir hast du all deine Fahrerpapiere, auch die über deine Fracht. Kommt eine Kontrolle, holst du die raus. Laß dich nie ausfragen, Sohn, sei ein bißchen mundfaul, es steht eben alles in deinen Papieren. Kapiert?»

«Jawohl.»

«Schön. Mich kennst du nicht, mich hast du nur ein Stück mitgenommen. Ich sorge schon für mich allein, verstanden?»

«Jawohl.»

«Dann fahre los, mein Sohn!» – Und Karl Siebrecht fuhr los.

Übrigens hatten sie auf dieser ersten Fahrt nur eine einzige Kontrolle, da waren sie schon weit über Stettin und Stargard hinaus, tief im Hinterpommerschen. Sie kamen in einem Walde gerade um eine Kurve, da sah Karl Siebrecht kurz vor sich die rote Laterne, die winkend auf und ab bewegt wurde. «Kontrolle!» sagte Dumala kurz und kroch in sich zusammen.

Langsam kam der Lastzug zum Halten, die beiden Landjäger mußten noch ein Stück nebenherlaufen. «Ihre Papiere», sagte der eine, und Siebrecht griff in die Tasche neben sich.

«Wo wollen Sie denn hin?» fragte der andere, während der erste die Papiere nahm.

«Steht alles aufgeschrieben», antwortete Siebrecht kurz und wunderte sich, wohin eigentlich der Dumala verschwunden war. Nicht eine Spur war von dem Mann zu sehen. Um beschäftigt zu sein, griff er nach dem Stullenpaket und fing an zu essen.

«Hatten Sie nicht eben einen Mann da vorne bei sich?» wurde er gefragt.

«Keine Ahnung», sagte er kauend.

«Und Sie fahren ganz ohne Beifahrer?»

«Wenn keiner hinten drauf sitzt, werde ich wohl allein fahren!»

Also schien auch der Hoppe verschwunden, eine komische Fuhre war solch eine Schienenfuhre für ein ländliches Gut!

Aber dann sah Karl Siebrecht das Büchlein, das der Landjäger gerade aus einem Zelluloidfutteral zog, es war sein Führerschein. Aber sein Führerschein war es nicht, denn den trug er in der Innentasche seiner Lederjacke! Unwillkürlich griff er unter dem Pelz danach, fühlte mit Daumen und Zeigefinger den kantigen Umriß und sah doch dort in den Händen des Landjägers den gleichen Führerschein, sah im Licht der Taschenlampe sein Bild, das der Landjäger jetzt musternd mit ihm verglich. Sah seinen Namen darunter geschrieben, und die Handschrift war seine eigene, sah wenigstens wie seine eigene aus!

Gefahr! schrie es in ihm. Höchste Gefahr! In was bist du da getappt! Die können die tollsten Schiebungen mit dir machen, und jetzt sind sie verschwunden! Dumala, Hoppe, das sollst du erst mal beweisen! Was kann nicht alles unter den Schienen stecken?!

Er hatte zu essen aufgehört und wickelte seine Brote wieder ein.

Der zweite Landjäger tauchte aus dem Dunkel auf, er hatte wohl unterdes den Inhalt der Wagen zu kontrollieren versucht. Einen Augenblick flüsterten die beiden miteinander. Dann sagte der Landjäger: «Sie können weiterfahren. Hinter Dramburg biegen Sie rechts ab.»

«Gute Nacht, Herr Wachtmeister», antwortete Karl Siebrecht und schlug die Tür zu. Einen Augenblick saß er überlegend, die Papiere in der Hand. Die Landjäger standen noch immer auf der Straße. Da waren dieser Dumala und der Hoppe, und da war der doppelte Führerschein... Aber dann entschloß er sich doch und fuhr an. Der Dumala hatte gesagt, er werde für sich selbst sorgen, und es sah ganz danach aus, als könne er das, und für den Hoppe dazu! Und was den Führerschein anging... Erstens hieß es ja wohl die Schnauze halten und keine Fragen stellen. Aber eine Fage mußte er nun doch stellen, darum kam dieser Herr mit dem steifen Hut nicht herum...

Der Lastzug donnerte und schüttelte. Es war anders, ihn zu fahren, wenn man ganz allein darauf saß. Es war einsam. Selbst ein Dumala war Gesellschaft gewesen, die Gedanken fielen anders aus, wenn ein Mensch daneben saß. Da war Rieke zu Hause, vielleicht schlief sie, es war kurz nach drei Uhr morgens, aber wahrscheinlich schlief sie nicht, sondern wartete auf ihn. Sie würde zornig auf ihn sein, wenn er zurückkam, und mit Recht... Er hätte ja jetzt einmal halten und sich den Führerschein ansehen können, aber das hatte Zeit. Nicht Zeit hatte die Fahrt. Dumala hatte gesagt, er müsse vor Morgen auf dem Gut sein, er solle noch einen Zahn zulegen. So ein alter Spieß hatte eine Art, etwas zu sagen, die für jeden Soldaten etwas Bindendes hatte, der Spieß mochte einem mißfallen oder nicht. Übrigens mißfiel ihm der Dumala nicht einmal so sehr.

Wann er den wohl wiedersehen würde? Es war fast ausgeschlossen, daß er noch zur Zeit aufs Gut kam.

Hinter Dramburg, wo er so schlicht gesagt rechts abbiegen sollte, wurden die Wegeverhältnisse etwas unübersichtlich. An einer Straßenkreuzung hielt er und legte sich die Landkarte über die Knie. Aber ehe er sie studierte, griff er nach den Papieren in der Tasche. Er nahm den Führerschein, schlug ihn auf. Da war sein Bild, und darunter stand sein Name, ganz, als hätte er ihn selbst geschrieben: Karl Siebert... Oh, wie so schlau und einfach! Sie hätten ihn ruhig nach seinem Namen fragen können, Siebrecht und Siebert, so etwas konnte man schon falsch verstehen, da war nichts reinzufallen. Die hatten Routine, diese Brüder, die machten so etwas nicht zum erstenmal! Das war ordentlich gemacht, das war kein Pfusch, irgendwie gab es einem wieder Vertrauen zu diesem Dumala und wer alles dahinterstand!

«Jetzt fährst du rechts, mein Sohn!» sagte Dumala und setzte sich neben ihn. «Kram die Papiere weg. In einer kleinen Stunde hast du es geschafft.»

«Zu Befehl!» sagte der Fahrer, kramte die Papiere weg und fuhr rechts.

Wenn der angeben konnte, so konnte er auch angeben. Nur nichts sich merken lassen, wenn der sich nichts merken ließ. Natürlich war es möglich gewesen, neben dem langsam anfahrenden Lastzug im Schatten des Anhängers ein Stück nebenherzulaufen und sich dann auf den Sitz dieses Anhängers zu schwingen. Daß er nicht eher daran gedacht hatte! Er grinste, aber nur nach innen, wenn er sich den Dumala dachte, wie er stämmig und schwer neben dem Anhänger hergelaufen war – was er wohl mit seinem steifen Hut angefangen hatte?

«Rechts!» befahl Dumala. «Achtung, Feldweg!»

Jawohl, jetzt kamen Feldwege, jetzt kamen auch Waldwege, jetzt war an irgendein nennenswertes Tempo nicht mehr zu denken. Der Boden war weich von dem Oktoberregen, schwerfällig schob sich der Lastzug ins Unbekannte. Zwischen den Bäumen hing Nebel, die Luft wurde immer feuchter. Die Räder rutschten, einmal schrammten sie knackend am Stamm einer Kiefer entlang. «Halt!» sagte dann Dumala, und sie hielten. «Warten!» sagte Dumala und kletterte aus dem Führersitz. Einen Augenblick sah ihn Siebrecht noch im Licht der Scheinwerfer einen Weg entlanggehen, den steifen Hut im Nacken, der Mantel hing schwer herab. Dann hatte ihn das Dunkel verschluckt.

Nun puckerte nur noch der Motor in der Stille, es war, als sei er das eigene Herz. Der langsame, beharrliche Lärm vergrößerte noch die Stille. Da waren Fichtenzweige, die ganz voller Tropfen hingen, zwischen ihnen das Netz einer Spinne. Auf dem Weg vor ihm Geleise, Spuren von Hufen, fremdes Leben, in das er hineingeraten war, er wußte nicht, warum. Irgendwo weit hinten war die kleine Wohnung in der Eichendorffstraße mit Frau und Freund – jetzt lag sie unvorstellbar weit. Als läge das alles Jahre, ein halbes Leben zurück.

Hier, tief im Walde, das Motorenklopfen, eine Gestalt, die sich entfernte, ein Spinnennetz, Tropfen von Dunst und Nebel an nadeligen Zweigen – das war sein Leben geworden...

Er schreckte auf. Neben ihm, auf dem Waldweg, stand der Beifahrer Hoppe. Er stampfte mit den Füßen, schlug mit den Armen, um sich zu erwärmen. «Frisch, was?» fragte er. – Es mußte ein verdammt kaltes Fahren sein auf dem offenen Sitz des Anhängers, ohne Windschutzscheibe, ohne den wärmenden Motor.

«Heute geht's noch», sagte Hoppe. Und fragte: «Stimmt das, daß du heute erst deine Führerprüfung gemacht hast?»

«Nee! Gestern morgen, es ist nach vier Uhr früh.»

«In Ordnung!» sagte Hoppe. «Du kannst fahren. – Da kommt der Bulle wieder!»

Der Bulle, also der Dumala, kam zurück mit einem langen, schlanken Herrn, der den Karl Siebrecht entfernt an Herrn von Senden erinnerte. Dieser Herr kletterte nehen Karl Siebrecht in den Führerstand. «Los!» sagte auch er. «Ich sage Ihnen, wie Sie zu fahren haben.» Kein überflüssiges Wort, keine Vorstellung, kein Gruß.

Sie fuhren nur noch ein kurzes Stück. Dann standen da ein paar Männer verloren im dunklen Wald: ein paar junge Leute, ein Vollbart in Försteruniform, ein alter Landarbeiter. «Halt!» sagte der Herr.

Alles ging ganz schnell. Sie warfen die Schienen von den Wagen, und nun kamen Kisten unter den Schienen zum Vorschein, recht große Kisten. Zu vieren packten sie an, keiner schloß sich aus, der Dumala nicht, der feine Herr nicht. Sie trugen die Kisten in den Wald, da waren Gruben gegraben, in die wurden sie hineingelegt. Ein paar blieben zum Zuschaufeln zurück, ein paar halfen, die Schienen wieder auf den Lastzug zu laden. Rasche, wortlose Arbeit. Gegen fünf Uhr war alles geschafft. Karl Siebrecht und Dumala standen plötzlich allein am Lastzug, der Hoppe bastelte hinten am Anhänger. «Nun, mein Sohn», sagte Dumala, «schläfst du, bis es hell wird. Du kannst bis aus dem Wald herausfahren. Den Weg zurück findest du doch?»

«Jawohl.» Kein Wort mehr.

«Gegen acht bist du auf dem Hof und lieferst deine Schienen ab. Der Herr hat als Rückfracht für dich Kartoffelflocken, die fährst du nach Stettin. Dann kommst du wieder dorthin, wo du abgefahren bist. Verstanden?»

«Jawohl.»

«Noch eine Frage?»

«Nein.»

«Gut», sagte Dumala und schien es wirklich gut zu finden. Er tippte gegen den Hut und ging los, in den dunklen Wald hinein, tiefer ins Dunkle, verschwand, wurde unsichtbar. Karl Siebrecht starrte ihm nach.

«Na, denn man los!» sagte Hoppe. «Hat der Bulle dir Geld gegeben?»

«Nein.»

«Mir auch nicht. Na, wir werden schon durchkommen. Vielleicht gibt der Herr uns was. Du mußt doch tanken.»

Aber sie bekamen den Herrn gar nicht wieder zu sehen. Kurz nach acht kamen sie auf den Rittergutshof, und da liefen nun die jungen Leute herum, die in der Nacht mit ihnen gearbeitet hatten. Jetzt waren sie Inspektoren und Rechnungsführer und taten fremd und unbekannt. Nur daß sie nach Art der jungen Leute es nicht lassen konnten, manchmal einen heimlich zwinkernden Seitenblick zu werfen. Sie aßen mit ihnen, und Karl Siebrecht und Hoppe bekamen dann ein Zimmer, wo sie schlafen konnten. Unterdes wurden die Flockensäcke aufgeladen. Es sollte erst am nächsten Morgen weitergehen. Abends gingen sie alle zusammen in den Gasthof, aber auch hier wurde nichts erwähnt und nichts erzählt, sie tanzten und dalberten ein bißchen mit den Dorfmädchen, es wurde geraucht und ein wenig getrunken.

Wozu sollte auch etwas erzählt werden? Karl Siebrecht brauchte nicht mehr zu fragen, weder den Dumala noch den Beifahrer Hoppe, noch sonst einen. Auch ohnedies wußte er Bescheid. Gerade vor kurzem waren die Zeitungen davon voll gewesen, daß Mitglieder einer Entente-Kommission in einem Hafenort tätlich beleidigt worden waren – die deutsche Reichsregierung hatte sich entschuldigen und schwere Buße zahlen müssen. Diese Entente-Kommissionen, die überall im Deutschen Reich herumreisten, in alle Werke, auf alle Lagerplätze ihre Nasen steckten, ob Deutschland auch sämtliche Waffen abgeliefert hätte – diese Entente-Kommissionen, die das Volk nur Schnüffelkommissionen nannte, hatte nun auch Karl Siebrecht betrogen. Er hatte Waffen verstecken helfen. Wenn er erwischt wurde, wurde er bestraft, aber dann wurde Karl Siebert bestraft – und den gab es nicht. Fragte sich nur, was Rieke zu alldem sagen würde?

Auf der langen Heimfahrt, ausgeruht und gut gefüttert, dachte Karl Siebrecht lange darüber nach, was er Rieke sagen sollte, ob er ihr überhaupt etwas sagen würde. Hatte es einen Zweck? Sie würde dagegen sein, sie mußte dagegen sein, sie war für ein ruhiges Leben, ein behagliches Auskommen. Abenteuer haßte sie. Er aber hatte den Entschluß gefaßt, dies erst mal weiter mitzumachen, es war besser als Taxifahren. Es lag auch mehr Sinn darin. Wozu ihr also etwas sagen? Aber irgend etwas mußte er ihr doch sagen!

Der Wind pfiff über die weiten Felder, durch die der Pflug ging, der Wagen dröhnte und klapperte, ein paar Ketten klirrten. «Bist du eigentlich verheiratet?» fragte Karl Siebrecht seinen Beifahrer, der jetzt neben ihm saß.

«Nee, gottlob nicht!» lachte der. Und nach einer Pause, als habe er die Gedanken des anderen erraten: «Wirst du weitermachen oder –?»

«Doch», sagte Karl Siebrecht. «Ich werde weitermachen.»

«Schön!» sagte der andere nur, und wieder schwiegen sie.

Und was werde ich Rieke sagen? fragte sich Karl Siebrecht wieder. Er wollte sich trösten: Wenigstens bringe ich ihr einen Haufen Geld mit, mehr als ich in zwei Wochen Taxifahren eingenommen habe. Denn es hatte sich gezeigt, daß Dumala auch daran gedacht hatte. In der Tasche für die Papiere hatten drei Umschläge mit Geld gesteckt, jeder mit einer Aufschrift, aber ohne Namen: Fahrer – Beifahrer – Tanken hatte daraufgestanden.

Wenigstens bringe ich ihr viel Geld nach Haus; wiederholte er sich beharrlich. Und wußte doch, daß dies Unsinn war, daß es Rieke gar nicht auf Geld ankam, sondern auf ganz etwas anderes, das er nicht geben konnte. Eigentlich führe ich gar keine richtige Ehe, dachte er plötzlich und erschrak sehr. Aber nun ließ ihn dieser Gedanke während der ganzen Fahrt nicht mehr los.

Er hatte sich zum Schluß seiner Fahrt möglichst beeilt. Er hatte gehofft, noch Kalli Flau anzutreffen. Die bevorstehende Auseinandersetzung mit Rieke schien ihm leichter, wenn der schweigsame, getreue Freund dabei war. Aber dann war es doch nach acht Uhr geworden, ehe er in der Eichendorffstraße anlangte. Kalli war schon auf Nachtfahrt, und Rieke saß noch immer an ihrer Maschine.

«Guten Abend, Rieke», sagte er. «Da bin ich wieder. Engelbrecht hat doch Bescheid geschickt?»

«Bescheid ha ick bekommen», sagte sie und sah kurz von der Maschine auf. «Von wem der kam, weeß ick nich. Nu schön, also von Engelbrechten. — Jeh man schon rüber, Karle, Essen steht uff dem Tisch. Ick muß noch wat nähen.»

«Gut, Rieke», sagte er und sah sie einen Augenblick zweifelnd an. So war es auch nicht richtig. Keine Fragen, keine Vorwürfe — nur ein blasses Gesicht und müde Augen, die von Tränen sprachen.

Er ging langsam in das Zimmer hinüber. Der Tisch war gedeckt für ihn, er dachte daran, daß der Tisch wohl zu allen Mahlzeiten während seiner Abwesenheit so auf ihn gewartet hatte, und nicht nur der Tisch hatte auf ihn gewartet. Alles in diesem Hause, alles in dieser Ehe war Vorwurf für ihn geworden — und nur durch seine Schuld, er sah es ein. Er versuchte zu essen, aber es wurde nichts damit, obwohl er Hunger hatte. So stand er wieder auf, und ein paar Minuten später war er zum zweitenmal bei Rieke in der Schneiderstube.

«Schon fertig, Karle?» fragte sie.

«Nein, es will mir nicht schmecken. Magst du dich nicht fünf Minuten zu mir setzen?»

«Tu ick!» sagte sie. Sie nähte noch einen Augenblick, dann stand sie auf. «Also denn komm, Karle. Du legst dir denn wohl jleich hin? Du siehst müde aus.»

«Ich bin auch müde», antwortete er und überlegte, während er hinter ihr herging, wie er ihr erzählen sollte, wovon er so müde war. Während sie ihm ein Brot zurechtmachte, nahm er das Bündel Scheine aus der Tasche und legte es vor sie hin. Er wußte, dies war dumm, aber nichts anderes fiel ihm ein. Er sagte: «Hier, Rieke, ist Geld. Ich habe ganz schön verdient diese drei Tage.»

«Is jut», antwortete sie und schob den Packen beiseite, ohne ihn näher anzusehen. «Wenn ick dir wat koofen soll, sagste es mir, wat? Haushaltsjeld und so ha ick imma jenug jehabt. — Mit wat willste die andere Stulle? Mit Wurscht oder mit Käse?»

«Mit Käse», antwortete er und ärgerte sich, wie leicht sie seinen Angriff abgeschlagen hatte. Sie hatte ihm da in aller Unschuld eins aufs Dach gegeben. Sein Mehrverdienst wurde nicht gebraucht, Kalli und Rieke verdienten genug für den Haushalt!

Er sagte: «Ich habe meine Fahrerprüfung für Lastwagen gemacht, Rieke.»

«Ick weeß», antwortete sie sofort. «Kalli hat's mir erzählt. Einer von die Taxichauffeure hat dir jesehen mit dem ollen Fahrlehrer aus die Müllerstraße.»

Es war doch wie ein Schlag! Sie hatte es also gewußt, Freund und Frau hatten es beide gewußt, und kein Wort war mit ihm darüber gesprochen worden.

Er fragte: «Seit wann weißt du es denn, Rieke?»

«Seit wann? 'ne Woche oder so.»

«Du hast nie etwas davon gesagt –?»

«Hast du denn wat davon jesagt? Ick dachte, wir sollten nischt davon wissen.» Sie stand auf. «So, Karle, dann leg dir man jleich hin, ick habe noch 'ne janze Weile zu nähen.»

Sie war schon unter der Tür. «Rieke!» rief er und stand halb auf.

«Is noch wat?» fragte sie.

«Du bist mir böse, Rieke?»

«Ick böse? Da solltest du mir bessa kennen! Nee, ick bin dir bestimmt nich böse, Karle! Jute Nacht, Karle!»

Sie lehnte einen Augenblick in seinem Arm, sie küßte ihn leicht. Nein, sie war wohl wirklich nicht böse, sie war sehr traurig, vielleicht verzweifelt... Dann ging sie leise aus der Stube, sie nickte noch einmal: «Jute Nacht, Karle!»

«Gute Nacht, Rieke.»

Noch lange lag er wach. In der Ferne hörte er die Maschine gehen, sie ging fast ohne Pause. Rieke saß nicht etwa tatenlos, voller Gedanken und Sorgen an der Maschine, sie schmollte nicht, nein, sie hatte wirklich zu nähen. So geht es nicht, dachte er. Wir müssen uns aussprechen. So ist das kein Leben. Ich kann ihr wirklich nicht alles erzählen, das von Dumala und den Waffen, wenn sie auch nicht plaudern würde. – Einen Augenblick lag er ganz still. Die Müdigkeit kam immer wieder wie eine große dunkle Woge und wollte ihn forttragen. Aber er widerstand ihr: Ich will jetzt nicht schlafen, erst muß ich mit ihr sprechen. Ich kann ihr nicht immer nur weh tun, sie liebt mich doch...

Dann hörte er ein Auto vorfahren, die Ladentür klappte, und ein Mann sprach im Laden. Es war Kallis Stimme. Natürlich, der Freund kam und erkundigte sich, ob der Ehemann zurückgekehrt war! Mit Kalli sprach sie über ihn und seine Fahrten!

Der Wagen fuhr wieder ab, wieder nähte die Maschine. Die dunkle Woge Müdigkeit trug ihn mit sich, er schlief doch ein. Es hatte vielleicht keinen Zweck, schon jetzt mit ihr zu reden. Alle Dinge sahen bei Tage anders aus, wenn man richtig ausgeschlafen war. Er würde noch überlegen, was er ihr sagte...

### 71. Keine Ehe, keine Heimat

Der nächste Morgen kam, aber er sagte ihr nichts. Er hatte geglaubt, dies gehe nicht, daß man miteinander lebte und ließ etwas Wichtiges unbesprochen. Aber es ging. Vielleicht lebte man nicht mehr miteinander, sondern nur nebeneinander, aber wahrscheinlich hatte man nie anders gelebt. Man hatte es nur nicht klar erkannt.

Alles renkte sich ein, wenn auch Wichtigstes unausgesprochen blieb. Es gab keine Vorwürfe, keine Fragen. Sie lachten sogar wieder miteinander, erzählten sich dies und jenes, sie waren verliebt und zärtlich, sie stritten sich. Sie lebten eben weiter... Aber da war eine Schwelle, die wurde nie überschritten. Manchmal erzählte Karl Siebrecht ein kleines Erlebnis von seinen Fahrten über Land, aber nie berichtete er, für wen er fuhr, mit wem er fuhr, was er fuhr – nie wurde er danach gefragt. Er kam und ging, wie er wollte. Er blieb drei Nächte fort, und hinterher stand sein Tisch gedeckt, und seine Frau war bereit für ihn, ohne Bösesein, ohne Fragen. Er brachte manchmal viel Geld nach Haus und oft keines, ja, manchmal mußte er sich sogar von Rieke Geld ausbitten. Aber nie wurde ein Wort über alle diese Dinge verloren.

Oft hatte er ein oder zwei Wochen überhaupt nichts für Dumala zu fahren. Dann saß er wieder am Steuer des Taxis, erledigte die täglichen Läpperfuhren, die mit immer höheren, immer wertloseren Scheinen bezahlt wurden. Es kränkte ihn nun nicht mehr, daß er ein schlechter Taxichauffeur war. Er ging nicht mehr auf Jagd nach Fahrgästen, das war alles egal. Er saß bequem an den Taxi-Haltestellen und las alle Zeitungen, die es nur gab. Hauptsächlich suchte er in ihnen nach Notizen über die Schnüffelkommissionen. Es gab dann und wann kleine Hinweise über Waffenfunde, feierliche Proteste, Verurteilungen wegen verbotenen Waffenbesitzes, unvermutete Lagerrevisionen, Anrempelungen...

Manchmal redete er mit Kalli darüber. Aber Kalli war nie ein redseliger Mensch gewesen, und er wurde immer schweigsamer. Karl Siebrecht konnte auch nicht mehr offen mit ihm reden, nicht nur wegen seiner Überlandfahrten, sondern vor allem aus dem Gefühl heraus, daß Kalli ihm aus seiner Ehe einen Vorwurf machte. Kalli hatte ihn gewarnt. Nun warnte er nicht mehr, aber er war stumm und traurig geworden. Vielleicht sprach er mit Rieke darüber, manchmal, wenn Karl ins Zimmer trat, verstummten die beiden plötzlich. «Warum seid ihr denn plötzlich so still?» fragte er dann. «Wovon habt ihr denn geredet?»

«Ach, nischt Besonderes», sagte dann Rieke nach kurzem Zögern. «Det Jeld is eben rein jar nischt mehr wert. 'ne Schachtel Streichhölzer kostet jetzt schon hundertfuffzig Mark, nu mach dir bloß een Bild, Karle!»

Aber sie hatten nicht von der Teuerung gesprochen, er wußte das gut, sie hatten von ihm gesprochen, und sie wußten, daß er's wußte. Aber so lebten sie eben jetzt. Sie hatten eine Art stilles Übereinkommen getroffen, das auch Verschweigen und Lüge in sich schloß, keiner hatte mehr das Recht, zudringliche Fragen zu stellen...

Nein, man mußte sich nicht mehr sehr anstrengen für dieses Leben. Man betrieb es so obenhin, es war jetzt auch ganz gleich, ob man ein guter oder ein schlechter Taxichauffeur war. Man las seine Zeitungen, und dann stieg man aus und las alle Anschläge an den Litfaßsäulen, alle Aufrufe an das Volk, alle Steckbriefe, alle Steuermahnungen, alle «Kehre zurück, Otto!»

Hatte man aber gar nichts mehr zu lesen und kam noch immer kein Fahrgast, so setzte man die Karre in Gang und fuhr den weiten Weg leer hinaus in den Grunewald. Man veraaste dabei Kallis Benzin, aber auch darüber machte man sich nicht mehr viel Gedanken. Das Leben war so sehr aus den Fugen – was kam es da auf ein bißchen Benzin an! Da stand man denn also wieder im Garten der Gollmerschen Villa, man bummelte über die Wege, die Hände in den Taschen, die Füße wirbelten das tote Laub durcheinander. Oder es war Frühling, es gab Schneeglöckchen, Krokus, Leberblümchen, später auch Narzissen und Maiblumen. Dann kam der Sommer, das Gras wuchs höher, das Unkraut nahm überhand, aber kein Gärtner ließ sich mehr blicken. Gollmers waren es wohl müde geworden, einen Garten in Ordnung halten zu lassen, den sie nie sahen. Auch Karl Siebrecht kam nicht mehr in die Versuchung, die Hände aus den Taschen zu nehmen und ein wenig Ordnung zu schaffen. Er ging hier so herum, in Erinnerung an Zeiten verloren, da er noch jung und voller Hoffnung gewesen war, da das Leben noch blühte. Jetzt dachte er frei und schamlos an Fräulein Ilse Gollmer, er erinnerte sich ihrer Locken, ihres Lachens. Er war richtig verliebt gewesen, ein einziges Mal in seinem Leben richtig verliebt. Man konnte sich das ruhig eingestehen, wenn man auch ein verheirateter Mann war ... Soweit war man jetzt. Ziemlich in Unordnung und verbummelt.

Aber gottlob kam dann immer wieder ein Bote in die Eichendorffstraße, oder die Post brachte einen Brief, in dem ein Zettel lag, auf dem nie mehr stand als ein Datum, eine Stunde, ein Ort. Dann begann das andere Leben, das freie, sorgenlose, unbekümmerte Leben auf den endlosen Landstraßen. Der Lastzug donnerte, der Wind pfiff und heulte, sie fuhren und fuhren. Sie lagen in Straßengräben und aßen ihre Stullen, sie sprangen in Seen und nahmen ein eiliges Bad, sie schaufelten sich aus Schnee heraus, sie schwatzten miteinander, lachten, tranken auch mal, sie küßten rasch und hitzig ein Gutsmädel in einem dunklen Gang, und dann waren sie schon wieder weiter. Sie waren Soldaten, sie kannten kein Gestern und Morgen, sie lebten nur im Heute. Der Befehl war über ihnen, dem unbedingt gefolgt wurde, so machten sie aus dem Heute, was sich daraus nur machen ließ.

Selten nur noch fuhr Dumala mit Karl Siebrecht. Der war nun schon ein alter, erfahrener Waffenschmuggler, der sich allein zu helfen wußte. Er erlebte viele Beifahrer, sie kamen und gingen, er hörte Namen, die kaum ihre Namen waren, er vergaß sie gleich wieder. Aber sie waren Kameraden, sie halfen einander, es war Verlaß auf sie. Weiß der Himmel, was sie daheim für ein Leben führten, mit Frau und Kindern oder auch allein, sie sprachen nie davon. Die Landstraße hatte sie zusammengeführt, wenn sie schwatzen wollten, so schwatzten sie von ihr, von Wegeverhältnissen, von Städten, die sie gesehen hatten, von Kirchen, in die sie für ein paar Minuten gegangen waren, von Wirtschaften, in denen es etwas Gutes zu essen gab. Aber meist redeten sie nicht. Meistens saßen sie stumm nebeneinander, jeder in seine eigenen Gedanken verloren, und vielgestaltig brauste das Land an ihnen vorbei. Karl Siebrecht lernte das Land lieben, und er glaubte beinahe, die Stadt Berlin zu hassen, diese Stadt, die er einmal hatte erobern wollen und die dann für ihn zur Heimat geworden war. Jetzt war er froh, wenn er dieser Stadt entrinnen konnte. Berlin – das hieß nun Zerfall, Gärung, das hieß Suff und Hurerei, ewiger Protest, endloser Streit, Umzüge dafür und Umzüge dagegen. Vor allem aber hieß Berlin seine schweigsame, mißlungene Ehe ...

Und dann kam er wieder nach Berlin und saß in der Taxe, zäh zogen sich seine Tage hin, aber schlimmer noch waren die dreizehn oder vierzehn Stunden, die alltäglich in der Eichendorffstraße hinzubringen waren, auch dort nicht daheim, auch in der Ehe nicht zu Haus. Und endlich kam dann wieder ein Zettel von Dumala, wurde er in die Weite, in die Freiheit gerufen.

Zu jener Zeit war er schon ein recht bekannter Lastzugführer geworden, längst konnte er nicht mehr jede Strecke fahren. Er besaß nun eine ganze Menge von Führerscheinen, lautend auf Namen wie Siewers, Siemsen, Siebert, Siebold – aber viele Gendarmen kannten sein Gesicht, er mußte sehr vorsichtig in der Benutzung dieser Ausweise sein. Er war jetzt ein Mann, der stark in Verdacht stand, nur hatte man ihm noch immer nichts nachweisen können. Zwei- oder dreimal hatten sie ihn auch schon festgehalten, aber sie hatten ihn wieder laufen lassen müssen. Es gab viele Gendarmen, die wollten ihn gar nicht kennen, sie machten ihre Kontrollen obenhin, sie sahen ihm dabei nicht einmal ins Gesicht: «In Ordnung! Weiterfahren!» Aber es gab andere, die wollten ihn durchaus fangen. Sie stellen ihm Fallen, sie telefonierten die Strecke voraus, die er kommen mußte, sie machten ihre Kollegen scharf. Doch er war kaltblütig und wachsam, und vor allem: er war kühn. Zu jener Zeit schien ihm das Leben kein Ding, auf das man sehr sorgsam hätte aufpassen müssen.

Einmal hatten sie ihn beinahe gefaßt. Sie hatten dem Dumala und ihm eine Falle gestellt, beide Wagen waren voller Waffen, und kurz vor ihrem Ziel wurden sie angehalten. Diesmal gab es kein Vertuschen – ein ganzer Trupp von Gendarmen stand da, und zwischen ihnen die lorbeergeschmückten Käppis französischer Offiziere. Sie umringten sofort den Lastzug, und der kleine, gelbgesichtige französische Kapitän kletterte auf den vorderen Wagen, machte sich an den Kisten zu schaffen.

Dann hatte der zu schreien angefangen, er hatte gefunden, was er wollte! Alle waren um ihn gedrängt, ein paar kletterten auf Auto und Anhänger: Karl Siebrecht stand unbeachtet.

Da war er auf den Führersitz gesprungen und war losgebraust, er hatte nicht mehr an Dumala und den Beifahrer gedacht, er war losgefahren wie der Teufel! Jetzt war alles egal, aber seine Waffen und die Wagen sollten sie nicht bekommen! Lieber fuhr er gegen den nächsten Baum.

Die schrien und schossen, die tobten hinter ihm auf den Kistenbergen, er aber raste weiter, er schlenkerte mit seinem Lastzug über die Straße, er hörte den Anhänger gegen die Chausseebäume schlagen, er wollte sie schon runterkriegen, sie mochten sich noch so sehr festkrallen! Dieser goldbordierte Affe der!

Später, als längst alles ruhig hinter ihm geworden war, als der Lastzug mit Vollgas dahinbrauste, fing er an, sich zu wundern, daß sie ihn nicht wenigstens mit dem Auto der Herren Offiziere verfolgten. Erst eine Woche danach erfuhr er von Dumala, daß der in der allgemeinen Verwirrung den Brennstoff hatte auslaufen lassen.

Er fuhr immer weiter, er wußte noch nicht, wohin. Aber es war klar, daß er nicht zu seinem Ziel fahren durfte. In diese aussichtslose Sache durfte er keinen Menschen verwickeln. Er wußte auch, er kam nicht weit, jetzt telefonierten sie wohl schon in alle Welt. Überall würde man ihn anhalten, nirgends würde er tanken können. In den nächsten zwei Stunden mußten er, sein Lastzug und die Waffen spurlos verschwinden! Gottlob war es ein stilles, weites östliches Land mit Wäldern und Seen. Immer tiefer hinein fuhr er in die Wälder, immer ferner blieben die Dörfer der Menschen. Zwischen den hohen roten Stämmen der Föhren verlor sich das Gebrumm seines Motors, alle laute Welt war weit fort...

Schließlich fand er den See, den er brauchte, er fand auch eine Stelle, wo er hineinfahren konnte, das Ufer war abschüssig genug. Erst sah er das Auto, dann den Beiwagen in den Fluten verschwinden, weiß schäumte das Wasser, dann lag es wieder still in der Herbstsonne... Nun begann der lange Weg heimwärts, meist in der Nacht, bis er es schließlich wagen konnte, auf eine Station zu gehen und mit der Bahn zu fahren...

«Schön, mein Sohn!» sagte später Dumala und sah nachdenklich noch einmal das Kreuz auf der Karte an. «Es werden ja auch andere Zeiten kommen, da liegt das Zeug sicher. Aber das ist dir doch klar, daß du in nächster Zeit etwas privatisieren mußt, du bist ein gar zu gesuchter Mann. Der arme Kapitän hat sich den Arm gebrochen, als er vom Lastzug fiel...»

Nach solchen Erlebnissen ging man zurück in die stillen Zimmer der Eichendorffstraße zu der immer stilleren Frau. Man saß wieder am Steuer des Taxi, und der Fahrgast sagte: «Hören Se mal, Chauffeur, wissense hier nich irgendwo ein Lokal, ein bißchen gepfeffert, verstehense? So richtig mit nackten Mächens, aber richtig nackt, verstehense? Da fahrense mich mal hin!» Heimat – ach du lieber Gott! Dieses verfluchte Berlin!

## 72. Zwei seltsame Fahrgäste

Er lernte es immer gründlicher hassen, dieses Berlin, in den langen Monaten, die nun folgten, da er nicht einmal mehr auf das Land fliehen konnte, da er an die kleine Wohnung und an das Autotaxi gebannt war. Wenn er in diesen Jahren 1922 und 1923 eine kleine Fahrt, vom Stettiner zum Anhalter Bahnhof etwa, gemacht hatte, und das Ziel war erreicht, so stieg der Fahrgast nicht etwa aus, zahlte und ging; sondern sie blieben gemeinsam sitzen, Chauffeur und Fahrgast, und fingen an zu rechnen und zu streiten. Der Dollar stand etwa an dem Tage auf siebentausendeinhundertfünfundsiebzig Mark, das dividierten sie durch vier zwanzig und multiplizierten es mit dem Fahrpreis, nämlich zwei Mark sechzig. Dann fingen sie an, den Teuerungszuschlag zu berechnen. Unterdes fuhren die Züge ab, andere Fahrgäste wollten gefahren werden, Zeit wurde vertrödelt, der Frischeste wurde verdrossen. Sie einigten sich und trennten sich, beide unzufrieden, beide mit dem Gefühl, nicht zurechtgekommen zu sein.

Während aber Karl Siebrecht weiterfuhr, andere Gäste einsteigen ließ und mit den anderen Gästen neuen Streit bekam, entwertete sich schon wieder das eben eingenommene Geld, stieg der Dollar von neuem... Er fuhr nach Haus, bloß um sein Geld abzuliefern, und Rieke stürzte los, sie kaufte dies und jenes, oft, was man gar nicht brauchte, bloß um das Geld anzulegen. Aber alles half nichts, das Fahren half nichts, auch Riekes Schneiderei half nichts, sie kamen zurück. Ohne Kalli Flau wäre kein Durchkommen gewesen. Der schaffte es noch immer mit seinen Nachtfuhren, er war bedenkenloser als Karl Siebrecht. Er nahm das Leben wie es war, er wütete nicht dagegen an, er war auch nicht voller Skrupel wie sein Freund.

Aber auch mit Kalli Flaus Hilfe wurde es knapper und immer knapper, von einem sicheren Auskommen konnte schon längst nicht mehr die Rede sein.

Was für eine düstere, gedrückte Stimmung herrschte in der kleinen Wohnung, wo jedes Brikett in den Ofen und jede Scheibe Brot in den Mund gezählt wurde. O nein, es gab keinen Streit zwischen den dreien! Vielleicht gab es mal ein rasches gereiztes Wort, aber schon war es vorüber. Sie lächelten sich schwach und stumm an und gingen aneinander vorbei, wie Schatten waren sie. Am liebsten hätte jedes, wenigstens von den beiden Eheleuten, in einem Zimmer für sich gesessen, aber das ging nicht. Sie mußten alle eng aufeinander hocken, nur eine Stube konnte geheizt werden. Dann kam die lange Nacht, wo die beiden in den Betten nebeneinander lagen, und jedes lauschte im Dunkeln bewegungslos auf die Atemzüge des anderen, ob es denn noch nicht eingeschlafen sei, bloß um sich unbeobachtet ein wenig strecken zu können, um endlich allein sein zu können. Jawohl, die rot verhängte Ampel und die wollüstig hingegebene Göttin hatte Karl Siebrecht abwenden können, aber nicht hatte er abwenden können das Stummwerden in der Ehe, das Sich-Entfremden in der Ehe, das Schweigen in der Ehe. Diese Nächte waren noch schlimmer zu ertragen als die Tage, und so fuhr Karl Siebrecht denn auch wieder in der Nacht. Er sah, wie mit dem Fallen der Mark der Taumel und die Sucht nach Rausch stiegen, er sah sie am frühen Abend einsteigen in sein Taxi, alle Taschen geschwollen von Paketen mit Scheinen, und er fuhr sie gegen Morgen zurück, ausgebeutelt, leer – und dann stritten sie sich mit ihm hartnäckig um das Fahrgeld.

Viele, viele Fahrgäste, männlich und weiblich ... Sie glitten an ihm vorbei, sie gingen durch die Schwingtür einer Bar, sie eilten in eine Hotelhalle, er sah ihnen nach, und schon hatte er sie vergessen. Aber einen Gast fuhr er in dieser unheilvoll düsteren Zeit, den vergaß er nicht, so kurz seine Fahrt auch war, die lang hatte sein sollen ...

Er hatte in den Zeitungen von dem Zusammenbruch eines großen Bauunternehmens gelesen, sein Leiter war flüchtig, zuerst war sein Name nur mit einem Buchstaben, dem Buchstaben K, bezeichnet. Aber dann las er nach seiner Gewohnheit die Steckbriefe an den Anschlagsäulen und las, daß der Bauunternehmer Kalubrigkeit gesucht wurde. Er las es, und er grinste nur, als er an diesen Herrn zurückdachte, für den er vor zwölf Jahren Koks getragen, auf dessen Zeichenstube er gesessen hatte ... Er grinste, aber es erschütterte ihn nicht sehr. So viele Größen waren seitdem gefallen, echte und falsche – warum nicht auch Herr Kalubrigkeit? Nie hatte man erwarten können, daß die Größe dieses Mannes Bestand hatte. Ein wenig länger dachte Siebrecht schon an den Herrn Bodo von Senden – ob er wohl in Mitleidenschaft gezogen war? Aber auch an Herrn von Senden dachte er nicht sehr lange, und auch nicht mit großer Teilnahme. Der war genau wie der Herr Gollmer geflohen, der eine saß auf einem Gut in Bayern, der andere reiste nun schon Jahre in der Welt herum. Sie sorgten für sich allein, diese reichen Herrn, man mußte sich nicht auch um sie sorgen!

Aber nun begab es sich, daß Karl Siebrecht in einer der nächsten Nächte eine junge Dame in den Westen Berlins fahren mußte. Es war noch eine sehr junge Dame, vielleicht war sie zum erstenmal in ein Nachtlokal gegangen, und es war ein bißchen zuviel geworden für sie: der Alkohol oder das Tanzen oder was sie erlebt hatte, wahrscheinlich alle drei Dinge zusammen. Wo ihr Kavalier, der sicher einmal vorhanden gewesen war, steckte, war nicht zu ermitteln: das blutjunge Ding war in seine Droschke mehr gefallen als gestiegen, hatte eine Adresse gemurmelt und war sofort eingeschlafen.

Eine stille, solide Straße im guten Westen war das Ziel der Fahrt. Aber die junge Dame war kaum zu ermuntern, ihr Kopf war eher verwirrter als klarer geworden. Sie schien den Chauffeur für jemand anders zu halten, sie sagte: «Ach, laß mich! Laß mich doch jetzt endlich in Ruhe! Du bist ja so gemein! Faß mich nicht mehr an, bitte nicht!» Karl Siebrecht sah zweifelnd an den dunklen Häusern hoch. Mitternacht war vorüber, zudem war es Winter, ein leichter Schnee war gefallen, und die Fremde war blutjung. Er konnte sie nicht vor dem Haus im Vorgarten lassen – er wollte es auch nicht.

So nahm er denn aus ihrer Tasche die Schlüssel, faßte sie um und brachte sie in den Hausflur. Es war ein schweres Werk, sie Treppe um Treppe höher zu schaffen, er mußte sie fast tragen. Bei jeder Etage fragte er: «Ist es hier, Fräulein?», aber sie stieg weiter. Sie sagte jetzt nichts mehr, sie hing schwer in seinem Arm, dabei zitterte sie, ihre Zähne schlugen aufeinander... Schließlich blieb sie vor einer Tür stehen. «Ist es hier?» fragte er. Wieder antwortete sie nicht. Er probierte den Schlüssel, und der Schlüssel paßte. Er schloß auf. «So, Fräulein», sagte er. «Gehen Sie jetzt leise auf Ihr Zimmer. Hier ist Ihre Handtasche. Ich mache die Tür zu. Gute Nacht.»

Er hatte auf der Diele das Licht angeknipst. Es war eine schöne Diele mit dunklen Möbeln, ein paar alte Familiengesichter sahen fremd von der Wand herab. Sie löste sich aus seinem Arm und tat taumelnd ein paar Schritte. Er sah ihr zweifelnd nach. Schon fiel sie. Sie fiel nicht so sehr, sie sackte in sich zusammen. Es gab kaum ein Geräusch.

Er war gleich bei ihr und wollte ihr aufhelfen, aber obwohl kein Geräusch entstanden war, hatte sich doch eine Tür geöffnet, und da stand ein Mann, ein untersetzter Mann mit einem Spitzbauch. «Was soll denn das?» fragte der Mann ungnädig, aber nur flüsternd. «Was machen Sie denn hier?» – Karl Siebrecht hatte den Mann sofort erkannt. Er meinte, der Mann müsse auch ihn erkennen. Aber lange Jahre waren vergangen, seit er als Junge bei Herrn Kalubrigkeit gearbeitet hatte. «Nun, wird's bald?!» fragte der Bauunternehmer, und schon am Ton der Stimme hätte ihn Karl Siebrecht wiedererkannt, an dieser Stimme, die nur schelten konnte!

«Dem Fräulein ist schlecht geworden», sagte er halblaut. «Ist das Ihre Tochter?» Es hatte ein anderer Name an der Tür gestanden.

«Nein, ich wohne hier nur zur Miete. Das ist das Mädel von hier! Eine Schande ist so was!»

«Wo kann ich sie denn hinlegen?» fragte Karl Siebrecht ungeduldig. «Sie kann doch nicht hier auf dem Flur liegenbleiben. Fassen Sie doch mit an!»

«Da ist der Salon! Legen Sie sie dort aufs Sofa. Nein, ich weiß nicht, in welchem Zimmer sie schläft. Sind Sie Chauffeur?»

«Ja», sagte Karl Siebrecht, nahm das Mädchen auf den Arm und trug es in den Salon.

Herr Kalubrigkeit ging mit und knipste das Licht an.

Siebrecht fragte: «Liegen hier irgendwo Decken?»

«Woher soll ich Bescheid wissen, ich wohne erst seit ein paar Tagen hier. Holen Sie doch Mäntel, es hängen genug Mäntel auf dem Flur.» Herr Kalubrigkeit sah schweigend zu, wie er das Mädchen zudeckte.

Dann sagte Karl Siebrecht: «So, ich nehme mir jetzt das Fahrgeld aus der Handtasche, passen Sie bitte auf, daß es nicht heißt, ich habe zuviel genommen.» Er öffnete die Tasche, aber er fand nur ein paar Scheine, die keinen Groschenwert hatten. Er sah hoch und begegnete dem schadenfrohen Blick des Herrn Kalubrigkeit.

«Na –?» fragte der.

«Ich werde morgen noch einmal vorkommen», sagte Karl Siebrecht und schloß die Tasche. «Sie sind mein Zeuge –»

«Ich bin leider nicht Ihr Zeuge», antwortete Kalubrigkeit spöttisch. «Ich bin im Begriff abzureisen.» Er verstummte und dachte nach. Dann sah er den Chauffeur wieder an. «Am liebsten wäre es mir, wenn Sie mich fahren würden. Wenn Sie mich fahren, zahle ich Ihnen auch die Taxe vom Fräulein.»

«Jetzt wollen Sie fahren?» fragte Karl Siebrecht.

«Ja, jetzt gleich.»

«Und wohin?»

Wieder überlegte Herr Kalubrigkeit. Dann sagte er: «Ich wollte eigentlich mit dem Nachtschnellzug nach Leipzig fahren, ich bin aber mit dem Packen nicht fertig geworden. Würden Sie mich direkt nach Leipzig fahren?»

«Jetzt?» fragte Siebrecht und tat, als verstünde er nichts. «In der Nacht? Mit meinem Taxi? Nach Leipzig?»

«Ja», antwortete Herr Kalubrigkeit ungeduldig. «Jetzt sofort. Ich habe Ihnen doch gesagt, ich habe meinen Zug versäumt! Verstehen Sie das denn nicht?»

«Das schon. Aber es liegt Schnee draußen. Wir werden nicht früher in Leipzig sein, als wenn Sie mit dem Frühzug fahren.»

«Ich will aber mit dem Auto fahren! Wollen Sie kein Geld verdienen?»

«Doch! Es wird aber eine Stange Gold kosten, Herr.»

«Gold habe ich nicht!» Herr Kalubrigkeit grinste dünn. «Aber Sie können ein paar Devisen kriegen.»

«Fünfzig Dollar – und ich fahre Sie!»

«Fünfzig Dollar – Sie sind ja wahnsinnig! Wer hat denn heute fünfzig Dollar? Ich werde Ihnen fünf Dollar geben und den Rest in Papiermark.»

Eine Weile stritten sie sich. Herr Kalubrigkeit schien sehr viel an dieser Fahrt zu liegen, schließlich zahlte er sogar zehn Dollar an. «Ich muß aber erst noch mal nach Hause», sagte Karl Siebrecht. «Ich muß meinem Kollegen Bescheid sagen, daß das Taxi morgen früh nicht da ist.»

«Und hauen mit meinen zehn Dollar ab! Nein, mein Lieber, da fahre ich mit! Wohin müssen Sie denn?»

«Gleich bei der Königstraße, es ist kein großer Umweg.»

«Schön. Ich hole dann meine Taschen. In fünf Minuten können wir fahren.»

Allein geblieben, sah Karl Siebrecht lange auf die schlafende Fremde. Sie war wirklich fast noch ein Kind, vielleicht siebzehn Jahre, vielleicht noch jünger. Sie schlief den schweren Schlaf der Betäubung, kaum war zu merken, daß ihr Atem ging. Ihr Gesicht hatte einen gespannten, einen bemühten Ausdruck, es sah aus, als lerne ein Kind seine Schularbeiten. Karl Siebrecht, als er dieses Mädchen so schlafen sah, hatte einen seltsamen Einfall. Er nahm die beiden Fünfdollarscheine, die ihm der Kalubrigkeit gegeben hatte. Siebrecht hatte sie gerne genommen, so brachte er doch etwas von dieser vertanen Nacht zu Rieke. Aber nun steckte er die beiden Scheine in die Handtasche. Er sah ein Kärtchen darin, er nahm es heraus, «Hertha Eich» stand darauf. Einen Augenblick zögerte er, dann schrieb er auf das Kärtchen: «Einen Gruß von Ihrem Chauffeur. Gehen Sie nicht wieder so aus.» Er war in Versuchung, das Kärtchen wieder zu zerreißen, aber dann steckte er es doch zurück. Es würde eben morgen zerrissen werden. Sie würde sich noch ein paar Tage lang schämen, aber dann würde sie sich damit trösten, daß sie den Chauffeur nie wieder sehen würde. Allmählich würde sie auch das Schämen vergessen. Der Mensch war so. Zu Anfang hatte er sich noch geschämt, daß er eine so schlechte Ehe mit Rieke führte. Jetzt hatte er sich längst daran gewöhnt und schämte sich nicht mehr. Jetzt nahm er schon Geld, das sie nötig brauchte, und steckte es jungen Mädchen in die Handtasche. Wozu eigentlich? Die Wohnung sah aus, als wohnten reiche Leute darin. Aber er tat es eben!

Herr Kalubrigkeit kam zurück. «Die schläft aber fest!» sagte er unzufrieden. «Machen Sie schon das Licht aus, und seien Sie leise auf dem Flur. – Nein, die Handtaschen trage ich selbst, sie sind ganz leicht.» Er war sehr besorgt um diese Taschen, der Herr Kalubrigkeit, und Karl Siebrecht konnte sie ihm gerne lassen, sie würden bald gut aufgehoben sein. Hoffentlich war etwas Nennenswertes drin, er dachte jetzt schon etwas wärmer an den Herrn von Senden.

Karl Siebrecht fuhr ohne Halten direkt vor das Polizeipräsidium am Alexanderplatz. Herr Kalubrigkeit war bis zur letzten Sekunde ohne allen Argwohn, er glaubte ja, der Chauffeur wohne in dieser Gegend.

Kaum hielt der Wagen, war Karl Siebrecht schon draußen und lief auf den Polizeiposten am Tor zu: «Nehmen Sie den Mann in meinem Wagen fest! Es ist der Bauunternehmer Kalubrigkeit, der steckbrieflich gesucht wird.»

Kalubrigkeit saß noch brav im Wagen, er hatte überhaupt nicht begriffen, wo sie hielten. Er war schon auf der Fahrt nach Leipzig und weiter in die Schweiz. Völlig verwirrt folgte er dem Wachtmeister in das Präsidium, er bestand immer noch darauf, seine Taschen selbst zu tragen, Karl Siebrecht ging leer hinterdrein.

Der übermüdete, gereizte Kommissar vom Nachtdienst nahm seufzend einen neuen Bogen. «Sie heißen? Franz, Kaufmann Otto Franz? Polizeilich gemeldet? Ja? Haben Sie einen Ausweis bei sich? Reisepaß, ja? Schön. Scheint in Ordnung. – Wie kommen Sie denn zu der Annahme, daß der Herr der Bauunternehmer Kalubrigkeit ist? Sie sind wohl auf die Belohnung scharf?»

«Ich kenne den Herrn Kalubrigkeit seit über zwölf Jahren. Ich habe zuerst bei ihm auf einem Bau in Pankow gearbeitet. Dann später in seinem Zeichenbüro in der Krausenstraße. Ich kenne ihn genau.»

«Eine Verwechslung», sagte Herr Kalubrigkeit. «Vielleicht sehe ich dem Herrn ähnlich. Ich habe natürlich nie einen Bau in Pankow gehabt. Auch nie ein Zeichenbüro unterhalten. Der Chauffeur irrt sich.»

«Ich heiße Karl Siebrecht. – Sie erinnern sich an meinen Namen nicht? Nun, das ist kein Wunder, es ist lange her. Aber Sie erinnern sich an die Trockenmieter, wissen Sie nicht mehr, wie Sie einen Jungen vom Kokstragen wegschickten, weil er den schwindsüchtigen Trockenmietern etwas von Ihrer Feuerung gegeben hatte? Sie waren sehr wütend auf mich, Herr Kalubrigkeit! Sehen Sie, jetzt erinnern Sie sich!»

Herr Kalubrigkeit hatte eine Bewegung gemacht, auch der Kommissar, der zweifelnd von einem zum andern sah, hatte sie gesehen. Aber jetzt rief der Bauunternehmer zornig: «Das alles ist Geschwätz! Sie können mich auf solch Gefasel nicht länger festhalten, Herr Kommissar! Ich muß nach Leipzig, ich habe dort eine wichtige Besprechung!»

«Und dann in Ihrem Zeichenbüro!» fuhr Siebrecht unbeirrt fort. «Ihr eigener Schwager hatte mich eingeschmuggelt, der Herr von Senden. Dessen Vermögen haben Sie ja wohl auch verwaltet, wie? Ist noch etwas da von dem Vermögen, Herr Kalubrigkeit? Vielleicht in der Tasche dort?»

Unwillkürlich griff Herr Kalubrigkeit nach der Tasche, die auf dem Tisch vor dem Kommissar stand. Er zog die Hand hastig zurück, als er den Blick der beiden fühlte.

«Geben Sie zu, daß Sie der Bauunternehmer Kalubrigkeit sind?» fragte der Kommissar. «Oder bleiben Sie dabei, der Kaufmann Otto Franz zu sein?»

«Natürlich bin ich der Kaufmann Franz!» rief Kalubrigkeit. «All das ist Unsinn, was dieser junge Mann hier erzählt! Ich lasse mich hier nicht länger festhalten! Ich werde mich. beim Polizeipräsidenten über Sie beschweren, Herr Kommissar! Das ist meine Zeit! Das kostet mein Geld! Solch haltloses Gefasel –»

Herr Kalubrigkeit schimpfte immer schneller, immer lauter.

«Machen Sie einmal Ihre Taschen auf», sagte der Kommissar begütigend. «Das erledigt den Fall vielleicht am schnellsten. Wenn Sie der Kaufmann Franz sind, können Sie es unbesorgt tun. Geben Sie also die Schlüssel her.»

«Ich denke nicht daran! Sie haben kein Recht, das zu verlangen! Ich will meinen Anwalt sprechen! Sie kriegen die Schlüssel nicht!»

Der Streit wurde immer lauter. Herr Kalubrigkeit wehrte sich mit Händen und Füßen gegen die Hergabe der Schlüssel. Dann, als sie ihm von einem Schutzmann abgenommen waren, wurde er plötzlich ganz still, fiel in sich zusammen. Er saß auf einem Stuhl, vor sich ein Glas Wasser, er sah nicht hin nach seinen Taschen, als sie geöffnet wurden. Obenauf lag ein wenig Wäsche, dann...

«Das ist hübsch», sagte der Kommissar, und nahm ein Bündel Devisen nach dem anderen aus der Tasche. «Ich hoffe, Sie besitzen eine Devisengenehmigung, Herr Franz oder Herr Kalubrigkeit. Ihr Paß trägt eine Ausreisegenehmigung für die Schweiz...»

Herr Kalubrigkeit hatte den Zeigefinger ins Wasserglas getaucht. Er malte jetzt auf die rohe, mit Tinte verschmierte, zerschnitzelte Holzplatte Zahlen auf Zahlen. «Ich verweigere jede Aussage, bis ich mit meinem Anwalt gesprochen habe», sagte er giftig. «Die Geschichte wird Sie teuer zu stehen kommen, Herr Kommissar!» Mit erhobener Stimme: «Im übrigen hat der Chauffeur zehn Dollar Handgeld von mir für eine Fahrt nach Leipzig bekommen. Da er mich nicht dorthingefahren hat, gehören die zehn Dollar mir. Ich bitte, sie ihm abzunehmen.»

«Schön, schön», sagte der Kommissar gelangweilt. «Stimmt das, Chauffeur? Dann müssen Sie das Geld natürlich wieder rausrücken. Sie bekommen ja später die Belohnung, wenn dies wirklich der gesuchte Kalubrigkeit ist.»

Karl Siebrecht war rot geworden, als er an das Geld in der Handtasche des schlafenden Mädchens dachte. Endlose Auseinandersetzungen, sehr fragwürdige Erklärungen standen ihm bevor. Aber er war nicht umsonst auf allen Straßen Waffenschmuggler gewesen. Sofort hatte er sich gesammelt.

«Der Mann lügt», sagte er mit ruhiger Stimme. «Er hat mir nicht eine Mark gegeben, geschweige denn zehn Dollar. Wenn er dabei bleibt, muß ich verlangen, daß meine Taschen nachgesehen werden, und wenn dann ein Dollar herausfällt –»

Dies gab Herrn Kalubrigkeit den Rest. Wütend sprang er auf, der große Bauunternehmer hatte nie gelernt, sich zu beherrschen. «Sie verdammter Kerl!» schrie er. «Ich lüge? Zehn Dollar habe ich Ihnen gegeben, in zwei Scheinen! Ja, sehen Sie den Mann nach, sehen Sie auch sein Taxi nach, sicher hat er das Geld irgendwo versteckt! Haben Sie mir nicht schon genug Schwierigkeiten gemacht?! Mit dem Senden habe ich mich Ihretwegen verkracht.»

«Danke!» sagte der Kommissar. «Also, Herr Kalubrigkeit, soweit wären wir nun! Und jetzt erzählen Sie mir vielleicht auch, wie Sie zu diesen Devisen kommen...»

Herr Kalubrigkeit wurde fahl. Dann setzte er sich langsam. Er fuhr mit seiner Hand durch die Haare. «Ich stelle einen Strafantrag gegen diesen Siebrecht», sagte er verbissen. «Ich verlange, daß dieser Mann festgehalten und auf zehn Dollar durchsucht wird...»

«Die zehn Dollar interessieren mich im Moment nicht so sehr wie die Zehntausende da in Ihrer Tasche», meinte der Kommissar. «Kommen Sie, Herr Kalubrigkeit, seien Sie jetzt vernünftig. Wir machen jetzt ein kleines Protokoll, und dann können Sie sich schlafen legen. Sie warten im Vorzimmer, Chauffeur.»


### 73. Herr von Senden bekommt und gibt Nachrichten

Es war schon Morgen, als Karl Siebrecht vom Präsidium nach Haus fahren konnte. Der Kommissar hatte trotz aller Bemühungen des Kalubrigkeit nicht mehr nach den zehn Dollar gefragt. Was er davon dachte, war vielleicht etwas anderes. So hatte er nur gesagt: «Na ja, die Belohnung wird auch nichts mehr wert sein, wenn sie ausgezahlt wird. Der Mann hat ja einen Sparren! Vergißt seine eigene Riesensache vollkommen über diesen albernen zehn Dollar! Dem werden noch die Augen übergehen!»

Dieses Mal war Karl Siebrecht nicht ganz so schweigsam wie sonst. Er mußte es ja schließlich begründen, warum er nur mit ein paar läppischen Millionenscheinen von seiner Nachtfuhre nach Haus kam. Den größeren Teil der Nacht war er umsonst gefahren. Natürlich erzählte er Rieke und Kalli nur eine Auswahl, das junge Mädchen, dieser Anlaß seines Zusammentreffens mit Herrn Kalubrigkeit, war mit drei Sätzen abgetan, und die zehn Dollar traten überhaupt nicht in die Erscheinung. Aber aus so etwas machte sich Karl Siebrecht schon längst kein Gewissen mehr. Er ging schlafen, so aufgeräumt, wie er seit langem nicht gewesen war. Warum eigentlich? dachte er. Ich habe doch nie das Bedürfnis empfunden, mich an Kalubrigkeit zu rächen! Ich bin doch nicht deswegen vergnügt, weil er nun eingespunnt ist! Warum bin ich denn so vergnügt?

Er fand den Grund nicht, aber als er nach vier, fünf Stunden gegen Mittag aufwachte, wußte er, daß er dem Rittmeister ein Telegramm schicken mußte! Eilig sagte er zu Rieke: «Ich gehe nur mal telefonieren, bin gleich zum Essen zurück!» und ging in die nächste Kneipe, eigenes Telefon hatten sie schon längst nicht mehr.

Er wollte nur in der alten Wohnung des Rittmeisters nach seiner Adresse fragen, aber auf den Anruf meldete sich sofort die bekannte Stimme: «Hallo, Herr Rittmeister!» sagte er vergnügt. «Hier spricht Karl Siebrecht. Kann ich Sie wohl einen Augenblick besuchen? Ich habe Ihnen etwas Wichtiges zu erzählen!»

«Du, mein Junge? Von dir habe ich ja eine Ewigkeit nichts gehört! Ja, mit dem Besuch, das wird sich schon machen lassen, vielleicht heute abend?»

«Ich möchte lieber sofort kommen, Herr Rittmeister!»

«Sofort? Das wird schlecht gehen, ich habe gerade ziemlich viel um die Nase. Du hast vielleicht gelesen, daß mein lieber Schwager da einige dunkle Geschichten gemacht hat. Er ist unauffindbar verschwunden...»

«Was?» rief Karl Siebrecht erstaunt. «Der ist schon wieder verschwunden? Ich habe ihn doch heute nacht erst auf das Polizeipräsidium gefahren?»

«Was hast du?! Wohin hast du wen gefahren?»

«Ihren Schwager! Aufs Polizeipräsidium! – Also, ich bin in einer Viertelstunde bei Ihnen, Herr von Senden!»

Rieke wie Mittagessen waren wieder einmal völlig vergessen. Karl Siebrecht stieg in die nächste Elektrische und fuhr in die Kurfürstenstraße.

Der Herr von Senden öffnete ihm selbst die Tür: «Komm herein, Karl. Bei mir sieht es noch aus wie in einer Räuberhöhle. Ich hause hier noch als Junggeselle, bin Hals über Kopf nach Berlin gefahren, als die schlimmen Nachrichten kamen. Aber nun erzähle, was du erlebt hast – ich kann es noch immer nicht glauben!»

Worauf Karl Siebrecht erzählte, aber diesmal vollständiger: sowohl das junge Mädchen wie die zehn Dollar traten in Erscheinung. Aber dem Rittmeister war das alles gleichgültig. Nur die Tatsache, daß der Schwager ausgerechnet dem Siebrecht in die Hände gelaufen war, beschäftigte ihn.

«Das ist nun doch wie Schicksal, Karl», sagte er, «daß ausgerechnet du es sein mußtest! Und du sagst, er hat viel Geld bei sich gehabt?»

«Zehntausende von Dollars und Kronen und Francs», antwortete Karl Siebrecht. «Die genaue Summe weiß ich nicht, der Kommissar hat mich da rausgeschickt.»

«Das meiste wird er schon früher in die Schweiz verschoben haben», sagte der Rittmeister nachdenklich. «Nun, vielleicht entdeckt man auch das. Er hat einen Haufen Menschen betrogen, viel wird auch im besten Fall nicht auf den einzelnen kommen! Weißt du, daß ich vor der völligen Pleite stand, Karl?»

«Aber Sie haben doch Ihr Gut in Bayern, Herr von Senden?!»

«Mit reichlich Hypotheken verziert – Kalubrigkeit war sehr für Hypotheken. Und ich bin kein Landwirt, ich bin nur ein Grundbesitzer. Mein Gut kostet alle Monate einen Haufen Geld. Nein, nun werde ich es verkaufen und endlich wieder etwas Richtiges anfangen. Hast du vielleicht Arbeit für mich, Karl?» Herr von Senden lächelte. Sein Haar war nun ganz weiß geworden, aber die dunklen Brauen waren noch so schwarz wie je, und in den Augen lag mehr Licht als früher.

«Ich habe keine Arbeit mehr zu vergeben», sagte Karl Siebrecht bedrückt. «Ich bin nur ein Chauffeur mit einem Drittel Autotaxi...»

«Und verheiratet bist du auch, wie ich an deinem Ring sehe!» sagte der Rittmeister. «Du hast mir viel zu erzählen! Weißt du was, Karl, wir werden jetzt zusammen essen gehen. Ich werde sogar Sekt auffahren lassen. Ich habe heute eine ganz altmodische, operettenhafte Vorliebe für Sekt...»

Sie blieben den ganzen Nachmittag zusammen. Der Herr von Senden hatte eigentlich noch auf das Präsidium fahren und der Herr Siebrecht seine Frau benachrichtigen wollen. Beide kamen nicht dazu, sie hatten einander viel zu erzählen. Sie aßen zusammen in einem Lokal, und hinterher kochten sie sich in der wüsten Wohnung des Herrn von Senden einen Kaffee. Es machte ihnen ungemeinen Spaß, auf Entdeckungsreisen auszugehen, sie suchten nach Kaffee und Büchsenmilch, nach Tassen, Löffeln und Tauchsieder. Sie hatten ihre Jacketts abgeworfen und liefen in Hemdsärmeln herum, als hätten sie ungeheure Arbeiten zu bewältigen. Mit der Zeit verwandelten sie die eingemottete Wohnung in ein Chaos, und dabei redeten sie, pfiffen sie, sangen sie, waren albern und gleich darauf ernst...

«Du bist auch in die Verwirrung geraten wie wir alle, Karl», sagte der Rittmeister. «Einmal wolltest du Berlin erobern – und was tust du jetzt? Lauter Kleinkram! Einmal haßtest du alles Halbe – und jetzt sitzt du nur in Halbheiten und kannst dich nicht frei machen.»

«Was soll man denn aber anfangen?»

«Irgendeine vernünftige Arbeit, bei der man mit Lust und Liebe ist! Jedenfalls nicht ein schlechter Taxichauffeur sein! Ich werde wohl zur Reichswehr gehen. Hättest du nicht Lust, mitzukommen? Wäre das nichts für dich?»

Karl Siebrecht schüttelte den Kopf. «Nein, Herr Rittmeister. Aber ich sage noch immer Rittmeister...»

«Sage es nur ruhig weiter, es hört sich alt und vertraut an. Ich will froh sein, wenn sie mich dort als Rittmeister einstellen! Diese Sache mit dem Kalubrigkeit hat mir doch einen Stoß versetzt! Den Hof in Bayern verkaufe ich, jetzt stelle ich mich wieder auf meine eigenen Beine! Wir können nicht ewig herumsitzen und schmollen, weil wir vorläufig einen Krieg verloren haben! Übrigens lasse ich mich auch scheiden.»

«So!» sagte Karl Siebrecht nur.

Der Herr von Senden sah scharf zu ihm herüber. «Nicht so, wie du denkst!» rief er. «Nicht etwa, weil sie die Schwester vom Kalubrigkeit ist! Sondern weil wir schon seit vielen Jahren keine richtige Ehe geführt haben. Wir waren uns schon lange darüber klar, daß wir auseinander wollten, nur hat man in dieser verfluchten Zeit ja alles hinschleppen und verliedern lassen.» Er stand auf, er ging ein paarmal in der Stube auf und ab. Dann brannte er sich eine Zigarette an. Leichthin, ohne den jungen Freund anzusehen, sagte er: «Im übrigen ist meine Frau ganz anders, als du dir vermutlich einbildest, mein Sohn. Sie hat nicht die geringste Ähnlichkeit mit ihrem Bruder. Ich habe sie einmal sehr gern gemocht, aber dann habe ich mich von ihr fortgelebt. Es genügt nicht, daß der eine Teil liebt. Der ist dann immer der Schwächere, verzichtet, opfert... Auf die Dauer macht es gemein, solche Opfer anzunehmen. Es entwürdigt beide, die, welche liebt, und ihn, der sich die Liebe gefallen läßt...» Er stand einen Augenblick da, als horchte er auf etwas. «Sagtest du was, Karl?» fragte er dann.

«Nein, nichts», antwortete Karl. Jedes Wort, das der ältere Freund da eben gesagt hatte, hatte sich in seine Seele eingebrannt, jedes Wort war wie für seine Ehe gesprochen, und er hatte dem Rittmeister doch kaum etwas erzählt!

«Komm mal, ich will dir etwas zeigen, Karl», sagte der Herr von Senden und ging ihm voran.

Es ging in ein großes Schlafzimmer. Der Rittmeister fing an, in einem halbausgepackten Offizierskoffer zu suchen. Erst wühlte er, dann fing er an, alles, was darin lag, auf die Erde zu streuen. Karl nahm es stillschweigend und packte es auf Sofa, Tisch, Stuhl. «Ach, laß doch den Kram!» rief Herr von Senden verächtlich. «Ich werde sehen, daß ich in der nächsten Zeit alles los werde, aber auch alles hier.» Er suchte immer weiter, während er fort sprach. «Die ganze Wohnung gebe ich auf. Ich will froh sein, wenn ich nur ein möbliertes Zimmer habe. Der Mensch bildet sich bloß ein, daß er so viel braucht. Nur ein Bad möchte ich gerne bei meinem Zimmer haben. Aber vielleicht bilde ich mir auch ein Bad nur ein. Möglich! – Da ist es endlich!» Er hatte gefunden, was er gesucht hatte, ein Päckchen Fotos. Er blätterte eilig darin. Dann zeigte er Karl Siebrecht ein Bild. «Erkennst du die Leute darauf, erinnerst du dich ihrer noch?»

Der junge Mann sah wortlos auf das Bild. «Doch», sagte er dann langsam. «Diese Leute kenne ich. Ich erinnere mich ihrer noch.»

Er betrachtete den Mann mit dem glatten Schädel, er sah das junge Mädchen an, erkannte es wieder, obwohl es keine gedrehten Locken mehr trug.

«Das sind Gollmers», sagte Karl Siebrecht und sah den Herrn von Senden nicht an, sondern das Bild.

War der Rittmeister denn hellsichtig? Erst hatte er von der halben Ehe gesprochen, in der der eine liebt und der andere sich die Liebe gefallen läßt, dann hatte er dieses Bild von Gollmers hervorgesucht, als wisse er von den heimlichen Spazierfahrten in den verlassenen Grunewaldgarten.

Aber der Rittmeister war wohl nicht hellsichtig, er war ahnungslos, er mußte es sein. Er hatte nur von der eigenen Ehe gesprochen, und jetzt sagte er: «Eigentlich müssen dir vor ein paar Monaten die Ohren geklungen haben, Karl. Gollmers haben mich im Sommer auf ein paar Wochen besucht, wir sind ja weitläufig verwandt. Er hat nach dir gefragt. Gott sei Dank konnte ich ihm keine Auskunft geben, er wäre nicht zufrieden mit dir gewesen, Karl.»

«Nein, das wäre er wohl nicht», sagte Karl Siebrecht gedankenvoll und betrachtete das Bild in seiner Hand. «Er sieht viel älter aus . . .»

«Er hat schwere Sorgen gehabt, der Mann. Seine Tochter, die Ilse – du kennst sie ja wohl auch –»

«Ja, ich kenne sie auch.»

«Also die Ilse hat sich im Krieg was an der Lunge weggeholt, es sah ziemlich aussichtslos aus. Gollmer hat alles aufgegeben und ist mit dem Mädchen in der Welt herumgezogen, von einem Sanatorium ins andere, von einem Arzt zum anderen. Sie ist ja sein einziges Kind, und er hat es geschafft, wie er alles schafft, was er will. Die Ilse ist wieder ganz gesund, im Frühjahr kommen die beiden nach Berlin zurück . . .»

«So, im Frühjahr . . .» antwortete Karl Siebrecht, und plötzlich fühlte er, daß er es bis zum Frühjahr auch schaffen mußte, daß er dann nicht als Taxichauffeur dastehen durfte. «Ich danke Ihnen, Herr von Senden», sagte er und gab das Bild zurück. «Ich habe auch manchmal an Herrn Gollmer gedacht. Ich habe sogar nach ihm in seinem Geschäft gefragt. Aber da wußten sie nichts von ihm.»

«Ich werde ihm schreiben, daß ich dich getroffen habe.»

«Nein, schreiben Sie es ihm lieber nicht», bat Karl Siebrecht. «Ich denke, ich werde ihn im Frühjahr selbst sehen.»

«Schön», sagte der Rittmeister gleichgültig. «Schreiben wir ihm also nicht. Du siehst es wie eine Bewährungsfrist an, was, mein Sohn?»

## 74. Kalli empört sich

Es war gegen neun Uhr abends, als Karl Siebrecht nach Haus kam, das Taxi stand schon, auf ihn für den Nachtdienst wartend, vor der Tür. Rieke und Kalli hatten aber nicht auf ihn gewartet, sie hatten schon zu Abend gegessen, auf einer Ecke des Tisches war noch für ihn gedeckt. Er sagte guten Abend, und sie antworteten ihm darauf, es klang wider in der Stube, und dann wurde es still. Er stand plötzlich so leer da, er war voll von Entschlüssen, er war besten Willens gewesen, nun war alles wie fortgeblasen. Rieke stand auf. «Ick will dein Essen warm machen», sagte sie und ging bis zur Tür. Aber dann konnte sie es doch nicht über sich bringen, sie blieb stehen, sie sagte leise: «Ick finde, du übertreibst det jetzt, Karle! Mittags sagste, du jehst bloß mal schnell telefonieren, und abends um neune kommste nach Haus! Det nenne ick übertrieben.»

«Entschuldige, Rieke», sagte Karl Siebrecht schuldbewußt. «Du hast vollkommen recht. Ich hatte den Herrn von Senden wegen des Kalubrigkeit angerufen, und der wollte mich gleich sprechen. Darüber habe ich dich dann ganz vergessen.»

Wieder gelogen, dachte er. Nicht der Rittmeister wollte mich gleich sprechen, ich wollte zu ihm . . .

«Du vajißt een bißken ville die letzte Zeit», sagte Rieke. «Na, es jeht in einem hin. Ick mache denn dein Essen warm.» Die Tür klappte, sie war gegangen.

Einen Augenblick stand Karl Siebrecht und sah diese Tür an, er überlegte, ob er Rieke nachgehen sollte, aber dann wandte er sich an den Freund, der schweigend am Fenster gesessen hatte. «Wie war der Tag heute?» fragte er. «Hat's einigermaßen geklappt mit der Kasse?»

Kalli Flau antwortete eine Weile gar nichts. Dann stand er plötzlich auf und trat nahe auf den Freund zu. «Rieke hat ganz recht», sagte er, und diesmal konnte er nicht leise reden, dazu war er zu erregt. «Du nimmst dir die letzte Zeit ein bißchen viel raus, Karl! Wer, denkst du denn, daß du bist, ich glaube, dir gehört mal eine tüchtige Tracht Prügel, daß du dich wieder besinnst! Wie du es mit dem Taxi treibst, davon will ich gar nicht reden, du bist das Benzin nicht wert, das du verfährst!» Seine Stimme steigerte sich immer mehr. «Du kommst und gehst, wann du willst, du machst Landpartien, manchmal zeigt die Uhr sechzig Kilometer, und du lieferst für keine zehn Kilometer Geld ab . . .»

Karl Siebrecht war schneeweiß geworden. Der Freund, dieser ruhige, geduldige Mensch, stand in höchstem Zorn vor ihm. Er schüttelte seine Hände, sein dunkles Gesicht sah rot aus. Und er konnte ihm mit keinem Wort antworten, alles, was Kalli sagte, war nur zu wahr.

«Aber davon wollen wir gar nicht reden», fuhr Kalli immer wütender fort. «Ich will auch nichts davon sagen, daß du dich von uns durchfüttern läßt und noch große Ansprüche stellst, als müßte es so sein! Ewig paßt dir dies nicht und paßt dir das nicht! Aber wie du mit Rieke umgehst, das ist eine Hundsgemeinheit, das sage ich dir! Ich habe dich beizeiten gewarnt, aber da warst du ganz groß, Rieke war deine Heimat, Rieke liebtest du! Wenn das deine Liebe ist –! So möchte ich nicht zu meinem Dienstmädchen sein, so rede ich nicht zu einer Nutte, wie du mit Rieke sprichst! Ein eiskalter Kerl bist du! Jetzt weiß ich, was du bist, an keinem liegt dir was, nur an dir, an deinen Launen, an deinen Wünschen! Aber das sage ich dir, wenn du noch einmal in meiner Gegenwart so mit Rieke sprichst, du kriegst Schläge von mir! Dann kenne ich mich auch nicht mehr! Dies habe ich mir jetzt ein bißchen zu lange angesehen und angehört...»

«Kalli!» rief Rieke und kam zornig in die Stube. «Wat fällt dir in?! Wat jeht dir mein Mann an?! Wat jehen dir unsere Sachen an? Ick kann for mir selba reden, vastehste, ick brauch keinen Vormund nich und dir schon lange nich!»

«Rieke», sagte Kalli. «Er muß es einmal hören. Du machst dich ja hin mit all deiner Geduld! Der merkt es ja gar nicht. Der denkt, das muß alles so sein!»

«Stille biste!» rief Rieke. «Ick bin in diese Ehe rinjegangen, und ick habe jewußt, er liebt mir nich so, wie ick ihn liebe. Ick habe jehofft, det wird noch kommen bei ihm. Nu is et nich jekommn, aber det war meine Schuld, det ick falsch jehofft habe, nich seine! Sei vanünftig, Kalli», sagte sie plötzlich mit dieser geduldigen Stärke, die sie erst in ihrer Ehe erworben hatte. «Ick weeß, du meenst et jut, aber du machst alles bloß schlimmer. Ick denk imma, er wird noch von selbst aufwachen, ick denk imma, det ist die Zeit jetzt. Du weckst ihn nich uff, und ick ooch nich. Kalli, bitte vadrück dir jetzt, vaschlaf det, ihr seid doch Freunde – muß denn alles hin werden in diese verdammte Zeit?»

Diesem Ton konnte Kalli Flau nie widerstehen. Verlegen stand er in der Tür, er sagte: «Ich hab's ja nicht so gemeint, Karl. Nur, weißt du, manchmal reißt einem auch die Geduld, ich hab's auch über mit dieser ollen Fahrerei –»

«Hau ab!» sagte Rieke, «du oller Dussel! Du mußt dir ja nich entschuldigen. Karle vastehst dir schon, nich wahr, Karle? Jute Nacht, Kalli. – Komm, setz dir hin, Karle, mach dir nischt draus, iß wat. Er is heute uffjeschrieben worden von 'nem Schupo, er hat Krach mit 'nem Fahrgast jehabt, deswejen is der heute so. Iß doch, Karle, schmeckt et denn nich?»

«Nein», sagte er und schob den Teller zurück. «Es schmeckt alles nicht mehr. Kann man denn so noch leben, Rieke?»

«Doch, det kann man, Karle!» sagte sie, hatte seine Hand genommen und streichelte sie. «Det is noch nich so schlimm. Andere leben schlimmer. Es is keen Verjnüjen, det is wahr, aber ick sehe ja, dir macht et ooch keen Vajnüjen, du wärst ooch jerne anders.»

So redete Rieke, und so war sie: unbestechlich, rein wie Gold, unwandelbar in ihrer Liebe und Geduld. Was konnte er ihr von all dem Dunkeln sagen, das in seiner Brust vorging? Nichts! Manchmal haßte er sie fast wegen ihrer geduldigen Liebe, es wäre so viel leichter für ihn gewesen, wenn sie sich mehr Blößen gegeben hätte! «Ach, Rieke», sagte er. «Ich weiß nicht mehr aus noch ein. Ich bin ziemlich verzweifelt.»

«Det kommt noch anders», sagte sie tröstend. «Wart man ab. Lange kann det nich mehr so weiterjehen mit dem Dollar. Und wenn wir erst wieda richtijet

Jeld haben, kommen ooch wieda richtije Zeiten, wo du wat vornehmen kannst.» Ihr gesunder praktischer Sinn kam immer mehr zum Durchbruch. «Und, Karle, wat, du jibst dir heute recht Mühe, det de een bißcken Jeld nach Haus bringst! Wir sind mächtig knapp. Die Garage ist zwei Monate im Rückstand, und an de Tankstelle wollen se Kallin ooch nischt mehr pumpen. Schaff een bißchen an, Karle, sei freundlich zu die Leute!»

Und so saß er denn auch an diesem Abend wieder am Steuer des Taxi, wie alle Abende. Er hatte vorgehabt, zum Händler Engelbrecht zu gehen und ihn um irgendeine regelmäßige, feste Arbeit zu bitten. Jetzt konnte er es wieder nicht. Er kam nicht von seiner Kette los, er rüttelte an ihr, aber sie hielt ihn. Er kam nie wieder frei.

## 75. Bruch mit Rieke

Ein paar Tage später aber erfuhr Karl Siebrecht, daß es doch eine Stelle bei Rieke gab, wo sie verletzlich war, sogar sehr leicht verletzlich, und daß ihre Geduld sehr wohl zu erschöpfen war – mit ihrer Liebe mochte es nun bestellt sein, wie sie wollte.

Er schlief noch, es war gegen Mittag, als Rieke in das Zimmer kam und sagte: «Da is 'ne junge Dame, die dir sprechen will, Karle!»

«Eine junge Dame?» fragte er, noch halb verschlafen. «Was denn für eine junge Dame? Ich kenn keine junge Dame!» Aber dann fiel ihm doch eine junge Dame ein, an die er häufiger gedacht hatte, als gut war, deren Bild er vor ein paar Tagen in der Hand gehalten hatte, und er wurde rot.

Rieke hatte es wohl gesehen. Während er anfing, sich eilig anzuziehen, sagte sie: «Sie sagt, sie heißt Hertha Eich. Du wüßtest schon –»

«Hertha Eich –?» fragte er verständnislos. Aber dann fiel ihm sein nächtlicher Fahrgast ein. «Ach, das ist das junge Mädchen, das ich neulich in der Nacht, wie die Geschichte mit Kalubrigkeit war, nach Haus gefahren habe. Ich habe dir davon erzählt. Wie kommt sie nur auf meine Adresse?» – Dazu sagte Rieke nichts, sie beobachtete ihren Mann schweigend. – «Nun», sagte er leichthin, «ganz gleich, woher sie meine Adresse hat, sie wird das Fahrgeld bringen. Sie hat in der Nacht damals nämlich nicht bezahlt, Rieke, es ging alles ein bißchen sehr durcheinander.»

«Det Fahrjeld könnte sie mir nu ooch jeben, darum broochte ick dir nich zu wecken», sagte Rieke mißmutig. «Aba nee, sie will partuh mit dir sprechen!»

Damit ging sie aus dem Zimmer, und er beeilte sich mit dem Anziehen. Er hatte gehofft, das junge Mädchen in der Stube allein zu finden, aber Rieke, die sonst um diese Zeit ihre Küche besorgte, saß am Fenster und stichelte an einem Kleid herum. Sie sah hoch, als er hereinkam, und er merkte wohl, daß sie sowohl seinen Sonntagsanzug wie den besten Schlips notierte. Dann senkte sie wieder den Kopf.

Hertha Eich hatte schweigend auf einem Stuhl neben dem Tisch gesessen. Nun stand sie auf und sah ihn ernst an. Sie war größer, als er gedacht hatte, sehr schlank, das Gesicht war blaß und das Haar dunkel. «Sie haben mich neulich nachts aus der Weißen Maus nach Haus gefahren, Herr Siebrecht? Es war doch die Weiße Maus?»

«Doch», sagte er und reichte ihr die Hand. «Es war die Weiße Maus. Aber woher in aller Welt wissen Sie meinen Namen und meine Adresse?»

«Vom Polizeipräsidium. Wir haben dorthin gemußt wegen unsers Mieters, des Herrn Franz. Das heißt, er hieß dann nicht Franz, sondern Kalubrigkeit. Woher haben Sie das nur gewußt?»

«Ich kannte ihn von früher. Ich habe mal bei ihm gearbeitet.»

«Ja, so. Es war also ein reiner Zufall, daß Sie ihn trafen, bloß, weil Sie mich nach Haus fuhren?»

«Es war reiner Zufall», bestätigte er.

Sie schwiegen beide.

Dann sagte sie leise: «Ich hätte Sie gerne einmal gesprochen...»

Er sah nach dem Fenster hinüber, er sagte: «Einen Augenblick bitte, Rieke...»

«Is schon jut, Karle», antwortete Rieke. «Ick stör dir nich.»

Sein Gesicht rötete sich, das junge Mädchen sah ihn aufmerksam an. «Ich möchte Ihnen danken», sagte sie leicht, «für die freundlichen Worte, die Sie mir auf meine Karte geschrieben haben. Ich werde das bestimmt nicht vergessen.»

Er nickte langsam. Er mochte nicht sprechen. Rieke saß am Fenster.

Das junge Mädchen aber dachte wohl schon nicht mehr an Rieke, oder Rieke war ihr gleichgültig, sie sagte: «Ich weiß nicht, wie verzweifelt ich nach dieser Nacht gewesen wäre, wenn ich Ihre Worte nicht gefunden hätte. Ich dachte, er wäre ein netter Mensch, aber er wollte mich nur betrunken machen, und dann –» Sie sah ihn fest an. «Ich hatte einen solchen Haß auf mich und auf alle. Ich ekelte mich so. Ich hatte zu nichts mehr Lust. Da fand ich Ihre Worte...»

«Es ist schon gut, Fräulein Eich», sagte er. «Sie taten mir leid, das war alles. Sie sahen so jung und schutzbedürftig aus...»

«Ich war in jener Nacht auch sehr schutzbedürftig, und Sie haben mich beschützt.» – Er schwieg. Er senkte nur den Kopf und schwieg, er sah nicht zum Fenster hin. – «Noch eins», sagte Hertha Eich und öffnete ihre Tasche. Sie zog zwei Geldscheine heraus. «Sind die von Ihnen –?» Er schwieg. «Sie müssen von Ihnen sein», beharrte sie. «Ich hatte nur ein paar kleine Scheine in der Tasche. Nicht wahr, Sie haben mir das Geld in die Tasche gesteckt?» Wieder schwieg er. Sie verstand dies Schweigen ganz richtig. «Natürlich», sagte sie. «Aber warum haben Sie das getan? Ich verstehe es nicht.»

«Ich weiß es auch nicht mehr», sagte er. «Ich war etwas verwirrt. Gerade hatte ich den Kalubrigkeit erkannt und fürchtete wohl noch, er könnte mich auch wiedererkennen. Ich wollte mir aus Ihrer Tasche mein Fahrgeld nehmen, damit er mich auch bestimmt für einen Taxichauffeur hielt, da sah ich, Sie hatten nur ein paar kleine Scheine darin...»

«Ja –?» fragte sie. «Und dann –?»

«Ich dachte wohl, Sie wären ausgeraubt worden in dem Kabarett. Wie gesagt, Sie taten mir leid; ich steckte das Geld einfach in die Tasche, ohne viel darüber nachzudenken.»

Sie sah ihn noch immer unverwandt an, er merkte wohl, sie war mit seiner Erklärung nicht zufrieden. Dann sagte sie: «Ich bin nach diesen zehn Dollar auf dem Präsidium gefragt worden, Herr Siebrecht. Ist es richtig, haben Sie das Geld von Herrn Kalubrigkeit bekommen?»

Er überlegte eine Weile, dann sagte er verzweifelt: «Ja, es ist richtig. Haben Sie denen etwas gesagt von dem Geld in Ihrer Tasche?»

«Nein, ich habe gelogen. Ich habe gesagt, ich wüßte nichts davon. Hier sind die zehn Dollar, nehmen Sie jetzt das Geld!»

«Danke», sagte er. Er nahm die Scheine und drehte sie zu einem Röllchen zusammen. Er war nun völlig verzweifelt, er fühlte, ohne es zu sehen, wie starr Rieke am Fenster saß, er fühlte, daß sie nichts verstand, daß sie alles mißverstand und daß er wieder einmal nichts erklären konnte.

Auch dies junge Mädchen, diese Hertha Eich, rief: «Aber warum haben Sie das alles bloß getan?! Ich verstehe nichts davon! Wußten Sie denn da schon, daß man Sie auf dem Präsidium nach dem Geld fragen würde? Lag Ihnen denn soviel an dem Geld?»

«Es lag mir gar nichts an dem Geld! Vielleicht wollte ich es einfach nicht behalten, weil es von ihm kam. Ich habe den Kerl immer gehaßt.»

«Und dann gaben Sie es mir –?!»

«Ihnen tat es nichts, Sie kannten ihn gar nicht!»

«Und warum haben Sie das alles nicht auf dem Präsidium erzählt? Warum haben Sie dort gelogen?»

«Ich weiß nicht. Vielleicht wollte ich Sie nicht in die Sache hereinziehen. Und es war auch alles so umständlich zu erklären, keiner hätte es verstanden. Sie verstehen es ja auch nicht!»

«Nein, ich verstehe es auch nicht», sagte sie. Sie überlegte, sie sah ihn an. «Wollen Sie das Geld jetzt nicht auf das Präsidium bringen und alles aufklären?» fragte sie dann.

«Nein, ich glaube nicht. Ich möchte das nicht.»

«Meinetwegen?» fragte sie. «Auf mich brauchen Sie keine Rücksicht mehr zu nehmen, ich bin nun doch in der Sache drin. Sie können ruhig sagen, daß ich gelogen habe. Ich habe meinem Vater alles erzählt – mir macht es nichts mehr aus!»

«Aber warum sollte ich das eigentlich? Wegen des Kalubrigkeit? Der hat so viele Menschen belogen und betrogen –»

«Aber doch Ihretwegen!» rief sie. «Weil Sie kein Lügner sein dürfen! Verstehen Sie denn nicht, daß Ihre Worte auf meiner Karte ganz wertlos sind, wenn Sie nicht sauber dastehen? Gehen Sie hin, tun Sie es mir zuliebe!»

«Gut», sagte er. «Ich werde hingehen.»

«Det wirste nich tun!» rief Rieke und stand plötzlich am Tisch bei den beiden. «Jib mir det Jeld!» Überrascht tat er es. «Wir haben nämlich keen Jeld zu vaschenken, Frollein! Er kann nich die janze Zeit Damen aus Nuttenlokalen und Vabrecha spazierenfahren for nischt und wieda nischt! Det is unsa Jeld! Wenn Sie so jenau sind, Frollein, warum jeben Sie ihm denn nich sein Fahrjeld? Det lieb ick, mit andrer Leute Jeld sich jroßtun! Weil Se schutzbedürftig sind, wat? Weil Se ihm leid tun, wie? Aber ick bin nich schutzbedürftig, ick habe ihm noch nich eenmal leid jetan, wenn't mir elend jing! Mir steckt er nischt in die Tasche! Nee, mein Jeld nimmt er und jibt et andere Mächen –»

«Höre, Rieke», sagte Karl Siebrecht jetzt in kaltem Zorn. «Wenn du nicht auf

314

der Stelle still bist, gehe ich aus dieser Wohnung. Dann aber komme ich nicht wieder zurück. Du hast kein Wort von alledem verstanden...»

«Det jloob ick, det de jetzt jehen möchtest! Nimm ihr doch jleich mit. Erst tut se dir leid, und denn tust du ihr leid – ihr paßt zusammen, ihr beede! Ick habe nischt vastanden? Ick habe jenug vastanden, vill zuville ha ick vastanden! Det du nich an mir denkst, und det ick dir nich leid tue, det weeß ick lange, aba det du an andre denkst, det hat mir jrade noch jefehlt zu meinem Jlück. Und nu is zappenduster!»

Das junge Mädchen hatte erschreckt und fassungslos von einem zum anderen gesehen, nun rief sie: «Aber ich habe doch nichts mit Ihrem Mann! Er hätte mich nie wiedergesehen! Nur, weil er wirklich gut zu mir war, habe ich nach seiner Adresse gefragt...»

Aber das war es ja gerade, was Rieke so erbitterte, was all ihre Geduld ans Ende gebracht hatte: daß er zu einer anderen gut gewesen war. «Na, und –?» schrie sie höhnisch. «Wat lofen Se ihm da nach, wenn Sie nischt mit ihm haben? Er soll wohl noch een bißcken besser zu Sie sind, wat? Jut war woll noch nich jut genug –?!»

Karl Siebrecht aber schämte sich, er schämte sich seiner Frau. Plötzlich hörte sein Ohr wieder diese gemeine Sprache, und wer so gemein redete, der dachte auch gemein.

«Es ist Schluß, Rieke», sagte er. «Kommen Sie, Fräulein Eich, ich bringe Sie noch heraus.» Auf dem Flur griff er sich Mantel und Mütze, dann trat er mit dem fremden Mädchen auf die winterliche Eichendorffstraße hinaus.

## 76. Hertha Eich beharrt

«Es tut mir sehr leid...» sagte das junge Mädchen.

«Ihnen muß nichts leid tun, Sie haben es gut gemeint», antwortete er. «Es war schon vorher alles kaputt, dies gab nur den letzten Anstoß.»

«Trotzdem!» beharrte Hertha sich. Sie betrachtete ihn nachdenklich. «Es ist schade», meinte sie dann. «Ihre Frau liebt Sie.»

«Was hilft mir das? Ich liebe sie nicht, und wir passen auch nicht zueinander. Ich habe es nie so gefühlt wie eben, als ich Sie beide nebeneinander sah.»

«Sehen Sie», sagte sie traurig, «ich bin also doch schuld. Ich hätte nicht zu Ihnen gehen sollen.»

«Einmal mußte es kommen. Ich bin froh, daß es endlich gekommen ist.»

Sie sah nach der Halle des Stettiner Bahnhofs hinüber, auf der Schnee lag. Es war kalt und trist auf der Straße. «Wohin werden Sie nun gehen?» fragte sie.

«Ach, für mich findet sich schon immer etwas», antwortete er mit mehr Sicherheit, als er fühlte.

«Sie sollten zu Ihrer Frau zurückgehen», sagte sie bittend. «Gehen Sie jetzt gleich zurück und erklären ihr alles. Sie sind doch wirklich ohne Schuld. Eigentlich hat sie recht: ich bin Ihnen nachgelaufen. Ich wollte Ihnen nicht nur danken, ich war auch neugierig, wie ein so ritterlicher Chauffeur aussah.» Ihr blasses Gesicht rötete sich bei diesem Geständnis.

«Nein», sagte er und hatte kaum auf ihre Worte geachtet. «Ich bin nicht

ohne Schuld. Nein, nicht Ihretwegen. Aber ich habe ständig an eine andere gedacht, die ich seit Jahren nicht gesehen habe. Ich glaube gar nicht, daß ich sie
liebe, aber ich war all dieser Dinge so überdrüssig. Ich wollte etwas anderes zu
denken haben als all dies Zeugs.» Er hatte sehr böse und bitter gesprochen, fast
mit Haß hatte er dabei nach den Fenstern der Wohnung in der Eichendorffstraße gesehen. Jetzt sagte er: «Aber ich glaube, ich muß nun gehen, Fräulein Eich.»
Er reichte ihr seine Hand, sie nahm sie nur zögernd, als wollte sie den Abschied
noch nicht.»

«Sehe ich Sie einmal wieder?» fragte sie. «Höre ich einmal, was aus alldem
geworden ist?»

«Vielleicht. Ich weiß nicht. Ich habe ja Ihre Adresse.»

Sie hielt seine Hand noch immer. «Ich möchte Ihnen so gern helfen», sagte
sie. «Sie sehen so unglücklich aus. Nicht wahr, Sie waren nicht immer Drosch-
kenchauffeur? Vor dem Kriege waren Sie etwas anderes?»

«Ja, das war ich. Aber macht das etwas in diesen Dingen aus?»

«Nein, natürlich nicht. Aber vielleicht kann Ihnen mein Vater helfen. Wollen Sie nicht einmal mit meinem Vater sprechen? Mein Vater hat ziemlich viel
Einfluß.»

Er schüttelte lächelnd den Kopf. «Nein, Fräulein Eich. Ich will mir nicht helfen lassen, ich helfe mir allein am besten.»

«Nicht die Art Hilfe! Aber Vater weiß vielleicht Rat. Er kennt so vieles und
hat viel Verbindungen. Er ist hier in Berlin bei der Eisenbahndirektion.»

Er stutzte, dann lachte er. «Das ist wirklich komisch, Fräulein Eich», sagte er.
«Ich habe nämlich früher auch ein ganz klein bißchen mit der Eisenbahndirek-
tion zu tun gehabt. Vielleicht komme ich wirklich einmal zu Ihrem Vater. –
Adieu, Fräulein Eich!»

Er hatte es ganz plötzlich gesagt, er war schon im Gehen, als sie sagte: «Nein,
so dürfen Sie nicht gehen! Ich weiß doch, ich sehe Sie nie wieder, und ich muß
erfahren, was aus alldem wird, sonst werde ich das Gefühl einer Schuld nicht
los!»

«Aber ich sagte Ihnen doch, Sie haben an nichts schuld!» Jetzt wurde er nun
doch ungeduldig.

«Ich fühle mich aber schuldig!» rief sie. «Wollen wir uns morgen noch einmal treffen, wenn Sie geschlafen und alles überlegt haben? Bitte, sagen Sie
ja!»

«Was soll das für einen Sinn haben?» murmelte er unentschlossen.

«Tun Sie es meinetwegen! Wollen wir uns morgen treffen, um diese Zeit,
sagen wir im Wartesaal Zweiter auf dem Stettiner Bahnhof?»

«Nein, nicht auf dem Stettiner. Ich werde Sie anrufen, Fräulein Eich.»

«Und Sie werden es nicht vergessen? Sie versprechen es mir fest?»

«Ich verspreche es Ihnen. Es wird wahrscheinlich nicht morgen sein, sondern
später. Ich muß erst klarsehen. Aber ich verspreche es Ihnen.»

«Ich danke Ihnen. Ich bin sehr froh. Das heißt...» Sie sah ihn verwirrt an.
Dann sagte sie hastig: «Also auf Wiedersehen!» und ging. Auch er ging, er
aber, ohne sich noch einmal umzusehen.

Siebrecht fand den Händler Emil Engelbrecht in seinem kleinen Büro, wie er Papiergeld sortierte. Tische und Stühle waren mit Bergen von Scheinen bedeckt, ein zusammenstürzender Geldhaufen hatte einen Regen dieser bunten Zettel auf den Fußboden fallen lassen. Karl Siebrecht bückte sich schweigend und fing an aufzusammeln.

«Ach, lassen Sie doch», sagte Engelbrecht. «Eigentlich könnte der Dreck ebensogut ausgefegt werden. Er macht bloß Arbeit. Und man bildet sich ein, man hätte Geld. – Haben Sie in den nächsten Tagen ein bißchen Zeit?»

«Ich habe sogar viel Zeit in den nächsten Tagen!»

«Schön. Dann werden wir Ihnen zwei Handtaschen mit diesem Dreck vollstopfen, und Sie werden für mich einkaufen gehen.»

«Was soll ich denn für Sie einkaufen?»

«Irgendwas! Fahrräder, Autos, Stoffe, Uhren, Seife – was Sie eben kriegen. Ist ja ganz egal, bloß, daß ich dies Zeugs loswerde!»

«Ich fürchte, ich bin ein schlechter Händler, Herr Engelbrecht.»

«Sie sollen auch gar nicht handeln, Sie sollen kaufen, was Ihnen vor die Nase kommt. Am schönsten wären Autos – wissen Sie nicht jemanden, der mit alten Autos handelt?»

Karl Siebrecht fiel jemand ein. Er antwortete kurz: «Vielleicht.»

«Na schön», sagte Engelbrecht. «Klemmen Sie sich tüchtig dahinter, es soll Ihr Schade nicht sein. Ich werde Sie mit Ware, nicht mit Geld bezahlen.»

«Herr Engelbrecht, ich suche aber eine dauernde Beschäftigung, ich würde auch einen Lastzug hier in Berlin führen. Ich brauche auch ein Zimmer hier in der Nähe, einen Vorschuß . . .»

Der Händler richtete seine dunklen, glanzlosen, zu kleinen Augen auf ihn. «Na schön, das können Sie alles haben. Vorschuß nehmen Sie sich von dem Geld, soviel Sie brauchen. Den verrechnen wir später. Wohnen können Sie hier, waschen werden Sie sich im Stall drüben. Lange halten Sie es ja doch nicht bei mir aus. Sie fangen bestimmt selbst was an.»

«Glauben Sie? Ich suche schon Jahre danach.»

«Manchmal sucht man, was man schon hat», meinte der Händler dunkel. «Übrigens hat der Dumala nach Ihnen gefragt.»

«Der –? Was will er denn? Ich soll ja nicht mehr für ihn fahren.»

«Vielleicht werden Sie doch noch einmal für ihn fahren.»

Sie sahen sich beide an, beide lächelten.

Dann sagte Karl Siebrecht? «Haben Sie wohl einen Boten, den ich in die Wohnung nach meinen Sachen schicken könnte?»

Es war das Gute an dem Händler Engelbrecht, daß er nie fragte, daß er nicht neugierig war. «Ich schicke Ihnen einen Bengel aus dem Stall, geben Sie ihm ein paar Zeilen mit», sagte er und ging.

Karl Siebrecht setzte sich an den Schreibtisch, legte Papier vor sich und schrieb. Er schrieb die kurze Bitte um seine Sachen vier- oder fünfmal. Bei jedem Schreiben wurde sie noch etwas kürzer, zum Schluß war es nur noch ein einziger Satz, ohne Anrede.

Als der Bote gegangen war, setzte er sich hin und bündelte das Papiergeld.

Er stopfte zwei große Ledertaschen bis oben voll. Er legte sich Listen an, Listen mit unendlich vielen Nullen. Die Schlußzahl war nur schwierig und stockend zu lesen. Nun gut! dachte er. Dafür sollte man etwas kaufen können!»

Überraschend schnell kam der Bote zurück, er kam mit leeren Händen. «Wenn Se wat wollen, sollen Se selba kommen, läßt se sagen», bestellte er.

«Es ist gut», sagte Karl Siebrecht, nahm seine beiden Taschen, die schwer waren, obwohl sie nur Papier enthielten, und ging auf seinen ersten Einkauf. Fest stand für ihn, daß er nie wieder die Wohnung in der Eichendorffstraße betreten würde.

Es dunkelte schon, als er auf der Straße stand, und er hatte an seinen beiden Taschen zu schleppen. Trotzdem war er entschlossen, noch in die Wallstraße zu fahren. Die Worte des Händlers Engelbrecht hatten ihn an seinen alten Feind, den Haifisch Tischendorf, erinnert. Bestimmt wollte er nichts Zweifelhaftes kaufen, die Papiere mußten in Ordnung sein, aber hinsehen wollte er wenigstens einmal. Übrigens gab es vielleicht gar kein Geschäft Tischendorf in der Wallstraße, die Ratte war immer ein Prahler gewesen.

Es sah wirklich so aus, als gäbe es in der Wallstraße dies Geschäft für Gebrauchtwagen nicht. Zweimal war Siebrecht, seine Tasche verfluchend, die Straße schon auf und ab gegangen und hatte nichts von einem Autogeschäft entdeckt. Erst beim dritten Weg, als er kein Ladenfenster ohne genaue Untersuchung ließ, entdeckte er an zwei herabgelassenen eisernen Jalousien den schon halb wieder verwischten Zettel: «Geschlossen. Nachfragen in Hof 1.» Kein Name, keine Firma, aber eine ziemliche Klaue, wie sie einem Tischendorf wohl zuzutrauen war. Also in den Hof 1. Es gab da eine ganze Menge Türen, Karl Siebrecht versuchte sie alle der Reihe nach. Schließlich geriet er erst in eine Werkstatt, die aussah, als hätten hier die Räuber gehaust, und dann in ein Bürochen, von dessen Decke an zwei Drähten eine einzige funzlige Birne hing...

«Hallo!» sagte Hans Tischendorf, der damit beschäftigt war, Papier in einen spuckenden, glühenden Eisenofen zu stecken. «Ich bin für niemanden zu sprechen!»

«Hallo, Haifisch!» sagte Karl Siebrecht und ließ sich aufatmend auf einen Rohrstuhl fallen. «Schön warm hast du's hier!»

Ablehnend fragte Tischendorf: «Was willst du denn? Ich kann dich nicht brauchen, ich verreise.»

«Auch recht», antwortete Karl Siebrecht. «Ich will nur mal ein bißchen Luft schnappen. Diese verdammten Taschen! Verbrenne du nur ruhig deine Firma weiter, der Kanonenofen ist direkt sympathisch!»

«Was willste denn mit den Taschen?» fragte Tischendorf und steckte einen ganzen dicken Schnellhefter in das Ofenloch. Es heulte und bullerte, dann schlug eine Flamme heraus.

«Ich zieh um», antwortete Karl Siebrecht. «Hast du nicht eine Beschäftigung für mich? Als Chauffeur, als Motorenschlosser, als Buchhalter —?»

«Ich habe den Laden zugemacht», erklärte Hans Tischendorf etwas menschlicher. «Ich hau ab. Hier in Deutschland ist doch nichts mehr zu holen! Übermorgen geht mein Dampfer nach New York.»

Er hatte nie das Schwatzen lassen können, das Prahlen, dieser zweifelhafte Bursche. Schon taute er auf, er würde noch mehr erzählen.

«Was willst du denn drüben werden?» fragte Karl Siebrecht. «Alkohol-schmuggler oder Gangster? Ich glaube, Capone sucht Leute.»

«Rede bloß keinen Stuß! Ich gehe nach Detroit zu Ford, werde da Verkäufer. Ich habe meinen Vertrag schon in der Tasche!»

«Kieke da!» sagte Karl Siebrecht, nun doch etwas verblüfft. «Aus Kindern werden wahrhaftig Leute! Ich kann mich noch gut an deine grauen Korkzie-herhosen erinnern, Haifisch!»

Der Haifisch fühlte sich geschmeichelt. Er fetzte aus einem Ordner Rechnun-gen und gab dem Öfchen neuen Fraß. «Ich gehe nicht ohne Geld rüber», prahl-te er. «Ich habe einen ganz hübschen Haufen Devisen, wo ihn kein Zollbeam-ter findet. Und einen Gehpelz und einen Brillantring habe ich auch!»

«Dann ist ja alles in Butter.» Siebrecht bedachte ein wenig ärgerlich das, was der andere in diesen Jahren geschafft hatte – er aber stand leer und arm da. Freilich hätte er mit Tischendorf nie tauschen mögen, auch für Gehpelz, De-visen und Brillantring nicht.

«Ich habe dir immer gesagt, Handeln ist die Losung!» prahlte Tischendorf weiter. Er betrachtete verächtlich den besten Anzug Siebrechts. «Und du läufst noch immer nach Arbeit rum. Nein, ich habe keine Arbeit für dich.»

«Aber vielleicht hast du was zu handeln für mich? Wir könnten es ja mal versuchen!»

Tischendorf sah ihn prüfend an. «Hast du denn Geld?»

«Ein bißchen.»

«Papier oder Devisen?»

«Papier – aber davon ein paar Waschkörbe voll. Genau gesagt, wollte ich eigentlich ein Auto von dir kaufen. Am liebsten einen Lastwagen – aber die Papiere müßten sauber sein.»

«Vielleicht kriege ich Papiergeld noch eingewechselt», überlegte Tischen-dorf. «Ich würde eine Masse Geld daran verlieren, aber wenn du anständig zahlst –»

«Für anständige Ware zahle ich auch anständige Preise.»

«Anständige Ware! Du bildest dir doch nicht ein, ich gebe dir für Papier anständige Ware. Außerdem habe ich nichts mehr, alles verkauft!»

«Dann ist es ja gut. Warum sollen wir dann davon noch reden?» sagte gleich-mütig Karl Siebrecht. Er hatte wohl gemerkt, daß der Fisch angebissen hatte.

Tischendorf war jetzt damit beschäftigt, ein Geschäftsbuch in seine Bestand-teile zu zerlegen. Er tat es sehr nachdenklich. «Ich will dir was sagen, ich habe doch noch ein paar Wagen. Sie stehen irgendwo draußen in Weißensee, auf einem Bauplatz. Ich habe sie lange nicht gesehen, aber sie sind bestimmt noch da. Es ist ein Zaun um den Bauplatz, und auch ein Wächter ist nachts dort.»

«Das müssen ja komische Wagen sein, die du dir so lange nicht angesehen hast! Interessiert sich vielleicht die Polizei dafür?»

«Nee! Die Papiere sind tadellos in Ordnung!» Tischendorf grinste. «Natür-lich sind es nicht gerade neue Wagen mehr. Ich will dir die ganze Wahrheit sagen, eigentlich wollte ich sie zum Ausschlachten verkloppen. Ich bin nur nicht mehr dazu gekommen, ich habe mich ganz plötzlich zu dieser Reise entschlossen.»

«Ach ja, diese elende Polizei –» seufzte Siebrecht.

«Ich möchte wissen, was du ewig mit der Polizei hast, das verbitte ich mir!»

rief giftig Tischendorf. «Mein Paß ist in Ordnung. – Also, die Wagen sind nicht fahrfertig. Aber wer Geschick hat und ein bißchen basteln kann, kriegt noch ein paar tadellose Autos daraus.»

«Baujahr neunzehnhundert?»

«I wo! Alle in oder nach dem Kriege gebaut! Motoren und Bereifung sind auch noch da! Ich bin einfach nicht mehr dazu gekommen! Ich wollte sie durch meinen Anwalt verkaufen lassen, aber die Brüder rechnen immer für alles ihre Gebühren auf!»

«Es sitzt sich so schön warm bei dir», meinte Karl Siebrecht. «Wenn du die Wagenpapiere gerade da hast, kann ich sie mir ja einmal ansehen.»

Hans Tischendorf warf ihm einen unentschlossenen Blick zu, überlegte und ging dann zu seiner Aktentasche, in der er herumsuchte. «Da!» sagte er. «Sieh's dir meinetwegen an. Es sind fünf Personenwagen und zwei Lastwagen. Aber ich schenke dir nichts, das sage ich dir gleich!»

«Habe ich nie anders erwartet, Haifisch!» antwortete Siebrecht und nahm die Papiere. Sie sahen ganz manierlich aus, die Papiere. Natürlich, es waren alte Wagen, es waren auch sehr gefahrene Wagen, aber eigentlich mußte mit ihnen etwas anzufangen sein. Besser als Papiergeld waren sie jedenfalls. «Na, schön, Tischendorf», sagte Karl Siebrecht und legte die Papiere wieder zusammen. «Das kann unter Umständen was werden. Ich will mir die Autos morgen früh mal ansehen.»

«Morgen früh!» rief Tischendorf. «Ich habe dir doch gesagt, daß ich heute abend noch nach Hamburg fahre! Oder habe ich es noch nicht gesagt? Jedenfalls dampfe ich heute abend ab, und wenn du die Autos kaufen willst, mußt du sie jetzt kaufen oder gar nicht!»

«Aber ich kann die Autos doch nicht kaufen, ohne sie überhaupt gesehen zu haben!» rief Karl Siebrecht verblüfft. «Das kannst du doch wirklich nicht verlangen.»

«Ich verlange gar nichts», antwortete Tischendorf kühl. «Ich sage dir nur, wenn du kaufen willst, kaufst du jetzt.» Er seinerseits hatte nun auch gemerkt, daß der Fisch an der Angel saß, und war nicht geneigt, ihn wieder vom Haken zu lassen. «Ich kann die Papiere nachher immer noch meinem Anwalt raufbringen.»

«Und verlierst den halben Kaufpreis an Gebühren!»

«Dafür kriegst du bei mir die Wagen billiger!»

Sie sahen einander beide prüfend an. Jeder in einiger Unruhe, es könnte aus dem Geschäft doch nichts werden.

«Na schön», sagte Karl Siebrecht dann. «Werde ich mir ein Taxi nehmen und schnell nach Weißensee rausfahren. Es ist zwar dunkel, aber etwas werde ich von den Autos doch sehen.»

«Ehe du aus Weißensee zurück bist, sitze ich in meinem Hamburger Zug. Bedaure, mein Lieber, jetzt oder gar nicht.»

«Es scheint dir ja verdammt viel daran zu liegen, daß ich die Wagen kaufe, ohne sie zu sehen!»

«Ich habe dich nicht darum gebeten, sondern du mich! Sie stehen ganz gut, wo sie stehen. Also laß die Sache.»

«Stehen sie überhaupt noch dort?»

«Ehrenwort! Außerdem hätte ich sonst die Papiere nicht mehr.»

Ein Haifischehrenwort war nicht sehr überzeugend, aber der Einwand mit den Papieren war stichhaltig – wenn nichts geschoben worden war. Karl Siebrecht sah nachdenklich vor sich hin. Es war ein verdammtes Risiko – und es war nicht sein Geld, das er riskierte! Diesem Tischendorf war überhaupt nichts Gutes zuzutrauen. Und doch – Karl Siebrecht hatte das Gefühl, daß der Haifisch diesmal nicht soviel geschwindelt hatte wie sonst. «Was soll der Dreck denn kosten?» fragte er widerwillig.

«Das muß ich mir erst ausrechnen!» sagte Tischendorf ungerührt. «Aber einen Aufschlag für die Markentwertung muß ich dir berechnen.»

«Wenn ich heute kaufen soll, mußt du auch den heutigen Kurs rechnen.»

Tischendorf sah ihn nur nachdenklich an, den Kopf schon voller Zahlen. Dann griff er nach Papier und fing an, eilig Zahlen hinzumalen. Es wurden immer mehr Zahlen. Auch Karl Siebrecht hatte sich Papier genommen und rechnete. Wenn er den Wagen mit dreihundert Friedensmark einsetzte, nein, zweihundert Mark waren für solche Wracks schon genug... «Also –?» fragte er, als Tischendorf wieder hochsah.

Tischendorf versuchte, ihn fest anzusehen, aber gleich irrten seine Augen wieder ab. Dann sagte er: «Siebenhundert Milliarden sind mein äußerster Preis.»

«Wie –?» fragte Karl Siebrecht und legte die Hand an die Ohrmuschel.

«Jawohl! Siebenhundert Milliarden!» wiederholte der Haifisch trotzig.

«Bei dir muß was nicht richtig sein! Ist dir klar, daß das siebenhunderttausend Millionen sind?»

«Stimmt. Dir ist ja wohl auch klar, daß das richtige Autos sind, aus allen möglichen Metallen und Gummi und Lack, kein Papier!»

«Richtige Autos, mit denen man bloß nicht fahren kann! Das sind ja über fünfhundert Friedensmark für einen Ausschlachtwagen!»

«Na und –? Zahlst du mir Friedensmark oder zahlst du mir Papiermark? Was glaubst du denn, was ich für einen Aufschlag zahlen muß, wenn ich den Dreck in gute amerikanische Dollars einwechsele?»

«Dreck für Dreck!» antwortete Karl Siebrecht. «Früher hat man solchen Bruch in den nächsten See gefahren. Gibt's denn in Weißensee keinen See?»

«Nicht lange mehr, dann kannst du mit deinen Milliardenscheinen das Klo tapezieren! An den Hut stecken kannst du sie dir!»

Lange wogte der Kampf, manch beißendes Wort fiel, auch die Vergangenheit wurde wieder aufgerührt. Aber schließlich gab Hans Tischendorf das erste Zeichen von Schwäche zu erkennen: «Na, dann sag doch, was du zahlen willst!»

«Zweihundert Milliarden, das ist mein äußerstes Gebot!» sagte Karl Siebrecht.

«Auf so 'nen Stuß antworte ich gar nicht!» schrie Tischendorf. «Hau bloß ab, du! Du sitzt hier bloß und stiehlst mir Wärme! Ich habe was anderes zu tun!»

Und von neuem begann die Schlacht, und wiederum war es Tischendorf, der zuerst ermattete. «Hast du denn überhaupt genug Geld, um alles sofort zu bezahlen?» Er sah argwöhnisch die Ledertaschen an. «Ich verlange das Geld bar in die Hand.»

«Hier habe ich nicht genug, aber zu Haus ist noch mehr. Du kannst sofort mitkommen und es dir holen. – Also jetzt ein vernünftiges Wort, Haifisch, dreihundert Milliarden sind auch ein schönes Geld!»

«Sechshundert!» antwortete der Haifisch, und die Schlacht ging weiter.

Endlich einigten sie sich auf vierhundert Milliarden, sie gaben sich die Hand darauf. Aber auch da wäre das Geschäft noch beinahe wieder zurückgegangen, denn nun verlangte Tischendorf die beiden Ledertaschen als Aufgeld. «Worin soll ich denn das Geld fortschaffen? Nee, die gehören dazu!»

Sie stritten sich erbittert, aber Tischendorf war im Nachteil, denn er hatte es allmählich wirklich eilig.

«Also schön», sagte er. «Bei dir ist aber auch gar nichts los. Wollen wir das Geld jetzt zählen?»

Gottlob wurden nur die Packen gezählt, auf ein paar Millionen kam es beiden nicht an. «Und nun los, in deine Bude!» sagte Tischendorf. «Eichendorff-straße, was?»

«Nein, ich wohne bei Engelbrecht», antwortete Siebrecht. «Ich habe die Wagen für den Viehhändler Engelbrecht gekauft.»

«O verdammte Scheiße!» brach Tischendorf los. «Das hätte ich wissen sollen! Ich habe gedacht, du kaufst für dich und hast nicht mehr Geld! Und nun für Engelbrecht – keine Mark hätte ich nachgelassen!» Die ganze Autofahrt zum Fuhrhof schimpfte er weiter, und ein gewisser Trost lag für Karl Siebrecht in dieser Schimpferei, denn sie bewies, daß nicht nur Luft, sondern wirklich Ware verkauft worden war.

Er hatte gehofft, Engelbrecht bei seiner Rückkehr auf dem Hof anzutreffen. Zu gerne hätte er ihm den Handel vorgetragen, zu gerne wäre er ein Stück der Verantwortung losgewesen. Aber Engelbrecht war nicht da. Statt seiner saß jemand anders wartend auf dem Büro, jemand, den er im Augenblick gar nicht brauchen konnte. Dieser Jemand zog die Brauen sehr erstaunt hoch, als er Siebrecht mit dem Haifisch eintreten sah. Beide erkannten sich gleichzeitig.

«Hallo, Kalli!» sagte Tischendorf.

«Hallo, Haifisch!» sagte Kalli Flau.

«Einen Augenblick, Kalli!» bat Siebrecht. «Ich bin gleich mit Tischendorf fertig.»

Und nun zählten sie wieder Geld, sie zählten es sogar zu dreien. Die Autopapiere wechselten ihren Besitzer, und Hans Tischendorf fuhr in einem Taxi ab, umgeben von Geldpaketen, die nur notdürftig in Zeitungspapier eingewickelt waren. Er war die letzten Minuten verdammt vergnügt gewesen. Karl Siebrecht wurde es sehr ungemütlich. Er hatte eine dunkle Ahnung, als habe er doch nur Luft gekauft.


## 78. Kalli Flau bittet und fordert


«Hoffentlich hat er dich nicht reingelegt», meinte auch Kalli Flau, als sie zum Büro zurückgingen. «Zum Schluß hat er dir direkt ins Gesicht gelacht.»

«Kaum», antwortete Karl Siebrecht abweisend. Dann aber besann er sich und fragte: «Nun, Kalli, was ist? Du kommst von Rieke?»

Der Freund sah ihn an. «Nein», sagte er. «Ich komme nicht von ihr, sie hat mich nicht geschickt. Ich komme von mir aus.»

Er schwieg, und Karl Siebrecht fragte: «Und möchtest jetzt, daß ich zu ihr zurückgehe –?»

«Ja, jetzt möchte ich das», antwortete Kalli Flau.

Beide schwiegen eine lange Zeit. Dann meinte Karl Siebrecht: «Du warst immer gegen diese Heirat.»

«Ja, das war ich.»

«Und möchtest jetzt, daß ich zu ihr zurückgehe?»

«Ja, das möchte ich!»

«Warum –?»

Lange schwieg Kalli Flau. Er stand auf von seinem Stuhl, er ging in dem kleinen Büro hin und her, er nahm den Tintenlöscher auf, er setzte ihn wieder hin. Schließlich fragte er: «Soll es denn ganz zu Ende sein?»

«Es war längst ganz zu Ende, Kalli, das weißt du doch!»

«Weiß ich das? Bei dir war es vielleicht ganz zu Ende, aber bei ihr –?» Er wartete auf eine Antwort, als aber keine kam, sagte er bitter: «Du gehst aus dem Haus, und sofort fängst du etwas Neues an, handelst mit diesem Tischendorf. Rieke aber . . .»

Wieder schwieg Karl Siebrecht.

«Ich habe nach der Brommen geschickt und um Tilda telegrafiert, Rieke darf jetzt nicht allein im Haus sein.»

Karl Siebrecht schwieg.

«Karl!» sagte Kalli Flau dringender und legte dem Freund die Hand auf die Schulter. «Seit Rieke denken und fühlen kann, bist du ihr ein und alles gewesen. Willst du im Streit aus dem Haus? Es kommt auch darauf an, wie so etwas zu Ende geht. Trennt euch wenigstens als Freunde!»

«Ach, Kalli!» sagte Karl Siebrecht. «Was hilft noch alles Reden? Sie fühlt doch nur, daß ich von ihr fort will.»

«Nimm ihr wenigstens den häßlichen Verdacht», bat Kalli Flau. «Sie behauptet, du wärst ihr mit einer anderen fortgelaufen! Das kann nicht wahr sein, Karl! So kenne ich dich doch!»

«Es ist auch nicht wahr, Kalli. Das Mädchen war ein Fahrgast wie alle. Aber Rieke wird mir das nicht glauben!»

«Wenn du es ihr richtig sagst, wird sie es glauben. Einmal hat sie dir alles geglaubt!»

«Dies nicht! Ich habe ihr angemerkt, in diesen Dingen glaubt sie mir nichts.»

«Rieke sagt», meinte Kalli Flau vorsichtig, «daß du in der ganzen letzten Zeit, schon seit Monaten, nicht mehr richtig bei ihr gewesen bist. Sie sagt, sie hat gefühlt, daß du nie mehr mit deinen Gedanken bei ihr warst. Sie sagt, du hast schon lange an eine andere gedacht.»

«Ich habe das Mädchen, das heute da war, vor ein paar Tagen zum erstenmal in meinem Leben gesehen. Und da war sie so betrunken, daß sie überhaupt nichts von sich gewußt hat. Heute habe ich sie zum zweitenmal gesehen.»

Karl Siebrecht war sehr eifrig bei diesen Versicherungen. Kalli Flau sah ihn schweigend an. Dann meinte er: «Und doch sagt Rieke, du denkst seit langem an eine andere.»

Karl Siebrecht schwieg.

«Aber das soll alles sein, wie es will», fing Kalli Flau wieder an. «Mich geht es nichts an. Ich möchte nur, daß ihr beide euch im Guten trennt. Versteh doch, Karl, es muß ihr doch leichter werden, über alles fortzukommen, wenn sie an dich als an einen Freund denken kann.»

«Sie wird mir nichts glauben!»

«Versuch es, Karl!»

«Es ist zwecklos, Kalli!»

«Bitte, Karl!»

«Sie wird mir nur Vorwürfe machen, noch schwerere Vorwürfe.»

«So höre sie an. Sage ihr in allem die Wahrheit, das wird sie besänftigen. Du hast es in letzter Zeit nicht mehr sehr genau mit der Wahrheit genommen, Karl.»

«Ich bin ihr nicht untreu gewesen!»

«Ach, untreu... Und doch schweigst du, doch wagst du nicht, zu ihr zu gehen!»

«Ich wage es schon, nur: es hat keinen Sinn.»

«Du wagst es eben nicht! Weil du ein schlechtes Gewissen hast!»

«Ich habe kein schlechtes Gewissen!»

«Ach, Karl, ich bin dein ältester Freund, ich kenne dich fast so gut, wie dich Rieke kennt.»

«Und doch habe ich kein schlechtes Gewissen!» Plötzlich besann er sich. Plötzlich sagte er, was er nie hatte sagen, was er sich selbst nicht hatte eingestehen wollen: «Doch, ich habe ein schlechtes Gewissen. Aber ich schwöre dir, Kalli, seit neunzehnhundertvierzehn, seit neun Jahren habe ich das Mädchen nicht wiedergesehen, wir haben uns nie eine Zeile geschrieben. Es war auch nie etwas. Es ist nur ein Traum von mir gewesen.»

«Und Rieke hat es doch gespürt!»

«Ja, Kalli, in der Ehe kann man auf die Dauer nichts verheimlichen. Es sickert durch. Es ist nur ein Blick oder ein gedankenloses Wort, in einer Sekunde, wo es darauf ankommt. Ich habe es nie gewollt. Noch heute glaube ich nicht daran, daß ich diese andere wirklich liebe. Sie ist nur ein Traum. Aber vielleicht kann man auch einen Traum lieben. Manchmal, nun aber schon lange nicht mehr, bin ich mit dem Wagen hinausgefahren, wo sie früher gewohnt hat. Ich bin da herumgegangen. Nein, ich habe sie nie geliebt, es war nur eine Jungenschwärmerei, aber als es mit meiner Ehe dann nicht so wurde, wie ich erwartete, habe ich mich daran geklammert.»

«Ja», sagte Kalli Flau, plötzlich sehr böse. «Du hast dir beweisen wollen, daß du wenigstens etwas liebtest in deinem Leben. Aber du hast nie etwas geliebt, Karl, nie einen lebendigen Menschen aus Fleisch und Blut geliebt. Geliebt hast du nur deinen Traum, die Stadt Berlin zu erobern.»

«Du weißt sehr wohl», antwortete Karl Siebrecht gekränkt, «daß ich Rieke und dich als Freunde sehr liebe. Nur in der Ehe – das ist etwas anderes...»

«Freunde – ja, wir sind deine Freunde gewesen, wenn du gerade einmal Freunde brauchen konntest, sonst waren wir so fremd für dich wie alle anderen Menschen!» Aber Kalli Flau besann sich. «Wir wollen uns nicht streiten. Ich ändere dich nicht, ich glaube, niemand wird dich mehr ändern. Aber ich verlange von dir, daß du noch einmal zu Rieke gehst und freundschaftlich mit ihr sprichst. Vielleicht ist es wirklich besser, du erzählst ihr nichts von diesem — Traum, das macht ihr nur neuen Kummer. Sie möchte so gerne weiter an dich glauben. Also versprich mir, daß du noch einmal kommst...»

«Wenn du wirklich meinst?» fragte Karl Siebrecht zögernd. «Aber ich bin sicher, es kommt nichts dabei heraus.»

«Ach, sei jetzt nicht feige!»

«Ich bin nicht feige!»

«Also, du kommst! Wann?»

«Sagen wir übermorgen abend?»

«Schön. Also denn, Karl!»

«Also denn, Kalli!» Und als der Freund schon aus der Tür gehen wollte: «Kalli, wenn du noch was wegen meiner Sachen veranlassen wolltest? Ich habe hier nichts!»

«Ach, deine Sachen, die wirst du schon noch bekommen!» rief Kalli Flau sehr ungeduldig. «Denke jetzt lieber darüber nach, wie du ein bißchen nett zu Rieke sein kannst, Karl!»

## 79. Kampf um Autos

«Hoffentlich hat der Kerl Sie nicht angeschmiert», sagte auch der Händler Engelbrecht.

Karl Siebrecht träumte in der Nacht davon, daß ihn Hans Tischendorf mit den Autos nicht angeschmiert hätte. Im Traum ging er auf dem Bauplatz in Weißensee herum, die Autos waren eingeschneit, es war nichts von ihnen zu sehen. Er wühlte sie frei, unter seinen Händen schmolz der Schnee, und ein nagelneuer Wagen nach dem anderen kam zum Vorschein, große, noch nie gefahrene Wagen, schimmernd von Lack und Metall! Im Traume segnete er Hans Tischendorf! Von vier Uhr morgens an war er schon wach. Aus lauter Langeweile und Ungeduld wirtschaftete er in dem Bürohäuschen herum, heizte, machte sauber. Er war jetzt fest davon überzeugt, daß ihn Tischendorf hereingelegt hatte. Er kannte doch den Haifisch —!

Es war noch dunkel, da war er schon auf dem Weg nach Weißensee. Die Straßenlaternen waren gelöscht, aber es dämmerte kaum, da suchte er schon nach seinem Bauplatz. Niemand schien die Straße zu kennen, jeder, den er fragte, jeder, der da gereizt, verschlafen zu seinem Arbeitsplatz trabte, sagte nur: «Kenn ick nich! — Weeß ick nich! — Jibt es hier nich!» Er trabte Straßen auf und ab, geriet in Laubenkolonien, sumpfiges Vorgelände des Weißen Sees. Es war schon hell, als er doch den Bauplatz fand. Hans Tischendorf hatte die Wahrheit gesagt, es gab den Bauplatz. Einen Wächter aber gab es nicht, vergeblich rüttelte Karl Siebrecht an der Tür, nur wütendes Gebell von Hunden antwortete. Und kein Mensch kam auf diesen verfluchten Bauplatz. Er trank bei einem Budiker eine Molle und einen Korn, von ihm erfuhr er die Adresse des Maurermeisters, dem der Platz gehörte. Er lief zu ihm, er fand den Mann, einen kleinen, verdrießlichen Menschen, am Frühstückstisch, und eine Frau sowie vier sehr unerzogene Kinder hörten Karl Siebrechts Bericht mit an. Der Maurermeister aber schien nicht zuzuhören. «Na ja», sagte er schließlich, als

Karl Siebrecht, auf seine Papiere pochend, immer dringender den Schlüssel zum Bauplatz verlangte, «die Autos sind schon da. Aber –»

«Aber was –?»

«Na ja, er wird Ihnen doch Bescheid gesagt haben!»

«Bescheid über was? Ich habe die Autos gekauft, und heute nachmittag will ich sie mir holen.»

Jetzt grinste der kleine verdrießliche Mensch, und die Jungen brachen in eine Art Indianergeheul aus. Als langsam wieder Ruhe wurde, sagte der Meister erklärend: «Die Bengels haben die Autos als Burgen benutzt. Wir haben nie gedacht, daß sich noch einer drum kümmern würde!»

«Hören Sie mal!» rief Karl Siebrecht empört. «Das sind aber nicht Ihre Autos!»

«Eigentlich sind es meine Autos», antwortete der Maurermeister ungerührt. «Ich kriege über ein Jahr Lagergeld, und gepumpt hat sich der Herr Tischendorf zu Anfang auch noch Bargeld auf die Autos. Damals stand der Dollar noch auf achtzehnhundert Mark, heute auf fünfhundertfünfzig Millionen!»

«Ich habe die Autos gekauft, ich habe die Papiere! Die Wagen gehören mir!»

«Wenn Sie die Miete bezahlt haben», sagte der Maurermeister ungerührt und stand auf. «Ich habe über alles Nachweise, Sie können mir überhaupt nichts wollen!»

Karl Siebrecht stand da in kalter Wut, die Bengels sahen ihn höhnisch an, ihrer Burgen sicher! Von einem Hans Tischendorf hereingelegt, vor dem Händler blamiert – es ging alles schief, es gab überhaupt nichts mehr, was nicht schiefging in seinem Leben. «Ehe wir über das Lagergeld reden», sagte Karl Siebrecht wütend, «will ich die Wagen sehen. Die persönlichen Vorschüsse von dem Tischendorf gehen mich überhaupt nichts an, es ist Ihre Sache, wie Sie die reinkriegen!»

«Er hat mir aber die Autos dafür verpfändet, das habe ich schriftlich!»

«Also zeigen Sie mir erst die Autos, über alles andere reden wir später!»

«Die Autos kriegen Sie erst zu sehen, wenn Sie alles bezahlt haben!»

«Dazu haben Sie kein Recht! Ich verlange jetzt –»

«Morjen!» sagte der Meister und ging aus der Stube. Die Tür flog laut hinter ihm zu.

Karl Siebrecht wollte hinterher und besann sich. Er war hereingelegt. Die Kinder sahen ihn spöttisch feixend an. Die Frau, die mit dem enttäuschten jungen Menschen Mitleid haben mochte, flüsterte eilig: «Zwischen elf und zwölf ist mein Mann meistens auf dem Bauplatz . . .»

Eine Weile stand er entschlußlos vor dem kleinen Haus des Maurermeisters. Er fand das Leben einfach zum Kotzen, er hatte zu nichts mehr Lust, es ging ihm doch alles schief. Ruhelos fing er an, in dem halb ländlichen, halb städtischen Weißensee herumzulaufen, das er von seiner morgendlichen Suche doch schon viel zu gut kannte. Wenig Trost gab es ihm, daß er unter anderem einen Autofriedhof fand. Er strolchte darin herum, die im Schnee versunkenen, ausgeplünderten Maschinen gaben seinem Herzen wenig Trost. Er war hereingelegt worden, er, Karl Siebrecht, hatte des Händlers Engelbrechts gutes Geld für Dreck ausgegeben. Und doch rüttelte er, immer noch voll Hoffnung, alle halben Stunden wieder an der Tür im Bauzaun. Aber sie gab nicht nach, auch nicht um elf, auch nicht um halb zwölf, auch nicht zu Mittag, auch nicht um eine halbe Stunde nach Mittag. Siebrecht hätte den Zaun schon überstiegen, der Stacheldraht oben schreckte ihn nicht, aber da waren diese verdammten Köter! Und überhaupt hatte alles keinen Zweck! Er fuhr zurück.

«Nun, was machen unsre Autos?» fragte der Händler Engelbrecht und grinste. Stockend, in ein paar zornigen Sätzen berichtete Karl Siebrecht. Der Händler wurde nicht einmal ärgerlich. «Das habe ich gar nicht anders erwartet», sagte er. «Heute wird nur noch Dreck verkauft. Nehmen Sie, was von Geld noch da ist, und fahren Sie hin. Wenn Sie nicht alle sieben Autos bekommen, nehmen Sie drei oder fünf – ganz egal! Nur nehmen Sie irgendwas!» Er sagte mit Bedeutung: «Der Dollar ist heute mit achthundertachtunddreißig Millionen gekommen!»

«Aber die Wagen sind vielleicht nur noch Bruch!» rief Karl Siebrecht verzweifelt.

«Und was ist die Mark?» fragte Engelbrecht.

Zwei Stunden später war Karl Siebrecht wieder in Weißensee, mit den beiden Ledertaschen, die schwer waren.

«Nun wollen wir rechnen!» sagte er zu dem Maurermeister, der sich über seinen Besuch nicht zu freuen schien, obwohl er Geld bekommen sollte.

Sie rechneten, sie stritten sich und rechneten wieder. Und wieder fingen sie zu streiten an. Aber Karl Siebrecht war jetzt von einer kalten und bösen Entschlossenheit, noch einmal wollte er sich nicht betrügen lassen. «So!» sagte er endlich. Er hatte alle Papiere in der Hand, er hatte auch eine Bestätigung des Meisters, daß keinerlei Forderungen mehr zu stellen waren. Jetzt wollen wir uns die Wagen einmal ansehen!»

«Morgen!» sagte der Meister. «Es wird schon dunkel.»

«Jetzt! In dieser Minute!» verlangte Karl Siebrecht. «Sie haben Ihr Geld jetzt will ich sehen, ob meine Wagen auch da sind!»

«Sie sind schon da!» antwortete der Meister mürrisch, nahm Mantel und Stock und ging voran. Er ging sehr langsam, Siebrecht drängte, es wurde wirklich schon dunkel. Er wollte wenigstens die Wagen noch sehen, damit er dem Engelbrecht ein Wort über dieses verzweifelte Unternehmen sagen konnte.

Für einen Mann, der fast zwei Handtaschen voll Geld aus einem aussichtslosen Geschäft bekommen hatte, war der Maurermeister auffallend mürrisch. Ein paarmal seufzte er, einmal blieb er sogar stehen und wandte sich, als wollte er wieder nach Haus gehen. Nicht schwer war zu erraten, daß hier etwas nicht stimmte. Siebrechts mürrische Stimmung verschwand, er wurde immer wacher. Hier ist was nicht in Ordnung, sagte er sich. Ich muß nur herausbekommen, was nicht in Ordnung ist!

«Sie werden nichts mehr sehen», meinte der Meister, wieder stehenbleibend. «Kommen Sie doch morgen wieder.»

«Keine Angst, ich habe eine Taschenlampe mit», antwortete Siebrecht. «Was ich sehen will, werde ich schon sehen!»

Endlich wurde das Tor des Bauplatzes aufgeschlossen, aufjaulend stürzten zwei Schäferhunde ihrem Herrn entgegen.

«Machen Sie sofort die Hunde fest», verlangte Karl Siebrecht. «Ich habe keine Lust, mich von Ihren Kötern beißen zu lassen!» Murmelnd ging der Meister mit den Hunden, Siebrecht wartete ungeduldig. Steine, Sandberge, Gerüst-hölzer – von den Autos war noch immer nichts zu sehen. Ungeduldig scharrte er mit dem Fuß im Schnee und stutzte plötzlich... Er knipste seine Taschen-lampe an, beleuchtete die Spuren im Schnee... «Wo haben Sie also die Autos –?» fragte er den Meister, als der zurückkam.

«Gleich!» sagte der und ging wieder voran. Zwischen Bastionen von Mauer-steinen, zwischen Bretterstapeln war ein freier Platz. Der Schnee war hereinge-trieben, er hatte hier Schanzen gebildet, am Eingang stand ein Schneemann – «Also, da haben Sie Ihre Wagen!» sagte der Maurermeister. Er schluckte ha-stig. «Und bis morgen mittag um zwölf Uhr sind Sie damit runter von mei-nem Platz – ich will mit Ihnen nichts mehr zu tun haben!»

«Schön», sagte Karl Siebrecht, und der Mann verschwand im Dämmern, ließ ihn allein mit seinen, mit Herrn Viehhändler Emil Engelbrechts Autos.

Halb im Schnee versunken, standen die Wagen da. Hier war eine Tür offen, der Schnee war hineingetrieben. Dort bohrte ein Opel den Motor in die Erde, die Vorderräder fehlten. Von dem Lastwagen dort war nur noch das Fahrge-stell da, auch der Motor fehlte... Siebrecht ließ den Schein seiner Taschen-lampe hierhin und dorthin spielen. Er hatte es nicht anders erwartet, in den letzten zehn Stunden waren seine Hoffnungen, der Traum der Nacht möge sich erfüllen, immer geringer geworden. Dies hier war nichts anderes wie der Autofriedhof, den er heute am Vormittag gesehen hatte.

Er war nicht enttäuscht, er hatte nicht einmal das Gefühl, betrogen worden zu sein. Er sah die Autos gar nicht erst näher an, sie waren auch keine fünf Minuten Untersuchung wert. Dafür leuchtete er wiederum sorgfältig die Spu-ren im Schnee an. Hier gingen sie durch eine Wehe, ach, was für ein Pech für den Maurermeister, daß Schnee lag! Er verfolgte die Spuren, und als er die beiden Wracks da im Schnee stehen sah, nickte er wieder mit dem Kopf, be-friedigt, immer überzeugter, daß er nicht betrogen worden war.

Dann machte er kehrt und ging zurück zu dem Schuppen, der am Eingang des Bauplatzes lag. Er trat ein. In einem trüben schmutzigen Büro saß beim Licht einer Lampe der Maurermeister am Tisch, den Kopf in die Hand gestützt. Er stand sofort auf, als Karl Siebrecht eintrat. «Also können wir gehen», sagte er.

«Natürlich können wir gehen. Sie müssen sich nur entscheiden, wohin wir gehen. Am besten gleich auf die Polizei.» Und als der andere sprechen wollte: «Reden Sie gar nicht erst! Sie haben gedacht, niemand kümmerte sich mehr um die Wagen. Noch heute früh haben Sie geglaubt, ich brächte das Geld nicht zu-sammen. Sie haben die Wagen ausgeschlachtet!»

«Das sollen Sie mir erst mal beweisen! Ich werde Sie wegen Verleumdung belangen! So hat Herr Tischendorf die Wagen hierhergebracht, oder er hat sie hier ausgeschlachtet. Ich habe mich nicht darum gekümmert, das war nicht mei-ne Sache!»

«Vielleicht kann ich Ihnen das nicht beweisen», gab Karl Siebrecht zu. «Was ich Ihnen aber beweisen kann, ist, daß Sie heute nachmittag zwei alte Wracks vom Autofriedhof hierhergeschleppt haben. Sie haben gedacht, ich sähe es im Dunkeln nicht, bis morgen wollten Sie die Spuren verwischen. Wo sind die beiden Wagen, die eigentlich hier standen?»

Der kleine, mürrische Mann war immer fahler geworden. Er stammelte nur:

«Das ist nicht wahr! Das können Sie mir nicht beweisen! Es waren nie andere Autos da!»

«Kommen Sie», sagte Karl Siebrecht und legte seine Hand auf die Schulter des anderen. «Kommen Sie, jetzt gehen wir beide zur Polizei, und dann wollen wir einmal sehen, was die dazu sagen!»

«Hören Sie», sagte der Maurermeister flehentlich, «ich weiß nicht, was mit Ihren Autos passiert ist. Ich habe nichts damit zu tun. Ich schwöre es Ihnen! Aber ich will Sie entschädigen! Ich will Ihnen Ihr Geld zurückgeben, ich lege noch was drauf! Machen Sie mich nicht unglücklich! Sie haben gesehen, ich habe Frau und Kinder, ich will Ihnen auch das Geld ersetzen, das Sie dem Tischendorf gegeben haben —»

«Ich will das Geld nicht, ich will meine Autos. Wo sind die beiden Autos?»

«Ich weiß es wirklich nicht!» jammerte der andere. «Ich habe selber einen Schreck bekommen, als sie plötzlich fort waren. Ich kann nicht immer hier auf dem Bauplatz sein. Plötzlich waren sie weg! Vielleicht hat sie der Tischendorf selber geholt! Ich will Sie entschädigen . . .»

«Reden Sie nichts von Geld! Zeigen Sie mir lieber den Wagen, mit dem Sie die Wracks vom Autofriedhof abgeschleppt haben!»

«Der ist nicht hier! Ich habe überhaupt keinen eigenen Wagen! Der Wagen war von einem Bekannten geborgt. Ich habe —»

«Scheiße!» schrie Karl Siebrecht wütend. «Der Wagen steht hier in diesem Schuppen! Hinter dieser Wand steht er!» schrie er. «Sie verdammter Hund, denken Sie, Sie können mich hier länger anschwindeln?! Her mit meinen Autos, oder ich schlage Ihnen alle Knochen im Leibe entzwei und liefere Sie dann auf der Polizei ab! Los, zeigen Sie mir, was hier im Schuppen ist!»

«Ich habe die Schlüssel nicht mit! Ich schwöre Ihnen, ich habe die Schlüssel nicht hier. Ich will sie holen. Nichts wie ein bißchen Maurergerät ist hier im Schuppen . . .»

Er hatte immer leiser und stockender gesprochen. Mit Angst, mit zitternder Todesangst sah er auf den zornigen jungen Mann. Karl Siebrecht aber fühlte plötzlich seine Narbe wieder, die Narbe juckte und drückte, es war rot in ihm, dann zogen Nebel . . . Es war zuviel, die letzten Tage . . . dachte er noch. Dann schien alles von ihm fortzugehen, alles löste sich in dem rötlichen Nebel auf . . . Er sah nichts mehr, nicht die Lampe im Büro, nicht den kleinen, jämmerlichen, feigen Mann . . .

Dann hörte er die Hunde wie rasend bellen, erst ganz aus der Ferne, und das Gebell kam immer näher. Nun hörte er ein Ächzen . . . Das Licht wurde heller und hell . . . Er sah zuerst seine Hände, deren Adern wie geschwollen aussahen, und nun sah er den kleinen Mann in diesen Händen . . . Er ächzte nur noch, er hing ihm zwischen den Händen . . . Die Hunde bellten immer noch wie rasend, sie rasselten mit ihren Ketten.

Er starrte um sich. Dann nahm er den kleinen Mann und schüttelte ihn sanft. Er setzte ihn auf einen Stuhl. «Los!» sagte er mit stockender Stimme. «Stellen Sie sich bloß nicht an!»

Aber er wußte wohl, daß der Mann sich nicht anstellte. Die Todesangst, mit der er angeschaut wurde, war echt. Um ein Haar hätte es schiefgehen können, nicht eine halbe Minute später hätte es wach werden dürfen . . .

«Wollen Sie mir jetzt meine Autos zeigen?» fragte er. Aber es lag kaum noch Drohung in dieser Frage.

Es war auch nicht mehr nötig, zu drohen. Der Maurermeister versuchte gehorsam aufzustehen und sank wieder zurück. «Ich kann nicht», ächzte er. «Meine Knie zittern so. Sehen Sie selbst, der Schlüssel steckt hier im Schloß, es ist derselbe Schlüssel.»

Siebrecht nickte nur. Er schloß den Meister in seinem Büro ein, er öffnete die große Tür des Schuppens. Sein Herz fing an zu klopfen. Der Lichtschein seiner Taschenlampe beleuchtete zwei Wagen, einen großen Personenwagen, einen Amerikaner, und einen mittelgroßen Lastwagen. Einen Augenblick stand er so, betrachtete die beiden Wagen. Ich bin also doch nicht betrogen worden, dachte er. Aber diesmal lag kein Stolz in diesem Gedanken, nur Dankbarkeit. Und ein leise nachzitterndes Grauen vor dem, was er eben fast getan hätte. Ich muß jetzt ganz still und ruhig leben, dachte er. So etwas darf mir nicht noch einmal passieren. Wenn er auch bloß ein kleiner, feiger Betrüger ist. Er ging an die Wagen heran, er leuchtete sie ab, klappte die Motorenhaube hoch, suchte nach der Motorennummer. Er nickte, es war alles in Ordnung, er war nicht betrogen worden, es waren seine Wagen.

Er ließ das große Tor auf und ging um die Ecke zu dem Büroraum zurück. Gerade wollte sich der Meister durch das Fenster zwängen. «Halt, mein Freund», sagte er und legte seine Hand auf den Zitternden. «Ich brauche Sie noch. Ich werde mit dem Lastauto den Personenwagen abschleppen, und Sie werden den Personenwagen steuern. Aber gnade Ihnen Gott, wenn Ihnen bei diesem Steuern was passiert!»

«Das ist Diebstahl!» versuchte der Kleine es ein letztes Mal, aber nur noch kläglich. «Das sind meine Wagen, schon seit drei Jahren, jeder kann das bezeugen.»

«Und die Motoren stammen nach den Nummern aus meinen Wagen», antwortete Karl Siebrecht. «Wenn Sie jetzt noch viel reden, Sie alter Betrüger, fahren wir bei Ihnen zu Haus vor und holen auch noch das Lagergeld. So schenke ich es Ihnen, und die sieben Autowracks dazu. Wo ist ein Seil zum Abschleppen? Ein bißchen schnell, Mann, es wird sonst zu spät, und Ihre Frau macht sich noch Sorgen um Sie!»

Eine Viertelstunde arbeiteten sie eilig, dann standen die beiden Wagen aneinandergehängt auf der Straße. «So!» sagte Karl Siebrecht. «Nun machen Sie ruhig die Hunde wieder los. Ich habe keine Angst, daß Sie mir noch verlorengehen. Ich würde Sie wiederfinden, heute, morgen oder in drei Wochen! Und dann —!»


## 80. Spiel um ein Lastauto

Karl Siebrecht saß noch beim Essen, als der Händler Engelbrecht hereinkam, Engelbrecht setzte sich ihm gegenüber, legte die Hände auf den Bauch und drehte die Daumen langsam umeinander. Eine Weile sah er dem Essenden mit seinen kleinen dunklen Augen schweigend zu, dann sagte er: «Die beiden Wagen sind prima, nur —»

«Nur was?» fragte Siebrecht und aß weiter.

«Nur der Kerl, der kleine, vermickerte Maurermeister macht so komische Redensarten.»

«Hat er denn behauptet, die Wagen gehörten ihm?»

«Nein, das hat er nicht getan.» Die Daumen des Händlers bewegten sich jetzt schneller. Siebrecht aß immerfort. «Nur, an dem Lastwagen steht die Firma von dem Maurermeister. Wie haben Sie denn das Ding gedreht, Siebrecht?»

«Ich hab gar kein Ding gedreht, ich hab mir bloß geholt, was Ihnen gehörte.»

Die Daumen drehten sich immer schneller, langsam sagte Engelbrecht: «Sie sind tüchtig, Siebrecht, das muß man Ihnen lassen. Bloß, Sie sind anders tüchtig, als man denkt.»

«Versteh ich», nickte Siebrecht. «Ich wollte Ihnen auch schon sagen, daß ich nicht weiter solche Handelsgeschäfte machen will. Sie müssen eine andere Arbeit für mich finden.»

«So ein Autokauf muß anstrengen», gab der Händler zu.

«Stimmt!» antwortete Siebrecht.

«Nehmen Sie endlich Ihren dußligen Teller weg!» rief der Händler plötzlich. «Sie tun ja nur so, als ob Sie äßen. Wir wollen was ausspielen!»

«Was wollen wir denn ausspielen?» fragte Siebrecht und setzte seinen Teller beiseite.

«Ihre Kaufprovision doch! Denken Sie, ich lasse mir von Ihnen was schenken? Ein Auto für die paar Milliarden ist auch genug!»

«Was soll meine Provision sein –?» fragte Karl Siebrecht mit ganz gedehnter Stimme.

«Das Lastauto!» sagte der Händler und bleckte plötzlich die Zähne.

Einen Augenblick war es Siebrecht, als könne er nicht mehr atmen. Dann sagte er: «Nein, das geht nicht. Ich lasse mir nichts von Ihnen schenken!»

«Reden Sie keinen Stuß», sagte Engelbrecht grob. «Ich habe Ihnen gesagt, daß ich schon mit einem Wagen ein glänzendes Geschäft gemacht habe. Und dann glaube ich, daß man Ihnen nur eine Chance geben muß, und Sie kommen wieder in Gang. Ich werde auch meinen Nutzen davon haben. Ich habe mich schon einmal bei Ihnen beteiligen wollen. Und schließlich haben Sie den Wagen noch nicht, Sie sollen erst um ihn werfen. Verlieren Sie, gehört er mir, da gibt's gar nichts. Dann soll es eben so sein. Nehmen Sie da mal aus dem Körbchen so ein komisches Fünfmarkstück. Lieber Gott, fünf Mark, und der Dollar steht auf achthundertunddreißig Millionen!»

«Wie sollen wir denn spielen?» fragte Karl Siebrecht.

«Jeder von uns wirft fünfmal. Wer am häufigsten Adler wirft, hat gewonnen. Werfen Sie!»

Karl Siebrecht warf.

«Schrift!» rief der Händler. «Sehen Sie, seien Sie bloß nicht so sicher! Jetzt komme ich!» Er war und rief eilig: «Adler!»

Sein Gesicht hatte sich gerötet, seine Stimme hatte Klang bekommen. Mit Staunen sah Karl Siebrecht auf den sonst so unbelebten Mann. Der war großmütig und wollte ein ganzes Lastauto verschenken, aber das Spiel jetzt war ihm ernst, und wenn er gewann, würde er seinen Gewinn ohne Reue behalten!

Auch Siebrechts Finger griffen eilig nach der Münze. Er warf und rief triumphierend: «Adler! Eins zu eins!»

«Erst komme ich noch einmal», sagte der Händler und warf. «Schrift!» sagte er. «Eins zu eins stimmt!»

«Schrift!» sagte auch Karl Siebrecht nach seinem dritten Wurf.

«Schrift!» wiederholte Händler. «Immer noch eins zu eins.»

Siebrecht warf die Münze nur sachte auf. Sie kam mit der Kante auf den Tisch, drehte sich noch ein paarmal, neigte sich unentschlossen −: «Adler!» schrie er.

«Das können wir auch!» rief Engelbrecht und warf das Fünfmarkstück fast bis zur Decke. Die Münze prallte auf den Tisch, sprang ab, rollte auf den Stubenboden. «Gilt!» rief Engelbrecht hastig. «Wo sie auch liegt. Einverstanden?»

«Einverstanden!» antwortete Siebrecht, und beide stürzten zur Münze. «Adler!» riefen sie.

«Zwei zu zwei!» lachte der Händler. «Nun los, Siebrecht! Ein Lastwagen zu gewinnen! Aber dieser Wurf kostet Sie das Auto!» Karl Siebrecht preßte die Münze fest zwischen den Fingern. Jetzt hatte er schon ganz vergessen, daß er sich vor noch nicht fünf Minuten dieser Provision widersetzt hatte. Er wollte gewinnen und warf. Die Münze fiel flach, ohne Nachklirren, auf den Tisch. Beide starrten darauf, aber nur einer sprach. «Schrift!» sagte Engelbrecht. «So, mein Lieber, jetzt sind Sie Ihr Auto los!» Und er warf das Fünfmarkstück schnell und scharf in die Höhe. Beide warteten, dann sahen sich beide an. Nach der Spannung des Spiels konnten sie kaum lächeln. «Auch Schrift!» sagte Engelbrecht dann enttäuscht. «Noch immer zwei zu zwei! Und ich hätte geschworen, ich würde Adler werfen! Was machen wir nun? Noch einmal fünf Würfe?»

«Nur noch einen!» verlangte Siebrecht.

«Ist gemacht», sagte der Händler. «Los, wirf, Mensch!»

Karl Siebrecht hielt das Geldstück in seiner Hand. Er dachte an das aufgegebene Taxi, er dachte daran, daß er wohl immer ein Lohnchauffeur sein würde, wenn dieser Wurf fehlging. Er wollte ihn als Vorzeichen für die künftige Zeit nehmen, nach Jahren der Verwirrung mußte es nun wieder aufwärtsgehen. «Adler!» sagte er und warf. Er sah gar nicht hin, er hörte die Münze auf den Tisch klirren, aber er sah nicht hin. Er wußte, was er geworfen hatte.

«Adler!» sagte Engelbrecht. «Noch haben Sie nicht gewonnen, Siebrecht! Ich kann auch Adler werfen!»

«Sie werden nicht Adler werfen! Ich weiß das. Los, werfen Sie doch!»

Engelbrecht sah ihn mit seinem geröteten Gesicht an. In den dunklen Augen, die sonst immer ohne Ausdruck blickten, blitzte jetzt ein Licht. «Werde ich nicht Adler werfen?» fragte er und schnippte die Münze ein paarmal in die Höhe. «Nein, werde ich nicht?» Er fing sie immer wieder in der Hand auf.

«Sie werden nicht Adler werfen!» antwortete Karl Siebrecht. «Und wenn Sie noch eine halbe Stunde mit dem Fünfmarkstück spielen! Ich will es nicht, und da können Sie es auch nicht!»

«Das wollen wir doch einmal sehen!» rief Engelbrecht und warf rasch.

Beide fuhren über Tisch und Münze mit den Köpfen zusammen, daß es krachte. Beide fühlten es nicht einmal.

«Ich bin der Besitzer eines Lastwagens!» rief Karl Siebrecht, er streckte sich lang auf seinem Stuhl aus. Plötzlich fühlte er eine Schwäche in allen Gliedern, er hätte keine Hand mehr rühren können.

«Halt!» rief Engelbrecht hitzig. «Noch einmal fünf Würfe! Ich setze den Personenwagen gegen den Lastwagen!»

«Nein», erwiderte Karl Siebrecht. «Das war meine erste Chance nach dem Kriege, die riskiere ich nicht noch einmal. Du lieber Himmel, ich besitze einen Lastwagen!» Wäre der Engelbrecht nicht dabeigewesen, er hätte geheult vor Glück. Rieke war im Augenblick ganz vergessen, er fand, das Leben lächelte ihm wieder.

### 81. Vorbereitungen – für nichts

Schon seit langem hatte Karl Siebrecht nicht mehr einen so arbeitsamen Tag gehabt wie diesen, der auf den Spielabend mit Engelbrecht folgte. Gleich dieses Erwachen am frühen Morgen nach einem Schlaf, in dem er geträumt hatte, er wußte nicht mehr was, aber es war etwas Angenehmes gewesen – und plötzlich war ihm klar: ihm gehörte ein Lastwagen!

Wie er es dann nicht abwarten konnte, wie er in Hemd und Hose auf den Hof hinauslief, seinen Wagen zu sehen! Es war leichter Frost und schneite sacht, fröstelnd stand er neben dem Wagen und nickte: es war alles schön und gut mit dem Engelbrecht, der Mann war hochanständig gewesen. Aber das erste mußte doch sein, daß er sich eine Garage suchte. Hier auf dem Hof des Händlers, das taugte nichts. Jetzt wollte er ganz unabhängig sein. Der Blick fiel auf die Inschrift des Wagens: «Baugeschäft Maurermeister Ernst Thormann, Weißensee», stand darauf zu lesen. Und wieder nickte er. Der Wagen war jetzt grau, er mußte neu gestrichen werden. Grau war keine Farbe, Grau war ein Zustand, in dem er jetzt lange genug gewesen. Er hatte nun einmal eine Vorliebe für Gelb. Hatte Rieke nicht zuerst Kanalljenvogel gesagt? Ach was, Rieke! Alle auf den Bahnhöfen hatten es gesagt, Gelb war das beste. Berliner Gepäckbeförderung Siebrecht & Flau? Es gab keine Firma Siebrecht & Flau mehr, und wie die Dinge aussahen, würde es auch kaum wieder eine geben. Er mußte rasch einen neuen Firmennamen erfinden, etwas Schlagkräftiges, heute morgen noch sollte der Wagen zum Maler!

Er fuhr gerade mit dem Kopf aus dem Stalleimer, in dem er sich wusch, da war es ihm eingefallen: Eildienst Karl Siebrecht! Das war das beste. Kurz, knapp, klar. Keine anderen Namen! Und ein Zimmer muß ich mir auch mieten, dachte er. Ich will hier nicht länger bei dem Engelbrecht herumhocken!

Soviel zu tun, soviel vorzuhaben, was war das herrlich! Hinein jetzt und los! Es würde schon werden –! Es gab wieder etwas zu tun, es gab etwas zu planen und zu hoffen, sonst war das Leben nur ein trüber Sumpf. Dann fiel ihm ein, was er Kalli für den Abend versprochen hatte, er bewegte ungeduldig und gereizt seine Schultern. Wenn es nur schnell geht, dachte er. Wenn es nur ohne langes Gezerre abgeht! Es ist ja doch alles vorbei. Kein Reden hilft noch. Ich wollte, dieser Abend wäre erst vorüber, dann hätte ich die Bahn richtig frei ... Er war gerade dabei, auf seinen Wagen zu steigen, um ihn in die Malerwerkstatt zu fahren, als der Händler Engelbrecht über den Hof kam.

«Morgen, Engelbrecht!» rief er. «Ich rücke Ihnen den Wagen fort, er steht Ihnen hier doch nur im Wege!»

Der Händler hängte seine schlaffe Hand in die straffe des jungen Mannes. Kein Mensch hätte ihm angesehen, daß dieser farblose, apathische Mann sich beim Spiel erhitzen konnte. «Wo wollen Sie denn hin damit?» fragte er.

«Streichen lassen!» antwortete Karl Siebrecht. «Und dann in eine Garage, ich mag den Wagen bei diesem Winterwetter nicht draußen stehenlassen.»

Engelbrecht nickte. Von irgendwelchem Gekränktsein über diesen plötzlichen Abschied war ihm nichts anzumerken. «Sie rücken?» fragte er nur.

«Ja.»

«Das alte Geschäft?»

«Ich habe daran gedacht», gab Karl Siebrecht zu. «Wenigstens will ich es versuchen.»

Der Händler nickte nur. «Na denn!» sagte er und hielt wieder seine Hand hin. Aber er gab sie dem anderen noch nicht. «Sehen Sie, wie es läuft auf den Bahnhöfen», sagte er. «Wenn der Kram sich lohnt, würde ich mich beteiligen. Oder wollen Sie mich auch diesmal nicht?»

«Wenn ich irgendeinen Teilhaber nehme, sind Sie der erste», versprach Karl Siebrecht.

Der Händler nickte, er wandte sich, und fast über die Schulter fort sagte er noch: «Seien Sie heute gegen Mittag hier, der Dumala hätte Sie gerne gesprochen.»

Damit ging Engelbrecht in sein Bürohäuschen, und Karl Siebrecht lenkte den Wagen vom Fuhrhof. Dumala und Rieke – zwei Kapitel, die heute noch beendet werden mußten! Auch mit Dumala war es vorbei. So etwas war gut für Zeiten, in denen man nichts zu verlieren hatte, aber jetzt...

«Kanariengelb», gab Karl Siebrecht dem Malermeister die Farbe an. «Knallgelb. Der Wagen kann überhaupt nicht gelb genug sein!»

«Jemacht!» nickte der Meister. «Und die Firma?»

«Warten Sie, ich habe sie Ihnen hier auf einen Zettel geschrieben.»

Der Meister las laut vor und betrachtete ihn dann kritisch. Det ‹Siebrecht› wird unter dem langen ‹Bahnhofs-Eildienst› wie jar nischt aussehen. Können Se die Firma nich een bißken länger machen?»

«Nein», sagte Karl Siebrecht abweisend. «Ich bin der einzige Firmeninhaber und sonst niemand.»

«Na schön!» meinte der Meister. «Wat nich is, is nich, aba es wird aussehen wie Kloßsuppe ohne Klöße!»

«Ich hab's!» rief Karl Siebrecht und nahm eilig den Bleistift. «So wird die Firma heißen!» Und er gab dem Meister den Zettel.

«Bahnhofs-Eildienst – Siebrecht & Niemand!» las der und nickte. «Det haben Se fein hinjekriegt!» lobte er. «Wer is denn Ihr Kompagnon? Niemand! Wer hat hier sonst noch wat zu bestimmen? Niemand! Det klingt jut, det merkt sich jeda!»

Auch Karl Siebrecht fand, daß er dies fein hingekriegt hatte. Es war ihm, als habe er sich nun für alle Zukunft festgelegt. Niemand war sein Teilhaber, und niemand sollte je sein Teilhaber werden! Keine Verquickung mehr von Freundschaft und Firma, allein auf sich gestellt! Allein, allein... Nie werde ich Hertha Eich anrufen, aber nie! Mit all diesen Dingen ist es für immer vorbei. Wenn ich nur erst diesen Abend hinter mich gebracht hätte...

«Komm», sagte etwas später Dumala. «Wollen nach den Pferden sehen!» Sie gingen aber nicht in den Stall, sondern der schwere Mann mit dem steifen schwarzen Hut und dem Lodenmantel führte Karl Siebrecht in den äußersten Winkel des Fuhrhofs, wo Pferdestall und Garagen aneinanderstießen. Er hob den großen Kopf, dessen Kinn und Backen blauschwarz waren vom Bart und sagte: «Heute abend noch einmal, mein Sohn!»

«Nein!» antwortete Karl Siebrecht, aber das Nein wurde ihm Auge in Auge mit Dumala sehr schwer. «Heute abend kann ich wirklich nicht. Ich habe eine Verabredung.»

«Dann also heute nacht», antwortete Dumala. «Sobald du mit deiner Verabredung fertig bist.»

«Nein», sagte Karl Siebrecht wieder. «Auch dann nicht! Überhaupt nicht mehr!»

«Es ist diesmal eine andere Sache, mein Sohn», meinte Dumala bedächtig und rückte den steifen schwarzen Filz aus der Stirn. «Du hast gelesen, die Herren Separatisten rühren sich wieder und möchten gar zu gern eine rheinische Republik unter französischer Führung gründen. Wir würden in das besetzte Gebiet fahren und uns ein paar von den Jungens kaufen.»

Karl Siebrecht überlegte einen Augenblick, aber der Widerstand in ihm war stärker als alle Verlockungen des Abenteuers. Er war auch stärker als die alte Kameradschaft. «Nein», sagte er. «Ich will keinen Krieg mehr führen. Das alles hilft gar nichts. Es muß endlich Friede sein –»

«Aber ist das ein Friede?» fragte Dumala. «Nennst du das einen Frieden, mein Sohn? Es hilft alles nichts, und wenn es uns auch gar nicht schmeckt, wir müssen weiterkämpfen, bis wir den richtigen Frieden haben!»

«Erst einmal müssen wir arbeiten», antwortete Karl Siebrecht. «Wir haben zu lange gekämpft, wir müssen erst wieder arbeiten lernen!»

Dumala sah den jungen Mann starr an, dann sagte er: «Überleg dir die Sache noch einmal, mein Sohn. Wir brauchen dich einfach. Du bist einer von unseren sichersten Fahrern, du darfst uns nicht sitzenlassen!» – Karl Siebrecht schwieg. – «Ich verspreche, es ist das letzte Mal, daß ich zu dir komme!» – Karl Siebrecht schwieg. – «Gott verdamm mich noch einmal!» sagte Dumala, aber ohne seine Stimme zu erheben. «Willst du einen alten Kameraden in der Tinte lassen? Soll ich vor dir auf die Knie fallen, du feiges Aas?!»

«Nein!» sagte Karl Siebrecht. «Nein. Ich tue es nicht. Ich kann es nicht mehr.»

Der Dicke sah ihn so schrecklich an, daß Siebrecht unwillkürlich die Hand hob. Er glaubte schon, Dumala wollte ihn ins Gesicht schlagen. Aber der Mann mit dem steifen schwarzen Hut bohrte nur die Hände in die Taschen. Er ging glatt an Siebrecht vorüber, über den Hof fort, zum Tor. Aus dem Tor hinaus –

Karl Siebrecht starrte ihm nach. Gott sei Dank, dachte er. Und gleich wieder: Was bin ich für ein Lump! Einen Kameraden im Stich lassen, bloß, weil ich zufällig ein Lastauto habe! Das geht doch nicht! Die Gestalt im steifen schwarzen Hut war verschwunden, nie wieder würde sie zurückkommen. Er hatte sich von ihr gelöst, wie er sich von Rieke lösen wollte – nur aus Ichsucht.

Ich kann doch nicht! sagte er sich. So werde ich doch auch nicht frei... Und plötzlich merkte er, daß er lief. Er lief über den Hof, den Weg, den Dumala gegangen, er lief auf die Straße, immer weiter laufend, hielt er nach dem schwarzen Hut Ausschau – «Dumala!» keuchte er. «Dumala! Ich mach doch mit! Aber nehmen Sie mich sofort mit, sonst überlege ich es mir doch wieder anders! Gleich oder nie!»

«Schön!» sagte Dumala und schob seinen Arm fest in den seines jungen Begleiters. «In einer Stunde sind wir unterwegs...»

Und Rieke wartete umsonst auf Karl Siebrecht an diesem Abend... Und Kalli Flau fragte umsonst nach dem Freund am nächsten Tage... Gelb gestrichen mit der Inschrift «Bahnhofs-Eildienst Siebrecht & Niemand» stand der Lastwagen auf dem Hof des Malermeisters und niemand fragte nach ihm... Und sooft auch das Telefon in der Eichschen Wohnung klingelte, der erwartete Anruf für das Fräulein blieb aus...

Aber in der vierten Nacht nach jenem Besuch Dumalas auf dem Fuhrhof gab es eine kurze Schießerei an einem Übergang vom besetzten ins unbesetzte Gebiet. Der große schwarze Personenwagen, der schon folgsam gehalten hatte, um sich der Durchsuchung durch die französischen Posten zu unterwerfen, kam plötzlich wieder in Fahrt, fuhr eine Barriere in Trümmern, die überraschten Posten schossen zu spät...

«Das ging ja glänzend!» sagte Dumala zufrieden – da fing der Wagen an zu schlingern, streifte krachend gegen einen Baum. «Hast du was abgekriegt, Sohn?» schrie Dumala und griff ins Steuer. Aber sein Fahrer antwortete nicht.


## 82. Der Mann mit dem Traum


Es war Juni. In sanftem Grün lag das Land zu den Füßen der beiden, die am Saume eines Waldes lagen. Mit Wäldern und Feldern zog es sich dahin, als tanzte es sacht unter diesem blauseidenen Himmel, der wie ein Hochzeitszelt war. Von den Wiesen im Grunde drang das Wetzgeräusch der Sensen zu ihnen empor, weiterhin sahen sie am weißlichen Band der Straße den Hof liegen, von dem sie emporgestiegen waren.

«Was für ein schönes Land, dieses Westfalen!» sagte der Mann und drückte leise die Hand des Mädchens, die er mit der seinen umschlossen hielt! «Was für ein herrlicher Tag!»

Sie erwiderte den Druck nicht. Auch sie sah hinaus in das Land, die Straße entlang, aber als suchte sie etwas, als erwarte sie jemand. Dann wandte sie ihm voll ihren Blick zu, der nicht lächelte wie der seine, und sagte: «Und du willst von alldem fortgehen! Es ist dein letzter Tag!»

«Ja, es ist unser letzter Tag», antwortete er sanft, und wieder drückte er ihre Hand.

Diesmal erwiderte sie den Druck, sie drückte seine Hand so stark, daß es schmerzte. «Es muß aber nicht sein...» sagte sie leise.

«Doch, es muß sein...» antwortete er sanft und löste seine Hand.

Sie sagte leidenschaftlich: «Hier wurdest du gesund. Hier warst du ruhig und glücklich. Seit du wieder an die Stadt denkst, bist du voller Unruhe! Was willst du in Berlin? Was kann dir Berlin geben, das wir hier dir nicht geben können? Was hast du in Berlin verloren?»

«Alles!» sagte er. «Gerti, alles!»

Er betrachtete nachdenklich seine Hände. Während seiner langen Krankheit waren sie weiß und weich geworden, sie sahen so verändert aus, daß er sie neugierig ansah, als seien es fremde. Dann fiel ihm auf, daß der Ringfinger der rechten Hand leer war, er runzelte im Nachdenken die Stirn, da sagte sie schon hastig: «Du warst so mager geworden, Karl, der Ring fiel immer ab. Ich habe ihn dir aufgehoben, ich gebe ihn dir nachher.»

Er nickte ihr zu, er sagte: «Danke schön, Gerti. Manchmal ist mir, als wäre alles Frühere nur Traum, mühsam muß ich mich erinnern . . .»

«Warum läßt du es nicht Traum sein?» fragte sie eindringlich. «Warum mußt du zurück? Du weißt, du kannst bleiben, Karl. Die Eltern wären einverstanden, und ich würde dich nie etwas fragen.» Sie schwieg einen Augenblick, betrachtete ihn, der mit einem halben Lächeln vor sich hinsah. Noch dringlicher sagte sie: «Ich weiß viel mehr von dir, Karl, als du glaubst, du hast so viel geredet in den ersten Fieberwochen. Mit mir und mit anderen. Mit deiner Frau und deinem Freund Kalli. Ich weiß, daß du keine Frau mehr hast und keinen Freund, daß du dort ganz allein bist in der großen häßlichen Stadt! Warum willst du nicht hierbleiben in diesem schönen Land, bei mir?»

Er lächelte nicht mehr, als sie geendet hatte, er sah sie voll an, er gab ihr beide Hände. «Gerti», sagte er, «ich war noch ein Junge, als ich das erstemal in die Stadt kam. Ich hatte einen Traum geträumt, ich wollte mir diese Stadt erobern. Bisher hat die Stadt mich erobert. Ich gehöre ihr. Ich kann nirgends leben als in ihr. Und nun ich ein Mann geworden bin, muß ich sehen, daß ich wenigstens ein Stück meines Traumes zur Wahrheit mache. Alles andere, alle, die einst mit mir gelebt haben, sind nur Schatten, das Lebendigste in mir ist mein Traum. Ein Mann muß nach seinem Traum leben, nach dem Stern, den er in sich trägt – bliebe ich hier, ich wäre ein Mann ohne Traum und Stern, es würde nur ein vertanes Leben!»

«Aber wovon träumst du?» fragte sie eindringlich. «Ich verstehe dich nicht. Niemand hat je in diesem halben Jahr hier nach dir gefragt, nicht deine Kameraden, die dich in jener Winternacht in unser Haus trugen, nicht dein Freund, nicht deine Frau. Niemand scheint dich zu vermissen –»

Er nickte nur: «Nein – niemand.»

«Und die Stadt selbst – glaubst du denn, daß die Stadt dich vermißt? Was träumst du denn für einen Traum, der dich aus der Ruhe und dem Glück in Unruhe und Einsamkeit reißt?»

Er hatte ihre Hand zwischen seine Hände genommen, wie einst trennte er spielerisch ihre Finger und legte sie wieder zusammen. «Ich träume einen sehr seltsamen Traum, Gerti», sagte er, und obwohl er bei seinen Worten lächelte, fühlte sie, daß er ganz ernst war. «Ich träume davon, daß ich die Koffer der Reisenden in der Stadt Berlin auf die schnellste, sicherste und billigste Weise befördern will. Das ist mein großartiger Traum . . .»

Als sie ihm unwillig ihre Hand entziehen wollte, sagte er ernster: «Werde doch nicht ungeduldig, Gerti, ich spreche im Ernst. Niemand hat mich je verstehen können – versuch du es doch. Ich habe nun eben keinen anderen, glänzenderen Lebenstraum. Wie ich zu ihm gekommen bin, ich weiß es nicht mehr. Aber er ist nun einmal da in mir. Andere träumen vielleicht davon, daß sie große Generale werden oder herrliche Bilder malen oder daß sie einen Hof wie den deinen noch musterhafter bewirtschaften – ich habe nun einmal keinen anderen Traum als diesen von den Koffern . . .»

Einen Augenblick schwieg er, dann sagte er, und jetzt lächelte er wieder: «Es ist sicher kein großer Traum, aber ich bin auch kein großer Mensch. Und wenn ich vergleiche, wenn ich daran denke, wie einer sein Leben damit verbringt, Farben in einer bestimmten Art auf Leinewand aufzutragen, so finde ich meinen Traum gar nicht so schlecht. Ich bin zufrieden mit ihm. Aber ich finde es nun an der Zeit, daß ich ernsthaft anfange, ein Stück dieses Traumes in die Wirklichkeit umzusetzen. Für den Traum in der Brust kann niemand etwas, aber für die Art, wie er ihn pflegt, vieles. Ich habe viel Zeit versäumt, Gerti . . .»

Sie sagte langsam und traurig: «Ich verstehe von alledem so wenig, Karl. Ich verstehe nur, daß ich dich nicht halten kann. Aber so recht habe ich nie daran geglaubt, daß du dich halten läßt, im Innern habe ich nie daran geglaubt.» Sie stand hastig auf und strich ihren Rock glatt. «Das Auto des Doktors!» sagte sie und deutete mit dem Kopf nach der Straße unten. «Er wollte doch auch von dir Abschied nehmen. Komm, Karl.»

«Einen Augenblick noch, Gerti», bat er. «Der Doktor kann warten, er schwätzt zu gern mit deiner Mutter und trinkt dazu einen westfälischen Korn. – Jetzt will ich dich auch etwas fragen: könntest du dich wohl entschließen, mit mir mitzukommen?» Er sagte hastiger: «Es braucht nicht gleich zu sein, ich werde einen Anfang machen, ich werde lösen, was schon lose ist, ich werde ein wenig aufbauen – und dann hole ich dich. Was meinst du dazu, Gerti?»

«Komm!» sagte sie. «Wir wollen den Doktor auch nicht zu lange warten lassen. – Nein», sagte sie dann im Weitergehen, «ich kann hier nicht fort. Ich bin die einzige, und der Hof hängt an mir. Es bräche meinen Eltern das Herz, wenn ich fortginge, und es bräche wohl auch mir das Herz, wenn ich in der Stadt Berlin leben müßte. Dort könnte ich nie glücklich sein.»

«Aber hier bist du glücklich gewesen, Gerti, diese Zeit?»

«Ja, hier bin ich sehr glücklich gewesen, Karl.»

Sie waren in dem kleinen Buschgarten, sie warf sich in seine Arme, lange hielten sie sich so. Dann sagte sie: «Versprich mir eins, Liebster!»

«Ja –?» fragte er.

«Laß dich gleich vom Doktor mit zur Bahn nehmen – wir wollen nicht noch einmal Abschied nehmen. Dies ist unser Abschied.»

«Ja», flüsterte er. «Ja.»

Wieder hielten sie sich lange, und wieder flüsterte sie: «Du mußt mir noch eins versprechen, Karl: du darfst mir nie, nie schreiben, du mußt mich ganz vergessen.» Sie lächelte unter Tränen. «Nein, vergessen sollst du mich nicht, aber du darfst mir nie schreiben. Diese Tage sollen so bleiben wie der Tag heute, ganz klar. Riechst du, wie das Heu von der Wiese her duftet? Immer, wenn sie das Gras mähen werden in den Jahren, die kommen, werde ich an diese Tage denken. Vergiß auch du sie nicht ganz, Karl!» Und ehe er sich noch hatte besinnen können, hatte sie sich aus seinem Arm frei gemacht und war verschwunden.

«Nein», sagte der Arzt. «Es ist alles wieder in bester Ordnung, mein Lieber. Von Ihrem Korpus aus können Sie sich sofort in das nächste Abenteuer stürzen.» Er beugte sich über seinen Koffer und fing an, das Gerät einzupacken.

«Von den Abenteuern bin ich erst einmal geheilt», antwortete Karl Siebrecht. «Ich glaube beinahe, für immer. Ich werde in Berlin ganz brav und bürgerlich ein kleines Geschäft anfangen.»

«Und an welche Art Geschäft denken Sie da?» fragte der Arzt. «Ein bißchen Waffenschmuggel? Etwas Gegenspionage? Ein kleiner Putsch?»

«Bloß eine Art Speditionsgeschäft, Herr Doktor. Ich hatte so etwas schon einmal vor dem Kriege. Es hat mir damals viel Spaß gemacht.»

«Und was werden Sie spedieren? Handgranaten? Flammenwerfer? Maschinengewehre?»

«Ich werde Koffer spedieren, Koffer mit Wäsche und Kleidern, schlichte Koffer von einfachen Reisenden. Ich weiß wirklich nicht, warum Sie durchaus einen wilden Landsknecht aus mir machen wollen, Herr Doktor –?!»

«Ich doch nicht!» rief der Arzt. «Aber Sie sind ein Landsknecht, Sie sind ein Abenteurer! Warum bleiben Sie eigentlich nicht hier sitzen? Ich finde, Sie sitzen hier ganz gut. Es ist der schönste Hof weit und breit, und ich für meinen Geschmack muß sagen: es ist auch das schönste Mädchen weit und breit.»

«Ich möchte aber nicht gerne nur der Mann sein, der in einen schönen Hof einheiratet», antwortete Siebrecht. Und etwas versöhnlicher fügte er hinzu: «Außerdem sind Fräulein Gerti und ich uns völlig einig, daß ich heute noch abreise.»

«So», sagte der Arzt und sah ihn spöttisch unter der gebuckelten Stirn her an. «So. Sie sind ganz sicher, daß Sie sich über Gertis Meinung nicht täuschen, Herr Siebrecht!»

«So sicher», sagte Karl Siebrecht, «daß ich Sie sogar bitte, mich jetzt in Ihrem Wagen zur Bahn mitzunehmen. Fräulein Gerti und ich haben uns schon adieu gesagt.»

«Schön», sagte der Arzt brummig. «Sehr schön!» Er schlug den Koffer mit einem Krach zu. «Das war auch das letzte Mal in meinem Leben, daß ich einen Hornochsen daran hindern wollte, sich wie ein Hornochse zu benehmen. Sonst noch was?»

«Ja, Herr Doktor, sonst noch was.» Einen Augenblick war Karl Siebrecht verlegen, der Arzt sah ihn mißtrauisch an. «Es ist da Ihre Liquidation, Herr Doktor. Sie sind alle diese Wochen und Monate zu mir gekommen, und ich glaube sogar, Sie haben die Medikamente für mich in der Apotheke bezahlt. Sie wissen, ich habe jetzt kein Geld, aber später . . .»

«Hören Sie auf, Mensch!» rief der Arzt ärgerlich. «Hören Sie auf mit dem Unsinn! Meine Liquidationen verschicke ich und nicht Sie, verstanden? Im übrigen habe ich mein Geld längst bekommen.»

«Herr Doktor, das sagen Sie jetzt so.»

«Wollen Sie mich zum Lügner machen?! Wenn ich Ihnen sage, ich habe mein Geld bekommen, so habe ich es bekommen! Verstanden? Aber etwas anderes: haben Sie denn Reisegeld nach Berlin?»

«Ja. Ich hatte noch etwas Geld in der Tasche, als das passierte.»

«Die paar Scheine Papiergeld!» schnaufte der Arzt verächtlich. «Damit werden Sie gerade weit kommen! Da, das ist für Sie!» Er griff in die Tasche, zog einen Umschlag hervor und warf ihn auf den Tisch. «Ich soll Ihnen auch Grüße bestellen – von Ihren Herren Mitabenteurern. Jawohl, man hat sich dann und wann nach Ihnen erkundigt. Ich habe Ihnen absichtlich nichts davon gesagt», erklärte der Arzt, als er sah, Karl Siebrecht wollte sprechen. «Ich habe gedacht, Sie würden hier warm werden und die Erinnerungen störten bloß. Aber Sie werden nie irgendwo warm werden, mein Herr, so wie ich Sie jetzt kenne! – Machen Sie den Briefumschlag ruhig auf, sonst denken Sie, ich beschwindele Sie noch immer. Vielleicht liegt die Einladung zu einer neuen Autofahrt drin!» Der Arzt hatte sich in einen richtigen Zorn geredet, Siebrecht mußte ihm den Willen tun und den Brief öffnen. Aber es lag keine Zeile darin, kein Wort, kein Name. Nur fünf glatte blaugraue Scheine, jeder lautend auf hundert Rentenmark. «Na also!» meinte der Arzt etwas ruhiger. «Nun glauben Sie mir hoffentlich! Oder denken Sie, ich schenke Ihnen fünfhundert Rentenmark? Das ist heute ein kleines Vermögen, mein Lieber, nichts ist knapper als dies verfluchte Geld.»

«Fünfhundert Mark», sagte Karl Siebrecht. «Und als ich – krank wurde, rechneten wir nach Milliarden! Nehmen die Leute denn das? Kann man denn dafür etwas kaufen?»

«Das werden Sie alles noch erleben. Wir haben auch noch nach Billionen gerechnet, aber da haben Sie gerade in der Schule gefehlt! – So, und nun nehmen Sie gefälligst Abschied von Ihren Gastgebern, in fünf Minuten fahre ich, und wenn Sie dann nicht fertig sind, bleiben Sie doch hier!»

Aber Karl Siebrecht war in fünf Minuten fertig. Gerti hatte sich nicht mehr sehen lassen, und er hatte auch keinen Versuch gemacht, sie noch einmal zu sehen. Er saß neben dem Arzt im Wagen, schnell änderte sich die vertraute Landschaft in eine fremde. Schnell lag der Hof, der ihm so lange ein Heim gewesen war, weit hinten. Es ließ sich jetzt auch ganz ruhig mit dem Arzt reden. Das Rentenmarkwunder machte Karl Siebrecht viel Kopfzerbrechen, und immer wieder ließ er sich erzählen, wieviel man jetzt für eine Mark kaufen konnte. Es war wirklich kaum zu begreifen, daß heute nichts knapper war als das Geld, das man noch vor einem halben Jahr in Waschkörben aufbewahrt hatte.

Wenn es aber wirklich so ist, auch in Berlin, dachte Karl Siebrecht, so bringe ich in einem halben Jahr meine Gepäckfuhren wieder in Gang! Wenn bloß mein Lastwagen unterdes nicht verschwunden ist! Damit war er nun schon weit von dem westfälischen Freihof und seiner Erbin und wußte im ersten Augenblick wirklich nicht, was er sagen sollte, als ihn der Arzt auf dem Bahnsteig fragte: «Soll ich die Gerti nun noch von Ihnen grüßen oder nicht? Von selbst scheinen Sie ja nicht daran zu denken!»

«Doch ja! Natürlich! Oder nein, lieber nicht!» sagte er überstürzt. Der Arzt sah ihn vernichtend an und sagte nicht eher wieder ein Wort, als bis Siebrecht aus dem Abteilfenster sah. Da fragte der Doktor – der Zug fuhr schon an: «Kennen Sie übrigens einen gewissen Bomeyer?»

«Ich? Keine Ahnung! Bomeyer? Nie gehört!»

«Na, denn ist es ja gut», rief der Arzt. «Ich soll dem Mann nämlich telegrafieren, mit welchem Zug Sie ankommen. Sie können es sich ja immer noch einrichten, wie Sie mögen, ob Sie den Kerl sehen wollen oder nicht.» Die letzten Worte schrie der Arzt, und nun war er schon weit hinten, winkte aber noch gewaltig – trotz allem Zorn.

## 84. Ein letzter Befehl von Dumala

Auf der langen Fahrt von Münster nach Berlin hatte Karl Siebrecht Zeit, sich mit dem gewissen Bomeyer zu beschäftigen, der es durchaus telegrafisch haben wollte, wann Siebrecht wieder in der Reichshauptstadt eintraf – aber er dachte überhaupt nicht an ihn. Sondern er dachte an die allernächste Zukunft, wenig an die Auseinandersetzungen, die ihm bevorstanden, viel an seinen Lastwagen und die Arbeit, die er tun wollte.

Dann stand er auf dem Bahnsteig des Bahnhofs Friedrichstraße, sah den Aufmarsch der Gepäckträger und nickte zufrieden. Man sah es: andere Zeiten waren gekommen. Die Leute schienen ruhiger, die Röcke der Frauen waren wieder länger geworden. Er ging durch die Sperre, jemand tippte ihn an: «He, Sie, Siebrecht!»

Er sah in ein Gesicht, und wenn dieser Mann auch keinen steifen schwarzen Hut mehr trug, so war er doch nicht zu verkennen. «Dumala!» rief Karl Siebrecht erstaunt. «Sind Sie etwa der gewisse Bomeyer?»

«Ich habe nie anders als Bomeyer geheißen», sagte Dumala steif. «Wollen Sie mit mir in den Wartesaal kommen?» Karl Siebrecht wollte, und stumm ging ihm Dumala voran. «Nein, danke, ich trinke nichts», sagte Dumala hastig, sobald sie sich gesetzt hatten. «Ich muß gleich weiter. Wir wollen nur schnell ein paar Kleinigkeiten erledigen.» Er zog Papiere aus der Tasche. «Hier ist die beglaubigte Abschrift eines Protokolls über den Autounfall, den Sie in der Nähe von Münster hatten. Ebenso ein ärztliches Zeugnis. Hier ist weiter Ihr Führerschein und Ihr Militärpaß. Ihre Papiere wurden seinerzeit in Verwahrung genommen, man konnte ja nicht wissen –» Der Blick wurde sinnend, aber gleich riß sich Dumala wieder zusammen und wurde rein dienstlich. «Das war erstens», sagte er. «Zweitens: Ihr Lastwagen ist ermittelt und für Sie beim Viehhändler Engelbrecht untergestellt. Sie können ihn da jederzeit übernehmen, Unkosten sind durch die Aufbewahrung nicht entstanden. Drittens: alle Kosten für Sie sind bezahlt, und Sie haben auch Geld für einen Anfang hier in Berlin bekommen, nicht wahr?»

«Jawoll, Herr Wachtmeister!» sagte Karl Siebrecht und grinste.

Einen Augenblick lächelte auch der ehemalige Dumala, sagte aber gleich wieder ernst: «Weitere Forderungen haben Sie nicht. Sie haben überhaupt nie irgendwelche Forderungen gehabt, nie für irgend jemand etwas getan, erinnern sich an nichts mehr, was mit dem Unfall zusammenhängt, verstanden?»

«Zu Befehl!» antwortete Karl Siebrecht, lächelte aber diesmal nicht.

«Viertens und letztens: Ihre Frau ist benachrichtigt worden, daß Sie einen Unfall hatten. Mir ist berichtet, daß sie diese Nachricht sehr ungläubig aufgenommen hat. In diesem Unglauben ist sie noch dadurch bestärkt worden, daß ihr auf Wunsch des Arztes keine Adresse mitgeteilt werden konnte. Soviel ich weiß, läuft ein Scheidungsbegehren wegen böswilligen Verlassens.» Er sah den jungen Mann noch einmal mit zusammengekniffenen Augen an, dann stand er mit einem Ruck auf: «Sonst noch Fragen?»

«Nur die eine: warum Sie so komisch sind, Dumala? Denn Sie sind verdammt komisch! So heiß kann die Suppe doch nach einem halben Jahr nicht mehr sein!»

«Ich sagte schon, daß ich Bomeyer heiße», wurde ihm geantwortet. «Ich bin Kriminalassistent beim Polizeipräsidium und habe rein dienstlich mit Ihnen geredet.» Er sah rasch auf die Uhr im Wartesaal. «Es ist jetzt neun Uhr fünfundzwanzig – um neun Uhr dreißig ist mein Dienst zu Ende, vor dem Bahnhof.» Damit nickte ihm der Kriminalassistent Bomeyer steif zu und schritt fremd aus dem Wartesaal. Er steckte aber fünf Minuten später nichtsdestoweniger seinen Arm in alter Vertraulichkeit unter den des ehemaligen Kameraden und sagte ganz als der alte Dumala: «Ja, mein Sohn, das hilft nun alles nichts mehr: ich bin auch untergekrochen. Im Augenblick ist wirklich nichts mehr zu machen. Das damals war unsere letzte Aktion, und ich habe mir Vorwürfe genug gemacht, daß ich dich so halb und halb dazu gezwungen habe. Ich habe erst wieder richtig schlafen können, als ich hörte, du warst über den Berg.» Und er drückte den Arm des anderen mit einer Herzlichkeit, die ganz unerwartet kam.

«Aber warum sind Sie denn so verdammt förmlich mit mir gewesen, Dumala? Das ist bei uns unter vier Augen doch nicht nötig!»

«Man weiß nie, ob man wirklich unter vier Augen ist! Leider bin ich kein ganz unbekannter Mann, gerade unsere letzte Aktion hat viel Stunk gemacht... Eins tut mir nur leid, mein Sohn Karl, daß wir nämlich die Sache mit deiner Frau nicht wieder in Ordnung gekriegt haben. Sie glaubt steif und fest, du bist feige vor ihr ausgerissen –»

«Das bin ich vielleicht auch. Hätte ich nicht an jenem Abend eine Aussprache mit ihr vor mir gehabt, wäre ich vielleicht gar nicht mitgefahren. Sie haben keine Schuld, Dumala, ich hatte die Karre schon längst verfahren.»

Eine Weile gingen die beiden schweigend nebeneinander her, dann sagte Dumala: «Komm, Sohn Karl, ich bringe dich jetzt zurück bis vor ihre Tür, geh gleich hin und sprich mit ihr. Sie hat lange genug auf dich gewartet.»

«Jetzt? Abends um elf Uhr?»

«Natürlich, jetzt. Jetzt sofort. Zu solchen Gesprächen taugt die Nacht immer am besten!»

«Aber ich kann ihr nur sagen, daß ich mit ihrem Scheidungsbegehren einverstanden bin.»

«So sage es ihr. Aber sage es ihr selbst! Ich habe dich damals von ihr fortgeholt, so will ich dich auch zu ihr zurückbringen.» Damit hatte sich Dumala schon in Marsch gesetzt, und ohne ein weiteres Wort gingen die beiden zurück in die Eichendorffstraße. «So, mein Sohn», sagte Dumala hier und löste seinen Arm aus dem des jungen Freundes. «Da wären wir also. Wenn ich mich nicht irre, ist es das dritte Haus, von hier gerechnet. In dem einen Fenster scheint noch Licht zu sein. Laß es dir gutgehen, mein Lieber, für die nächsten Jahre kennen wir uns nun nicht mehr. Gute Nacht!» Er tippte gegen den Rand seines weichen Filzhutes, der so gar nicht zu seinem dicken Kopf paßte, und ging eilig, ohne sich noch einmal umzusehen, völlig sicher, daß sein Befehl auch ausgeführt wurde.

## 85. Heb sie doch auf!

Wie einstens stand er wieder unter der Laterne, ein Heimkehrer mit einem Pappkarton unter dem Arm, und sah lange nach dem erleuchteten Fenster hinüber. Aber die Tür tat sich nicht wie einstens von selber auf, nicht wie damals kam eine leichte Gestalt über den Fahrdamm in seine Arme gelaufen. Schritt für Schritt mußte er dem Fenster näher gehen, und jeder Schritt war schwerer als der vorangegangene, und wäre nicht der Dumala gewesen, er hätte vielleicht doch noch einmal kehrtgemacht, er, der sonst wirklich nicht feige war.

So aber ging er Schritt um Schritt dem matt erhellten Rechteck näher. Nun stand er davor, jetzt hob er die Hand und klopfte, leise, einmal, leise, zum zweiten Male, leise, leise ein drittes Mal . . . Dann stand er da und wartete. Aber die Zeit rückte nicht vor, es ging alles so langsam. Ein Mädchen, ein Mädchen der Eichendorffstraße, strich an ihm vorbei und sah sich nach ihm um und lächelte ihn an, aus ihrem verdorbenen, gedunsenen Gesicht –: da hob er die Hand ein viertes Mal und klopfte rasch und hart.

Das Mädchen ging mit bösem Kichern weiter, und sofort tat das Fenster sich auf, ein Kopf erschien, und Rieke fragte: «Ja? Wer is denn da?»

«Karl», antwortete er leise. «Kann ich dich einen Augenblick sprechen?»

Still, ohne Antwort verharrte der Kopf im Fenster. Er konnte gegen das Zimmerlicht das Gesicht nicht erkennen, aber sein Gesicht war im Licht der Straße. Dann schloß sich das Fenster wieder, die Gardine glitt vor, im matt erhellten Rechteck war kein Schatten zu sehen.

Das Mädchen hatte oben an der Ecke beim Stettiner Bahnhof kehrtgemacht und kam wieder auf ihn zu. Als sie ihn immer noch stehen und warten sah, setzte sie die Füße herausfordernder, wippte mit den Hüften, ließ die Handtasche pendeln und warf den Kopf in den Nacken. Sie war bei ihm angekommen, sie blieb vor ihm stehen, sie sagte: «Na, Kleener, will se nich? Von die laß man die Finger, die hat schon zweie, eenen for tags und eenen for die Nacht . . .» Dann erkannte sie ihn, an der unwilligen, zornigen Gebärde erkannte sie den Nachbarn, den sie so oft gesehen, und sagte: «Ach Jott, entschuldjen Sie bloß, Herr Siebrecht, Sie haben mir so oft in Ihrem Taxi jefahren . . .» Sie versuchte zu lachen. «Spaß muß sin bei der Leiche», sagte sie, «sonst kommt keener mit.»

Er schob sie ungeduldig beiseite, die Ladentür hatte sich eben geöffnet.

Schweigend ließ ihn Rieke an sich vorbeigehen, schweigend schloß sie wieder die Ladentür, schweigend legte er seinen Karton auf den Schneidertisch. Sie machte keinen Versuch, ihn in die Wohnung zu führen, und auch er machte keinen Versuch, hineinzugehen, schweigend sahen die Eheleute einander lange an. Sie sahen einander in die weiß gewordenen Gesichter. Das der Frau war härter geworden, die Lippen, die Jugend und Liebe voll und rot gemacht hatten, waren jetzt schmal und scharf. Scharf lag der Blick der Augen auf ihm. Noch

343

zarter schien die Gestalt, aber es war nicht mehr die Zartheit der Jugend, diese Glieder waren dünn geworden von vielen Nachtwachen, diese Gelenke sahen so zerbrechlich aus, weil sie nichts hatten halten können. Auch ihn hatte seine Krankheit verändert. Sein Gesicht war weicher, die Haare, die sonst so widerspenstig gewesen waren, hingen nun sanft in die Stirn. Er hielt den Kopf ein wenig vornüber geneigt, seine Hand spielte mit der Uhrkette des Vaters auf der Weste. So sahen sie sich lange an, ohne ein Lächeln, ohne eine Frage, nur musternd, prüfend...

«Ja!» sagte Rieke dann plötzlich mit einer scharfen bösen Stimme. «Da biste also wieda, mit 'nem Pappkarton unterm Arm, genau wie damals. Heimkehr in die Heimat! Wird nu wieda jeheiratet? Welche is denn nu dran?»

«Rieke», sagte er. «Du kannst es mir glauben: ich bin wirklich mit dem Auto verunglückt. Ich habe wirklich nicht eher kommen können!»

«Natürlich!» höhnte sie. «Und bis jestern biste so krank jewesen, det de ooch nich eene Zeile an deine Frau schreiben konntest! Ick kann nich richtig Deutsch, aba darum kannste mir noch lange nich for dußlig koofen!»

«Man kann von solchen Dingen schlecht schreiben, Rieke!»

«Weeß ick. Vasteh ick allens! Und wenn man von solche Dinge reden soll, denn haut man jenau den Abend ab, wo man vasprochen hat zu kommen! So macht man det, als feiner Mann von Wort, wat? – Aba», rief sie immer wilder, «wat willste noch hier, wat stehste hier noch rum? Det haste ja woll jehört, det ick die Scheidung jejen dir einjereicht habe?! Jawoll, det ha ick, endlich haste deinen Willen jekriegt – wat willste nu noch? Haste keene Bleibe? Biste mal wieda zu Ende, det Kalli und ick dir durchfüttern dürfen? Aba bei mir bleibste nich, die Wohnung steht uff meinen Namen! In det Haus kommste nich wieda, wo du mir unjlücklich drin jemacht hast! Wat willste also? Ach, ick weeß schon: Jeld willste! Du hast ja noch 'nen Anteil an der Taxe! Det is dir injefallen, wat, uff dein schweret Krankenbette! Und siehste, so sind wir, du kannst dein Jeld sogar kriegen! Kalli hat sich eenen andern Kumpel jenommen, aber eenen, der richtig Jeld vadient, nich eenen, der bloß spazierenfährt! Sag bloß, wo du hinjehst, Kalli bringt dir det Jeld jleich morjen früh, det wir endlich Ruhe vor dir haben! Jehste bei die blonde Margot, mit der de da eben uff de Straße jequatscht hast? Sag schon!» Sie hatte alles dies in so rasendem Zorn herausgeschleudert, daß er nicht ein Wort hatte dazwischen sagen können. Aber auch jetzt, da sie schwieg, sagte er nichts. Er sah sie nur an, dann nahm er seinen Karton vom Tisch und ging auf die Tür zu.

Mit einem Sprung war sie an der Tür, drehte den Schlüssel um und zog ihn ab. «Wat?» schrie sie. «So willste abhauen? Ohne ein Wort willste jehen? Biste mal wieda zu fein, mit mir zu reden? Aber ick bin deine Frau! Ick will wissen, wat du dieses halbe Jahr jetrieben hast, ick habe een Recht dadruff! Wat denkste dir denn, det de hier wie Jraf Koks bloß an deine Weste ziehst und abhauen willst! Ick habe dir keenen Dreck uff die Weste jeschmissen, det haste immer janz alleen besorgt, und mir haste ooch mit dreckig jemacht! Wo biste jewesen? Wo haste so lange jesteckt, det sagste!»

«Ich habe einen Autounfall im Westfälischen gehabt, und ich habe da lange halb ohne Besinnung gelegen auf einem Bauernhof. Ich kann dir Papiere darüber zeigen, ich habe sie hier in der Tasche.» Er hatte nur zögernd gesprochen, alles, was er bisher gesagt hatte, war nur halb wahr oder ganz erlogen gewesen. «Aber das alles hat keinen Zweck mehr, Rieke, du glaubst mir nicht mehr, und du vertraust mir nicht mehr, es ist eben alles zu Ende. Wenn ich heute abend noch einmal hierhergekommen bin, so habe ich es getan, weil ich dich fragen wollte, ob du mir nicht verzeihen kannst. Ich weiß, ich bin an allem schuld. Geduldiger und liebevoller als du kann keine sein. Ich aber bin immer ungeduldig und reizbar gewesen, ich habe geschwiegen, wo ich hätte reden müssen, und wenn ich geredet habe, habe ich oft gelogen. Rieke, willst du nicht versuchen, mir zu verzeihen? Wollen wir nicht wenigstens als Freunde aneinander denken? Ich bin nie dein Feind gewesen, Rieke, nur zum Ehemann habe ich nicht getaugt. Ich hätte das nie tun dürfen!»

«So!» sagte sie, und ihre Stimme hatte nichts von dem bösen Klang verloren, obwohl sie jetzt leise sprach. «Und wat hab ick davon, wenn ick dir vazeihe? Det du mit jutem Jewissen abrückst, det ha ick davon! Ick habe ihr zwar kaputt jemacht, aber ick habe ihr doch noch beschmust, det se als Freund an mir denkt – det ha ick davon! Du bist nich mein Feind jewesen? Du bist mein schlimmster Feind jewesen, alles haste jenommen von mir, wat de nur kriegen konntest, und mir haste hin jemacht! Wat bin ick noch? Ein Haufen Knochen, mit 'ner Wut im Balg! Det haste fertigjebracht, det ick uff de janze Welt eene Wut habe, sojar uff Kallin, bloß weil der Dussel mir noch imma liebt! Nee, mein Lieba, so wird nich jepfiffen, det schenk ick dir nu doch nich! Wenn de an mir denkst, denn weeßte, det ick dir hasse und verachte, det de mir rujeniert hast, det de mir bestohlen hast um allet und det ick dir kenne, wie dir keener kennen tut, als 'nen kalten Lumpen, der die Frau, die ihn liebt, mit Füßen tritt!»

Eine Weile saß er schweigend am Tisch, den Kopf in die Hand gestützt. Dann stand er plötzlich auf. «Komm, gib mir den Schlüssel, Rieke», sagte er und streckte die Hand aus. «Ich denke, du hast mir nun alles gesagt, was du sagen wolltest. Oder ist sonst noch etwas?»

Unwillkürlich hatte sie ihm den Schlüssel gegeben. Mit einer ganz anderen Stimme fragte sie «Wohin willste denn jehen, Karle?»

«In irgendein Hotel», antwortete er und ging zur Tür.

«Haste denn Jeld?»

«Ja, ich habe Geld.»

Er hatte jetzt die Tür aufgeschlossen und sah sie an. In ihrem Gesicht lag Angst, nur Angst.

«Halt, Karle!» rief sie. «Nur eenen Oogenblick noch!»

«Was ist noch?»

«Ick weeß nich, Karle, wat is, willste so jehen? Willste denn wirklich so im Zorne jehen?»

«*Ich* war nicht zornig!»

«Ick weeß nich, wat ick jesagt habe. Ick bin unsinnig jewesen, ick hatte zu lange uff dir jewartet. Karle, jeh noch nich, warte eenen Oogenblick...»

«Ich warte –» sagte er und verfluchte sich, daß er noch wartete. Denn nun mußte er gehen, mußte er gehen, mußte er gehen, oder alles begann von neuem!

«Karle», sagte sie und kam ganz nahe an ihn heran. Plötzlich glänzten ihre Augen, hatten ihre Wangen wieder Farbe. «Karle, det tuste nich, det du so jehst. Karle, du weeßt doch...» Sie hob ihre zitternde Hand und faßte nach seinem Kopf, als wollte sie ihn zu sich herabziehen.

Er wich hastig aus, er sagte: «Nein, Rieke, bitte nicht. Das ist alles vorbei...»

«Det is nich vorbei, Karle», sagte sie und kam wieder näher. «Ick weeß, det kann nich vorbei sind. Dafor liebe ick dir zu sehr. Karle, jloobe mir, du jewöhnst dir wieda... Wir haben doch schöne Zeiten jehabt, Karle...»

«Nein!» sagte er und zwang sich. «Wir haben nie schöne Zeiten gehabt, Rieke, wir haben nie zueinander gepaßt. Von Anfang an hast du gedacht, ich würde mich gewöhnen. Aber nie habe ich mich gewöhnt, immer habe ich dich enttäuscht...»

«Det macht nischt, Karle», flüsterte sie. «Enttäusche mir ruhig, wenn de man bei mir bleibst...» Sie hatte sich jetzt ganz an ihn geschmiegt, ihre Arme lagen um seinen Hals, ihr Mund hob sich ihm entgegen, und wieder war ihr Mund voll und rot.

«Rieke», sagte er ihr ins nahe, liebende Gesicht hinein. «Rieke, heute früh noch hat mich eine andere so in ihren Armen gehalten, und die habe ich gerne geküßt...»

Sie stieß einen herzzerreißenden Schrei aus. Er fühlte, wie sie zusammensank in seinen Armen. Er sah ihr bewußtloses Gesicht, sachte ließ er sie zur Erde gleiten. Hilflos sah er sich um. Er durfte hier nicht bleiben. Er durfte ihr Erwachen nicht abwarten. «Kalli!» schrie er. «Kalli!» Noch nie hatte er umsonst nach dem Freund gerufen, und auch jetzt kam der Freund. «Kalli!» rief er. «Da! Rieke! Es ist alles zu Ende! Ich komme nie wieder...»

Er öffnete die Tür. Kalli starrte ihn zornig und verzweifelt an. «Heb sie wenigstens auf», rief er. «Heb sie doch wenigstens auf!»

«Ich kann nicht!» schrie Karl Siebrecht und stürzte auf die nächtliche Straße hinaus.

## 86. Neue kleine Anfänge

Die Nacht in dem kleinen Absteigehotel in der Invalidenstraße war einfach grauenhaft. Immer hörte er Schritte auf dem Gang vor seiner Tür, hörte Türen klappen und das aufschreiende Gelächter verliebter Paare, hörte Seufzer und Küsse. So fing es an, aber wie endete es –? Sie hatte bewußtlos dagelegen, sie hatte ihn beschimpft und geliebt – er aber hatte sie nicht aufgehoben! Er war geflohen, in die Nacht hinaus war er vor dem Angesicht der Liebe geflohen . . .

Stunde um Stunde auf und ab in dem verbrauchten, verschlissenen Zimmer, in dem Sofa wie Bett, in dem die klebrigen Ringe des Likörs auf dem polierten Tisch, die eingebrannten Flecke der hastig abgelegten und vergessenen Zigaretten von der Liebe erzählten, dieser Liebe, die alle entwürdigte – Stunde um Stunde! Was war Rieke einst gewesen, und was war sie nun geworden? Vorbei, vorbei – nie wieder würde es diese fröhliche, mutvolle Gestalt geben! Hätte ich sie doch wenigstens aufgehoben! dachte er. Doch, so grauenvoll dies alles war, er hatte fliehen, er hatte sie liegenlassen müssen! Es gab keine andere Rettung, für ihn nicht wie für sie nicht! Flucht – Flucht vor der Liebe, das war das beste für ihn wie für sie!

Aber – dies kam ihm auch später noch seltsam vor –, aber seit dieser harten Trennung von Rieke wendete sich das Blatt für ihn. Drei und ein halbes Jahr war er verheiratet gewesen, und in dieser ganzen Zeit war ihm nichts gelungen. Und nun –

Nun plötzlich kam er wieder in Gang! Daß er sein Lastauto wiederfinden würde, das hatte ihm Dumala-Bomeyer schon gesagt. Der Händler Engelbrecht tauchte seine schlaffe Hand nur schnell in die Karl Siebrechts und sagte eilig: «Ihr gelber Piepmatz steht da hinten in der Garage. Ich wollte ihn nicht draußen lassen, es war schade um den schönen Lack! Aber nun holen Sie den Wagen auch bald weg, was? Ich brauche den Platz nötig.»

Er fand eine Garage in der Müllerstraße und dicht dabei ein Zimmer bei der Kriegerwitwe Krienke: «Die Stube is zwar vamietet, aba er zahlt ja nie pünktlich – wenn Se wollen, setz ick ihn an die Luft!»

Karl Siebrecht wollte, aber er hatte doch Bedenken, er müsse das Zimmer sofort haben. In dem Hotel wollte er keine Nacht mehr schlafen.

«Heute uff den Nachmittag ziehen Se in», erklärte die Krienke bestimmt. «Wat denken Se bloß, den Kerl ha ick in eene Stunde raus! Mit dem fang ick einfach Krach an, der kündigt mir, und die janze Wochenmiete muß er mir ooch noch zahlen, det ick ihn bloß rauslasse . . .» Und zur Einleitung der Kündigungsverhandlungen warf sie die Küchentür, daß die Wände zitterten. Ein zorniges Gebrüll erscholl, und Karl Siebrecht floh, überzeugt, daß er am Nachmittag würde einziehen können.

Er zog ein, und schon am nächsten Tag begann er mit den Gepäckfuhren. Da lernte er begreifen, warum die Leute diesen Scheinen mit den winzigen Ziffern so großen Wert beimaßen. Jawohl, er bekam jetzt wieder Gepäck zu fahren, aber die Einnahmen waren gering, um jeden Groschen wurde gehandelt, es war gar kein Vergleich mit den Zeiten vor dem Kriege! Er kam gerade so hin, er hatte zu leben, eine Kleinigkeit konnte er zurücklegen, die fünf graublauen Scheine wieder auffüllen, aber an ein rasches Vorwärtskommen war gar kein Gedanke! Das lag auch daran, daß er nicht mehr als einziger Gepäck fuhr, noch andere Leute waren unterdes auf den Gedanken gekommen, daß damit ein bißchen Geld zu machen war. Hinter jeder Chance waren viele her – manchmal hielten sechs, sieben Wagen am Stettiner Bahnhof, und ihre Besitzer unterboten sich in den Preisen.

Karl Siebrecht fand, daß es so nicht weiterging, er entschloß sich und besuchte an einem Sonntagvormittag seinen alten Freund und Gönner, den Regierungsrat Kunze, jetzt im Ruhestand. Die Glocken läuteten gerade zum Kirchgang, aber Herr Kunze war nicht zur Kirche gegangen, er war auch nicht sonntäglich gekleidet. Er sah schmuddlig und unrasiert aus, von der alten Wohlbeleibtheit war nicht das geringste mehr zu sehen. Herr Kunze hatte schlechte Zeiten hinter sich.

«So!» sagte er und gab dem Siebrecht nicht einmal die Hand. «Lassen Sie sich auch einmal wieder sehen? Was wollen Sie denn? Ich habe nicht viel Zeit für Sie!» Er deutete auf einen Haufen bunter Pappstückchen, die er vor sich auf dem Tisch liegen hatte. «Zusammensetzspiel», sagte er. «Ich mach mir die Dinger selber. Wo ich in einer Zeitschrift in der Lesehalle ein hübsches buntes Bild finde, da reiße ich es mir raus, klebe es auf Pappe, schneide es kurz und klein, und dann setze ich es wieder zusammen. Damit kann man die Zeit schon hinbringen. Manchmal werfe ich die Schnitzel von sieben, acht Bildern zusammen, da habe ich dann drei Tage damit zu tun, das richtig zusammenzulegen. Das ist verdammt schwierig, sage ich Ihnen!»

«Sehen Sie nicht manchmal Ihre Kollegen von der Direktion?» fragte Karl Siebrecht, erschüttert von dem Verfall seines alten Gönners.

«Ach die!» sagte Herr Kunze verächtlich. «Das sind ja alles Betrüger! Die haben mich schön reingelegt! Wissen Sie, wie ich meine Pension gekriegt habe in der Inflation? Vierteljährlich! Nachträglich! Manchmal haben meine Frau und ich nicht das Essen für zwei Tage von der Pension eines Vierteljahres kaufen können! Alle Ersparnisse meines ganzen Lebens habe ich darangesetzt, alles Silber und alle Wäsche verkauft – und gehungert haben wir doch! Immer haben wir gehungert! Da habe ich mir das mit dem Zusammensetzen von Bildern angewöhnt, wenn man sich da richtig reinkniet, vergißt man das Grübeln und auch sogar den Hunger.»

«Aber Sie werden doch wieder arbeiten, Herr Kunze!» rief Karl Siebrecht. «Ich hol Sie mir. Ich habe wieder angefangen, Gepäck zu fahren, vorläufig noch in ganz kleinem Maßstab. Aber ich will es vergrößern. Ich suche jetzt Verbindung mit jemand von der Direktion, der etwas von meiner früheren Arbeit weiß und der mich ein wenig fördern kann. Ich brauche nur eine Chance, die Arbeit will ich dann schon allein tun. Wissen Sie niemanden, Herr Kunze?»

«Nein», sagte Herr Kunze und schüttelte trübe den Kopf. «Ich weiß niemanden, und ich will mit denen auch nichts mehr zu tun haben.»

«Das ist schade», sagte Karl Siebrecht und gab Herrn Kunze die Hand zum

Abschied. «Aber ich beiße mich schon durch. Ich habe das sichere Gefühl, wir arbeiten noch zusammen!»

Der Regierungsrat schüttelte den Kopf: «Nie! Und eigentlich finde ich meine Zusammensetzspiele jetzt auch ganz hübsch. Wenn Sie irgendwo bunte Bilder in Zeitschriften finden, dann schicken Sie sie mir!»

Siebrecht ging schon, da fiel ihm noch etwas ein. «Hören Sie mal, Herr Kunze, kennen Sie einen gewissen Herrn Eich bei der Direktion?»

«Eich?» sagte Herr Kunze und zeigte zum erstenmal etwas mehr Leben. «Eich –? Und ob ich den kenne! Kennen Sie ihn denn?»

«Ich kenne ihn nicht, aber ich kenne jemand Verwandtes von ihm. Hat der da was zu sagen?»

«Und ob der was zu sagen hat! Eich – du lieber Himmel, wenn Eich nichts zu sagen hat, hat keiner mehr was zu sagen!»

«So», sagte Karl Siebrecht gedankenvoll. «Danke schön, Herr Kunze. Ich will mir den Fall mal überlegen.»

Er überlegte ihn sich manchen Tag, aber er konnte sich nicht entschließen, den Hörer abzunehmen und nach Fräulein Hertha Eich zu fragen. Nur nicht wieder mit den Frauen anfangen, dachte er. Frauen bringen mir bloß Unglück...

## 87. Abschied von Kalli Flau

Eines Tages, als Karl Siebrecht am Stettiner Bahnhof hielt, kam von einer dort wartenden Autotaxe der Chauffeur auf ihn zu. «Tag, Kalli!» sagte Karl Siebrecht und sah von seinem Lastwagen auf den Freund herunter.

«Tag, Karl!» antwortete der und streckte zögernd die Hand empor. Die beiden gaben sich die Hand. «Nun, wie geht das Geschäft?» fragte Kalli, ziemlich verlegen.

«Flau», sagte Karl Siebrecht. «Das Geld ist verdammt knapp. Und bei dir?»

«Dito. Eine Bar nach der anderen macht zu. Ich habe die Dinger nie ausstehen können, aber das Nachtgeschäft ist kaputt.»

Einen Augenblick betrachteten sich die beiden stumm. Dann fragte Karl Siebrecht leise: «Wie geht es – Rieke?»

«Och...» antwortete Kalli nur. Und dann eiliger: «Bist du heute abend zu Haus? Wo wohnst du? Ich möchte dir gerne deine Sachen bringen.»

«Doch ja, ich bin zu Haus.» Karl Siebrecht sagte seine Adresse.

«Schön, dann bin ich gegen neun bei dir. Bis dahin!»

«Bis dahin, Kalli! Ich bin froh, daß ich dich wieder mal gesehen habe!»

«Dito!» sagte Kalli, etwas belebter. Und leise: «Du, Karl...»

«Ja, Kalli –?»

«Wenn du was möchtest... aus der Wohnung... du verstehst? Irgendein Andenken...»

«O nein, Kalli! Das möchte ich doch nicht!» Er besann sich. Plötzlich fiel ihm etwas ein. «Oder doch! Ich weiß aber nicht...»

«Nun was denn? Wenn es irgend geht, werde ich es schon machen.»

«Erinnerst du dich, Kalli, an die drei Borsten aus dem Besen vom alten Busch? Ich bekam sie gerade an dem Tag, als ich die Kanalljenvögel von Gollmer kaufte! Wenn ich die bekommen könnte – wir haben sie doch fürs Büro unter Glas bringen lassen!»

Kalli Flau schien etwas enttäuscht. «Wenn es weiter nichts ist», sagte er. «Ich dachte eigentlich – na ja, ist schon gut. Ich will mal sehen, wo die Dinger stekken. Ich habe sie lange nicht mehr gesehen.»

Pünktlich abends um neun erschien Kalli in der Wohnung der Krienke mit zwei schweren Handkoffern. «Ein Korb ist noch unten, Karl, wir wollen ihn gleich raufholen. Mein Kumpel ist unten mit dem Taxi, der fährt jetzt die Nachtschicht.»

Sie gingen gemeinsam nach unten, Karl Siebrecht sprach ein paar Worte mit dem Kumpel, einem älteren, grauhaarigen Mann. «Scheint ein ganz ordentlicher Mensch zu sein», meinte er dann zu Kalli, als sie gemeinsam den Korb hinauftrugen.

«Ja, soweit. Reell und solide», gab Kalli zu. «Er kann bloß nicht fahren. Kuppelt zu scharf und verbraucht zuviel Benzin. Die Bremsbeläge sind immer hin bei ihm. So fahren wie du kann er nicht, Karl.»

«Dafür ist er bestimmt in anderen Dingen tüchtiger», sagte Karl Siebrecht, und hier widersprach Kalli Flau nicht.

«Pack gleich alles aus», sagte Kalli, als sie oben waren. «Der Korb gehört dir, aber die Koffer muß ich wieder zurückhaben. Hier ist ein Verzeichnis von deinen Sachen, vergleiche alles und unterschreibe!»

«Das ist doch aber wirklich nicht nötig!»

«Sie will es aber», antwortete Kalli, und Karl Siebrecht widersprach nicht mehr.

«Ist sie immer noch so böse auf mich?» fragte er leise.

«Doch!» antwortete Kalli und sah den Freund nicht an. «Das wird sich wohl auch so rasch nicht geben. Die Hauptsache ist, daß die Scheidung bald durchkommt, der Rechtsanwalt meint, in etwa vierzehn Tagen...»

«Was ich tun kann, will ich gerne tun –» fing Karl Siebrecht an.

Aber Kalli Flau unterbrach ihn. «Alles, was du tun kannst», sagte er, «ist, daß du dich ruhig verhältst. Du wirst schuldig geschieden, irgendwelche Unterhaltsansprüche stellt sie nicht.» Er sah den Freund einen Augenblick an, dann sagte er verlegen: «Wir werden nach der Scheidung heiraten – ich wollte es dir doch lieber selbst sagen, ehe du es von anderen erfährst.»

«Das ist das allerbeste!» rief Karl Siebrecht erfreut. «Gottlob, daß sie sich doch noch dazu entschlossen hat!»

«Ja, für dich ist es das allerbeste!» antwortete Kalli Flau, nun doch ein wenig bitter. «Ob es aber auch für Rieke gut ist, das ist die Frage.» Er besann sich, dann sagte er: «Wir werden nicht in Berlin bleiben. Ich will meinen und Riekes Anteil an dem Taxi verkaufen. Ich glaube nicht, daß mit Taxis noch große Geschäfte zu machen sind.»

«Und was wollt ihr anfangen? Wohin wollt ihr ziehen?»

«Wir werden zu Riekes Tante gehen, wo jetzt schon die Tilda ist. Die soll mal den Hof kriegen – der Neffe ist ja gestorben. Ich werde also Bauer werden, auch ganz schön!»

«Du eignest dich sicher glänzend zum Bauern», sagte Karl Siebrecht eifrig. «Das ist eine ganz großartige Idee von dir, Kalli!»

«Das einzige ist», meinte Kalli, «daß der Hof ein bißchen nahe bei deiner Geburtsstadt ist. Sie hat jetzt eine fürchterliche Angst, dich wiederzusehen, Karl. Sie wagt sich kaum mehr aus dem Haus, weil sie weiß, du hast hier am Stettiner zu tun. – Das wichtige ist jetzt nur, ob du öfter nach Haus fahren wirst?»

«Nein, Kalli, das kann ich dir versprechen, dahin werde ich wohl nie wieder kommen.»

«Schön», sagte Kalli Flau. «Das wird sie beruhigen. – Hast du deine Sachen verglichen? Ist alles in Ordnung?»

«Tadellos!» meinte Siebrecht und unterschrieb das Verzeichnis. «Ich habe nie gewußt, daß ich soviel Zeug besitze! Ich muß mit der Krienke reden, die muß mir eine Kommode besorgen. Wo soll ich denn mit all den Sachen hin?»

«Ja, sehr üppig wohnst du hier nicht!» bestätigte Kalli.

«Nein. Aber so was ist mir immer egal gewesen.»

«Leider», meinte Kalli. «Es hätte Rieke manchmal gefreut, wenn du ihr gesagt hättest, wie schön sie die Wohnung instand hielt.» Kalli Flau griff in die Taschen seiner Joppe. «So, nun wäre noch die Sache mit dem Geld zu regeln –»

«Laß mich mit dem Geld zufrieden!» rief Siebrecht ärgerlich. «Ich bekomme von euch kein Geld!»

«Natürlich bekommst du Geld von uns! Du bekommst deinen Anteil an dem Taxi!»

«Wenn mir je einer zustand, habe ich ihn längst aufgefressen. Ich habe nie soviel verdient, wie ich verzehrt habe.»

«Rede keinen Quatsch!» sagte Kalli und fing gleichmütig an, die Scheine aufzuzählen. «Du hast soviel verdient, wie du verdienen konntest!»

«Ich lasse mir von euch kein Geld schenken!» rief Siebrecht zornig.

«Und wir etwa von dir? Danke, mein Lieber! Das ist dein Geld, und du nimmst es! Du hast gar keine Veranlassung, in Geldsachen den Großmütigen zu spielen.»

«Ich nehme das Geld nicht.»

«Weißt du, was wir dann tun? Dann ziehen wir die Scheidungsklage zurück! Wir wollen nämlich keine großmütigen Geschenke von dir. Was bist du doch für ein Held, Karl! Noch keine zehn Minuten, da hast du mir versichert, du willst alles tun, was nur möglich ist, um die Trennung zu erleichtern. Und nun willst du schon das Geld nicht nehmen, das dir einfach zusteht, bloß, weil du einen hochmütigen Sparren hast.»

Karl Siebrecht stand einen Augenblick unentschlossen da. Dann nahm er die Feder und unterschrieb hastig die Quittung. «Danke schön», sagte Kalli Flau, stand auf und nahm seine Koffer.

«Einen Augenblick, Kalli», sagte Karl Siebrecht. «Eines muß ich dir doch noch erklären: was ich auch getan und gesagt habe, ich habe nie etwas gesagt und getan, um Rieke absichtlich zu quälen. Ich bin so, wie ich bin; ich habe gesagt und getan, was ich nach meiner Veranlagung tun mußte, und ich habe dabei nicht immer nur an mich gedacht...»

«Ja», sagte Kalli Flau unversöhnlich. «Ich weiß das längst: du hast immer vor dir recht, Karl.» Damit ging Kalli Flau.

Er hatte nun Geld, der Anteil an dem Taxi hatte ihm fünfzehnhundert Mark gebracht, er besaß beinahe zweitausend Mark. Er hätte sich einen zweiten Lastwagen mit einer tüchtigen Anzahlung auf Raten kaufen können. Er hatte auch mit dem Dienstmann Bösicke gesprochen, der schon vor dem Krieg für ihn gefahren hatte, der Mann war willens. Aber er konnte sich nicht entschließen. Solange er derart in der Luft hing, mit soviel wilden Konkurrenten zu kämpfen hatte, keinerlei Autorität hinter ihm stand, war das Risiko zu groß.

Es war Juli geworden, es war Reisezeit. Er hatte stramm zu tun, jede Woche wuchs die Summe auf seinem Sparbuch. Aber dann kam eine schreckliche flaue Zeit, die Stadt erlahmte in Hitze und Gestank, in London wurde verhandelt, die Dawes-Anleihe hatte Aussichten – er holte Geld von der Kasse. Für nichs und wieder nichts hielt er an den Bahnhöfen ... Da kam wieder die Versuchung über ihn, endlich den versprochenen Anruf zu machen. Du lieber Gott, was war schließlich dabei? Er wollte nichts von dem Mädchen, das Mädchen war ihm völlig gleichgültig, es war nur die Verbindung mit dem Vater, dem mächtigen Eich. Man mußte in diesen Zeiten jede Möglichkeit benutzen, warum nicht einmal anrufen –?

Und er rief doch nicht an. Er stand zehnmal vor dem Automaten und rief doch nicht an. Die Trennung von Rieke, die schreckliche Nacht in dem Absteigehotel, die letzte Aussprache mit Kalli steckten ihm in den Gliedern: Die Frauen bringen mir nun einmal kein Glück. Ich will nichts mehr mit Frauen zu tun haben! Ja, Gerti – aber auch Gerti hatte ihn gehen lassen, war nicht mit ihm gekommen! Nun war seine Scheidung ausgesprochen, er war wieder ein freier Mann. Aber er fühlte sich nicht frei – nachts träumte er von Rieke. Dann sah er sie daliegen, wie damals.

Schließlich hielt er es nicht mehr aus, er vertrug dieses ewige Schweigen nicht mehr, dieses Sitzen in seinem kahlen Zimmer, diese ewige Mühle in seinem Kopf, die nur Vergangenes mahlte und immer wieder mahlte: Beschuldigungen, Entschuldigungen, Rechtfertigungen – endlos! Immer wieder! Er mußte wieder mit einem Menschen sprechen! Er ging zu Herrn von Senden. Er wohnte jetzt gar nicht weit ab, in der Artilleriestraße, nahe bei seiner Kaserne.

Der Rittmeister war in Uniform, er sah frischer und lebendiger aus, nichts mehr von Blasiertheit und näselndem Ton. «Da bist du also auch wieder einmal, mein Sohn Karl!» sagte er vergnügt. «Setze dich und stecke dir eine Zigarette an! Was, du rauchst noch immer nicht? Gewöhne es dir an, Karl, gewöhne dir um des Himmels willen ein paar kleine Schwächen an! Die Menschen ohne kleine Schwächen haben meist einen großen Fehler!» Er folgte dem Blick seines Besuchers und lachte: «Ja, hier hause ich! Ein paar alte Sachen aus der Kurfürstenstraße – du kannst dir gar nicht vorstellen, wie froh ich bin ohne all den Trödel. Es ist herrlich, wieder ein freier Mann zu sein!» Er warf sich in einen Sessel und schlug die Beine über, aber von Seidenstrümpfen war nichts zu sehen. Der Herr Rittmeister trug wieder lange Reitstiefel aus Lackleder, die wie angegossen saßen. «Und dann der Dienst, Karl, was für eine Freude mir der Dienst macht! Aus dem Chaos wieder etwas schaffen! Ich sage dir, wir stellen eine Truppe auf! Das ist was für mich. Ich weiß meine Arbeit, und das ist für einen Mann die Hauptsache!»

Danach sah der Herr von Senden wirklich aus. Karl Siebrecht mußte mit Neid feststellen, daß dieser Mann um die Fünfzig ihn bei weitem an Mut und Frische schlug.

«Kalubrigkeit!» rief der Rittmeister. «Du erinnerst dich doch noch an Kalubrigkeit, deinen ehemaligen Brötchengeber? Aber natürlich, du hast ihn ja sogar auf dem Alex eingeliefert! Da bin ich dir wahrhaftig noch eine Belohnung schuldig. So bin ich noch mit einem blauen Auge davongekommen! Also, Karl, du hast einen Wunsch an mich frei – es kann sogar ein ziemlich großer Wunsch sein. Nun, wie ist es?»

«Nein, nein», wehrte Karl Siebrecht lachend ab. «Vorläufig habe ich keinen Wunsch, weder einen großen noch einen kleinen. Vielleicht später einmal, Herr von Senden. Und was wurde mit Kalubrigkeit?»

«Richtig! Nun, er wurde weich wie Wachs, er verriet sogar seine Depots in der Schweiz, bloß um billig wegzukommen. So haben sie ihn denn auch milde angeschaut, die Herren Richter, dazu hatte er ausgezeichnete Verteidiger: Ergebnis anderthalb Jahre Gefängnis. Und er wird auch in diesen anderthalb Jahren nicht viel auszustehen haben, der Gute, dafür ist er viel zu schlau!»

«Und was machen die Gollmers?» wagte Siebrecht sich endlich zu erkundigen.

«Ach ja, du interessierst dich auch für Gollmers! Vor einer Woche habe ich mit ihnen im Eden gegessen, sie waren auf der Durchreise hier. Das Mädel sieht blendend aus, wieder vollkommen in Ordnung. Du erinnerst dich, sie hatte einen Knacks an der Lunge. Schade, hättest du dich früher gemeldet, hättest du dabeisein können. Er hat sich wieder mal nach dir erkundigt. Ich konnte ihm nur sagen, daß du etwa alle drei Jahre wie ein Komet in meiner Nähe auftauchst und sofort wieder spurlos verschwindest!»

«Was macht Herr Gollmer? Betreibt er wieder sein Autogeschäft?»

«Vielleicht, ich weiß nicht, aber wenn, dann nur nebenbei. Er ist jetzt Sachverständiger in einem dieser Ausschüsse, die das Wirtschaftsleben der Welt angeblich gesund machen wollen, damit wir dann die Schulden der Welt bezahlen können. Meistens leben die beiden in London oder Paris, Berlin ist für sie völlig dritten Ranges. – Du interessierst dich geschäftlich für ihn, was?»

«Ja, geschäftlich», sagte Karl Siebrecht und wurde doch ein wenig rot.

«Im Augenblick wird er schlecht zu erwischen sein, ich nehme an, daß er in London auf einer dieser berühmten Konferenzen sitzt. Aber wenn du mir deine Adresse hierlassen willst, so will ich dir gerne einen Wink geben, sobald er wiederauftaucht. Meist meldet sich wenigstens die Ilse bei mir. Ilse ist Fräulein Gollmer, verstehst du?»

«Ich weiß», murmelte Karl Siebrecht und wurde zum zweitenmal rot. Diesmal merkte es der Rittmeister. Er sah sich seinen Besucher genauer an und sagte: «Verdammt mager und elend siehst du aus, mein Lieber. Während ich hier wie ein Fink im Rübsamen jubiliere, scheint es dir nicht gerade erbaulich gegangen zu sein! Was macht das Geschäft? Was für ein Geschäft betreibst du überhaupt jetzt? Wie weit sind wir mit der Eroberung von Berlin? Was macht die liebe Frau und die Kinderchen? Ihr habt doch endlich Kinderchen, wie?»

«Ich bin geschieden», sagte Karl Siebrecht.

«Oh, das tut mir aber leid! Das heißt, ich war ja damals gleich der Ansicht – ach was, meine Ansicht ist ganz piepe! Erzähle, Karl, was du erzählen magst und kannst!» Mit der alten echten Anteilnahme streckte er seine Hand dem jungen Mann hin, hörte an, was der erzählte, und schüttelte bedenklich den Kopf, als der von der Verwirrung und dem Schock der letzten Zeit sprach. Dann aber sagte er: «Also dem Gollmer werde ich einen Wink geben, sobald ich die Möglichkeit habe! Und wenn du mich bis dahin brauchst, das heißt mein Geld, denn geschäftlich bin ich keinen Sechser wert, dann sage es mir. Ich habe einen ganzen Haufen Geld liegen, den ich gerne untergebracht sähe. Gollmer schwört ja auf die Rentenmark, ich weiß nicht, jedenfalls möchte ich einen zweiten Reinfall nicht erleben. Da ist mir die – sehr stille – Teilhaberschaft in einem Fuhrgeschäft schon lieber. Denke daran, Karl, du tust mir sogar einen Gefallen.» Er drückte die Hand des jungen Mannes und fuhr dann fort: «Was aber deine Gewissensbisse angeht, so mußt du sehen, daß du damit bald fertig wirst. Das ist unnütze Quälerei. Ich nehme an, daß du kein sehr liebenswürdiger und geduldiger Gatte gewesen bist, aber das sind viele Männer nicht, und die Ehen halten doch. Ihr habt nicht zueinander gepaßt – daraus kannst du dir keinen Vorwurf machen. Kein richtiger Mann verträgt so was; wenn er geliebt wird, will er auch wiederlieben können, sonst reißt er aus. Du bist ausgerissen – und das war richtig!»

«Meinen Sie das wirklich, Herr von Senden? Oder sagen Sie es nur, um mich zu trösten? Ich sehe sie da noch immer liegen, es sah wirklich schrecklich aus . . .»

«Ach was!» rief der Rittmeister fast ärgerlich. «Ich nehme an, du hast im Kriege noch viel Schrecklicheres daliegen sehen und bist doch darüber weggekommen! Das Leben ist doch kein Friedensverein! Man muß sich und anderen manchmal wehe tun, sonst kannst du nach Indien ziehen und deinen Nabel beschauen. Dann tust du niemandem weh. Nimm dich und deine Angelegenheiten nur nicht so verdammt wichtig. Es wächst über alles Gras, und meistens sehr schnell.» Er überlegte einen Augenblick, dann sagte er: «Ich will dir aber erzählen, was mit dir los ist, mein Guter. Ich kenne das, denn ich habe es selber an mir erlebt: du kannst einfach nicht mehr allein leben! Das bekommt dir nicht, da gerätst du in Grübelei und Gewissensbisse. Du mußt reden können, dich aussprechen. Überlege einmal, wie lange ist es her, daß du ganz allein gelebt hast?»

«Ich bin aber nicht einmal vier Jahre verheiratet gewesen!»

«Ach, Fliegentüten, ich frage dich doch nicht, wie lange du verheiratet warst, ich frage dich, wie lange es her ist, daß du ganz alleine für dich gelebt hast! Nun sitzt du da in deiner nackten Höhle bei der verwitweten Krabuschke, oder wie sie heißt, und guckst deine Wände an, und deine Wände gucken dich an. Das ist ja trostlos! So was bist du einfach nicht gewöhnt, außerdem muß man zum Einsiedler geboren sein, und das bist du nicht. Mein Lieber, du bist ein junger Mann und siehst gut aus, warum in aller Welt gehst du nicht hin und suchst dir eine kleine Freundin?»

«Ich habe kein Glück mit Frauen!» sagte Karl Siebrecht abweisend, konnte es aber nicht hindern, daß er zum drittenmal rot wurde.

«Armleuchter!» sprach der Rittmeister voll Verachtung. «Du doppelter, siebenarmiger, mit Fransen behängter Armleuchter! Du hast kein Glück mit Frauen? Weil du dir einmal die Pfoten verbrannt hast, sagst du stolz: nein, diese Suppe esse ich nicht; ich esse meine Suppe nicht! Nochmals Armleuchter! Und wenn du dir zehnmal die Pfoten verbrannt hättest, so solltest du erst recht losgehn und es ein elftes, zwölftes und ein dreizehntes Mal versuchen! Mensch, Karl, Knabe Karl, schrecklicher Knabe Karl – deine Jugend sollte ich haben! Es laufen so wunderbare Mädchen in der Welt herum – mit jedem Jahr, das ich älter werde, finde ich, daß immer reizendere Mädchen in Berlin herumlaufen! Du willst ein moderner junger Mann sein? Du solltest als Eremit in die Thebais gehen und dich auf eine Säule stellen, immer auf einem Bein. Die Vögel sollen in deinem Kopfhaar nisten, und von unten her sollen dich die Läuse auffressen. Da gehörst du hin! Ich habe kein Glück mit Frauen... ach, du armer, kleiner Hanswurst, du! Wenn du wenigstens gesagt hättest, die Frauen haben kein Glück mit dir! In solch einem Satz hätte wenigstens Sinn und Verstand gelegen! Aber dies – es ist doch einfach nicht zu glauben. Und wir leben im Jahre des Heils neunzehnhundertvierundzwanzig.»

## 89. Nächtliche Aussprache im Tiergarten

Eigentlich war die Predigt des Herrn von Senden doch klar und verständlich gewesen: Karl Siebrecht sollte sich eine kleine Freundin suchen, die ihm bei der Vertreibung seiner Gewissensbisse behilflich sein konnte. Und Siebrecht glaubte auch, die Predigt und ihren Sinn völlig erfaßt zu haben. Darum ging er keine hundert Schritte in der Artilleriestraße weiter, sondern trat sofort in eine Gastwirtschaft, trank pro forma einen Schnaps und verlangte das Telefonbuch. Die Nummer war rasch gefunden, der Apparat stand auf der Theke, die braven Bürger tranken dort ihre Mollen, mit Körnern untermischt, er hob ab und verlangte die Nummer. «Jawohl, hallo! Ist dort Eich? Ich möchte Fräulein Hertha Eich sprechen. Wer da ist? Ja, verstehen Sie mich denn nicht? Ich möchte Fräulein Hertha sprechen, ich werde ihr schon sagen, wer da ist! Schön, ich warte!»

Da stand er, Energie im Herzen, die Bürger umher kümmerten ihn nicht, seine Hemmungen waren vergessen. So mutig hatte ihn die Predigt des Herrn von Senden gemacht, und dabei war noch nie eine Predigt falscher verstanden worden als diese klare und eindeutige!

«Hallo? Ja, ich bin noch hier. Fräulein Eich? Fräulein Hertha Eich selbst? Schön – ja, Fräulein Eich, hier spricht der Mann, der Sie eigentlich vor sieben Monaten anrufen sollte und wollte. Erinnern Sie sich des Falles noch? – Hallo, sind Sie noch da?»

«Ja, ich bin noch da.»

«Sie erinnern sich noch?»

«Doch ja, ich erinnere mich. Sie besinnen sich etwas spät auf Ihr Versprechen, Herr Siebrecht!»

«Es kam einiges dazwischen. Ich erzähle es Ihnen vielleicht – wenn es Sie interessiert. – Hallo! Sind Sie noch da?»

«Ja, ich bin noch da!»

«Ich meinte –»

«Ich habe schon verstanden, was Sie meinten.»

«Ja –» sagte Karl Siebrecht, etwas enttäuscht. Es war vielleicht viel verlangt, aber er hatte eine andere Antwort auf seinen Anruf erwartet.

«Ja –» sagte sie auch.

«Wie?» fragte er.

«Ich hatte ja gesagt», antwortete sie.

«Sie wollen also –?»

«Ja, ich will mir anhören, was Sie zu erzählen haben.»

«Und wann?»

«Ja, wann?» Sie schien zu überlegen. «Von wo sprechen Sie denn?»

«Ach, weit ab von Ihnen, aus der Artilleriestraße.»

«Fahren Sie denn noch Ihr Autotaxi?»

«Nein, das fahre ich nicht mehr. Aber ich könnte trotzdem in einem Taxi zu Ihnen kommen, wenn Sie das meinen.»

«Nein, nicht hierher. Warten Sie. Es ist schon ein bißchen spät...»

«Es ist eben erst neun Uhr.»

«Also sagen wir um halb zehn an der Normaluhr am Zoo! Schaffen Sie das?»

«Doch, das schaffe ich.»

«Also schön. Ich hoffe, ich muß nicht sieben Monate unter der Normaluhr warten!» Zum erstenmal hörte er sie lachen.

«Nicht sieben Minuten!» schwor er.

Diesmal hielt er Wort.

«Neun Uhr zweiundvierzig», stellte er fest, als sie rasch und doch ein wenig scheu auf ihn zukam. «Ich habe im ganzen siebzehn Minuten auf Sie gewartet.»

«Sie werden noch viele siebzehn Minuten auf mich warten müssen», sagte sie und gab ihm nur rasch die Hand, «bis wir gleichstehen. Vergessen Sie nicht, ich bin Ihnen sieben Monate voraus!»

«Sieben Monate weniger siebzehn Minuten! – Wohin gehen wir? In ein Café?»

«Nein, in kein Café. In einem Café ist es mir heute zu heiß. Gehen wir hier am Zoo entlang in den Tiergarten.»

Sie machte keinen Versuch, ihm ihren Arm zu geben, und er wagte es nicht, ihr den seinen anzubieten. Ihr Gesicht mit den dunklen Augen hatte blasser denn je ausgesehen, mit jenem leidenschaftlichen Zug, der ihn schon damals bei einem so jungen Mädchen verwundert hatte. In allem war sie der Gegensatz von Rieke, sie war dunkel, verhalten, leidenschaftlich, still.

Auch jetzt gingen sie eine lange Zeit schweigend nebeneinander. Auf dem Wehr blieb Hertha Eich einen Augenblick stehen und sah in das Wasser, stumm, wieder ohne ein Wort. Dann warf sie den Kopf zurück, ihr kurzgeschnittenes Haar wehte einen Augenblick, nun lag es wieder glatt. Plötzlich blieb sie stehen. Sie stand vor ihm, sie war beinahe so groß wie er, sie sah ihn an. «Was ist mit Ihrer Frau?» fragte sie dann unvermittelt. «Sagen Sie mir nur, was mit Ihrer Frau ist!»

«Ich bin geschieden», sagte er – heute abend schon zum zweitenmal.

Wieder warf sie den Kopf zurück, das Haar flatterte auf, er versuchte sich zu erinnern, wo er dies schon einmal ähnlich gesehen hatte, er erinnerte sich nicht.

«Ist es meinetwegen?» fragte sie, wieder so plötzlich. «Sagen Sie die Wahrheit!»

«Nein, es ist nicht Ihretwegen», antwortete er. «Ich glaube, ich habe Ihnen schon damals gesagt, daß bereits alles entzwei war.»

«Kommen Sie», sagte sie und fing plötzlich wieder an zu gehen. «Und Sie? Haben Sie in dieser Zeit an mich gedacht? – Verstehen Sie, ich will wissen, ob ich eine Schuld habe an alldem oder nicht. Ich bin nicht neugierig!»

«Doch, ich habe manchmal an Sie gedacht. In letzter Zeit hätte ich Sie manchmal gern angerufen.»

«Warum erst in letzter Zeit? Warum nicht früher –?»

«Ich hatte einen Unfall, nicht hier, im Westfälischen. Ich bin erst seit ein paar Wochen wieder in Berlin.»

«Und warum haben Sie mich dann in den letzten Wochen nicht angerufen? Wollten Sie erst Ihre Scheidung abwarten?»

«Nein. Ich bin schon seit drei Wochen geschieden, ich hätte schon drei Wochen früher anrufen können.»

«Und warum taten Sie es nicht?» – Er schwieg. Diese Unterhaltung lief einen sehr anderen Weg, als er erwartet hatte. Zum erstenmal in seinem Leben hatte er das Gefühl, mit einem Menschen zu sprechen, der nur die Wahrheit wollte, nichts als die nackte, unverhohlene Wahrheit. Er wußte, sie würde ihn bei der ersten Lüge ohne ein weiteres Wort stehenlassen und gehen. – «Nun, warum wollten Sie mich nicht anrufen?»

«Ich wollte mir nicht gerne von Ihnen helfen lassen. Ich dachte –»

«Halt! In was kann ich Ihnen denn helfen?»

«Sie haben mir damals gesagt –» o Gott, war das schwer, die ganze Wahrheit zu sagen! – «Ihr Vater sei bei der Eisenbahndirektion. Ich brauche irgend jemand, der bei der Direktion ein gutes Wort für mich einlegt.»

«Gut», sagte sie. «Gut.» Er hörte sie tief aufatmen. «Und Sie haben gedacht, ich habe mich in Sie verliebt, und darum wollten Sie nicht?»

«Ja», sagte er. «Darum wollte ich nicht...» Er zitterte davor, daß sie nun fragen würde, warum er nun gerade heute doch angerufen habe. Er konnte ihr doch nichts von diesem leichtsinnigen Ratschlag des Rittmeisters sagen! Aber an diese Frage dachte sie jetzt nicht.

«Gut», sagte sie wieder. «Da ist eine Bank. Setzen wir uns, und erzählen Sie mir, für was Sie meines Vaters Hilfe brauchen.» Als er aber anfing, ihr von der jetzigen Lage auf den Bahnhöfen zu erzählen, schüttelte sie ungeduldig den Kopf. «Nein!» sagte sie. «So interessiert mich das nicht. Erzählen Sie mir alles von Anfang an. Ich will wissen, wie Sie darauf verfallen sind, was Sie vorher getan haben. Ich will alles wissen, sonst verstehe ich nichts.»

«Das würde ein langer Bericht, Fräulein Eich», sagte er zögernd. «Ich fürchte, Sie werden nicht soviel von Ihrer Nachtruhe opfern wollen.»

«Um meine Nachtruhe machen Sie sich keine Sorgen. Ich werde schon halt sagen, wenn es mir langweilig wird.» Aber sie sagte nicht halt. Im Gegenteil, sie fragte manchmal nach Einzelheiten, sie hatte eine untrügliche Witterung dafür, wenn er etwas ausgelassen oder flüchtig erzählt hatte. «Nein», sagte sie dann. «So kann es nicht gewesen sein. Sie haben da etwas vergessen – erinnern Sie sich!»

Und gehorsam erinnerte er sich. Zu keinem Menschen hatte er je so offen gesprochen wie zu diesem blutjungen Mädchen. Er versuchte, sich ihrer zu erinnern, wie sie damals bewußtlos auf dem Flur lag, so häßlich betrunken! Dann an die Szene, da Rieke sie beschimpft hatte. Aber das alles verging, es war nie recht deutlich gewesen, nun war es schon vorbei – Traum in Nacht versunken. Wirklich waren nur diese dunklen Augen, die sich immer wieder in brennender Anteilnahme auf ihn richteten, wirklich war dieser Mensch, der an seiner Seite saß, der sich nichts ersparen wollte, der aber auch nicht wollte, daß sich andere etwas ersparten, ein schwerer, glühender Mensch. Stunde um Stunde verging, zu Anfang waren noch Liebespaare an ihnen vorbeigekommen, manche hatten sich auf die freie Bankhälfte gesetzt. Dann hatte er ganz nahe an ihrem Gesicht gesprochen, nur geflüstert.

Plötzlich stand sie auf. «Genug!» sagte sie. «Bringen Sie mich zurück zum Zoo. Sie sollen Ihren letzten Stadtbahnzug noch bekommen.»

Diesmal ging sie nicht eilig, sie blieb sogar wieder auf dem Wehr stehen, und wieder warf sie entschlossen den Kopf zurück. «Wahrheit um Wahrheit», sagte sie und lächelte. «Nein, ich bin nicht verliebt in Sie, Herr Siebrecht. Sondern ich weiß, ich liebe Sie. Aber ob je etwas daraus werden wird –?»

Sie sah ihn mit einem seltsamen Lächeln an. «Was meinen Sie –?» Sie wartete seine Antwort nicht ab. Plötzlich ging sie schon wieder, und als er etwas sagen wollte, rief sie ungeduldig: «Nein, Sie sollen nicht reden! Für heute nacht ist genug geredet.» Am Bahnhof gab sie ihm flüchtig die Hand. «Sagen Sie mir rasch Ihre Adresse. Ihr Zug kommt gleich!» – Er sagte sie, und sie wiederholte die Adresse. – «Ich werde mit meinem Vater reden. Ich schreibe Ihnen dann einen Rohrpostbrief. Verstehen Sie mich recht: ich verspreche Ihnen nichts. Ich verspreche Ihnen nicht einmal, daß wir uns wiedersehen.» Und plötzlich: «Gute Nacht!»

Sie stieg, ohne sich noch einmal umzusehen, in ein Taxi, sie fuhr fort. Er sah ihr so lange nach, daß unterdes sein Zug fortgefahren war. Es war ihm nur recht, er ging gerne durch den Tiergarten nach Hause. Und während dieses Weges dachte er nur daran, daß er ihr die volle Wahrheit sagen mußte. Er hatte ihr noch nichts von Gerti erzählt, er hatte ihr auch noch nicht gesagt, warum er sie heute angerufen hatte. Er war es ihr schuldig. Dies mußte von allem Anfang an klar und wahr sein, sonst wurde nie etwas daraus. Aber nicht einen Augenblick zweifelte er daran, daß er sie wiedersehen würde.


### 90. Hertha Eich ist recht überraschend

Als er dann aber drei Tage lang nichts von ihr hörte, begann er zu zweifeln. Er hatte in diesen Augusttagen ungewöhnlich viel zu tun, der Strom der Reisenden flutete in die große Stadt zurück, der Wagen mußte von morgens bis abends fahren. Dann war er so müde, wie er schon lange nicht mehr gewesen war, er schlief tief und traumlos, keine Rieke störte ihn mehr . . .

Aber immer in diesem eiligen Getriebe, und noch im letzten Augenblick vor dem Einschlafen, da das Bewußtsein schon undeutlich zu werden beginnt, schon im Moment des Erwachens, wenn er sich sagte: Los! Los! Es ist allerhöchste Eisenbahn ... – in allen Stunden dachte er: Warum schreibt sie nicht? Hat sie es wirklich ernst gemeint damit, daß sie mich vielleicht nie mehr sehen will? Habe ich so schlecht bei ihr abgeschnitten? Es ist doch nicht möglich! Ich habe mir doch solche Mühe mit ihr gegeben!

Er war in einer sehr ungewohnten, in einer noch nie erfahrenen Lage. Oft war er in der Versuchung, sie einfach anzurufen. Du lieber Himmel, er konnte sich doch wohl erkundigen, wie sie nach Haus gekommen war! Oder nicht?

Dann, als er am Abend des dritten Tages – es war nach neun Uhr – nach Haus kam, fand er sie in seinem Zimmer. Die Krienke war bei ihr, sichtlich in einem Vortrag über die Lage der Kriegerwitwen begriffen, ihre drei Bälger stießen sich in der offenen Tür. Sie saß auf einem Brettstuhl, in einer hellen Bluse. Sie hatte geraucht, neben ihr auf dem Bett stand eine Krienkesche geblümte Untertasse mit zwei Zigarettenstummeln.

«Ick habe dem Frollein jesagt», fing die Krienke an, «det Sie imma erst nach neune kommen. Aber sie wollte ja partuh warten ...»

Er verstand sich selber nicht, er verstand nicht, warum er sich befreit und glücklich fühlte, als er sie da sitzen sah in seiner öden Höhle. Aber er war befreit und glücklich.

«Vater erwartet Sie», sagte sie und stand auf. «Machen Sie sich schnell fertig.»

Er war verwirrt. «Soll ich so bleiben?» Er konnte sich doch nicht gut umziehen, wenn sie und die Krienke und die drei Gören dabei waren. Er trug eine helle leinene Joppe und Kordhosen, er war, wie er vom Lastwagen gestiegen war.

«Natürlich sollen Sie so bleiben», antwortete sie etwas ungeduldig. «Eigentlich waren Sie zum Abendessen eingeladen, aber dafür ist es nun zu spät geworden. – Bitte, beeilen Sie sich doch!» sagte sie leise, aber noch ungeduldiger. «Ich nehme an, Sie werden sich waschen wollen, und da ich hier in Ihrem Zimmer keine Waschgelegenheit sehe, werden Sie das ja wohl in der Küche erledigen. Also bitte!» Sie war wirklich eine sehr energische junge Dame; wenn sie ihn tatsächlich liebte, so schien sie das keineswegs zur Milde zu stimmen, ganz im Gegenteil. Während er sich eiligst wusch, hörte er sie mit der Krienke reden, das heißt, die Krienke sprach, und Hertha Eich warf ab und zu ein Wort dazwischen. Aber was sie sagte, klang völlig anders als die Art, in der sie mit ihm sprach.

«Ich bin fertig», sagte er. Sie sah ihn kurz an, stand auf, nickte der Krienke zu, sagte: «Guten Abend» und ging rasch aus der Wohnung.

«Es ist jetzt doch so spät geworden», sagte sie, «wir können ebensogut mit dem Autobus fahren. Wo haben Sie eigentlich Ihren Lastwagen stehen?»

«Nur ein paar Häuser weiter. – Sie wollen doch nicht etwa, daß ich Sie mit meinem Lastwagen nach Haus fahre, Fräulein Eich?»

«Nein!» antwortete sie kurz. «Aber Sie können mir Ihren Wagen einmal zeigen.»

Er war völlig überrascht, man wußte bei diesem Mädchen nie, was sie als nächstes tun würde. «Bitte sehr!» sagte er nur und führte sie in die Garage. Im nackten Licht der Lampe kam ihm der Wagen wirklich sehr gelb vor, aber das schien sie nicht zu stören. Sie kletterte ihm voran auf den Führersitz und stellte ein paar Fragen nach dem Motor, der Art des Schaltens... «Sie können also auch Auto fahren, Fräulein Eich», sagte er.

«O ja, das kann ich. Ich fahre oft Vaters Wagen...»

Einen Augenblick überlegte er, dann wagte auch er eine Frage: «Entschuldigen Sie, Fräulein Eich, eines verstehe ich nicht: nach allem, was ich höre und sehe, ist Ihr Herr Vater doch in einer sehr guten Position. Wie kam es, daß Sie da einen Mann wie Kalubrigkeit als Mieter bei sich aufnahmen?»

Sie lachte. «Oh, Herr Kalubrigkeit war eine Blüte der Inflation, unser erster und letzter Mieter. Eine Panikerscheinung meiner Mutter. Mutter sah uns schon verhungern, und so kam Herr Kalubrigkeit als Retter in unser Haus.» Wieder lachte sie. «Er kam uns sehr geheimnisvoll vor. Nie ging er aus seinen vier Wänden. Ständig sprach er mit sich. Und wenn er ins Badezimmer ging, nahm er stets seine beiden Ledertaschen mit. Wieviel hat er übrigens bekommen?»

«Anderthalb Jahre Gefängnis.»

«Nun, wir werden unser Urteil erst später über ihn sprechen, nicht wahr? Erst später wird sich zeigen, ob die durch ihn vermittelte Bekanntschaft gut oder schlimm ausging.» Eine Weile saß sie stumm neben ihm, ihre Hand neben der seinen auf dem Steuerrad... «Hören Sie zu», sagte sie dann. «Ich habe also meinem Vater von Ihnen erzählt. Er hat Erkundigungen eingezogen, ich glaube, es gibt auch Akten über Sie?»

«Ja, die gibt es wohl.»

«Was Vater sich für ein Bild von Ihnen gemacht hat, weiß ich nicht, jedenfalls will er Sie sprechen. Erzählen Sie ihm nicht alles, was Sie mir erzählt haben, erzählen Sie ihm zum Beispiel nicht, daß Sie diesen Wagen im Spiel gewonnen haben, so was ist nichts für Vater. Reden Sie überhaupt möglichst wenig. Wenn Vater Ihnen Vorschläge macht, so sagen Sie, daß Sie es sich überlegen wollen, und sprechen Sie erst mit mir. Wahrscheinlich werde ich dabeisitzen, aber nur als brave Tochter, wir besprechen alles viel besser unter vier Augen.»

Er war sehr überrascht. «Und ich dachte», sagte er etwas verwirrt, «ich glaubte immer, Sie nehmen es ganz genau mit der Wahrheit!»

«Das tue ich auch», antwortete sie und war nicht die Spur gekränkt. «Aber Wahrheit nur, wo sie hingehört. Glauben Sie, ich werde Ihrer Krienke sagen, was ich von ihrem schrecklichen Zimmer denke? Und Vater ist ein alter Mann, warum soll er sich meinetwegen ängstigen? Er hat eine sehr brave und sehr vernünftige Tochter. Warum soll ich ihm sagen, daß diese Tochter einem fremden Mann nachläuft?» Wieder lachte sie, es klang nicht froh. «Aber zwischen uns beiden wäre es sofort zu Ende, wenn ich merkte, Sie schwindeln mich an. Das wissen Sie doch?»

«Ja, das weiß ich», sagte er ein wenig bedrückt. Dann entschloß er sich: «Ich habe Ihnen zwei Sachen noch nicht gesagt, Fräulein Eich, die Sie wissen müssen.»

«Sagen Sie sie. Sagen Sie das Schlimmste zuerst.»

«Sie haben mich neulich abends nicht gefragt, warum ich Sie dann doch angerufen habe...»

«Daran habe ich später auch gedacht. Und warum haben Sie mich also angerufen?»

«Ich habe einen Freund...» Er berichtete ein wenig von Senden, dann von dem Rat, sich zur Verbesserung seiner Stimmung eine nette junge Freundin zu nehmen. Er war sehr bedrückt bei diesem Bericht, er fand es kränkend für sie, daß er sie gerade in diesem Zusammenhang angerufen hatte.

Aber sie fing an zu lachen. «Oh, Sie armer Kerl, Sie!» lachte sie. «Da hat Ihnen Ihr Freund eine recht vergnügte Berlinerin verordnet, und Sie geraten an mich! Zeigen Sie mich nie Ihrem Rittmeister, oder er gibt Sie für ewig auf! Und was ist das zweite?»

Doch schon nach seinen ersten Worten über Gerti unterbrach sie ihn. «Das geht mich nichts an», sagte sie kurz. «Was vorher war, gilt nicht, verstehen Sie? Es muß nur zu Ende sein, völlig zu Ende. Es ist doch zu Ende?»

«Ja», sagte er.

«Gut», sagte sie und stand auf. «Und jetzt werden wir doch ein Taxi nehmen, es ist reichlich spät.»

Sie saßen dann stumm in dem Taxi nebeneinander, jedes mit seinen Gedanken beschäftigt. Er grübelte über dieses seltsame Mädchen nach, das mit ihm sprach und für ihn handelte, als sei sie schon seine Geliebte oder Braut, und das noch nicht eine zärtliche Bewegung gemacht hatte. Alles schien ihm kalt, klar und genau berechnet bei ihr, und doch glaubte er schon jetzt unter diesem kalten Eis ein Feuer glühen zu sehen, das gefährlich war, ihr wie ihm. Plötzlich fragte sie: «Haben Sie Geld? Haben Sie Ersparnisse?»

«Nicht der Rede wert. Etwa zweitausend Mark.»

«Haben Sie Freunde», fragte sie wieder, «die Vertrauen zu Ihnen haben, die sich mit Geld an Ihren Geschäften beteiligen würden?»

Er überlegte. «Ich glaube, ja. Zwei weiß ich, den Herrn von Senden und den Händler Engelbrecht, von dem ich das Auto gewonnen habe.»

«Wieviel Geld können Sie zusammenbringen?»

«Ich kann es wirklich nicht sagen.»

«Zehntausend Mark, zwanzigtausend?»

«O ja, das glaube ich bestimmt. Engelbrecht wollte sich früher einmal mit zwanzigtausend beteiligen, und der Herr von Senden war bis zur Inflation ein sehr reicher Mann.»

«Wenn Sie also mein Vater fragt», sagte sie, «werden Sie ihm mitteilen, daß Sie etwa hunderttausend Mark zusammenbringen können!»

«Aber soviel bringe ich keinesfalls auf! Das darf ich nicht versprechen!»

«Doch, das dürfen Sie. – Ich habe nämlich eigenes Vermögen.»

Er schwieg überwältigt.

Hertha Eichs Vater war ein zierlicher Mann mit einem gelblichen Gesicht und einer hohen, sehr schönen Stirn, über der die dunklen Haare schon dünn zu werden anfingen. Er sah Karl Siebrecht aus dunklen Augen rasch, aber fest an, deutete mit seiner Hand auf einen Stuhl und sagte: «Hertha, am besten verschwindest du jetzt.»

«Am besten bleibe ich, Vater», antwortete Hertha. «Ich störe euch bestimmt nicht.»

«Mich bestimmt nicht», sagte Herr Eich und lächelte. «Aber bitte, setzen Sie sich doch, Herr Siebrecht!»

Wieder wurde Karl Siebrecht der Stuhl am Schreibtisch zugewiesen, er setzte sich. Hertha saß hinter seinem Rücken, er sah sie nicht. Herr Eich aber nahm nicht am Schreibtisch Platz. In einer Hausjoppe aus braunem Flausch und in weichen Hausschuhen fing er an, im Zimmer auf und ab zu wandeln. «Sie möchten Ihren Betrieb erweitern, Herr Siebrecht», sagte er dabei. «Sagen Sie mir, wie Sie sich diese Erweiterung denken.»

Er sprach leise, aber deutlich und bestimmt. Karl Siebrecht hatte das Gefühl, daß jedes Wort dieses Mannes genau überlegt war. So suchte auch er möglichst knapp das zu schildern, was er beabsichtigte: eine lückenlose Gepäckabfuhr zwischen sämtlichen Berliner Bahnhöfen, die Beförderung von Gepäck aus allen Berliner Stadtteilen, Annahmeschalter auf den Bahnhöfen, feste Tarife, aber auch eine Monopolstellung, die Ausschaltung jeder Konkurrenz.

«Schön», sagte Herr Eich. «Das ist etwa das, was Sie vor dem Kriege schon anfingen. Warum haben Sie nicht nach dem Krieg sofort wieder versucht, diese Pläne durchzuführen?»

Bei der Antwort hierauf war es schon schwerer, sich kurz zu fassen... Persönliches spielte herein, und Karl Siebrecht hatte den Eindruck, daß Herrn Eich Persönliches unerwünscht war. So mußte er sich auf Allgemeinheiten über das Darniederliegen des Eisenbahnwesens und die wirtschaftlichen Folgen der Inflation beschränken.

«Schön», sagte Herr Eich wiederum, aber diesmal war deutlich zu hören, daß er dies nicht schön fand. «Sie sind also nicht wieder in Gang gekommen. An anderen Stellen ist unterdes einiges geleistet worden: die Bahnen sind wieder in Gang, und die Rentenmark ist fest wie Eisen. Das stimmt doch?»

«Das stimmt», antwortete Karl Siebrecht verlegen und rot.

«Immerhin, Sie glauben jetzt den Augenblick gekommen, Ihre alten Pläne wiederaufzunehmen. Warum eigentlich?»

Diese Frage kam so plötzlich, daß sie Siebrecht völlig verwirrte. Ja, warum eigentlich gerade jetzt? Weil er Hertha Eich kennengelernt hatte? Weil er dadurch Verbindung zu ihrem Vater bekommen hatte? Das konnte er kaum sagen. Er entschloß sich: «Ich habe alles mögliche versucht, aber nichts hat mir geschmeckt. Als ich früher nach Berlin kam, habe ich zuerst richtige Arbeit auf den Berliner Bahnhöfen gefunden, Arbeit, die mich freute. Seitdem sitzt das in mir fest, ich komme von den Banhöfen nicht los. Es ist gewissermaßen ein Traum von mir.»

«Das klingt schon besser», sagte Herr Eich und nickte. «Aber der Krieg war neunzehnhundertachtzehn zu Ende, und wir schreiben jetzt neunzehnhundertvierundzwanzig. Sie lassen sich Zeit, Ihre Träume zu verwirklichen, Herr Siebrecht!»

«Ich kam erst neunzehnhundertneunzehn aus der Kriegsgefangenschaft heim. Ich habe lange Zeit gebraucht, mich wieder zurechtzufinden. Es waren wirklich verwirrte Zeiten.»

«Ja, das waren sie, verwirrt. Und Sie meinen, Sie haben sich nun zurechtgefunden?»

«Ja.»

«Keine Neigung zu Extratouren mehr? Keine Lastwagenfahrten mehr über Land?»

«Nein. Das alles ist zu Ende.»

«Sie wissen vielleicht, es gibt Akten über Sie – oder wissen es auch nicht. Jedenfalls müßte es wirklich zu Ende sein. Man kann nur mit einem verläßlichen Mann einen Vertrag schließen. Was in einer verwirrten Zeit übersehen werden kann, ist in einer sicheren unentschuldbar. Sind Sie verläßlich?»

«Ja.»

«Schön!» sagte Herr Eich zum drittenmal. «Aber wenn Ihnen eine Monopolstellung eingeräumt wird, müssen Sie auch einiges zu bieten haben – außer sich selbst. Sie sind ein Mann in den Dreißigern, Sie sind kein Anfänger mehr. Soviel ich weiß, fahren Sie jetzt nur mit einem Lastwagen, haben keinen einzigen Angestellten. Stimmt das?»

«Ja.»

«Haben Sie Vermögen?»

«Nein.»

«Sie müßten mit zehn, mit zwanzig Wagen fahren! Haben Sie Menschen, die Ihrer Tatkraft vertrauen, die in Ihr Geschäft Geld stecken würden?»

«Ich glaube, ja.»

«Nein, nicht glauben, sondern wissen! Wissen Sie es oder glauben Sie es?»

«Ich weiß es.»

«Und an welche Summe denken Sie da etwa?»

Einen Augenblick zögerte Karl Siebrecht, dann gab er sich einen Stoß. Sie hatte dies vorausgesehen, sie hatte es ihm gesagt, er wagte es!

«Ich denke etwa an hunderttausend Mark», sagte er.

«Schön!» sagte Herr Eich wieder, «sehr schön!» Er war stehengeblieben und spielte mit dem Schnürenbesatz seiner Flauschjacke. «Wenn Ihnen in dieser Zeit hunderttausend Mark anvertraut werden, sind Sie der Mann, den wir brauchen! Wann können Sie mir darüber festen Bescheid geben?»

«Wahrscheinlich schon morgen abend!»

«Gut! Rufen Sie mich an, sobald es soweit ist, wir sprechen dann weiter über die Sache. – Noch eins, warum haben Sie sich nicht schon früher an Ihre Freunde gewendet?»

Einen Augenblick überlegte Siebrecht, dann sagte er: «An meinem einen Lastwagen steht die Firma: Siebrecht & Niemand. Ich wollte immer gern alles allein machen, ich wollte mir von niemand helfen lassen!»

«Und jetzt wollen Sie sich helfen lassen?»

«Ich will nur stille Teilhaber!» rief Karl Siebrecht. «Ich will mir von niemandem hereinreden lassen!»

Herr Eich betrachtete ihn mit einem unbestimmten Lächeln. Er sagte: «Wenn aus unserem Vertrag etwas wird, Herr Siebrecht, so werde ich bestimmt kein stiller Teilhaber sein. Ich werde Ihnen bestimmt in vieles hereinreden.» Wieder lächelte er.

Karl Siebrecht machte eine Bewegung, die fast drohend war. «Ich will nichts für mich!» sagte er. «Ich will nur einen erstklassigen Betrieb in Gang bringen!»

Herr Eich sah ihn belustigt an. «Und wenn ich mich Ihnen dabei widersetze, so schmeißen Sie mich hinaus?» – Siebrecht nickte nur. – «Nun, wir werden dann ja sehen, wer der Stärkere ist», lächelte Herr Eich. «Die Auffassungen, was einem Betrieb förderlich ist, sind manchmal verschieden. Es könnte auch sein, daß Sie derjenige sind, der hinausgesetzt wird!»

«Wenn ich erst die Monopolstellung habe, werden Sie mich nie wieder los!» sagte Karl Siebrecht siegesgewiß.

Herr Eich sah ihn lange und nachdenklich an: «Wir werden einen sehr vorsichtigen Vertrag mit Ihnen abschließen müssen, Sie junger Waffenschmuggler, Sie! Mich sollen Sie nicht von Ihrem Lastauto werfen!» Und aus diesem Satz sah Karl Siebrecht, daß Herr Eich seine Wissenschaft aus einer anderen Quelle als von seiner Tochter Hertha bezogen hatte, denn von dem heruntergeworfenen französischen Kapitän hatte er ihr nicht ein einziges Wort erzählt.


## 92. Das Geld strömt herbei

Siebrecht saß am späten Nachmittag des nächsten Tages in seinem öden Zimmer. Die Tür hatte er der Krienke vor der Nase zugemacht. Seit Hertha Eich am Abend zuvor gesagt hatte, wie unmöglich diese Stube war, in der er hauste, waren ihm Zimmer und Krienke und die drei Gören völlig unerträglich geworden. Nun schmollte die Krienke draußen herum, schalt mit den Kindern, warf die Türen – er aber saß und wartete. Auf was wartete er? Wieder auf Hertha Eich. Notwendiger denn je war ihr Kommen, ehe sie nicht da war, konnte er Herrn Eich nicht anrufen, und wenn sie nicht kam, konnte er Herrn Eich überhaupt nicht anrufen. Verdammt, wie nötig er sie brauchte, die er eben noch nicht gekannt hatte! Wie sie da gestern abend noch gesessen und in Stellvertretung der verreisten Mutter den Tee ausgeschenkt hatte, ganz die brave Tochter aus gutem Bürgerhause – und er meinte, sie doch ganz anders zu kennen... Hatte sie wirklich etwas von eigenem Vermögen gesagt? Oder hatte er das nur geträumt? Sie sollte sich melden, verdammt noch mal, sie konnte das nicht so weitermachen, auftauchen und verschwinden, immer überraschend!

Er war längst wieder aufgesprungen und lief in seiner Höhle auf und ab. Dabei sah er nach den beiden Briefen, den Bestätigungen, die auf seinem Bett lagen. Jawohl, sie hatten ihn nicht im Stich gelassen, weder der Engelbrecht noch der Herr von Senden. Engelbrecht hatte zwanzigtausend Mark und zwei Lastwagen aus seinem Besitz zugesagt, und der Herr von Senden dreißigtausend Mark. Aber das waren noch lange keine hunderttausend Mark! Er hatte noch ein Letztes versucht, er hatte Senden in Gang gesetzt, der arme Mann hatte die augenblickliche Adresse von Herrn Gollmer ermitteln müssen. Er hatte Herrn Gollmer ein langes Telegramm gesandt, ein Telegramm für fast zweihundert Mark in ein Hotel in Paris! So weit war er gekommen, so weit hatte sie ihn gebracht! Diese verfluchten Hunderttausend! Plötzlich blieb er stehen und sagte laut zu seinen Kleidern an der Wand: «Ich habe eben doch kein Glück mit den Frauen, der Rittmeister kann erzählen, was er will!» Und ebenso plötzlich kam ihm der Gedanke: «Was wird Ilse Gollmer dazu sagen, wenn sie erfährt, daß ich ihren Vater telegrafisch um Geld anbettle?!»

Dann ging draußen die Klingel, und sofort fuhr seine Hand an den Schlips und rückte ihn gerade, gleich griff er zum Kamm und fuhr durch seine Haare. Aber es war nur eine Nachbarin, die zur Krienke auf Besuch kam, nun schwabbelten und wabbelten zwei draußen – es war zum Rasendwerden!

Aber er wurde nicht wieder rasend. Er setzte sich still auf seinen Stuhl. Ruhe, dachte er plötzlich, nur Ruhe! Ich bin immer so wild gewesen, ehe eine Sache richtig losging. Sie ist doch ein Mädchen, das meint, was sie sagt. Und sie hat bestimmt von eigenem Vermögen gesprochen. Warte, da war doch gestern abend noch etwas... Er überlegte. Sie hatten zu dreien um den Teetisch gesessen, und er hatte von seiner Kriegsgefangenschaft erzählt, von jenem Augenblick, da er, einen Mauerstein in Händen, in das Zimmer der Näherin gelaufen war, angelockt von dem surrenden Geräusch der Nähmaschine. Da, da hatte sich Fräulein Hertha Eich plötzlich über den Tisch gelehnt und hatte deutlich gesagt: «Jetzt verstehe ich, daß du deine Frau geheiratet hast!»

Aus. Stille. Schweigen.

Und sie war nicht einen Augenblick lang verlegen gewesen, weder sie noch ihr Vater. Der Vater, dieser gelbliche Herr Eich mit der auffallend schönen Stirn, hatte sogar auf eine vage, unbestimmte Art gelächelt. Worauf die Unterhaltung weitergelaufen war.

Nun klingelte es wieder, aber diesmal stand er nicht auf, er faßte auch nicht nervös nach seinem Schlipsknoten. Er blieb sitzen, ruhig wartend. Es konnte Hertha Eich sein, aber er hatte nicht das Gefühl, daß es Hertha Eich war, vielleicht eine Dritte im Rat der Ratschen und Tratschen. Dann aber klopfte die Krienke an seine Tür. Sie war so beleidigt, daß sie sogar anklopfte, sie streckte nur einen Arm durch den Türspalt: «Ein Telegramm for Ihnen!»

Das Telegramm fiel auf den Fußboden, weil er es nicht schnell genug abnahm, und die Tür schlug zu. Da saß er und starrte das gelbliche Rechteck auf dem Boden an. Er zog des Vaters silberne Uhr und sagte sich: Nur Ruhe! Jetzt hat es auch noch fünf Minuten Zeit! In fünf Minuten werde ich wissen, was Gollmer telegrafiert. Nur Ruhe! Und saß weiter da, die Uhr in der Hand. Langsam tickte die Zeit in Sekunden fort, er aber war ruhig und fest, er hatte Zeit – bis ihm der Gedanke kam: Es kann ja auch ein Telegramm von ihr sein! Es gibt auch Stadttelegramme!

Und mit einem Satz war er auf, die Uhr baumelte vergessen an ihrer Kette von der Weste, er hielt das Telegramm in der Hand, und während er es aufriß, sagte er ganz verwundert zu sich: Sollte ich vielleicht doch verliebt sein? Das ist doch ganz unmöglich!

Er hätte aber ruhig sitzenbleiben und weiter den standhaften Mann spielen können: es war ein Telegramm von Herrn Gollmer! Der große Mann telegrafierte kurz und bündig – sein Telegramm mußte sehr viel billiger als das von Siebrecht sein –, daß er sich mit fünfzigtausend Mark beteilige, in Gestalt eines Kredits bei seiner Autoverkaufsstelle. Er telegrafierte den Namen seines Prokuristen, seines Anwalts, und nur zum Schluß kam der ungeschäftliche Satz: Wünschen Ihnen großen Erfolg!

Nun also! sagte Karl Siebrecht und legte das Telegramm zu den beiden Bestätigungen auf die Bettdecke. Nun also! So sind es schließlich doch hunderttausend Mark geworden, und wenn ich die beiden Lastwagen von Engelbrecht mitrechne, kann ich sogar hundertzehntausend sagen. Ich will sofort mit Eich telefonieren. Aber er telefonierte nicht, er blieb da sitzen, zehn Minuten, fünfzehn Minuten, eine halbe Stunde.

Wieder klingelte es, die Krienke erschien und meldete: «Da is een Herr, der Sie sprechen will!» Hinter der Hand flüsterte sie: «Sieht wie 'n Jerichtsvollzieher aus – au Backe!»

Der Herr mit der vielbenutzten Aktentasche, der eintrat, sah wirklich aus wie solch unerwünschter Kuckucksjünger, er war aber keiner, sondern der Bote einer Anwaltsfirma. Höflich und eilig bat er um Ausweis und Unterschrift, überreichte einen versiegelten Brief und war schon wieder verschwunden, er hatte kaum die Stube betreten. «Der hatte es ja mächtig eilig! Der hat doch jar nich jepfändet!» rief die Krienke enttäuscht von der Tür her.

«Machen Sie gefälligst die Tür zu, was geht das Sie an!» schrie Siebrecht wütend. Und krachend fiel die Tür ins Schloß. Zum zweitenmal hatte er sich die Gunst seiner Schlummermutter verscherzt.

Er riß den Brief auf und las, was ihm die Herren Lange & Messerschmidt, Rechtsanwälte und Notare, zu schreiben hatten. «Sehr geehrter Herr Siebrecht!» las er. «Im Auftrage unserer Mandantin, Fräulein Hertha Eich, überreichen wir Ihnen in der Anlage einen bankbestätigten Scheck, lautend über 50 000 Rentenmark, buchstäblich fünfzigtausend Rentenmark. Der Verwendungszweck ist Ihnen bekannt. Unsere Mandantin macht zur Bedingung, daß ihr Name als der der Geldgeberin nicht genannt wird. Mit dem Ausdruck unserer vorzüglichen Hochachtung sind wir Ihre...» Krickelkrackel. Krickelkrackel...

Das geht doch nicht! Das geht doch nicht! dachte er immer wieder. Das ist ganz unmöglich! Sie hat mich erst ganze dreimal in ihrem Leben gesehen. Das ist völlig unmöglich! Ich brauche ihr Geld auch gar nicht, ich habe ohnedies schon genug. Will sie mich denn kaufen? Er war verwirrt und unentschlossen. Er, der eben noch mit ihr gegrollt, der ihr vorgeworfen hatte, sie habe ihn zu Prahlereien verführt und dann sitzenlassen, er nahm es ihr nun übel, daß sie sich in seine Geschäfte mengte, daß sie sich in sein Leben drängte. Ich zerreiße den Scheck, dachte er. Plötzlich wußte er, was er zu tun hatte: er mußte sie erst sehen, erst mußte er mit ihr sprechen, ehe er über diesen Scheck entschied. Eilig ging er in die nächste Wirtschaft, er rief an: Herr Eich kam erst gegen acht Uhr nach Haus, er hatte aber hinterlassen, daß er um halb neun Herrn Siebrecht erwarte.

Schön. Danke schön. Er hängte an. Kein Gedanke daran, nach dem Fräulein zu fragen. Diese junge Dame wollte er nicht am Telefon sprechen. Nein, so nicht! In seiner linken Brusttasche steckten die Bestätigungen der drei Geldgeber, und in der rechten Brusttasche war aufbewahrt der Scheck der Geldgeberin – aber ob dieser Scheck je hervorgezogen würde, das mußte er erst sehen.

## 93. Hertha Eich verreist

«Ja, ich weiß», sagte Karl Siebrecht, «daß Herr Eich mich erst um halb neun erwartet. Aber ich hätte vorher gern noch das gnädige Fräulein gesprochen. Würden Sie mich bitte anmelden?»

«Das gnädige Fräulein ist verreist», sagte das Mädchen höflich.

Er war wie vor den Kopf geschlagen. «Aber wieso –?! Ich habe doch erst gestern abend hier mit ihr... Ich habe doch heute noch einen Brief von ihr bekommen. Das heißt, natürlich nicht von ihr...» verbesserte er sich, denn dies hätte er lieber nicht gesagt.

«Das gnädige Fräulein ist heute mittag abgereist», sagte das Mädchen.

«Ach so! Ja richtig!» sagte er. Es war an der Zeit, daß er seine Fassung wiedergewann. Hertha Eich hielt eben mühelos jeden Rekord in Überraschungen. «Ich komme dann also um halb neun wieder. – Wann wird übrigens das gnädige Fräulein zurückerwartet?»

«Ich kann es wirklich nicht sagen», antwortete das Mädchen, und nun stieg er die Treppe wieder hinunter. Die nächste halbe Stunde, bis er zum zweitenmal an der Eichschen Tür klingeln konnte, war nicht angenehm. Ärger, Wut, Enttäuschung, Unentschlossenheit, alles zog an ihm vorüber, vermengte sich, stritt miteinander. Er war überzeugt, daß sie nur darum so überraschend abgereist war, um eben das zu verhindern, was er für notwendig hielt, daß er sie noch einmal sprach, ehe er den Scheck vorlegte oder vernichtete. Natürlich würde er ihn nun vernichten, nie würde er den Scheck benutzen, nie!

Auch die Unterhaltung mit Herrn Eich verlief bei weitem nicht so ruhig und freundlich wie die am Abend zuvor. Herr Eich schien von vornherein zeigen zu wollen, daß er kein stiller Teilhaber war. Den Kopf in die Hand gestützt, sah er die drei Erklärungen durch, schweigend, überlegend. Dann nahm er mit spitzen Fingern ein Blatt und gab es an Siebrecht zurück. «Ich glaube, diesen Herrn scheiden wir besser aus», sagte er.

«Aus welchem Grunde?» fragte Karl Siebrecht und fühlte schon, daß er bei der kalten Ablehnung des anderen zornig wurde.

«Ich weiß zufällig einiges über den Herrn», sagte Herr Eich kühl. «Nicht wahr, eigentlich ist er Viehhändler? Ich bin der Ansicht, er gehört nicht in eine Firma wie die Ihre.»

«Er wird nur stiller Teilhaber sein», widersprach Karl Siebrecht. «Er hat auf jedes Mitbestimmungsrecht verzichtet.»

«Es ist nicht ganz gleichgültig», sagte Herr Eich, «woher das Geld stammt, mit dem eine Firma arbeitet.»

«Ich habe Herrn Engelbrecht in manchem Jahr als zuverlässigen und ordentlichen Geschäftsmann gekannt», widersprach Siebrecht hartnäckig.

«Täuscht Sie da nicht Ihr Gedächtnis?» fragte Herr Eich und legte die Fingerspitzen zusammen. «Ich habe in unseren Akten einen Hinweis gefunden, daß er Ihnen einmal mit anderen einen sehr üblen Streich gespielt hat.»

«Mir? Einen üblen Streich? Der Engelbrecht? Nie!» rief Karl Siebrecht entrüstet. Dann dämmerte es ihm langsam. Er wurde rot.

Herr Eich hatte kein Auge von ihm gelassen. Jetzt sagte er sanfter: «Also hatten Sie es wirklich vergessen, das befriedigt mich in gewissem Maße. Das Ganze war doch eine recht zweifelhafte Aktion, nicht wahr? Dieser Austausch der guten Pferde gegen die schlechten —»

«Aber Engelbrecht braucht von all diesen Dingen nichts gewußt zu haben», versuchte es Siebrecht ein letztes Mal. Es tat ihm leid um den Mann, er hatte heute sofort ja gesagt, und ihm verdankte er den Lastwagen.

«Es ist nicht anzunehmen, daß ein so — erfahrener Handelsmann wie Herr Engelbrecht nicht dieses faule Geschäft durchschaut hat.»

«Der Mann ist mir in den letzten Jahren mehrfach behilflich gewesen, ich würde ihn ungern ausschließen», bat Siebrecht.

«Eben», nickte Herr Eich. «Weil er Ihnen in gewissen Dingen behilflich war. Wir waren uns gestern schon einig, daß es mit diesen gewissen Dingen endgültig Schluß ist, nicht wahr?»

Sie sahen sich beide an. Dann sagte Karl Siebrecht: «Es ist gut, ich werde auf ihn verzichten. – Dann sind es aber keine hunderttausend Mark mehr.»

«Nein, dann sind es keine hunderttausend Mark mehr», antwortete Herr Eich und sah sein Gegenüber an.

Eine Weile betrachteten sie sich so schweigend, der gelbliche, ältere Mann und der junge mit den frischen Farben. Der Blick des dunklen Auges traf sich mit dem Blick des hellen. Keiner blinzelte. Es war ganz still... Dann griff Karl Siebrecht in die rechte Brusttasche, zog den Scheck hervor und sagte: «Ich habe hier noch weitere fünfzigtausend Mark, über die ich allein verfügungsberechtigt bin.»

Herr Eich nahm den Scheck entgegen, ohne irgendwelches Erstaunen zu zeigen. «Schön», sagte er. «Sehr schön. Achtzigtausend Mark, von denen nur dreißigtausend in bar verfügbar sind, wäre wohl etwas knapp gewesen. Hundertdreißigtausend sind da sehr viel besser.» Er betrachtete den Scheck. «Sieh da», sprach er mit mildem Erstaunen, «Lange & Messerschmidt, ausgezeichnete Anwälte, vertrauenswürdige Berater – sie sind auch die Rechtsanwälte meiner Familie. Arbeiten Sie schon länger mit den Herren?»

Siebrecht murmelte nur.

Aber auch Murmeln befriedigte Herrn Eich in diesem Augenblick vollkommen. «Jedenfalls könnten Sie die Vertretung Ihrer Interessen bei den Gründungsverhandlungen in keine besseren Hände legen, Herr Siebrecht.»

In diesen Minuten war Karl Siebrecht der Hertha Eich dankbar, daß sie abgereist, daß sie verschwunden war, daß sie bei dieser Verhandlung nicht als stumme Zuhörerin in seinem Rücken saß. Weder hätte er in ihrer Gegenwart dem Vater den Scheck vorlegen, noch hätte er dieses Gerede ertragen können. Wußte der Alte etwas, oder wußte er nichts? Ahnte er nur, oder war alles mit der Tochter besprochen? Dieser Mann im kaffeebraunen Flauschjackett, der so lautlos über die Teppiche seiner Wohnung dahinwanderte, war kein Freund der deutlichen Dinge. Es mußte nicht alles unterstrichen werden: «Nein», sagte er und schüttelte milde lächelnd den Kopf. «Diese kanariengelbe Farbe Ihrer Wagen... Gewiß, gewiß, es ist eine Frage von geringerer Wichtigkeit, und es ist Ihre Firma. Aber Sie müssen immer bedenken, Herr Siebrecht, wenn Sie mit uns ein Bündnis eingehen, sind Sie über jede marktschreierische Reklame erhaben. Ein schlichter, unauffälliger Anstrich, vielleicht grau oder kaffeebraun –» Und er strich gedankenvoll über sein flauschiges Hausjackett.

Aber Karl Siebrecht war nicht gesonnen, auch in diesem Punkt nachzugeben. Er kämpfte für sein Kanariengelb, so viele Erinnerungen knüpften sich für ihn daran. Er sagte vielerlei Gründe, und er rief, als Herr Eich gleichmäßig ablehnend blieb: «Im übrigen ist die Post auch gelb, und die braucht doch wahrhaftig keine Reklame!»

Herr Eich war überrascht. «Richtig, die Post», sagte er. «An die Post habe ich gar nicht gedacht. Tatsächlich ist die Postfarbe, wenn ich so sagen darf, Gelb. Ich habe zwar davon gehört, daß dort Erwägungen schweben, vom Gelb auf Rot überzugehen, immerhin – was bei der Post nicht anstößig war, kann es auch bei Ihnen nicht sein!»

Ein erster Sieg Karl Siebrechts, und sofort folgte eine zweite Schlacht um den Firmennamen. Zwar der «Bahnhof-Eildienst» wurde nach einigem Zögern genehmigt, aber «Siebrecht & Niemand» war völlig unmöglich. Sie diskutierten diesen Namen mindestens eine Viertelstunde lang. Sie erhitzten sich, sie stritten sich mit Erbitterung. Schließlich einigten sie sich dahin, daß ein Kompromiß gefunden werden müsse. Sie berieten lange und ernsthaft über den Kompromiß. Endlich wurde als Firmenbezeichnung festgesetzt: «Berliner Bahnhof-Eildienst – Siebrecht, Niemand & Co.» Wie bei allen Kompromissen, die beiden Teilen gerecht werden sollen, waren beide Teile unzufrieden. Aber immerhin hatte keiner ganz nachgegeben, und das hatte etwas Versöhnendes...

Dann versenkten sie sich in Fragen des Zusammenschlusses, der Tarife, der Organisation. Es war weit über Mitternacht, als sich die beiden trennten. Längst war das Haus geschlossen, Herr Eich geleitete seinen späten Gast selbst mit dem Hausschlüssel auf die Straße. «Entschuldigen Sie bitte», sagte er überrascht, «mir fällt eben ein, ich habe Ihnen nicht einmal eine Tasse Tee angeboten.»

Karl Siebrecht hatte den Eindruck, daß Herr Eich lange nicht so überrascht war, wie er tat. Er sagte, daß auch er nicht an Tee gedacht habe...

«Das kommt daher», erklärte Herr Eich umständlich, «daß nun auch meine Tochter verreist ist. Sie werden mich entschuldigen.»

Karl Siebrecht entschuldigte. «Das Fräulein Tochter ist für längere Zeit verreist –?»

«Jawohl, für vier oder fünf Wochen. Zu ihrer Mutter, an den Bodensee. – Gute Nacht, Herr Siebrecht.»

«Gute Nacht, Herr Eich!»


## 94. Die Firma kommt in Gang

In den nun folgenden Wochen fand Karl Siebrecht immer mehr Grund, mit Bewunderung und Dankbarkeit an Hertha Eich zu denken. Er bewunderte ihre Klugheit, er war ihr dankbar für den Takt, mit dem sie sich gerade in diesen arbeitsreichen Wochen ihm entzogen hatte. Sie mußte es vorausgesehen haben, daß ihre Nähe ihn nur verwirren und ablenken würde. Das Vertrauen, mit dem sie eine große Summe Geldes, vielleicht ihr ganzes Vermögen, in seine Hände gelegt hatte, rührte ihn tief. Und wieder bewunderte er ihre Geschicklichkeit, mit der sie ihn ohne ein Wort an die Anwälte Lange & Messerschmidt verwiesen hatte, zwei herrliche Leute, soweit derart behutsame und förmliche Juristen herrlich sein können.

Karl Siebrechts bisherige Erfahrungen mit Anwälten waren wenig ermutigend gewesen, aber diese Anwälte der Familie Eich – einfach ausgezeichnet! Er hätte nicht gewußt, wie er in diesen Wochen ohne sie weitergekommen wäre. Er ging in ihrem Büro aus und ein, er nickte dem Bürovorsteher freundschaftlich zu, tauchte im Allerheiligsten unter und trug seine Sorgen vor. Lange & Messerschmidt hörten ihm zu, manchmal beide, manchmal nur einer. Sie schienen immer Zeit zu haben, und sie wußten für alles Rat. Sie fanden für ihn die ausgezeichneten und gar nicht so teuren Büroräume in einem großen Haus in der Nähe des Potsdamer Platzes, glänzend zwischen den wichtigsten Bahnhöfen gelegen. Sie besorgten ihm den Bürovorsteher Körnig, der sich als eine Perle erwies. Sie führten die schwierigsten Verhandlungen für ihn, mit einer unendlichen Geduld und Aufmerksamkeit, immer auf seinen Vorteil bedacht. Ja, in der entscheidenden Besprechung mit den Herren und Anwälten der Bahn griffen sie sogar Herrn Eich mit Hartnäckigkeit an und setzten ihm so sehr zu, daß er in der Tariffrage wesentliche Zugeständnisse machte. Und Herr Eich war doch in seinem Privatleben ihr eigener Mandant, sie waren die Anwälte seiner Familie! Vielleicht wäre es richtiger gewesen, auch die Absage an Herrn Engelbrecht den Anwälten anzuvertrauen. Aber Karl Siebrecht fand, diesen Weg mußte er allein gehen. Er war sich klar, Engelbrecht würde nicht erfreut über die Zurückweisung seiner Beteiligung sein.

Nein, Engelbrecht war wirklich ganz und gar nicht erfreut, sein fahles Gesicht wurde noch fahler, die unruhigen Augen stachen. «Wieso?» fragte er. «Warum nicht? Ist Ihnen mein Geld nicht gut genug? Stinkt mein Geld etwa?»

«Aber nein!» sagte Karl Siebrecht. «Nur, die Sache ist die: ich habe schon genug Geld, ich habe überreichlich Geld. Ich kann es im Augenblick nicht unterbringen...»

«Lassen Sie es liegen, bis Sie es gebrauchen können!»

«Dann müßte ich Sie am Gewinn beteiligen, und das kann ich nicht, wenn Ihr Geld nicht arbeitet.»

«Als Sie mich nach dem Gelde fragten, sagten Sie mir, ich sei der erste! Ich habe also auch ein Recht darauf, als erster beteiligt zu werden. Weisen Sie doch den letzten zurück!»

«Sie waren nicht der erste. Ich hatte schon Zusagen von anderer Seite.»

«Dann haben Sie also damals gelogen!»

Karl Siebrecht schwieg, dann sagte er: «Herr Engelbrecht, warum sind Sie denn so ärgerlich? Was kann Ihnen groß daran liegen, Ihr Geld in meinen Betrieb zu stecken? Sie haben doch wahrhaftig Anlagemöglichkeiten genug für Ihr Geld!»

«Was wissen Sie davon?» fragte der Händler böse. «Ich will wissen, warum mein Geld zurückgewiesen ist! Was haben die gegen mich?»

«Aber gar nichts! Wir können das Geld im Augenblick einfach nicht gebrauchen!»

«Wenn die was gegen mich haben, warum werden Sie dann genommen? Ich denke, Sie haben Zicken genug gemacht!»

In diesem Augenblick erkannte Karl Siebrecht, daß Herr Eich recht gehabt hatte, den Händler Engelbrecht zurückzuweisen. Herr Engelbrecht war auch nicht anders wie der Franz Wagenseil unseligen Angedenkens, er hatte weder Bedenken noch Hemmungen. «Ich weiß nichts von Zicken, die ich gemacht habe», sprach Karl Siebrecht kühl, «ich weiß auch nichts von Ihren Zicken, Herr Engelbrecht. Es müßte denn sein, Sie denken jetzt an die halbtoten Zossen, die Sie in den Stall da drüben verkauft haben!»

Der Händler schnaufte. Er war so zornig, daß er nicht einmal sprechen konnte, er schnaufte nur noch.

«Dann also adieu, Herr Engelbrecht. Es tut mir leid, daß es so mit uns zu Ende gehen muß.» Siebrecht wandte sich zur Tür.

Mit einem Satz war der Händler ihm nach. Er legte ihm die Hand, diese schlaffe Hand, schwer auf die Schulter und keuchte: «Und mein Lastauto? Denken Sie, ich lasse Sie mit meinem Lastauto abziehen? Glauben Sie, ich habe es Ihnen geschenkt, damit Sie jetzt mit anderen Leuten die guten Geschäfte machen? Sofort geben Sie mir meinen Lastwagen zurück!»

Einen Augenblick überlegte Karl Siebrecht. Nun verstand er, warum ihm Engelbrecht damals den Lastwagen «geschenkt» hatte. Es war nicht Großmut gewesen, es war auch nicht nur Freude über das gute Geschäft gewesen, nein, das Lastauto war eine Lockspeise gewesen – der Händler hatte an die Gepäckabfuhr gedacht.

«Wegen des Lastwagens werde ich mit meinen Anwälten reden», sagte Karl Siebrecht kühl. «Eventuell bekommen Sie später Bescheid.»

Er scheute sich aber doch, vor seinen Anwälten dies Kapitel seines Lebens aufzurollen. Er war zu glücklich in der Rolle des jungen Direktors im Berliner Bahnhof-Eildienst. Lieber vereinbarte er eine nächtliche Zusammenkunft mit dem Kriminalassistenten Bomeyer. «Mach dir keine Gedanken, mein Sohn», sagte Dumala-Bomeyer. «Der Engelbrecht ist ein fauler Kopp, das wissen wir auch. Ich werde mit dem Knaben murmeln, und du wirst deine Ruhe haben. Freilich, einen Feind hast du, und wenn er dir eins auswischen kann, wird er es tun, darauf verlaß dich!»

«Ach, was soll er mir tun können!» sagte Karl Siebrecht und vergaß sofort wieder Dumala-Bomeyer und Engelbrecht.

Denn soviel Arbeit ihm die Anwälte auch abnahmen, den eigentlichen Aufbau der Gepäckabfuhr mußte er allein erledigen. Diesmal half ihm kein Kalli Flau, diesmal hatte er keine Zeit, langsam einen Stamm kundiger Männer heranzubilden. Von heute auf morgen mußte wenigstens der Bahnhofsdienst in Ordnung sein. Wie er herumlief, wie er Männer annahm, anlernte, immer wieder dasselbe sagte, immer wieder erfuhr, daß doch nicht getan wurde, was er anordnete, wie er Geduld lernen mußte, wo er am liebsten gebrüllt hätte! Von morgens bis abends war er von einem Bahnhof zum anderen unterwegs – er hatte sich einen kleinen alten Personenwagen gekauft, einen Laubfrosch, wie so ein Ding damals hieß –, und wenn der letzte Zug gefahren war, wenn der letzte Lastwagen in seiner Garage verschwunden war, eilte er auf das Büro am Potsdamer Platz. Dort erwartete ihn Herr Körnig, grau, sorgenvoll, aber eifrig. Briefe wurden diktiert, Gehaltsfragen besprochen, Geldeingänge geprüft, die ersten noch so ungewissen Kalkulationen aufgestellt. Vorläufig arbeitete die Firma noch mit Verlust, aber vorläufig fuhr auch noch die ganze Konkurrenz, der Vertrag mit der Bahn war noch nicht abgeschlossen.

«Wir müssen an Gehältern und Löhnen sparen, was wir nur können, Herr Körnig», sagte er immer wieder. «Jeder Groschen Stundenlohn, den wir nur herausholen können, muß rausgeholt werden. Das Geld ist entsetzlich knapp.»

Herr Körnig neigte beistimmend sein graues Haupt. «Und trotzdem muß ich unbedingt noch eine Dame hier fürs Büro haben», sagte er kummervoll. «Eine Lohnbuchhalterin, die auch ein bißchen was von Kalkulation versteht.»

Auch der Herr Direktor Siebrecht seufzte kummervoll. «Ich will es mir überlegen, Herr Körnig. Wenn es unbedingt sein muß. Aber zwei oder drei Tage geht es wohl noch so?»

«Es muß eben gehen», antwortete Herr Körnig ergeben. «Vergessen Sie es nur nicht, Herr Direktor!»

Karl Siebrecht vergaß es nicht, das Schicksal selbst half ihm. Denn ein oder zwei Tage später meldete ihm Herr Körnig: «Eine Dame wartet auf Sie schon seit zwei Stunden. Sie sagt, sie kennt Sie, sonst hätte ich sie hier gar nicht sitzen lassen in der Nacht.»

Siebrecht eilte hastig zu der wartenden Dame. Immer wenn ihm in diesen Wochen eine wartende Dame gemeldet wurde, dachte er an Hertha Eich. Aber auch diesmal war sie es nicht, die da in der Nacht auf ihn wartete, aber es war wirklich eine alte gute Bekannte, es war die Palude!

Die Palude, jetzt grauhaarig, aber mit zeitgemäßem Herrenschnitt, erhob sich, schüttelte ihm die Hand und sagte: «Ich habe in der Handelszeitung von der Gründung Ihrer Firma gelesen, Herr Siebrecht. Da wollte ich mich doch einmal nach Ihnen umsehen. Aber so fein wie jetzt haben wir es damals nicht gehabt!»

«Dafür haben wir heute noch mehr Sorgen als damals, Fräulein Palude. Das Geld ist entsetzlich knapp.» – Siebrecht hatte schon entdeckt, daß er diesen Satz ein wenig häufig gebrauchte. Er drückte präzis seine Hauptsorge aus. – «Und wann fangen Sie wieder an, bei uns zu arbeiten? Wir brauchen gerade eine tüchtige Lohnbuchhalterin, die auch ein wenig Ahnung von den Gepäcktarifen hat!»

Fräulein Palude lachte, sie versicherte, deswegen wäre sie nicht gekommen. Aber sie ließ mit sich reden, die alte Anhänglichkeit zog. Sie sträubte sich eine Weile, dann sagte sie ja. Sie konnte es sogar zu Herrn Körnigs Erleichterung so einrichten, daß sie schon vor dem Ersten eintrat, und vorher schickte sie noch einen Getreuen aus der Eichendorffstraße, den rothaarigen, sommersprossigen Lehrling Bremer. Der war nun freilich längst kein Lehrling mehr, er hatte den ganzen Krieg mitgemacht. In der Inflation hatte er eine Wechselstube besessen und war ein recht vermöglicher Mann gewesen. Dann aber hatte er nicht an den Bestand der Rentenmark geglaubt und hatte auf Baisse spekuliert, wobei er alles verlor. Nun war er gerade wieder dabei, von vorn anzufangen wie so viele. – Er war noch immer rothaarig und sommersprossig,

aber er war ein scharfäugiger, kühler Mann geworden, einer jener Geschäfts-
leute etwas amerikanischen Typs, die nicht viel von Gefühlen belästigt werden.
Der geborene Personalchef, dachte Karl Siebrecht. Mein künftiger Personalchef. Und er stellte den Egon Bremer ein, mit einem Monatsgehalt, das Herrn
Körnig zuerst entsetzte. Er sah aber bald, daß dieser Mann sein Geld wert war.
Unermüdlich war Bremer im Geschäftslaubfrosch unterwegs, kontrollierte die
Autos, die Gepäckstellen, die Abrechnungen, genierte sich keine Minute, auch
einmal als Chauffeur für einen Erkrankten einzuspringen, tippte nach Büro-
schluß stundenlang Aufstellungen – und war immer gleichmäßig kühl, sachlich, gut gelaunt, etwas hundeschnäuzig.

Wieviel alte bekannte Gesichter um Karl Siebrecht wiederauftauchten aus
seiner früheren Glückszeit! Manchmal hielt er inne, und ihm war ganz so, als
sei alles dazwischen nur ein langer böser Traum gewesen, Krieg und Inflation,
als sei er jetzt erst wieder heimgekehrt. Aber zwei Gesichter fehlten unter
den bekannten: die geliebtesten und getreuesten. Er seufzte und ging wieder
an die Arbeit. Nein, er war nicht mehr zwanzig, er war nun über dreißig,
er hatte Fell zusetzen müssen wie alle!


## 95. Bist du es, Hertha?

Schon zehnmal, schon zwanzigmal hatte Karl Siebrecht in diesen Monaten
seine Wohnung wechseln wollen, aber nie war er dazu gekommen. Mit der
Krienke waren längst alle diplomatischen Beziehungen abgebrochen, sie lebten
in offenem Kriegszustande. Seit er von seiner Wirtin verlangt hatte, sie möchte ihm doch einen Tisch in die Stube stellen, er wolle ihn sogar bezahlen, er
habe aber abends manchmal noch zu schreiben – seitdem war Karl Siebrecht
als Mitmensch für Frau Krienke erledigt. Er hatte das Zimmer als Chauffeur
gemietet, ein Chauffeur fuhr Autos, ein Chauffeur schrieb nicht. In ihre Stube kam kein Tisch, und wenn er sich mit Geld ausstopfte! Wenn er was zu
schreiben hatte, sollte er sich gefälligst in die Küche setzen –! Aber das Maß
lief über, als in später Abendstunde ein Bote von Herrn Körnig kam und nach
«Herrn Direktor Siebrecht» fragte. Hier gab's keinen Direktor, hier gab's bloß
Arbeiter, Proleten geradeheraus gesagt. Der Bengel sollte machen, daß er sich
schleunigst entfernte!

Trotzdem hätte der vielbeschäftige Karl Siebrecht sich wohl noch lange keine neue Wohnung besorgt, aber als er am Abend nach dem großen Vertrags-
abschluß mit der Bahn nach Haus kam, lag da auf seinem Bett ein Stadttele-
gramm. Er riß es auf, er las: «Heute abend nach acht Passauer Straße Nummer soundsoviel, eine Treppe links, Portier hat die Schlüssel.» Nein, keine Unterschrift, keine Unterschrift – und schon lief Karl Siebrecht auf die Straße.

Plötzlich wurde es ganz still in ihm, die erste Aufregung war abgeebbt, er
gab sich dem Gefühl hin, daß er sie nun wiedersehen würde… Ich hatte ja
doch auf sie gewartet, dachte er. Soviel Menschen auch um mich waren, ich
habe mich nach ihr gesehnt. Sie hat mir gefehlt, ein Mensch, mit dem ich über
alles sprechen kann… Und ich werde auch immer mit ihr über alles sprechen.
Nie wieder Heimlichkeiten, von allem Anfang an. Ich habe etwas dazugelernt…

Dann stand er vor dem Haus. Die Tür war schon abgeschlossen, er mußte nach dem Portier klingeln. Er sah empor an dem Haus. Eine Treppe hoch war alles dunkel, aber er mußte sie heute abend noch sehen, er würde sie auch sehen, er fühlte es. Erst der ärgerliche Ausruf der Portiersfrau: «Na, wer bimmelt denn hier mitten in de Nacht?» schreckte ihn auf. Es war übrigens noch nicht neun Uhr abends.

Er ging rasch zu dem kleinen Fenster, beugte sich ins Dunkle und sagte ein wenig unsicher: «Mein Name ist Siebrecht. Es sollen hier Schlüssel für mich hinterlegt sein.»

«Aba jewiß doch, Herr Direktor!» Die Stimme aus dem Dunkeln klang plötzlich so höflich, daß kein Zweifel bestehen konnte, ihre Besitzerin war ausgiebig geölt worden. «Warten Sie 'nen Oogenblick, Herr Direktor, ick schließ Ihnen die Tür von innen uff und schalte det Treppenlicht in.» Gleich darauf wurde es in der Treppenhalle hell, die große Tür öffnete sich, und die Portiersfrau forderte ihn auf hereinzukommen. «Wa schließen det Haus imma schon um achte», flüsterte sie. «Die Straße is nich mehr, wat se jewesen is vorm Kriege. Hochparterre, Herr Direktor, jleich links, Ihr Name is an die Tür. Jute Reise jehabt, Herr Direktor? Danke ooch schön, Herr Direktor!» Und sie ließ einen Schein verschwinden.

«Es ist jetzt niemand oben in der Wohnung?» fragte er, ein wenig enttäuscht.

«Nee, Herr Direktor, die junge Dame is schon vor sechse jegangen, und det Mächen soll ja erst am Ersten kommen. Bis dahin mach ick schon det bißcken reine. Jute Nacht ooch, Herr Direktor, wünsche ooch wohl zu ruhen...»

«Danke schön. Gute Nacht», sagte er und stieg langsam die Stufen zu «seiner» Wohnung empor. Es war ihm, als sei er in einem Märchen, aber das Märchen lief nicht ganz, wie er erwartete. Das hätte sie nicht tun sollen, dachte er, mir eine Wohnung einrichten. Ich kann mich doch nicht von ihr aushalten lassen. Aber das ist ganz sie, kalt und leidenschaftlich, berechnend und naiv. Wenn ich sie wenigstens heute abend noch sehe, wenn wir uns irgendwo getroffen hätten wie damals am Zoo... aber dies, das ist zuviel und das ist zuwenig...

Auf dem kleinen Messingschild an der Tür stand in schwarzen Buchstaben nur sein Name «Karl Siebrecht». Das hatte sie für ihn bestellt und anfertigen lassen, sie war also schon Tage in Berlin, sie hatte ihm eine Wohnung eingerichtet, vielleicht war sie schon Wochen hier, aber sie hatte nicht das Bedürfnis gehabt, ihn wiederzusehen. Wie verschieden sie beide doch waren! Mit den Schlössern kam er trotz der lichtvollen Erklärungen der Portiere nicht zurecht. Lange klapperte er mit den Schlüsseln, immer in der Befürchtung, die Tür gegenüber könne sich auftun, und er stand vor seinen Nachbarn wie eine Art Einbrecher da. Schließlich entdeckte er, daß die Tür offen war, und er trat in seine Wohnung ein, die erste eigene seines Lebens... Ach, auch dies ist wieder keine eigene Wohnung, dachte er ein wenig bitter. Damals war es Riekes Wohnung, heute...

Er sah sich einen Augenblick im Vorraum um, er nickte langsam. Wenig Möbel nur, ein paar Stahlrohrsessel, ein paar Farbenholzschnitte – jawohl, er war jetzt der Direktor des Berliner Bahnhof-Eildienstes, so hatte der Vorraum eines solchen Mannes auszusehen. Der verhungerte Junge des märkischen Maurermeisters war dort angekommen, wohin er sich vor fünfzehn Jahren geträumt hatte – aber wie anders war er in seinen Träumen angekommen . . .

Er hängte seinen Hut auf einen Haken, den Mantel dazu, einen flüchtigen Blick warf er auf sich im Spiegel. Er rückte an seinem Anzug, an dem Schlips. Ja, es war eine Schande, daß er noch immer zu keinem Schneider gekommen war, ·daß er noch immer bei der Krienke saß – Hertha hatte recht. Aber so wie sie es gemacht hatte, war es unrecht. Er öffnete die Tür zum ersten Zimmer linker Hand, etwas Licht fiel von den Straßenlampen herein, nach einigem Suchen fand er den Schalter. Schön, sehr schön! würde der alte Eich sagen. Nein, verdammt, das würde er nicht sagen! Was würde dieser gelbliche Mann in der braunen Hausjacke wohl zu diesen Streichen seiner Tochter sagen? Und was würde er zu einem Vertragspartner sagen, der das hinnahm? Einen Augenblick war Karl Siebrecht in Versuchung, kehrtzumachen. Noch nicht, sagte er sich dann. Ich kann immer noch gehen, ich bin allein hier.

Ein wenig verwundert und ein wenig müde sah er die Bücherbretter entlang. Wann sollte er das alles je lesen? Was dachte sie sich eigentlich? Er hatte zu arbeiten, jetzt hatte er noch zehnmal mehr zu arbeiten, um sich wenigstens vor sich selbst zu rechtfertigen. Fremde Namen auf diesen Büchern, er würde nie erfahren, was sie ihm zu sagen hatten. Einen Augenblick stutzte er, als er unter den unbekannten Titeln den bekannten sah: «Homer, Odyssee.» Er zog den Band halb heraus, flüchtig dachte er an Rektor Tietböhl, er hätte gerne die Stelle gesucht, wo Nausikaa den schiffbrüchigen Odysseus findet. Aber er schob den Band zurück. Nicht jetzt – er war auch nicht schiffbrüchig.

Er ging rasch in das nächste Zimmer und blieb auf der Schwelle stehen. Dies war ihr Zimmer, er fühlte es. Auf der Couch, noch aufgeschlagen in Falten, eine Decke, als sei sie eben erst herausgeschlüpft. Er spürte den Duft von Zigaretten, auf der Lehne lag ein Buch, aufgeblättert. Es war, als sei sie eben erst hiergewesen. Ach, warum war sie nicht hier? Ihm war, wäre sie jetzt hiergewesen, so hätte er sie verstanden, er hätte alles begriffen. Nun würde er sie erst morgen sehen oder in drei Tagen, in drei Wochen, wenn dies alles schon alt geworden war . . .

Langsam trat er in die Mitte des Zimmers, sah sich um. Alle Möbel fast in diesem Zimmer schienen alt, ein kleiner Renaissanceschrank, steife, steillehnige Renaissancestühle mit einem sanftrosa verblichenen, ehemals purpurroten Bezug. Er begegnete seinem eigenen Blick in einem großen Venezianer Spiegel. Einen Augenblick schaute er sich prüfend an. Das Glas schien leicht grünlich, es machte ihn sehr blaß, seine Augen wirkten dunkel. Ein fremder, sehr ernster Mann stand vor ihm. Dann hatte er das Gefühl, nicht allein zu sein. Es war ihm, als blickten ihn fremde Augen aus diesem Spiegel an. Er sah in dem grünlichen Glas die Tür zum nächsten Zimmer, sie bewegte sich lautlos . . . Er wandte nicht den Kopf, er starrte weiter in den Spiegel, sein Herz klopfte.

Die Tür öffnete sich weiter. Auf der Klinke sah er etwas Weißes, eine Hand . . . Er sagte halblaut, zitternd: «Bist du es, Hertha? Komm, komm schnell! Ich halte es nicht mehr aus. Ich habe mich so gesehnt nach dir . . .»

Die Tür öffnete sich ganz.

Er erwachte aus einem Traum, der schön gewesen war. Aus dunkleren Wassern war er in immer hellere gestiegen, liegend hatte es ihn emporgetragen, ans Licht. Nun lag er erwacht im Dunkeln, er lauschte auf ihren Atem. Nach einer Weile des Horchens fragte er leise: «Schläfst du nicht mehr, Hertha –?»

«Nein», antwortete sie ebenso leise und suchte im Dunkeln seine Hand. «Ich habe noch gar nicht geschlafen.»

«Ich habe geträumt», erzählte er. «Ich weiß nicht mehr genau, wie es war, aber ich kam aus dem Dunkeln ins Licht. Das Wasser trug mich empor.»

«Und als du erwachtest, warst du im Dunkel.»

«Aber ich war bei dir. Ich habe nach dir gerufen. Ich wußte sofort, du mußtest da sein. Bist du denn traurig?»

«Ich weiß nicht. Bist du glücklich?»

«Ja.»

Sie drückte seine Hand, dann sagte sie: «Wenn ich mich auf etwas so sehr und so lange gefreut habe, bin ich immer ein wenig enttäuscht, wenn ich es erreicht habe. Schon als Kind habe ich mich zu sehr auf das Weihnachtsfest gefreut, nachher war es nie so schön . . .»

«Ich bin sehr glücklich, Hertha», sagte er. «Ich war noch nie so glücklich in meinem Leben.»

«Du mußt mir das immer wieder sagen, ich kann es nicht oft genug hören», flüsterte sie. «Ich habe mich stets danach gesehnt, einen Menschen ganz glücklich zu machen.»

«Aber du sollst auch glücklich sein, Hertha!»

«Ich bin schon glücklich, ich bin auf meine eigene Art glücklich. Vielleicht fühle ich es erst, wenn dies alles vorbei ist, wie glücklich ich heute nacht war.»

«Es wird nie vorbei sein. Es darf nie vorbei sein.»

Sie schwieg.

«Hertha», fragte er. «Wie alt bist du eigentlich?»

«Dreiundzwanzig», antwortete sie ohne Zögern. «Was dachtest du?»

«Ich habe dich immer für blutjung gehalten, siebzehn oder achtzehn. Erst später fing ich an zu zweifeln.»

«Nein», sagte sie langsam. «So jung bin ich nicht mehr. Die Zeit liegt lange, lange zurück. Ich wollte, ich wäre noch so jung, um deinetwillen wollte ich es, nicht um meinetwillen.»

«Ich bin glücklich», sagte er. «Ich verstehe wenig von dir, ich weiß nie, warum du etwas tust, du überraschst mich immer. Aber du machst mich glücklich.»

Sie lachte leise. Sie drängte sich an ihn und legte sich in seinen Arm. «Aber muß man sich denn verstehen, wenn man sich liebt?» fragte sie. «Das ist doch etwas ganz anderes! Du hast mich doch lieb?»

«Ja», sagte er. «Ich habe es erst nicht gewußt. Aber jetzt weiß ich es. Und du –?»

«Doch, ja. Wenigstens weiß ich so sicher wie dies, daß ich dich liebhabe. Schon als ich die Karte in meiner Tasche fand, fühlte ich es. Damals wußte ich noch nichts. Seltsam, deine Frau hat es zuerst gewußt, und als sie es mir sagte, da wußte ich es auch.»

376

«Nein», sagte er. «Da dachte ich noch nicht an dich.»

«Ja», lachte sie. «Ich habe dich richtig eingefangen, du Armer. Aber du warst leicht zu fangen, du hast nicht viel Erfahrungen.»

Einen Augenblick fühlte er ein leichtes Widerstreben. Dann sagte er: «Darf ich dich etwas fragen, Hertha?»

«Frage nur. Vielleicht antworte ich.»

Er gab sich einen Ruck. «Du bist doch einverstanden, Hertha, wenn wir bald heiraten? Sehr bald?» – Sie schwieg. – «Hertha, darauf mußt du mir antworten!» drängte er. «Das ist doch selbstverständlich.»

«Was ist selbstverständlich? Daß ich antworte oder daß wir heiraten?»

«Beides!»

«Ich weiß nicht, ob ich dich heiraten möchte ...»

«Aber, Hertha!» sagte er entsetzt. Er war so fassungslos, er hätte nie gedacht, daß sie ihm dies antworten könnte. «Denke doch an deine Eltern!»

«Was haben meine Eltern damit zu tun? Ich kann dich nicht meiner Eltern wegen heiraten. Ich weiß wirklich nicht, ob ich dich heiraten mag. Das hat Zeit. Laß es weiter sein, wie es jetzt ist. Eben noch hast du gesagt, daß du glücklich bist. Willst du denn mehr als glücklich sein?»

Ihre Logik verwirrte ihn. «Hertha, bedenke, was du schon für mich getan hast, du hast mir Geld für das Geschäft gegeben und hier die Wohnung eingerichtet. Das ist doch alles unmöglich, wenn wir nicht heiraten. Ich kann mich doch nicht von dir – beschenken lassen!»

«Das hat eben der Kleinstädter aus dir gesprochen», sagte sie spöttisch, kuschelte sich dabei aber zärtlich an ihn. «Diese Ideen werden immer rätselhaft für mich bleiben. Warum du dir von mir was schenken lassen darfst, wenn wir heiraten, aber nicht, wenn wir uns weiterlieben, verstehe ich nicht.»

«Aber das ist doch ganz klar, Hertha! Wenn wir uns nur so liebhaben. Ich meine, eine Ehe ist doch auch eine Kampfgemeinschaft, wie zwei Kameraden –»

«Ich will aber gar nicht dein Kamerad sein. Ich will deine Geliebte bleiben – verstehe wohl, die, die du liebhast, nicht, was ihr euch in eurer Kleinstadt als Geliebte vorstellt. Vielleicht ist das auch in der Ehe möglich, wir werden ja sehen.»

«Höre einmal zu, Hertha!» sagte er energisch. «Es ist ganz unmöglich, daß wir uns hier heimlich treffen und daß wir die Verschwiegenheit von Portierfrau und Mädchen mit Trinkgeldern erkaufen. Ich finde so etwas einfach ekelhaft.»

«Ich finde in der sogenannten Ehe manches noch viel ekelhafter. Außerdem, mein Freund, wer sagt dir, daß ich dir etwas schenken will? Du wirst in der Schublade deines Schreibtisches einen ganzen Packen Rechnungen finden, auch eine Aufstellung über das, was ich für dich ausgelegt habe. Ich habe dein Haupt schwer mit Schulden belastet!»

«Gott sei Dank!» atmete er auf.

«Ach du, Karlchen! Ich fürchte, ich werde dich manchmal Karlchen nennen müssen!» lachte sie. «Wie kann ein großer, erwachsener Mann so denken? Liebhaben darf ich dich, aber einen Schrank für dich bezahlen, das ist eine Sünde! Du gehörst noch gar nicht nach Berlin – ich werde viel an dir zu erziehen haben!» Sie spielte mit der Hand in seinem Haar. «Aber vielleicht werde ich dich auch gar nicht erziehen», sagte sie nachdenklich. «Vielleicht gefällst du mir gerade darum, weil du noch so naiv bist.» Und wieder sagte sie: «Wir werden ja sehen ...»

Einen Augenblick schwieg sie. Dann fragte sie: «Wieviel ist eigentlich die Uhr?»

«Es wird gegen ein Uhr sein.»

«Wir werden uns jetzt einen Kaffee kochen und ein bißchen essen», schlug sie vor. «Und dann wirst du mir alles von deinen Geschäften erzählen, aber auch alles. Also, steh jetzt auf und verfüge dich ins Badezimmer, damit ich mich ein bißchen zurechtmachen kann.»

«Soll ich wirklich aufstehen, jetzt nachts um ein Uhr?» fragte er faul. «Bedenke, daß ich morgen um acht im Geschäft sein muß.»

«Und bedenke du bitte, daß ich offiziell erst in drei Tagen in Berlin ankomme, daß wir diese drei Tage ganz allein für uns haben und daß es deinen Leuten sehr gut ist, wenn der Herr Direktor einmal erst um zehn oder halb elf kommt.»

«Das ist ganz unmöglich, Hertha. Ich habe morgen früh –»

«Das ist nur in Schrimm und Schroda unmöglich, Karlchen! Das wirst du alles noch lernen. Übrigens wirst du morgen vormittag überhaupt nicht ins Geschäft kommen. Morgen vormittag werden wir erst einmal für dich einkaufen. Wie du dich anziehst, mein Lieber, das ist unmöglich. All deine alten Sachen kannst du deiner Piesecke schenken, oder wie sie sonst heißt. Nur die Lederjacke nicht, die du damals als Chauffeur trugst.» Sie dachte nach. «Doch, lieber auch die Lederjacke, ich will keine Erinnerungen an die Vergangenheit, wir werden mit der Gegenwart genug zu tun haben.»


## 97. Sie leben sich ein

Die Hand seiner Geliebten lastete schwer auf Karl Siebrecht. Hertha Eich bemächtigte sich seines Lebens, seines Denkens, sogar seiner Träume. Sie kam und ging, wie sie wollte, sie entzog sich ihm, wenn er sie zu brauchen glaubte – und dann, wenn er sich in seine Arbeit gestürzt hatte, erschien sie und entführte ihn. Sie schleppte ihn einfach mit sich fort, zu einem lächerlichen Schneider oder auch in den Grunewald, nach Potsdam, wo er Sanssouci besichtigen mußte, während sein Büro nach ihm schrie. Er protestierte. Er sagte: «Hertha, das ist unmöglich. So geht es nicht weiter. Können wir nicht irgendeine feste Stunde verabreden, wo wir zusammen sind?»

Sie lachte nur. «Ich glaube, ich werde dich nicht zu festen Stunden lieben können, mein Armer. Wenn ich daran denke, daß ich jeden Abend um halb acht mich bei dir einzufinden habe – mich schaudert!»

«Aber liebst du mich denn nicht immer? Ich bin immer glücklich, wenn ich dich sehe!»

«Bist du das wirklich? Du machtest gestern keinen sehr glücklichen Eindruck, als ich dich von deinen Rechnungen mit der Palude wegholte. Nein, ich liebe dich nicht immer, lange nicht immer. Manchmal bist du mir ganz unerträglich, zum Beispiel jetzt, wo du gerade wieder einmal fragen willst, ob wir nicht doch lieber heiraten wollen!» – Er wurde rot, denn gerade dies hatte er eben wirklich fragen wollen. – «Nein, wir wollen nicht doch lieber heiraten», fuhr sie erbarmungslos fort. «Jetzt nicht und wahrscheinlich nie. Auf Wiedersehen, Karlchen, und sei recht fleißig. Diese Woche werde ich mich wohl kaum mehr melden.» Damit ging sie.

Wenn sie ihn Karlchen nannte, hätte er vor Wut in die Höhe gehen mögen, aber das war nicht ratsam, denn «Karlchen» war ein untrügliches Zeichen dafür, daß sie sehr unzufrieden mit ihm war. Und wenn sie nicht mit ihm zufrieden war, ließ sie es ihn merken. Sie hatte mancherlei Arten, sein Selbstgefühl zu verwunden, aber «Karlchen» schien ihm doch die schlimmste.

«Wenn du mich wenigstens vor anderen Leuten nicht Karlchen nennen wolltest!» sagte er flehend. «Gestern hast du mich in meinem Büro so genannt, vor Herrn Körnig und Fräulein Taesler! Ich habe gesehen, wie sich die beiden angegrinst haben!»

«Ich war wohl kein anständiges Mädchen, nein?» fragte sie süß. «Ich habe wohl die Beine übereinandergeschlagen, wie es kein anständiges Mädchen tut? Da mußte mich Herr Direktor Siebrecht natürlich strafend ansehen! Aber wenn sich Herr Direktor wie Karlchen benimmt, so wird er auch Karlchen genannt – und wenn alle Leute von der ganzen Welt dabeisitzen!»

Und das tat sie wirklich. Karl Siebrecht hatte noch nie einen Menschen getroffen, der so unbekümmert dem Gerede der Leute gegenüber war wie Hertha Eich. Sie forderte das Gerede nicht etwa heraus, sie trotzte ihm auch nicht, sie verachtete es auch nicht – nein, es existierte einfach nicht für sie. Sie dachte nie auch nur einen Augenblick daran, was die Leute von ihrem Tun und Treiben denken könnten. Sie besuchte ihn tags wie nachts mit Selbstverständlichkeit in der Passauer Straße und in seinem Büro. Dort war sie erst sehr zweifelhaft angesehen worden, vor allem auch von Fräulein Palude, die den Weg ins Direktorenzimmer zu verteidigen hatte. Dann war es irgendwie herausgekommen, daß sie die Tochter des mächtigen Eich war, und von Stund an wurde sie mit größter Liebenswürdigkeit behandelt. Sie hatte weder das zweifelhafte Ansehen noch die Liebenswürdigkeit bemerkt. Wenn sie die Laune ankam, setzte sie sich eine halbe Stunde zu Fräulein Palude und ließ sich von dem alten Fuhrhof und von Wagenseils erzählen. Er durfte unterdes warten. Dann nickte sie der Palude zu und ging, vergaß unter Umständen auch völlig ihr wartendes Karlchen.

Wie sie es in der Passauer Straße fertigbrachte, dem Gerede zu entgehen und sich sogar in Respekt zu setzen, begriff er nie. Berliner Portiersfrauen haben im allgemeinen keinen übertriebenen Ruf für ihre Diskretion, aber Frau Pagel schwor auf die «gnädige Frau». Das kleine Hausmädchen Hilde nannte die «gnädige Frau» wiederum nur «Fräulein Eich», aber nicht aus Übelwollen, sondern weil ihrem schlichten Geist alle Bemäntelungen zu kompliziert waren. Karl Siebrecht hörte einmal eine Verhandlung der drei weiblichen Wesen über die Reinigung eines Teppichs, auf den Hilde ein Tintenfaß entleert hatte. Es ging wild durcheinander mit «gnädige Frau» und «Fräulein Eich». – Hertha schien das überhaupt nicht zu hören.

«Willst du nicht doch vielleicht Hilde beibringen», fragte er hinterher so sanft, wie es ihm nur möglich war, «daß sie dich auch gnädige Frau nennt?»

«Wieso? Was sagt sie denn?»

«Sie sagt Fräulein Eich, und die Portiersfrau sagt gnädige Frau», erklärte er ihr geduldig.

«Schön», sagte sie, ganz wie ihr Vater. «Und es scheint beide nicht zu stören. Dich aber stört es, mein armes Karlchen, wie?»

Rätselhaft blieb ihm immer, wie sie zu Haus ihre ständigen Abwesenheiten bemäntelte. Schließlich war sie aus einem gutbürgerlichen Haus. Herr Eich sah nicht danach aus, als ob er ein Bohèmeleben seiner Tochter billigen würde. Sie aber kam zu ihm, wie es ihr einfiel, sie blieb ganze Nächte in der Passauer Straße. Er konnte es nicht lassen, er fragte sie manchmal kummervoll: «Was sagst du nur deinen Eltern? Fragen sie denn nie? Sie müssen sich doch deinetwegen Sorgen machen!»

Sie lachte. «Mir scheint, du machst dir Sorgen, wie ich zu Haus abschneide, mein gutes Karlchen?»

«Wirklich, Hertha, sie müssen dich doch etwas fragen, und du mußt ihnen doch etwas antworten!»

Wieder lachte sie. «Hast du schon je auf eine solche Frage von mir Antwort bekommen?» fragte sie. «Nun, siehst du! Übrigens fragen meine Eltern mich nie etwas. Man hat Vertrauen oder man hat keines. Gefragt wird nur in Schrimm und Schroda.» Sie sah ihn nachdenklich an. «Mache ich dir sehr viel Sorgen?» fragte sie plötzlich. «Bitte mache dir meinetwegen keine Sorgen. Wenn du dir Sorgen machen mußt, werde ich es dir schon sagen.» Das war ganz aufrichtig und herzlich gesagt. Aber gleich verdarb sie es wieder. «Im übrigen sollst du dich selbst überzeugen können, was meine Eltern von mir denken. Ich werde dich zu Sonnabend von ihnen einladen lassen.»

«Um Gottes willen, nein!» rief er, entsetzt über das, was er nun wieder heraufbeschworen hatte.

«Nun sage mir noch, daß es dir peinlich wäre», sagte sie spöttisch. «Nicht wahr, dem alten ehrlichen Vater ins biedere Auge sehen, dessen Tochter du –» Sie sah ihn aufmerksam an. «Aber du hast mich nicht verführt, mein Lieber, sondern ich dich. Und ich bin mir noch immer nicht ganz sicher, ob es nicht wirklich nur eine Verführung war. Guten Abend, Karlchen.» Damit ging sie, und sie hatten den Abend doch zusammen ins Theater gehen wollen. Aber es war völlig zwecklos, sie an so etwas zu erinnern. Sie ging, manchmal dachte er dann, sie wäre für immer gegangen. Sie meldete sich drei, vier Tage nicht, und er wagte nicht, sie in der elterlichen Wohnung anzurufen. Er verging vor Unruhe und Zweifel, er verfluchte seine Pedanterie und Kleinstädtischkeit. Er sah ein, daß er wirklich noch immer kein Berliner war. Er dachte noch nicht berlinisch.

Einmal hatte sie nach einer solchen Trennung zehn Tage nichts von sich hören lassen. Als er sie dann doch wieder in den Armen hielt – er war schon ganz verzweifelt gewesen –, rief er, sie fest an sich drückend: «Und ich dachte schon, du würdest nie wiederkommen!»

«Dachtest du das wirklich?»

«Ich weiß nicht. Ich war ganz verzweifelt. Ich konnte nicht mehr arbeiten. Aber ich sagte mir immer wieder, daß du es nicht fertigbringen würdest, mich so zu verlassen!»

«O doch, ich würde es schon fertigbringen!»

«Ich möchte dich anbinden hier bei mir!»

«Mich bindest du nicht an. Denke doch nicht, daß ich dir sicherer wäre, wenn du mich heiratest. Sicher bin ich dir nur so lange, wie ich dich liebe.»

«Aber du mußt mich immer lieben!»

«Ich habe dich jetzt zehn Tage nicht geliebt», sagte sie leise, «ich war deiner so überdrüssig. Ich habe in meinem Zimmer gesessen und immerzu auf den Hof gestarrt. Es ist da ein Riß im Verputz, ein Stück Mörtel hängt nur noch ganz lose, und – ich habe mir gesagt: wenn dieses Stück Putz abfällt, werde ich nicht wieder zu ihm gehen. – Das Stück hängt noch...»

«Du mußt wahnsinnig sein!» brach es plötzlich aus ihm. Er preßte sie in seine Arme, als wollte er sie zerdrücken. «Glaubst du denn, ich ließe dich so gehen? Ich holte dich wieder, und wenn ich mein ganzes Leben dabei daransetzen müßte. Du gehörst mir, verstehst du, nur mir!»

«Sage das noch einmal», bat sie. «Sage es immer wieder.»

Er wiederholte es ihr, zwischen Küssen wiederholte er es immer wieder, daß sie ihm gehörte und daß er sie sich wieder holen würde vom Ende der Welt!

«Ich weiß nicht, wie es bei euch anderen ist», sagte sie später, «ihr scheint immer die gleichen Gefühle zu haben. Sie entstehen langsam, und dann bleiben sie, über eine lange, lange Zeit, vielleicht für das ganze Leben. Bei mir kommt alles mit einem Schlag. Es ist wie eine Woge, die mich überfällt und hochwirbelt. Dann ist die Woge wieder fort, und ich liege im Sand, hilflos und leer... Keiner versteht, wie schrecklich diese Leere ist, ich glaube, so ist der Tod. Tod ist, daß man nichts mehr fühlen kann...» Nach einer Weile sagte sie noch: «Doch, einer versteht das.»

«Und wer versteht dich so?» fragte er voll Angst und Eifersucht.

«Vater», sagte sie. «Vater versteht alles.» Und ganz rasch: «Aber du sollst nie werden wie Vater. Wenn du mich wirklich verstündest, würdest du mich nicht mehr lieben. Du sollst mich aber immer lieben.»

«Ich werde dich immer lieben», sagte er. «Du bist mein ganzes Glück!»

Solche Stunden hatten sie auch, Stunden größten Glücks und tiefsten Vertrauens, in denen Karl Siebrecht fühlte, wie nah dieses zweiflerische, leidenschaftliche Geschöpf ihm war, wie Hertha Eich ihn doch ebenso unentrinnbar liebte wie er sie. Ja, diese Stunden waren gar nicht selten, sie waren sogar häufiger als jene, da sie fühlten, wie verschieden sie waren. Sie kamen immer ganz überraschend, wie alles bei ihr überraschend kam. Sie kamen nach einem Zwist, auf einem Spaziergang, dann plötzlich im Theater – und sie standen beide auf, gingen mitten aus der Vorstellung in die Nacht hinein. Oder sie saßen am Abend zusammen, jeder in ein Buch vertieft – er entdeckte plötzlich, daß er sogar Zeit hatte, Bücher zu lesen –, und ihre Blicke begegneten sich über den Seiten der Bücher. «Ja –?» fragte sie dann, und ihre Stimme schien ohne Klang zu sein, wie ein ferner Ruf aus Nebel. «Ja –?» fragte er zurück, und erkannte seine eigene Stimme nicht, so geisterhaft kam ihm alles vor. Die Bücher glitten zu Boden, und sie sahen sich weiter an, stumm, glühend. Immer feuriger wurde der Nebel, wurde zu rotem Rauch. Sie fühlten in der tönenden, schwingenden Stille, daß sie einander besitzen wollten, und sie zögerten diesen Besitz hinaus, sie warteten noch... Sie sahen sich nur an und suchten einander zu erraten, sie drangen ineinander ein, sie fragten und antworteten – ohne ein Wort. Dann standen sie auf und gingen aufeinander zu. «Ja –!» sagte sie wieder, aber diesmal hatte ihre Stimme allen Schmelz und alle Tiefe der Liebe. «Ja –!» antwortete er und nahm sie in seine Arme.

Auf seinen Armen trug er sie, dieses dunkle, leidenschaftliche Geschöpf, trug sie wie ein Kind durch die Zimmer, und während sie mit geschlossenen Augen in seinen Armen lag, flüsterte er ihr Zärtlichkeiten zu. «Meine Welle», flüsterte er. «Meine Woge, trage mich hoch, trage mich immer noch höher, wirble mich hoch! Ich bin so schwer ohne dich...» Und sie lauschte ihm, mit geschlossenen Augen, ein unbestimmtes Lächeln auf dem blassen Gesicht.

Trotz aller Einwendungen gegen das Überraschende, Regellose, Ungewisse ihres Verhältnisses kam Karl Siebrecht manchmal der Gedanke, daß sie beide, ohne verheiratet zu sein, eine sehr viel bessere Ehe führten, als er sie je mit Rieke gehabt hatte. Hertha Eich durchdrang sein ganzes Leben, ihr gehörte nicht nur ein Teilchen von ihm, wie er es Rieke halb widerwillig zugestanden hatte, er konnte sich ihr nirgends entziehen. Es gab keine Geheimnisse vor ihr. In manchen Dingen hatte sie einen unglaublichen Scharfblick. Als erste warnte sie ihn vor dem ehemaligen Lehrling Egon Bremer, diesem rothaarigen, kaltschnäuzigen Menschen. «Setze ihn raus, solange es noch Zeit ist», sagte sie. «Der Mann kommt um vor Ehrgeiz. Glaubst du wirklich, er sitzt wegen des bißchen Gehalts jeden Abend bis zehn im Büro? Er will dein Nachfolger werden!»

Er lachte sie aus. Er erzählte ihr von Egon, dem Lehrling, von der Aufopferung, mit der er in schlimmen Tagen die Gepäckkarren gezogen hatte.

«Nun», sagte sie, «wir werden später sehen. Behalte ihn, aber habe ein Auge auf ihn. Wenn er dir einen Streich spielen kann, wird er es tun. – Gehen wir jetzt ins Museum, oder ist der Herr Direktor unabkömmlich?» Natürlich war er eigentlich unabkömmlich, ging aber doch mit. So wurde er im Umgang mit ihr von Woche zu Woche ein anderer Mensch. Er wurde fester, bestimmter, ruhiger. Wie es ihn stolz machte, diesen Körper zu haben, der Glück geben und empfangen konnte, wie er ihn aufrechter trug, besser pflegte, geschickter kleidete, so fühlte er auch, daß er innerlich ruhiger wurde, daß er nicht mehr auf die anderen hörte, sondern zuerst auf sich.

Dem Gang der Geschäfte bekam diese Entwicklung ihres Direktors nur gut: sein Urteil war nicht mehr von Launen und Leidenschaften getrübt, er erlaubte seinen Stimmungen keinen Einfluß mehr. Vielleicht übertrieb er es wie alle Anfänger: er sah seine alten Mitarbeiter nur noch kühl an. Die Palude bekam es zu fühlen, Egon Bremer – aber auch mit dem alten Gepäckträger Herrn Beese wechselte er kaum noch ein Wort. Er hatte jetzt viel Arbeit. Er baute, da der Dienst auf den Bahnhöfen sich völlig eingespielt hatte, den Kundendienst aus, die «Lumpensammler», wie sie es nannten, diese Wagen, die Stadtteil für Stadtteil abfuhren, Koffer holten und möglichst ohne Leerfahrten zu bestimmten Zeiten an die Bahn schaffen mußten. Das erforderte ein gut Teil sorgfältigster Organisation und Kalkulation. Die Einnahmen waren jetzt befriedigend, wenn auch weit davon entfernt, üppig zu sein, aber sie wurden von dieser Neuorganisation völlig verschlungen. Eine Telefonzentrale für die Anrufe der Kundschaft mußte eingerichtet, der Wagenpark verdoppelt, das Personal

sogar verdreifacht werden. Die Löhne und Gehälter, die jeden Monat aufge-
bracht werden mußten, waren erschreckend hoch, und das Geld blieb entsetzlich knapp, aber er sprach nicht mehr davon. Die Firma Gollmer hatte ihre Beteiligung bereits verdoppelt, und trotz alledem saßen vor jedem Ultimo Herr
Körnig und er viele Stunden bis in die tiefe Nacht hinein und rechneten und
beratschlagten. Er unterschrieb die ersten Wechsel seines Lebens.

«Wenn wir erst mit dem Aufbau fertig sind, Herr Körnig», sagte er tröstend, «wird es ein Kinderspiel sein, diese Papierchen wieder einzulösen. Bis
dahin prolongieren wir »

«Ich fürchte, wir werden mit dem Aufbau nie fertig», antwortete Herr Körnig besorgt. «Berlin ist zu groß für uns, Herr Direktor.»

«Berlin ist nicht zu groß für uns, Herr Körnig», sagte er bestimmt. «Wir
werden Berlin erobern.» Er lächelte, als er daran dachte, einen wie anderen Sinn
diese Eroberung Berlins mit den Jahren bekommen hatte. Es war größer und
kleiner geworden, das, was er einst geträumt hatte. Nein, es war viel größer!


## 98. Souper mit Senden

Der Vorschlag, einmal zu dreien irgendwo zu Abend zu essen, war von
Herrn von Senden ausgegangen. Seit Karl Siebrecht den Rittmeister zu seinem
stillen Teilhaber gemacht hatte, war die Verbindung nicht wieder abgerissen
wie in früheren Jahren. Manchmal hatte er dem alten Gönner Geschäftliches
zu berichten, oft aber war er einfach aus Mitteilungsbedürfnis zu ihm in die
Artilleriestraße gegangen, wenn es dann auch Wochen und Monate gedauert
hatte, bis er das einzig Mitteilenswerte zuerst andeutete, dann offen erzählte.

Aber wenn man einen Mann einen Weltmann nennen konnte, so war es
der Herr Bodo von Senden. Er kannte die Welt, und er hatte Augen im Kopf.
Einmal sagte er: «Das erste Mal, daß ich dich in einem wirklich schönen Oberhemd sehe, mein Sohn Karl!» Ein andermal meinte er: «So, einen Masseur
hast du jetzt auch? Sehr förderlich für die Gesundheit!» Aber er sagte so etwas nicht nur, er dachte sich auch einiges dabei. Er zählte eins zum anderen, er
ließ auch die Schneideranzüge nicht außer acht, und nicht die gepflegteren Hände, er notierte sich im Kopf die Erwähnung eines Theaters, den Besuch eines
Konzertes. Als dann Karl Siebrecht schüchtern anzudeuten anfing, da lächelte
er nur in sich hinein, bis er ganz plötzlich sagte: «Also bestelle deiner Dame
einen schönen Gruß von mir und sage ihr, es würde mir eine Ehre und ein
Vergnügen sein, euch beide einmal zu einem Souper auszuführen. Den Ort mag
sie bestimmen.»

Karl Siebrecht hatte erst viele Bedenken, er meinte, es sei ganz unsicher, wie
seine Dame diese Einladung aufnehmen würde. «Ich weiß nie, was sie denkt
und will und tut», sagte er fast klagend. «Sie überrascht mich immer!»

«Also ist sie eine richtige Frau», lachte der Rittmeister. «Ich habe noch nie
gehört, daß Frauen etwas mit Algebra zu tun haben, daß Sie sich also ausrechnen lassen. Richte ihr meine Bestellung zu einer günstigen Stunde aus und telefoniere mir dann in die Kaserne den gewünschten Ort. Alles andere werde
ich schon besorgen.»

«Ich fürchte, es wird nichts zu telefonieren geben», sagte Karl Siebrecht ahnungsvoll.

Aber seine Ahnungen hatten ihn wieder einmal betrogen. «Schön, sehr schön», sagte Hertha Eich, ganz im Tonfall ihres Vaters. «Sagen wir also Montag. Montag sind die wenigsten Leute unterwegs, und sagen wir –», sie überlegte, «– sagen wir Horcher.»

«Ausgezeichnet», antwortete der Rittmeister aus der Kaserne. «Ihr werdet mich Montag ab neun Uhr vor Horcher auf Posten finden. Und nun entschuldige mich, mein lieber Junge, ich habe nämlich Dienst.»

Als einziger von den dreien hatte wahrscheinlich Karl Siebrecht diesem Souper mit einigem Bangen entgegengesehen: er hätte so gerne gewollt, daß der Freund der Freundin, daß aber auch die Freundin dem Freund sehr gefiel. Hertha Eich war häufig recht kühl und verletzend zu Leuten, die sie nicht mochte. Sie machte auch nicht den geringsten Hehl daraus, wenn jemand sie langweilte, und Siebrecht war sehr unruhig, ob der Rittmeister wohl ihr Typ sei ... Er hatte seinen alten Gönner nie im Umgang mit Frauen gesehen – er hätte sich jede Unruhe ersparen können.

«Ein Kavalier alter Schule!» flüsterte ihm Hertha zu. «Ein echter Grandseigneur!»

Ja, mit welcher Selbstverständlichkeit der Herr von Senden seiner Dame die Hand küßte, wie er ihr sicher aus dem Pelz half, wie alles an dem Souper so vorbereitet war, als kenne der Rittmeister Herthas Geschmack seit vielen Jahren, und wie dann alles am Schnürchen ablief, wie die beiden nach den ersten drei Minuten in der lebhaftesten, heitersten Unterhaltung waren, gespickt mit Andeutungen, von denen ihm zweidrittel unverständlich blieben – ja, das alles schien Karl Siebrecht nicht erlernbar. Das mußte angeboren sein, Herr von Senden hatte es, und Hertha Eich hatte es auch! Er aber hatte es nicht – er war schwer und langsam, die alte Minna hatte ihn aufgezogen ...

Aber an diesem Abend stimmte es ihn nicht trübe, neidlos saß er dabei und hörte ihnen zu. Er fand, daß seine Freundin nie so schön und lebendig ausgesehen habe wie an diesem Abend, und der Herr Rittmeister schien das auch zu finden. Hertha hatte irgendwas mit ihrer Kleidung angestellt, er wußte nie, was sie anhatte, aber an diesem Abend sah er doch wenigstens, daß sie etwas Besonderes trug, und es freute ihn, daß sie sich für seinen Freund schön gemacht hatte. Der Rittmeister, dieser weißhaarige Fünfziger, strahlte von Jugend, Witz und Laune! Plötzlich begriff Karl Siebrecht, daß dieser Mann immer ein Verehrer der Frauen gewesen war. Er verehrte sie, wie andere schöne Bilder oder Edelsteine verehren, er freute sich an ihrer Schönheit, wie andere sich an schöner Musik erfreuen. Herr von Senden entdeckte ein rubinfarbenes Licht in dem schwerroten Wein seines Glases, und er sang ein Loblied, ein Jubellied auf dieses rubinfarbene Licht. Aber selbst Karl Siebrecht begriff, daß Senden jetzt nicht den Wein und den Widerschein der Lichter im Wein besang, sondern die Schönheit der Frauen im Leben, und besonders die Schönheit jener Frau, die da vor ihm saß und mit einem rätselvollen glücklichen Lächeln in ihr Weinglas sah.

Wie schön Hertha aussah! Ach, einen Augenblick lang hätte er seine dreißig Jahre gegen die fünfzig des Herrn von Senden austauschen mögen, um es ihr ebenso sagen zu können, wie schön er sie fand, wie sehr er sie liebte. Leise rührte er ihre Hand am Weinglas mit der Spitze seines Zeigefingers an, nicht um die Welt hätte er jetzt diese Bewegung unterlassen können. Sie sah zu ihm auf, rasch und offen, und in ihrem Blick las er dieselbe Zärtlichkeit und dieselbe Liebe, die er in diesem Augenblick empfand. Sie nahm seine Hand und drückte sie, sie sagte lächelnd: «Du Armer, reden wir immerzu und lassen dich gar nicht zu Worte kommen? Jetzt sollst du aber reden dürfen!» Und alle drei brachen in Gelächter aus.

Er verschwor sich, daß er an diesem Abend kein einziges Wort sprechen würde, daß es ihm genug und übergenug sei, ihnen zuzuhören, daß er ganz glücklich sei, daß er viel zu faul sei, auch nur ein Wort zu sprechen, daß er sie beide immer nur ansehen möchte... Wieder lachten sie, und er wußte nicht, war es der Wein oder das Glück und die Liebe, er wurde emporgehoben und leicht gemacht. Er redete weiter und versicherte wieder, daß er nichts zu sagen hätte, daß er schweigen wollte, im vollen Glück schweigen wollte, und dabei sah er, das Glas erhoben, durch den glänzenden Raum mit all den fröhlichen Menschen, und plötzlich erzählte er von der grauen Novembernacht, mit der ihn Berlin empfing. Nässe fiel, und er zog einen Karren mit Gepäck... Er roch wieder den Geruch der Wiesenstraße, wieder beizte der Rauch der Koksfeuer seine Kehle, er schmeckte den Staub im Stofflager des Konfektionärs, und auf der winterlichen Spree lagen die Äpfelkähne. Dann kamen die Bahnhöfe... Aber zwischen allem lagen die Straßen und Plätze mit ihren Häusern, Kirchen, Fuhrhöfen, Garagen. Hundertmal, tausendmal war er durch sie gelaufen und gefahren, hungrig und satt, von Erfolg träumend. Das alles war Berlin, das war die Stadt, in der es schwer gewesen war, in der es immer noch schwer war... Doch Berlin war nicht nur dies, Berlin war auch leicht und froh, hier sah er es. Er hatte nie von etwas anderem als dem Erfolg geträumt, er meinte, Berlin habe als letzten Lohn nur Erfolg zu geben. Aber Berlin hatte auch anderes zu geben, etwas, das mehr war als Erfolg, und an diesem Tisch saß es...

Er neigte sein Glas vor Hertha, leise klangen die Gläser aneinander, und leise sagte der Herr von Senden: «Ja, die Eroberung von Berlin! Eine lange Zeit hast du es nicht hören können, wenn ich davon sprach, du glaubtest, ich verspottete dich. Jetzt sprichst du selbst davon: es muß dir wirklich sehr gut gehen, mein Sohn Karl!» Und der Rittmeister neigte sein Glas – vor Hertha Eich.

## 99. Der Gute Ruf

Für Herrn Direktor Siebrecht war dieser Abend mit Herrn von Senden auf längere Zeit der letzte schöne Abend. Ein dunkles Wetter zog für ihn am Himmel auf, und diesmal kam es nicht von der geschäftlichen Seite her, sondern ganz von der privaten. Siebrecht sollte recht behalten: Hertha Eich war ein wenig zu unbekümmert gewesen, es sollte ihm aber noch sehr leid tun, daß er recht behielt. Wie meist, erfuhren die zunächst Beteiligten zuletzt von der Sache. Hertha würde nie etwas gemerkt haben, aber Karl Siebrecht war in diesen Dingen reizbarer: plötzlich fand er den Ton in seinem Büro verändert. Seine Leute sahen ihn so seltsam an, sie hatten eine verlegene Art, ihm guten Tag zu sagen...

«Warum sehen Sie mich denn so an?» sagte er ärgerlich zu Fräulein Taesler mitten in einem Diktat. «Was ist los mit mir?» Und er griff an seinen Schlips. Das Mädchen wurde glühend rot und stammelte, sie habe den Herrn Direktor nicht mit Bewußtsein angesehen, eine Erklärung, die nicht überzeugen konnte.

«Hören Sie mal, Herr Körnig», sagte er am Abend zu seinem Bürovorsteher, «was ist eigentlich los im Büro? Ich finde, heute herrschte hier ein verdammt eigenartiger Ton!»

«Ich fand das auch», gab Herr Körnig bekümmert zu, «es herrschte auch kein Arbeitseifer. Immerzu hatten sie miteinander zu tuscheln, sie steckten sich Zeitungen zu. Mir sagen sie ja nie etwas, aber...»

«Zeitungen?» fragte Karl Siebrecht. «Rufen Sie doch mal Fräulein Palude herein!» – Aber die Palude war schon gegangen. – «Schade!» sagte Karl Siebrecht. «Hat denn in den Zeitungen etwas über die Firma gestanden?»

«Ich habe nichts gelesen», antwortete Herr Körnig. «Es kann auch gar nichts von uns drin gestanden haben, es gibt nichts über uns zu berichten!»

«Rufen Sie bitte Herrn Bremer!»

Herr Bremer erschien, rothaarig und sommersprossig, gänzlich unbekümmert. «Hallo, Herr Direktor!» sagte er. «Es ist gut, daß Sie mich noch rufen lassen. Wagen siebzehn hat eine kleine Karambolage gehabt, und in der Werkstatt sagen sie, die Reparatur wird mindestens vierzehn Tage dauern. Es fragt sich nun –»

«Darüber können wir später reden!» sagte Siebrecht. «Ich möchte gerne wissen, ob Sie irgend etwas über die Firma in der Zeitung gelesen haben.»

«Über die Firma? Aber nein, Herr Direktor!» Herr Bremer war äußerst überrascht, er war vielleicht eine Spur zu sehr überrascht.

Siebrecht sah ihn scharf an. «Wann sind Sie heute abend ins Büro gekommen, Herr Bremer?»

Bremer war ganz Unbekümmertheit. «Wann wird es gewesen sein? Ich denke, so gegen sechs Uhr.»

«Haben Sie nichts von ungewöhnlichem Tuscheln untereinander gemerkt? Von einem Zustecken von Zeitungen?»

«Nicht das geringste! Ist denn hier getuschelt worden? Mir hat man nichts gesagt!»

«Mir auch nicht!» klagte Herr Körnig, gerade im falschen Moment.

«Herr Bremer», sagte Karl Siebrecht unwillig, «ich hoffe, Sie verheimlichen mir nicht etwas aus falscher Diskretion! Wenn irgend etwas über die Firma – oder über mich geschrieben worden ist, habe ich ein Recht, das zu erfahren.»

«Ich weiß nicht das geringste», sagte Herr Bremer ruhig. «Und was den Wagen siebzehn angeht –»

«Mieten Sie einen Ersatzwagen, wie üblich. Ich danke Ihnen, Herr Bremer.»

Karl Siebrecht kaufte sich noch sämtliche deutschen Abendblätter, von der Roten Fahne bis zur Deutschen Zeitung. Er setzte sich in ein Café und sah alle Zeitungen von vorn bis hinten durch: er fand auch nicht eine Hindeutung auf seine Firma oder gar auf sich selbst. Er war nun fast überzeugt, daß seine Empfindlichkeit ihm einen Streich gespielt hatte.

Er kam nach Haus und fand dort Hertha Eich vor. An Überraschungen dieser Art war er gewöhnt. Aber diesmal war er doch erstaunt, denn sie hatte ihn erst am Nachmittag angerufen und gesagt, daß sie nicht kommen könne. «Du doch hier?» fragte er erstaunt.

«Ja. Und denke dir: Vater schickt mich.»

Er starrte sie an.

«Wie? Dein Vater schickt dich? Hierher? In meine Wohnung?»

«Ja!» nickte sie.

«Bitte», sagte er. «Das mußt du mir näher erklären.»

«Das kann ich dir leider nicht näher erklären», antwortete sie kühl. «Vater hat mich nur gefragt, ob ich dich heute noch erreichen könnte.»

«Aber warum denn, um Gottes willen?»

«Ich soll dir sagen, daß du morgen Punkt neun bei Lange & Messerschmidt sein sollst!»

«Aber das konnte er mir doch telefonieren! Darum schickt er dich in meine Wohnung? Ich verstehe kein Wort von der Geschichte! Konntest du ihn denn nicht fragen?»

«Vater fragt mich nichts, und so frage ich ihn auch nichts. – Hast du irgendwelchen geschäftlichen Ärger mit ihm gehabt?»

«Aber nein! Außerdem sind Lange & Messerschmidt nur eure Familienanwälte. Für geschäftliche Dinge hat er andere.» Sie starrten sich beide ratlos an.

«Ich frage mich immer», sagte sie dann etwas zögernd, «ob dies vielleicht mit dem Fotografieren zusammenhängt?»

«Wie –?» fragte er. «Mit was –?»

«Als ich gestern hier aus dem Haus kam, stand da so ein Affe und hat mich geknipst. Er sagte noch ganz frech: ‹Danke schön, gnädige Frau!›»

«Du auch?» rief er verwundert. «Mir ist es genauso gegangen, als ich ins Büro ging. Hier vor unserer Haustür. Und bei mir hat er auch gesagt: ‹Danke schön, Herr Direktor!› Aber ich hatte es eilig, und ich habe mir eigentlich nichts weiter dabei gedacht.» Plötzlich fiel ihm etwas ein. «Im Büro waren sie heute auch so komisch. Es hat unbedingt etwas in der Zeitung gestanden. Ich habe gedacht, über die Firma und allenfalls über mich, an dich habe ich mit keinem Gedanken gedacht. Verdammt noch mal!»

«Hast du die Zeitungen durchgesehen?»

«Alle, von der ersten bis zur letzten Seite! Es steht kein Wort von so etwas darin.»

«So müssen wir eben bis morgen warten», meinte sie, ruhiger als er. «Es ist nur ein Glück, daß Vater die Sache in der Hand hat. Halte dich wacker, mein Lieber!» Damit nickte sie ihm zu und ging , überließ ihn seinen Ängsten und Befürchtungen, seinen Grübeleien und Zweifeln, den Selbstvorwürfen und den Vorwürfen, die er ihr machte. Es wurde keine geruhsame Nacht.

Neun Uhr morgens ist eine sehr frühe Stunde, um zu einem Berliner Rechtsanwalt zu gehen, wenn man nicht gerade einen Termin hat – vielleicht machten die Herren Lange und Messerschmidt darum einen so grämlichen und verkniffenen Eindruck, weil es noch so früh war. «Herr Eich ist noch nicht da», sagte Lange. «Lesen Sie solange vielleicht dies da, Herr Siebrecht?» Er reichte Karl Siebrecht ein Zeitungsblatt.

«Aber schreien Sie nicht!» sagte warnend Herr Messerschmidt. «Oder kennen Sie es vielleicht schon?»

«Nein, ich kenne es nicht», antwortete Karl Siebrecht, setzte sich und sah die Zeitung an. Es war ein kleines Blatt im Oktavformat und nannte sich «Der Gute Ruf» — er wäre nie auf den Gedanken gekommen, sich solch eine Zeitung zu kaufen. Es gab damals mehrere solcher Klatschblättchen in der Reichshauptstadt, sie nannten sich «Die Wahrheit» oder «Das Intime Blatt» oder «Der Gute Ruf», hatten aber weder mit Wahrheit oder gutem Ruf auch nur das geringste zu tun. Karl Siebrecht wandte die Blätter eilig um, bis er auf einen kräftig blau umrandeten Artikel stieß. «Der Schwiegersohn zur linken Hand oder der Knorren am Eichenstamm» betitelte er sich.

Es war ein selbst für dieses Blatt ungewöhnlich perfider Artikel. Er führte aus, wie ein ganz mitteloser Abenteurer — über dessen Vorleben in der nächsten Wochennummer intime Details versprochen wurden — die Tochter eines mächtigen Mannes in Berlin verführt, wie er dann den Vater erpreßt hatte, bis dieser einen Vertrag mit ihm abschließen mußte, der für den jungen Mann sehr günstig, für die Öffentlichkeit aber äußerst ungünstig war. Details würden folgen. «Schläft unser Ministerium oder will es nicht sehen?» Darauf folgten Einzelheiten über das lauschige Heim in einer sehr *passenden* Straße nahe dem Wittenbergplatz, die erlogen waren. Nicht so erlogen war die Behauptung, daß die Tochter des *eichenstämmigen* Mannes ganze Nächte in dieser Wohnung zubrachte, vermutlich mit dem Tippen jener wichtigen Korrespondenz beschäftigt, durch die der Öffentlichkeit weiteres Geld abgezapft werden sollte. «Unser nächster Artikel in dieser Reihe wird lauten: Wie komme ich zu einem Auto oder Die Erpressungen des Eichenknorrens.»

«Nun —?» fragte Herr Lange und sah den jungen Mann grämlich an.

«Nun —?» fragte auch Herr Messerschmidt und sah womöglich noch grämlicher aus.

«Wo sitzen diese Kerle?» fragte Karl Siebrecht und wandte die Blätter mit zitternden Händen um. «Wo sitzt der Schandkerl, der dies geschrieben hat?»

«Sie finden den Druckvermerk auf der letzten Seite unten», antwortete Herr Lange. «Ich nehme an, Sie beabsichtigen, der Redaktion einen Besuch zu machen?»

«Sie nehmen das Richtige an!» rief Karl Siebrecht mit starker Stimme. «Ich werde diesen Schmierfinken zurichten, daß er im nächsten Vierteljahr keine Feder anrührt!»

«Es wird sich unschwer Ersatz für ihn finden», murmelte Messerschmidt. «Berlin ist voll von solchen — Herren, die derartiges mit Wonne von sich geben, für fünf Pfennig Zeilenhonorar, nehme ich an. Sie sehen bewegten Tagen entgegen, Herr Siebrecht!»

«Und welch wirkungsvoller Artikel in der nächsten Nummer!» meinte Herr Lange beistimmend. «Ich lese es schon: Mörderischer Überfall des Eichenknorrens oder Unser Kampf für die Wahrheit.»

«Und dann erst die Gerichtsverhandlung!» rief Messerschmidt, und ein mildes Licht ergoß sich über seine mürrischen Züge. Er rieb sich sogar die Hände. «Die ganze Presse von Berlin aufmarschiert. Ein Dutzend Verteidiger. Jede Karte für den Zuschauerraum zehnmal vorbestellt. Der Direktor des Berliner Bahnhof-Eildienstes wegen Körperverletzung angeklagt. Unter den Zeugen sieht man Herrn Eich, Fräulein Hertha Eich, deren Name in einem pikanten Zusammenhang –»

«Hören Sie auf!» rief Karl Siebrecht flehend. «Hören Sie bitte auf! Sagen Sie mir lieber, was ich tun soll!»

«Warten wir auf Herrn Eich –» sagte Herr Messerschmidt hoffnungsvoll. «Und denken Sie unterdes nach, woher dieser Angriff kommt. Denn es ist ein Feind von Ihnen, Herr Siebrecht, der speziell Ihnen diese Suppe eingebrockt hat. Mit Herrn Eich wird erstaunlich gelinde verfahren –»

«Ich glaube, ich kenne ihn», sagte Karl Siebrecht zögernd. «Ich finde da eine Andeutung in diesem Artikel...»

«Wenn wir den eigentlichen Feind kennen, ist schon viel gewonnen», meinte der Anwalt Messerschmidt erfreut. «Wer ist es?»

«Herr Eich und Fräulein Tochter», meldete der Bürodiener, und die beiden Eiche hielten ihren Einzug.

Herr Eich sah völlig unverändert aus, vielleicht war er noch eine Spur gelber und faltiger, aber das konnte die frühe Morgenstunde machen. Er gab jedem seine kühle, leidenschaftslose Hand. Hertha Eich begrüßte die anderen nur mit einem Kopfnicken, sie reichte Karl Siebrecht nicht die Hand. Sie glitt in einen Sessel in der Ecke. Sie war vielleicht noch blasser als sonst, ihr Mund war fest geschlossen, auf ihrer Stirn stand eine senkrechte Falte. Karl Siebrecht sah sie mit Besorgnis an, sie war entschieden in schlechtester Stimmung.

«Herr Siebrecht hat gelesen?» fragte Herr Eich die Anwälte, und beide nickten. Herr Eich trug heute nicht sein braunes Flauschjackett, er war auch nicht in seinem Heim, trotzdem nahm er sofort seine gewohnte Wanderung auf, diagonal durch den Raum, da der Platz im Büro beschränkt war. Die Anwälte schienen diese Gewohnheit zu kennen, sie hielten ihm seine Gehbahn frei, standen der eine rechts, der andere links von ihr. Überhaupt saß niemand außer Hertha Eich.

«Ja, ich habe gelesen», sagte Karl Siebrecht. «Ich muß sagen, es tut mir schrecklich leid. Ich bin an allem schuld, ich werde natürlich tun, was ich kann...»

«Ich weiß», unterbrach ihn Herr Eich und sah ihn kühl an. «Es handelt sich aber jetzt nicht um unsere Gefühle, sondern um das, was zu geschehen hat. Was geschehen ist, bleibt unabänderlich. Was geschehen wird, liegt in unserer Hand – in gewissem Umfang.» – Die Anwälte neigten beistimmend die Köpfe. – «Was meine Person und meinen Amtsbereich angeht, so bin ich unantastbar», fuhr Herr Eich kühl fort. Er wanderte dabei unablässig auf und ab, die linke Rockklappe seines Jacketts hielt er mit Daumen und Zeigefinger fest. «Jede meiner Maßnahmen hält der genauesten Nachprüfung stand, auch der fragliche Vertrag, der sogar ungewöhnlich günstig für meine Behörde ist.» Ein schwaches Lächeln lief über sein faltiges Gesicht, etwas stärker lächelte Herr Lange. Herr Messerschmidt warf einen eiligen Blick auf das gerötete Gesicht des jungen Direktors und verkniff sich sein Lächeln.

Er hat mich also reingelegt, dachte Karl Siebrecht mit bitterer Enttäuschung. «Danach schalte ich aus», fuhr Herr Eich fort. «Von mir aus können diese Herren weiterschreiben, solange sie mögen, es interessiert mich nicht. Bleiben die beiden jungen Leute. Was meine Tochter angeht, so reden wir von ihr – zuletzt. Was aber Herrn Siebrecht angeht», Herr Eich verlangsamte seine Schritte, und im gleichen Maß wurden auch seine Worte langsamer, «so bin ich an seiner Person uninteressiert.» Er sah das gerötete Gesicht des jungen Mannes kühl an. «Er kann angegriffen werden, es interessiert mich nicht.» – Es war nicht zu verkennen, daß die Herren Anwälte betretene Gesichter machten. Diese Entwicklung schien auch ihnen überraschend zu kommen – «Aber –» fing Herr Eich wieder an, und seine Rede wie seine Schritte wurden wieder schneller, «Herr Siebrecht ist der Leiter eines Betriebes, der mit meinem Amtsbereich vertraglich eng verbunden ist. Nun ist der Leiter eines solchen Betriebes zweifelsohne ersetzbar, gerade wenn gegen ihn persönlich schwere Bedenken vorliegen. Und diese Bedenken liegen hier vor. Ich habe die Frage heute nacht leidenschaftslos erwogen –»

Herr Eich blieb stehen. Die Gesichter der Anwälte waren sehr lang geworden, keine Spur von Lächeln lag noch darauf. Karl Siebrecht aber fühlte, wie sein Herz heftig pochte. Dann überwand er sich: «Ich bin selbstverständlich bereit, zurückzutreten, wenn es die Interessen des Betriebs erfordern.»

«Wenn ich zu dem Ergebnis gekommen bin», fuhr Herr Eich fort, «daß Herr Siebrecht auf seinem Posten bleiben soll, so haben mich dabei keinerlei persönliche Sympathien bestimmt.» Er sprach ganz, als habe er das Angebot des jungen Direktors eben nicht gehört. «Es haben mich allein praktische Gründe geleitet. Herr Siebrecht ist tüchtig, er hat gute Arbeit geleistet, und er ist Fachmann. Sein Betrieb befindet sich zur Zeit im Aufbau, die Lage ist nicht ganz einfach –» Wieder blieb Herr Eich stehen. Sein Auge, das, wie Karl Siebrecht eben sah, heute auch gelblich war, ruhte nachdenklich auf dem jungen Direktor. Dem war zumute wie einem zum Tode Verurteilten, der in letzter Minute begnadigt worden ist. Auch die Gesichter der Anwälte hatten sich erhellt. «Nun ist jeder Mensch ersetzbar, auch der tüchtigste, sogar der Herr Direktor Siebrecht.» Herr Eich schlenderte jetzt nur. «Überraschend hat sich noch in der Nacht ein Ersatz für Herrn Siebrecht geboten, ein Mann, der auch fachkundig ist und der ein tüchtiger Kaufmann zu sein scheint...»

Bremer! schoß es Karl Siebrecht durch den Kopf. Er warf einen hastigen Blick auf Hertha, aber Hertha saß unbeweglich in ihrem Sessel, der breite Rand ihres Hutes verbarg ihr Gesicht bis zum Kinn.

«Ich habe das Angebot abgelehnt», fuhr Herr Eich fort, «weil der Charakter des Bewerbers mir nicht einwandfrei schien. Herr Siebrecht bleibt auf seinem Posten, also haben wir ihn zu stützen und zu verteidigen. Ich bitte mir aber dabei aus, Herr Siebrecht», redete Herr Eich den jungen Direktor nun zum erstenmal selbst an, «daß alle persönlichen Aktionen von Ihrer Seite unterbleiben. Prügeleien und derartige Scherze wünsche ich nicht. Alles liegt von nun an in den Händen der Herren Lange und Messerschmidt, an die Sie sich auch bei jedem neuen Zwischenfall zu wenden haben.»

«Ich bin einverstanden», sagte Karl Siebrecht.

«Es sind nun meines Erachtens drei Dinge zu erledigen», fuhr Herr Eich fort. «Wenn ich irgend etwas übersehe, bitte ich, mich zu korrigieren, meine Herren!» – Die Gesichter der Anwälte drückten den felsenfesten Glauben aus, daß Herr Eich nichts übersehen könne. – «Zum ersten ist das Erscheinen weiterer Artikel in diesem Blatt zu verhindern. Haben Sie deswegen schon verhandelt, meine Herren?»

«Wir verhandeln mit solchen Herren nie direkt, Herr Eich», sagte Herr Lange vorsichtig. «Wir haben einen Ruf zu wahren. Wir haben einen anderen Anwalt beauftragt, und dieser Herr hat sich sofort mit der Gegenseite in Verbindung gesetzt. Trotz der späten Nachtstunde konnte er noch verhandeln. Ich möchte sagen, Herr Eich, er hat auf der anderen Seite eine gewisse Willigkeit gefunden. Die Sache wird sich regeln lassen, immerhin wird sie teuer werden, sehr teuer, fürchte ich, Herr Eich.»

«Ich bewillige blanko jede Summe», sagte Herr Eich rasch, «die Ihnen billig erscheint. Ich verlange völliges Schweigen über dieses Thema, keine albernen Widerrufe, keine spitzfindigen Erklärungen, sondern Schweigen, nur Schweigen.»

«Das wird sich machen lassen, Herr Eich», sagte Herr Lange. «Es ist, wie gesagt, nur eine Geldfrage.»

«Der erste Punkt ist also erledigt. Wir kommen nun zum zweiten Punkt –»

«Die Fotos, Vater!» ließ sich plötzlich die Stimme Herthas vernehmen.

«Wie –? Die Fotos? Richtig, die Fotos! Schön, sehr schön», sagte Herr Eich und warf einen etwas helleren Blick in die Ecke zu seiner Tochter. «Diese jungen Leute haben sich nämlich vor einem gewissen Haus in der Passauer Straße auch noch fotografieren lassen, wie mir heute nacht meine Tochter sagte», erklärte Herr Eich den Anwälten. «Der Fotograf wird dafür gesorgt haben, daß die Hausnummer schön deutlich über ihren Häuptern sichtbar ist. Also, Herr Lange, Herr Messerschmidt, bei den Verhandlungen mit diesen Herren ist die Hergabe der Platte und sämtlicher Abzüge zur Bedingung zu machen. Überhaupt allen Materials, das vorhanden ist.» – Die Herren verbeugten sich zustimmend. – «Nun der zweite Punkt. Es nützt uns gar nichts, wenn wir die Angriffe in dem einen Blatt abstoppen, und die Gegner laufen mit ihrem Material zum nächsten. Wir können nicht alle Schandblätter Berlins kaufen. Wir müssen den Gegner ermitteln. Haben Sie Herrn Siebrecht schon die Frage vorgelegt, wer dieser Gegner wohl ist?»

«Doch ja. Wir sprachen gerade darüber, als Sie kamen, Herr Eich.»

«Und wer ist es?»

«Ich nehme an», sagte Karl Siebrecht, «es ist der Viehhändler Engelbrecht. Derselbe Mann, Herr Eich, dessen Beteiligung wir seinerzeit zurückwiesen.»

«So!» sagte Herr Eich. «So!» Er besann sich, blieb stehen und sah wieder den Direktor an. «Es ist sehr liebenswürdig von Ihnen, Herr Siebrecht», meinte er, «zu sagen, daß *wir* die Beteiligung dieses Engelbrecht zurückgewiesen hätten. Erinnere ich mich recht, wies ich sie zurück, und Sie verteidigten den Mann mit Wärme.» Er sah Siebrecht an, und Siebrecht errötete. – Herr Eich nahm seine Wanderung wieder auf. «Im übrigen», meinte er, «scheint mir das eine ungewöhnliche Rache für eine zurückgewiesene Beteiligung. Irren Sie sich auch nicht? Woraus schließen Sie, daß gerade dieser Engelbrecht der Urheber der Angriffe ist?»

«Ich schließe es», sagte Karl Siebrecht und empfand mit ohnmächtigem Zorn, wie seine Vergangenheit gegen ihn aufstand, wie er jedesmal dafür bestraft wurde, wenn er sich mit einem zweifelhaften Menschen einließ... «Ich schließe es aus der Überschrift des zweiten Artikels, die lautet: Wie komme ich zu einem Auto?»

«Und wie kamen Sie zu einem Auto?» fragte Herr Eich scharf.

«Ich bekam es als Kommissionsgebühr von Herrn Engelbrecht für ein Geschäft, das ich in seinem Auftrage abschloß.»

«Eine ungewöhnliche Rachsucht, eine ungewöhnliche Kommissionsgebühr», sagte Herr Eich bitter. «Ich nehme an, daß nicht alles in Ordnung ging bei diesem Geschäft, sonst würde uns wohl kaum der ‹Gute Ruf› einen Artikel darüber versprechen können!»

«Nein, es war keineswegs alles in Ordnung bei diesem Geschäft», antwortete Karl Siebrecht. Er war jetzt ganz kalt und ruhig. Einen Augenblick überlegte er. Dann begann er zu erzählen. Er berichtete von dem Besuch bei Tischendorf, von dem Besuch beim Maurermeister – immer näher kam er dem Augenblick, da sich seine Hände um den Hals dieses kleinen Mannes gelegt hatten... Die Augen des Herrn Eich blickten gelblich und kühl auf ihn, diesem Mann war nicht anzusehen, was er bei dem Bericht dachte und empfand. Herr Lange hatte sich an den Schreibtisch gesetzt und den Kopf in die Hand gestützt, Herr Messerschmidt stand halb abgewandt am Fenster und spielte mit der Gardinenschnur. Schließlich hatte er auch das Schlimmste gesagt. Es kam noch die Heimfahrt, es folgte noch der Bericht über das erstaunliche Geschenk Engelbrechts, und nur in einem Punkt sagte er nicht die Wahrheit: er berichtete nichts von dem Spiel um den Lastwagen. Es kam jetzt darauf auch nicht mehr an, aber er hatte es Hertha nun einmal versprochen.

«Schön», sagte Herr Eich in das lange Schweigen hinein, das dem Siebrechtschen Bericht gefolgt war. «Lieblich», fuhr er fort. «Sehr lieblich. Sie lassen es mich wirklich aufrichtig bedauern, daß ich mich für Ihren Verbleib auf dem Direktorenposten entschieden habe.» Zum erstenmal erhitzte sich Herr Eich. «Zum Teufel, mein Herr», sagte er erregt und ging nicht, sondern blieb stehen. «Wenn Sie schon derartig anrüchige Geschäfte machen, warum geben Sie dann nicht wenigstens Ihre Schmiergelder zurück, sobald sich die Gelegenheit dafür bietet! Das Unternehmen war gegründet, Sie hatten eine glänzende Zukunft vor sich, und Sie verweigern diesem dunklen Ehrenmann die Rückgabe eines Gegenstandes, der Ihnen auf der Seele brennen müßte! Der Teufel mag Sie verstehen, mein Herr, ich verstehe Sie nicht!»

«Nein, Sie verstehen mich nicht, Herr Eich», sagte Karl Siebrecht, «und Sie werden mich auch nie verstehen. Ich weiß nicht, wie Sie der Mann geworden sind, der Sie heute sind, es geht mich auch nichts an. Aber ich habe nie ein Hehl daraus gemacht, daß ich von unten gekommen bin. Ich habe mich hochkämpfen müssen, mit feinen Manieren und mit Anstand kommt man nicht hoch. Ich habe fünf Jahre Krieg mitgemacht, es roch in dieser Zeit manchmal verdammt schlecht, mein Herr Eich, für empfindliche Nasen war das nichts! Und dann habe ich die Inflation zu schmecken bekommen, und die schmeckte und roch noch schlechter, das kann ich Ihnen sagen! Soviel mir bekannt ist, haben Sie von dieser Zeit nicht mehr zu fühlen bekommen, Herr Eich, als daß

Sie für ein oder zwei Wochen Herrn Kalubrigkeit bei sich aufnahmen. Ich habe andere Dinge auskosten müssen, ich wollte hoch. Wahrhaftig nicht meinetwegen, ich kann heute noch in der letzten möblierten Bude hausen, ich kann von achtzig Mark im Monat leben. Ich wollte hoch, weil ich mehr leisten wollte! Und als ich einen Fuß auf die Leiter setzen konnte, da habe ich ihn auf die Leiter gesetzt, jawohl! Unten stand sie im Dreck, und ich schwöre Ihnen, der Dreck war mir genauso unangenehm wie Ihnen. Aber um aus dem Dreck herauszukommen, muß man erst einmal durch ihn hindurch. Ich bin durchgekommen, aber wenn Sie wollen, schmeißen Sie mich ruhig wieder hinein! Bitte schön, mein Herr Eich, aber ich komme doch wieder hoch, ich brauche Sie nicht!»

«All das ändert nichts an der Tatsache», sagte Herr Eich völlig ungerührt, «daß Sie ein faules Geschäft gemacht haben. Die Herren Anwälte werden Ihnen sagen, daß dabei einige Paragraphen des Strafgesetzbuches in Frage kommen.»

«Und Ihnen werden die Herren Anwälte sagen», rief Karl Siebrecht zornig, «daß es bei Geschäften, zumal in der Inflation, sehr oft noch viel unsauberer zugegangen ist. Macht man denn Geschäfte nur im Geiste christlicher Liebe und Aufrichtigkeit? Sie selber, Herr Eich, haben erst vor einer Viertelstunde hier zugestanden, daß Sie mich bei unserem Vertrag gründlich hereingelegt haben. Ich nehme an, Ihr Gewissen hat Sie deswegen nicht eine Minute beunruhigt, Sie sind sich sehr klug vorgekommen! Wenn man unten auf der Leiter ist, sehen die Geschäfte nicht ganz so fein aus und beunruhigen die Gewissen stärker als oben. Darum haben sie doch alle beide nichts mit christlicher Nächstenliebe zu tun!» Er drehte sich ärgerlich um. Sein Zorn war vorbei – er hatte sich Luft gemacht. Und begegnete endlich dem Blick Herthas, der ihm zulächelte. Er lächelte zerstreut zurück.

«Ich möchte hier in Zeugengegenwart feststellen», sagte Herr Eich förmlich, «daß an keiner Stelle unserer heutigen Verhandlungen ein Wort von mir gefallen ist, aus dem man entnehmen könnte, ich hätte Sie gründlich hereingelegt, wie Sie zu sagen beliebten. Ich bitte, mir das zu bestätigen, meine Herren.»

«Gewiß», sagte Herr Lange. «Wenn ich mich recht erinnere, sprachen Sie von einem günstigen Vertrag.»

«Von einem ungewöhnlich günstigen Vertrag», setzte Messerschmidt hinzu.

Herr Eich lächelte dünn. «Es gibt Verträge», meinte er, «die oft für beide Teile günstig sind, ungewöhnlich günstig, ich möchte dies feststellen. Etwas anderes: Gestatten Sie mir eine Frage persönlicher Natur, Herr Siebrecht?»

«Bitte!»

«Haben Sie meiner Tochter Mitteilungen über dieses etwas fragwürdige Geschäft gemacht? Wußte sie schon früher davon?»

«Natürlich nicht. Ich habe ihr nie ein Wort davon gesagt.»

«Natürlich, Vater», sagte Hertha Eich. «Er hat mir alles erzählt, und ich habe ihm ausdrücklich verboten, dir etwas davon zu sagen.»

Einen Augenblick herrschte Schweigen.

Dann sagte Herr Eich: «Das war nun wirklich unnötig, Hertha. Einmal sagt der junge Herr etwas Vernünftiges, und sofort bist du unvernünftig.» Er wandte sich zu den Anwälten: «Nun, meine Herren, was denken Sie über diesen Herrn Engelbrecht?»

Achselzuckend sagte der Rechtsanwalt Lange: «Soviel ich verstehe, wird Herr Engelbrecht kein Mann sein, der für Geld zu kaufen ist. Er will seine Rache haben. Wenn wir ihm den ‹Guten Ruf› sperren, so wird er zur ‹Wahrheit› gehen oder zum ‹Intimen Blatt› . . .»

Die Herren sahen sich bedenklich an. «Ich wüßte vielleicht einen Weg . . .» meinte Karl Siebrecht zögernd.

«Und was wäre das für ein Weg?»

«Ich kann mich darüber nicht näher äußern. Ich glaube aber versprechen zu können, daß Herr Engelbrecht nichts Weiteres unternimmt.»

«Sie werden sich schon näher äußern müssen, Herr Siebrecht», meinte Herr Eich und blieb wieder einmal stehen. «Nach dem Erfahrenen sind Sie nicht der Mann, dem ich freie Hand lassen möchte.»

Der Rechtsanwalt Messerschmidt sagte zuredend: «Können Sie nicht wenigstens eine Andeutung machen? Sehen Sie, Herr Siebrecht, wir alle hier sind Ihre Freunde. Ich meine», verbesserte er sich hastig, denn ein sehr gelber Blick des Herrn Eich hatte ihn getroffen, «wir alle hier wollen Ihre Interessen wahrnehmen. Wozu Geheimnisse vor uns haben?»

«Es ist nicht mein Geheimnis», sagte Karl Siebrecht.

«Ich verstehe», begann Herr Eich und nahm, sehr langsam sprechend, seine Wanderung wieder auf. «Es ist eine lächerliche Geheimniskrämerei. Es gibt Akten über Akten in dieser Geschichte. Sie wissen Bescheid, meine Herren: Waffenschmuggel, Ententekommission. Herr Siebrecht hatte damit zu tun, und Herr Engelbrecht hatte auch damit zu tun.» Er blieb stehen. «Es scheint wieder auf eine Erpressung hinauszulaufen. Der eine weiß vom andern was – wer am meisten weiß, bleibt Sieger.»

«Nichts derart», antwortete Karl Siebrecht. «Aber da Sie schon soviel wissen, ist Ihnen vielleicht der Name Dumala ein Begriff?»

«Dumala –?» fragte Herr Eich. «Doch, ich erinnere mich.»

«Ich würde mich überhaupt nicht an Herrn Engelbrecht wenden. Ich würde nur mit diesem Dumala sprechen».

«Und was soll das nützen?»

«Herr Dumala ist jetzt unter einem anderen Namen als Kriminalassistent auf dem Polizeipräsidium beschäftigt.»

Die beiden Anwälte wechselten einen raschen, wissenden Blick. «Ich möchte einen Irrtum richtigstellen», sagte Herr Lange lächelnd. «Der fragliche Herr ist bereits Kriminalkommissar. Er ist ungewöhnlich schnell befördert worden.»

«Jawohl, er ist sehr tüchtig», gab Karl Siebrecht zu. «Ein sehr harter Mann, wo es nötig ist.» – Eine Weile schwiegen die vier Herrn gedankenvoll.

Dann sagte Herr Eich rasch: «Ich stelle anheim!»

Und sofort schlug Herr Messerschmidt vor: «Wir werden Herrn Siebrecht bei dem Herrn anmelden. Jede Stunde heute ist Ihnen recht?»

«Jede Stunde heute ist mir recht.»

«Würde einer von den Herren wohl das Fenster öffnen?» sagte Herr Eich. «Ich finde die Luft hier recht verbraucht. – Ich danke Ihnen, Herr Messerschmidt. – Wir kommen jetzt zum dritten Punkt unserer Besprechung: zu meiner Tochter.»

Alle sahen nach dem Sessel in der Ecke hin, aber Hertha Eich blickte nicht auf. Der breite Hutrand beschattete ihr Gesicht. «Wie mir alle Gerüchte über meine Person gleichgültig sind, denkt auch meine Tochter: der ganze Tratsch interessiert sie nicht. Wir sind aber bei unseren Maßnahmen davon ausgegangen, daß die Firma des Herrn Siebrecht intakt bleiben muß, intakt in ihrem Ansehen und intakt in ihrer Arbeit. Wir haben weiter festgestellt, daß wir Herrn Siebrecht als Direktor beizubehalten wünschen. Ich habe mich also dahin entschieden, daß Herr Siebrecht meine Tochter heiratet – im Interesse der Firma.» – Hier murmelten beide Anwälte beifällig. Dieser Entschluß schien ihnen eine Last vom Herzen zu nehmen. – «Die Heirat muß so schnell wie möglich stattfinden. Sie werden heute noch alle Schritte tun, um die Aufgebotsgeschichte möglichst zu beschleunigen, meine Herren. Sie werden den Herren alle nötigen Papiere aushändigen, Herr Siebrecht – ich nehme an, Sie haben keine Einwendungen gegen diese Heirat?»

«Nein», antworte Karl Siebrecht. «Ich nicht.»

«Schön», sagte Herr Eich kalt. «Die Hochzeit wird mit einigem Aufwand stattfinden, wir haben keine Ursache, das Licht der Öffentlichkeit zu scheuen. Im Gegenteil, je mehr über diese Hochzeit geredet wird, um so rascher wird sich der Klatsch lahmlaufen. Ich denke an die Kaiser-Wilhelm-Gedächtnis-Kirche und an ein erstes Hotel im Stadtinnern. Sie erledigen auch das, meine Herren?»

Wieder murmelten die Anwälte beistimmend. Herr Messerschmidt verstieg sich sogar zu dem Satz: «Die allerbeste Lösung – Angriff ist immer die beste Verteidigung.»

«Jawohl», sagte Herr Eich und sah plötzlich alt und zerknittert aus. «Es gibt nur eine einzige Schwierigkeit bei dieser Lösung –» Er pausierte. Alle warteten gespannt. Aber Karl Siebrecht wußte schon, welche Schwierigkeit das sein würde... «Die Schwierigkeit ist die, daß meine Tochter sich bisher auf das entschiedenste weigert, diesen Herrn zu heiraten.»

«Oh!» rief Herr Lange.

«Es ist unmöglich!» rief Herr Messerschmidt. Anwälte erleben vielerlei in ihrer Praxis, sehr viel Außergewöhnliches kommt ihnen vor, aber dies hatten sie doch nicht erwartet.

«Ich hoffe», fuhr Herr Eich fort, «daß meine Tochter sich in den wenigen Tagen, die bis zu dieser Hochzeit noch vergehen müssen, anders besinnt. Es wird an Bemühungen von meiner Seite nicht fehlen. Ich habe meiner Tochter nie etwas befohlen, und ich habe sie selten um etwas gebeten ...»

«Es ist zwecklos, Vater», sagte sie und sah zum erstenmal auf. «Er hat mich hundertmal gebeten, ihn zu heiraten, ich kann mich nicht entschließen. Ich reise heute noch ab.»

«Du kannst am Tage deiner Hochzeit abreisen und brauchst den Herrn dann nie wiederzusehen», sagte Herr Eich fest. «Aber erst wirst du ihn heiraten.»

«Nein!» antwortete sie ebenso fest. «Ich heirate ihn nicht. Jetzt weniger denn je.»

«Wir sprechen noch darüber», sagte Herr Eich. «Die Hochzeit wird vorbereitet, meine Herren, die Einladungen werden versandt. Von Ihnen, Herr Siebrecht, erwarte ich, daß Sie sich in dieser Zeit jeder Annäherung an meine Tochter enthalten. Wenn Sie in Ihrer fast einjährigen Bekanntschaft sie nicht zu einem so selbstverständlichen Schritt haben bestimmen können, wird es Ihnen jetzt erst recht nicht gelingen!»

«Also ich fahre heute abend», sagte Hertha Eich und stand plötzlich auf. «Wir sehen uns noch beim Essen, Vater. – Auf Wiedersehen, Karl. Ich hoffe, du bist nicht zu entsetzt, Karlchen, aber du weißt, meine Weigerung hat nichts mit dieser Geschichte zu tun. Eines Tages werde ich vielleicht zu dir zurückkommen ...»

Herr Lange bekam einen Hustenanfall.

«Auf Wiedersehen, Lieber!» flüsterte sie und ging.

Er starrte ihr nach wie im Traum. Alle Herren starrten ihr nach. Dann sagte Herr Eich, kühl wie immer: «Es bleibt bei dem Besprochenen. Jeder kennt seine Aufgabe. Ich bitte Sie, Herr Siebrecht, sich in allen Fällen nur mit den Herren Anwälten, nicht mit mir in Verbindung zu setzen. Die Liste der von Ihnen erwünschten Hochzeitsgäste bitte ich ebenfalls hier auf dem Büro einzureichen. Ich wäre Ihnen dankbar», er hüstelte, «wenn sich auf dieser Liste nicht Namen wie Engelbrecht vorfänden ...»

«Es wird sich nur ein Name auf dieser Liste befinden, Herr Eich.»

«Nämlich?»

«Rittmeister Bodo von Senden.»

Herr Eich hob in höflichem Erstaunen die Brauen. «Sie überraschen mich, Herr Siebrecht.» In diesem Augenblick hatte Karl Siebrecht einen Einfall.

## 101. Warten vor der Hochzeit

Die fünf Tage, die dieser Verhandlung bis zum Hochzeitstag folgten, gingen mit zermürbender Langsamkeit hin, und sie strichen doch schnell, viel zu schnell vorüber. Jede Stunde, die Karl Siebrecht, zur völligen Tatenlosigkeit verurteilt, durchwarten mußte, wollte nicht enden. Und doch war schon wieder ein Tag vorüber, und nichts war geschehen. Ungewißheit blieb jetzt wie zuvor, kein Lebenszeichen war von ihr gekommen. Als ihm das Büro Lange & Messerschmidt mitgeteilt hatte, die Hochzeit könne aus mancherlei Gründen erst am sechsten Tage, vormittags elf Uhr, stattfinden, hatte er erleichtert aufgeatmet und gedacht: Gottlob, in fünf Tagen kann sich viel ereignen. Sie wird sich anders besinnen. Herr Eich wird auf sie einwirken. Aber nichts schien sich zu ereignen. Er stellte die Geduld seiner Anwälte auf eine harte Probe, zu allen Stunden fand er sich auf ihrem Büro ein, rief er sie an. Sie zuckten die Achseln. «Wir wissen ebensowenig wie Sie. Herr Eich war nie sehr mitteilsam. – Nein, wir haben nichts Neues erfahren. Wir bereiten die Hochzeit wie vorgesehen vor. – Nein, wir können Ihnen nicht sagen, ob Fräulein Eich noch in Berlin ist.» Und sie drückten ihm irgend etwas in die Hand, bloß um ihn loszuwerden: die Tischordnung oder das Programm der kirchlichen Feierlichkeiten.

Die Verhandlungen mit den Herren von der Redaktion des «Guten Rufes» waren zufriedenstellend verlaufen: es würde kein weiterer Artikel erscheinen. Übrigens war natürlich nicht mit den Herren vom «Guten Ruf» verhandelt worden. Diese Herren wiesen es weit von sich, mit solchen üblen Dingen zu tun zu haben. Sie öffneten die Spalten ihrer rechtlichen Zeitung nur solchen Artikeln, deren Material ihnen verbürgt war und wo das öffentliche Interesse es forderte. Im vorliegenden Fall hatten sie sich leider davon überzeugen müssen, daß sie einem gewissenlosen Betrüger aufgesessen waren, das Material war schlecht. Ein Mittelsmann erhob auf einem Anwaltsbüro – aber beileibe nicht bei den Herren Lange & Messerschmidt – eine größere Summe Geldes quittierte als A. Schulze und verschwand für immer.

Nicht weniger günstig verliefen die Verhandlungen mit Dumala-Bomeyer. Der neugebackene Kommissar, der zu seiner Melone zurückgekehrt war, lauschte ruhig dem Bericht seines ehemaligen Fahrers. Er erregte ihn nicht, er sagte nur: «Als ich den Dreck las, hab ich mir gleich so was gedacht. Das bringe ich dir in Ordnung, mein Sohn.»

Er stand schwerfällig auf, er streckte seine zottige Tatze aus: «Im übrigen sage ich Ihnen meinen herzlichsten Glückwunsch, Herr Direktor Siebrecht. Ich habe da eine Notiz gelesen, daß Sie in den nächsten Tagen heiraten werden. Nochmals meinen allerbesten Glückwunsch, Herr Direktor!»

Am nächsten Tag kam dann ein Anruf: «Du kannst ruhig schlafen, Sohn. Geht in Butter.»

In etwas zivilerer Form gab Siebrecht diesen Anruf an die Anwälte weiter. «Gottlob!» antwortete Herr Lange, und durch das Telefon hörte Karl Siebrecht den erleichterten Atemzug.

Jawohl, in einigen Blättern der Stadt Berlin war eine kurze Notiz über die bevorstehende Trauung erschienen. Wieder wurde auf den Büros des Berliner Bahnhof-Eildienstes getuschelt, wieder wurden die Köpfe zusammengesteckt – aber der Herr Direktor sah keinen Grund zum Einschreiten mehr. Wenn ihn jetzt seine Sekretärin anschaute, und er rief sie an, so wurde sie wohl rot, aber nur darum, weil sie bei einem fast schwärmerischen Blick ertappt worden war.

Immerhin konnte nichts den Direktor Siebrecht abhalten, den Herrn Bremer zu einer kurzen Unterredung zu bitten. Diese Unterredung fand unter vier Augen statt, Herr Körnig war nicht anwesend.

«Sie erinnern sich, Herr Bremer, an ein Gespräch, das wir vor ein paar Tagen hatten. Ich fragte Sie nach einem Zeitungsartikel.»

«Ich erinnere mich sehr gut, Herr Direktor», sagte Herr Bremer lächelnd. «Ich sagte Ihnen, daß ich nichts von einem solchen Artikel wüßte, und ich wußte damals wirklich nichts davon – ich lese derartige Schandblätter nie. Am Tage darauf ist mir dann die fragliche Zeitung unter Streifband zugegangen, ohne Absenderangabe – den anderen Angestellten der Firma übrigens auch, wie ich gehört habe.»

Der Blick, mit dem der ehemalige Lehrling Bremer seinen Chef ansah, war ganz kühle Freimütigkeit, und doch war Karl Siebrecht fast sicher, daß der

Mann log. Er beschloß einen weiteren Vorstoß. «Sie erinnern sich also an diesen Abend, Herr Bremer», sagte er langsam. «Erinnern Sie sich auch, wie Sie diesen Abend weiter verbracht haben? Ich bin mir klar darüber, daß ich Sie nach etwas völlig Privatem frage. Es steht Ihnen natürlich frei, mir jede Auskunft zu verweigern.»

«Aber ich bin zu jeder Auskunft mit dem größten Vergnügen bereit, Herr Direktor!» antwortete Bremer fast herzlich. «Warten Sie, lassen Sie mich einen Augenblick nachdenken ... Ja, so war es. Ich bin hier kurz nach Ihnen fortgegangen, Herr Körnig war noch in seinem Zimmer. Dann habe ich, wie fast stets, im Weinhaus Huth zu Abend gegessen, ich bin dort bekannt, und hinterher bin ich, wie auch fast an jedem Abend, schräg gegenüber in die Imperator-Bar gegangen, um ein wenig zu tanzen. Auch dort bin ich bekannt.»

«Wann war das etwa?»

«Ich werde gegen halb elf in die Bar gekommen sein, und bin dort bis etwa zwei Uhr morgens geblieben. Um halb drei lag ich schon im Bett, wie wieder meine Wirtin bestätigen wird.» Er sah seinen Direktor an, sein Lächeln war jetzt fast spöttisch.

Karl Siebrecht überlegte. Dieser Fuchs kannte alle Schliche. Wenn überhaupt, mußte Bremer in jener Nacht bei Direktor Eich gewesen sein, aber sein Alibi schien einwandfrei. Immerhin gab es noch eine Möglichkeit ... «Und Sie haben in dieser Zeit kein längeres Telefongespräch geführt?»

«Doch, Herr Direktor, ich habe sogar ein langes Telefongespräch geführt, von der Imperator-Bar aus. Mit meiner Freundin nämlich. Meine Freundin hatte mich versetzt, wie man so sagt.»

«Ich danke», sagte Karl Siebrecht kühl, «ich danke Ihnen. Das wäre alles. Guten Abend.»

«Guten Abend, Herr Direktor!» sagte Bremer mit unverminderter Höflichkeit und ging zur Tür.

Er hatte die Tür noch nicht erreicht, da rief Karl Siebrecht: «Wie ich höre, bewerben Sie sich um eine andere Stellung –»

Bremer drehte sich um. Einen Augenblick, den Bruchteil einer Sekunde lang, glaubte Siebrecht das kühle, sommersprossige Gesicht verzerrt zu sehen. Aber schon war dies wieder vorbei, und Bremer sagte unvermindert freundlich: «Sie haben also auch von diesem Geschwätz gehört, Herr Direktor? Es ist wahr, die Spediteure Rothsattel und Lewerenz haben sich um mich bemüht, aber ich denke nicht daran, mich zu verändern. Es gefällt mir ausgezeichnet hier.»

Ein gefährlicher Mann, dachte Karl Siebrecht, als sich die Tür hinter seinem ehemaligen Lehrling geschlossen hatte. Hertha hat richtig gesehen: ein gefährlicher Feind – wenn er mein Feind ist. Aber ist er mein Feind? Ich weiß es nicht. Eich könnte mir Näheres sagen, aber Eich sagt nichts, dessen bin ich sicher. Er hat mir einen Wink gegeben – aber muß dieser Wink auf Bremer deuten? Ich werde ihn im Auge behalten, aber ich würde ihn ungern verlieren. Keiner kann die Leute besser im Zug halten als dieser kalte Hund.

Selbstverständlich vergaß Siebrecht Herrn Bremer sofort wieder in den Sorgen um den herannahenden Hochzeitstag. Solange er im Büro saß, ging es noch. Er zögerte die Heimkehr solange wie nur möglich hinaus. Aber dann mußte er sich doch entschließen. Er machte noch einmal Station in einem Caféhaus, er saß zwischen den schwatzenden Leuten, und plötzlich trieb es ihn hoch. Es konnte eine Nachricht von ihr in der Passauer Straße liegen, sie konnte ihn dort erwarten. Er fuhr eiligst in einem Taxi nach Haus. Die Fenster waren dunkel, sie erwartete ihn nicht.

«Nichts Neues, Hilde?» fragte er das Mädchen in der Küche, das verschlafen von seinem Roman hochfuhr.

«Nichts Neues, Herr Direktor!»

«Niemand was abgegeben? Keiner nach mir gefragt? Nicht angerufen?»

«Nichts, Herr Direktor!»

Er fühlte ihren neugierigen und doch teilnehmenden Blick. Natürlich hatte auch sie den Artikel gelesen, natürlich hatte auch sie erfahren, daß die Hochzeit nahe bevorstand. Natürlich machte sie sich jetzt Gedanken darüber, daß das gnädige Fräulein nicht mehr kam. «Schön, schön, Hilde», sagte er zerstreut. «Schlafen Sie gut.»

Und er gab ihr so überraschend die Hand, daß sie ganz verlegen wurde. Sie faßte ungeschickt danach. «Schlafen Sie auch gut, Herr Direktor. Herr Direktor schlafen jetzt viel zuwenig! Darf ich noch etwas bringen? Kaffee vielleicht?»

«Nein, danke», sagte er und ging. Er ging in sein Zimmer, nahm ein Buch in die Hand und versuchte zu lesen. Und wie jeden Abend legte er das Buch nach drei Minuten weg und begann seine Wanderung durch die Vorderzimmer. Er stellte alle Türen auf, er ging von seinem Zimmer in ihr Zimmer und wanderte weiter in das Schlafzimmer. Schritt für Schritt, Stube für Stube durchwanderte er ihr gemeinsames Leben. Hier, vor diesem Spiegel, hatte er ihre Nähe zuerst gespürt. Hier hatte er sie in die Arme genommen. In diesem Sessel hatte sie gesessen, als sie sich zum erstenmal gestritten hatten. Es war vorbei, vorbei... Es war alles noch da, ihr Bett wartete auf sie, wie sein Herz auf sie wartete, aber es war alles vorbei...

Er ging und er ging. Späte Nachttaxi huschten rasch durch die Passauer Straße, eilige Schritte letzter Heimkehrer klangen auf und verklangen. Er wanderte. Er wanderte Schritt um Schritt, und alles, was zu seinem Leben geworden war, wanderte mit ihm. So war wohl auch Rieke, wartend auf ihn, hin und her gewandert, manche Nacht, manchen Tag. Aber es war Unsinn, von Vergeltung zu sprechen. Es gab weder Vergeltung noch Strafe. Seit er das Pflaster von Berlin jener nassen Novembernacht betreten hatte, ein von Ehrgeiz verzehrter Junge, war alles seinen gesetzmäßigen Weg gegangen. Nichts ließ sich ändern, alles hatte so kommen müssen. Alles kam, wie es kommen mußte! Und was kam nun? Er hätte es so gern gewußt, und doch graute ihm davor, es zu wissen! Lieber weiterwandern, weiterwandern durch die Nacht, mit einem Funken Hoffnung im Herzen, das Schicksal möge ihm doch noch einmal gnädig sein...

## 102. Ein letzter Versuch

Am Mittag, dreiundzwanzig Stunden vor seiner Hochzeit, wußte er noch immer nichts. Er war am Morgen bei den Anwälten gewesen und hatte den Ehevertrag unterschrieben. Die beiden Eheleute würden in Gütertrennung leben, der Ehemann hatte aus dem Vermögen der Frau hundertundzehntausend Mark als Darlehen empfangen, und zwar siebzigtausend als Beteiligung an seinem Geschäft, vierzigtausend als persönliches Darlehen...

«Der ‹Gute Ruf›», flüsterte Herr Lange.

... Blieb die Ehe kinderlos, fiel das Vermögen nach dem Tode der Ehefrau an die Familie Eich zurück, sonst ging es an die Kinder...

Ein kalter, leidenschaftsloser Vertrag, neben der Unterschrift Karl Siebrechts standen nur die Namen der Anwälte, als Bevollmächtigte der Hertha Eich... «Und keine Nachrichten —?» fragte Karl Siebrecht, als er die Feder hinlegte.

«Keine Nachrichten», sagte Herr Lange. «Wir sind für die Trauung bereit.»

«Herr Eich hat nichts von sich hören lassen.»

«Es ist keinerlei Gegenorder gekommen, wenn Sie das meinen, Herr Siebrecht. Soviel uns bekannt ist, ist Herr Eich zur Zeit verreist.»

«Aber er wird zweifelsohne pünktlich zur Trauung zurück sein», sagte Herr Messerschmidt eilig. «Herr Eich hat noch nie einen Termin versäumt.»

«Das ist ein großer Trost!» antwortete Karl Siebrecht und ging.

Dann saß er wieder auf seinem Büro. Die zu diktierende Post lag vor ihm, aber er hatte die Stenotypistin fortgeschickt, er konnte jetzt nicht diktieren. Es waren noch dreiundzwanzig Stunden bis zu seiner Hochzeit, und sie hatte noch immer kein Lebenszeichen von sich gegeben. Nun wünschte er schon beinahe, daß sie ihm ein letztes Nein telegrafierte, damit sein Schicksal endlich entschieden war — zum Schlimmen, aber entschieden war. Er griff zum Hörer und ließ sich mit seiner Wohnung verbinden. Er stellte die Fragen, die er in diesen Tagen so oft gestellt hatte: «Niemand dagewesen? Nichts abgegeben? Keiner angerufen?»

«Nichts, Herr Direktor», antwortete Hilde, und er legte den Hörer wieder auf. Noch dreiundzwanzig Stunden, und vielleicht bekam er erst in der allerletzten Minute Gewißheit! Die Tür öffnete sich, ein Mädchen erschien...

«Ich will nicht gestört werden!» rief er gereizt.

«Herr Eich möchte Sie sprechen, Herr Direktor», meldete das Mädchen.

Herr Eich trat ein. Er sah seltsam verändert aus in einem großen flauschigen Kamelhaarmantel, der ihm fast bis auf die Schuhe reichte, mit einer großkarierten Reisemütze. Seine Gestalt schien zusammengekrochen, das Gesicht war alt und müde, das Kinn hing, der kalte gelbe Blick war trübe geworden. Herr Eich ließ sich müde in einen Sessel sinken und sah sein Gegenüber an. Dann sagte er: «Ich bin eben vor Ihrer Tür aus dem Auto gestiegen, ich komme von ihr. Ich habe alles versucht, sie bleibt dabei, sie will nicht.» — Siebrecht sah den plötzlich so alten Mann schweigend an. — «Ich gebe Ihnen jetzt freie Hand», sagte Herr Eich. «Nehmen Sie sich ein Auto, einen starken Wagen, Sie können es gerade noch bis morgen mittag schaffen. Sie ist im Thüringer Wald, in der Coburger Gegend. Mein Chauffeur schreibt Ihnen gerade auf, wie Sie fahren müssen. Es sind da ein paar Straßenumleitungen...» Immer der kluge, bedachtsame Kopf, auch noch in der Niederlage. «Wenn Sie nichts ausrichten, brauchen Sie nicht wiederzukommen, ich nehme an, Ihnen ist klar, daß Ihre Rolle dann ausgespielt ist. Davon erholen Sie sich nie.» Er stand mühsam auf. «Übrigens ich mich auch nicht», sagte er. «Mein Pensionierungsgesuch liegt fertig auf meinem Schreibtisch. Morgen um elf Uhr geht es ab.» Er gab dem anderen nicht die Hand. «Ich kann Ihnen nicht guten Erfolg wünschen. Sie sind nicht der Mann, der Frauen glücklich macht.» Er nickte kurz und schickte sich an, aus dem Zimmer zu gehen.

«Einen Augenblick noch, Herr Eich», sagte Karl Siebrecht. «Ich habe Sie doch richtig verstanden, Sie lassen mir vollkommen freie Hand?»

«Sie haben mich vollkommen richtig verstanden», antwortete Herr Eich. «In dieser Sache können selbst Sie nichts mehr verderben.» Und er ging.

Von diesem Augenblick an war der Direktor des Berliner Bahnhof-Eildienstes für seine Firma verschwunden. Auf seinem Tisch warteten Briefe, immer wieder sah Herr Körnig mit einem Päckchen Schecks in das Chefzimmer, aber der Chef war verschwunden.

Der Chef stand in der Garage, er suchte sich selber einen Leihwagen aus, ein imponierendes Ungetüm aus schwarzem Lack und Leder, das Urbild der Zuverlässigkeit. Er sprach lange mit dem Chauffeur, einem Mann, der nach den gleichen Prinzipien wie sein Wagen gebaut schien: einem gedrungenen, scharfgesichtigen Mann, die Ruhe selbst. «Das schaffen wir», sagte der Chauffeur und sah die Notizen des Eichschen Fahrers durch. «Wenn wir in zwei Stunden abfahren können, schaffen wir es spielend.»

«Ich hoffe, wir können in zwei Stunden abfahren! Halten Sie alles bereit, tanken Sie!»

Er nahm eine Taxe, mit der er in die Artilleriestraße fuhr.

Er hatte schon bei der Nennung seines einzigen Hochzeitsgastes den Einfall gehabt, der Rittmeister müsse in der schlimmsten Not helfen. Nun war es soweit, schlimmste Not war gekommen, aber jetzt schien ihm sein trefflicher Einfall gar nicht mehr so trefflich. Wenn er, der Geliebte, nicht den geringsten Einfluß auf dies Mädchen hatte, wenn selbst der Vater unverrichtetersache heimgekehrt war – wie konnte da ein Mann etwas ausrichten, den Hertha Eich ein einziges Mal gesehen hatte? Nun wohl, es war ein gelungener Abend gewesen damals, aber es war ein Abend beim Wein gewesen, eine einmalige fröhliche Laune hatte sie emporgetragen! Daraus folgte noch nichts.

«Nun, mein Sohn Karl?» fragte der Rittmeister. «Wo brennt es? Was fehlt noch zur Hochzeit, glücklicher Bräutigam?»

«Die Braut!» sagte Karl Siebrecht. «Hertha will mich nicht heiraten. Sie ist fortgefahren, in irgendein Nest nach Thüringen. Eben ist ihr Vater von dort zurückgekommen, er hat auch nichts erreicht: sie will nicht!»

Der Rittmeister legte seine lange schmale Hand auf die Schulter Siebrechts, er drückte zu. Der Griff war scharf wie von einer Geierkralle. «Was hast du angerichtet?» fragte er. «Was hast du dem Mädchen getan?!»

«Nichts!» antwortete Karl Siebrecht und hielt geduldig dem harten Griff stand. «Soviel ich weiß, nichts. Sie will einfach nicht heiraten.»

«Unsinn!» sagte Herr von Senden. «Lüge nicht. Ich habe euch doch gesehen, sie liebt dich! Du mußt irgend etwas Unglaubliches angerichtet haben in deinem gewissenlosen Egoismus!»

«Sie hat sich von Anfang an geweigert, mich zu heiraten. Ich habe sie viele Male darum gebeten. Die Hochzeit morgen hat der Vater verlangt, sie hat wieder nein gesagt.»

Der Rittmeister ließ ihn los. Er sagte kurz: «So tu ihr den Willen, es muß nicht immer geheiratet sein.»

Karl Siebrecht antwortete erbittert: «Ich will eine rechte Ehe führen, ich will viele Kinder haben. Können Sie es sich vorstellen, daß die Mutter meiner Kinder in der Welt herumfährt, kommt und geht, wie sie will? Ich kann es mir nicht vorstellen!» Er sah den Rittmeister einen Augenblick an, dann sagte er: «Aber ich habe keine Zeit mehr zu reden. Auf Wiedersehen, Herr von Senden!»

«Einen Augenblick, Karl», sagte der Rittmeister wärmer. «Was willst du tun?»

«Ich will zu ihr fahren und werde versuchen, ihr klarzumachen, daß man das eine nicht wollen kann, ohne das andere tun zu müssen.»

«Und wenn es ihr nicht klarwerden sollte?»

«So werde ich hierher an meine Arbeit zurückkehren!»

«Trotz des Eklats —?»

«Trotz des Eklats! Und ich werde eines Tages doch eine Ehe führen und Kinder haben, und wenn ich meine Frau nicht so lieben werde, wie ich es tun müßte, so werde ich meine Kinder lieben, wie es nur der beste Vater tut.»

Der Rittmeister ging einen Augenblick auf und ab. «Du möchtest, daß ich mitfahre?» fragte er dann. – Karl Siebrecht nickte. – «Du willst, daß ich mit ihr rede?» – Wieder nickte Siebrecht. – «Es ist dir klar», sagte der Rittmeister lächelnd, «daß ich der jungen Dame nicht unbedingt eine Ehe mit dir empfehlen kann? Vielleicht werde ich auch gegen dich reden, ich muß erst hören, was sie zu sagen hat.»

«Ich lasse es darauf ankommen. Wahrscheinlich sagt sie nur nein.»

«Gut, mein Sohn», sagte der Rittmeister. «Also in einer halben Stunde bei mir. Noch eins: telegrafiere ihr unbedingt unsere Ankunft.» – Karl Siebrecht sah zweifelhaft drein. – «Unbedingt!» sagte der Rittmeister. «Überraschungen dieser Art sind unfein. Entweder will sie mit uns sprechen, oder sie will es nicht. Willst du denn durch Überraschung eine Aussprache erzwingen? Dann hast du von vornherein verloren. Außerdem, wie denkst du dir das? Wir werden nachts um zwei oder drei Uhr dort ankommen. Wir müßten das Haus wachklopfen und sie aus dem Bett holen – glaubst du, das sind günstige Vorbedingungen für eine Aussprache? Nein, du wirst telegrafieren!»

Er telegrafierte. Dann ging er wieder in die Garage und mietete noch einen zweiten Wagen. Den ersten Wagen schickte er voraus, der Fahrer würde ein oder zwei Stunden vor ihnen dort sein. Er hatte Zeit, sich auszuruhen, sie würden einen frischen Fahrer für die Rückfahrt haben – und einen Reservewagen, falls es eine Panne gab.

Pünktlich kam der Herr von Senden und stieg in den Wagen. Sorgfältig wickelte er sich in die Decke, setzte sich behaglich in eine Ecke zurück und sagte: «Gottlob ein Wagen, in dem man die Beine ausstrecken kann! – Es geht los, Chauffeur!»

Sie fuhren los, sie fuhren durch das lichterfüllte Berlin, aus Berlin heraus, und nun umfing sie die dunkle, weite, flache Landschaft, durch die sie fuhren und fuhren... Karl Siebrecht hatte gemeint, Herr von Senden werde viel zu fragen und zu sagen haben. Aber der Freund sagte nichts. Er rauchte eine Zigarette und noch eine Zigarette, dann beschäftigte er sich mit dem Lebensmittelkorb. Dabei erzählte er von dem ehemaligen Schwager Kalubrigkeit, der aus Holland einen frechen, vergnügten und prahlerischen Brief geschrieben hatte: er war dort jetzt der Besitzer eines Bankgeschäftes und schon wieder ein reicher Mann – wie er schrieb. Er hatte dem Herrn von Senden dringend die Anlage seines Vermögens bei dem Bankgeschäft in Holland empfohlen.

Der Rittmeister rauchte noch eine Zigarette. Dann meinte er gähnend: «Und nun entschuldigst du mich, mein Sohn Karl. Ich hatte seit fünf Uhr Dienst und möchte gern ein bißchen schlafen. Gute Nacht.»

«Gute Nacht, Herr von Senden.»

Sie fuhren und fuhren. Dörfer tauchten auf aus dem Dunkel und versanken rasch hinter ihnen wieder im Dunkel. Sie wanden sich durch Städtchen und Städte, in denen einsame Gaslaternen Straßen beleuchteten, auf denen niemand mehr ging. Der Wagen fuhr sehr schnell. Karl Siebrecht kannte die Strecke, er saß mit der Uhr in der Hand da und berechnete immer wieder die Zeit, zu der sie dort sein würden. Zwei Uhr nachts war das günstigste.

Der Rittmeister schlief fest. Der Mann hatte wieder einmal recht gehabt, nicht mehr von der Sache zu reden. Es kam nicht darauf an, was er, sondern was sie zu sagen hatte. Wenn sie überhaupt etwas sagen würde. Das schlimmste war, wenn sie gar nichts sagte. Oder wenn sie sofort abgefahren war, als sein Telegramm eintraf. Sie fuhren und fuhren ...

Eine Hand rührte an Karl Siebrechts Schulter. Der Rittmeister sagte: «Der Fahrer meint, wir sind in einer halben Stunde dort. Es ist ein paar Minuten über eins. Erzähle mir jetzt, warum der Vater so plötzlich die Heirat verlangt hat.» Der Rittmeister hatte ein Köfferchen auf seinen Knien, die dunklen Gardinen zum Führersitz waren zugezogen, die Deckenlampe im Wagen brannte, und der Rittmeister war beschäftigt, sein Gesicht mit allerlei Salben einzufetten und zu massieren. Lächelnd sagte er: «Ich bin nicht mehr in deinen glücklichen Jahren, Karl, wo man sich eine Nacht um die Ohren schlagen kann und am nächsten Morgen blühend wie der junge Tag seinen Dienst tut. Im Augenblick fühle ich mich alt und müde, und ich weiß, so sehe ich auch aus. In diesem Zustand kann ich nicht Besuch bei einer jungen Dame machen. Aber laß dich nicht stören, Karl, erzähle!»

Und Karl Siebrecht erzählte. Der Rittmeister massierte weiter, wusch dann sein Gesicht mit einem scharfriechenden Wasser und fing an, sein Haar sorgfältig zu bürsten. Natürlich hatte der Herr von Senden nie von einer Zeitung mit dem Namen «Der Gute Ruf» gehört, er knurrte grimmig und machte sich dann an seine Fingernägel. Karl Siebrecht erzählte von der entscheidenden Verhandlung beim Anwalt.

«Nun noch eine Zigarette, dann bin ich frisch», sagte Herr von Senden. «Ich bitte dich übrigens um Entschuldigung, mein Sohn Karl, soweit ich sehe, hast du keinen entscheidenden Fehler gemacht. Erzähle weiter ...»

Der Wagen fuhr langsamer und hielt. Sie schoben die Gardinen zurück und sahen die verstreuten Häuser des kleinen Ortes um sich. Vor ihnen hielt ein anderer Wagen. Der Fahrer sah herein und sagte: «‹Die Waldeslust› liegt hier gleich um die Ecke. Soll ich vorfahren, oder gehen die Herren das Stück?»

«Wir können ruhig vorfahren», antwortete Karl Siebrecht. «Wir werden erwartet. Brennt Licht in dem Hause?»

«Jawohl, es brennt Licht. Die beiden ersten Fenster neben der Haustür.»

Karl Siebrecht fragte den Rittmeister: «Wollen wir beide zu ihr gehen, oder wollen Sie erst allein mit ihr sprechen?»

«Ich werde allein gehen.»

Wieder hielt der Wagen, und der Herr von Senden stieg aus. «Also, mein Sohn», sagte er. «Laß dir die Zeit nicht lang werden. Ich denke schon daran, daß du hier wartest. Eine Schachtel Zigaretten liegt auf meinem Platz, und den Rotwein kann ich dir nur empfehlen. Auf Wiedersehen.»

«Auf Wiedersehen, Herr von Senden!»

Aber er beschäftigte sich weder mit Rotwein noch mit Zigaretten. Er stieg aus dem Wagen und ging langsam auf der Straße hin und her. Nur flüchtig sah er zu dem Haus hinüber, in dem zwei Fenster erleuchtet waren. Wenn ich jetzt daran denke, überlegte er, wird das Warten unerträglich. Ich will jetzt dahinterkommen, wieso der alte Eich mich bei dem Vertrag hereingelegt hat, denn er hat mich hereingelegt, das ist ganz klar. An irgendeiner Stelle müssen wir zuviel Prozente abführen. Und er fing an zu rechnen. Er hatte den Vertrag im Kopf, er wußte jeden Tarifsatz. Zuerst wollten ihn noch andere Gedanken stören, aber er verscheuchte sie. Ich muß es jetzt herausbekommen, gerade jetzt! Er rechnete. Er überschlug die Menge des täglich beförderten Gepäcks, seine Unkosten, die Prozente, die er abführen mußte. Es schien alles klar und richtig, der Prozentsatz war hoch, aber er war tragbar ...

Unterdes standen die beiden Fahrer rauchend bei ihren Wagen und sprachen leise miteinander. Unterdes saß der Herr von Senden drinnen bei Hertha Eich und kämpfte für ihn. Unterdes ging der alte Eich schlaflos, ruhelos in seinem Arbeitszimmer auf und ab, den Aufschlag seines kaffeebraunen Tuchjacketts zwischen Daumen und Zeigefinger, er dachte an seine Tochter. Unterdes wurde der Rechtsanwalt Lange von einem Angsttraum geweckt: die Hochzeitsgäste warteten, die Glocken läuteten, aber weder Braut noch Bräutigam kamen! Er erwachte und merkte, daß der Angsttraum kein Angsttraum war, sondern in wenigen Stunden Wirklichkeit sein würde.

Karl Siebrecht aber rechnete. Er war jetzt bei den Lumpensammlerfuhren angelangt, die das Gepäck der Berliner aus den Wohnungen holten. Plötzlich blieb er wie vom Blitz getroffen stehen: die Erleuchtung war über ihn gekommen! Herr Eich ließ sich auch die Leerkilometer dieser Fuhren bezahlen! Darüber war nichts im Vertrage vorgesehen, es war eine Lücke, und so hatte man von Anfang an die Kilometergebühr abgeführt, auch wenn die Wagen leer fuhren. Und sie fuhren oft lange Strecken leer. Jetzt hatte er ihn erwischt! Er würde nicht einen Tag, nicht eine Stunde warten, ihn deswegen zur Rede zu stellen! Er würde das Zuvielgezahlte zurückfordern! Es mußte eine ganz hübsche Summe ausmachen, Herr Körnig würde sich freuen! Eine glückliche Stunde, eine Erleuchtung zur rechten Zeit! Er hatte den Vater erwischt, er würde auch die Tochter bekommen! Siegesgewiß ging er dem Rittmeister entgegen: «Nun —?» fragte er.

«Es tut mir leid, mein Junge», sagte der Herr von Senden. «Es ist nichts zu machen.»

«Was sagt sie? Hat sie überhaupt etwas gesagt?»

«Doch ja. Sie hat da so einen Aberglauben, sie bildet sich ein, wenn sie erst gebunden ist, schwindet die Liebe bei ihr oder bei dir. Es ist eben ein Aberglaube, dagegen kommt man nicht an.»

«Doch! Ich werde jetzt selber mit ihr reden.»

«Es ist ganz zwecklos. Sie will dich nicht sehen. Später ja, wenn dieses Heiratsprojekt endgültig gescheitert ist, jetzt nicht. Siehst du, da geht das Licht schon aus. Es hilft alles nichts, beiß die Zähne zusammen, steige in den Wagen und fahre mit mir nach Berlin. Du wirst zu tun haben, den Eklat heil zu überstehen.»

«Ich werde doch mit ihr reden!» sagte Karl Siebrecht. Er hatte die Villa im Auge behalten, die beiden Fenster im Erdgeschoß waren dunkel geworden, dafür brannte jetzt Licht in einem Fenster des ersten Stockes.

«Was willst du ihr sagen?» rief der Rittmeister. «Ich kann dir schwören, ich habe mit Menschen- und Engelszungen geredet, aber gegen solchen Wahn ist nicht anzukommen!»

«Was ich ihr sagen werde?» fragte Karl Siebrecht böse. «Ich werde sie bluffen! Der Vater hat mich hereingelegt, und nun werde ich die Tochter bluffen. Tun Sie mir einen Gefallen, Rittmeister, sagen Sie nichts. Ich gehe jetzt dort in das Haus, und wenn ich knapp fünf Minuten drin bin, fahren Sie mit möglichst viel Lärm los. Fahren Sie nach Berlin und machen Sie sich zur Hochzeit fertig, ich bringe sie!» Hastig: «Der andere Wagen soll warten, und wenn es Stunden dauert. Gute Fahrt, Herr von Senden!» Und er ging, ehe der andere noch ein Wort hatte sagen können.


## 103. Das lange Zwiegespräch

Leise zog er die Haustür hinter sich zu und stand lauschend in einem dunklen Raum. Ziemlich entfernt tickte eine große Uhr, sonst war nichts zu hören. Mit grimmigem Lächeln bückte er sich und zog seine Schuhe aus. Er stellte sie neben die Tür und wagte dann, ein Streichholz anzuzünden. Er stand in einer Art Halle, Geweihe hingen an den Wänden, direkt vor ihm war ein Tisch mit einer großen Vase. Es war ein Glück, daß er keinen Schritt vorwärts getan hatte, er hätte die Vase vom Tisch geworfen und das ganze Haus geweckt. Das Streichholz erlosch, ehe er noch gesehen hatte, wie er weitergehen mußte. Aber beim Licht eines zweiten Streichholzes entdeckte er den Treppenfuß am anderen Ende der Halle und erreichte ihn, ehe ihn das Licht wieder verließ. Im Dunkeln, vom Geländer geführt, stieg er rasch empor. Er war jetzt kalt und entschlossen. Eigentlich wiederholte sich alles im Leben, so hatte er einmal am Stettiner Bahnhof gehalten, fünfunddreißig Mark in der Tasche, und hatte alles auf eine Karte gesetzt. Er hatte sie damals alle geblufft. Und er hatte gewonnen! Auch sie durfte nie erfahren, wieviel für ihn jetzt auf dem Spiel stand, wie wenig er ihr entgegenzusetzen hatte ...

Die Treppe war zu Ende, und hier wagte er nicht, noch ein Streichholz anzubrennen. Dunkel ahnte er links ein Fenster, es mußte hier ein Gang sein. Er bückte sich und fühlte mit den Fingerspitzen, wie der Läufer lief. Auf diesem Läufer ging er vorsichtig weiter, die Hände tastend ausgestreckt, die Augen zur Erde. Ihre Tür mußte links sein. Da sah er schon den matten Lichtschimmer am Boden, er hob die Hand suchend zur Klinke. Wenn ihre Tür abgeschlossen war, konnte er nur hinuntergehen und fortfahren. Ein Verhandeln durch die Tür war unmöglich. Er drückte auf die Klinke, die Tür öffnete sich, er trat ein. «Guten Abend, Hertha», sagte er. «Da bin ich.»

Sie stand völlig angekleidet mitten im Zimmer und drehte sich langsam zu ihm um. Keinen Augenblick war sie erschrocken oder nur überrascht. «Da bist du!» sagte sie. «Ich habe es eigentlich nicht anders erwartet. Aber jedes Reden ist zwecklos. Ich tue es doch nicht.»

«Wir werden auch nicht mehr darüber reden. Ich bin so zu dir gekommen.»

«Was heißt das: du bist so zu mir gekommen?»

«Ich bin zu dir gekommen, um bei dir zu bleiben, so lange du mich haben willst.»

«Und die Hochzeit?»

«Laß die Hochzeit! Sie war eine Idee deines Vaters.»

Sie sah ihn aufmerksam an. «Und dein Geschäft?» fragte sie.

«Ich weiß noch nicht», antwortete er. «Vielleicht gehe ich später dorthin zurück, wenn es dann noch Zweck hat. Ich weiß es noch nicht, vorläufig möchte ich bei dir bleiben.»

Wieder sah sie ihn prüfend an. «Du hast dich sehr verändert, Karl – deinen Worten nach . . .»

«Das ist möglich. Die letzten Tage waren nicht ganz einfach für mich.»

«Ich glaube dir nicht», sagte sie etwas lebhafter. «Ich fühle, du belügst mich. Du hast nicht die Wahrheit gesagt, weder über die Heirat noch über das Geschäft. Du willst mich –» Sie brach ab. «Was ist das?» fragte sie.

Ein betäubendes Knattern war auf der Straße laut geworden, schwoll an und entfernte sich rasch. «Das ist der Rittmeister, der nach Berlin zurückfährt», sagte er gleichgültig. «Der Motor war wohl kalt geworden. So, jetzt ist es wieder still. Er ist fort.»

«Er ist fort», sagte sie rascher, «und du bleibst hier?»

«Ja, ich bleibe hier.» Er faßte sie bei der Hand. «Komm, Hertha, setze dich hierher zu mir auf das Bett und laß uns miteinander reden.»

«Wir wollen also doch miteinander reden?»

«Aber wir wollen nicht *davon* reden. Wir wollen von zweierlei reden, vielleicht sogar von dreierlei. Zuerst möchte ich mit dir über das sprechen, was du dem Rittmeister gesagt hast. Du meinst, du könntest eines Tages meine Liebe verlieren – und das ist auch der Grund gewesen, daß du dich mir so oft entzogen hast, nicht wahr?»

Sie nickte langsam mit dem Kopf. «Ja, davor habe ich Angst, immer.»

«Wenn ich den Herrn von Senden recht verstanden habe, hat es keinen Sinn, dir zu versichern, daß du meine Liebe nie verlieren wirst. Du weißt, daß alle Gefühle wandelbar sind, und so glaubst du, auch meine Liebe könne sich wandeln.»

«Ich weiß es. Nur keine Bindungen. Liebe verträgt keine Bindung.»

«Ich fühle, daß ich dich immer lieben werde.»

«Ja, jetzt fühlst du so!»

«Eben, aber ich kann nur vom Jetzt reden wie du auch. Beide wissen wir nichts über die Zukunft. Aber worüber ich reden kann, das ist das, wozu ich mich entschlossen habe . . .»

«Und wozu hast du dich entschlossen?»

«Bei dir zu bleiben! Ich habe in Berlin alles stehen- und liegenlassen, wie es eben ist. Ich werde denen einen höflichen Brief schreiben, daß sie nicht mehr mit mir zu rechnen haben. Ein Nachfolger ist auch schon da, du weißt, jener Bremer, vor dem du mich einmal gewarnt hast, ein tüchtiger Mann. Ich werde mich um nichts mehr kümmern.»

«Aber was wirst du *dann* tun, Karl?»

Er merkte, sie wurde unruhig. Er sagte: «Ich werde eben für dich da sein. Das heißt», fügte er rasch hinzu, als er Unbehagen auf ihrem Gesicht sah, «ich will nicht etwa immer bei dir herumsitzen. Du sollst dich ganz frei fühlen. Nur, wenn du mich brauchst, werde ich immer da sein, ich werde nur auf dich zu warten haben.» Er machte eine Pause. Er sah, das Unbehagen hatte sich bei ihr verstärkt. Er führte einen weiteren Schlag: «Ich will ganz offen zu dir sein, du wirst freilich sagen, daß dies wieder nur Karlchen ist. Es gibt einen heiklen Punkt dabei, das ist die Geldfrage. Ich werde nichts verdienen, und du weißt, ich habe keine Ersparnisse. Aber ich denke, wir werden uns mit der Zeit daran gewöhnen. Ich habe nur wenig Bedürfnisse, sehr lästig werde ich dir nicht fallen. Aus dem Ehevertrag, den ich gestern unterschreiben mußte, habe ich gesehen, daß du ein recht wohlhabendes Mädchen bist. Du wirst es kaum spüren, und ich will sehen, daß Karlchen es auch nicht spürt.» Eine Weile schwiegen sie. Dann legte er seine Hand leicht auf die ihre und sagte: «Ist das nicht ungefähr das, was dir vorschwebte, Hertha?»

«Vielleicht», sagte sie tonlos. Sie war sehr blaß, dunkel und unruhig sah sie ihn an. Aber sie zwang sich zur Ruhe, als sie fragte: «Das ist eine sehr plötzliche Sinnesänderung bei dir, nicht wahr, Karl? Sonst hättest du doch wohl kaum den Herrn von Senden überredet, mit dir hierherzufahren.»

«Herr von Senden war die andere Chance. Ich muß gestehen, daß diese andere Möglichkeit, von der wir nicht reden werden, mir die liebere gewesen wäre. Aber von allem Anfang an, von jener unseligen Verhandlung bei den Anwälten an, als dein Vater die Heirat gewissermaßen erzwingen wollte, hatte ich das Gefühl, nichts konnte dich umstimmen. So habe ich von allem Anfang an diese jetzige Möglichkeit ins Auge gefaßt, wenn ich dabei auch alles getan habe, um die andere Möglichkeit vorzubereiten.» Er überlegte einen Augenblick, dann sagte er: «Als dein Vater gestern mittag zu mir kam von seiner vergeblichen Fahrt zu dir, da wußte ich schon, daß weder Senden noch ich dich überreden können.»

«Was hat mein Vater gesagt?»

«Er sagte, er habe nichts ausgerichtet, und ich könne nun tun und lassen, was ich wollte. Es klang etwa so, als sollte ich mich zum Teufel scheren. Er sagte auch, selbst ich könne nun nichts mehr verderben.» Er versuchte zu lächeln. «Und so bin ich hier, Hertha, wie du siehst, dein Vater hat recht behalten. Ich hoffe nur, ich habe nicht noch mehr verdorben.»

«Nein», sagte sie tonlos. «Das hast du nicht. Und was hast du mir sonst zu sagen? Du sprachst von dreierlei Dingen, von denen du mit mir reden wolltest.»

«Eigentlich nur von zwei Dingen. Von dem dritten will ich nur vielleicht mit dir sprechen, Hertha. Weißt du, während der ganzen Fahrt hierher habe ich mir überlegt, was ich wohl in der Zeit tun sollte, da Herr von Senden hier drinnen mit dir sprach. Ich wußte, das Warten würde unerträglich sein.»

«Weiter!» drängte sie. «Und was tatest du in dieser Wartezeit?»

«Ich rechnete.»

«Was tatest du?»

«Ich rechnete. Ich weiß nicht, ob du dich erinnerst, daß dein Vater bei jener unseligen Verhandlung eine Bemerkung einschlüpfen ließ, daß er mich bei unserem Vertrag ein wenig übers Ohr gehauen hat. Er hat zwar sofort widersprochen . . .»

«Weiter!» drängte sie. «Ich erinnere mich sehr gut. Weiter.»

«Während ich also hier wartete», fuhr er, unbeirrt durch ihre Unruhe fort, «habe ich mir den ganzen Vertrag noch einmal durchgerechnet. Ich habe alle Tarifsätze im Kopf – ich merkte gar nicht mehr, daß ich wartete. Und, Hertha», rief er und wurde immer lebhafter, «ich habe den Punkt gefunden. Es ist eine Lücke im Vertrag. Ich bezahle auch die Leerkilometer, die wir fahren, sogar an unserem Verlust verdient dein Vater! Ich hatte eine Wut auf ihn – es war eine wahre Erlösung für mich, als der Rittmeister kam.» Er besann sich. «Freilich, jetzt, wo ich alle Geschäfte niederlegen werde, ist es sinnlos, sich noch zu ärgern. Soll er ruhig weiter an den Leerkilometern verdienen, es interessiert mich nicht mehr.»

«Aber du wirst es deinem Nachfolger schreiben –?»

«Dem Bremer? Ich denke gar nicht daran!»

Sie riß ihre Hand aus der seinen und sprang vom Bett auf. «Du lügst! Du lügst!» rief sie in zorniger Erregung. «Jedes Wort, das du gesagt hast, ist gelogen. Du willst gar nicht von meinem Geld leben! Du willst die Geschäfte nicht aufgeben! Du willst meinem Vater heimzahlen, was er dir angetan hat!»

Er war sitzen geblieben, aber er sah sie mit leuchtenden Augen an. «Selbstverständlich habe ich gelogen», sagte er so ruhig, wie er nur konnte. «Nie würdest du mich lieben, wenn ich solch ein Kerl wäre. Kein Hund möchte ein Stück Brot von mir nehmen, wenn ich so ehrlos dächte! Und doch, Hertha», sagte er ernst, stand auf und trat nahe an sie heran, «ist dies das Leben, das du uns bereiten willst, wenn du auf deinem Vorhaben beharrst. Ich habe dir nur geschildert, was geschehen wird. Und ich schwöre dir, ich werde all dies tun, wenn du weiter auf deinem Vorhaben beharrst. Ich will lieber, daß du mich unglücklich machst, als daß ich dich unglücklich mache. Ich habe eine Frau in meinem Leben unglücklich gemacht, das ist mir genug.» Er sprach immer leiser: «Es gibt keine Sicherheit im Leben, mein armes Kind, auch in der Liebe nicht. Versuche zu vertrauen, vertraue der Stunde, dem Tag, der Woche dann, vertraue den Jahreszeiten, die so rasch wechseln, laß dich von ihnen weitertragen. Du bist ja nie gebunden, das weißt du doch. Wer kann dich binden? Ich? Ach, ich Armer!»

«Ach, du Armer!» wiederholte sie zärtlich in seinem Arm. Und leise, sehr leise: «Und das dritte, sage mir schnell das dritte, Karl!»

Er beugte sich ganz über sie: «Und wie denkst du über deine Kinder, Hertha Eich – Hertha Siebrecht?»

Sie schloß die Augen. Dann, nach einer langen Weile, fragte sie: «Können wir noch zur Zeit nach Berlin kommen?»

«Packe nur!» sagte er. «Das Auto wartet unten. Wir schaffen es noch.»

«Das Auto? Aber der Herr von Senden ist damit fortgefahren? Oder ist auch das nicht wahr?»

«Doch, Senden ist schon längst auf dem Weg nach Berlin. Unten wartet ein zweiter Wagen – für uns allein.»

«Wußtest du denn, daß es so kommen würde?»

«Nein, ich wußte es nicht. Ich hoffte es nur. Aber ich habe auch an das gedacht, was kommen würde, wenn du nicht ja sagtest. Dann hätte ich dich gebeten, noch in der Nacht mit mir irgendwo anders hinzufahren. Es wäre Karlchen nämlich sehr peinlich gewesen, in dieser Pension, wo du bekannt bist, als dein Geliebter aufzutreten.»


## 104. Die Hochzeit

Unvergeßlich blieb Karl Siebrecht von seinem Hochzeitstag der Augenblick, da er Hertha Eich ihrem Vater zuführte. Es war keine Zeit mehr gewesen, noch in die Passauer Straße zu fahren, sie fuhren direkt in die Eichsche Wohnung. Sie fanden Herrn Eich in seinem Arbeitszimmer, wandernd den Weg des ewigen Wanderers, zwischen Daumen und Zeigefinger die Klappe seines Rockes. Aber es war diesmal nicht die kaffeebraune Hausjacke, an der er sich festhielt, sondern die Klappe seines Fracks, und auf der Brust dieses Fracks hingen vier, fünf Orden. Herr Eich war zur Hochzeit bereit.

Doch hatte er diese Hochzeit nicht mehr erwartet. Ein Blick in das klein gewordene, alte, müde Gesicht sagte das. Aber kaum war die Tochter eingetreten, so veränderte sich das Gesicht, die Augenbrauen hoben sich, die gelblichen Augen bekamen Glanz. Die Gestalt straffte sich, der Rücken wurde wieder gerade. «Liebes Kind», sagte Herr Eich und warf einen triumphierenden Blick auf Siebrecht, «ich wußte es ja! Ich habe es nie anders von dir erwartet!» Und ruhiger: «Übereile dich nicht, du hast noch reichlich eine halbe Stunde Zeit. Schneiderin und Friseuse erwarten dich. Aber geh zuerst zu deiner Mutter, sie zerfließt in Tränen. Sie ist keine Eich, du bist eine Eich.» Er war ganz Triumph. Er war ohne Erfolg bei der Tochter gewesen, aber nun, da der Schwiegersohn erfolgreich gewesen war, wo er versagt hatte, triumphierte doch der Vater! Es war nicht dieser unerwünschte Schwiegersohn, es war das Eichsche Blut – und vielleicht hatte er sogar recht damit.

«Ich bin seinetwegen gekommen, Vater», antwortete Hertha. «Nicht, weil ich eine Eich bin.»

Die Tochter war gegangen, einen Augenblick sahen die beiden Männer einander an. Dann nahm Herr Eich stumm seine Wanderung wieder auf. «Wenn Sie jetzt zehn Minuten für mich Zeit haben, Herr Eich?» fing Karl Siebrecht an.

«Nein, ich habe jetzt keine Zeit für Sie», antwortete Herr Eich, «und auch Sie haben keine Zeit für mich. Wenn Sie sich umziehen wollen, werde ich Ihnen ein Zimmer zeigen lassen. Oder wollen Sie so bleiben?» Er sah gleichgültig den von der langen Fahrt zerdrückten Straßenanzug des anderen an. Er sagte: «Es geht natürlich auch. Es kommt nicht darauf an.»

«Wenn Sie jetzt eine Viertelstunde Zeit für mich haben», wiederholte Karl Siebrecht unbeirrt, «möchte ich mit Ihnen über die Leerkilometer reden.» Er lächelte böse. «Da wir gewissermaßen noch nicht miteinander verwandt sind.»

Herr Eich blieb mit einem Ruck stehen. «Wir werden nie miteinander verwandt sein, junger Mann!» sagte er heftig. Wieder nahm er seine Wanderung auf, er sprach ruhiger: «Sie haben mich in jeder Richtung enttäuscht. Als ich sah, daß meine Tochter sich für einen Taxichauffeur – interessierte, habe ich ihr jede Gelegenheit gegeben, diesem Interesse auf den Grund zu gehen. Ich nahm an, um so eher müsse es erlahmen. Ich habe Sie dabei gegen meinen Willen fördern müssen, ich hoffte, Sie würden sich Blößen geben. Sie haben sich Blößen genug gegeben, es hat nichts genützt...»

«Um auf die Leerkilometer zurückzukommen», sagte Karl Siebrecht unbeirrt, «so liegt eine Lücke im Vertrag vor, die von mir übersehen wurde, von Ihnen beabsichtigt war. Sie lassen sich einen Verlust meiner Gesellschaft noch bezahlen.»

«Um auf Sie oder vielmehr meine Tochter zurückzukommen –» Herr Eich wanderte immerfort – «so sehe ich in dieser Hochzeit das letzte Mittel, daß meine Tochter ihrem ‹Interesse› auf den Grund kommt. Ich halte Sie nicht nur für einen Abenteurer, sondern auch für einen kalten Menschen ohne Gewissen. Es ist wünschenswert, daß wir beide wissen, wo wir stehen.»

«Es wird Sie interessieren, Herr Eich, daß gerade diese kleine – Überlistung mit den Leerkilometern nicht unwesentlich zu dem Entschluß Herthas beitrug, mich doch noch zu heiraten.» – Herr Eich blieb stehen und sah ihn starr an. – «Abweichend von Ihnen», fuhr Karl Siebrecht fort, «bin ich der Ansicht, daß ohne diese Hochzeit unsere Beziehungen in wenigen Wochen zu Ende gewesen wären. Ich hätte von der Gnade meiner Geliebten leben müssen, und das hätte weder sie noch ich ertragen.»

Herr Eich fragte schnell: «Sie wären nicht zurückgekommen?»

«Nein, ich wäre nicht hierher zurückgekommen. Sie haben falsch gerechnet, Herr Eich.» – Wieder sahen sich die beiden schweigend an. – «Was aber Herrn Bremer angeht», sagte dann Karl Siebrecht, «meinen präsumtiven Nachfolger –»

Sehr schnell fragte Herr Eich: «Wer ist Herr Bremer? Ich kenne diesen Namen nicht.»

Karl Siebrecht verbeugte sich: «Ich danke Ihnen, genau die Auskunft, die ich erwartete. – Wenn ich jetzt ein Zimmer zum Umziehen haben könnte?»

Herr Eich sah plötzlich wieder sehr alt und müde aus. «Ich weiß nicht, von welchen Leerkilometern Sie reden», sagte er. «Am besten bringen Sie die Frage durch Ihre Anwälte vor. – Kommen Sie, ich zeige Ihnen das Zimmer.» Und als Herr Eich ihm nun voranging, hatte Karl Siebrecht das Gefühl, daß er diesen Mann geschlagen hatte, nicht nur dies eine Mal, sondern für immer. Er würde ihn nie lieben, aber er würde ihn ertragen, solange ihn die Tochter noch liebte. Wenn das aber nicht mehr der Fall sein würde –

Alle Hochzeitsfeierlichkeiten glitten nur schattenhaft an ihm vorbei, er merkte es kaum. Er sah Hertha in ihrem weißen Brautkleid, er führte sie in die

Kirche, er fühlte die vielen neugierigen Blicke auf sich, und einen Augenblick, als sie da beide vor dem Altar saßen, auf zwei vorgerückten Sesseln, hatte er das Gefühl: Hier also bin ich. Soweit bin ich nun doch gekommen – der arme Junge aus der Kleinstadt. Sechzehn Jahre sind es her, daß ich nach Berlin kam – mit nichts. Aber dies Gefühl wollte nicht deutlich werden, die Orgel spielte, und während er halb hinhörte, zerrann das Gefühl schon wieder.

Er wachte erst wieder in der Sakristei auf, als Hertha, er und nach ihnen die Trauzeugen unterschrieben. Einen Augenblick sah er neugierig den Namen an, der dort geschrieben stand: Hertha Siebrecht. Dann schüttelte ihm Herr von Senden die Hand, ungewöhnlich ernst, und auch er sehr müde aussehend: alle auf dieser glänzenden Hochzeit schienen ein wenig blaß und müde zu sein, vor allem die junge Frau.

Aber nicht Herr Rechtsanwalt Lange, sein und seiner Frau Sachberater, der auch als Trauzeuge unterschrieben hatte. «Ich bin ja so glücklich!» flüsterte er. «Diese Ängste, die wir ausgestanden haben! Ich und mein Kompagnon Messerschmidt, wir haben nächtelang nicht geschlafen vor Sorgen! Ich bin ja so glücklich!»

Später, wenn Karl Siebrecht an diese seine Hochzeit zurückdachte, kam es ihm immer seltsam vor, daß der einzige Mensch, der auf dieser Hochzeit ganz glücklich gewesen war, ein alter vertrockneter Jurist war. Aber ehe sie aus der Sakristei gingen, reichte ihm noch ein alter Freund die Hand, ein Mann, den er lange gesucht und entbehrt hatte: Herr Gollmer. «Ja», sagte Herr Gollmer matt lächelnd, auch er sah sorgenvoll aus: «Ich wollte mich an diesem Ehrentag doch wenigstens einen Augenblick sehen lassen! Meinen herzlichsten Glückwunsch, Herr Siebrecht. Wollen Sie mich wohl Ihrer jungen Frau vorstellen –?»

Es kam Karl Siebrecht vor, als betrachte Herr Gollmer die junge Frau sehr eindringlich. Aber er war die Liebenswürdigkeit selbst: «Nein, zum Essen kann ich leider nicht bleiben, in zwei Stunden fahre ich weiter nach Paris. Ich hoffe aber, wir werden uns jetzt häufiger sehen. Es scheint, als stünden ein wenig ruhigere Zeiten bevor. Wir könnten sie wahrhaftig brauchen!»

«Und Ihre Tochter? Fräulein Ilse?» fragte Karl Siebrecht endlich. Es war alles Unsinn, warum sollte er nicht nach Ilse Gollmer fragen, wenn seine Frau dabeistand?

«Sie wäre gern mit hierhergekommen, natürlich. Aber irgend etwas kam ihr dazwischen, im letzten Augenblick entschloß sie sich anders. Nein, sie ist jetzt nicht in Berlin, aber bald wollen wir wieder ganz hierher übersiedeln, in unser altes Heim am Grunewald. Sie erinnern sich doch noch?» – Karl Siebrecht nickte. – Plötzlich lachte Herr Gollmer. «Ich rechne bestimmt darauf, daß Sie mir wieder als Gärtner zur Verfügung stehen! Wissen Sie noch: die Blattläuse? Haben Sie Ihrer Frau von den Blattläusen erzählt?»

«Doch ja, ich habe ihr davon erzählt», antwortete Karl Siebrecht lächelnd.

Dann saß er mit seiner jungen Frau an der Tafel im Speisesaal des Hotels. Er sah die Reihe von Gästen hinunter, die meisten waren ihm nicht einmal vom Sehen bekannt. Ganz am anderen Ende entdeckte er ein paar bekannte Gesichter: Herrn Körnig, die Palude mit ihrem energischen, immer männerhafter werdenden Gesicht, ihr Haar im Herrenschnitt war nun schon ganz grau. Neben Fräulein Palude saß Herr Bremer, sehr lang, sehr rothaarig, mit sehr viel Sommersprossen. Einen Augenblick überlegte Karl Siebrecht, wer Herrn Bremer wohl eingeladen haben könnte, er hatte es bestimmt nicht getan. Sofort vergaß er wieder Herrn Bremer, er wandte sich zu Hertha und sagte leise: «Du, Hertha?»

«Ja –?»

«Wir wollen doch sehen, daß wir möglichst bald von hier fortkommen, nicht wahr?» – Sie nickte nur. – «Es ist natürlich nichts vorbereitet, aber ich denke, wir fahren einfach in die Passauer Straße. Was meinst du?» – Sie sah ihn schweigend an. – «Hilde wird schon alles in Ordnung haben», fuhr er lächelnd fort. «Hast du übrigens Hilde in der Kirche bemerkt? Ich sah sie zufällig, sie weinte herzzerbrechend.»

«Nein», sagte Hertha. «Nein, ich möchte nicht in die Passauer Straße, ich will überhaupt –»

Eine Weile mußten sie zuhören, wie ein Redner die Neuvermählten ansprach. Er feierte besonders die Tennisleidenschaft der jungen Frau, die dem jungen Ehemann ebenso unbekannt war wie der Redner selbst.

Als das Anstoßen der Gläser vorüber war, wandte sich Karl Siebrecht wieder an Hertha. «Du meintest, du möchtest nicht in die Passauer Straße. Natürlich geht das auch. Es ist ein bißchen schwierig, wir haben nicht einmal Gepäck fürs Hotel. Aber Hilde könnte schnell etwas zusammenpacken.»

«Ich will nie wieder in die Passauer Straße», flüsterte sie leidenschaftlich. «Ich will nie wieder etwas von den Dingen sehen, die dort sind, auch die Hilde nicht. Schick sie fort, gib alles weg, was dort ist – ich kann nie wieder durch diese Haustür gehen, es wäre mir immer, als sei der Fotoapparat wieder auf mich gerichtet!»

«Aber Hertha», sagte er verblüfft, «ich glaubte immer, du machtest dir aus all dem Geklatsche und Geschmier nichts!»

«Verstehst du nicht», sagte sie und hob dabei lächelnd ihr Glas gegen einen Freund, der ihr zutrank, «verstehst du nicht, daß das alles vorbei ist? Daß wir noch einmal anfangen müssen, ganz von vorn? Es kann nie wieder so werden, wie es war, und ich will nie wieder etwas von dem sehen, was gewesen ist! Nie wieder!»

«Ich glaube, diesmal verstehe ich dich nicht ganz, Hertha», sagte er und bemühte sich, möglichst glücklich auszusehen, denn er fühlte, daß sein Schwiegervater ihn beobachtete. «Aber es soll alles geschehen, wie du wünschst. Ich werde die Wohnung kündigen und die Sachen weggeben. Du möchtest nicht, daß ich sie verkaufe?»

«Nein. Schenke sie weg, irgendwem, wo ich sie nie wiedersehe.»

«Das wird dann gleich eine Entschädigung für die arme Hilde sein, die wirklich ein freundliches Mädchen war», sagte er lächelnd. «Aber, Hertha, das alles wird eine Weile dauern. Wo möchtest du, daß wir in dieser Zeit bleiben? In einem Hotel?»

«Ich möchte erst einmal zu Vater zurückgehen.» Sie sah, wie er zusammenfuhr. «Sei geduldig, Karl», bat sie. «Laß mir Zeit. Findest du nicht auch, daß Vater sehr alt geworden ist? Laß mich noch eine Weile bei ihm. Es ist alles zu schnell gekommen, Lieber. Gestern um diese Zeit war ich noch ganz allein.»

«Gut», sagte er. Auch hierzu sagte er gut... «Ich will sehen, daß ich alles beschleunige, und ich hoffe, du hilfst mir ein wenig beim Mieten und Einrichten. Ich bin zu unerfahren in diesen Dingen. Aber um eines bitte ich dich, Hertha. Vergiß nie ganz, daß dein Vater nicht mein Freund ist. Laß die Zeit in seinem Haus nicht zu lang werden.»

«Je weniger du mich drängst, um so eher werde ich zu dir kommen. Ich weiß doch, daß ich dich liebe, und auch du weißt es.» Sie gab ihm die Hand. Auch sie hatte gesehen, daß ihr Vater sie beobachtete.

«Schließt ihr da einen Vertrag, Hertha?» fragte Herr Eich höflich.

«Ja, Vater», sagte sie leise. «Karl ist damit einverstanden, daß ich die ersten Wochen noch bei euch bleibe, während er nach einem neuen Heim für uns sucht.»

Herr Eich zog in höflichem Erstaunen die Augenbrauen hoch. «Herr Siebrecht ist sehr großzügig», sagte er. «Da werde ich nicht weniger großzügig sein dürfen und muß ihn wohl bei der Suche nach einem neuen Heim unterstützen.»

## 105. Es ist soweit

Die Klatschblätter der Reichshauptstadt, vom «Guten Ruf» angefangen über die «Wahrheit» bis zum «Intimen Blatt», hätten Stoff genug gehabt, über die junge Ehe des Direktors vom Berliner Bahnhof-Eildienst zu schreiben. Dieses junge Paar, das durch bohemehafte Sitten vor der Hochzeit soviel Anlaß zu Gerede gegeben hatte, schien sich nach der Hochzeit nicht mehr zu kennen. Die junge Frau wohnte bei ihren Eltern, und Besuche in der Passauer Straße gab es nicht mehr. Die Wohnung dort war zu vermieten, und bald zog ein Handelsvertreter ein. Der junge Ehemann aber wohnte in einer Fremdenpension in der Lietzenburger Straße und lebte aus seinen Koffern.

Im Anfang dieser Zeit hatte Karl Siebrecht noch dann und wann versucht, seine Frau telefonisch zu sprechen. Er hatte erwartet, daß Hertha ihm wenigstens bei der Einrichtung beistehen würde, bestimmt hatte er nicht erwartet, daß sie ihn überhaupt nicht mehr sehen und sprechen wollte. Aber er war nie auch nur mit ihr verbunden worden. Es hatte auch keine verlegenen Entschuldigungen gegeben, es hatte einfach geheißen: «Die gnädige Frau ist nicht zu sprechen.»

Aber dann kam die Nachricht von den Herren Lange & Messerschmidt, daß Herr Eich in Nikolassee eine Villa für seine Tochter erworben habe. Jawohl, für seine Tochter, das war eine große Beruhigung für Karl Siebrecht. Wenn dieser argwöhnische, feindlich gesinnte Mann eine Villa kaufte und dafür sorgte, daß sie auf den Namen der Tochter geschrieben wurde, so war er doch wohl der Ansicht, daß diese Ehe noch in Kraft treten würde – sagten die Juristen nicht, die Ehe würde noch konsumiert werden? Gleichviel, was sie sagten, Karl Siebrecht gab von Stund an die Versuche auf, seine Frau telefonisch zu erreichen. Er mußte sehen, mit der Einrichtung allein fertig zu werden. Er stöberte einen begeisterungsfähigen jungen Innenarchitekten auf, einen Herrn Zenker. Natürlich war es notwendig, diesen Herrn Zenker in gewissem Umfang ins Vertrauen zu ziehen. Es war ja etwas ungewöhnlich, daß ein Haus ganz nach dem Geschmack einer Dame eingerichtet wurde, die sich weder sehen noch sprechen ließ. Zwischen den beiden Männern bestand die stillschweigende Vereinbarung, daß Frau Siebrecht bei der Pflege ihres schwer erkrankten Vaters unter keinen Umständen gestört werden durfte.

«Machen Sie das nur ganz so, wie Sie denken, Herr Zenker», sagte Karl Siebrecht. «Ich hoffe, Sie werden den Geschmack meiner Frau treffen.»

Herr Zenker ließ sich das nicht zweimal sagen, er machte es wirklich genau so, wie er dachte! Gottlob waren die Zeiten des Expressionismus schon wieder vorüber, und der junge Mann hatte eine vertraueneinflößende Vorliebe für alte Möbel. Immerhin schien er nicht ganz im Bilde darüber, was der Direktor eines mittleren Berliner Betriebes verdiente. Karl Siebrecht hatte jetzt ein gutes Einkommen, die Geschäfte gingen nicht schlecht. Aber um Herrn Zenkers Forderungen gerecht zu werden, hätte er das zehnfache Einkommen haben müssen. Karl Siebrecht seufzte, Karl Siebrecht protestierte, aber schließlich ergab er sich in sein Schicksal. Er richtete ja auch nicht alle Jahre eine Villa in Nikolassee ein. Er bremste – aber er schloß doch viele Käufe auf Ratenzahlung ab, auch wurde für den Direktor ein Vorschußkonto in den Büchern der Firma eingerichtet. Mit der Zeit würde er das alles schon wieder abtragen. Hertha und er hatten so billig in der Passauer Straße gelebt; wenn sie erst eingerichtet waren und zusammen hausten, würden diese billigen Zeiten zurückkehren, dann konnte er abbezahlen. Es war nicht möglich, daß er weniger großzügig war als sein Schwiegervater. Die Villa war bestimmt nicht billig gewesen, da konnte er sie auch nicht billig einrichten!

Natürlich kamen immer Fragen, die schwierig waren. Da sagte Herr Zenker: «Ihr Schlafzimmer, Herr Direktor, stößt direkt an das Badezimmer, Sie erinnern sich?»

Herr Direktor erinnerte sich.

«Und auf die anderen Seite des Badezimmers liegt nun das große Eckzimmer mit Südsonne, über dessen Verwendung wir noch nicht gesprochen haben.»

«Machen Sie ein Gastzimmer daraus, Herr Zenker!» schlug Karl Siebrecht vor, obwohl er keine rechte Vorstellung von der Art ihrer künftigen Hausgäste hatte.

«Oh, Herr Direktor, wir haben doch schon drei Gastzimmer! Es wäre wirklich schade um das schöne Südzimmer. Ich habe gedacht –»

«Nun, was haben Sie gedacht, Herr Zenker?»

«Also», Herr Zenker gab sich einen Stoß, «also, ich habe an ein Kinderzimmer gedacht. Ich weiß da eine junge Künstlerin, die so etwas ganz reizend macht. Wenn ich sie einmal anrufen dürfte, man könnte ja mal mit ihr über die Sache reden...»

Es folgte ein kurzes Schweigen.

«Natürlich», sagte Herr Zenker dann, «kann das Zimmer vorläufig auch leer stehenbleiben, bis die gnädige Frau selbst darüber verfügt.»

«Ich gebe Ihnen deswegen noch Bescheid, Herr Zenker», sagte Karl Siebrecht eilig. «Sonst noch etwas? Dann also guten Morgen! Ich muß jetzt schleunigst in die Stadt!» Am liebsten hätte er Herrn Zenker sofort ja gesagt, aber er wußte nicht, wie Hertha darüber denken würde. In gewissen Dingen war sie einfach abergläubisch. Aus Aberglauben hatte sie sich geweigert, ihn zu heiraten, aus Aberglauben hatte er das Heim in der Passauer Straße zerstören müssen. Und vielleicht würde sie wieder abergläubisch werden, wenn sie ein Kinderzimmer eingerichtet fand, und es war noch nicht die geringste Aussicht da auf Kinder. Nein, er würde dem Architekten Zenker und seiner jungen Künstlerin keinen derartigen Auftrag erteilen. Wenn er danach gefragt werden würde, würde er es eben vergessen haben, mit seiner Frau darüber zu reden.

Wider Erwarten aber wurde er nicht gefragt, und als er eines Tages durch die Villa ging, sah er zu seinem Erstaunen, daß die Tür dieses Südzimmers offenstand und daß eine junge Dame eifrig damit beschäftigt war, einen Fries von Hasen, Gänsen, Hunden und Katzen an die Wand zu malen. Er war so überrascht, daß er stehenblieb, unentschlossen, ob er eintreten oder weitergehen sollte. Unterdes hatte ihn die Malerin gesehen und war auf ihn zugetreten. «Herr Direktor Siebrecht, nicht wahr?» Und sie nannte ihren Namen. «Herr Zenker sagte mir... Wenn ich Ihnen vielleicht meinen Entwurf zeigen darf? Wir hatten uns das Zimmer so gedacht...» Und sie holte eine Rolle mit Zeichnungen.

Wenn ich nur wüßte, wen sie mit «Wir» meint, dachte er. Nur Herrn Zenker und sich, oder hat sie etwa doch mit Hertha gesprochen? Ich kann sie unmöglich danach fragen. Er lauschte geduldig ihren Erklärungen über Kindermöbel, Kinderhygiene, Kinderphantasie – aber das Wort «Wir» wiederholte sich nicht mehr. Er lächelte: «Also dann auf Wiedersehen, Fräulein Seebach. Meine Frau wird sich sehr freuen, wenn sie das hier alles sieht.»

«Ich hoffe es», antwortete die Malerin. «Auf Wiedersehen, Herr Siebrecht.»

Nein, er erfuhr nichts, ob sie sich nun verabredet hatten zu schweigen oder ob Herr Zenker dies auf eigene Verantwortung unternommen hatte.

Dann, an einem Tage wenig später, als er gerade ziemlich staubig aus dem Keller kam, wo ein neuer Zentralheizungskessel aufgestellt wurde, stand er plötzlich vor ihr. Sie war mit dem Architekten in der Halle beschäftigt, Stoffe für Möbelbezüge auszusuchen. «Guten Tag, Karl», sagte sie und reichte ihm die kühle Hand. «Du siehst, ich mußte doch einmal hierherschauen. Ich bekam plötzlich Angst, ihr könntet mich gar zu sehr überraschen.»

Er fühlte wohl, dies war nur des Architekten wegen gesagt. Trotzdem meinte er: «Hoffentlich bist du mit uns zufrieden. Wir nähern uns allmählich dem Ende. In zwei Wochen, meint Herr Zenker, wird alles fertig sein.»

«Frühestens in drei Wochen!» widersprach Herr Zenker, der sich wie mancher junge Künstler von seinem ersten Werk nicht trennen konnte. «Sie wissen, die Teppichleger haben mich im Stich gelassen, und die Kücheneinrichtung ist noch lange nicht fertig.»

«Es eilt nicht, Herr Zenker», sagte Hertha Siebrecht. «Ich will meinen Vater erst noch nach Gastein begleiten. Auf ein paar Wochen kommt es nicht an, das meinst du doch auch, Karl?»

«Nein, natürlich nicht – ich meine, der Termin ist nicht so wichtig», antwortete er mechanisch. Darum also war sie gekommen, nur darum, um ihm dies zu sagen. Eine Reise nach Gastein, sechs Wochen, acht Wochen, vielleicht ein Vierteljahr weiterer Aufschub... Vielleicht würde es ewig so weitergehen, sie entschloß sich nie, und er blieb immer weiter in seiner Fremdenpension sitzen, mit einer komplett eingerichteten Villa und einem hübschen Vorschuß-konto bei der Firma. Ganz gedankenlos sagte er sein Ja oder Nein zu ihrer Meinung über die Stoffe. Als dann aber der Architekt nicht von ihrer Seite wich und Hertha durchaus mit zum Wagen bringen wollte, verabschiedete er ihn plötzlich. Wenigstens die paar Schritte durch den Garten wollte er allein mit ihr gehen. Es waren höchstens fünfzig Schritte, und er hatte ihr sehr viel zu sagen. So viel war es, daß er keinen Anfang finden konnte.

Dann sagte sie: «Es wird alles sehr schön, Karl, aber ich fürchte, ein wenig teuer. Willst du mir nicht erlauben, mich zu beteiligen? Lange & Messer-schmidt werden dir einen Scheck von mir geben.»

«Nein, danke», sagte er kurz. «Das ist meine Sache.» Er blieb stehen, aber wieder sagte er etwas, was er eigentlich nicht sagen wollte, er fragte sie: «Hast du mit dieser Malerin wegen des Südzimmers gesprochen?»

«Ja», sagte sie. «War es dir nicht recht?»

«Du lieber Himmel!» rief er zornig und blieb plötzlich stehen. «Du kannst einen Mann wohl wahnsinnig machen! Werde ich dich je verstehen? Du gibst den Auftrag für ein höchst modernes und sehr hygienisch eingerichtetes Kin-derzimmer, aber über meinen Architekten teilst du mir mit, daß du für acht Wochen oder ein Vierteljahr nach Gastein reisen willst! Ist dir klar, Hertha, daß wir heute zwei Monate und eine Woche verheiratet sind? Und daß du mir heute zum erstenmal in dieser ganzen Zeit die Hand gegeben hast –?!»

«Komm!» sagte sie und berührte leicht die Schulter des Zornigen. «Laß uns noch ein paar Schritte durch den Garten gehen. – Hast du nie Angst gehabt, Karl, vor einer großen Entscheidung, vor alldem, was dann folgen mußte?»

«Doch ja», antwortete er, noch immer zornig. «Ich habe in meinem Leben verschiedene Male Angst gehabt, die allerhundeerbärmlichste Angst von der Welt! Wenn ich aber merkte, daß ich solche Angst hatte, so habe ich alles getan, um möglichst schnell in die Lage zu kommen, vor der ich sie hatte. Und im Augenblick, wo ich drin war, war ich die Angst auch los! Hertha!» sagte er bittend. «Versuch doch, dich frei zu machen von diesem tatenlosen Zögern! Nichts kann so schlimm sein wie die Ängste, die dir deine Phantasie jetzt bereitet.»

«Du irrst», sagte sie sanft. «Jetzt weiß ich doch noch, daß du mich liebst. Später vielleicht...»

«Aber ich bin ein Mann!» rief er. «Ich bin ein Mensch von Fleisch und Blut. Ich liebe dich, und ich will dich in meinen Armen halten. Ich will meine Liebe fühlen und schmecken. Ich will nicht nur träumen, daß ich dich in den Armen halte, und wenn ich aufwache, halte ich nichts mehr. – Ich bin es mü-de, mich von meiner Phantasie quälen zu lassen. Komm hierher, ich lasse dir alle Freiheit, aber wenigstens unter dem gleichen Dach will ich mit dir leben!»

«Wie du mich betrügst! Nach dem gleichen Dach kommt das gleiche Zim-mer und das gleiche Bett. Hast du nie den Vers gelesen: ‹Ach, in den Armen hab ich sie alle verloren, du nur, du wirst immer wieder geboren: weil ich niemals dich anhielt, halt ich dich fest.›?»

«Ja», rief er bitter, «das bist du! Verse, Literatur – und danach möchtest du dein Leben einrichten, aus zweiter Hand! Was geht mich das alles an? Ich will meine Erfahrungen allein machen, und wenn sie bitter sind, sind es meine eigenen Bitternisse! Du lebst jetzt ein Leben, das andere für dich ausgedacht haben. Es gab einen Tag, an dem du mutiger warst! Es gab manchen Tag!»

«Und es wird wieder ein solcher Tag kommen», sagte sie fast heiter. «Ich habe dich um Geduld gebeten, Karl, vielleicht dauert es nun nicht mehr lange.»

«Ja, aber du hast deinem Vater versprochen, mit ihm nach Gastein zu fahren!» beharrte er.

«Das Haus ist noch nicht fertig. Wenn das Haus fertig ist, erwarte seine Herrin!» Sie war jetzt fast fröhlich, sie gab ihm die Hand, und ehe sie in den Wagen stieg, reichte sie ihm rasch und heiter den Mund.

Dann wurde das Haus fertig, und er zog aus der Lietzenburger Straße nach Nikolassee. Schnell entdeckte er, daß es nicht so leicht sein würde, zu dem billigen Leben früherer Tage zurückzukehren: das Haus erforderte, nur mit ihm als Bewohner, zwei Mädchen und eine Köchin, und zum Frühjahr würde er noch einen Mann einstellen müssen, eine Mischung aus Gärtner, Diener und Chauffeur, das Haus verlangte es so. Dunkel begann er zu ahnen, was erst nötig sein würde, wenn auch die junge Frau hier wohnte, wenn Kinder da waren.

Herrn Zenkers Tätigkeit hatte einen hübschen Packen unbezahlter Rechnungen hinterlassen, sie füllten einen ganzen Ordner. Trotzdem zürnte er diesem jungen begeisterungsfähigen Menschen nicht. Das Haus war schön geworden, wenn es auch nicht sein Haus war, er wohnte darin nur als Gast. Das würde vielleicht erst anders werden, wenn Hertha hier mit ihm wohnte, dann würde er persönliche Beziehung zu den Möbeln, den Büchern bekommen. Aber Hertha war nun wohl längst in Gastein. Die Briefe, die vom Eichschen Büro kamen, trugen nie mehr die Unterschrift des alten Herrn. Das Haus war fertig, aber seine Herrin ließ auf sich warten . . .

Dann, an einem grauen, nassen Novemberabend, kam Karl Siebrecht nach Haus. «Ich möchte möglichst gleich essen, Ella», sagte er zu dem Mädchen. «Ist alles fertig?»

«Jawohl, Herr Direktor. Ich werde sofort anrichten.» Sie lächelte ihn an, erst hinterher fiel ihm auf, wie seltsam sie ihn angelächelt hatte.

Er wusch sich die Hände und ging in das große leere Speisezimmer, in dem er ganz allein aß, nur Ella stand seitlich von ihm am Büfett. Er setzte sich, und im ersten Augenblick bemerkte er gar nicht, daß zwei Gedecke auf dem Tisch lagen. Dann sah er es, begriff es aber noch nicht, er sah fragend zudem Mädchen hin. Das Mädchen Ella lächelte wieder auf diese seltsame Art. «Die gnädige Frau kommt sofort.»

«Schön, Ella», antwortete er. «Sehr schön. Sehen Sie, daß alles gut warm bleibt. Ich warte.» Und er griff zu einem Brötchen und brach es in der Mitte durch. Dies war die ruhige Art, in der ein überlegener Mann solche Situationen meisterte! Gut, sehr gut! Schön, sehr schön! Das Mädchen nahm natürlich an, daß er von der Ankunft seiner Frau unterrichtet war – er durfte sie um keinen Preis etwas merken lassen. Dann wich langsam die Lähmung von ihm, die ihn bei der plötzlichen Nachricht ergriffen hatte. Es wurde ihm klar, daß sie in sein Haus, in ihr Haus gekommen war, daß sie zu ihm gekommen war! Daß die Zeit des Wartens vorüber war. Daß es nun nur an ihm lag, sie zu halten! Eine Freude, plötzlich wie ein Schlag, packte ihn, der Freude folgte die Angst, daß sie vielleicht wieder nur für einen kurzen Besuch gekommen wäre, für ein, zwei Stunden. Er hob den Kopf, er sah das Mädchen an. «Viel Gepäck, Ella?» fragte er.

«Ein Schrankkoffer», gab Ella Auskunft, «und ein paar Handkoffer. Der Chauffeur sagte, das meiste Gepäck kommt erst morgen.»

Und wieder sagte er, ganz wie sein Schwiegervater: «Schön, sehr schön!»

Plötzlich hielt er es nicht mehr aus. Was für ein Idiot war er, daß er hier saß und sich mit dem Mädchen Ella unterhielt, und die junge Herrin hielt endlich, endlich ihren Einzug! «Einen Augenblick, Ella!» sagte er. «Halten Sie das Essen gut warm!»

Er lief aus dem Zimmer, er lief die breite Treppe von der Halle zum Oberstock hinauf. Er klopfte kaum gegen die Tür, er lief in ihr Zimmer. Da stand Hertha im Unterkleid, ihre Arme und Schultern waren bloß. Sie hielt ein Kleid in den Händen, das sie eben aus dem Koffer genommen hatte. Er starrte sie an. Dann sagte er langsam: «Ist es soweit, Hertha?»

Sie hob ihm die Hände entgegen. Das Kleid glitt zur Erde. «Komm», flüsterte sie. «Komm. Ja, es ist soweit.»

Als sie dann beide in das Speisezimmer hinunterkamen, hatte Ella trotz aller Ermahnungen des Hausherrn das Essen doch kalt werden lassen: es gab nur Aufschnitt. Aber Ella wurde darum nicht getadelt, es gibt eben doch bestimmte Grenzen, über die hinaus man Essen einfach nicht mehr warmhalten kann!

## 106. Im Juni 1931

Im Frühsommer des Jahres 1931 war der bunte Fries aus springenden Tieren im Kinderzimmer der Villa in Nikolassee längst verblaßt und abgeblättert. Nur selten wurde die Tür dieses Zimmers geöffnet, und zwischen den Eheleuten wurde das Zimmer nicht erwähnt.

Nein, nicht alle Hoffnungen hatten sich erfüllt, die von den jungen Leuten einst auf diese Ehe gesetzt worden waren, aber es hatten sich auch nicht alle Befürchtungen erfüllt. Der Frau war eine Neigung zur Schwermut und zum Einzelgängertum geblieben, alle Liebe ihres Mannes hatte sie nicht davon befreien können. Immer wieder verließ sie plötzlich das Haus, er kam heim und fand es leer. Sie war dann zu ihrem Vater gegangen, der nun wirklich alt geworden war, oder sie war an einen Ort gereist, wo sie ganz allein für sich leben konnte. Sie haßte die Gewöhnung, sie war eine herrliche Geliebte, aber sie wurde nie eine Ehefrau. Sie lebte in ihrem Haus wie ein Gast, nichts konnte sie mehr irritieren, als wenn man in Wirtschaftsfragen eine Auskunft von ihr haben wollte. Manchmal dachte Karl Siebrecht, wie gut es doch war, daß jenes Kinderzimmer nie in Benutzung gekommen war. Er konnte sich Hertha nicht als Mutter denken. Es war besser so, aber eine Ehe war auch diese zweite Ehe von Karl Siebrecht nicht geworden, und diesmal lag die Schuld nicht bei ihm. Manchmal dachte er darüber nach, was wohl aus seiner Ehe mit Rieke geworden wäre, wenn er bei ihr diese Geduld besessen hätte. Aber das ließ sich kaum vergleichen. Er war damals noch ein sehr junger Mensch gewesen, und er hatte Rieke nie geliebt, wie er Hertha liebte.

Die wirtschaftliche Situation des Direktors Siebrecht war nicht gut. Sein Vorschußkonto bei der Firma hatte nicht ab-, sondern allmählich zugenommen. Alte Schulden waren bezahlt worden, neue Schulden waren dazugekommen. Der Haushalt mit all den Leuten, die er beschäftigen mußte, überschritt sein Einkommen, nicht viel, aber doch so, daß er immer etwas mehr ausgab, als er einnahm. Er, der früher geldliche Abhängigkeit verabscheute, hatte sich jetzt daran gewöhnt, diesen Zustand mit philosophischer Ruhe anzusehen. Im Grunde brauchte er sich wirklich keine großen Sorgen zu machen. Ein paarmal hatte ihm Hertha schon angeboten, sich mit ihrem Geld an der Haushaltskasse zu beteiligen. Er hatte das immer wieder hartnäckig abgelehnt, er hatte sich einmal von einer Frau ernähren lassen, das tat nicht gut. Aber im schlimmsten Fall war dies ein Ausweg. In der Einrichtung des Hauses steckten große Werte, die ihm gehörten und die er ihr jederzeit übereignen konnte.

Das Verhältnis zwischen Karl Siebrecht und seinem Schwiegervater war nicht gut, aber es war erträglich geworden. Sie nannten sich weiter «Sie», der Verkehrston blieb kühl, aber feindliche Worte wurden nicht gewechselt. Geschäftlich sahen sich die beiden nicht selten, und geschäftlich kamen sie recht gut miteinander aus, seitdem Karl Siebrecht vor nun fast sechs Jahren in der Frage der Leerkilometer geklagt und gesiegt hatte. Seitdem war Herr Eich vorsichtiger geworden. Siebrecht war sich klar darüber, daß der Vertrag schon wieder den veränderten Zeitverhältnissen nicht mehr entsprach. Es wurde nicht annähernd mehr soviel verdient wie früher, die Steuern und Lasten waren gestiegen, die Prozentsätze, die er abführen mußte, waren zu hoch. Aber sein Schwiegervater sprach immer häufiger von seiner Pensionierung, er war jetzt wirklich alt und müde geworden. Siebrecht hätte die Vertragsänderungen lieber mit seinem Nachfolger bei der Eisenbahndirektion, die nun längst eine Reichsbahndirektion geworden war, besprochen.

Karl Siebrecht lebte im Grunde ein sehr einsames Leben, viele Abende saß er allein in dem großen Haus. Es kamen immer wieder wundervolle Stunden mit Hertha, aber es waren doch nur Stunden. Wie er es sich gedacht hatte, blieben die Gastzimmer im Haus unbenutzt. Manchmal, sehr selten, kam der Rittmeister. Seltener noch traf er die junge Frau an, und nie wieder erlebten sie eine so beschwingte Stunde wie jene erste bei Horcher. Meist saßen die beiden Freunde allein, tranken langsam ein Glas Wein und sprachen in großen Pausen miteinander. Manchmal konnte es den Rittmeister dann wohl ankommen, den Freund ein wenig zu necken. «Nun», sagte er dann wohl, «wie steht es mit der Eroberung Berlins? Ist sie nun abgeschlossen, oder sind noch einige Bastionen zu nehmen? Wie fühlt man sich, wenn man sein Ziel erreicht hat?»

«Im Moment ein wenig öde und leer», antwortete Karl Siebrecht und sah in sein Weinglas. Noch immer funkelte das Licht im Wein rubinfarben, aber es lockte nicht mehr, es bezauberte nicht mehr...

So blieben nur noch Gollmers... Ja, Gollmers waren nun wieder in Berlin seßhaft geworden und wohnten nicht weit von Siebrechts in ihrer alten Villa. Zu Anfang hatte sich Karl Siebrecht viel von diesen Freunden versprochen. Mit jener Naivität, die er auch als Mann behielt, bildete er sich ein, Hertha und Ilse müßten die besten Freundinnen werden. Aber rasch stellte sich heraus, daß die beiden einander nur wenig zu sagen hatten. Es schien nichts Gemeinsames zwischen ihnen zu geben. Wo Hertha zögernd, verhalten, unentschlossen war, war Ilse Gollmer aktiv, zugreifend, vielleicht ein wenig laut. Die lange Krankheit hatte ihren Lebensmut nicht brechen können. Sie neckte gern, lachte viel und wußte tausend kleine witzige, ein wenig boshafte Geschichten zu erzählen, alles Dinge, die Hertha Siebrecht tödlich langweilten. Erst durch den Umgang mit Ilse Gollmer entdeckte Karl Siebrecht, daß seine Frau nicht eine Spur von Humor besaß. So kam der Verkehr der beiden Damen über ein paar Versuche nicht hinaus. Aber dann und wann besuchte Karl Siebrecht seinen Teilhaber und alten Gönner im Grunewald. Längst hatte es Herr Gollmer aufgegeben, in allen möglichen Kommissionen für ständig wechselnde Regierungen Beschlüsse zu fassen, die von den Ereignissen stets überholt waren. Er widmete sich mit Maßen seinen Geschäften, und er gab seinem jungen Freund immer mal wieder einen guten Rat.

Da saßen denn die beiden Herren bei einem Glase guten Burgunder, Herr Gollmer rauchte langsam eine Zigarre, und wenn Ilse gerade nichts anderes vorhatte, kam sie auch einmal herein. Aber sie hielt es nie lange aus. «Wie die alten Männer sitzt ihr da!» schalt sie. «Vater, du bist ein Mann in den besten Jahren, und Karl Siebrecht ist sogar noch in den guten Jahren, die viel besser als die besten sind. Ihr aber stitzt da, als ob ihr einschlafen wollt! Tut doch was!»

«Was sollen wir denn tun, Kind?» fragte Herr Gollmer bedächtig. «Siebrecht wird den ganzen Tag geschuftet haben, und ich habe, wenn auch nicht gerade geschuftet, mich doch angemessen betätigt. Was sollen wir denn noch tun? Wir haben Feierabend, Ilse!»

«Ach, tut irgendwas, meinethalben geht bummeln, aber schlaft bloß nicht ein! Siebrecht, am Kurfürstendamm haben sie eine entzückende Bar aufgemacht, wollen Sie mich da nicht einmal hinfahren?»

Er sah sie ein wenig belustigt an. «Sie wollen sich wohl unmöglich machen?» sagte er. «Mit solch einem alten Ehemann geht man doch nicht aus! Sie sind doch wahrhaftig nicht in Verlegenheit um Begleiter!»

«Alles Ausreden! Bloß faul sind Sie! Ich sollte Ihre Frau sein, ich wollte Sie schon in Gang bringen!» Unter seinem Blick wurde sie rot. «Bilden Sie sich bloß nichts ein!» sagte sie drohend. «Der Himmel bewahre jedes Mädchen vor einem Mann, wie Sie sind! Los, Siebrecht, ich stelle das Grammofon an, und wir tanzen einen Tango!»

«Sie wissen sehr gut, daß ich nicht tanzen kann, Fräulein Ilse!»

«Natürlich können Sie tanzen! Jeder Mensch kann tanzen! Aber Sie sind faul, Sie wollen nicht aus Ihrem Sessel aufstehen! Wie zwei schläfrige Krokodile liegt ihr da! So, und nun verabschiede ich mich, meine Herren! Damit Sie es wissen, Siebrecht, ich fahre noch in die Mexiko-Bar, und ein Platz in meinem Wagen ist frei!»

«Ich vertrage die Mixgetränke nicht, ich werde trübe davon!»

«Noch trüber kann Sie kein Getränk der Erde mehr machen! Gute Nacht, Vater, vergiß nicht, Herrn Siebrecht rechtzeitig um zehn Uhr zu wecken. Um elf muß er im Bett liegen. Gute Nacht, Siebrecht!»

«Gute Nacht, Fräulein Ilse. Amüsieren Sie sich gut!»


## 107. Herr von Senden braucht Geld

An einem schönen Junitag wurde dem Direktor des Berliner Bahnhof-Eildienstes der Herr von Senden gemeldet. «Das ist ein ungewohnter Besuch, Herr von Senden», sagte Karl Siebrecht und schüttelte dem alten Freund die Hand. «Ich glaube, Sie waren noch nie hier auf meinem Büro.» Es hatte an Versuchen nicht gefehlt, daß auch Karl Siebrecht den Herrn von Senden «Du» und «Bodo» nannte, sie hatten darauf sogar mit aller Feierlichkeit Brüderschaft getrunken, aber immer wieder hatte das Sie sich eingeschlichen, das Du wollte Karl Siebrecht nicht über die Zunge. So war es denn beim alten geblieben, der Rittmeister, der ja auch längst mehr als Rittmeister war, sagte «Du», Karl Siebrecht sagte «Sie».

«Nein», sagte der Rittmeister und sah sich in dem Büro um. «Ich bin noch nie hiergewesen.» Er schlug die Beine übereinander, sah Karl Siebrecht an und fing an zu lachen. «Ich glaube gar, ich werde verlegen!» lachte er. «Der Fall ist nämlich der, mein Sohn Karl, ich bin in einer hochnotpeinlichen Angelegenheit bei dir: ich brauche Geld!»

«Geld?» fragte Karl Siebrecht. «Geld –?» Er zog das Wort immer länger. Dann sagte er rasch: «Nun ja, es wird sich schon irgendwie einrichten lassen, obwohl wir im Moment ungewöhnlich knapp sind. Ihr Gewinnanteil wäre in gut vier Wochen fällig, aber ich werde sehen –»

«O nein!» sagte der Rittmeister und hob die beringte Hand. «Hiervon weit entfernt! Wenn ich sage, ich brauche Geld, so meine ich nicht diese schäbigen Hunderter, dann meine ich: ich brauche viel Geld!»

«Viel Geld!» rief Karl Siebrecht und war nun wirklich erschrocken. «Was meinen Sie mit viel Geld, Herr von Senden?»

«Wenn ich viel Geld sage, so meine ich auch viel Geld», antwortete der Rittmeister und lächelte nun auch nicht mehr. «Die Wahrheit zu sagen, Karl, ich wäre dir sehr dankbar, wenn ich meine Einlage zurückbekommen könnte.»

«Ihre Einlage – aber das wären ja sechzigtausend Mark! Ich fürchte, Herr von Senden, das wird ganz unmöglich sein. Wann wollen Sie denn über das Geld verfügen?»

«Wann? Aber sofort! Möglichst heute noch! Jedenfalls in den allernächsten Tagen!» Er sah Karl Siebrechts immer bestürzteres Gesicht. Er sagte: «Ich weiß, mein Sohn Karl, es ist da eine Kündigungsfrist vereinbart, ich glaube jährlich. Aber ich brauche das Geld, wie gesagt, sofort, und ich wäre dir sehr dankbar, wenn du es einrichten könntest – sagen wir Anfang nächster Woche...»

Karl Siebrecht trommelte verlegen auf seinem Schreibtisch herum, der Rittmeister fuhr überredend fort: «Karl, du mußt mir einfach den Gefallen tun! Du hast immer gesagt, daß dein Betrieb sicher wie Gold ist! Da kann es dir doch nicht schwerfallen, einen anderen Teilhaber zu finden.»

«Ich werde niemanden finden!» antwortete Karl Siebrecht. «Es ist heute unmöglich, sechzigtausend Mark aufzutreiben! Wissen Sie, Herr von Senden, daß große Betriebe, wirklich große Betriebe, heute keine sechzigtausend Mark geliehen bekommen und daß sie die Gehälter an ihre Angestellten auf Stottern bezahlen, hier mal fünf Mark und drei Tage darauf zehn Mark! Es gibt einfach kein Geld mehr!»

«Aber meine sechzigtausend Mark –» fing Herr von Senden an.

«Einen Augenblick!» bat Siebrecht. «Sie haben es sicher gehört und gelesen, daß das Reich in der gleichen Verlegenheit ist wie der Unternehmer. Es pumpt sich überall Geld, es hat das Zündholzmonopol gegen eine Anleihe verpfändet. Wir haben uns noch so hingehalten, ich bin immer ziemlich vorsichtig mit der Kreditaufnahme gewesen, aber mit stets größerer Besorgnis rechnen wir von einem Lohntag zum anderen. Und da handelt es sich um Beträge von zwei- bis dreitausend Mark. Lieber Herr von Senden, Sie können mich und meine ganze Firma auf den Kopf stellen, es fallen keine sechstausend Mark heraus, geschweige denn sechzigtausend!»

«Aber mein Geld muß doch irgendwo geblieben sein», sagte Herr von Senden hartnäckig. «Es kann doch nicht einfach verschwunden sein!»

«Natürlich ist Ihr Geld nicht verschwunden», antwortete Karl Siebrecht beruhigend, denn der Rittmeister wurde jetzt ziemlich nervös. «Aber es ist festgelegt, es steckt in den Einrichtungen. Es steckt in unserem Garagenhof, in unserer Tankstelle, in den Büros auf den Bahnhöfen, in den Lastautos, mit denen wir fahren...» Er wurde plötzlich trübe. «Leider fährt zur Zeit nur ein Drittel unserer Autos, die anderen haben wir stillegen müssen, der Gepäckverkehr ist um drei Viertel gesunken.»

«Oh, dann ist ja alles ganz einfach!» sagte der Rittmeister erleichtert. «Dann verkaufst du einfach die stillgelegten Autos, meinethalben mit Verlust. Ich will gerne ein paar tausend Mark einbüßen, nur, ich muß mein Geld haben.»

«Aber wer soll denn die Autos kaufen? Überall sind die Wagen stillgelegt, kein Mensch kauft Autos. Und selbst wenn ich einen Käufer finde, womit soll er denn bezahlen? Es gibt faktisch kein Geld!»

Der Rittmeister dachte nach. «So geh zu einer Bank», sagte er, «und nimm eine Hypothek auf. Du hast da von einem Garagenhof gesprochen...»

«Die Banken geben kein Geld mehr auf Hypotheken», lächelte Siebrecht trübe. «Den Banken geht es selber dreckig.»

«Aber ich muß mein Geld haben!» rief der Rittmeister verzweifelt. «Ich muß einfach!»

«Haben Sie noch ein bißchen Geduld, Herr von Senden», bat Karl Siebrecht. «Sie wissen, daß jetzt über den Hoover-Plan verhandelt wird: alle Zahlungen aus dem Versailler Vertrag sollen für ein Jahr ruhen. Wenn der Hoover-Plan erst angenommen ist, bessert sich vielleicht die Wirtschaftslage. Ich will dann sehen, vier- oder fünftausend Mark für Sie aufzutreiben!»

«Fünftausend Mark helfen mir gar nichts!» rief der Rittmeister wieder. «Ich muß das ganze Geld haben, und du tust mir den Gefallen, Karl!»

«Aber es steht nicht in meiner Macht, Ihnen den Gefallen zu tun.»

«Es muß einfach in deiner Macht stehen, Karl!»

Einen Augenblick schwiegen beide erschöpft. Dann sagte Siebrecht vorsichtig: «Es geht mich natürlich nichts an, Herr von Senden, wozu Sie das Geld brauchen. Aber wenn Sie Schulden haben – verzeihen Sie, es ist eine bloße Annahme –, so könnte ich vielleicht mit Ihren Gläubigern ein Abkommen treffen.»

«Nein», sagte der Rittmeister kurz. «Ich habe keine Schulden, wenigstens keine, die nennenswert wären.» Er überlegte einen Augenblick, dann lächelte er: «Ich kann dir die Wahrheit sagen, Karl: ich heirate!»

«Was?!» rief Karl Siebrecht und wäre fast aufgesprungen. Denn der Rittmeister, so gut er trotz seiner weißen Haare noch immer aussah, war doch über sechzig. Er besann sich aber und sagte mit Fassung: «Meinen herzlichsten Glückwunsch, Herr von Senden. Das ist ein überraschender Entschluß!»

«In meinen Jahren!» antwortete der Herr von Senden. «Ich weiß genau, was du sagen willst, mein Sohn Karl. Aber gerade in meinen Jahren bekommt man es eilig, das Schöne, was das Leben noch bietet, mitzunehmen. Wie lange wird das alles noch schmecken? Zehn Jahre, lieber Karl, wenn es gutgeht; vielleicht nur fünf Jahre.» Er beugte sich vor und sah den jungen Freund an. Seine dunklen Augen leuchteten in dem alten Feuer, aber die Brauen darüber waren weiß. «Die Jugend, Karl!» sagte er leise. «Ich habe dir immer gesagt: die Jugend allein ist das Leben wert. Sie ist blutjung, Karl, gerade erst neunzehn geworden. Noch einmal werde ich mir die Jugend holen, ein letztes Mal. Ach, Karl, plötzlich ist das Leben wieder schön!»

Er lehnte sich zurück, nahm eine Zigarette aus dem Etui und brannte sie mit Bedacht an. «Ich möchte gern, Karl, daß du dir Maria einmal ansiehst. Ich habe sie in einem Kabarett kennengelernt, sie tritt dort als Tänzerin auf. Du mußt sie einmal tanzen sehen – eine ganz große Begabung! Einfach weggeworfen an die verdammten Ekels, die dort sitzen und bloß nach ihren Beinen schielen – gräßlich! Da darf sie keinesfalls länger bleiben. Leider hat sie Kontrakt, aber ich werde sie schon freikaufen, laß mich nur erst mein Geld haben! Und wenn sie dann frei ist, wenn wir verheiratet sind, dann kommt das Große –» Der Rittmeister hatte seine Zigarette ungeduldig in den Aschenbecher gestoßen, nun brannte er sich sofort eine neue an und ging eilig in dem Büro auf und ab. «Ich bin mir klar, ich bin ein älterer Mann, Karl, und ich will so ein schönes junges Ding nicht etwa aus Eigensucht an die Kette legen. Ich will ihr das Leben öffnen, ich will ihr alle Chancen geben, die je ein Mensch gehabt hat! Wenn du sie nur siehst, wirst du sofort merken, welche eminente Begabung sie für den Film hat. Wenn du sie sprechen hörst, wenn sie singt, das alles schreit geradezu nach dem Film. Ich habe mit ein paar Leuten gesprochen, die ich durch Maria kennengelernt habe. Sie haben mir gesagt, das läßt sich machen: wenn man eine Anfängerin groß startet, kann sie nach einem Jahr, schon nach ihrem ersten Film, ein Star sein.» Der Rittmeister blieb stehen, er sah Karl Siebrecht lächelnd an: «Siehst du, mein Junge, das will ich tun! Ich mache ein Geschäft, ein glänzendes Geschäft sogar! Ich bekomme ihre Jugend, und dafür starte ich sie mit allem, was ich habe! Das klingt verdammt, als wenn Maria sich verkaufte, doch das ist nicht so. Sie liebt mich, sie hat mich schon geliebt, als sie noch nicht wußte, welche Absichten ich mit ihr hatte.»

Herr von Senden sah Karl Siebrecht lächelnd an, aber der junge Freund war so verlegen, daß er den Rittmeister nicht wieder anzusehen wagte. Er malte nachdenklich Zahlen auf ein Löschblatt: erst eine Sechs, dann vier Nullen, dann wieder eine Sechs und wieder vier Nullen und so fort . . . Alles war einfach Wahnsinn, und es war nur gut, daß es keine Möglichkeit gab, diese Sechzigtausend aufzutreiben.

«Nun, Karl?» fragte der Rittmeister herzlich. «Warum siehst du mich nicht an? Warum bist du so verlegen? Du denkst wohl: ach, der alte Trottel, nun hat es den auch gehascht! Alterserscheinung, wie? Aber da bin ich meiner Sache ganz sicher. Sobald du Maria gesehen hast, wirst du anders denken. Dann wirst du plötzlich alles verstehen. Und dann wirst du auch», der Rittmeister lächelte stärker, «diese Sechzigtausend hervorzaubern, ohne Herrn Hoover und trotz der Geldknappheit, ich weiß das!»

«Ja», log Karl Siebrecht, «wenn dieses verdammte Geld nicht wäre, würde ich mich viel mehr für Sie freuen, Herr von Senden! Brauchen Sie denn wirklich alles auf einmal?»

«Alles!» sagte der Rittmeister kategorisch. «Alles oder nichts! Ich will», sagte er und breitete die Arme aus, «das Geld auf sie herabregnen lassen, ich will sie überschütten damit. Du erinnerst dich doch noch an Danae, an die goldene Wolke, in der Jupiter sie besuchte? Nun, siehst du! Wenn man schenkt, soll man königlich schenken! Ich hasse Schenken auf Raten!»

«Ich sehe aber nicht die geringste Möglichkeit –» fing Siebrecht hartnäckig wieder an.

«Du wirst sie sehen», rief der Rittmeister siegessicher, «sobald ich dich Maria vorgestellt habe! Wenn man Maria erst gesehen hat, gibt es keine Unmöglichkeit mehr! Also, wie ist es? Bist du heute abend frei?»

«Das schon, aber –»

«Ist deine Frau zu Haus? – Großartig! Frauen sind kritischer, ich gebe sehr viel auf das Urteil deiner Frau! Ich hole euch also heute abend um neun Uhr ab. Ist es recht so?»

«Für mich kann ich zusagen», sagte Karl Siebrecht zögernd. «Was Hertha angeht, so wissen Sie ja... Vielleicht rufen Sie einmal an und sprechen selbst mit ihr?»

«Schön, mein Sohn, das ist abgemacht. Also um neun Uhr, nicht vergessen! Und triff immer schon deine Vorkehrungen, denn morgen wirst du sechzigtausend an mich zahlen müssen! Wenn ich dich nicht überzeugt habe, Maria wird dich bestimmt überzeugen! Auf Wiedersehen, mein Lieber!»

«Auf Wiedersehen, Herr von Senden!»

## 108. Bremer als Mahner

Als der Rittmeister gegangen war, blieb Karl Siebrecht noch lange überlegend an seinem Schreibtisch sitzen. Aber er dachte nicht darüber nach, wie er das Geld für den Freund beschaffen sollte. Im Gegenteil, selbst wenn eine Möglichkeit gewesen wäre, das Geld aufzutreiben, er hätte sie nicht genutzt. Nein, wenn jetzt etwas zu überlegen war, so war es dies, wie man den Rittmeister davor bewahren konnte, sein Vermögen diesem Frauenzimmer zu opfern, und wie man ihm schließlich die Augen öffnete über diese Maria, ohne seine Freundschaft zu verlieren. Karl Siebrecht hatte nie viel Freunde gehabt, er hätte nicht gerne auch noch diesen verloren. Ihm grauste vor dem heutigen Abend...

Siebrecht drückte auf den Klingelknopf und bat Herrn Körnig zu sich. Herr Körnig, der unterdes zum Prokuristen der Firma aufgerückt war und der womöglich noch sorgenvoller aussah, winkte eifrig, sobald er in das Zimmer kam, mit einem Stoß Abrechnungen. «Jawohl, Herr Direktor, ich weiß schon», sagte er klagend, «die Abrechnungen! In der letzten Woche sind die Einnahmen wieder um sieben Prozent gefallen, während sich die Unkosten nicht verändert haben. Herr Direktor Bremer hat schon mit mir gesprochen, er schlägt vor, noch drei Wagen stillzulegen und weitere sechs Mann zu entlassen. Außerdem müßte endlich wegen der Schalter auf den Bahnhöfen ein neues Abkommen getroffen werden –»

«Über all das werden wir später reden, Herr Körnig», sagte Karl Siebrecht ungeduldig. «Setzen Sie sich bitte. Ich habe jetzt etwas anderes: sind Ihnen alle Einzelheiten unseres Gesellschaftsvertrages mit Herrn von Senden erinnerlich?»

«Aber selbstverständlich, Herr Direktor!»

«Zu welchem Termin kann Herr von Senden uns kündigen?»

«Mit Jahresfrist, das heißt, er kann es nicht zu jedem beliebigen Termin, sondern nur zum Halbjahres-Ersten.»

«Das heißt also – wir haben heute den 13. Juni –, wenn Herr von Senden bis zum 1. Juli kündigt, müssen wir ihm seine Einlage zum 1. Juli nächsten Jahres zurückzahlen?»

«Genau so. Wenn ich mir gestatten darf, Herr Direktor, zu fragen...»

«Gelingt es uns aber, die Kündigung bis über den 1. Juli hinauszuzögern, so haben wir noch anderthalb Jahre Zeit mit der Rückzahlung?»

«Jawohl, Herr Direktor. Hat Herr von Senden die Absicht –?»

«Er hat sie! Und zwar möchte er das Geld ohne Einhaltung der Kündigungsfrist, am liebsten morgen.»

«Sechzigtausend Mark – morgen! Entschuldigen Sie, Herr Direktor, wenn ich lächle...»

«Sie sehen aber gar nicht nach Lächeln aus. Sie sehen aus, als hätten Sie in eine Zitrone gebissen! – Also schönen Dank, Herr Körnig, rufen Sie mir dann noch Herrn Bremer. Er ist doch hier?»

«Vor einer Viertelstunde gekommen.»

«Ich gehe nachher zu Lange & Messerschmidt, ab vier Uhr bin ich draußen in Nikolassee erreichbar, wenn was Besonderes ist.»

«Es wird schon nichts Besonderes sein, Herr Direktor, in diesen Zeiten!»

Egon Bremer, der ehemalige Lehrling Bremer, der kaltschnäuzige Mann, gegen den Karl Siebrecht eine nicht ganz unbegründete Antipathie hegte, hatte es zum zweiten Direktor des Berliner Bahnhof-Eildienstes gebracht, was für seine Tüchtigkeit sprach. Die beiden Direktoren gaben einander kühl die Hand. Es war ein offenes Geheimnis, daß sie sich nicht gerade liebten. «Der alte Jammerlappen, der Körnig, erzählt mir da eben», sagte Bremer, warf sich in einen Sessel und streckte die Beine weit von sich, «daß der Senden seinen ganzen Zaster von heut auf morgen haben will –»

«Die Sache regle ich selbst, Bremer», sagte Karl Siebrecht kühl.

«Ich reiße mir deswegen bestimmt kein Bein aus», lachte Bremer. «Wir sind ja gewissermaßen eine Familiengesellschaft von Ihnen. Beteiligte: Ihre Frau, Ihr Freund Senden, Ihr Freund Gollmer. Hauptarbeitgeber: Ihr Schwiegervater Eich.»

«Warum erzählen Sie mir das eigentlich?» fragte Karl Siebrecht etwas ärgerlich.

«Nur, um auch meinerseits zu begründen, daß Sie der Berufene sind, diese Angelegenheit Senden zu regeln. Die Sache ist doch die, Siebrecht: wenn der Senden merkt, daß er kein Geld von uns kriegen kann, und er braucht unbedingt was, so wird er versuchen, die Beteiligung zu versilbern. Bietet er sie aber erst aus wie sauer Bier, wird das verdammt auf unseren Kredit wirken. Das könnten wir jetzt gerade noch brauchen!»

«Zu so etwas wird es nicht kommen. Ich werde auch mit Lange & Messerschmidt die Sache besprechen. Die Rechtslage ist ganz klar –»

«Freilich», antwortete Bremer nachdenklich. «Andrerseits –»

«Was heißt andrerseits?!»

Karl Siebrecht hatte ganz und gar nicht die Absicht gehabt, den Fall Senden mit Herrn Bremer zu besprechen, er war etwas ärgerlich.

«Gott, wenn der Senden ganz nötig Geld braucht, könnte man vielleicht von dritter Stelle die Beteiligung unter der Hand billig aufkaufen. In normalen Zeiten ist sie ihr Geld schon wert, heute, bin ich überzeugt, kann er froh sein, wenn er zwanzigtausend dafür kriegt – man muß ihn nur lange genug zappeln lassen.»

«Ich wundere mich über Sie», sagte Karl Siebrecht langsam. «Ich wundere mich sehr über Sie, Bremer. Ihr Vorschlag läuft darauf hinaus, einen unserer Gesellschafter um zwei Drittel seiner Gelder zu bringen.»

«Ich kann die Sache so nicht ansehen.» Bremer war völlig kühl und ungerührt. «Seine Beteiligung ist heute nicht mehr wert, ihr heutiger Handelswert ist zwanzigtausend. Er will Geld, er bekommt diese Zwanzigtausend. Selbstverständlich, wenn er Zeit hat zu warten, kann er auch sechzigtausend erzielen, und wir würden sie ihm zahlen, aber heute? Wir wären ja keine Kaufleute!»

«Unsere Ansichten sind da völlig verschieden, aber es hat keinen Zweck, diese Frage zu diskutieren. Wir haben weder sechzig- noch zwanzigtausend Mark für den Ankauf dieser Beteiligung.»

«Das möchte ich nicht sagen», antwortete Egon Bremer kühl und sah den Mitdirektor voll an.

«Wie?» fragte Karl Siebrecht überrascht. «Wir haben sie? Erzählen Sie mal, Bremer, auf welchen Gefilden Sie diese Goldgrube entdeckt haben!»

«In unseren Büchern, Siebrecht», antwortete Bremer, steckte die Hände in die Taschen und stand auf. «Die Sache ist mir verdammt unangenehm, aber einer muß sie Ihnen ja zuerst sagen, Siebrecht! Ihr Vorschußkonto ist fast seit dem Anfang Ihrer Tätigkeit hier mit durchschnittlich dreißigtausend belastet. Augenblicklich beläuft es sich auf etwas über achtundzwanzigtausend. Sie haben dies Geld nun schon fast fünf Jahre zins- und spesenfrei . . .»

«Das ist allein meine Angelegenheit, Bremer. Sie überschreiten Ihre Befugnisse!»

«Sie irren sich, ich überschreite keine Befugnisse. Dies ist eine Sache der Firma, nicht Ihre Privatsache mehr. Das war sie vielleicht in Zeiten, wo wir flüssig waren, aber heute, wo wir die Gehälter in drei Monatsraten bezahlen, ist es eine rein geschäftliche Angelegenheit.»

«Jedermann hat bei uns noch sein Gehalt bekommen.»

«Wie lange noch? Aber abgesehen davon ist es doch ein untragbarer Zustand, wenn das Privatkonto des Direktors mit achtundzwanzigtausend Mark belastet ist, und wir zahlen einer kleinen Stenotypistin ihr Gehalt von hundertzwanzig Mark, das sie dringend zum Leben braucht, in drei Raten aus. So etwas muß Erbitterung wecken, und das hat es auch schon getan!»

«Es ist auffallend, daß man mir noch kein Wort von dieser Erbitterung gesagt hat, Ihnen aber!»

«Das ist gar nicht auffallend, denn einmal bin ich der Personalchef und nicht Sie, so kommen die Klagen des Personals zuerst an mich. Und dann sind Sie ja nun einmal der Geist Gottes über den Wassern und werden weitgehend mit allem irdischen Kleinkram verschont.» Bremer war vollkommen unbefangen und fast heiter. Er schlenderte, die Hände in den Taschen, im Büro auf und ab und vermied es dabei nicht, seinen Mitdirektor anzuschauen.

«Sie wissen ganz gut», sagte Karl Siebrecht ruhiger, «daß es sich bei meinem Vorschuß um die Einrichtung der Villa handelt. Ich bin damals etwas üppig gewesen, ich gebe das zu, aber ich hatte nicht mit diesem Rückgang aller

Geschäfte gerechnet. Wäre der Umsatz weiter gestiegen, hätte er sich nur gehalten, wäre ich die Schuld längst los.»

«Sie hätten wenigstens einen Teil Ihres Gehaltes zur Schuldentilgung verwenden müssen, Siebrecht!»

«Zum Teufel, ich komme mit meinem Gehalt kaum aus! Können Sie denn das, Bremer?»

«Ich habe seit vier Monaten kein Gehalt mehr erhoben, seit die Klemme akut wurde», sagte Bremer kühl.

Er wartete einen Augenblick, bis Siebrecht sich von diesem Schlag erholt hatte. Aber er war viel zu klug, sich seinen Sieg anmerken zu lassen, im Gegenteil sagte er fast freundschaftlich: «Siebrecht, Sie haben eine reiche Frau, Sie haben einen noch reicheren Schwiegervater. Es muß für Sie eine Kleinigkeit sein, dieses Vorschußkonto auszugleichen. Sie helfen damit nicht nur sich selbst, Sie helfen doch auch der Firma! Achtundzwanzigtausend Mark – in heutigen Zeiten! Achttausend Mark in die Kasse für die Begleichung der dringendsten Verbindlichkeiten, und zwanzigtausend für den Aufkauf der Sendenschen Beteiligung –»

«Von *dem* Geschäft will ich nichts hören!»

«Aber Sie sollen gar nichts davon hören, ich will das gerne für Sie erledigen. Der Herr von Senden wird nie erfahren, wer seine Beteiligung gekauft hat!»

«Nein! Nein!» sagte Karl Siebrecht und war tief in Gedanken. «So etwas kommt nicht in Frage!»

«Sehen Sie, das meinte ich, als ich vorhin von einer Familiengesellschaft sprach, Siebrecht! Sind wir denn eigentlich ein Verein für den Vorteil Ihrer Freunde und Verwandten, oder sind wir eine Firma, die Geld verdienen will?»

«Jetzt haben Sie aber Ihre Befugnisse überschritten, Bremer!»

«Vielleicht», gab der ungerührt zu. «Aber wahr bleibt darum doch, daß Herr von Senden uns rein geschäftlich völlig gleichgültig ist, wir haben nicht seinen Vorteil wahrzunehmen, sondern den der Firma. Wahr bleibt auch, daß Ihr Privatkonto ausgeglichen werden muß, Siebrecht. Und wahr bleibt schließlich, daß wir schon seit Monaten mit Herrn Eich wegen einer Vertragsänderung verhandeln müßten und daß Sie diese Verhandlungen immer wieder hinausgeschoben haben.

«Sonst noch etwas, Herr Direktor Bremer –?»

«Aber nein, im Augenblick nicht das geringste! Seien Sie nur nicht beleidigt, Siebrecht. Ich weiß, Sie haben keine Vorliebe für mich, Sie haben mich zu irgend jemand sogar eine kalte Hundeschnauze genannt. Aber ich wünsche Ihnen ein bißchen von dieser Hundeschnäuzigkeit! Sie sind zu empfindlich! Ich bin einfach ein Geschäftsmann, und als solcher habe ich mir gesagt, du mußt zum Vorteil der Firma einmal mit Siebrecht über all diese Dinge reden. Wenn Sie sich die Sache einmal in Ruhe überlegen, ohne Beleidigtsein, werden Sie finden, daß ich recht habe.» Er sah Karl Siebrecht kühl, aber lächelnd an, machte dann eine ganz kleine Verbeugung und war aus dem Zimmer.

Rechtsanwalt Lange, kleiner und blasser denn je, begrüßte Karl Siebrecht mit einem schweren Seufzer. «Denken Sie, nun haben auch Bassermann und Kladow ihre Zahlungen eingestellt! Solch alte, angesehene Firma! Völlig überraschend! Einer fällt nach dem anderen, es ist kein Ende abzusehen! Wenn nur erst der Hoover-Plan angenommen wäre, eine gewisse Beruhigung würde doch eintreten.» Er seufzte schwer und sah seinen Besucher mißtrauisch an. «Was haben Sie auf dem Herzen, Herr Siebrecht? Hoffentlich kommen Sie nicht wegen Geld!»

«Zuerst einmal brauche ich einen Rat», sagte Karl Siebrecht und sah den Anwalt erleichtert aufseufzen. Mit wenigen Worten trug er ihm das Sendensche Verlangen und den Bremerschen Vorschlag vor.

«Von einem derartigen Geschäft möchte ich unbedingt abraten», sagte Herr Lange. «Es ist eines jener bedenkenlosen Geschäfte, die in Notzeiten gemacht werden und die einem dann in besseren Zeiten den Hals brechen können.»

«Ganz meine Auffassung», stimmte Siebrecht zu. «Sie sind doch aber auch der Ansicht, Herr Lange, daß wir das Verlangen auf sofortige Auszahlung der Beteiligung ablehnen müssen?»

«Unbedingt! So etwas wäre heute Selbstmord! Der Herr von Senden hat zeitweise recht hübsche Erträgnisse durch seine Beteiligung gehabt, nun kann er in schlechten Zeiten auch einmal stillhalten. Wenn Sie es wünschen, werden wir uns mit Herrn von Senden in Verbindung setzen.»

«Danke schön, Herr Lange, vorläufig verhandle ich selbst mit Herrn von Senden. Dann wäre noch etwas, Herr Lange, etwas mehr Persönliches», fuhr Karl Siebrecht zögernd fort. «Ich habe schon seit langem einen Vorschuß bei der Firma, er beläuft sich zur Zeit auf etwa achtundzwanzigtausend. Ich habe dafür früher die Villa meiner Frau eingerichtet, alte Möbel, gute Kunstsachen, alles in allem werde ich vierzig- bis fünfzigtausend Mark hineingesteckt haben. Sehen Sie eine Möglichkeit, Herr Lange, daß ich auf diese Einrichtung hin, gegen ihre Verpfändung oder meinethalben auch durch ihren Verkauf, die achtundzwanzigtausend Mark bekommen könnte?»

«O ja, da sehe ich sehr wohl eine Möglichkeit!» antwortete Herr Lange fröhlich.

Karl Siebrecht wollte seinen Ohren nicht trauen. Einen so entschiedenen Bescheid hatte er nicht erwartet. «Und die wäre?» fragte er ungläubig.

«Aber, Herr Siebrecht! Es gibt doch nur einen Käufer für diese Möbel, und das ist Ihre Frau! Sie werden doch nicht die Möbel im Hause Ihrer Frau an irgendeinen anderen verpfänden oder verkaufen wollen!»

«Der Gedanke ist mir sehr unangenehm.»

«Selbstverständlich ist Ihnen der Gedanke unangenehm, aber für unangenehme Dinge sind ja wir Anwälte da! Es gibt viele Eheleute, die über die heikelsten Dinge miteinander reden können, aber wenn sie von Geldgeschäften sprechen sollen, werden sie stumm. Geben Sie mir diesen Auftrag, ich werde mich dieser Aufgabe mit dem größten Vergnügen unterziehen.»

Karl Siebrecht überlegte. «Sie haben ganz recht, Herr Lange», sagte er dann. «Es ist wirklich Unsinn, sich an jemand anders zu wenden als an meine Frau.

Aber ich möchte doch selbst mit ihr sprechen. Sie ist im Augenblick nicht ganz wohl. Seien Sie so gut und lassen Sie einen Kaufvertrag über das ganze Inventar des Hauses in Nikolassee ausfertigen – ich nehme den Vertrag gleich mit.»

## 110. Hertha Siebrecht contra Karl Siebrecht

Man sagt manchmal die Wahrheit, wenn man zu lügen glaubt. Als Karl Siebrecht Herrn Lange erzählt hatte, seine Frau sei nicht wohl, hatte er seiner Ansicht nach gelogen, denn er hatte seine Frau bei bestem Wohlsein verlassen. Als er aber nach Haus kam, sagte ihm das Mädchen, seine Frau habe sich hingelegt, ihr sei nicht gut, und so hatte er doch die Wahrheit gesagt. Im allgemeinen wurde ein solches Zurückziehen Herthas von ihm streng respektiert, aber heute mußte er sie sprechen. Übrigens lag sie nicht einmal, als er zu ihr kam. Sie saß am Fenster und sah in den Garten hinaus oder nach den leichten Sommerwolken am Himmel. Oder sie sah auch nach gar nichts, sondern sie hatte nur wieder einmal gegrübelt.

Sie war auch nicht ungehalten über die Störung, sie gab ihm die Hand und sagte: «Nun, mein Freund, heute schon so zeitig zu Hause? Was gibt es Neues? Hoffentlich nichts Schlechtes.»

«Für dich und mich nicht schlecht», sagte er und setzte sich zu ihr. Beim Hinsetzen knisterte der Kaufvertrag über die Einrichtung in seiner Brusttasche. Er war froh, daß er erst etwas anderes mit ihr zu besprechen hatte. «Aber für einen unserer Freunde nicht gut. Denke dir, der Rittmeister will heiraten!»

«Nun?» fragte sie und sah ihn mit ruhigem Spott an. «Warum soll das nicht gut für ihn sein? Ist er denn traurig darüber?»

«O nein! Er ist ganz begeistert! Aber denke dir...» Und Karl Siebrecht erzählte, was er von diesem Kabarettmädchen, dieser neunzehnjährigen Tänzerin, die durchaus zum Film wollte, wußte. «Natürlich will sie gar nicht zum Film, sie will ihm bloß sein Geld abjagen!»

«Vielleicht», sagte Hertha. «Vielleicht auch nicht! Vielleicht liebt sie ihn sogar auf ihre Art und ist stolz auf ihn. Ich kann mir sehr wohl vorstellen, daß gerade ein junges Mädchen sich in Herrn von Senden verliebt.»

«Aber, Hertha, das alles ist doch ganz abscheulich! Er ist doch ein alter Mann, fast schon ein Greis. So was nennt man, glaube ich, Johannistrieb, und sie nützt das Ganze schamlos aus. Du solltest ihn nur reden hören, wie ein Primaner spricht er!»

«Ich finde es sehr hübsch, wenn ein sechzigjähriger Mann sich noch wie ein Primaner für Frauen begeistern kann!»

«Aber sie wird ihn reinlegen! Sie wird ihn unglücklich machen!»

«Mein Lieber, irgend jemand wird solch einen weisen Spruch bei jeder Ehe, die geschlossen wird, tun. Ich glaube mich zu erinnern, daß es auch bei unserer Ehe an solchen Warnern nicht gefehlt hat.» Sie reichte ihm mit einem Lächeln die Hand.

Er nahm sie, aber er war nicht besänftigt. «Das Mädchen ist völlig unmöglich, Hertha! Denke dir doch, der Rittmeister, ein Mann von alter Kultur, ein wahrer Kavalier, wie du immer sagst, und dazu ein Tanzmädchen aus einem obskuren Kabarett, das sich nach ihrem Auftritt zu jedem Gast an den Tisch setzt und ihn zum Sekttrinken animiert.»

«Ich glaube, ich muß heute einmal wieder Karlchen sagen», antwortete Hertha mit einem Seufzer. «Mein liebes Karlchen – verzeihe, daß ich dich daran erinnere, aber hast du nicht selbst einmal eine unmögliche Ehe geschlossen? Hat dir da jemand hereinreden dürfen? Ach, geh mir doch mit so etwas! Der Herr von Senden ist jetzt glücklich, und das ist viel. Was er in Zukunft sein wird, darüber wollen wir uns nicht die Köpfe zerbrechen, das geht uns auch nichts an!»

Er hatte den Kopf trotzig erhoben, als sie von seiner Ehe mit Rieke gesprochen hatte. Er wollte ihr sagen, daß es damals etwas ganz anderes gewesen sei. Aber es war jetzt nicht die Zeit, mit ihr zu streiten. So sagte er denn: «Es geht mir wieder einmal so wie früher, Hertha: Ich weiß genau, daß ich recht habe, und doch kannst du jeden meiner Gründe widerlegen. Nur überzeugen mich deine Widerlegungen nicht. Ich habe das Gefühl, daß es meine Pflicht ist als Freund, den Herrn von Senden vor diesem Mädchen zu bewahren, und danach werde ich handeln!»

«Schön, mein Lieber», sagte sie freundlich. «Handle nach diesem Gefühl, ich fürchte, du wirst zum Schluß ohne Freund dastehen, und der Rittmeister wird das Mädchen doch geheiratet haben.»

«Es wird gar nicht zu einer Heirat kommen», widersprach er. «Wenn sie erst sieht, daß kein Geld bei ihm zu holen ist –»

Und er berichtete ihr von des Rittmeisters eiliger Geldforderung.

«Habt ihr wirklich nicht das Geld, ihm seinen Anteil auszubezahlen?» fragte sie dann.

«Wirklich nicht, Hertha! Wir sind sehr knapp, wir haben schon große Schwierigkeiten beim Auszahlen der Löhne und Gehälter.»

«Wenn ihr aber das Geld hättet? Würdest du es ihm dann geben?»

«Ich weiß nicht», sagte er zögernd. «Ich würde die Auszahlung möglichst hinauszögern. Juristisch kann er das Geld erst in einem Jahr verlangen.»

«Ach, juristisch! Also sagen wir, Karl, du hättest jetzt die Sechzigtausend in der Tasche – würdest du sie ihm geben oder nicht?»

«Warum soll ich mir darüber den Kopf zerbrechen? Jawohl, wahrscheinlich würde ich sie ihm geben, obwohl ich ganz verzweifelt darüber wäre. Ich stürze ihn mit dem Geld nur ins Unglück. Das Mädchen würde ihn in sechs Wochen zum Bettler machen!»

«Was für Redensarten! Kannst du dir Herrn von Senden als Bettler vorstellen?»

«Er würde es aber sein!»

«Rede doch keinen Unsinn! Er hätte doch immer noch seine Pension als Offizier! Also, du würdest ihm das Geld geben?»

«Ich müßte erst das Mädchen sehen», murmelte er.

«Aber deine Ansicht über das Mädchen ist gleichgültig! Herr von Senden ist der Besitzer des Geldes, und er kann mit seinem Geld machen, was er will!»

«Wenn ich einen Menschen sehe, der in einen Abgrund stürzen will, so halte ich ihn fest!»

«Karlchen! Karlchen! Nun ist dies kleine Tanzmädchen schon ein Abgrund!

Sie kann nicht so übermäßig raffiniert sein, wenn sie mit neunzehn Jahren noch in einem obskuren Kabarett sitzt!»

«Worüber reden wir eigentlich?» fragte er etwas verwirrt. «Ich habe nur gesagt, daß ich Herrn von Senden als Freund von dieser wahnsinnigen Ehe zurückhalten will!»

«Um das mit gutem Gewissen tun zu können, mußt du ihm zuerst sein Geld geben! Sonst wird er immer denken, du rätst ihm nur darum ab, um sein Geld zu behalten.»

«Aber ich kann ihm das Geld nicht geben, Hertha, ich habe es dir schon gesagt!»

«Doch, du kannst es. Ich werde dir nämlich das Geld für ihn geben.»

Einen Augenblick schwieg er atemlos. Dann sagte er verwirrt: «Aber warum denn, Hertha? Sage mir um alles in der Welt, warum denn? Warum willst du das tun? Ich sehe keinen vernünftigen Grund.»

«Nach deiner Ansicht ist es auch kein vernünftiger Grund, Karl. Ich finde, der Rittmeister kann tun, was er will, wir haben kein Recht, uns einzumischen. So tue ich alles, um diese Heirat zu ermöglichen.»

«Also bloß, weil ich ...»

«Nein, nicht bloß, weil du! Wir sind doch keine Feinde, Karl!» Wieder nahm sie seine Hand. «Wir sind nur manchmal zwei Menschen, die sich sehr wenig verstehen. Dann muß jeder den anderen seinen Weg gehen lassen. Ich mag den Herrn von Senden auf meine Art sehr gern, und ich möchte ihm gern in dieser Sache helfen. Laß du mich meinen Weg gehen, ich hindere dich nicht an deinem.»

«Hertha, der Rittmeister will uns beide heute abend abholen und will uns dies Mädchen zeigen – in jenem kleinen Kabarett! Schieb wenigstens deinen Entschluß so lange auf, bis du das Mädchen gesehen hast!»

«Aber verstehst du denn noch immer nicht, Karl, daß es völlig belanglos ist, wie dies Mädchen aussieht? Ich würde sie weder so schön noch so begabt finden wie der Rittmeister, denn ich liebe sie ja nicht. Aber er liebt sie – und das ist entscheidend.»

«Du wirst also heute abend nicht mitkommen, Hertha?»

«Nein, ich werde schon darum nicht mitkommen, weil ich mein Urteil nicht durch persönliche Sympathien oder Antipathien beeinflussen will.»

«Und du wirst ihm wirklich das Geld geben?»

«Du wirst es ihm geben!»

Er ging eine Weile unruhig auf und ab. «Ich bin wieder einmal ganz hilflos», sagte er und versuchte zu lächeln.

«Das geht vorbei. Du hilfst dir immer wieder ziemlich schnell, nicht wahr, Karl? – Ich werde nachher mit Vater telefonieren, und wenn Deckung da ist, schicke ich dir den Scheck noch heute abend herunter.»

Er ging von ihr, und erst, als er sich in einen Sessel in der Halle setzte, erinnerte ihn das Knistern in seiner Brusttasche an den Kaufvertrag. Er hatte ihn vollkommen vergessen. Aber jetzt war es natürlich ganz unmöglich, noch einmal zu ihr zu gehen und auch dies Geschäft mit ihr zu besprechen. Das hatte er gründlich verpaßt. Dieser verdammte Rittmeister mit seiner Heiraterei! Schließlich ging er ans Telefon und verlangte Fräulein Gollmer zu sprechen.

«Sind Sie da, Fräulein Ilse? – Erinnern Sie sich noch, Sie wollten vor ein paar Tagen gern, daß ich mit Ihnen in eine Bar ging. Sind Sie heute abend noch frei?»

«Sind Sie das wirklich, Siebrecht? Ich kann es kaum glauben! Sie wachen also auf?»

«Leider ist jemand anders aufgewacht, unser gemeinschaftlicher Freund nämlich, der Herr von Senden. Er beabsichtigt zu heiraten.»

«Was, der Onkel Bodo? Das ist doch wohl nicht möglich!»

«Das sage ich auch! Er will uns heute seine Braut vorführen, sie ist nämlich Tänzerin in einem Kabarett!»

«Ich finde das geradezu phantastisch!»

«Wollen Sie mich begleiten? Offen gestanden graule ich mich etwas davor.»

«Ich mich gar nicht! Brennend gerne komme ich mit! Wann soll es denn sein?»

«Wir werden Sie kurz nach neun abholen, Herr von Senden und ich. Also schön, Fräulein Ilse, ich bin Ihnen sehr dankbar...»

«Und ich Ihnen erst! Das ist ja eine Sensation! Schade, daß mein Vater gerade verreist ist...»

Als Karl Siebrecht sich zum Abendessen hinsetzte, lag neben seinem Teller ein Briefumschlag. Er öffnete ihn und fand einen Scheck darin. Einen offenen Scheck über sechzigtausend Reichsmark, an den Überbringer zahlbar.

### III. In der Weißen Maus

«Ich finde dich einfach bezaubernd, Onkel Bodo!» hatte Ilse Gollmer gesagt und damit vom ersten Anfang an ihren Standpunkt in dieser Angelegenheit klargelegt.

Karl Siebrecht blieb allein, und während er seinen Wagen, der schon lange kein Laubfrosch mehr war, in die Innenstadt lenkte, während er die beiden hinter sich vergnügt schwatzen und lachen hörte – während alldem fühlte er einen Druck gegen die Brust. Er fühlte durch Stoff und Leder den leichten Scheck, dieses dünne Blatt Papier mit der Zahl Sechzigtausend, das er in seiner Brieftasche trug, und er dachte: Hätte ich ihn dem Rittmeister doch gleich gegeben, als wir zusammen bei mir in der Halle standen! Jetzt ist der richtige Augenblick verpaßt! Und gleich wieder, mit einem gewissen Trotz: Ich will das Mädchen erst einmal sehen. Einen völligen Wahnsinn unterstütze ich nicht. Außerdem muß er mir erst bei Lange & Messerschmidt eine Abtretung unterschreiben. So formlos wollen wir die Dinge denn doch nicht erledigen!

«Nun sollt ihr sehen!» sagte der Herr von Senden stolz. Sie hatten den Wagen abgestellt, Ilse Gollmer in die Mitte genommen und trieben im Strom der anderen.

«Ich bin ja so gespannt, Onkel Bodo!» rief Ilse Gollmer. «Kommen Sie, Siebrecht, haken Sie sich auch bei mir ein, sonst gehen Sie uns noch verloren!»

«Und wo landen wir?» fragte Karl Siebrecht den Rittmeister.

«In der Weißen Maus.»

«Was? In der Weißen Maus?!» rief Karl Siebrecht verblüfft.

«Kennst du sie denn?» fragte der Herr von Senden.

«Nein. Ja. Doch, ich kenne sie, aber nur von außen. Ich bin nie dringewesen. Immerhin ist das für mich ein sehr denkwürdiges Lokal.»

«Und warum so denkwürdig, Siebrecht?» Ilse Gollmer drückte aufmunternd den Arm ihres Begleiters. «Los, erzählen Sie!»

«Es gibt kaum etwas zu erzählen. Als ich noch Taxichauffeur war, habe ich Hertha einmal von der Weißen Maus nach Haus gefahren. Von dieser Fahrt her stammt unsere Bekanntschaft.»

«Ich hätte nie gedacht, daß Hertha in solchen Bumslokalen verkehrt!» rief Ilse Gollmer und verstummte plötzlich.

Aber der Rittmeister schien diese kleine Entgleisung nicht gehört zu haben. «Das ist wirklich komisch, mein Sohn Karl», sprach er. «Durch die Weiße Maus hast du deine Frau und ich jetzt Maria kennengelernt. Ich nehme das als gute Vorbedeutung.»

«Wahrscheinlich hat das gar nichts zu bedeuten», sagte Karl Siebrecht etwas kurz. Ihn störte der Zufall. Er wünschte keinerlei Parallelen zwischen Hertha und diesem Mädchen. «Jedenfalls habe ich meine Frau nicht *in* der Weißen Maus kennengelernt.»

Es war ein kleiner Saal mit weißem und goldenem Stuck, halb Rokoko, halb Barock. Auf den weißgedeckten Tischchen brannten gelb verhüllte Lampen. «Wir sitzen etwas hinten», erklärte Herr von Senden, «dafür haben wir diese Loge für uns allein. Wir sehen noch immer genug und hören zuviel. Nein, ihr braucht euch wirklich nicht um das Programm zu kümmern, Maria ist erst die übernächste Nummer. Diese Dicke da – sie behauptet, sie sänge Koloratur, schauerlich! – Was trinken wir?» Und ohne eine Antwort abzuwarten, redete er fort: «Maria trinkt nur Sekt, ihre Zunge ist noch nicht entwickelt. Verzeiht, ich lasse euch völlig freie Hand, aber ich möchte mit einem Whisky beginnen, einem puren und nicht zu kleinen Whisky, ich bin ein bißchen nervös . . .»

«Du brauchst doch nicht nervös zu sein, Onkel Bodo», sagte Ilse Gollmer und legte beruhigend die Hand auf seine Schulter. «Lampenfieber, was? Aber wir werden sicher deine Maria reizend finden und dem Geschmack unseres Frauenlob allen Beifall zollen.»

Der Herr von Senden lächelte dankbar. «Du bist großartig, Ilse! Tatsächlich, dieser Knabe da», er nickte Karl Siebrecht zu, «macht mich nervös mit seiner ernsten Miene. Sieht er nicht aus, als wollte er sein Liebstes zu Grabe geleiten? Pardon, Karl! Du tätest mir einen speziellen Gefallen, wenn du dich am Whisky in gleicher Menge beteiligen würdest. Ich weiß, du liebst die starken Getränke nicht, aber ich sähe dich gern in etwas heiterer Stimmung. Du willst? Danke schön! Und was nimmst du, Ilse?»

«Mir bestelle ich eine halbe Flasche Rheinwein, Onkel Bodo. Nein, eine ganze! Dann brauche ich keinen Sekt mitzutrinken, den ich verabscheue, und habe mein Fläschchen für mich allein! Wir wollen heute noch sehr vergnügt werden, nicht wahr, Siebrecht?»

«Selbstverständlich!» sagte Karl Siebrecht und beobachtete den Zauberkünstler auf der kleinen Bühne, der die dicke Koloratur abgelöst hatte.

«Wirklich sehr nett!» sagte Karl Siebrecht schließlich und klatschte eifrig.

«Das erste erfreuliche Wort, das ich heute abend von dir höre, Karl!» rief der Rittmeister. «Und nun dein Whisky! Das Wohl deiner Frau! Es ist schade, daß sie nicht mit hier ist. Noch einen Whisky, nicht wahr? – Jetzt, nach diesem Musikstück, kommt Maria!»

«Schön», sagte Karl Siebrecht in der Eichschen Manier. «Sehr schön!» Aber plötzlich fand er es wirklich schön, daß er hier saß. Hatte es nun der Zauberer gemacht oder der Whisky mit seinem verdammten Kreosotgeschmack, er fand es schön. Er saß da, zurückgelehnt, eine angenehme Wärme erfüllte ihn, er nickte dem Rittmeister zu und sagte noch einmal: «Das war wirklich ein sehr guter Zauberer. Wenn er nur nicht so selbstgefällig aussehen wollte!»

«Ach, Siebrecht!» lachte Ilse Gollmer. «Wenn Sie wüßten, wie Sie manchmal aussehen, wenn Sie mit Vater Ihren Burgunder trinken, und ich leichtsinniges Mädchen störe euch ernste Männer mit meinen Tändeleien! Früher waren Sie viel netter!»

«Wann denn früher? Ich weiß nichts von früher.»

«Erinnern Sie sich denn an eine gewisse Handtsache nicht mehr?»

«Keine Ahnung! Was war mit der Handtasche?»

«Sie wurde getreten! Und das Bild haben Sie auch vergessen?»

«Was für ein Bild? Was war los mit dem Bild?»

«Es wurde zerrissen! Aber Sie lügen ja, Sie erinnern sich sehr gut!»

«Keine blasse Ahnung! Erzählen Sie doch!»

«Es war im Tiergarten... Aber nein, ich denke nicht daran, Ihnen etwas zu erzählen, was Sie sehr gut wissen. Erzählen Sie mir lieber, wie Sie die Bekanntschaft Ihrer Frau gemacht haben!»

«Davon gibt es nichts zu erzählen!»

«Natürlich gibt es das! Mich haben schon viele Taxichauffeure nach Haus gefahren, aber noch nie habe ich einen dabei so kennengelernt, daß ich ihn hätte heiraten mögen. Es ist etwas ungewöhnlich, geben Sie das zu!»

«Es ist gar nicht ungewöhnlich», antwortete Karl Siebrecht vergnügt. «Die Dame Hertha hatte ihre Handtasche im Auto vergessen, ich brachte sie ihr am nächsten Tag, wir kamen ins Gespräch und so weiter, und so weiter.»

«Mit den Handtaschen scheinen Sie es zu haben!» lachte Ilse Gollmer.

«Nicht immer tun sie solche Wunderwirkung! Sie habe ich nicht geheiratet!»

«Leider nicht!» entfuhr es Ilse Gollmer. Sie wurde rot und lachte doch schon wieder. «Ich wollte nur Ihr Gesicht sehen, wenn ich das sage. Selbstgefällig ist gar kein Ausdruck dafür!»

«So, nun noch unseren zweiten Whisky», meinte der Herr von Senden, der mit der Miene eines wohlwollenden Vaters dem Geplänkel der jungen Leute gefolgt war. «Und dann kommt Maria!»

«Bestellen Sie bitte noch einen Whisky!» bat Karl Siebrecht, nachdem er getrunken hatte. «Heute zum erstenmal in meinem Leben schmeckt mir dies Zeug.»

«Gerne!» sagte Herr von Senden. «Aber trinke nur nicht zu hastig, du wirst nicht viel vertragen.»

«Ich vertrage alles!» prahlte Karl Siebrecht und sah Ilse Gollmer herausfordernd an. «Natürlich habe ich Ihnen nicht die wahre Geschichte erzählt, wie ich meine Frau kennenlernte!»

«Und natürlich habe ich das gewußt!»

«Pssst! Da ist Maria!» flüsterte der Herr von Senden, und sie sahen alle drei zur Bühne.

Die Musik spielte schnell und hart eine Art Tango. Auf der Bühne stand ein großes, helles Mädchen –: Viel Fleisch, viel zuviel Fleisch zu sehen, dachte Karl Siebrecht. Das große Mädchen war als Baby zurechtgemacht, trug zu Wadenstrümpfen nur ein sehr kurzes Röckchen und über der Brust etwas Leichtes wie einen Schleier, im Haar aber eine große Schleife wie ein Schulkind. Sie hatte einen Teddybären im Arm, der mit dummen Glasaugen in das Publikum zu sehen schien, und während sie diesen Bären an sich drückte, sang sie ein wenig grell ein paar törichte Zeilen, daß dieser Teddybär ihr ein und alles wär, ihr kleiner Mann, mit ihm gehe sie ins Bett, mit ihm wache sie auf: «Mein kleiner Teddybär gefällt mir gar so sehr...» Und sie fing an zu tanzen...

«Schade!» sagte der Rittmeister wieder sehr nervös. «Gerade in diesem Tanz ist sie nicht ganz so gut.»

«Sie sieht reizend aus, Onkel Bodo», meinte Ilse Gollmer.

«Natürlich!» stimmte Karl Siebrecht etwas töricht zu.

«Sie *ist* reizend!» sagte Herr von Senden, ein wenig verstimmt durch dieses törichte Lob. «Und sie tanzt auch gut.»

«Selbstverständlich!» sagte Ilse Gollmer, nun nicht weniger töricht als ihr Begleiter.

Karl Siebrecht betrachtete, bequem in einem Sessel sitzend, die kindlich-kindische Hopserei.

Genau wie erwartet, dachte er. Schade, der Zauberer hätte gern noch ein wenig auf der Bühne bleiben können, der war wirklich gut! Wir waren schon so hübsch in Stimmung...

Dann blieb das Mädchen auf der Bühne stehen, der Bär schmiegte sich an ihre Wange, mit der einen Hand hielt sie ihn, mit der anderen lüftete sie den Rock. Das Publikum klatschte, aber nicht gerade begeistert.

«Reizend!» sagte Ilse Gollmer. «Wirklich ganz entzückend, Onkel Bodo.»

«Sie wirkt tatsächlich wie ein Kind!» erklärte Karl Siebrecht und kam sich ungewöhnlich dämlich vor.

«Ich danke euch sehr», sagte der Rittmeister. «Es ist sehr liebenswürdig von euch, aber ich muß gestehen, daß ich Maria noch nie so schwach gefunden habe. Wahrscheinlich hat sie gesehen, daß ich hier Gäste habe, und das hat sie befangen gemacht. Würdet ihr mich entschuldigen? Ich möchte hinter die Bühne gehen und sie beruhigen.»

«Bitte, bitte», sagten beide. «Das ist doch ganz selbstverständlich!»

Einen Augenblick sahen sie schweigend dem etwas überstürzten Abgang des Herrn von Senden nach. Dann blickte Ilse Gollmer Karl Siebrecht an. Sie lächelte. «Armer Onkel Bodo!» sagte sie. «Er wird kein leichtes Leben bekommen!»

«Wenn er sie wenigstens nicht heiraten wollte!» seufzte Karl Siebrecht.

«Ach, heiraten», meinte Ilse Gollmer. «Warum soll er sie eigentlich nicht heiraten, wenn's ihm Spaß macht? Heiraten ändert doch nichts!»

«Finden Sie, Ilse?» fragte er.

Sie lachte. «Jetzt trinken Sie ein Glas von meinem Rheinwein mit, Sie haben Whisky genug getrunken. Sie werden schon wieder ganz schwer und trübe! Was war das denn für eine Geschichte mit Ihrer Frau?»

«Ich werde sie Ihnen nie erzählen! Ihr Wohl, Ilse!»

«Kommen Sie, seien wir ganz gewöhnlich, und stoßen Sie mit mir an! – Das hat schön geklingelt, wie? – Also jetzt die Geschichte!»

«Nie!»

«Wollen wir wetten, daß Sie mir die Geschichte doch erzählen werden? Heute abend noch!»

«Darauf gehe ich jede Wette ein!»

«Ich auch! Um was wollen wir wetten?»

«Eine Schachtel Konfekt!» schlug er vor.

«Welch seltener Einfall!» spottete sie. «Dann werde ich Ihnen also eine Kiste Zigarren schenken müssen, ganz, wie wenn ich mit Vater wette. Ein Vorschlag, würdig eines älteren, gesetzten Herrn.»

«Schlagen Sie etwas anderes vor!»

«Das möchten Sie! Schlagen Sie doch etwas anderes vor!»

«Ich weiß nichts ...»

«Doch, Sie wissen etwas. Ich sehe es Ihnen ja an, daß Sie etwas wissen!»

«Nichts!»

«Doch! Aber Sie sind ein Feigling! Wollen wir also um einen Kuß wetten?»

«Ja! – Nein. – Ilse, ich finde, wir spielen verdammt mit dem Feuer. Wir sitzen hier erst eine halbe Stunde.»

«Und der Abend ist noch lang. Oh, wie so richtig! Ich schlage Ihnen noch eine Wette vor, mein älterer, vorsichtiger Herr!»

«Nämlich –?»

«Daß noch keine Stunde vergangen sein wird, und Sie selbst werden mir diese Wette um einen Kuß vorschlagen!»

«Diese Wette gehe ich nicht ein. Ich halte es für sehr möglich, daß ich sie verlieren würde.»

«Dann bekämen Sie also einen Kuß von mir – fürchten Sie sich sehr davor?»

«Ja, davor fürchte ich mich.»

Sie schwiegen beide, auch sie war ernst geworden. Dann sagte sie: «Wovor haben Sie Angst? Man darf doch auch einmal spielen?»

«Ich habe nie spielen können, Ilse.» Er sah auf, als erwachte er. «Ich würde jetzt auf der Stelle gehen», sagte er fast zornig, «wenn ich nicht diesen verdammten Scheck in der Tasche hätte!»

Wieder lachte er zornig. «Der Herr von Senden mobilisiert sein Vermögen, um es dieser jungen Dame zu Füßen zu legen; herabregnen lassen will er es auf sie, Danae, Sie wissen ... Ich wollte es verhindern, ich konnte es, denn wir haben kein Geld in der Firma, um Herrn von Senden auszubezahlen, aber meine Frau war anderer Ansicht. Sie ist der Ansicht, daß man Herrn von Senden nicht daran hindern darf, sein Geld aus dem Fenster zu schmeißen. Im Gegenteil, man soll es noch fördern!» Er starrte Ilse unwillig an, aber er sah sie gar nicht. «Darum sitze ich noch hier, weil ich nicht weiß, was ich tun soll. Ich muß ihm den Scheck geben und bringe es doch nicht über mich.»

437

«Zeigen Sie mir den Scheck!» sagte sie. – Er reichte ihn ihr. – «Sechzig-tausend», sagte sie. «Auch mir scheint das etwas reichlich für diese kleine Verehrerin von Teddybären.» Sie faltete den Scheck und steckte ihn in ihre Handtasche. «Wir werden ja sehen...» sagte sie nachdenklich.

«Sie haben den Scheck eingesteckt, Fräulein Ilse», monierte er.

«Ja, ich habe ihn eingesteckt. Ich nehme ihn in Verwahrung, nur für heute abend. Sie sind heute abend nicht in der richtigen Stimmung, um eine solche Entscheidung zu treffen, Siebrecht. Wir werden noch darüber reden.»

«Gut», sagte er. «Aber nur für heute abend. Es ist ein Scheck meiner Frau, verstehen Sie?»

«Oh, ich habe schon verstanden. Und nun sehen Sie schnell noch zur Büh-ne, wir haben den ganzen Matrosentanz verschwatzt. Wir werden Onkel Bo-do etwas wärmere Komplimente als bisher machen müssen, sonst verunglückt dieser Abend, und das soll er doch nicht.»

«Nein, das soll er nicht. Ich bin froh, daß Sie mir das Dings abgenommen haben, Ilse, die nächsten Stunden will ich nicht mehr daran denken.»

«Denken Sie auch daran», lächelte sie, «daß Sie nicht mehr daran denken wollen!»

## 112. Maria Molina

«Hier, Maria», sagte der Rittmeister, nun wieder ganz sicher, «sind meine Freunde: Fräulein Ilse Gollmer und Herr Siebrecht. Und dies, meine Lieben» – er machte eine Geste, als stelle er eine Königin vor – «ist Maria Molina» – er lächelte – «bürgerlich schlichtweg Maria Kusch. War sie nicht eben groß-artig als Matrose?»

«Ganz großartig!» echoten die beiden und begrüßten Maria Kusch, genannt Maria Molina.

«Nur nicht so feierlich!» bat der Herr von Senden. «Sonst jagt ihr meinem Kind Angst ein. Sie war wirklich nervös. Sie hat kein Auge von euch gelas-sen, und das hat sie natürlich befangen gemacht.»

«Ich wurde auch lange nicht mehr so kritisch angesehen.» Maria Molina lä-chelte. «Nichts hat deine Freunde mehr gestört, nicht wahr?»

«Ja», stimmte der ahnungslose Herr von Senden zu. «Eben warst du ein-fach großartig.»

«Einfach großartig!» sagten auch die beiden anderen, Ilse Gollmer aber lachte dabei.

«Wenn man so als Künstlerin auf der Bühne steht», plauderte Fräulein Molina-Kusch, «sieht man unendlich viel. Das Publikum denkt, man ist nur mit seiner Aufgabe beschäftigt, und das ist man auch, aber dabei sieht man doch so vieles!»

«Fräulein Kusch hat uns erwischt, Onkel Bodo!» lachte Ilse Gollmer. «Wir haben uns nämlich sehr angeregt unterhalten, Siebrecht und ich, und ich fürch-te, wir haben für die Bühne nicht soviel Aufmerksamkeit gehabt, wie eine Künstlerin vom Range Fräulein Molinas verlangen kann. Sind Sie uns sehr böse, Fräulein Kusch?»

«Aber nein!» sagte Fräulein Kusch gekränkt. «Warum denn? Jeder amüsiert sich, wie er mag. Auf der Bühne verliert man rasch alle Illusionen.» Maria Kusch redete langsam und gespreizt, als lese sie die einzelnen Sätze nicht ohne Mühe aus einem Buch ab. Ihre sonstigen Qualitäten als Künstlerin mochten miserabel sein. Aber einen gekränkten Filmstar, wie ihn sich Herr Piefke denkt, mimte sie ausgezeichnet.

Herr von Senden merkte, daß die Unterhaltung einen falschen Weg lief. Er sagte eilig: «Aber nun kommt die Hauptfrage, die Getränke! Du bekommst wie immer deinen Sekt, Maria, und ich werde mich dir gehorsamst anschließen. Du auch Sekt, Ilse?»

«Ich möchte lieber beim Rheinwein bleiben, Onkel Bodo.»

«Und ich werde mich Fräulein Ilse anschließen...» sagte Karl Siebrecht.

«Ausgezeichnet!» sagte der Rittmeister und gab seine Bestellung auf.

«Vergiß nicht wieder, mir mein Essen zu bestellen, Bodo!» mahnte die Fürstin Molina. «Ich kann», setzte sie erklärend hinzu, «natürlich vor dem Tanzen nichts zu mir nehmen.»

«Natürlich nicht», sagte Ilse Gollmer mitleidig. «Sie müssen schrecklichen Hunger haben!»

«Hunger nicht, aber ich habe etwas Appetit...»

«O Gott!» rief Ilse Gollmer und legte ihren Arm lachend um den Hals des Herrn von Senden, «ich finde dich einfach hinreißend, Onkel Bodo, ich muß dir einen Kuß geben!»

«Ich fürchte», sagte der Rittmeister und befreite sich vorsichtig aus der Umarmung, «dieser Kuß war kein Kompliment. Maria, du sollst meinen Freunden nicht imponieren, sondern gefallen. Rede, wie dir dein Schnabel gewachsen ist! Sie übertreibt wie alle Anfängerinnen», erklärte er, «irgend so ein Flachkopf hat ihr eingeredet, so spräche man in den besseren Kreisen. — Aber sonst ist sie ein wunderbares Mädchen!»

«Ich freue mich, daß du wenigstens das zugibst, Bodo», sagte Maria Molina kühl, als sei das «wunderbare Mädchen» eine Selbstverständlichkeit. «Hoffentlich kommt jetzt bald etwas zu trinken.»

«Da haben Sie wahrhaftig recht, Fräulein Molina!» rief Ilse Gollmer. «Wir werden schon in Gang kommen, wie? — Hallo, Siebrecht, sitzen Sie nicht wie ein Stock da, Sie schlafen schon wieder ein! Ich glaube, Onkel Bodo, wir müssen ihm noch einen Whisky bewilligen!»

«I wo!» wehrte Karl Siebrecht ab. «Ich brauche keinen Whisky, ich trinke jetzt Rheinwein. Ich fühle mich sehr behaglich.»

Nein, es sah nicht so aus, als sollten sie noch in Gang kommen. Der Wein wurde gebracht, sie stießen an auf Fräulein Maria, sie tranken, sie tranken mehrere Male, sie bestellten neu, aber die Stimmung blieb flau. Immer wieder riß die Unterhaltung ab. Die Molina geruhte nicht, von ihrem Postament herabzusteigen und zu sprechen wie ein sterblicher Mensch. Der Rittmeister war von all seinen guten Geistern verlassen, seine Plaudergabe war dahin, er war nervös und wurde immer gereizter. Karl Siebrecht blieb wortkarg. Er hatte ziemlich hastig getrunken und wünschte jetzt Senden mit seiner Schönen dorthin, wo der Pfeffer wächst. Sie waren ihm ganz egal, er hätte viel lieber allein gesessen mit Ilse Gollmer. Und auch Ilse Gollmer, die zuerst mit bestem Humor dabeigewesen war und die ihren Onkel Bodo mit seinem kleinen dummen Tanzmädchen ganz reizend gefunden hatte, begann den Mut zu verlieren. Nachdem sie zehnmal versucht hatte, aus Fräulein Kusch eine menschliche Antwort herauszulocken, und ihr zehnmal wie aus einem schlechten Sprachlehrbuch geantwortet worden war, fing sie an, diesen Abend einfach langweilig zu finden. Sie gab Karl Siebrecht einen Stoß unter dem Tisch und flüsterte: «Jetzt müssen Sie in die Bresche, Siebrecht, sonst fange ich einfach an zu gähnen.»

«Das gnädige Fräulein langweilt sich!» petzte die Molina.

«Sie haben wie immer recht, Fräulein Kusch», sagte Ilse Gollmer.

Der Rittmeister sah seinen Festabend, dies Debüt für Maria Molina, in Gefahr. «Was machen wir nun?» rief er. «Wir können doch nicht schon jetzt nach Haus gehen! Ich schlage eine Ortsveränderung vor. An allem ist dies gräßliche Lokal schuld!»

«Du hast dieses Lokal nicht immer gräßlich gefunden», sagte die Molina schon wieder beleidigt.

«Nein», antwortete Herr von Senden etwas kurz, «aber du bist heute auch nicht auf deiner Höhe, Maria. Wie ist es, ich weiß eine nette Weinstube hier in der Nähe, mit wirklich guten Weinen!»

«Ich habe einen anderen Vorschlag», rief Karl Siebrecht.

«Stille, der Schläfer erwacht!»

«Ich schlage vor, wir trennen uns für eine Stunde, in Paare aufgeteilt. Nach einer Stunde treffen wir uns wieder, sagen wir, in der kleinen Weinstube Onkel Bodos.» Er lächelte. «Ich möchte wetten, daß wir uns nach einer solchen Trennung mit geradezu freudigen Gefühlen wiedersehen.»

«Ich weiß aber, wer jetzt mit dem Feuer spielt», flüsterte Ilse Gollmer ihm zu. Und laut: «Ich bin sehr für den Siebrechtschen Vorschlag.»

«Was sollen wir aber in der Stunde anfangen?» fragte der Herr von Senden bedenklich.

«Was Sie wollen: sich in ein anderes Lokal setzen, in eine Bar, in fünf Bars gehen, durch die Stadt bummeln, auf die Siegessäule steigen. Meinethalben auch im Tiergarten spazierengehen oder -fahren, ich stelle meinen Wagen zur Verfügung...»

«Vielleicht ist dein Vorschlag gar nicht schlecht, mein Sohn Karl», sagte der Rittmeister. «Wir treffen uns also um ein Uhr...» Und er nannte die Weinstube.

«Abgemacht», sagten sie, und der Rittmeister winkte dem Kellner zum Zahlen, als Maria sehr spitz sagte: «Und nach meiner Zustimmung wird nicht gefragt, Bodo?»

Der Herr von Senden war wirklich sehr bestürzt über seine Unhöflichkeit: «Ich bitte dich tausendmal um Entschuldigung, Maria! Das durfte mir nicht passieren! Du bist nicht einverstanden? Also lassen wir es.»

«Doch, ich bin einverstanden, aber nur unter einer Bedingung —»

«Gewährt! Gewährt!»

«Daß die Paare tauschen! Ich möchte mit dem Herrn Siebrecht gehen...» Ihre Augen funkelten vor Schadenfreude.

«Das ist die Strafe», flüsterte Ilse Gollmer wieder. «Siebrecht, sehen Sie nicht so wütend aus! Sie verraten sich ja!» Und zu Maria Molina sagte sie:

«Das ist ein wirklich reizender Vorschlag! Onkel Bodo, ich weiß auch schon, wohin du mich führen mußt.»

«Wirklich, Ilse?» sagte Senden zerstreut. «Meinst du das denn auch so, Maria?»

«Aber natürlich!» sagte sie. «Wenn wir jetzt eine Stunde zusammen wären, würdest du mir doch nur Vorwürfe machen, Bodo. Ich nehme an, Herr Siebrecht wird sehr nett zu mir sein, nicht wahr?»

«Ich werde so nett zu Ihnen sein», sagte Karl Siebrecht und hätte am liebsten vor Wut mit den Zähnen geknirscht, «daß Sie erstaunt sein werden, gnädiges Fräulein!»

«Da alle einverstanden scheinen», meinte der Rittmeister etwas verwirrt, «so will ich mich fügen.» Sie zahlten und gingen.

An der Garderobe fand Ilse Gollmer noch Gelegenheit, Karl Siebrecht zuzuflüstern: «Wenn ich es für richtig halte, soll ich dem Onkel Bodo den Scheck geben oder nicht? Ja oder nein?»

«Ganz egal!» antwortete er.

Unterdes flüsterte der Rittmeister ebenso eifrig, während er seiner Maria den Umhang umlegte. «Ich verstehe dich nicht, Maria! Wozu dieser Tausch? Du mußt doch gesehen haben, daß dieser alberne Bengel eine Antipathie gegen dich hat!»

«Gerade darum, Bodo! Ich nehme an, in einer Stunde wird seine Antipathie verschwunden sein. Und das wäre dir doch lieber?»

«Du willst mit ihm flirten?»

«Ich will nicht, ich muß schon. Aber keine Angst, Bodo, nur gerade so viel, daß er ein bißchen anbrennt.»


### 113. Zu zweien

«Wohin soll ich dich also führen, Ilse?» fragte Herr von Senden mit sanfter Ergebung, behielt aber den Wagen, in dem Karl Siebrecht mit Maria Molina Platz genommen hatte, scharf im Auge.

«Wir wollen sie ruhig noch abfahren sehen, Onkel Bodo», sagte Ilse Gollmer tröstend. «Wir haben Zeit. Ich möchte gerne, daß du mit mir durch die große Passage bummelst.» Aber der Rittmeister hörte nicht. Er sah zu, wie Maria Platz nahm. Sie schien Karl Siebrecht Weisungen zu geben, wie ihr Umhang zu legen war. Dann mußte er hinten aus dem Wagen eine Decke holen. Schließlich öffnete er das Verdeck. «Sie wird ihn schon in Atem halten!» lachte Ilse Gollmer vergnügt.

«Sie will im offenen Wagen fahren!» meinte der Rittmeister besorgt.

«Warum nicht? Es ist ganz warm! Und sie tanzt doch nicht mit ihrer Kehle!»

«Aber sie singt doch auch!» rief der Herr von Senden vorwurfsvoll.

«Richtig, Onkel Bodo, sie singt auch, das hatte ich wirklich ganz vergessen!» antwortete Ilse Gollmer, aber nicht sehr reuig. «So, nun sind sie endgültig weg, und wir beide können in die Passage pilgern. Die ist meine Leidenschaft seit Kindertagen, es gibt da so wunderbare Bilder zu sehen und die schönsten Geschenkartikel und Bijouterien. Bijouterie! Wie das schon klingt! Und dann das Schaufenster von dem Zauberladen mit all den Überraschungsartikeln, auch für Herrenabende!»

———

«Wohin fahren Sie mich eigentlich?»

«Bis zum Funkturm und wieder zurück.»

«Bei dem Tempo wird das aber keine Stunde dauern.»

Eine Weile fuhren sie. Dann sagte Maria Molina: «Sie sind wohl sehr wütend?»

«War ich. Jetzt nicht mehr.»

«Und warum jetzt nicht mehr?»

«Weil ich annehme, daß Fräulein Gollmer dem Herrn von Senden jetzt einige Bemerkungen über Sie machen wird, Sie haben einen schweren Fehler begangen, die beiden allein zu lassen.»

«Ach, was mir das piepe ist!» sagte sie plötzlich mit einer ganz anderen Stimme. «Was denken Sie, was dem Bodo schon über mich geklatscht worden ist! Wenn ich aber einen festhabe, dann habe ich ihn fest! Und einen Alten nun schon ganz sicher!»

«Endlich reden Sie wie ein Mensch! Und was wollen Sie mit ihm anfangen? Zum Beispiel, wenn Sie verheiratet sind? Herr von Senden ist nicht der Mann, sich Geschichten gefallen zu lassen!»

«Wenn Sie die Art Geschichten meinen – von mir aus gerne! Ich bin nicht scharf auf so was! Das ist mehr was für euch! Sie sind doch wohl verheiratet, wie?»

«Und glauben Sie», fuhr Karl Siebrecht fort, «daß er Sie weiter so tanzen läßt? Aber bestimmt nicht!»

«Wir haben andere Pläne ...»

«Ja, mit dem Film, ich weiß schon, aber daraus wird nichts!»

«Was wissen Sie schon?! Und warum wird daraus nichts?»

«Weil dazu Geld gehört!»

«Der Bodo hat Geld genug.»

«Nein, ich habe es, in meinem Geschäft nämlich. Und ich brauche es ihm erst in anderthalb Jahren auszuzahlen. Und anderthalb Jahre, mit einem alten Mann, sind eine verdammt lange Zeit! Ich glaube, am Schluß dieser anderthalb Jahre wird er eine andere Verwendung für sein Geld wissen.»

———

Sie gingen den stilleren Mittelweg Unter den Linden entlang.

«Warum willst du sie denn durchaus heiraten, Onkel Bodo? Es muß doch nicht immer gleich geheiratet sein!»

«Weil sie mir sonst ein anderer fortholt, mein Kind!»

«Hat eine Heirat je einen gehalten, der fort wollte?»

«Nein. Aber ich glaube nicht, daß sie dann noch fort will. Sie könnte nur verlieren, denn ich biete ihr einen Mann, Aussicht auf Vorwärtskommen, Vermögen ...»

«Und was bietet sie dir, Onkel Bodo?»

«Jugend, Ilse, und Liebe.»

«Liebe?»

442

«Oder was sie für Liebe hält, und was ich für Liebe halte.»

«Vielleicht hast du recht, Onkel Bodo. Hast du je einen Zweifel daran, daß du recht hast?»

«Doch, manchmal; wenn ich alt und müde bin.»

«Heute abend nicht?»

«Doch, gerade heute abend.»

«Du wirst wohl nicht Offizier bleiben können?»

«Nein, das nicht, aber ich bin schon an sich an der Grenze. Es ist nur eine Frage der Zeit.»

«Und du glaubst wirklich, daß sie beim Film etwas leisten wird?»

«Ich weiß es nicht. Manchmal glaube ich, sie ist sehr begabt. Aber dann, wie heute abend wieder, verstehe ich nicht mehr, was ich gesehen habe. Dann kommt mir alles wie eingelerntes kindisches Gehopse vor. Ilse, sag, war es das? War es nur eingelerntes kindisches Gehopse?»

«Ich fürchte ja, Onkel Bodo.»

«Sie hat doch soviel Erfolg! Ihr Vertrag wird immer wieder verlängert.»

«Das Fleisch, Onkel Bodo, vergiß nicht das Fleisch.»

«Freilich, Ilse, das Fleisch . . .»

— — —

«Warum weinen Sie eigentlich?» fragte er böse und gereizt. «Konnten Sie irgendeine andere Haltung von uns erwarten, noch dazu nach Ihren läppischen Manieren vorhin?» Sie weinte immerfort. Er wollte nicht mehr hinhören nach diesem Weinen, das konnten sie alle! Weinen ändert nichts. Aber er hörte doch hin, und dabei fiel ihm ein, daß weder Rieke noch Gerti, noch Hertha je so geweint hatten. Sie hatten es nicht gekonnt. Sein Ärger verstärkte sich. «Vielleicht wird Herr von Senden Sie doch noch heiraten», sagte er brutal. «Aber Sie werden schon sehen, daß nichts dabei für Sie herausschaut, nur vertane Jahre. Ich würde mir die Sache noch einmal überlegen — jetzt sind Sie wenigstens noch jung!»

«Und ich hatte gedacht, jetzt hätte ich es geschafft!» sagte sie plötzlich tonlos. «Ich dachte, ich hätte den Fuß auf der Leiter!» Eine dunkle Erinnerung kam ihm — hatte er nicht auch einmal mit diesen Worten, mit genau solchen Worten, sein Tun verteidigt, das zweifelhaft gewesen war? «Ich könnte etwas leisten», sagte sie. «Ich fühl das. Wenn ich nur einen Filmmenschen dazu kriegte, Probeaufnahmen von mir zu machen! Dann hätte ich gesiegt, dann könntet ihr mir alle gestohlen bleiben! Aber Sie haben mich hübsch wieder in den Dreck gestoßen, Sie, gerade Sie!»

Und wieder kamen die Erinnerungen, sie bedrängten ihn. So hatte er auch einmal gedacht und gefühlt, genauso! Das war auch seine Angst gewesen, daß er im Dreck steckenbleiben könnte! Milder sagte er: «So wie Sie denken heute Zehntausende. Zehntausende glauben sich wie Sie berufen, ein großer Filmstar zu werden. Zehntausende denken, es braucht nur das Auge eines Filmmannes auf sie zu fallen, und sie haben es geschafft.»

«Aber ich, ich habe recht! Ich fühle das . . .»

«Wenn Sie so begabt wären, wie Sie glauben, müßte man das auch fühlen», sagte er. «Aber man fühlt nichts bei ihnen, gar nichts! Sie können weder tanzen noch singen! Sie haben uns die große Dame vorspielen wollen, und Sie waren einfach lächerlich in dieser Rolle! Nicht einmal als Frau fühlt man Sie, Sie sind kalt, Sie können nicht einmal lieben . . .»

«Halten Sie!» rief sie zornig. «Auf der Stelle halten Sie! Ich fahre nicht länger mit Ihnen!» Sie riß ihren Umhang um sich zusammen, sie griff nach der Wagentür. Sie war so zornig, daß sie in voller Fahrt aus dem Wagen gesprungen wäre. Er bremste scharf, lenkte den Wagen an die Straßenkante und hielt.

«Ich habe mir geschworen», sagte er, «daß ich Herrn von Senden von Ihnen befreien will. Ich werde diese Heirat verhindern – mit allen Mitteln, verstehen Sie? Mit allen Mitteln!»

Sie sah ihn an, ihr geschminktes Gesicht mit den dünnen hohen Augenbrauen wirkte wie eine Maske. «Sie haben es fertiggebracht!» sagte sie. «Ich werde jetzt Bodo heiraten, nur, um mich an Ihnen zu rächen, auch wenn er keinen Pfennig hat! Und ich werde ihn quälen, und wenn es ihm schlecht geht, werde ich an Sie denken! Auf Wiedersehen!» Sie nickte ihm kurz zu und ging nach der ·nächsten· Taxihaltestelle. Er sah noch, wie sie in ein Auto stieg und fortfuhr. Dann fuhr auch er.

### 114. Streit

«Nun, da seid ihr ja! Habt ihr also doch hergefunden?» sagte der Herr von Senden und lächelte seiner Maria entgegen. «Aber wo ist denn der Siebrecht? Wo hast du Karl gelassen?»

«Herr Siebrecht hatte eine kleine Panne, da bin ich ihm vorausgefahren», log Maria Molina. «Nun, Bodo, wie war es? Habt ihr euch gut amüsiert? Du siehst so zufrieden aus, jung und strahlend!»

«Ich habe auch die angenehmsten Nachrichten bekommen, Maria, du wirst dich freuen», antwortete der Rittmeister. «Und wie ist es bei euch? Hattet ihr eine nette Fahrt? Wo ging sie denn hin?»

«Zum Funkturm. Ich will dich nicht kränken, Bodo, aber dein Freund ist ein bißchen langweilig, er hat kaum den Mund aufgetan.» Sie fühlte den beobachtenden Blick Ilses und sagte rasch: «Seien Sie mir nicht böse, Fräulein Gollmer, daß ich mich vorhin so dumm benommen habe, ich war befangen. Und wenn ich befangen bin, mache ich immer Dummheiten. War ich sehr blöd?»

«Nun», sagte Ilse, «jedenfalls sind Sie jetzt ganz verändert. Kommt das durch die Fahrt?»

«Vielleicht! Ich weiß nicht. – Also, Bodo, gib mir zu trinken, ich habe Durst. Ich will jetzt ordentlich trinken, und zwar von deinem geliebten Rotwein!»

«Das ist ein erstaunlicher Entschluß, Maria!»

«Ich werde dich heute abend noch viel mehr erstaunen! Ich bin so guter Stimmung! Deine Freunde haben mich kennengelernt, ich habe alles falsch gemacht, und nun ist es ausgestanden! Rück zu auf der Bank, Bodo, ich will mich neben dich setzen . . . Hallo, da haben wir ja auch den Mann mit der Panne!»

Karl Siebrecht war eingetreten. Er erwartete, daß Maria schwere Anklagen gegen ihn erhoben hatte, und wappnete sich von vornherein mit einem wütenden, angriffslustigen Gesicht. Aber nun sahen ihm drei lächelnde Gesichter entgegen, auch die Molina lächelte ihn holdselig an. «Ist Ihre Panne schon behoben, oder haben Sie Ihr Auto in eine Werkstatt fahren müssen?» fragte sie. «Ich habe eben erzählt, daß ich vorausgefahren bin. Es war wirklich etwas kühl...»

Alles kam anders, als er erwartet hatte. «Mit dem Wagen ist alles in Ordnung», antwortete er und setzte sich an den Tisch. «Darf ich mir eingießen, Rittmeister? Ich habe wirklich Durst bekommen.»

«Genau wie die Maria! Aber halt, Junge, trinke bloß nicht so hastig! Das ist ein schwerer alter Burgunder, der muß in Schlückchen getrunken werden! Und nun zwei Gläser hintereinander!» Einen Augenblick war Herr von Senden wirklich ärgerlich – über diese sinnlose Verschwendung eines Göttergetränks. Aber sofort besann er sich wieder. Er sagte freundlich: «Und nun wollen wir uns noch einmal die Gläser vollschenken und auf dein Wohl trinken, Karl Siebrecht!»

«Wie?» fragte Siebrecht verwirrt. Er hatte Zorn, Tadel, Empörung erwartet, und traf nur eitel Freundlichkeit.

«Wir danken dir, Karl», sagte der Rittmeister fast feierlich. «Maria und ich, wir danken dir! Du hast uns wirklich einen Freundschaftsdienst getan, mein Sohn Karl. Stoß an, du sollst leben!»

Aber Karl Siebrecht stieß nicht an, seine Verwirrung war aufs höchste gestiegen. Er sah von einem Gesicht zum andern. «Ich verstehe kein Wort», meinte er. «Von welchem Freundschaftsdienst sprechen Sie?»

«Ilse Gollmer hat mir alles gesagt. Du weißt es auch noch nicht, Maria. Karl Siebrecht hat mein Vermögen mobil gemacht, es ist wirklich wie ein Wunder!»

«Und das Geld ist wirklich da?» fragte Maria Molina.

«Ja», sagte der Herr von Senden. «Dort, in der Handtasche von Fräulein Gollmer. Er hat es ihr überlassen, ob sie es mir heute geben wollte oder nicht. Und obwohl meine kleine Maria sich vorhin etwas töricht benommen hat, sind die beiden doch so großzügig gewesen...» Karl Siebrecht stand starr. Der Scheck in Ilses Hand – er hatte ihn ganz vergessen! Nein, er hatte ihn nicht vergessen, aber er hatte es für unmöglich gehalten, daß Ilse ihn nach diesem Benehmen der Molina aushändigen würde, er hatte ihn zurückfordern wollen. Und nun... Wie halb im Traum hörte er den Rittmeister weiterreden: «Ilse hat mir den Scheck schon geben wollen, aber das mochte ich nun doch nicht. Nein, Karl, du mußt ihn mir selber geben, und ich will dir danken. Und Maria soll dir auch danken...»

«Natürlich will ich Ihnen danken! Er ist einfach großartig, dein Freund Siebrecht, Bodo, ich muß ihm einen Kuß geben...»

Der Rittmeister lächelte. Ilse Gollmer hatte den Scheck aus der Tasche genommen und hielt ihn Karl Siebrecht hin, immer die Augen aufmerksam auf sein verwirrtes, ungläubiges Gesicht gerichtet. Die Molina näherte sich ihm, sie beugte sich über ihn, der noch immer saß, legte eine Hand auf seine Schulter, einen Arm um seinen Hals, und während sie ihn zu küssen schien, flüsterte sie: «Sehen Sie, wer ist nun reingefallen?!»

«Ich kann den Scheck noch zerreißen», murmelte er.

«Das können Sie eben nicht! Wie stünden Sie vor dem Rittmeister und Ihrer Freundin da!»

Und wie stünde ich erst vor Hertha da! dachte er. Nein, ich kann ihn wirklich nicht zerreißen.

Gerade rief der Herr von Senden: «Maria, du übertreibst deine Dankbarkeit!»

«Geben Sie jetzt den Scheck –» flüsterte Ilse Gollmer und gab ihm das Blatt in die Hand. «Schnell, ehe Sie es sich anders überlegen!»

Einen Augenblick sah er, noch immer zweifelnd, auf die Zahl. Sechzigtausend las er. Und mein ungedeckter Vorschuß? schoß es ihm durch den Kopf. Und erst da, in dieser Sekunde, wurde ihm klar, daß er immer, seit er diesen Scheck besaß, mit dem Gedanken gespielt hatte, seinen Vorschuß mit ihm zu decken und den Rest der Sendenschen Forderung billig zu kaufen! Er atmete auf, als sei er einer schweren Gefahr entronnen. «Ich danke dir, Ilse –» flüsterte er. Er reichte dem Rittmeister den Scheck über den Tisch fort. «Hier, Herr von Senden, ich bin froh, daß ich das noch regeln konnte. Man sollte wirklich keine Geldgeschäfte unter Freunden machen...» Der Rittmeister sah ihn verwundert und befremdet an. Aber Karl Siebrecht hatte schon sein Glas erhoben. «Und nun trinke ich auf das Wohl von Maria Molina!» rief er. «Auf ihren Erfolg! Auf ihr Glück! Auf eine gute Ehe! Maria Molina soll leben!» Sie stießen an, sie sahen sich an. Kalt und böse blickten die Augen der Molina auf ihn. Aber er war ihr nicht mehr böse. Ich bin einer schweren Gefahr entgangen, dachte er wieder. «Ich danke dir, Ilse –» flüsterte er wieder. «Du hast mich gerettet!»

«Ich verstehe Sie jetzt wirklich nicht, Siebrecht!» antwortete sie ein wenig ärgerlich. «Was hatten Sie mit der Molina? Ich glaube kein Wort von der Panne!»

«Nachher!» sagte er. «Alles nachher!» Er hatte sein Glas wieder ausgetrunken und füllte es von neuem. «Und jetzt wollen wir Brüderschaft trinken, Ilse Gollmer», sagte er. «Auf du und du! Bitte, sagen Sie ja. Bitte!»

«Wenn Sie mir alles sagen!»

«Alles?»

«Jawohl, einfach alles. Auch die Geschichte, wie Sie Ihre Frau kennenlernten!»

«Ich glaube, das darf ich wirklich nicht, Ilse!»

«Jetzt sage ich: alles oder nichts!»

«Aber warum denn, Ilse? Es ist eine ganz belanglose Geschichte, die nur Hertha und mich angeht.»

«Ich will Sie eben ganz kennenlernen!»

«Warum wollen Sie denn das?»

Sie sah ihn an, sie sah ihn so deutlich und unverhüllt an. Er senkte den Blick. «Ja oder nein?» fragte Ilse Gollmer.

«Ja», flüsterte er.

«Also, auf du und du!» sagte Ilse Gollmer, «und auf Waffenbrüderschaft in guten und schlimmen Tagen!»

Sie schlangen die Arme ineinander, er trank aus ihrem, sie aus seinem Glas. «Keinen Tropfen!» sagte er und neigte sein Glas zur Erde.

«Keinen Tropfen!» sagte auch sie.

«Und nun müssen wir uns küssen!» Ganz leicht fühlte er ihre Lippen.

«Gut, gut!» sagte der Rittmeister beifällig. «Ihr seid ja nun schon alte Freunde. Ihr müßt euch doch mindestens zehn Jahre kennen!»

«Siebzehn Jahre!» rief Ilse Gollmer. «Genau siebzehn, und die Siebzehn ist immer meine Glückszahl gewesen. Aber nun sieh, daß wir noch etwas zu essen bekommen, Onkel Bodo. Es ist zwar schon ein wenig spät, aber ich habe Hunger, und Siebrecht muß etwas essen, er trinkt zuviel und zu hastig! Das kann nicht gutgehen!»

Aber vorläufig ging alles gut. Sie bekamen noch zu essen, und nachdem sie gegessen hatten, tranken sie weiter. Alle waren in ein immer schnelleres Trinken geraten, es war, als wollten sie etwas Drohendes verscheuchen, einschüchtern. Maria hatte viel zu fragen, sie war so unwissend. Sie wollte alles über solch einen hohen Scheck erfahren, ob er unter allen Umständen galt, ob er widerrufen werden konnte. Und erst als sie über all diese Punkte ganz sicher war, erhob sie plötzlich ihre Stimme: «Glaubst du, ich habe Angst? Ich habe vor keinem Angst, auch nicht vor deinem Freund da! Denkst du etwa, ich lasse mir von dem etwas gefallen? Aber gar nichts! Ich sage ihm genau, was ich von ihm halte, vor allen Leuten, meinethalben auch vor seiner Frau, jedenfalls aber vor seiner geliebten Freundin . . .»

«Ich bitte dich, Maria, was ist nur plötzlich in dich gefahren! Suchst du Streit? Du hast zuviel getrunken, Kind! Eben hast du noch gesehen, wie anständig er sich benommen hat!»

«Der und anständig? Jetzt werde ich ihm ins Gesicht sagen, was ich von seiner Anständigkeit halte! – Hören Sie mal, Herr Siebrecht, wenn Sie sich einen Augenblick von Ihrer Freundin losreißen können – ich habe Ihnen was zu sagen. Sie wissen doch, ich habe gelogen? Das wissen Sie doch, wie –?»

«Ich beschwöre dich, Maria –!»

«Natürlich haben Sie gelogen», antwortete Karl Siebrecht, der fühlte, daß jetzt der Kampf kam. Seine Stimme hatte den gleichen bösen, streitsüchtigen Klang wie die ihre. «Ich weiß nur nicht, welchen Einzelfall Sie meinen. Etwa, als Sie dem Herrn von Senden vorlogen, Sie liebten ihn –?»

«Diesen Ton», sagte der Rittmeister stark, «verbitte ich mir!»

Sie hörten ihn gar nicht. «Ich habe gelogen, als ich erzählte, Sie hätten eine Panne gehabt. Sie haben keine Panne gehabt: Sie haben mich aus dem Auto gejagt!»

«Da lügen Sie schon wieder! Sie haben verlangt, ich sollte halten, und auf Ihren eigenen Wunsch sind Sie ausgestiegen.»

«Sie haben mich aus Ihrem Auto gejagt», wiederholte sie hartnäckig. «So roh wie Sie hat noch kein Mann mit mir geredet! Sie haben gedacht, Sie hätten mich zerschmettert, aber ich wußte, Herr von Senden würde mich beschützen . . .»

«Und das werde ich auch! Erkläre mir, Maria, was hat er denn zu dir gesagt? Ich verstehe nichts, eben schient ihr noch gute Freunde. Verstehst du das, Ilse?»

«Doch, ich verstehe schon, Onkel Bodo. Jetzt hat sie den Scheck, und nun kommt die Rache, aber da rede ich auch mit!»

«Er hat gesagt, daß ich nicht tanzen könnte und nicht singen. Er hat gesagt, daß ich nichts wäre wie ein Mädchen, das sein Fleisch für Geld sehen läßt...»

«Das habe ich nicht gesagt!»

«Wie Sie lügen! Sie haben auch gesagt, ich taugte nicht zum Film, ich taugte zu gar nichts. Das haben Sie gesagt! Ich wäre nur ein Wischlappen, an dem alle ihre Hände abreiben!» Sie sprach immer leiser, aber dabei wurde ihr Ton stets eindringlicher, drohender.

«Das sind alles Lügen! Nichts von alledem habe ich gesagt!»

«Aber das alles ist noch gar nichts! Dann hat er gesagt, Bodo, daß ich keinen Funken Liebe für dich habe, daß ich dich nur ausnütze, daß ich eiskalt bin...»

«Das haben Sie selbst gesagt!»

«Wie dumm Sie lügen. Das soll ich Ihnen gesagt haben, der Sie von der ersten Minute an mein Feind waren? Das ist doch zu dumm! Er hat gesagt, daß ich nur eine greisenhafte Schwäche von dir ausnützte, Bodo, daß ich dich betrügen würde, daß er diese Heirat verhindern würde, mit allen Mitteln! Haben Sie das gesagt, oder haben Sie das nicht gesagt?»

«Doch, das habe ich gesagt. Diese Heirat muß verhindert werden, mit allen Mitteln, ich sage es noch einmal...»

«Es ist genug», sagte der Herr von Senden. «Komm, Maria, wir gehen. Ich nehme an, Ilse, du kommst mit uns?»

«Nein, Onkel Bode, ich werde hierbleiben. Aber ehe du jetzt gehst, überlege eins: wenn alles ist das wahr ist, was das Fräulein sagt und was eben auch Karl Siebrecht erzählt — er ist ja betrunken —, warum hat er dir dann den Scheck gegeben? Heißt das, die Heirat mit allen Mitteln verhindern?»

Der Herr von Senden blieb überrascht stehen. «Wirklich, der Scheck! Er hätte mir den Scheck doch nicht gegeben, wenn er...» Lebhafter, zu Maria gewandt: «Du hast ihn bestimmt falsch verstanden, Maria! Vielleicht, sicher ist er von deiner Begabung nicht so überzeugt wie ich, er hat dir unangenehme Dinge gesagt — aber er hat nicht unfreundschaftlich gehandelt! Nicht wahr, Karl, das hast du nicht getan?»

Karl Siebrecht, der, den Kopf in die Hand gestützt, dagesessen hatte, sah zum Herrn von Senden auf. Er war jetzt sehr blaß, er sagte nichts, er sah den alten Freund nur an.

«Oh, der Scheck!» rief die Molina spöttisch. «Jetzt soll der Scheck also was beweisen! Natürlich wollen Sie Ihrem Freund helfen, Fräulein! Aber Sie wissen so gut wie ich, daß er den Scheck nicht hergeben wollte. Er wollte ihn zerreißen, noch im letzten Augenblick wollte er ihn zerreißen, so zornig war er...» Sie wandte sich an Herrn von Senden, der wieder ganz verzweifelt dastand, sie sagte: «Hast du denn wirklich geglaubt, ich habe ihn vorhin geküßt, diesen Menschen, der dein und mein Feind ist? Ich sah doch, er wollte dir den Scheck nicht geben! Da habe ich ihm zugeflüstert, daß er dich verlieren würde und seine Freundin dazu, wenn er den Scheck nicht hergäbe. Darum hat er ihn gegeben, aus Angst hat er ihn gegeben, aus Angst vor Blamage! Und nun hat er sich doch blamiert, dieser stolze Herr», die Molina wurde immer triumphierender, «deine Freundschaft ist er los, Bodo, das weiß ich! Vergiß nicht: greisenhafter Trottel hat er von dir gesagt, anderthalb Jahre lang würde er dich mit dem Geld hinhalten, das hat er auch noch gesagt! Wie er sich blamiert hat, dieser Herr, er wagt schon nicht mehr, den Mund aufzutun –!»

«Und das Mädchen willst du heiraten, Onkel Bodo?» fragte Ilse Gollmer empört. «Ich sehe es ihr ja an, daß sie lügt! Aus Rachsucht lügt sie. Nie würde dich Siebrecht einen greisenhaften Trottel nennen, das hat sie alles erfunden, ständig vermengt sie Wahrheit und Lüge! Sage selbst, Karl Siebrecht...»

«Nein», sagte Karl Siebrecht langsam, «gesagt habe ich das nicht. Aber ich habe wohl gedacht, daß diese Liebe eine – Altersschwäche ist. Sie haben ja selber gesagt, Sie lieben nur die Jugend in ihr. Aber Jugend allein ist nichts Kostbares...» Er hielt inne, er sah sich verwirrt um. «Ich weiß nicht, von was ich rede», murmelte er. «Ich mag nicht mehr davon reden. Nein», sagte er mit einem Lächeln, «den Scheck habe ich nicht gern gegeben, da hat sie ganz recht. Noch jetzt hätte ich ihn gern zurück. Oder war es nicht so, Ilse, wollte ich den Scheck nicht zurückhaben? Wie war es?»

«Du wolltest ihn nicht zurückhaben, Karl. Du warst froh, daß du ihn gegeben hattest!»

Aber der Rittmeister hatte schon gehandelt, er hatte den Scheck auf den Tisch geworfen. Plötzlich war sein Jähzorn zum Durchbruch gekommen. «Hier haben Sie Ihren Scheck!» rief er. «Ich will keine Geschenke von Ihnen! In einem Jahr werde ich mein Geld von Ihnen bekommen! Ich kann warten! Und Maria kann es auch!»

Doch Maria Kusch war schneller gewesen als Ilse Gollmer. Mit einem hastigen Griff hatte sie das Blatt an sich genommen. «Darüber reden wir morgen, Bodo», sagte sie sanft. «Wenn du morgen noch derselben Ansicht bist, soll er den Scheck haben.»

«Gib ihm den Scheck jetzt», beharrte der Rittmeister, schon nicht mehr so zornig. «Ich will nichts von ihm haben.»

«Nein, jetzt bekommt er den Scheck nicht», antwortete die Molina noch sanfter. «Du siehst doch, er ist betrunken; wer weiß, was er mit dem Scheck anfängt!»

«Dann geben Sie den Scheck Herrn von Senden!» sagte Ilse Gollmer heftig.

«Sie denken wohl, Fräulein, ich hebe das Geld für mich ab?»

«Jawohl, Fräulein, genau das denke ich›»

«Da siehst du es, Bodo, das sind deine Freunde! Komm jetzt!» Und Herr von Senden ging mit ihr, alt und verfallen.


## 115. Trunkenheit

Als Senden mit der Molina gegangen war, blieb Karl Siebrecht in einem betäubten Schweigen sitzen. Ihm gegenüber, auf der anderen Seite des Tisches, auf einer Bank, die bis dahin den Platz für das Sendensche Paar abgegeben hatte, saß Ilse Gollmer. Plötzlich hob Siebrecht den Kopf und sah Ilse an. «Also falsch gemacht?» fragte er.

Sie machte eine unbestimmte Bewegung: «Vielleicht... Ich weiß nicht...»
— Er sah sie noch immer an. — Sie sagte: «Eine gewisse Hoffnung liegt darin, daß sie den Scheck hat.»

«Hoffnung —?»

«Ja. Vielleicht hebt sie das Geld ab und läßt ihn sitzen.»

«Richtig», sagte er und stand schwerfällig auf. «Ich muß sofort mit Hertha telefonieren.»

Mit Schrecken erkannte sie, daß er völlig betrunken war. «Einen Augenblick, Karl», bat sie. «Warum willst du mit Hertha telefonieren?»

Er blieb unwillig stehen. «Das ist doch klar, Ilse», sagte er mühsam, «Hertha muß den Scheck sperren. Dies Frauenzimmer soll das Geld nicht kriegen! Ich muß das verhindern!»

«Setze dich noch einen Augenblick», bat sie. «Wir wollen darüber in Ruhe sprechen.»

Aber er war hartnäckig. «Du willst nur, daß ich nicht telefoniere. Ich merke es doch! Jetzt gehe ich erst mal!»

Sie lachte. «Stoß wenigstens noch einmal mit mir an, Karl, dann sollst du auch telefonieren. Warte, ich schenke dir ein.» Der Wein hatte ihn an den Tisch zurückgelockt, ihn, der sonst nie mehr als zwei, drei Glas trank, der in dieser Nacht aber unmäßig getrunken hatte. Schweigend sah er zu, wie sie die Flasche nahm. «Leer!» sagte sie und sah ihn an.

«Ich bestelle noch eine», und er rief nach dem Kellner. «Noch eine», sagte er und deutete mit dem Finger, als spräche er mit einem Tauben. «Dieselbe!» Er nickte mit dem Kopf.

«Setze dich solange», bat sie. «Der Wein wird gleich kommen.»

«Ja, ich will mich setzen. Ich bin so müde.» Und er setzte sich. Dann aber, mit der alten Hartnäckigkeit: «Und nachher telefoniere ich!»

«Weißt du überhaupt, wieviel die Uhr ist? Es ist gleich halb drei. Um diese Zeit kannst du Hertha nicht anrufen.»

«Ich kann Hertha immer anrufen. Sie muß den Scheck sperren!»

«In der Nacht kann man keinen Scheck sperren. Um diese Zeit ist niemand auf den Banken. Das hat Zeit bis morgen früh.»

«Meinst du?» fragte er zweifelnd.

«Natürlich», sagte sie. Nun schwiegen sie wieder, bis der Kellner den Wein brachte. Stumm sah er zu, wie sie einschenkte. Hastig trank er, ohne auf sie zu achten. Dann füllte er sein Glas von neuem, aber er trank nicht. Er starrte schweigend vor sich hin...

Schon hoffte Ilse Gollmer, er habe seine Idee mit dem Telefonieren vergessen, sie könne ihm vorschlagen, nach Haus zu fahren, da stand er auf: «Jetzt telefoniere ich...»

«Du vergißt, Karl, man kann einen Scheck nicht mitten in der Nacht sperren. Das hat Zeit bis morgen früh — wir hatten es so besprochen.»

«Ja», sagte er. «Ich werde es ihr sagen.»

Sie gab es auf. «Also telefoniere, Karl!» Sie stellte es sich vor, wie er da mitten in der Nacht Hertha aufscheuchte und mit seinem wirren Geschwätz erschreckte. Sie versuchte, sich auszumalen, wie Hertha das aufnehmen würde, und einen Augenblick dachte sie, es sei vielleicht gar nicht so schlecht, wenn er jetzt telefonierte. Hertha war eine sehr empfindliche Frau. Sie dachte: Nie hätte ich geglaubt, daß es soweit mit mir kommen würde...

Er kam zurück, unsicher im Gang, er stieß gegen einen Stuhl und sah den Stuhl zornig an. Dann gab er ihm einen Tritt. Er lachte in sich hinein, als er weiterging. «Nun?» fragte sie.

«Da meldet sich keiner», antwortete er. «Morgen schmeiß ich die ganze Bande raus. Mal ruf ich an, und gleich meldet sich keiner.» Er versank in mürrisches Schweigen.

«Wollen wir jetzt nicht nach Haus fahren?» schlug sie vor.

«Wie –?» fragte er.

«Ob wir nicht nach Haus fahren wollen?»

«Ja – sobald wir ausgetrunken haben.» Aber er trank nicht, er saß nur da, entweder grübelte er oder war benommen vom Alkohol. Sie entschloß sich und trank hastig die Flasche leer. Die Welt fing an, auch ihr in einem anderen Licht zu erscheinen, sie hätte immerzu lachen mögen, über all diese Albernheiten, dies sinnlose Gezappel... Aber sie bezwang sich, immer wieder zwang sie sich zum klaren Denken. Ich muß ihn heil von hier fortkriegen, dachte sie. Heute sind schon genug Dummheiten gemacht worden. «Die Flasche ist leer, Karl», sagte sie. «Wollen wir jetzt nach Haus fahren?»

«Ja.» Er stand sofort auf. «Ich will jetzt nach Haus fahren. Ich muß sofort mit Hertha reden.»

«Warum willst du denn sofort mit Hertha reden?» fragte sie geduldig.

«Sie muß den Scheck doch sperren! Ich weiß nicht, was mit mir ist, ich vergesse das immer wieder!»

Draußen, in der frischen Luft, fing er an zu lachen, es amüsierte ihn, daß er nicht mehr gerade gehen konnte. Er versuchte, die Linie der Pflastersteine entlangzugehen, aber daran war kein Gedanke mehr. Er rief lachend: «Ich kann nicht mehr auf dem Strich gehen, Ilse! Sieh dir das einmal an! Ist das nicht komisch?» Sie hatte gehofft, daß er seinen Wagen vergessen haben würde, daß sie in einem Taxi nach Haus fahren könnten. Aber plötzlich entdeckte er sein Auto, er begrüßte es in überströmender Freude wie einen lang entbehrten Freund. «Jetzt fahren wir beide nach Haus!» verkündete er frohlockend. «Ich koche uns einen schönen Kaffee, und dann gehen wir zu Hertha hinauf und erzählen ihr alles.» Sie hütete sich wohl, ihn zu fragen, was er in diesem Zustand unter «alles» verstand, aber sie sah ein, daß sie ihn jetzt nicht allein lassen konnte. Es gelang ihm, den Wagen in Gang zu bringen, aber sofort fuhr er mit den gleichen Schwankungen, in denen er vorher gegangen war.

«Halte an!» bat sie. «Du kannst nicht mehr fahren. Es ist besser, wir fahren in einem Taxi nach Haus.»

«Ich kann nicht mehr fahren», bestätigte er ganz verblüfft. «Bitte, faß du ins Steuerrad und bring den Wagen an die Bordschwelle. Bremsen kann ich noch.» Ein letzter Rest von seinem alten Fahrergewissen war erwacht, er stieg gehorsam aus. «Schade!» sagte er und sah dem Wagen bedauernd an.

Sie nahm seinen Arm. «Komm, wir gehen das Stückchen bis zur Jägerstraße, da finden wir noch Taxis.» – Willig ging er neben ihr. Er schwankte kaum noch, er lachte nicht mehr, er schien über etwas zu grübeln. «Woran denkst du?» fragte sie.

«Ach, an nichts. Komm, laß uns an der Weißen Maus vorbeigehen. Ich möchte sehen, ob die noch Licht haben.»

«Ach, kein Gedanke!» sagte sie, etwas ungeduldig über diese neue Marotte des Trunkenen. «Es ist längst Polizeistunde. Der Ober eben hat uns doch auch erst aufschließen müssen.»

«Ich möchte es sehen», antwortete er hartnäckig. «Wenn man klopft, kommt man meist noch hinein. Ich weiß das von früher, als ich noch Taxi fuhr.»

«Was willst du denn in der Weißen Maus?» rief sie. «Wir sind doch wahrhaftig lange genug unterwegs gewesen. Wir müssen nach Haus!»

«Ich will nur mal reinsehen!» sagte er hartnäckig.

Sie standen vor dem Lokal, die Leuchtreklame war erloschen, die Türen verschlossen. «Du siehst», sagte sie, jetzt wirklich ungeduldig, «es ist zu. Laß uns jetzt nach Haus fahren.»

«Horch!» Er hob den Finger. «Wenn du genau hinhörst, kannst du die Musik drin spielen hören.»

Sie horchte, und auch ihr war es beinah so, als hörte sie den Strich von Geigen, fein und fern. «Und wenn sie auch spielen!» rief sie ungeduldig. «Ich möchte jetzt nach Haus!»

«Erinnerst du dich, Ilse?» fragte er und faßte ihre Hand. «Daß du mich heute viele Male nach etwas gefragt hast?»

«Wir wollen gehen! Bitte, laß uns jetzt nach Haus gehen.»

«Ilse –» flüsterte er. «Aus diesem Lokal habe ich Hertha nach Haus gefahren. Ich war Taxichauffeur und sah sie zum erstenmal . . .»

«Erzähle jetzt nichts!» bat sie und versuchte, ihre Hand zu befreien. «Morgen wirst du jedes Wort bereuen, das du jetzt sagst.»

«Sie war völlig betrunken», fuhr er fort, als habe er nichts gehört. «Sie fiel in meinen Wagen, sie wußte von nichts. Ich brachte sie in ihre Wohnung und –»

«Ich will nichts mehr hören!» rief sie und riß an seiner Hand.

«Nein», fuhr er hartnäckig fort, «in jener Nacht geschah nichts, aber so haben Hertha und ich uns kennengelernt. Und nun möchte ich, daß wir jetzt noch einmal hineingehen, wir beide, verstehst du, und ich möchte, daß du mich so nach Haus fährst, wie ich Hertha nach Haus gefahren habe, und dann hoffe ich –»

Aber nun war es ihr gelungen, die Hand zu befreien. Bleich starrte sie ihn an. «Nie!» sagte sie. «Nie . . .» Und sie ging von ihm fort, erst langsam. Aber je weiter sie sich von ihm entfernte, um so schneller lief sie. Es sah lächerlich aus, so schnell lief sie schließlich von ihm fort. Er starrte ihr nach, bis sie um die Ecke in der Friedrichstraße verschwunden war. Dann stieg er mit einem Achselzucken die Stufen zu der Tür der Weißen Maus empor und fing an, zu klopfen. Es wurde ihm noch geöffnet.


## 116. Suche nach Geld

Er wußte nicht, wie er nach Hause gekommen war. Er wußte nicht, wann er nach Hause gekommen war. Er hatte eine Erinnerung, daß er in Herthas Zimmer gestanden hatte, da war es schon ganz hell. Er sah Hertha, wie sie ihn, den Kopf in die Hand gestützt, aufmerksam betrachtete. Er hoffte, er hatte nicht auch noch geredet, aber er wußte es nicht. Dann erwachte er gegen Mittag in seinem Bett. Er versuchte, sich einzureden, daß dieser Besuch in Herthas Schlafzimmer nur ein Traum gewesen sei, einer von den vielen schweren Träumen jener Nacht. Er aß ein wenig, allein in dem großen Speisezimmer, und telefonierte mit Körnig: es lag doch wohl nichts Besonderes vor? – Nein, nichts Besonderes – der Herr Direktor kam doch heute nachmittag noch herein? «Nein, kaum. Ich fühle mich nicht ganz wohl. Also dann auf Wiedersehen morgen, Herr Körnig.»

«Und recht gute Besserung, Herr Direktor!»

Jawohl, gute Besserung! Er fühlte sich weiter denn je von guter Besserung entfernt, er würde zu tun haben, nur den Stand von gestern wieder zu erreichen!

Er ging in die Garage und blieb verwundert stehen: die Garage war leer. Einen Augenblick dachte er, Hertha sei mit seinem Wagen fortgefahren, dann erinnerte er sich ... O Gott, all dieser verfluchte Kram, der ihn an die unselige Nacht erinnerte!

Mit der Schnellbahn fuhr er in die Stadt. Vor der Tür der kleinen Weinstube entdeckte er seinen Wagen. Die Decken lagen unordentlich auf den Sitzen, der Zündungsschlüssel steckte, aber er hatte Glück gehabt: nichts war gestohlen. Das belebte ihn wieder ein wenig. Er fuhr mit dem Wagen in den Westen zu einem großen Kunsthändler, bei dem er einst mit Herrn Zenker viele schöne Renaissancemöbel gekauft hatte. Er sprach mit dem Mann. Aber der schüttelte den Kopf: «Nein, nein, Herr Siebrecht, das ist unmöglich! Außerdem beleihen, das ist Sache Ihrer Bank, solche Geschäfte mach ich nicht.»

«Wenn Sie mir die Sachen noch sechs, acht Wochen stehenlassen, verkaufe ich sie auch. Ich würde mich in der Zwischenzeit anders arrangieren.»

«Darüber läßt sich eher reden. An was haben Sie denn ungefähr gedacht, Herr Siebrecht?»

«Ich habe fast fünfzigtausend Mark in die Einrichtung gesteckt – Sie wissen, ich habe nicht nur bei Ihnen gekauft.»

«Gewiß, gewiß, ich kenne Ihre Einrichtung genau! Aber machen Sie einen vernünftigen Preis, seit Sie gekauft haben, sind die Preise katastrophal heruntergegangen.»

«Ich habe an dreißigtausend Mark gedacht ...»

«Nein, nein!» rief der Händler empört. «An so etwas ist gar kein Gedanke, völlig zwecklos, noch darüber zu reden!»

Er wandte sich unwillig ab.

«Was würden Sie denn vorschlagen?» fragte Siebrecht zögernd.

«Ich schlage gar nichts vor!»

«Machen Sie doch ein Angebot, irgendeines!»

«Nun – aber Sie werden entsetzt sein: im besten Falle würde ich fünftausend Mark geben.»

«Fünftausend! Und ich habe fast fünfzigtausend gezahlt!»

«Ich rede Ihnen nicht zu, ich nicht», sagte der Händler mürrisch. «Ich habe Ihnen überhaupt nur ein Angebot gemacht, weil Sie ein alter Kunde sind.

Was glauben Sie, was mir die Leute heute den Laden einlaufen? Schlimmer als in der Inflation! Ganze Schlösser könnte ich einrichten! Und alle wollen nur gegen Bargeld verkaufen!» Er gab Karl Siebrecht die Hand. «Also überlegen Sie es sich. Ich halte mein Angebot, sagen wir, eine Woche lang.»

«Schön», sagte Karl Siebrecht. «Aber ich glaube nicht, daß ich wiederkomme...» Er stieg in seinen Wagen, startete, und als er losfuhr, dachte er: Wohin nun? Morgen ist Löhnung, und Körnig hat bestimmt nicht Geld genug, ich muß Geld auftreiben! Wieder mußte er an den Händler denken. Was der Mann wohl von ihm dachte? Eigene Villa – aber sie gehörte Hertha. Riesenfuhrpark – aber er gehörte einer Gesellschaft, die in Zahlungsschwierigkeiten steckte. Eigenes Auto – er pfiff leise. Das war es! Eigenes Auto...

Er fuhr rascher den Linden zu... Er mußte nicht fürchten, Herrn Gollmer in seinem Geschäft zu treffen. Gollmer kam nur noch selten dorthin, nur wenn etwas Besonderes vorlag. Heute lag bestimmt nichts Besonderes vor, die Verkäufer standen gelangweilt herum, kein Käufer war zu sehen. Auch der bakkenbärtige Prokurist war nicht überbeschäftigt, er ließ ihn sofort vor. «Nun, Herr Siebrecht», sagte er, «das ist ein seltenes Vergnügen! Faule Zeiten, wie? Sie wollen doch nicht etwa Autos kaufen?»

«Ich möchte meinen Wagen verkaufen.»

Der Prokurist sah ihn an. «Im allgemeinen nehmen wir gebrauchte Wagen nur dann, wenn neue bei uns gekauft werden. Aber bei Ihnen – selbstverständlich. Ich werde sofort mit Herrn Gollmer sprechen.» Er griff nach dem Telefon.

Karl Siebrecht hielt die Hand auf. «Ach nein», sagte er. «Ich möchte aus bestimmten Gründen, daß dies eine einfache geschäftliche Transaktion zwischen uns ist, kein Freundschaftsdienst, Sie verstehen mich?»

«O ja, ich verstehe.» Der Prokurist überlegte. «Doch, ich kann es verantworten», sagte er dann. «Ich müßte natürlich Herrn Gollmer später den Kauf melden.»

«Selbstverständlich. Lassen Sie den Wagen von Ihren Leuten taxieren und zahlen Sie mir den Preis, den Sie jedem Kunden zahlen würden. Der Wagen steht vor der Tür.»

«Gut!» antwortete der Prokurist. Er gab durch das Telefon seine Anweisungen. Dann legte er den Hörer zurück und sagte, langsam seinen Backenbart kraulend: «Sehr faule Zeiten, was?»

«Oberfaul!» bestätigte Karl Siebrecht. «Und was für Zeiten werden kommen?»

«Ich fürchte, gegen die Zeiten, die uns bevorstehen, sind die heutigen noch paradiesisch.»

«Ich habe jetzt schon siebenundzwanzig Lastwagen stillegen müssen», sagte Karl Siebrecht nach einer langen Zeit.

«Verkaufen Sie die, verkaufen Sie um jeden Preis – aber nur gegen bar! Sie kosten nur Garagenmiete und Instandhaltung!» Er flüsterte: «Verkaufen! Sofort verkaufen – aber bitte nicht an uns! Wir kaufen nichts mehr. Ihr Wagen ist der letzte Wagen, den wir kaufen.»

«Ich werde einen Haufen Geld an den Wagen verlieren!»

«Du lieber Himmel! Sie werden einen Haufen Geld bei dem Verkauf retten, wenn Sie die Wagen noch loswerden! Wenn Sie die Zahlungen einstellen müssen, sind Sie alles los! – Nun?» fragte er einen jungen Mann, der eintrat. «Was ist die Taxe?»

Lange flüsterten die beiden. Sie rechneten. Dann hob der Prokurist den Kopf. «Dreitausendzweihundert, Herr Siebrecht», sagte er.

«Einverstanden!» antwortete Karl Siebrecht. Sein Ausverkauf zu jedem Preis hatte begonnen. Es war kein erheblicher Abstrich von seinem Vorschußkonto, aber die nächste Löhnung und mehr als sie war gesichert. Vor allem stand er nicht mit leeren Händen vor diesem Herrn Bremer.

Als Karl Siebrecht wieder auf die Straße trat, sah er noch, wie sein Wagen, sein geliebter Wagen, in der Durchfahrt verschwand. Er würde ihn sehr vermissen. Seit er aus der Kriegsgefangenschaft zurückgekommen war, hatte er fast jeden Tag am Steuer eines Autos gesessen, nun war er wieder ein Fußgänger geworden wie in seinen ersten Anfängen. Er würde sich nur schwer daran gewöhnen. Er ging auf die Bank und löste den Scheck ein.

## 117. Bremer geht in Urlaub

Er war nun doch noch auf das Büro gekommen, er sah flüchtig die Post durch, dann traten Herr Körnig und Herr Bremer ein, die er hatte rufen lassen. «Herr Körnig», sagte er freundlich. «Hier ist Geld, dreitausendzweihundert Mark, die ich zugunsten meines Privatkontos einzahle. Ich hoffe, das hilft Ihnen über die Löhnungen morgen fort.»

Herrn Körnigs kummervolle Miene erhellte sich. «Ich freue mich», sagte er, indem er sich daranmachte, das Geld nachzuzählen. «Es war sehr liebenswürdig von Ihnen, daran zu denken, Herr Direktor. Ich machte mir schon Sorgen.»

«Ich werde versuchen», meinte Karl Siebrecht, «zum nächsten Lohntag einen ähnlichen Betrag einzuzahlen. Ich fange in einer etwas schwierigen Zeit mit dem Ausgleich meines Kontos an, gleichviel, man soll mich nicht umsonst gemahnt haben.» Er sah mit einem halben Lächeln auf den Direktor Bremer, der mit kühler Miene dem Nachzählen des Geldes zuschaute.

«Niemand mahnt Sie!» versicherte Herr Körnig eifrig. «Wer denkt daran! Aber es war sehr liebenswürdig...»

«Etwas anderes», sagte Karl Siebrecht. «Meine Frau hat sich entschlossen, den Sendenschen Anteil an der Firma zu erwerben. Die geldliche Seite der Angelegenheit ist bereits geregelt. Ein Scheck über den fraglichen Betrag befindet sich in den Händen Herrn von Sendens.»

Wenn Herr Direktor Bremer von dieser Mitteilung enttäuscht war, so ließ er sich nichts davon merken. «Wenn ich mir eine Frage erlauben darf, Siebrecht, ist die Beteiligung zum Nennwert erworben worden, oder hat Herr von Senden einige Konzessionen machen müssen?»

«Zum Nennwert selbstverständlich!»

Jetzt lächelte Bremer. «Ich glaube», sagte er langsam und schien dabei jedes Wort genau zu überlegen, «ich hätte Ihrer Frau Gemahlin diese Beteiligung wesentlich billiger verschafft.»

«Ich zweifle nicht daran», antwortete Karl Siebrecht. «Ihr Vorschlag ist vorgetragen worden, er wurde aber abgelehnt.»

«Natürlich!» lächelte Bremer. «Da Sie ihn vortrugen, Siebrecht!»

«Ich möchte nun», sagte Siebrecht schärfer, «daß Sie sich über Lange & Messerschmidt mit Herrn von Senden in Verbindung setzen und dafür sorgen, daß die Abtretung der Beteiligung möglichst sofort ausgefertigt wird!»

«Ich —?» fragte Bremer erstaunt. «Sie hatten sich dieses Geschäft ausdrücklich vorbehalten, Siebrecht, gestern erst!»

«Und heute möchte ich, daß Sie die abschließende Verhandlung führen, Bremer.»

«Bedaure», sagte Direktor Bremer, «ich muß ablehnen.»

«Sie weigern sich?»

«Ich befolge nur Ihre Anordnungen — von gestern.»

Die beiden betrachteten sich einen Augenblick schweigend.

«Es ist gut, Bremer», sagte Siebrecht dann. «Die Sache ist für mich erledigt. Herr Körnig, Sie werden so freundlich sein, die Verhandlung zu übernehmen?»

«Aber selbstverständlich! Aber mit dem größten Vergnügen! Ich werde mich sofort mit Lange & Messerschmidt in Verbindung setzen, Herr Direktor!»

«Ich danke Ihnen, Herr Körnig! Noch etwas anderes: ich habe mich entschlossen, da in absehbarer Zeit nicht mit einer Belebung des Arbeitsmarktes zu rechnen ist, die stillgelegten Wagen der Firma sofort zu verkaufen — zu dem Preis, der heute eben zu erzielen ist, aber nur gegen bar.»

Einen Augenblick schwiegen alle. Dann sagte Direktor Bremer: «Ich muß widersprechen.»

«Und warum, Herr Direktor Bremer?»

«Im Interesse der Gesellschafter.»

«Kein Gesellschafter hat Sie mit der Vertretung seiner Interessen betraut!»

«Dann im Interesse der Firma. Ein Verkauf zu den heutigen Schleuderpreisen würde das Vermögen der Firma schädigen.»

«Und wenn wir die Zahlungen wegen Mangels an Mitteln einstellen, verlieren wir alles.»

«Ehe es soweit kommt, muß das Vorschußkonto des Herrn Ersten Direktors abgedeckt sein!»

«Es wird abgedeckt werden, in aller Kürze, Herr Direktor Bremer, verlassen Sie sich darauf!»

«Mit Zins und Zinseszins?»

«Mit Zins und Zinseszins, jawohl!»

«Meine Herren, ich beschwöre Sie —!» bat Herr Körnig mit erhobenen Händen. «Ein Streit zwischen unseren Direktoren! In diesen Zeiten! Ein Bruderzwist!»

«Sie haben ganz recht, Herr Körnig», sagte Karl Siebrecht. «Das ist alles Unsinn — ich möchte die Wagen nicht en bloc verkaufen, ich glaube, im Einzelverkauf erzielen wir bessere Preise. Wollen Sie den Verkauf übernehmen, Bremer?»

«Nein!»

«Sie weigern sich wieder?»

«Ich weigere mich aus rein kaufmännischen Gründen. Ich halte den Verkauf in dieser Depression für ein Verbrechen.» Bremer steckte die Hände in die Taschen und sah seinen Gegner herausfordernd an.

«Auch gut», sagte Karl Siebrecht gleichmütig. «Soviel ich weiß, Herr Körnig, ist Herr Bremer mit seinem Gehalt um vier Monate im Rückstand?»

«Gestatten Sie, Herr Direktor», antwortete Herr Körnig eifrig, «Herr Direktor Bremer hat heute früh auf seinen dringenden Wunsch das ganze rückständige Gehalt behoben. Es wurde mir schwer, zumal wir morgen Zahltag haben. Aber da Herr Direktor Bremer es so dringend wünschte...»

«Ach nein!» sagte Karl Siebrecht und wurde beinahe heiter. «Herr Bremer hat heute früh sein Gehalt behoben – gerade vor unserem Zahltag! Ein übelwollender Mensch könnte denken, Sie wollten uns Schwierigkeiten machen, aber solcher Gedanke sei ferne von uns!» Er betrachtete lächelnd seinen Mitdirektor, der, die Hände in den Taschen, noch immer im Büro auf und ab bummelte, als gehe ihn dies alles nichts an. «Aber, Bremer, da Sie die von mir vorgeschlagenen Beschäftigungen ablehnen und da sich unser Betrieb immer weiter verkleinert, wird es mit der Arbeit für Sie in nächster Zeit flau aussehen. Ich schlage Ihnen vor, Sie gehen sofort in Urlaub. Herr Körnig, zahlen Sie Herrn Bremer sein Gehalt noch für zwei weitere Monate aus. Bremer soll sich gründlich erholen.»

«Ich gehe nicht in Urlaub!»

«Natürlich tun Sie das. Ich wenigstens kann mir keinen anderen Grund für Ihre Arbeitsverweigerung denken als völlige Überarbeitung. Während Ihres Urlaubs werde ich mir dann schlüssig werden, ob der verkleinerte Betrieb überhaupt noch einen zweiten Direktor braucht.»

«Das wagen Sie nicht!»

«Aber, lieber Bremer, wer redet hier von wagen?! Eine selbstverständliche Betriebseinschränkung!»

«Ich werde jeden Tag weiter auf das Büro kommen und meine Arbeit wie bisher tun, und ich will den sehen, der mich daran hindert!»

«Sie sehen ihn vor sich. Ich werde mir erlauben, morgen früh um neun hier an Ort und Stelle zu sein, und sollte ich einen beurlaubten Angestellten in meinem Büro finden, werde ich ihn auf Grund des Hausrechts fortweisen. Geht er nicht, werde ich den nächsten Schutzmann holen lassen!»

«Das wagen Sie nicht!» sagte Bremer noch einmal, war aber doch blaß geworden.

«Ich wage bestimmt nicht soviel wie Sie, Bremer, aber das wage ich. Herr Körnig, machen Sie das Gehalt für Herrn Bremer wie besprochen fertig. Verweigert er die Annahme, schicken Sie es ihm per Postanweisung. Verweigert er die Anweisung, hinterlegen Sie es an Gerichtsstelle. Alles klar?» – Stumm und verängstigt nickte Herr Körnig. – «Und nun, Herr Direktor Bremer, da Sie erst morgen in Urlaub gehen, schenken Sie mir jetzt noch eine halbe Stunde. Ich möchte Mann für Mann mit Ihnen unser Außenpersonal durchsprechen. Es ist mir nämlich aufgefallen, daß alle alten Namen von den Lohnlisten verschwunden sind. Keiner von den alten Leuten, die ich einmal eingestellt habe, arbeitet noch im Betrieb. Seien Sie bitte so gütig und erklären Sie mir Art und Vorzüge eines jeden dieser neuen, von Ihnen angenommenen Leute.

Ich wüßte da gerne Bescheid, weil ich Ihre Arbeit in der nächsten Zeit tun muß.»

Einen Augenblick sahen sich die beiden an. Dann sagte Bremer überraschend friedlich: «Wie Sie meinen, Siebrecht, Sie scheinen ja plötzlich ein sehr starker Mann geworden zu sein.» Er setzte sich und nahm die Papiere vor: «Gehen wir nach dem Alphabet. Da haben wir zunächst den Fahrer Albers ...»

Kopfschüttelnd, mit einem vernehmlichen Seufzer, ging Herr Körnig aus dem Büro.

## 118. Ungewißheit

Siebrecht hatte nicht erwartet, gerade an diesem Abend Hertha als Tischgenossin anzutreffen, aber sie war unten, sie erwartete ihn schon. Sie saßen sich stumm gegenüber, in dem großen, etwas düsteren Speisezimmer, das die schweren Renaissancemöbel noch düsterer machten. Dann, als das Mädchen gegangen war, sagte er: «Ich habe übrigens meinen Wagen verkauft, Hertha. Entschuldige, daß ich es dir nicht vorher sagte. Hoffentlich mache ich dir damit keine Schwierigkeiten.»

«O nein», antwortete sie. «Ich kann Vaters Wagen jederzeit haben.» Das war alles. Keine Frage nach dem Grund des Verkaufs, keine Erkundigung, nichts. Sie war heute sehr kühl und blaß. Er wollte nur hoffen, daß er in der Nacht nicht auch noch geredet hatte! Aber wahrscheinlich hatte er das nur geträumt – er war nicht in ihrem Zimmer gewesen, sonst säße sie nicht hier.

Er versuchte es noch einmal. «Ich habe daran gedacht», sagte er und sah sich im Speisezimmer um, «diese Möbel zu verkaufen. Sie sind doch sehr düster, ich habe mich nie ganz an sie gewöhnen können. Wahrscheinlich sind sie für helle südliche Räume gedacht.»

«Wahrscheinlich», antwortete sie.

«Es würde dir keinen Kummer bereiten, dich von ihnen zu trennen?» versuchte er es noch einmal.

«Kummer? O nein!» Wiederum zurückgewiesen, und wiederum hatte er nichts erfahren! War sie böse auf ihn, oder war es nur wieder eine jener bleiernen Apathien, von denen sie zuzeiten befallen wurde? Er hatte ihr Gelegenheit geboten, ihm ihre Hilfe anzubieten, er trug noch immer den Kaufvertrag über die Möbel in der Tasche. Aber sie dachte nicht daran, ihn etwas zu fragen, und das Schlimme war, sie dachte wahrscheinlich wirklich nicht daran.

«Hertha! Hertha!» rief er und legte wie sie seine Serviette zusammen. «Du bist heute wieder einmal ganz eingefroren. Kann nichts dich zum Auftauen bringen?» Er sah sie lächelnd an, aber nach Lächeln war ihm nicht zumute.

«Ich glaube, heute nichts», antwortete sie ihm. Auch sie sah ihn an, sie war wirklich ungewöhnlich blaß.

«Du fragst nicht einmal, wie der Rittmeister deinen Scheck aufgenommen hat!» rief er und hatte das Gefühl, als betrete er jetzt eine sehr gefährliche Eisfläche.

«Richtig», sagte sie, stand auf und ging ihm voran in die Halle. «Hat er ihn denn schon?»

«Natürlich!» antwortete er. «Wir waren doch gestern abend zusammen.

Übrigens hat genau genommen nicht der Herr von Senden den Scheck, sondern das Fräulein, seine Freundin oder Braut, wie du willst...»

Sie stand auf der untersten Treppenstufe, bereit, nach oben zu gehen. «Ja, ich weiß», sagte sie flüchtig. «Maria Molina, nicht wahr?» Und als er sie anstarrte, sagte sie: «Das Fräulein hat mir heute nachmittag einen Besuch gemacht.» Sie nickte ihm kurz zu. «Gute Nacht, mein Lieber.»

Er starrte ihr nach, wie sie die Treppe hinaufstieg, bis sie oben verschwunden war. Dann warf er sich in einen Sessel. Die geborene Kusch schien ja wirklich die Absicht zu haben, sich zu rächen, und man mußte zugeben, sie zögerte nicht! Er hörte, wie das Mädchen im Speisezimmer abräumte. Er sprang auf. Es war schmählich, aber er mußte sie fragen!

«Meine Frau hatte heute Besuch», sagte er. «Haben Sie das Fräulein angemeldet?»

«Ein Fräulein Molina, jawohl, Herr Direktor. Der gnädigen Frau ging es gar nicht gut, und sie wollte erst nicht, als aber das Fräulein nicht nachgab, hat sie es doch empfangen.»

«Hier unten –?»

«Nein, oben im Zimmer der gnädigen Frau.»

«Ist das Fräulein lange oben gewesen?»

«Ich kann es nicht sagen, Herr Direktor. Die gnädige Frau hat die Dame wohl selbst an die Tür gebracht. Ich habe sie nicht wiedergesehen.»

«Danke schön.» Er war schon im Gehen. «Hat übrigens jemand angerufen?»

«Jawohl, Herr Direktor. Fräulein Gollmer.»

«Nun und? Warum sagen Sie mir so etwas nicht sofort? Immer muß ich erst fragen!»

«Die gnädige Frau hat selber mit Fräulein Gollmer gesprochen.»

«Ach so! Das ist etwas anderes? Entschuldigen Sie! Wann hat Fräulein Gollmer angerufen?»

«Gegen sechs Uhr wird es gewesen sein, Herr Direktor.»

«Das war also nach dem Besuch von Fräulein Molina?»

«Jawohl, nach dem Besuch.»

«Schönen Dank! Gute Nacht!»

«Gute Nacht, Herr Direktor.»

Er ging zurück in die Halle. Es war nicht anders: Erst war die Molina mit ihrem Gift dahergekommen, und dann hatte Ilse Gollmer ihn zu sprechen verlangt und war an Hertha geraten. Er mußte Ilse anrufen, sofort... Aber er konnte sich nicht entschließen. Bis das Telefon läutete, zweifelte er, schob hinaus, verwarf, machte sich Vorwürfe.

«Ja, hier Siebrecht.»

«Hier Ilse. Ich möchte dich heute abend noch gern sprechen, Karl... Es ist dringend, verstehst du!»

«Ja. Ich komme gerne, Ilse...» Er flüsterte nur. Er sah vom Telefon die Hallentreppe, Herthas Tür: es war schlimm, ein schlechtes Gewissen zu haben.

«Willst du in einer Viertelstunde im Garten bei uns sein?»

«Aber gern, nur wird es etwas länger dauern. Ich habe meinen Wagen nicht hier.»

«Ja, ich habe es schon von Vater gehört. Sie haben es ihm vom Geschäft telefoniert. – Also, so bald wie möglich!»

«Natürlich, Ilse. Wenn ich ein Taxi erwische, bin ich in einer Viertelstunde dort. Sonst spätestens in einer halben.»

«Gut, ich warte auf dich, Karl. – Aber bestimmt, ganz bestimmt, Karl! Es muß heute noch sein!»

«Es wird heute sein, Ilse, sehr bald.» Er hängte den Hörer an und drehte dabei der Treppe den Rücken. Als er sich wieder umwandte, sah er Hertha die Stufen herabkommen. Sie lächelte ihm zu.

«Einen Augenblick, bitte, Karl», sagte sie. «Mir ist eben etwas eingefallen.»

### 119. Du sollst frei sein!

Sie setzte sich in einen Sessel und sagte zu ihm, der zögernd, unentschlossen vor ihr stand: «Ich muß dich etwas fragen. Mir ist eben etwas eingefallen.»

«Ja, bitte?» sagte er langsam und setzte sich.

Sie sah völlig verändert aus, sie *war* völlig verändert. Als habe sie eine sehr gute Nachricht bekommen. Ihre Wangen hatten Farbe, in ihren Augen war Licht, in ihrer Stimme Wärme, ihre Bewegungen waren rasch und sicher. «Entschuldige», sagte sie, «ich habe vorhin nicht recht zugehört. Ich war in Gedanken. Es fiel mir wieder ein, als ich oben war. Du hast das Auto verkauft?»

«Ja...»

«Und du willst die Möbel verkaufen?»

«Ich weiß noch nicht. Ich habe mich nie ganz an sie gewöhnt. Sie sind wirklich sehr dunkel.»

«Du bist also in Schwierigkeiten, Karl?»

«Gott, Schwierigkeiten... Ich bin ein wenig knapp, aber ich denke, ich werde das schon in allernächster Zeit regeln.»

«Durch den Möbelverkauf?»

«Auch. Wie gesagt, das ist noch nicht entschieden.»

«Und wo sollen wir dann wohnen?»

«Ich weiß nicht. Ich habe mir noch keine Gedanken darüber gemacht. Du verstehst, es war erst eine Idee.»

«Dachtest du, ich sollte zu Vater zurückgehen, und du würdest wieder irgendwo hausen, wie früher –»

Er antwortete gereizt: «Ich habe noch gar nichts gedacht. Es war nur eine Idee. Ich denke nicht mehr daran.» Er stand halb auf. «Vielleicht entschuldigst du mich jetzt, Hertha. Ich habe ziemliche Kopfschmerzen. Ich wollte noch ein paar Schritte gehen.»

«Einen Augenblick nur noch, Karl! Warum hast du mir von diesen Schwierigkeiten nichts gesagt?» – Er schwieg. – «Hast du mit anderen darüber gesprochen?»

«Es ist im Geschäft natürlich bekannt. Es handelt sich um einen persönlichen Vorschuß von mir. Bremer fing an zu drängeln.»

«Bremer? Siehst du!»

«Er ist schon erledigt. Ich habe ihn für zwei Monate in Urlaub geschickt, und wahrscheinlich wird er nicht wieder zurückkommen.»

«Hast du sonst noch mit jemand über diese Sache gesprochen, außer mit denen im Geschäft?»

«Ja . . .»

«Mit wem?»

«Mit Ilse Gollmer – gestern abend.»

«Und warum hast du mit mir nicht davon gesprochen?»

«Ich wollte mit dir davon sprechen, auch gestern.»

«Und warum hast du es nicht getan?»

«Weil die Sache mit Senden dazwischen kam. Du gabst mir schon für ihn Geld. Ich wollte dich nicht noch einmal bitten. Übrigens hatte ich das im Augenblick ganz vergessen. Ich ärgerte mich so, daß ich den Scheck für Senden in der Tasche hatte.»

«War es wirklich so? Wolltest du wirklich auch mit mir davon reden oder nur mit anderen?»

«Ich wollte mit dir davon reden. Lange hatte sogar schon einen Vertrag deswegen aufgesetzt, in dem ich dir die Möbel übereignete. Ich hatte ihn in der Tasche, als ich gestern bei dir war.»

«Hast du ihn jetzt auch bei dir?»

«Ja.»

«Bitte, gib ihn mir, Karl, ich möchte ihn einmal durchsehen.»

Bittend sagte er: «Muß das alles gerade jetzt sein, Hertha? Können wir das nicht morgen erledigen? Ich wäre wirklich gern noch ein wenig gegangen.»

«Du kannst sofort gehen. Ich möchte nur erst den Vertrag sehen. Ich muß wissen, Karl, ob du gestern wirklich mit mir darüber reden wolltest.»

«Es müßte dir eigentlich genügen, wenn ich es dir sage, Hertha.»

«Muß es mir wirklich genügen? Glaubst du das wirklich, Karl? Bitte, gib mir den Vertrag.» – Er gab ihn ihr, und sie las ihn durch. – «Mit dem Datum von gestern», sagte sie. «Es ist also wirklich so, wie du sagst, Karl. Bitte, gib mir etwas zu schreiben. Ich möchte den Vertrag sofort unterschreiben.»

«Das geht nicht, Hertha!»

Sie sah ihn aufmerksam an. «Warum geht es nicht, Karl? Ist unterdes etwas geschehen? Geht es darum nicht mehr?»

«Ich war nur bei dem Händler», sagte er ungeduldig, «der mir die meisten Möbel verkauft hat. Die Preise sind unterdes so gefallen, daß er mir nicht mehr als fünftausend geben will.»

«Ist das der Grund, warum ich nicht unterschreiben soll?»

«Ja, das ist der Grund.»

«Gib mir deine Feder, ich unterschreibe. Es ist mir gleichgültig, was die Möbel im Augenblick wert sind. Im Augenblick ist nichts etwas wert, wie Vater sagt.» Sie unterschrieb. «In den nächsten Tagen bekommst du das Geld, ich muß erst mit Vater reden, Karl. Damit ist das erledigt. Ist nun dein Vorschuß bei der Firma abgedeckt?»

«Völlig. Ich danke dir auch, Hertha . . .»

«Karl», sagte sie und spielte mit dem Füllhalter, ohne ihn anzusehen, «sind damit alle Gelddinge zwischen uns erledigt? Oder ist da sonst noch etwas?»

«Es ist wirklich alles erledigt, Hertha. Ich fühle mich sehr erleichtert. Alles, was ich auf dem Herzen hatte – du bist sehr großzügig gewesen.»

«War ich das wirklich? Ich finde es nicht. Diese Verpflichtungen sind nur dadurch entstanden, daß du mit mir zusammenkamst. Du bist sie mir zuliebe eingegangen. Du hast lange genug die Last allein getragen, es war Zeit, daß ich meinen Anteil an ihr übernahm.»

«Hertha!» rief er und faßte nach ihrer Hand, «warum bist du nicht immer so? Warum bist du oft so fremd? Ich bin so geduldig geworden, ich warte oft so lange...»

«Still! Dafür ist jetzt keine Zeit. Ich will dir noch eins sagen, es betrifft wieder nur das Geschäft. Du hast jetzt nur noch zwei Gesellschafter: Herrn Gollmer und mich, und ich habe bei weitem die Mehrheit, nicht wahr?»

«Das ist richtig.»

«Was auch geschehen mag», sagte sie, «wenn wir uns eines Tages fremd oder gar feindlich gegenüberstehen sollten, laß keine deiner Entscheidungen dadurch beeinflußt werden, daß ich einen Anteil an deinem Geschäft habe. Das hat nichts mit uns zu tun, daraus wird dir nie Schaden entstehen, selbst wenn Vater es wollte. Dafür bürge ich dir, ich selbst, verstehst du?»

«Warum sagst du mir das, Hertha?» rief er. «Warum sprichst du so mit mir? Wir nehmen doch keinen Abschied voneinander! Wir trennen uns doch nicht!»

«Warum ich das sage? Weil du dich frei fühlen sollst, ganz frei! Einmal habe ich dich gebunden, aber jetzt lasse ich dich frei! Du sollst gehen und zurückkommen können, wie du willst. Ich werde hier warten, aber du mußt nicht zurückkommen, das weißt du doch.»

«Aber ich will nicht von dir gehen, Hertha, das weiß ich!»

«Weißt du es wirklich?» Sie war aufgestanden, sie legte sanft ihre Hand auf seine Schulter. «Geh, Karl», sagte sie. «Geh. Laß Ilse Gollmer nicht zu lange warten.» Sie nickte ihm noch einmal zu, dann ging sie langsam die Treppe hinauf, Stufe um Stufe.

## 120. Man kehrt heim

Die Gartenpforte knarrte, leise knirschte der Kies unter seinen Füßen, als er den Weg um das Haus herumging, diesen Weg, den er in Tagen der Verlassenheit so oft gegangen war. Damals hatte er nie jemanden in diesem Garten getroffen, diesmal wurde er erwartet. Er ging schräg über den Rasen, in der Laube stand Ilse Gollmer auf. «Es ist spät geworden, Karl.»

«Ja, es ist spät geworden, Ilse.»

Sie sahen im Dämmern der Nacht einander in die Gesichter, im Dämmern versuchten sie zu erraten, was der andere fühlte, aber sie sahen nur Dämmern. Lange waren sie still. Dann sagte Ilse: «Ich fühle es schon, du kommst, um Abschied zu nehmen.» – Er schwieg. – Sie fragte leise: «Ist es der gestrige Abend?»

«Nein, es ist der gestrige Abend nicht.»

«Es gibt solche Abende», sagte sie, «an denen ist man wie wahnsinnig.

Ich verstehe nichts von dem mehr, was wir gesagt und getan haben. Verstehst du noch etwas davon?»

«Nein», antwortete er. «Wir wollen den gestrigen Abend ausstreichen. Er ist nie gewesen, Ilse.»

«Nie!» antwortete sie. Aber rascher fuhr sie fort: «Soll denn nun wegen des gestrigen Abends alles zwischen uns entzwei sein, was so lange schweigend bestand? Du mußt es doch auch gefühlt haben, daß ich dich schon lange liebte, Karl.»

«Ich bin zu dir gekommen, um Abschied zu nehmen, Ilse!»

«Nein, du wirst nicht Abschied nehmen! Wir wissen es, daß wir immer aneinander gedacht haben. Wir kommen nicht aneinander vorbei. Ich lasse dich nicht wieder gehen, du kehrst nicht zu ihr zurück! Ich habe es ihr gesagt, heute abend habe ich es ihr gesagt. Ich wollte dich sprechen, aber plötzlich war sie da, und ich sagte es ihr!»

«Was hast du Hertha gesagt?»

«Daß wir uns lieben. Daß sie dich gehen lassen soll und daß sie dich nicht halten kann. Das habe ich ihr gesagt!»

«Und sie hat mich zu dir geschickt. Sie hat zu mir gesagt: ‹Laß Ilse Gollmer nicht länger warten!›»

«Siehst du? Sie weiß auch, daß sie dich nicht halten kann!»

«Und sie hat noch mehr getan, sie hat mich von allen Verpflichtungen frei gemacht, ich soll frei entscheiden können.»

«Sie hat dich bestochen! Mit Großmut hat sie dich bestochen! Sie will dich gar nicht. Jahre hat sie dich gehabt, und sie hat sich nie um dich gekümmert. Aber jetzt, wo sie sieht, ich will dich, da wacht sie auf. Plötzlich ist sie edelmütig! Geh zu der anderen und entscheide dich frei! sagt sie – als ob du noch frei entscheiden könntest!»

«Nein, ich kann nicht mehr frei entscheiden, da hast du recht, Ilse. Aber nicht wegen ihres Edelmutes, wie du es nennst, sondern weil ich durch Jahre an sie gebunden bin, weil ich einmal um sie gekämpft habe, weil wir viel miteinander erlebt haben, weil wir gelernt haben, einander zu ertragen. Weil sie mir notwendig geworden ist für mein Leben. Weil ich sie liebe.»

«Du liebst sie nicht! Du weißt gar nicht, was Liebe ist.»

«So liebe ich sie denn mit der Liebe, die ich kenne, ich kann sie nicht aufgeben!»

«Auch nicht wegen einer anderen, viel größeren Liebe? Wir würden uns nicht nur lieben, ich würde immer bei dir sein. Ich würde dir helfen können, Karl, du solltest ein frohes Leben kennenlernen, kein Leben mehr in Mißmut!»

«Und doch werde ich in mein mißmutiges Leben zurückkehren müssen, Ilse, einfach, weil ich daran gewöhnt bin. Aber es ist gar nicht mißmutig.»

«Oh, ich weiß!» rief sie zornig. «Sie hat heute abend nicht nur die Edelmütige gespielt, sie hat dich auch bezaubert. Sie hat dir versprochen, daß sie ganz, ganz anders werden wird. Sie hat gelächelt, sie kennt doch deine Schwäche, sie weiß, daß du ein schwaches Herz hast . . .»

«Nichts von alledem hat sie getan und gesagt! Sie hat mich nur geheißen, zu dir zu gehen!»

«Aber warum bist du gegangen?! Läufst du denn überallhin, wohin sie dich schickt?! Was willst du denn von mir, wenn du mich nicht willst –?!»

«Ich will von dir Abschied nehmen, Ilse», sagte er und nahm ihre Hand, «denn auch du warst einmal mein Traum. Lange habe ich an dich gedacht als an das höchste Glück, das dies Leben zu verschenken hat – nun halte ich dich und gehe von dir!»

«Kann es denn gar nicht sein?» fragte sie und weinte jetzt in seinem Arm. «Wenn nicht jetzt, dann später... Sage doch, daß es später sein kann! Du hast doch auch gesagt, daß du mich liebst!»

«Nein, auch nicht später, nie, Ilse. Dich liebe ich wie einen Traum, der sich nie erfüllt. Hertha wie einen Menschen, zu dem ich gehöre.»

«Ich bin aber kein Traum, auch ich bin ein Mensch!»

«Ich weiß, Ilse, und darum müssen wir uns jetzt trennen. Ich muß mich entscheiden, wem ich weh zu tun habe, und du weißt...»

«Ja, ich weiß. Ich weiß... Einfach, weil ich zu spät gekommen bin, weil du jetzt an sie gewöhnt bist!»

«Vielleicht. Vielleicht aber auch, weil ich sie liebe, wie du mich liebst. Lebe wohl, Ilse, ich gehe jetzt.» Er wartete, aber sie antwortete nicht. Im Schatten der Laube, im Dämmern der Nacht weinte sie.

Er ging, erst langsam, zögernd. Aber je weiter er sich von Ilse entfernte, um so schneller ging er, gerade wie sie in der vergangenen Nacht vor ihm geflohen war. Jetzt hätte sie rufen können, ihr Ruf hätte ihn nicht mehr erreicht. Er sah das Haus vor sich, sein Haus, Herthas Haus... Vielleicht würde sie in der Halle sitzen, auf ihn warten. Vielleicht allein oben in ihrem Zimmer... Aber sie würde seinen Schritt hören, und sie würde sich sagen: Er ist heimgekehrt. Er ist wieder da... Ja, es war gut, heimzukehren. Irrtümer, Gefahren, Versuchungen, Zeiten der Schwäche: sie blieben keinem erspart. Aber dann kehrte man heim in sein Haus, in sein Eigenstes, in die Heimat, in das, was man aus sich heraus geschaffen hatte, das zu einem Stück des eigenen Ichs geworden war, mochte es nun ein Haus sein oder eine Frau oder eine ganze Stadt.

# Der Sohn

Es ist Sommer, ein paar Jahre später, ein Julitag, beinahe um die Mittagsstunde. Eben ist ein Personenzug aus der Mark angekommen, der Strom der Reisenden staut sich an der Sperre. «Hören Sie mal, Sie Jüngling», sagt ein dicker Mann. «Das war eben mein Fuß! Lassen Sie sich Zeit: Berlin läuft Ihnen nicht weg!»

«Da haben Sie recht!» lacht der «Jüngling», ein braungebrannter Mann in den Vierzigern. «Berlin läuft uns nicht weg, jetzt nicht mehr. Ich bin nämlich», erzählt er weiter und bohrt dabei die Hände in die Taschen seines marineblauen Jacketts, «Stücker zehn Jahre nicht mehr in Berlin gewesen und, weiß Gott, da kriegt man's plötzlich eilig!» Und, sich umwendend: «Habt ihr eure Fahrkarten? Karl, du bleibst immer hinter Mutter! Sieh dir das an, Rieke!» sagt der Marineblaue, als er mit den Seinen durch die Sperre ist. «Was für ein Betrieb! Und was die Gepäckträger zu schleppen haben! Heute würde es sich lohnen, wieder einmal Koffer zu schleppen!» Er sieht fast neidisch auf einen kleinen, untersetzten Mann mit melancholischem Gesicht, der unter der Last seiner Koffer einherkeucht.

«Aber det is ja Herr Beese!» ruft Rieke. «Herr Beese, kennen Se uns denn jar nich mehr? Wa sind doch – nee, wa waren doch mit Siebrechten und haben hier imma die Koffa abjefahren! Die Kanalljenvögel, det müssen Se doch noch wissen!»

Herr Beese setzt seine Kofferlast ab und trocknet die schwitzende Stirn mit dem Handrücken. Dann zieht er ein Taschentuch hervor und wischt an ihm die Hand ab, die er nun erst der Frau, dann dem Mann, schließlich dem etwa zehnjährigen Jungen reicht. «Doch», sagte er melancholisch, «ich kenn Sie noch, so leicht vergeß ich keinen. Sie sind die Frau Siebrecht, und das ist Kalli, der immer mit dem ollen Opa Küraß fuhr. Und das ist ihr Junge, der war damals noch nicht da.»

«Nee, Herr Beese!» lachte Rieke. «Der war damals noch nich da und kann ooch jar nich! Und ick bin ooch nich mehr die Siebrechten, ick bin jetzt Frau Flau. Flau, det is Kalli sein Name, vastehn Se?»

«Verstehe ich», sagte der Gepäckträger Beese. «Ja, Sie staunen, Kalli! Das ist ein Betrieb, was, gegen damals! Sie hätten beim Geschäft bleiben sollen, das hätte sich gelohnt. Der Siebrecht ist jetzt ganz groß!»

«So», sagte Kalli und warf seiner Frau einen raschen Blick zu. «Er fährt also noch immer Gepäck ab, der Siebrecht? Und es geht ihm gut?»

«Gut?» fragte Herr Beese verächtlich. «Gut ist dafür gar kein Ausdruck. Wissen Sie, mit wieviel Wagen der allein jetzt vom Stettiner fährt? Mit sechsen! Da staunen Sie, was?» Er verabschiedete sich und ging mit seinem Gepäck.

Die drei aber standen noch einen Augenblick und sahen zu dem Schalter hinüber, an dem eine lange Reihe von Reisenden geduldig anstand. «Berliner Bahnhof-Eildienst nennt er sich jetzt», sagte Kalli Flau nachdenklich. «Und sieh mal, Rieke, was darunter steht. Siebrecht, Niemand und Co. – das ist echt Karl! Niemand! Mich hat er noch mit in die Firma genommen, Siebrecht und Flau, weißt du noch? Aber jetzt niemand mehr – jetzt schmeißt er den Laden allein! Ob er wohl auch sonst allein geblieben ist?»

Aber Rieke hörte nicht auf das, was ihr Mann sagte. Sie faßte seinen Arm mit festem Griff und flüsterte aufgeregt: «Sieh mal, Kalli, wer da kommt!» Und wirklich, ganz dicht an ihnen vorbei, ging ein großer, schlanker Mann in hellem Staubmantel, mit einem festen, energischen Gesicht und kühlen blauen Augen. Er sah sie nicht, er ging direkt an ihnen vorbei auf den Schalter zu, bückte sich, stieg über den Gepäcktisch und verschwand ... «Det war er!» sagte Rieke aufgeregt und hielt immer noch den Arm ihres Mannes fest.

«Ja, das ist er, Rieke», antwortete Kalli Flau. «Und wenn du willst, sprechen wir ihn gleich an. – Karl, das war der Herr, nachdem du deinen Vornamen Karl bekommen hast!»

«Du heißt doch auch Karl, Vater?»

«I wo, ich heiß nicht Karl, ich heiß Kalli, ich bin bloß Karl getauft. Wenn deine Mutter dich Karl und nicht Kalli nennt, weiß sie wohl, was sie tut! – Na, Rieke, wie ist es? Sprechen wir ihn gleich an? Darum sind wir doch eigentlich nach Berlin gekommen!»

## 122. Der Sohn Karl Flau

Das Innere der Annahmestelle war von einem übergeschäftigen Treiben erfüllt. Selbst an diesem hellen Sommertag herrschte hier halbe Dunkelheit, ein paar grünbeschirmte elektrische Lampen beleuchteten die Männer und die Kofferberge. Wie immer, wenn Karl Siebrecht hierherkam, schüttelte er den Kopf. «Hier herrscht ja wieder mal eine Affenhitze!» sagte er mißbilligend. «Wieviel Grad haben wir denn, Kiesow?»

«Neunundzwanzig Grad im Schatten, Herr Direktor», sagte Kiesow. «Eigentlich müßten wir hitzefrei kriegen wie die Kinder in der Schule.» Er sah seinen ehemaligen Feind und jetzigen Arbeitgeber mit ruhigem Lächeln an.

«Sie sind ja heute so vergnügt, Kiesow?» fragte er. «Was ist denn los mit Ihnen?»

«Ich geh morgen in Urlaub, Herr Direktor, mir kann die Hitze piepe sein. Ich mach an die See, mit meiner ganzen Familie, für drei Wochen.»

«Ist Herr Kunze drin?» fragte Karl Siebrecht mit einem Deuten des Kopfes nach dem Innern des Schalterraums.

«Jawohl, Herr Direktor, der schimpft schon eine halbe Stunde herum. Dem ist auch zu heiß!»

Karl Siebrecht trat in den Innenraum, wo, auch bei elektrischem Licht, zwei Buchhalter in Hemdsärmeln schrieben. Herr Kunze, der über Abrechnungen am Tisch gesessen hatte, hob den Blick: «Neunundzwanzig Grad, Siebrecht!» sagte er vorwurfsvoll.

«Ich hab's auch schon gemerkt», antwortete Karl Siebrecht lachend und hängte seinen Staubmantel an einen Haken. «Man möchte wahrhaftig die Kleider dazuhängen! Aber das wird jetzt auch anders. Wir haben die Bewilligung:

wir brechen hinten durch, bekommen noch einen Raum dazu, Fenster und Luft.»

«Gottlob!» sagte Kunze. «So war's auch nicht mehr zu machen!»

«Und sonst? Wie steht's hier? Ich wollte mich doch noch mal persönlich umsehen, ehe ich in Urlaub — — Aber was ist denn das?» unterbrach er sich und sah staunend einen braungebrannten Marineblauen in der Tür an.

Einen Augenblick betrachteten sich die beiden ehemaligen Freunde schweigend.

Dann machte Karl Siebrecht eine Handbewegung. «Komm herein zu mir, Kalli!» sagte er.

«Meine Frau und mein Junge warten da hinten», antwortete Kalli.

«So komme ich zu euch, Kalli», sagte Karl Siebrecht sofort. «Wenn es euch recht ist, heißt das.»

«Natürlich ist es uns recht, Karl. Wir sind eigentlich nur nach Berlin gekommen, um dich zu sehen. Das erste Mal nach all den Jahren.»

«Nun, du wirst finden, daß sich Berlin ein wenig verändert hat. – Einen Augenblick, Kalli, ich hole nur Mantel und Hut.»

«Ist schon recht, Karl, ich warte solange.»

Aber er hatte kaum zu warten, Siebrecht war sofort zurück. «Ich freue mich, Kalli, daß ich dich sehe! Immer noch das alte, gute, getreue Gesicht. Wie die Zeiten von damals wieder wach werden, wenn ich dich so ansehe! Denkst du noch manchmal an die alten Zeiten, Kalli?»

«Ja, wir denken noch oft daran zurück, Rieke und ich.»

«Wo hast du sie denn? Ich muß doch Rieke auch gleich guten Tag sagen! Und einen Jungen habt ihr? Ich habe leider noch immer keine Kinder. Wo sind sie also?»

«Irgendwo da hinten.»

«So laß uns doch zu ihnen gehen! Warum stehen wir hier noch? Ich bin so gespannt —»

«Einen Augenblick, Karl.» Kalli berührte ihn an der Schulter. «Wenn du jetzt Rieke und den Jungen siehst ...»

«Ich weiß doch, Kalli! Selbstverständlich ist alles vergeben und vergessen, das heißt, ich hatte wohl nichts zu vergeben, Rieke schon eher.»

«Ach nein, das meine ich nicht. Das ist natürlich alles in Ordnung. Aber wenn du jetzt Rieke und den Jungen siehst, ich meine besonders unseren Jungen – gerade ich hänge besonders an ihm ... Wir haben noch mehr Kinder ... Aber gerade der Junge ...»

«Nun, was ist, Kalli? So kenne ich dich gar nicht, du bist ja fast verlegen. Selbstverständlich hängst du besonders an dem Jungen, er ist ja wohl euer Ältester? Was willst du mir denn sagen?»

«Ja, er ist der Älteste, und ich glaube, ich sage dir gar nichts!» Kalli Flau hatte sich jetzt entschlossen, seine Verlegenheit war gewichen, er war wieder ruhig und sicher geworden. «Komm, Karl, du wirst schon sehen ...»

Ein wenig verwundert folgte ihm Karl Siebrecht, ohne jede Ahnung von dem, was ihn erwartete. Es zeigte sich, daß Rieke und ihr Sohn hinter dem Zeitungskiosk gestanden hatten. «Ich freu mich, Rieke», sagte Karl Siebrecht und schüttelte ihr die Hand. «Das war eine vernünftige Idee, daß ihr mich mal besucht! Ganz wie sonst siehst du aus, Rieke, völlig wie früher. Nur frischer und so braun gebrannt! Damals warst du immer blaß! Ach, Rieke, mach endlich den Mund auf. Ich muß doch hören, ob du noch so redest wie früher!»

«Ja, Karl», antwortete Rieke lächelnd. «Det Berlinisch, det is waschecht bei mir, det is richtig indanthren. Du hast et nich weggekriegt, und die aufs Land kriegen et ooch nich weg. Det bleibt. – Aba Fett haste ooch nicht anjesetzt, Karl. Haste denn so ville zu tun? Und imma noch mit det olle Jepäck, det dir det nich üba wird!»

«Nein, das wird mir nicht über. Es wächst und wächst, jetzt fahren wir schon bald mit hundert Wagen!» Er wandte sich zu dem Jungen, der halb hinter der Mutter gestanden hatte. «Und das ist also euer Ältester. Guten Tag, mein Sohn –» Er hielt plötzlich inne, so erschrocken war er. «O Gott!» sagte er noch halblaut, und dann verstummte er ganz, den Jungen betrachtend. Denn der, der da vor ihm stand, das war er selbst, er selbst, wie er mit zehn, elf Jahren ausgesehen haben mußte. Dasselbe blonde Haar, der gleiche lange Kopf mit dem schmalen Gesicht und den etwas kühlen blauen Augen, der trotzige Mund mit den aufgeworfenen Lippen... «O Gott!» hatte er gesagt und war verstummt, ganz in die Betrachtung des Jungen versunken.

Die beiden, Rieke und Kalli, beobachteten ihn stumm. Der Junge sah ihn aufmerksam und kühl an und befreite dann seine Hand aus der des fremden Herrn, der sie gar nicht wieder loslassen wollte. «Kalli», sagte Rieke dann, «sei so jut und hole mit Karlen det Jepäck und beleg jleich Zimma im Hotel hier jerade jejenüba. Ick jeh mit Karlen – jetzt meene ick Karl Siebrechten – erst mal een Stück, saren wa in de Eichendorffstraße. Ick möchte den ollen Laden mal wiedasehen – wenn dir det recht is, Karl, heeßt det?»

«Natürlich, Rieke, das ist mir schon recht...»

«Na, denn uff Wiedasehn, Kalli. Hilf Vata'n, Karle, und sieh, det ihr een jrosset Zimma kriegt. Da kannste bei uns uff de Chaise schlafen, und broochst dir nich zu fürchten, so alleene in Berlin!»

«Ich fürchte mich schon nicht vor Berlin, Mutter! Ich will mir alle Autos ansehen – kennen Sie alle Marken, auch die ausländischen?» fragte der Junge Karl Siebrecht.

«Doch, die kenne ich alle, und ich werde sie dir auch alle zeigen, Karl», antwortete Karl Siebrecht, dem noch immer war wie halb im Traum.

«Haste jehört?» fragte Rieke, als die beiden gegangen waren, «er spricht ganz richtig deutsch, nich wie seine Mutta, da druff hat Kalli imma jesehen.» Leiser setzte sie hinzu: «Und er hat ooch jenau deine Stimme, Karle.»

«Wann ist der Junge geboren, Rieke?» fragte Karl Siebrecht. Sie waren jetzt aus dem Bahnhof getreten und gingen auf die Eichendorffstraße zu. Karl Siebrecht konnte Rieke nicht ansehen, er blickte gerade vor sich hin. Er war so erregt, er war kaum seiner Stimme mächtig. Er hatte einen Sohn! Seit Jahren hatte er einen Sohn, und er hatte nichts davon gewußt! Es mußte sein Sohn sein, er fühlte es!

«Er ist so um drei Monate nach de Scheidung jeboren, Karle», sagte Rieke jetzt. «Da waren wa schon bei Tante Bertha.»

«Und warum habt ihr mir kein Wort davon gesagt, Rieke?» sagte Karl Siebrecht ganz leise. «Mein ganzes Leben wäre wohl anders geworden, wenn ich gewußt hätte...»

«Ja, vielleicht biste jetzt böse uff uns, Karle», fing Rieke Flau wieder an, «det wir det so jeschoben haben. Aba det kannste dir doch denken: ick hatte so nen mächtigen Rochus uff dir und wollte nischt hören und sehen von dir. Und denn, als ick wieda friedlich wurde, war det eijentlich zu spät.»

«Oh, ich verstehe euch schon, Rieke», antwortete Karl Siebrecht, der bei ihrer klaren, vernünftigen Art auch ruhiger geworden war. «Wahrscheinlich habt ihr alles ganz richtig gemacht. Aber es war eben doch ein Schreck für mich, Rieke, nicht wahr?»

«Aba es war doch een juter Schreck, Karle, wat?»

«Doch, ein guter Schreck, Rieke, ja. Er sieht mir so ähnlich...»

«Und er is et ooch, innerlich, meene ick, Karl. Janz anders wie unsre andern Jöhren. Drei haben wa noch, zwei Mädels und eenen Jungen. Aba Karl is viel schwieriger, der is jerne for sich und red't ooch nich jerne, und imma über de Bücha. Der taugt nich for 'nen Hof, Karle!»

«Und darum –?»

«Ja, Karle, darum ham wa'n jetzt endlich zu dir jebracht. Kalli meente ooch, du müßtest ihn dir mal ansehn. Wat sein Lehrer is, der sagt ja, er muß uff 'ne höhere Schule. Er hat die Jaben.»

«Ihr wollt ihn mir also ganz lassen? Ach, Rieke, ich sehe, ihr seid doch meine guten Freunde geblieben!»

«Wat sollten wa ooch nich? Wat jewesen is, det is vorbei und vajessen, det war een Irrtum von dir, und am meesten von mir. Jetzt is det wieda janz wie früha, als wa noch in de Wiesenstraße wohnten und waren nischt wie jute Freunde. Det war doch ne sehr schöne Zeit, Karle, wat?»

«Das war es! Weißt du noch unseren Kampf um die Engländerin? Lebt sie denn noch? Näht sie denn noch?»

«Die näht, dadruff valaß dir! – Ja, Karle, nu sag aba mal: wie is det denn nu mit dir? Du bist doch ooch wieder vaheirat? Du trägst doch 'nen Ring!»

«Ja, ich bin wieder verheiratet.»

«Kenn ick ihr?»

«Ja, du hast sie einmal gesehen. Das junge Mädchen, weißt du, das ich in der Nacht gefahren hatte und das mich dann aufsuchte...»

«Ach, die kleene Dunkle?» Rieke war sehr verwundert. «Komisch is det! Damals hab ick euch ja beide rausgeschmissen, weil ick dachte, ihr hättet wat miteinanda, aba späta hab ick mir jesagt, det war alles bloß eifersüchtije Inbildung. Und nu also doch!»

«Damals war aber wirklich noch nichts, Rieke. Wir kannten uns damals noch gar nicht. Aber das sind alles alte Geschichten, die wir ruhen lassen können.»

«Da haste recht. Aba, Karle, nu die Hauptsache, wat wird denn deine Frau zu Karlen sagen? Habt ihr selbst denn keene Kinda?»

«Nein, Rieke, wir haben keine. Und das macht die Sache leichter, vielleicht macht es sie aber auch schwieriger – ich habe keine Ahnung, wie meine Frau das aufnehmen wird.»

«Ick vasteh schon, Karle, det kann ooch sehr schmerzlich for ihr sind. Jedenfalls mußte erst mit ihr reden. So überraschen, wie wa dir überrascht haben, darfst ihr nich.»

470

Es war erst am späten Nachmittag, als Karl Siebrecht mit seinem Wagen nach Nikolassee hinausfuhr. Sie hatten lange beim Essen zusammengesessen, die Flaus und er. Sie hatten von alten Zeiten gesprochen, und wie es ihnen seitdem ergangen war, und wiederum von alten Zeiten. Jetzt konnten sie über alles reden, es tat nicht mehr weh. Dem Jungen war das langweilig geworden, er war auf die Straße gelaufen und hatte sich die vorbeifahrenden und parkenden Autos angesehen. Wenn er aber eines nicht hatte bestimmen können, so war er wieder hereingekommen und hatte es ganz selbstverständlich dem neuen Onkel beschrieben, und zwar so genau, daß der ihm jedesmal hatte sagen können, was das für ein ausländischer Wagen gewesen war: ein Chrysler oder ein Packard oder ein Graham-Page. Mit diesem neuen Glück im Herzen war Karl Siebrecht dann eilig nach Haus gefahren, er mußte Hertha doch sogleich davon erzählen. Aber dann konnte er es nicht: Hertha saß auf der Terrasse beim Tee mit Besuch. Der alte Eich war gekommen, und Herr von Senden saß auch dabei, und sie plauderten so behaglich an diesem schönen Sommernachmittag, daß eine so aufregende Nachricht gar nicht anzubringen war.

Der alte Eich, der nun längst wirklich in Pension gegangen war, nahm seinen Schwiegersohn sofort in Beschlag und ließ sich von ihm Auskunft über den Verkehr auf den Bahnhöfen geben, über neu eingesetzte Züge, über den Umfang der Gepäckabfuhr — nach jeder kleinsten Nachricht dürstete er. Dabei wanderte er auf der Gartenterrasse hin und her, den Aufschlag seines Leinenjacketts zwischen Daumen und Zeigefinger, noch gelber, noch kleiner, aber seine Augen schienen noch größer, und in ihnen war Leben genug. Schwiegervater und Schwiegersohn liebten sich noch immer nicht, aber sie ertrugen einander. Sie vertrugen sich sogar — um Herthas willen.

«Hören Sie», sagte der alte Eich jetzt zu seinem Schwiegersohn, «wissen Sie auch, wer heute früh bei mir gewesen ist?»

«Das ist schlecht zu erraten», sagte Karl Siebrecht lächelnd.

«Ihr ehemaliger Mitdirektor Bremer! Der ist ein großer Mann geworden, Siebrecht, noch eine Elle größer als Sie!» Und der alte Eich lächelte ein wenig spöttisch.

«Das gebe ich ohne weiteres zu», sagte Karl Siebrecht neidlos. «Der Bremer war immer ein tüchtiger Mann. Was wollte er denn von Ihnen?»

«Er gründet mal wieder eine neue Aktiengesellschaft und hätte mich gerne im Aufsichtsrat gehabt.» Wieder lächelte der alte Eich. «Ich habe aber nein gesagt. Nicht, weil ich seiner Gründung mißtraue — die ist gut —, sondern weil ich noch nicht alt genug bin, die Puppe von Herrn Generaldirektor Bremer zu sein.»

Hertha Siebrecht plauderte halblaut mit Herrn von Senden. Zwischen den beiden lag auf dem Teetisch eine aufgeblätterte amerikanische Zeitschrift, und als jetzt Herr Eich in Gedanken die Terrasse stumm auf und ab marschierte, rief Hertha ihren Mann leise an und sagte: «Sieh dir einmal dies Bild an, Karl!» Und sie wies auf die Zeitschrift.

«Oh!» sagte Karl Siebrecht und betrachtete interessiert das Bild der schönen Frau. «Die Maria Molina! Sie hat es also doch geschafft, Senden? Wenigstens drüben hat sie es geschafft?»

«Es scheint so», antwortete der Rittmeister und lächelte nicht ohne Selbstironie. «Wenn sie erst in Hollywood eine Starrolle hat, so wird sie nun wohl auch ein Star werden, die geborene Kusch, geschiedene von Senden, genannt Maria Molina.» Und wieder lächelte der Herr von Senden, diesmal ganz zufrieden.

Karl Siebrecht aber fragte: «Und das ärgert Sie gar nicht, Senden? Schließlich hat sie Ihnen doch Ihr ganzes Vermögen abgenommen und sich sofort scheiden lassen, als sie sah, daß nichts mehr zu holen war! Ich würde mich zuschanden ärgern über so etwas!»

«Ja du, mein Sohn Karl!» antwortete der Rittmeister. «Aber ich bin nun einmal sanfter, mein Lieber. Das Jahr, das ich mit der Molina zusammen verlebt habe, hat mir viel Freude gemacht.»

«Sie hat nie einen Funken für Sie übriggehabt!» rief Karl Siebrecht empört, «sie war immer nur auf Geld aus!»

«Sie hat sogar eine ganze Menge für mich übriggehabt», sagte der Herr von Senden ganz ungekränkt. «Sie war aber ehrgeizig und wollte durchaus vorwärtskommen. Du müßtest doch am ehesten Verständnis für einen solchen Menschen haben. Du warst immerhin auch ein Ehrgeiziger und wolltest einen Traum verwirklichen – erinnerst du dich noch an die Eroberung von Berlin? Sehr rücksichtsvoll bist du auf diesem Wege gerade nicht mit den Gefühlen deiner Mitmenschen umgegangen – oder was meinst du –?»

«Aber, Herr von Senden», antwortete Karl Siebrecht etwas steif, «ich wüßte nicht, daß ich irgendwelche Gefühle absichtlich verletzt hätte oder hinter jemandes Geld so her gewesen wäre wie die Maria Molina!» Er wurde unter den lächelnden Blicken der anderen ein wenig rot. «Jedenfalls war alles bei mir ganz anders!»

Alle lachten, sogar der alte Eich, der dazugetreten war, ließ ein kurzes Meckern hören. «Nein, nein», rief Herr von Senden lachend, «wir wollen dich auch nicht mit der Maria Molina vergleichen! Natürlich ist alles bei jedem ganz anders. Dein Weg führte stets über Rosen ...»

Und der alte Eich sagte: «Das erste, was ich höre, mein lieber Schwiegersohn, daß Sie einen so ehrgeizigen Traum hatten! Sie wollten also Berlin erobern? Und wie sind Sie mit dem Ergebnis zufrieden? Immerhin stehen Sie schon Anfang der Vierziger – in diesem Alter war Napoleon, wenn ich nicht irre, schon Kaiser.»

«Ach ...» sagte Karl Siebrecht und hatte doch gemerkt, daß ihn alle ein wenig verspotteten, er trug es aber mit Fassung. «Ach, man erobert Berlin nicht, das war nur ein Jungentraum. Im besten Falle erobert Berlin uns, und das hat es bei mir gründlich getan, nicht wahr, Hertha?» Und die beiden sahen sich lächelnd an.

«Er wird immer Ihr Sohn bleiben», hatte Frau Hertha Siebrecht zu Frau Friederike Flau gesagt. «Dafür sorge ich! Und Sie sollen ihn auch alle Ferien bekommen, vom ersten bis zum letzten Tag.»

Und nun war der erste Tag vorüber, den Karl Flau bei seinen neuen Pflegeeltern verbracht hatte. Es war schon dunkel gewesen, als Hertha die «beiden Männer» vom flachen Dach des Hauses heruntergeholt hatte. Sie hatten von dort die Lichter der Riesenstadt beobachtet, der Funkturm hatte mit seinen Leuchtarmen nach ihnen gegriffen, und ganz zum Schluß war noch ein großes Verkehrsflugzeug über ihnen dröhnend seine Bahn gezogen.

Jetzt schlief der Karl, und die beiden Siebrechts gingen noch ein paar Schritte in den nächtlichen Garten. «Höre, mein Freund», sagte Hertha plötzlich, «hast du eigentlich ganz vergessen, daß wir schon seit fünf Tagen in Göhren sein wollten? Daß dort bestellte Zimmer auf uns warten? Und daß dies der einzige Urlaub ist, den du dir im Jahr gönnst?»

«Wahrhaftig!» rief Karl Siebrecht überrascht. «Daran habe ich gar nicht mehr gedacht!»

«Jetzt sind Flaus fort, und wir können fahren. Was meinst du zu morgen mittag, Karl? Den Jungen nehmen wir mit.»

«Morgen mittag schon? Kommt das nicht etwas plötzlich, Hertha? Im Augenblick ist ziemlich viel zu tun im Geschäft.»

«Im Geschäft wird immer viel zu tun sein. Warum willst du also nicht fahren? Aber dein richtiger Grund, Karl!»

«Ach, Hertha – wir haben es doch hier so hübsch . . .»

«Karl, der richtige Grund –!»

«Und dem Jungen macht doch Berlin soviel Spaß! Hier hat er die Autos und die Flugzeuge, auf dem Lande ist er schon immer gewesen.»

«Lieber Karl», sagte Hertha entschieden, «wir fahren also bestimmt morgen mittag, wenigstens der Junge und ich. Willst du jetzt unser Leben nach den Wünschen des Jungen einrichten? Das dürfte kaum bekömmlich für ihn sein.»

«Aber . . .» fing Karl Siebrecht an.

«Und außerdem», fuhr Hertha unbeugsam fort, «wird es ja wohl auch in Göhren drei oder vier erbärmliche Autos für unseren Herrn Pflegesohn geben. Und dann ist da die Landungsbrücke mit ihren Dampfern.»

«Richtig, die Dampfer!» rief Karl Siebrecht erfreut. «An die hatte ich gar nicht gedacht! Die werden ihm Spaß machen! Also fahren wir morgen, Hertha, ich bin einverstanden!»

«Und die Firma, die nach ihrem Direktor schreit?»

«Ach, Hertha, du hast ganz recht, mich auszulachen! Immer mit Kopf und Kragen in jede neue Sache! Ob ich mich wohl noch einmal ändere?»

«Dafür ist wenig Aussicht, mein Freund! Aber bleibe nur so, und laß dir gelegentlich etwas von mir sagen, dann geht es schon.»

Er nahm ihre Hand und sagte: «Ich danke dir auch, Hertha.»

Eine Weile gingen sie schweigend durch den Garten, dann erzählte Karl Siebrecht: «Als vorhin das Flugzeug über uns wegbrauste, hat der Junge gesagt, er möchte auch da oben fliegen und ganz Berlin zu seinen Füßen haben. Ist das nicht eigentlich ganz wie bei mir früher, als ich Berlin erobern wollte?»

«Möglich», sagte Hertha kühl. «Aber wenn der Junge einen solchen Traum zu träumen anfängt, so stehe ich dir dafür, daß ich und seine Mutter und Kalli Flau und seine Lehrer, daß wir alle dafür sorgen werden, daß er in dieser Welt lebt und nicht in einem Traumland! Und ich hoffe, du wirst mitsorgen, Karl. Ich finde, dein Traum hat dich und andere ziemlich viel gekostet. Und was ist von ihm geblieben?»

«Ja, was ist von ihm geblieben?» fragte auch Karl Siebrecht.

*Die schöne Bemerkung von den «Malersch» auf Seite 86 verdanke ich dem Buch «Leberecht Hühnchen» von Heinrich Seidel. Die Verse, die Hertha Siebrecht auf Seite 416 zitiert, entstammen dem Werk von Rainer Maria Rilke «Die Aufzeichnungen des Malte Laurids Brigge».*

H. F.

# INHALTSVERZEICHNIS

Das vierte Buch wurde **Hans Falladas** größter Erfolg: 1932 erschien im Ernst Rowohlt Verlag «Kleiner Mann – was nun?». Nach jahrelanger Mittellosigkeit begann eine kurze Zeit des großen Geldes. Ab 1933 wurde es um Hans Fallada einsamer. Während Freunde und Kollegen emigrierten, glaubte er, vor den Nazis, wie er es nannte, einen «Knix» machen zu müssen, um weiterschreiben zu können. Als wollte er der wirklichen Welt entfliehen, schrieb er unermüdlich zahlreiche fesselnde Romane, wunderbare Kinderbücher und zarte Liebesgeschichten. Am 5. Februar 1947 starb Hans Fallada, körperlich zerrüttet, in Berlin.

**Kleiner Mann – was nun?**
*Roman*
(rororo 10001)

**Ein Mann will nach oben**
*Roman*
(rororo 11316)

**Kleiner Mann, Großer Mann – alles vertauscht** *Ein heiterer Roman*
(rororo 11244)

**Wolf unter Wölfen** *Roman*
(rororo 11057)

**Der Trinker** *Roman*
(rororo 10333)

**Jeder stirbt für sich allein**
*Roman*
(rororo 10671)

**Wer einmal aus dem Blechnapf frißt** *Roman*
(rororo 10054)

**Bauern, Bonzen und Bomben**
*Roman*
(rororo 10651)

**Damals bei uns daheim**
*Erlebtes, Erfahrenes und Erfundenes*
(rororo 10136)

**Heute bei uns zu Haus**
*Erfahrenes und Erfundenes*
(rororo 10232)

**Süßmilch spricht** *Ein Abenteuer von Murr und Maxe*
(rororo 15615)

**Wir hatten mal ein Kind** *Eine Geschichte und Geschichten*
(rororo 14571)

**Zwei zarte Lämmchen weiß wie Schnee** *Eine kleine Liebesgeschichte*
(rororo 13320)

**Hans Fallada** *dargestellt von Jürgen Manthey*
(bildmonographien 10078)

Wolfgang Borcherts Stück *Draußen vor der Tür* wurde zum größten Nachkriegserfolg des deutschen Theaters. Wolfgang Borchert schrieb es 1947 wenige Monate vor seinem Tod innerhalb von acht Tagen nieder. 1921 in Hamburg geboren, absolvierte Borchert eine Buchhändlerlehre und nahm Schauspielunterricht. 1941 wurde er eingezogen und später wegen «Wehrkraftzersetzung» verurteilt. Seine Kurzgeschichten bewahren wie keine anderen die deutschen Erfahrungen der letzten Kriegsjahre und der Nachkriegszeit.

**Draußen vor der Tür und ausgewählte Erzählungen**
*Mit einem Nachwort von Heinrich Böll*
(rororo 10170)
«Die kleine Erzählung *Brot* und der Dialog Beckmanns mit dem Obersten allein weisen Borchert als einen Dichter aus, der unvergeßlich macht, was die Geschichte so gern vergißt: Die Reibung, die der Einzelne zu ertragen hat, indem er Geschichte macht und sie erlebt.» *Aus dem Nachwort von Heinrich Böll*

**Das Gesamtwerk** *Mit einem Nachwort von Bernhard Meyer-Marwitz*
352 Seiten. Gebunden.

**Die Hundeblume. Nachts schlafen die Ratten doch** *Limitierte und numerierte Ausgabe*
98 Seiten. Kartoniert.

**Allein mit meinem Schatten und dem Mond** *Briefe, Gedichte und Dokumente*
(rororo 13983)

**Die traurigen Geranien und andere Geschichten aus dem Nachlaß** *Herausgegeben mit einem Nachwort von Peter Rühmkorf*
(rororo 10975)
Die Kurzgeschichten legen Zeugnis davon ab, mit welchem Einfühlungsvermögen Borchert über alle zeitbedingte Thematik hinaus seelische Katastrophen in beiläufigen Gesten anzudeuten vermochte.

Marius Müller-Westernhagen liest
**Die Hundeblume. Nachts schlafen die Ratten doch. Die Küchenuhr. Schischyphusch**
1 Toncassette (90 Min.) im Schuber
(rororo Literatur für Kopfhörer 66011)

**Wolfgang Borchert**
dargestellt von Peter Rühmkorf
(bildmonographien 50058)

*rororo Literatur*